Studien III: Entwicklung des Öffentlichen Rechts II

Wilhelm Brauneder

Studien III: Entwicklung des Öffentlichen Rechts II

PETER LANG
Frankfurt am Main · Berlin · Bern · Bruxelles · New York · Oxford · Wien

Bibliografische Information Der Deutschen Bibliothek
Die Deutsche Bibliothek verzeichnet diese Publikation in der Deutschen Nationalbibliografie; detaillierte bibliografische Daten sind im Internet über <http://dnb.ddb.de> abrufbar.

ISBN 3-631-39147-1

Europäischer Verlag der Wissenschaften
Frankfurt am Main 2002

Printed in Germany 1 2 3 4 6 7

www.peterlang.de

Vorwort

Wie schon der Band „Studien I: Entwicklung des Öffentlichen Rechts“ (Frankfurt/Main 1994) vereinigt auch dieser als seine Fortsetzung Beiträge zur Entwicklung von Verfassung, Verwaltung und Gesetzgebung, die nach 1994 erschienen sind.

Abgesehen von dem zweiten Beitrag „Der ständische Anteil am Gemeinwesen in den östlichen österreichischen Ländern“, einem seit längerer Zeit zum Druck vorbereiteten Referat, gehalten am 39. Deutschen Historikertag in Hannover im September 1992, handelt es sich stets um Zweitveröffentlichungen, die an unterschiedlichster Stelle erschienen sind.

Der Text der Beiträge konnte unbeschadet des neuesten Forschungsstandes nahezu unverändert bleiben. Dessen Berücksichtigung erforderte nur einige wenige Modifikationen, sie verstehen sich weiters daraus, daß manche Beiträge dieses Bandes untereinander angeglichen oder ihnen, befreit von der Raumvorgabe der Erstabdrucke, einige Details eingefügt wurden. Eine darüber hinausgehende Veränderung bietet der Beitrag „Österreichs Staatssymbolik seit 1918“, da er, wie dort angegeben, zwei Beiträge zusammenfaßt.

Auch äußere Veränderungen sind gering: Bereits vorhandene Gliederungsüberschriften sind nun vereinheitlicht oder überhaupt neu hinzugesetzt worden. Im Anmerkungsapparat sind zumindest Lehr- und Handbücher nach der letzten Auflage zitiert. Vereinheitlicht wurde die Zitierweise vor allem im Anmerkungsapparat. Kurztitel von Werken des Autors sind im Verzeichnis Seite 443ff aufgelöst.

Dank gebührt meinen Assistenten Wiss.-Mitarb. Mag. Johannes Kalwoda und Wiss.-Mitarb. Mag. Ute Spörg für die technische Aufbereitung, sodann den Verlagen beziehungsweise den Herausgebern der Erstveröffentlichungen für die Genehmigung zum vorliegenden Abdruck sowie schließlich dem Verlag Peter Lang für die Publikation dieses Bandes.

Wien, im Juli 2002 Wilhelm Brauneder

Inhaltsverzeichnis

Verfassung und Verwaltung

Die Territorialstrukturen im süddeutsch-österreichischen Raum

I. Grundsätzlich-Typologisches: A. Territorien: Länder und Herrschaften, B. Länder-Typen: 1. Merkmale des Landes, 2. Land mit bzw ohne Landesfürsten, C. Herrschafts-Typen: 1. Land als Herrschaft, 2. Landähnliche Herrschaft, 3. Klein-Herrschaft, 4. Land mit „partes annexae", 5. Länderverbindungen; II. Einzelne Territorien: A. Österreich (unter der Enns), B. Land (Österreich) ob der Enns, C. Steiermark, D. Kärnten, E. Krain, F. Görz, G. Bayern, H. Berchtesgaden, I. Salzburg, J. Tirol, K. Schwaben, L. Werdendes Vorarlberg; III. Bedingungen der inneren Territorialstruktur: A. Territorialherr und Adel: 1. Die Stellung des Territorialherrn, 2. Allodialbesitz der Territorialherrn, B. Zusammensetzung der Territorialversammlung: 1. Ältere Länder, 2. jüngere Länder, 3. Einfache Herrschaften, 4. Ländergruppen-Herrschaften, C. Territorien ohne Territorialherrn: 1. Rechtliche Nichtexistenz eines Territorialherrn, 2. Faktische Nichtexistenz eines Territorialherrn, 3. Folgen; IV. Tendenzen: A. Herrschaftsverdichtung: 1. Faktoren, 2. Ergebnisse, B. Herrschaftsausweitung: Länder- und Herrschaftsverbindungen, C. Herrschaftserhöhung: Königs- und Kaiserwürde; V. Der Zustand um 1500: A. Abgeschlossene Landesbildung, B. Herrschaften, C. Länderverbindungs-Herrschaften.

I. Grundsätzlich-Typologisches

A. Territorien: Länder und Herrschaften

Das Wort „Territorium"[1] wird hier in der Folge in einem neutralen Sinne für Gebietsherrschaften unterschiedlichster Art verstanden. Ihr gemeinsames Merkmal besteht darin, Herrschaftsebene unmittelbar unter dem Reich, sogenannter „Flächenstaat" zu sein oder sich dazu entwickeln zu wollen.

Aus: *G. Chittolini - D. Willoweit* (Hrsg), Hochmittelalterliche Territorialstrukturen in Deutschland und Italien, Berlin 1996, 31-51; auch als: Le strutture territoriali nell'area austriaca e tedesco meridiolane, in: *dies*, L'organizzazione del territorio in Italia e Germania: secoli XIII-XIV (= Annali dell'Istituto storico italo-germanico/Quaderno 37), Bologna 1996, 39-70.

[1] Zum Folgenden *K. Lechner,* Die Bildung des Territoriums und die Durchsetzung der Territorialhoheit im Raum des östlichen Österreich, in: *H. Patze* (Hrsg), Der deutsche Territorialstaat im 14. Jahrhundert II, 1971, 403; *O. Hageneder*, Die Länder im spätmittelalterlichen Verfassungsgefüge, in: Bericht über den 19. österreichischen Historikertag, 1993, 11ff; *H. Dopsch*, Reichsgewalt und Landwerdung. Zur Entstehung der Länder im Ostalpenraum, in: ebda, 105ff; vgl auch *Brauneder*, Anteil, nachfolgender Beitrag in diesem Band, 37ff.

Zu diesen Territorien zählen als spezifische Erscheinungsformen das Land in verschiedenen Ausgestaltungen sowie diverse Arten an Herrschaften. Im wesentlichen liegt dieser Unterscheidung die Otto Brunners in „Land und Herrschaft" zugrunde[2], modifiziert hier durch die Mehrzahlform „Länder und Herrschaften". Herrschaft kann, muß aber nicht mit dem Land identisch sein: Einerseits bilden mehrere Herrschaften ein Land, aber auch mehrere Länder eine Herrschaft. Da Land nicht Herrschaft ist und unser Augenmerk auch anderen als den gewohnten Ländern zu gelten hat, wird von Ländern die Rede sein, die bald verschwunden sind.

B. Länder-Typen

1. Merkmale des Landes

Das Land im vollen, ausgebildeten Sinn weist drei Hauptmerkmale auf. Es sind dies: Landesfürst, Landstände bzw die Landsgemeinde als ihre Vorform, und schließlich das Landesrecht[3]. Der Landesfürst[4] ist zwar ein typisches, vor allem ein signifikantes Merkmal, aber nicht essentiell. So existieren Länder ohne Landesfürsten wie etwa die Kantone der schweizerischen Eidgenossenschaft, Territorien im (späteren) Land Vorarlberg wie etwa das „Land" des „Bregenzerwaldes" mit seinen „landlüt"[5] und ähnliche Klein-Länder wie etwa das „Ischlland" im österreichischen Salzkammergut. Diese Länder besitzen, modern gesprochen, kein Organ „Landesfürst". Andere Länder hingegen kennen dieses wohl, doch ist es faktisch nicht vorhanden, da das Land in Personalunion mit einem anderen steht und der gemeinsame Landesfürst von hier aus regiert: Dies ist beispielsweise der Fall im Land (Österreich) ob der Enns.

Essentielles Element des Landes ist hingegen das Landesrecht (Landrecht)[6]. Es stellt die unabdingbare institutionelle Verklammerung der Herrschaftsträger und Obrigkeiten wie Grund- und Stadtherrn im Lande dar, ohne dessen Existenz es kein Zusammenwirken aufgrund anerkannter Rechtsregeln, kein sozusagen alltägliches, allenfalls erzwingbares Zusammenleben gäbe. Vor allem in Zeiten - gelebten - Gewohnheitsrechtes steht

---

2 *O. Brunner,* Land und Herrschaft, 5. Aufl 1981, 165ff.

3 Zum Wesen des Landes: ebda 180ff, 231ff; *Brauneder,* Verfassungsgeschichte, 23.

4 Zum Folgenden *Brunner*, wie Fn 2, 181, 207, 231ff; *Brauneder,* Verfassungsgeschichte, 31f.

5 *B. Bilgeri,* Geschichte Vorarlbergs II, 1974, 98.

6 *Brunner*, wie Fn 2, 234ff.

dieses Landesrecht in zwingendem Bedingungszusammenhang mit den es miterzeugenden und gleichzeitig ihm unterworfenen Rechtsgenossen. Zu ihnen zählt ausschließlich oder zumindest in erster Linie die adelige Bevölkerung und mit ihnen jedenfalls die Inhaber der diversen Herrschaften und Obrigkeiten im Land. Es ist dies die Gerichtsgemeinde des Landesrechts, mehr oder weniger identisch mit der Landsgemeinde[7], den späteren Landständen. Sie sind daher gleichfalls ein essentielles Merkmal der Territorialform Land, doch ist ihr - späterer - Wegfall durchaus vorstellbar - was die essentielle Rolle des Landesrechts unterstreicht.

Im Zusammenhang mit dem Landesrecht sowie seinen Erzeugern und gleichzeitig Adressaten steht weiters, daß das Land zusätzlich zu seinem Wesen als Landrechtsbezirk ein besonderer Rechtsbezirk sein kann, nämlich Landfriedensbezirk[8].

Wie sehr das Landesrecht übrigens als Essentiale des Landes angesehen wird, zeigt sich im 16. Jahrhundert darin, daß trotz länderübergreifender Herrschaft die Bemühungen um ein je eigenes Landrecht in Österreich unter der Enns sowie im Land ob der Enns energisch betrieben werden[9].

2. Land mit bzw ohne Landesfürsten

Wir können somit zwei Haupttypen an Ländern unterscheiden: Länder mit institutionellem Landesfürsten einer- und Länder ohne die Institution Landesfürst andererseits; ihnen ähnlich sind die Länder faktisch ohne Landesfürsten. In den beiden letztgenannten Fällen tritt naturgemäß die Landsgemeinde als einziger permanenter Repräsentant des Landes auf. In jedem Fall einigt das Land eine gemeinsame, allmählich herangewachsene Ordnung und im unabdingbaren Zusammenhang damit einigt es weiter der Erzeuger- sowie gleichzeitiger Adressatenkreis des Landesrechts als organisierter Personenverband: Landesrecht mit Landsgemeinde.

C. Herrschafts-Typen

Anders als das Land ist Herrschaft[10] unabhängig von den beiden eben erwähnten Elementen Landesrecht und Landsgemeinde, sie ist rechtlich fundierte Machtausübung durch einen reichsunmittelbaren Herrn, in der Regel

---

[7] Ebda 194f, 237ff; *Brauneder*, Verfassungsgeschichte, 34ff.

[8] *Brunner*, wie Fn 2, 183, 193, 197.

[9] *Brauneder,* Gesetzgebungsgeschichte, 437-462.

[10] *Brunner*, wie Fn 2, 165ff, 170ff, 180ff.

eines Reichsfürsten. Während das Land durch die normative Ordnung des Landesrechts konstituiert wird, so Herrschaft durch einzelne, unterschiedliche Rechte in der Hand des Herrschafts-Herrn. Daraus versteht es sich auch, daß Herrschaft in verschiedenen Arten je nach der größeren oder kleineren, lockereren oder dichteren Summe derartiger Rechte in Erscheinung tritt.

1. Land als Herrschaft

Herrschaftsbereich kann natürlich auch das Land sein, nämlich aus der Sicht des Landesherrn[11], wenn sein Herrschaftsbereich mit dem Land zusammenfällt. Es ist dies dann als Landes-Herrschaft eine Form beschränkter Herrschaft, beschränkt durch das Landesrecht und die Landstände, in die der Landesfürst eingebunden ist. Hier soll nun in der Folge von - bloßer - Herrschaft nur dann gesprochen werden, wenn diese nicht mit dem Territorialtypus Land zusammenfällt, von ihm also verschieden ist.

2. Landähnliche Herrschaft

Schematisch besehen, fehlt dieser Form der Herrschaft eines der essentiellen Landesmerkmale, vor allem das Landesrecht und allenfalls zusätzlich noch die Landsgemeinde. In diesem Sinne kann Herrschaft Vorform zum später voll entwickelten Land sein oder „unvollständiges Land" bleiben, damit die Landesbildung verfehlen. Beispiele für „werdende Länder" bieten in der Folge diese selbst. Unvollständig gebliebenes Land ist beispielsweise das Titularherzogtum Meranien[12], die Herrschaft des (Titular-) Herzogs von Meranien, in der es zu keiner Ausbildung eines Landesrechts kommt, die Adelsversammlung bildet auch keine Korporation. Was hier nicht beabsichtigt war, eine spätere Entwicklung aber hätte bringen können, gehört im Falle der Erhebung der Herrschaft der Grafen von Cilli[13] in den Reichsfürstenstand 1436 zum bewußten Plan einer Landesbildung. Er blieb durch das Aussterben der Grafen von Cilli schon 1456 unrealisiert, die Landesbildung, sichtbar im Landgericht zu Cilli, fand nicht statt.

---

[11] *O. Stolz*, Zur Entstehung und Bedeutung des Landesfürstentums im Raume Bayern - Österreich - Tirol, in: ZRG/GA 71, 1954, 344; *Brunner*, wie Fn 2, 197.

[12] Ebda 214; *Brauneder*, Verfassungsgeschichte, 23; *Lechner*, Österreich, in: *G. W. Sante* (Hrsg), Geschichte der deutschen Länder. „Territorien-Ploetz" I, 1964, 693, 707, 730.

[13] *Brunner*, wie Fn 2, 197; *M. Mitterauer*, Ständegliederung und Ländertypen, in: Herrschaftsstruktur und Ständebildung III, 1973, 162; *Lechner*, wie Fn 12, 683f, 709.

3. Klein-Herrschaft

Darunter werden kleinräumige, aber dennoch reichsunmittelbare Herrschaftsgebiete verstanden, in denen es, eben aufgrund der Kleinräumigkeit, nicht zur Ausbildung einer Landsgemeinde und eines Landesrechts kommt. Hierher zählen etwa die Reichsgrafschaften Drosendorf und Hardegg nördlich des Herzogtums Österreich an der Grenze zu Böhmen oder vor allem die Gebiete der Reichsritterschaft im Südwesten des Reiches[14].

4. Land mit „partes annexae"

Hier handelt es sich um eine Herrschaft, die ihr Zentrum in einem Land besitzt, über dieses aber in angefügten Teilen hinausgeht: In ihnen gilt nicht das Landesrecht, sie beschicken nicht die Landsgemeinde. Dies ist der Fall bezüglich der Herrschaftssprengel der Herzöge von Österreich „intra fines Hungariae"[15] wie auch der Steiermark, wo die Ausübung der Herzogsgewalt in einem größeren Territorium als bloß im Land erfolgt, nämlich überdies noch in einem „membrum ducatui austrie annexum"[16]. Typisch für ein Land mit „partes annexae" ist auch die Herrschaft des Erzbischofs von Salzburg, die sich neben dem geschlossenen Gebiet nördlich des Alpenhauptkammes auf den südlich angrenzenden Lungau sowie Exklaven südlicher davon erstreckt[17]: Die erstgenannten Gebiete entwickeln sich zum Land, die Exklaven verbleiben bloß im Herrschaftsbereich außerhalb desselben: in ihnen gilt nicht Salzburger Landesrecht, sie beschicken nicht den Salzburger Landtag.

Partes annexae besitzen auch landesfürstenlose Länder wie die späteren Schweizer Kantone in den „Untertanengebieten", die von der Obrigkeit des Kantons regiert werden, ohne aber diesem anzugehören. Manche Untertanengebiete unterstehen als „Gemeine Herrschaften" mehreren Kantonen als gemeinsam verwaltetes Kondominium"[18].

---

[14] *Brunner*, wie Fn 2, 197; *Lechner*, wie Fn 1, 437ff; *V. Press*, Reichsritterschaften, in: *K. G. A. Jeserich - H. Pohl - G.-Ch. v Unruh* (Hrsg), Deutsche Verwaltungsgeschichte I, 1983, 679ff.

[15] *Brunner*, wie Fn 2, 198.

[16] *Lechner*, wie Fn 1, 438.

[17] Zum Folgenden *Brunner*, wie Fn 2, 223ff.

[18] *K. H. Peyer*, Verfassungsgeschichte der alten Schweiz, 1978, 58, 60, 36ff.

5. Länderverbindungen

Herrschaft kann auch darin bestehen, daß mehrere Länder zumindest in Personalunion verbunden sind. Auch hierzu können partes annexae treten. Derartige großräumige Herrschaften entstehen im westlichen Ostalpenraum durch die Erwerbungen des Hauses Görz, die das Dominium Goritiae, sowie östlich davon durch das Haus Habsburg, die das Dominium Austriae bilden. Beide Dynastien[19] teilen ihren Herrschaftskomplex auf unterschiedliche und wechselnde Weise. Im Hause Habsburg etabliert vor allem 1379 der Neuberger Vertrag die Ländergruppen-Herrschaft der leopoldinischen Linie einerseits und die der albertinischen Linie andererseits[20]. Beide umfassen jeweils mehrere Länder mit partes annexae. Die Länderverbindung als Herrschaft hebt sich vom jeweiligen Land insbesondere dadurch ab, daß die Politik des oder der Herrschaftsinhaber überwiegend auf den Herrschaftskomplex bezogen ist, während jedes Land seine eigene Politik betreibt, da es durch seine Landstände vertreten wird. Sie repräsentieren das Land, insbesondere jene faktisch ohne Landesfürsten, die Dynastie steht für die Länderverbindung und ihre partes annexae als Herrschaft[21].

Ländergruppen-Herrschaft entsteht aber auch anders als durch fürstlich-dynastische Unionen, nämlich bei Territorien ohne Territorialfürsten. Anders als dort können hier die nicht-fürstlichen Regenten freilich keine dynastisch-familiären Bindungen eingehen, an ihre Stelle treten Bündnisse mit spezifischen Sachinhalten. Es sind dies die Eidgenossenschaften in Vorarlberg[22] und vor allem in der Schweiz. Die „confoederatio" umfaßt hier die Kantone als landesfürstenlose Länder sowie mit deren „Untertanengebieten" auch partes annexae in vielfältigen und komplizierten Formen.

---

19 *Brauneder*, Verfassungsgeschichte, 49ff.

20 Hierzu eingehend: *H. Hantsch*, Geschichte Österreichs I, 1953, 167, 176ff, 196ff; eher ahistorisch-positivistisch *E. C. Hellbling*, Die habsburgischen Rechtsnormen des Mittelalters in rechtlicher Sicht, in: *N. Grass - W. Ogris* (Hrsg), Festschrift Hans Lentze, 1969, 311f; im Überblick: *Brauneder*, Verfassungsgeschichte, 49ff.

21 Zur Gleichung „Stände" = „Land" bzw „Dynastie" = „Herrschaft": *H. Sturmberger,* Kaiser Maximilian I., in: *ders*, Land ob der Enns und Österreich. Aufsätze und Vorträge, 1979, 141.

22 S u II L.

II. Einzelne Territorien

Als Beispiel für die zum Teil höchst unterschiedliche Art der Territorienbildung und damit des Territoriencharakters seien einige süddeutsch-österreichische Territorien in ihrer mittelalterlichen Entwicklung kurz vorgeführt, und zwar im Uhrzeigersinn beginnend im Osten.

A. Österreich (unter der Enns)

Im Jahre 1156 wird die Mark Österreich[23] zum Herzogtum erhoben und damit von Bayern losgelöst. In diesem 12. Jahrhundert existiert ein Landesrecht, das Landesbewußtsein schlägt sich auch in der konkreten Bezeichnung „Osterlant" nieder, die genauer als das unscharfe „Ostarrichi" ist. Dessen Wortteil „riche" (Reich) bezeichnet bloß irgendeinen Herrschaftsbereich ohne Landescharakter, wie etwa „Poigreich" die Herrschaft des Grafen von Poigen-Rebgau um Horn. So steht „Ostarrichi" ursprünglich unpräzise für einen Herrschaftsbereich im östlichen Grenzraum des Reiches wie 998 „regio Ostarrichi" und „Ostarrichi", allein nachträglich um etwa 1000 in eine Urkunde von 996 eingesetzt[24]. Noch vor 1156 ist vom Landesfürstentum (principatus) die Rede, bald darauf 1177 vom princeps terrae und sodann 1192 vom dominus terrae. Das Herzogtum stellt jedoch keineswegs ein geschlossenes Territorium unter alleiniger herzoglicher Obergewalt dar. Es sind die einzelnen Herrschaften nämlich grundsätzlich „die eigentlichen Strukturelemente des Landes Österreich"[25]. Zu ihnen zählen neben jenen des Herzogs als ehemaligen Markgrafen „Bezirke, für die sich Ansätze eines eigenen Land- und Territorialrechtes finden"[26], nämlich reichsunmittelbare Herrschaften, Herrschaften auswärtiger Reichsfürsten in den feuda extra curtem, die erst allmählich an den Herzog fallen und in das Land inkorporiert werden, was sich darin zeigt, daß der Herzog weiterhin auch die Titel dieser Gebiete führt wie etwa „Markgraf von Drosendorf"[27].

---

23 Zum Folgenden: *Lechner*, wie Fn 12, 623f, 627ff; *Stolz*, wie Fn 11, 344f; *Brauneder*, Verfassungsgeschichte, 26; *Brunner*, wie Fn 2, 200ff.

24 *Lechner*, wie Fn 1, 409; *Brunner*, wie Fn 2, 201f.

25 *Lechner*, wie Fn 1, 459.

26 Ebda 437.

27 Ebda 437ff.

B. Land (Österreich) ob der Enns

Hier[28] erfolgt eine besonders interessante Landesbildung. Aus Herrschaften mit dem Charakter von partes annexae zu den Ländern Steiermark und Österreich, aus Klein-Herrschaften sowie Klein-Ländern wächst das Land einerseits durch den Herzog von Österreich zusammen, andererseits aber bilden sich eine eigene Landsgemeinde und schließlich eigene, von Österreich (unter der Enns) unabhängige Landstände.

Dem Herzog von Österreich gelingt es also nicht, diese Herrschaften in sein Land Österreich zu inkorporieren! Zwar gilt es 1254 als „provincia" und sogar noch 1358 als „marchia" des Herzogtums Österreich, aber eben als abgesonderter Teil, 1437 dann als eigenes Fürstentum. Denn schon im 13. Jahrhundert besitzt das Land ob der Enns einen eigenen Landrichter, ein eigenes Landesrecht sowie eine eigene Gerichtsgemeinde. Ähnlich wie in Österreich existieren noch landähnliche Herrschaften, etwa das Ischlland oder das Gebiet der Grafen von Schaunberg. Da das Land ob der Enns vom Landesfürsten eines anderen Landes mitgeformt wird, gibt es ein typisches Beispiel für ein Land faktisch ohne Landesfürsten ab: Nur von 1457 bis 1462 besitzt es in Albrecht VI. einen eigenen Landesfürsten, ansonsten regiert der Landesfürst infolge Personalunion von einem der anderen habsburgischen Länder aus. Deutlich wird dies übrigens insoferne, als das Land ob der Enns kein eigenes Reichslehen bildet, sondern als Österreich schlechthin ein solches gemeinsam mit dem Land unter der Enns, so daß etwa 1373 vom „Herzogtum unter und ob der Enns" die Rede ist. Reichs- bzw lehenrechtlich existiert somit kein eigener obderennsischer Reichsfürst! Den - auswärtigen - Landesfürsten repräsentierte der für ihn amtierende Landeshauptmann. Zeitweilig war dieses Amt nahezu erblich, weitere Ämter waren vom Landeshauptmann abhängig. Allerdings unterstand ihm das ganze Land erst im 15. Jahrhundert, nunmehr war es fast voll als eigener Rechtsbezirk ausgebildet. Typisch dafür ist die Einteilung des Landes in vier Viertel als Verwaltungssprengel 1478 und 1490 die Nennung einer Stadt, Linz/Donau, als Hauptstadt.

[28] Zum Folgenden: *Lechner*, wie Fn 12, 658ff, 661, 663f; *Brauneder*, Verfassungsgeschichte, 27; *Brunner*, wie Fn 2, 205ff; *O. Hageneder*, Territoriale Entwicklung, Verfassung und Verwaltung im 15. Jahrhundert, in: Tausend Jahre Oberösterreich, 1983, 53ff; *ders*, Land ob der Enns und die Herrschaft Freistadt im späten Mittelalter, in: Jahrbuch des oberösterreichischen Musealvereins 27, 1982, 55ff.

C. Steiermark

Die Landesbildung[29] erfolgt ähnlich wie in Österreich, wird jedoch stärker vom (späteren) Landesfürsten bestimmt, und zwar mangels anderer Herrschaften im Land. Dies manifestiert sich auch darin, daß die Dynastie der Herren von Steyr dem Land den Namen gibt und nicht umgekehrt die Dynastie den Namen des Landes annimmt wie im Falle Österreichs. Wie hier geht die Herrschaft des Herzogs über das Land hinaus, sein „Herzogtum" umfaßt auch Gebiete im Land Kärnten. Herrschaften auswärtiger Landesfürsten wie vor allem Salzburgs zählen zum Land, dies trotz eigener Hochgerichtsbarkeit. 1180 wird die Mark zum Territorialherzogtum erhoben; jedoch war bereits 1158 vom princeps de styre die Rede, 1160 von der terra[30].

D. Kärnten

Das Land Kärnten[31] entsteht durch einen Reduktionsprozeß im Bereich des alten gleichnamigen Amtsherzogtums, das mit seinen Marken bis nach Oberitalien, z B Verona, ausgriff. Das Herzogtum ist anfänglich auch hier größer als das Land, doch reduziert es sich schließlich auf das letztere. In bezug auf diese terra (1228) gilt 1239 der Herzog als princeps terrae.

Die Reduktion des Herzogtums zum Land erfolgt durch die Ausbildung von landähnlichen Herrschaften zu Ländern wie etwa im Falle der „Karantanischen Mark" zum Land Steiermark sowie Krains und der Vorderen Grafschaft Görz, des heutigen Osttirol. Ähnlich kann Salzburg den Lungau in seine Landesbildung einbeziehen. Die salzburgischen wie auch die bambergischen Exklaven, vor allem diese mit dem Mittelpunkt Villach, machen die Landesbildung mit, bewahren jedoch bis in die Neuzeit einen hohen Grad an Selbständigkeit[32].

---

29 Zum Folgenden: *Lechner*, wie Fn 12, 675ff, 678; *Stolz,* wie Fn 11, 345; *Brauneder*, Verfassungsgeschichte, 26f; *Brunner*, wie Fn 2, 207ff; *Lechner*, wie Fn 1, 406f; *A. Mell,* Grundriß der Verfassungs- und Verwaltungsgeschichte des Landes Steiermark, 1929, 141f.

30 *Lechner*, wie Fn 1, 407.

31 Zum Folgenden: *Lechner*, wie Fn 12, 689ff, 696; *Stolz,* wie Fn 11, 345; *Brauneder*, Verfassungsgeschichte, 25f; *Brunner*, wie Fn 2, 209f, 211, 212f.

32 *Lechner*, wie Fn 1, 435f.

E. *Krain*

Hier[33] handelt es sich neben der Steiermark um eine der Landesbildungen im Bereich des Amtsherzogtums Kärnten. Dieses langsame Herauswachsen wird darin deutlich, daß zwar noch 1261 der Herzog von Kärnten als „dominus Carniolae et Marchiae" bezeichnet wird, diese aber dadurch als abgehobene Gebiete erscheinen. Die Landesbildung erfolgt denn auch dadurch, daß diese zwei Klein-Länder zu einem Lande verschmelzen, nämlich (Alt-) Krain mit der Windischen Mark, die trotz Verschmelzung weiterhin zwei Reichslehen bleiben, aber etwa 1284 gemeinsam als „terra Carniolae et Marchia Slavonice" gelten. Dazu werden später auch andere Herrschaften z B in Istrien angefügt. Innerhalb des Landes liegen freilich Immunitäten von Brixen und Freising mit besonderen Gerichtsständen.

F. *Görz*

Das Dominium Goritiae[34] (1271) der Grafen mit Sitz auf der Burg Görz ist eine Herrschaft, die aus Ländern, Klein-Herrschaften und sonstigen Gebieten besteht und zudem keine räumliche Geschlossenheit aufweist. Zum dominium gehören neben Herrschaften etwa in Istrien auch die zuvor erwähnte Windische Mark und als eigenes Land die „Vordere Grafschaft Görz", das spätere Osttirol, sowie die (eigentliche) „Grafschaft Görz" mit gleichnamiger Burg und Stadt als Stammland.

G. *Bayern*

Ähnlich[35] wie Kärnten entwickelt sich Bayern dadurch zum Land, daß, wie dort das Amtsherzogtum, hier das Stammesherzogtum einen Reduktionsprozeß durchläuft: Es sind vor allem geistliche Fürsten wie der Bischof von Passau, der Erzbischof von Salzburg und der Propst von Berchtesgaden, dann die Grafen von Tirol, die aus ihren Herrschaften Länder entwickeln,

---

33 Zum Folgenden: *Lechner*, wie Fn 12, 706ff, 708f; *Brunner*, wie Fn 2, 213f.

34 Zum Folgenden: *Lechner*, wie Fn 12, 731; *Stolz*, wie Fn 11, 345f; *Brunner*, wie Fn 2, 218ff.

35 Zum Folgenden: *A. Kraus*, Geschichte Bayerns, 1988, 126ff; *B. Hubensteiner*, Bayern, in: *Sante*, wie Fn 12, 326ff, 329ff, 332f; *Brunner*, wie Fn 2, 220ff; *P. Fried*, „Modernstaatliche" Entwicklungstendenzen im bayerischen Ständestaat des Spätmittelalters. Ein methodischer Versuch, in: *Patze*, wie Fn 1, 301ff; *K. Bosl*, Stände und Territorialstaat in Bayern, in: *Patze*, wie Fn 1, 343ff.

die schließlich eigenberechtigt neben das Land Bayern treten. Der Herrschaftsbereich des Herzogs von Bayern, das Herzogtum, ist ebenso wie in den Fällen Österreich und Steiermark größer als das Land, er umfaßt etwa auch das Mondsee- und Wolfgangseegebiet, welche die bayerische Landesbildung nicht mitmachen, ferner die bayerischen Lehen im Land Österreich. Im Land besteht, neben den diversen Grundherrschaften, Vogteien etc der wittelsbachischen Herzöge, auch Dynastenbesitz.

Wie im Dominium Goritiae beziehungsweise Austriae die Fürsten ihren Herrschaftskomplex teilen, so die bayerischen Herzöge das Land Bayern. Zwischen 1255 und 1506 existieren mit Ober- und Niederbayern zumindest je zwei eigene Länder mit partes annexae, jedoch mit einheitlichem Landesrecht und besonders daher unter Wahrung der Idee eines einheitlichen „land zu Bayern“, das nahezu identisch ist mit der fürstlich-dynastischen Herrschaft als „Haus zu Bayern“[36].

H. Berchtesgaden

Das Land des Propstes von Berchtesgaden[37] besteht im Kern aus einer seit 1194 mit Immunität ausgestatteten Grundherrschaft, die einhundert Jahre danach auch den Blutbann erwerben kann. Ab dem 16. Jahrhundert ist der Propst überdies Reichsfürst. Die Holden der Grundherrschaft besitzen allerdings, anders als ansonsten in einer Grundherrschaft, ihre Erblehen nach Landrecht, sind zu Kriegsdienst verpflichtet, so daß die weiteren Elemente eines Landes, nämlich Landesrecht und Landsgemeinde, vorhanden sind.

I. Salzburg

Hier wird die Duplizität von Herrschaft und Land besonders deutlich[38]. Die Herrschaft des Erzbischofs von Salzburg setzt sich aus diversen Grafschafts-

---

36 *Kraus,* wie Fn 35, 120f, 162ff; *Brunner*, wie Fn 2, 222; *Th. Straub,* Bayern im Zeichen der Teilungen und der Teilherzogtümer (1347-1450), in: *M. Spindler* (Hrsg), Handbuch der bayerischen Geschichte II, 1966, 254ff.

37 Zum Folgenden: *Stolz,* wie Fn 11, 348; *Brunner*, wie Fn 2, 226; *H. Dopsch,* wie Fn 1, 112f.

38 Zum Folgenden: *Lechner*, wie Fn 12, 716ff, 720f; *Stolz,* wie Fn 11, 347; *Brauneder*, Verfassungsgeschichte, 28; *Brunner*, wie Fn 2, 223ff; *H. Dopsch,* Die Entstehung des Territoriums, in: Gesch Slzbgs I/1, 337ff; *F. Koller,* Die innere Entwickung, in: Gesch Slzbgs I/1, 594ff; *H. Dopsch,* Recht und Verwaltung, in: Gesch Slzbgs I/2, 887f; *ders*, 650 Jahre „Land“ Salzburg, in: Österreich in Geschichte und Gegenwart 36, 1992, 264ff; besonders

und Vogteirechten zusammen, wobei sich nur ein Teil dieser Herrschaft zum Land entwickelt. Dies geschieht auf Kosten älterer Territorien, in welchen diese Herrschaft gelegen ist, nämlich Kärnten und Bayern. Als Vorstufe hebt sich zuerst in diesen Ländern das „Gebiet", die „Herrschaft der Lande und Gerichte" des Erzbischofs ab, im 13. Jahrhundert zeigen derartige Mehrzahlformen noch das Fehlen einer (Landes-)Einheit an. Im 14. Jahrhundert wird der Verdichtungsprozeß deutlich; 1328 erläßt der Erzbischof „saecze" für „unser herrschaft", also ein als Einheit verstandenes Gebiet, 1331 ist von „des landesrecht" die Rede, dann, 1342, vom „Land", 1403 vom „Land des Erzbistums zu Salzburg", 1497 etwa vom „Stift-Salzburgischen Land". In dieser, auf den Herrschaftsträger bezogenen Umschreibung lebt die Herkunft des Landes aus der Herrschaft fort. Dies auch im Titel des Landesfürsten: Er nennt stets bloß den Herrschaftsträger, nämlich den Erzbischof von Salzburg, ohne Hinzutreten einer weltlichen Würde, während beispielsweise der Bischof von Würzburg auch den Titel „Herzog von Franken" führt - freilich zurückgehend auf 1168 und damit eine ältere Territorienbildung.

Aus der Phase des werdenden Landes Salzburg neben dem ebenso entstehenden Land Tirol ergibt sich durch die Verzahnung verschiedener Herrschaftsrechte der Streit um die Zugehörigkeit des Zillertales[39]: Hohe Gerichtsbarkeit, Forst- und Bergregal stehen den Grafen von Tirol zu, Grundherrschaft, Niedergerichtsbarkeit und Steuerhoheit dem Salzburger Erzbischof.

Mit der Ausbildung des „Landes des Erzbischofs von Salzburg" in nur einem Teil seiner Herrschaft geht diese über das Land hinaus, nämlich mit Besitzungen in anderen Ländern wie etwa in Österreich, in der Steiermark und in Kärnten.

J. Tirol

Ebenso wie in Salzburg entsteht das Land Tirol[40] allmählich durch die Ausdehnung und Verdichtung von Herrschaft vor allem im Herzogtum Bayern. Noch 1271 gelten die diversen terrae und provinciae als Dominium Tirolis, also als Herrschaft der Grafen von Tirol, dann 1282 diese ihrerseits als terra.

---

fundiert *F. Zaisberger*, „Das Land und Erzstift Salzburg". Ein Beitrag zur Entstehung des Landes und seiner Grenzen, in: *E. Riedenauer* (Hrsg), Landeshoheit, 1994, 213ff.

39 *Stolz,* wie Fn 11, 347.

40 Zum Folgenden: *Lechner*, wie Fn 12, 218, 730ff, 733; *Stolz,* wie Fn 11, 346f, 348; *Brauneder*, Verfassungsgeschichte, 28; *Brunner*, wie Fn 2, 227ff.

Nunmehr existieren bereits Landesrecht und Landsgemeinde. Auch hier wird, ähnlich wie bei Salzburg, bis Anfang des 15. Jahrhunderts die Landesherkunft aus einer Herrschaft in Mehrzahl-Bezeichnungen wachgehalten wie etwa „Grafschaft Tirol und die (übrigen) Herrschaften", was deutlich die besondere Landesstruktur schon ins zeitgenössische Bewußtsein hebt, und zwar als empfundenen Unterschied zu den geschlosseneren Ländern Österreich oder Steiermark.

Auch nach der Landesbildung geht der Herrschaftsbereich des Tiroler Landesfürsten über das Land hinaus[41]. Nicht zum Land gehören anfangs die von Bayern erworbenen Gebiete insbesondere im Unterinntal, wo bis 1532 noch bayerisches Recht gilt. Allmählich werden derartige Gebiete jedoch dem Lande inkorporiert. Eine faktische Inkorporation erfaßt selbst die Reichsfürstentümer der Bischöfe von Trient und von Brixen, die jedoch rechtlich dem Lande Tirol bloß „ratione foederis" verbunden sind.

K. Schwaben

Mit[42] Schwaben betreten wir einen ganz anderen Territorien-Typus. Das Charakteristikum gegenüber den sonstigen süddeutsch-österreichischen Territorien besteht im ersatzlosen Fortfall des Stammesherzogtums. Die ihm unterstellten Herrschaftsträger werden dadurch reichsunmittelbar, ihre Territorien zu Herrschaften und eventuell auch Ländern[43] . Die Folge davon ist die, daß besonders das Gebiet im Dreieck zwischen Bodensee-Donau-Lech in seiner „äußersten territorialen Zersplitterung beispielhaft für derartige Erscheinungen geworden (ist). Hier versagt jeder Versuch einer Ordnung"[44]. So finden wir denn hier auch Territorien unterschiedlichster Art, nämlich solche von Reichsfürsten, Reichsstädten, Reichsklöstern, Reichsrittern und sogar Reichsdörfern im Elsaß sowie Gerichtsgemeinden[45]. Diese Territorien bilden einerseits Länder unterschiedlichster Art, andererseits Herrschaften in verschiedenartigsten Varianten. Dazu kommen Versuche überterritorialer Herrschaftsbildung wie oftmals durch die Habsburger mit der Absicht der Wiederherstellung des Herzogtums Schwaben[46]. Erfolg beschieden ist je-

---

41 Zum Folgenden: *Hubensteiner*, wie Fn 35, 332, 335; *Lechner*, wie Fn 12, 730, 732.

42 Zum Folgenden: *P. Blickle - R. Blickle* (Hrsg), Schwaben von 1268 bis 1803, 1979, 28ff; *E. Gönner - W. Zorn,* Schwaben, in: *Sante*, wie Fn 12, 293ff.

43 *Stolz,* wie Fn 11, 348.

44 *F. Uhlhorn - W. Schlesinger,* Die deutschen Territorien, in: Handbuch der deutschen Geschichte, 9. Aufl 1979, 13, 168.

45 *Blickle - Blickle,* wie Fn 42, 39.

46 *Uhlhorn - Schlesinger,* wie Fn 44, 173f.

doch schließlich allein Württemberg, das sich zu einer derartigen überterritorialen Herrschaft und schließlich zum Land entwickelt[47]. Nicht gelingt dies den Habsburgern mit ihrer überterritorialen Herrschaft Vorderösterreich. Dieses bleibt stets Herrschaft über mehrere Länder mit je eigenen Landständen wie etwa Schwäbisch-Österreich im Donauraum mit insbesondere Burgau, Vorderösterreich im engeren Sinne im Rheingebiet um Freiburg/Breisgau[48] und schließlich Vorarlberg.

L. Werdendes Vorarlberg

Das Gebiet zwischen Bodensee und dem Arlen (Arlberg) zerfällt bis in das 16. Jahrhundert hinein in einzelne Herrschaften und Klein-Länder. Der Großteil von ihnen tritt zueinander in Verbindung einmal durch Eidgenossenschaften ähnlich wie in der Schweiz sowie durch Personalunionen der Habsburger. Dieser Prozeß gleicht der Bildung des Landes ob der Enns: Zum Zusammenschluß der Herrschaften tritt die verbindende Wirkung der Personalunion des Landesherrn - von auswärts! Wie dort inkorporiert er wegen der Ausbildung der Landsgemeinde auch hier seine Erwerbungen nicht mit dem Nachbarland, nämlich Tirol. So formen Landesherr und Herrschaften gemeinsam ein neues Land. Dieses, vorerst als „Land" schlechthin (1412), dann als „Land im Walgau" bezeichnet (1444), kann seine Herkunft aus mehreren Herrschaften nicht so bald abstreifen: Noch 1474 ist beispielsweise die Rede von den „vier Herrschaften enhalb des Arlen", sie bilden in Mehrzahl „die vorderen Lande", noch 1525 nennt sich der Bregenzerwald „Land", das „dem Hause Österreich ohne Mittel" zugehörig sei. 1541 tritt der erste Landtag des „Walgau", des späteren Vorarlberg, zusammen. An diesem Prozeß nehmen die Klein-Länder Vaduz und Schellenberg nicht teil; sie bilden zusammen die ländergruppenähnliche Herrschaft der Brandis, die um 1700 die Liechtensteins erwerben, die sie 1719 zu einem eigenen Land, Liechtenstein, zusammenfügen[49].

---

47 Ebda 173f.

48 *H. E. Feine,* Entstehung und Schicksal der vorderösterreichischen Lande; *F. Huter,* Vorderösterreich und Österreich. Von ihren mittelalterlichen Beziehungen, jeweils in: *F. Metz* (Hrsg), Vorderösterreich, 4. Aufl 2000, 43ff.

49 Zum Folgenden: *Lechner*, wie Fn 12, 743ff, 751; *Brauneder*, Verfassungsgeschichte, 29; *Brunner*, wie Fn 2, 231; *Bilgeri*, wie Fn 5, 314ff; *ders,* Vorarlberger Demokratie vor 1861, in: Landstände und Landtag in Vorarlberg, 1961, 19; *A. Niederstätter,* Beiträge zur Verfassungs- und Verwaltungsgeschichte Vorarlbergs (14. bis 16. Jahrhundert), in: Montfort 39, 1987, 53ff; *O. Stolz,* Verfassungsgeschichte des Landes Vorarlberg, in: Montfort 5, 1950, 23ff. Zu Liechtenstein: *P. Raton,* Liechtenstein, Staat und Geschichte, 1969, 16ff; *D. Stievermann,* Geschichte der Herrschaften Vaduz und Schellenberg zwischen Mittelal-

III. Bedingungen der inneren Territorialstruktur

Die innere Struktur der Territorien, Länder wie Herrschaften, hängt von mehreren Faktoren ab, die aber sämtliche im Verhältnis der einzelnen Herrschaftsträger und Obrigkeiten zueinander wurzeln. Einen Faktor bildet die Stellung des Territorialherrn zum übrigen Adel (unten A), einen anderen die Zusammensetzung der Territorial- bzw der Ständeversammlung (unten B), schließlich einen weiteren das Verhältnis dieser beiden Faktoren zueinander, womit aber der grundsätzliche Faktor der Existenz beziehungsweise Nicht-Existenz eines Territorialherrn verbunden ist (unten C).

A. Territorialherr und Adel

1. Die Stellung des Territorialherrn

Jeder Reichsfürst[50] ist zwar Territorialherr, es muß aber nicht jeder Territorialherr Reichsfürst, sondern er kann auch reichsunmittelbarer Graf oder Freiherr sein wie besonders die Reichsritter. Im erstgenannten Fall besitzt der Territorialherr als Reichsfürst einen besonderen rechtlichen Vorrang gegenüber dem sonstigen Adel in seinem Territorium. Es ist dies die ältere Situation wie sie das Statutum in favorem principum und die Sententia de iure statuum terrae von 1232 festschreiben: Die „domini terrae" werden hier Überwiegend „principes" genannt[51]. Als solche sind sie dem übrigen Territorialadel anerkanntermaßen vor- und übergeordnet.

Die zweitgenannte Situation der nicht-reichsfürstlichen Territorialherrn ist das Ergebnis einer jüngeren Entwicklung, in der Regel eines Kampfes mit ursprünglich gleichrangigen Konkurrenten, Grafen und Freiherrn, von denen einem die Territorialbildung gelingt - zu Lasten der anderen und des ihnen allen übergeordneten Reichsfürsten. Damit korrespondiert, daß diese Territorien wenigstens anfänglich zersplittert oder kleinräumig, erstere hingegen geschlossen und größer sind[52].

---

ter und Neuzeit, in: *V. Press - D. Willoweit* (Hrsg), Liechtenstein - Fürstliches Haus und staatliche Ordnung, 1987, 87ff.

50 Hierzu *Stolz*, wie Fn 11, 348ff; *Brauneder*, Verfassungsgeschichte, 31ff; *Brauneder,* Civitas, 15-36.

51 *D. Willoweit*, Deutsche Verfassungsgeschichte, 4. Aufl 2001, 69ff, 82ff.

52 *H. Boldt,* Deutsche Verfassungsgeschichte I, 1984, 198.

2. *Allodialbesitz der Territorialherrn*

Allodial- beziehungsweise Urbarialbesitz gibt politisch-wirtschaftliche Macht, er verschafft dem Territorialherrn zwar nicht rechtliche, so doch tatsächlich-politische Dominanz über den Territorialadel[53]. Besonders dominierend tritt derartiger Besitz in der Steiermark entgegen. So wird denn auch 1180 der größte Allodialherr der Mark zum Herzog erhoben, typisch auch noch 1411 die Bezeichnung „Landesfürst und Erbherr". Weniger stark, aber dennoch bedeutsam ist Allodialbesitz des Landesfürsten in Bayern und Österreich; er schafft hier ein Gleichgewicht zu den Landständen. Unbedeutend hingegen ist er in Kärnten, demnach ist hier auch die landesfürstliche Gewalt schwach entwickelt[54].

B. *Zusammensetzung der Territorialversammlung*

1. *Ältere Länder*

Es[55] sind dies jene Länder, die aus einer bereits vorgegebenen Einheit entstehen wie Kärnten aus einem Amtsherzogtum, Bayern aus einem Stammesherzogtum, Österreich sowie die Steiermark aus Marken. Der hohe Adel ist hier kraft rechtlicher Fixierung Partner des ihnen gegenüber höherrangigeren Landesfürsten und bildet schließlich den Herrenstand. Weitere Gruppen steigen zur Landstandschaft dadurch auf, daß sie sich von den adeligen Herrenrechten dieser Herren emanzipieren. Dies gelingt in den genannten Ländern den Bauern nicht. Die Landsgemeinde besteht hier schließlich aus den Ständen der Herren, Ritter, Prälaten und Städtevertreter.

2. *Jüngere Länder*

Sie[56] entstehen nicht aus einer vorgegebenen Einheit, sondern wachsen allmählich zu einer Einheit zusammen wie etwa Tirol, Salzburg und Vorarlberg. Hier sind die Herren Konkurrenten des auch ihnen zugehörigen potentiellen Landesherrn, der seine Stellung erst durch das Ausschalten dieser Konkurrenten erreicht. Weitere Gruppen erreichen hier die Landstand-

---

53 *Stolz,* wie Fn 11, 349f.

54 Hierzu ebda 344f; *Brauneder*, Verfassungsgeschichte, 33.

55 Hierzu *Mitterauer*, wie Fn 13, 115ff, 199f; *Brauneder*, Verfassungsgeschichte, 25; *Brunner*, wie Fn 2, 195f.

56 *Mitterauer*, wie Fn 13; *Brauneder*, Verfassungsgeschichte, 27f.

schaft weniger durch eine Emanzipation von fortbestehenden Herrenrechten der Herren, als vielmehr zu deren Wegfall, da sie nun einen Teil der landesfürstlichen Stellung ausmachen; dies ermöglicht auch den Aufstieg der Bauern zur Landstandschaft.

So besteht die Landsgemeinde in Tirol aus Adel, Prälaten, Städtevertretern und Vertretern der ländlichen Gerichtsgemeinden, ähnlich in Salzburg, wo letztere allerdings späterhin wegfallen[57]. Gänzlich am Adel und auch an Prälaten mangelt es in Vorarlberg[58]: Der Landtag besteht demnach nur aus Vertretern der Städte und der ländlichen Gerichtsgemeinden.

3. *Einfache Herrschaften*

Die innere Struktur ist hier dadurch gekennzeichnet, daß sich keine institutionalisierte Versammlung der Obrigkeiten im Territorium bildet wie etwa im Herzogtum Meranien oder im Lande der Grafen von Cilli[59].

4. *Ländergruppen-Herrschaften*

Hier[60] wiederholt sich entweder auf einer höheren Ebene die Landesstruktur insoferne, als neben den gemeinsamen Landesfürsten Ausschuß- oder gar Generallandtage treten, oder es unterbleibt dies wie im Fall der dynastischen Länderverbindung (s o I C 5). Die Entwicklung von General- und Ausschußlandtagen beginnt in den habsburgischen Ländern Ende des 15. Jahrhunderts[61]. Eine dauerhafte Ausbildung von Generalständen wie etwa in den nördlichen Niederlanden verhindert aber schließlich nicht etwa die Stärke der Länder als etablierte Territorialeinheiten gegenüber ihrer Verbindung, sondern der monarchische Absolutismus durch seinen Sieg über die Landstände nach Beginn des Dreißigjährigen Krieges.

---

57 *J. Riedmann*, Mittelalter, in: Geschichte des Landes Tirol I, 1985, 447; *Koller*, wie Fn 38, 594ff.

58 *Bilgeri*, wie Fn 5, 314f.

59 *Mitterauer*, wie Fn 13, 162; *Brauneder*, Verfassungsgeschichte, 23; *Brunner*, wie Fn 2, 217f.

60 Hierzu *Brauneder*, Verfassungsgeschichte, 49ff, insbesondere 54 sowie 69ff, insbesondere 73; *A. Luschin v Ebengreuth*, Grundriß der österreichischen Reichsgeschichte, 2. Aufl 1918, 103, 106; *A. Jäger*, Geschichte der Landständischen Verfassung Tirols II/2, 1885, 490ff; *H. J. Zeibig*, Der Ausschuss-Landtag der gesammten österreichischen Erblande zu Innsbruck 1518, in: AÖG 13, 1854, 236ff; *M. Mayer*, Der Generallandtag der österreichischen Erbländer zu Augsburg (December 1525 bis März 1526), in: Zeitschrift des Ferdinandeums für Tirol und Vorarlberg III. Folge/38, 1884, 1-154.

61 Zur Situation im 16. Jahrhundert: *Brauneder*, Verfassungsgeschichte, 62, 64f, 69ff, 73ff.

C. Territorien ohne Territorialherrn

1. Rechtliche Nichtexistenz eines Territorialherrn

Dies ist der Fall in den Schweizer Kantonen, in manchen Klein-Ländern Vorderösterreichs wie beispielsweise im Gebiete Vorarlbergs. Die Landesverfassung kennt hier keinen Landesherrn[62], die jeweilige Herrschaft ist korporativ-genossenschaftlich organisiert.

2. Faktische Nichtexistenz eines Territorialherrn

Dieses Phänomen scheint in der Literatur bisher zuwenig gewürdigt[63]. Es ist vor allem bei Ländergruppen-Herrschaften oder bei Herrschaften, die aus Ländern mit partes annexae bestehen, anzutreffen. Der gemeinsame Landesfürst derartiger Personalunionen residiert in und aus einem Land über seine mehrländrige Herrschaft, in den übrigen Ländern ist er faktisch nicht existent. Dies trifft insbesondere dort zu, wo der an der Landesbildung beteiligte Landesfürst nicht aus dem späteren Land kommt, sondern diese von auswärts betreibt wie im Falle des Landes ob der Enns und Vorarlbergs. Bei diesen schon in einer Personalunion entstehenden Ländern zeigt sich dies naturgemäß am fehlenden Titel: Titulaturmäßig existiert hier kein eigenes Organ Landesfürst, sondern nur ein „Erzherzog von Österreich" gemeinsam mit dem Land unter der Enns beziehungsweise in Vorarlberg wieder nur ein „Herr" oder „Graf" der einzelnen Teile wie z B Feldkirchs. Andere Personalunionen sind jene, wo bereits vorhandene Länder vereinigt werden und es demnach sowohl die Position und Funktion eines Herzogs von Steiermark wie eines solchen von Kärnten gibt. Von den erstgenannten, den schon in einer Personalunion entstandenen Ländern besitzt nur das Land ob der Enns von 1457 bis 1462 mit Hz Albrecht VI. einen eigenen Landesfürsten, von allen ostösterreichischen Ländern im Zeitraum 1350 bis 1500 einen „eigenen" Herzog nur die Steiermark, und auch dies mit Hz Ernst dem Eisernen nur von 1406 bis 1411. Ansonsten regiert jeder Herzog mindestens zwei Länder - von einem aus!

3. Folgen

Aus dieser Situation versteht es sich denn hauptsächlich wohl auch, daß Otto Brunner, eben aufgrund der Länder faktisch ohne Landesfürsten, für

---

62 *Brunner*, wie Fn 2, 233.

63 *Sturmberger,* wie Fn 19, 141.

das Spätmittelalter folgert: „Die Stände sind das Land“. Dies trifft tatsächlich zu, denn jeder habsburgische Landesfürst ist sozusagen in der Regel „mindestens zwei Länder“[64]! Bei faktischer Nichtexistenz eines Landesherrn entwickeln sich die Stände zu besonders mächtigen Herrschaftsträgern. Dies ist im Bereich der stets mehrländrigen habsburgischen Personalunionen besonders der Fall, hier wieder in den „residenzlosen“ Ländern Kärnten, Vorarlberg und dem Land ob der Enns. Während beispielsweise im 16. Jahrhundert der stets nur einem Land verbundene geistliche Salzburger Landesfürst schon absolut regieren kann, nehmen die Stände jedes der niederösterreichischen Länder bei Abwesenheit des Landesfürsten die alleinige Landesgewalt in Anspruch und in diesem Sinne versuchen die obderennsischen Stände noch zu Beginn des 17. Jahrhunderts ihre Rechte festzuschreiben. Dies folgt nicht zuletzt auch aus der mittelalterlichen Verfassungssituation: Tatsächlich hatten hier die Stände vorrangig vor dem - abwesenden - (Nominal-)Landesfürsten das Land regiert, über diesen die Vormundschaft geführt, darüber auch schiedsrichterlich entschieden und ihn sogar eingesetzt - gleichsam in Auswahl aus der länderübergreifenden Herrschaftsdynastie.

IV. Tendenzen

A. Herrschaftsverdichtung

1. Faktoren

Für den Prozeß der Bildung der Länder aus Herrschaften und sodann der Verdichtung der Länder sind mehrere Faktoren maßgeblich. Zum ersten sind steigende „Staats“-Aufgaben zu verzeichnen, welche die einzelnen Herrschaftsträger im Territorium allein nicht oder nicht sinnvoll bewältigen können. Sie alle oder einige von ihnen schließen sich zu unterschiedlichsten lokalen Verbindungen und Bündnissen zusammen und werden überdies, so bereits ein ihnen übergeordneter Landesfürst vorhanden, aufgrund der Basisverpflichtung zu „Rat und Hilfe“ von diesem vermehrt herangezogen[65]. Es entspricht dies durchaus einer gesamteuropäischen Tendenz, die aus einem einzelnen Notfall geborene Situation in Vorkehrung künftiger Fälle zu perpetuieren, was schließlich mit den Begriffen der necessitas in actu und

---

64 *Brunner*, wie Fn 2, 438; vgl auch *Brauneder,* Anteil, in diesem Band, 37ff.

65 *Brunner*, wie Fn 2, 426ff, 437ff; *Brauneder*, Verfassungsgeschichte, 31.

jener in habitu auch gelehrt-institutionell erfaßt wurde[66]. Aus Rechtsbeziehungen zwischen einzelnen Rechtsträgern entsteht allmählich die Institution des Landtags unter Einschluß des Landesherrn. Dazu treten, zur Bewältigung der steigenden Aufgaben, Behörden der jeweiligen Herrschaftsträger: in den Landesherrn-losen Territorien etwa der Schweizer Kantone die Vögte des Stadtrates, im Land ob der Enns Behörden allein der Landstände, im (werdenden) Vorarlberg diese sogar zeit- und teilweise für den abwesenden Landesherrn[67] einerseits; andererseits in den fürstlich-dualistischen Ländern gleichfalls Behörden der Stände und, in meist geringer Intensität, neben ihnen die des Landesherrn[68].

In Wechselwirkung mit den „Staats"-Aufgaben steht der gelehrte Einfluß der Juristen. In zunehmendem Maße werden sie zum Regieren benötigt und forcieren dieses aufgrund ihrer Ausbildung[69].

2. Ergebnisse

In Herrschaften ohne Landescharakter führt der Verdichtungsprozeß der Herrschaft zur Landesbildung. Im Raum Liechtenstein-Vorarlberg entstehen überwiegend aus Bündnissen und durch habsburgischen beziehungsweise später liechtensteinischen Erwerb der vorherigen Klein-Länder und Herrschaften die Länder Vorarlberg und Liechtenstein, anderswo ist allein die Initiative des späteren Landesherrn maßgeblich wie in Tirol, Salzburg und durch den Bischof von Passau. In Schwaben insgesamt fehlt es an beiden Faktoren, die Zersplitterung bleibt bestehen.

Die Verdichtung von Herrschaften zum Land bewirkt die „jüngere" zweite Welle an Landesbildungen, nämlich auf Kosten schon bestehender Länder wie bei Tirol, Salzburg, Berchtesgaden und Passau zu Lasten Bayerns, bei der Vorderen Grafschaft Görz zu Lasten Kärntens und beim Land ob der Enns zu Lasten Österreichs. Nicht immer ist dieser zweiten Welle Erfolg beschieden wie im Falle Cillis und ähnlich auch bei allen bayerischen Teil-Herzogtümern.

---

66 *E. H. Kantorowicz,* Die zwei Körper des Königs, 1990, 289ff.

67 *K.-H. Burmeister,* Geschichte Vorarlbergs, 4. Aufl 1998, 81ff.

68 *H. Wiesflecker,* Die Entwicklung der landständischen Verfassung in den österreichischen Ländern von den Anfängen bis auf Maximilian I., in: Die Entstehung der Verfassung Österreichs vom Mittelalter bis zur Gegenwart, 1963, 18f; *Luschin v Ebengreuth,* wie Fn 61, 101ff; *Brauneder,* Anteil, in diesem Band, 37ff.

69 *H. Duchhardt,* Deutsche Verfassungsgeschichte 1495-1806, 1991, 56; *Willoweit,* wie Fn 51, 91ff; *R. Schnur* (Hrsg), Die Rolle der Juristen bei der Entstehung des modernen Staates, 1986.

Diese „jüngere“ Welle an Landesbildungen stellt sich als ingesamt dritte Welle in der Ausbildung von Ländern insgesamt dar. In den Amts- und insbesondere Stammesherzogtümern, den Ländern sozusagen der ersten Generation, wurden vor allem im Zuge der Staufischen Reichsreform durch bewußten Rechtsakt, nämlich insbesondere durch die reichsrechtliche Belehnung, weitere Länder gebildet wie 1156 Österreich aus dem Stammesherzogtum Bayern. Mit der Ausbildung dieser Länder der zweiten Generation änderte allerdings die der ersten ihren Charakter: Beide Generationen waren nun sogenannte Territorialherzogtümer. Die Länder der dritten Generation entstanden zu Lasten beider voraufgegangener Generationen, aber doch überwiegend nochmals auf Kosten der ersten Generation.

In schon etablierten Ländern führt die Herrschaftsverdichtung dazu, außerhalb des Landesverbandes stehende Herrschaften zu inkorporieren. Bei räumlicher Nähe geht die Tendenz dahin, partes annexae sowie angrenzende Klein-Herrschaften in das Land einzufügen. Bei identischem Herrschaftsträger wie dem Erzbischof von Salzburg macht dies der Lungau, da vom übrigen Land Salzburg durch den Tauernkamm abgetrennt, besonders deutlich. Bei unterschiedlichen Herrschaftsträgern wie den reichsunmittelbaren Klein-Herrschaften an der Nordgrenze Österreichs erwirbt sie dessen Herzog, um sie schließlich dem Land einzufügen. Ebenso werden Enklaven allmählich dem Land inkorporiert, ein Prozeß, der sich allerdings oft bis in die Neuzeit hinzieht wie im Falle der Brandenburger Lehen in Österreich unter der Enns oder des Bamberger Besitzes in Kärnten. Insgesamt entwickeln sich die Länder durch Verdichtung zum „institutionellen Flächenstaat“ bei noch sehr unterschiedlicher Ausformung.

B. Herrschaftsausweitung: Länder- und Herrschaftsverbindungen

Besonders das fürstlich-dynastische Ziel besteht primär in der „Expansion und Konsolidierung der gewonnenen Macht“, nicht so sehr zielt sie ab auf eine „politische Lenkung der Untertanen“[70].

Ein Ergebnis der territorialherrlichen Expansion sind die Länder- und Herrschaftsverbindungen[71]. So entsteht das Dominium Goritiae aus den Ländern Görz und Tirol sowie diversen Herrschaften. Insbesondere entsteht das Dominium Austriae mit gleichfalls mehreren Ländern und Herrschaften.

---

70 Ebda 74.

71 *Brauneder*, Verfassungsgeschichte, 49f, 52ff; *Sturmberger,* wie Fn 19, 141.

Es sind dies die prägnantesten Beispiele im süddeutsch-österreichischen Raum für die Herrschaft einer Dynastie über einen Großraum durch Personalunionen, Dynastieunionen mit oder ohne Linientrennung, auch durch wechselweise Vormundschaftsführung. Die schon erwähnte Folge ist die, daß einzelne Länder faktisch keinen eigenen Landesfürsten besitzen! Das fürstliche Interesse gilt hier klar, was Heirats- und Erbpolitik unterstreichen, dem Herrschaftsraum, nicht dem einzelnen Land.

Die Tendenz zu Verbindungen besteht aber auch bei Ländern und Herrschaften, die rechtlich oder faktisch keinen Territorialherrn besitzen. Dies ist etwa der Fall bei der „Eidgenossenschaft des Bundes ob dem See" von 1406/07 beziehungsweise dem „Kampfbund der Stände" von 1436 in Vorarlberg[72].

C. Herrschaftserhöhung: Königs- und Kaiserwürde

Zur skizzierten fürstlichen Herrschaftsausweitung tritt das Bemühen um rangmäßige Herrschaftserhöhung durch eine auf Erlangung einer Königs- oder der Kaiserwürde abzielende Politik. Neben den Bestrebungen um die deutsche Königswürde mit der Steigerung in der römischen Kaiserwürde durch vor allem Luxemburger und Habsburger zählen hierher auch die Bemühungen um die Erlangung der Würde eines Königs von Böhmen oder von Ungarn nicht nur durch die eben genannten Dynastien, sondern auch durch die Görzer: Als Rangerhöhung bedeutet die bloße Würde auch ohne tatsächliche Macht wie im Falle der Görzer Könige von Böhmen Gewinn für die dynastische Herrschaft[73]. Kaiser- und Königswürden unterstreichen sichtbar für den Zeitgenossen wie den nachvollziehenden Historiker den Primat der überterritorialen Herrschaft vor dem Land, das so zu einem neben mehreren Herrschaftsbereichen herabgestuft und für militärische und politische Aktionen in oft ganz anderen Herrschaftsgebieten herangezogen wird.

Zur persönlichen Rangerhöhung treten weitergehende Bemühungen, die dem Herrschaftskomplex insgesamt gelten, nämlich dessen Erhebung zu einem Königtum.

---

72 *Bilgeri*, wie Fn 5, 140ff, 195ff.

73 *Lechner*, wie Fn 1, 422ff, 432f; z B in Salzburg auch bloß eine derartige Verwandtschaft: *Zaisberger*, wie Fn 38, 217f, 220.

V. Der Zustand um 1500

A. Abgeschlossene Landesbildung

Gegen 1500[74] ist die Verfestigung der meisten Territorien als Länder abgeschlossen oder nahezu beendet.

In Österreich unter der Enns, im Land ob der Enns und in Kärnten stehen dem Landesfürsten starke Landstände gegenüber. Das Land zerfällt teils in landständische, teils in landesfürstliche Grundherrschaften. Die Landesverwaltung ist hier hauptsächlich Angelegenheit der Landstände, signifikant veranschaulicht in ihrer Residenz, dem Landhaus. Vor allem in den beiden erstgenannten Ländern treten die Landstände dem Landesfürsten höchst selbstbewußt gegenüber.

Die Ursache für diese Variante der Entwicklung liegt offenbar einmal darin begründet, daß es sich hier um ältere Länder mit einem Herrenstand handelt[75]. Dazu kommt vor allem der weitere Umstand, daß diese Länder oftmals faktisch keinen eigenen Landesfürsten besitzen: Eine „Hofburg" gibt es hier nur in Wien, im Land ob der Enns regierte praktisch und in Kärnten überhaupt nie ein eigener Landesfürst: „Die Stände sind das Land"[76].

In Tirol, Salzburg und Steiermark finden wir nur mäßig starke Landstände, dafür überwiegend landesfürstliche Grundherrschaften und eine sowohl landständische wie aber auch eine landesfürstliche Landesverwaltung. Dies gründet einmal darauf, daß in der Steiermark kein starker, in Tirol und Salzburg überhaupt kein Herrenstand besteht. Tirol und Salzburg sind überdies jüngere Länder, wo der Landesfürst den Landesausbau gegen den übrigen Hochadel allein vorangetrieben hat. So besitzen denn auch Graz und Innsbruck ihre „Hofburgen" und die Stadt Salzburg ihre „Residenz".

In Vorarlberg, obwohl gleichfalls ein „jüngeres" Land, sehen wir auf eine andere Entwicklung: Hier erfolgte, anders als in den gleichfalls „jüngeren" Ländern Tirol und Salzburg, die Landesbildung nicht durch eine im Land ansässige Dynastie. Das adelige Wirken kam von außen, Vorarlberg besaß nie einen eigenen, und daher im Lande residierenden Landesfürsten; die „Hofburg" liegt mit Innsbruck jenseits des Arlbergs. Die maßgebliche Kraft im Land stellen daher die Landstände dar - zu denen übrigens weder Adel noch Prälaten gehörten.

---

74 Zum Folgenden *Brauneder*, Verfassungsgeschichte, 36f, 61f, 64f; *K. Gutkas,* Die Stände Österreichs im 16. Jahrhundert, in: Renaissance in Österreich, 1974, 385, 393; *Sturmberger,* wie Fn 21.

75 *Brunner,* wie Fn 2, 231, 233f.

76 Ebda 423.

Bayern zählt zwar zu den älteren Ländern, „jünger" macht es aber der Umstand der langen Landesteilung, so daß sich die Teil-Landesfürsten intensiv um den Ausbau der Teil-Herzogtümer als neue, „jüngere" Länder kümmern konnten[77].

B. Herrschaften

Zahlreiche[78] reichsunmittelbare Territorien haben sich gegen 1500 nicht bis zum Land fortentwickelt. Dies ist vor allem in Schwaben der Fall, wo Teile Vorderösterreichs Herrschaften ohne Landescharakter geblieben sind. Herrschaftscharakter weisen auch die Territorien von Berchtesgaden und Passau auf, der dominierende Territorialherr ist praktisch ein Groß-Grundherr mit einer nur schwachen landständeähnlichen Versammlung neben sich.

C. Länderverbindungs-Herrschaften

Das Dominium Goritiae ist gegen 1500 verschwunden, da sukzessive im Erbwege an die Habsburger gefallen[79]. So bleibt das Dominium Austriae. Eine ähnliche Entwicklung hat zwar auch in Bayern stattgefunden, doch ist hier durch das Zusammenfügen der Teil-Herzogtümer das alte Land wieder entstanden, nicht eine länderübergreifende Herrschaft neuer Konfiguration: Anders als in der habsburgischen Herrschaft, wo die Stände pro Land getrennt bleiben, wachsen sie hier wieder zu gesamtbayerischen Ständen zusammen[80].

Das Dominium Austriae verfestigt Maximilian I.[81] durch Behörden, die er nicht für einzelne Länder errichtet, sondern für Ländergruppen: in Innsbruck für die oberösterreichischen Länder Tirol und Vorderösterreich, in Wien für die niederösterreichischen Länder Österreich unter und ob der Enns sowie Innerösterreich. Den länderübergreifenden Herrschaftscharakter betont weiters der Umstand, daß die Wiener Behörden zum Teil auch

---

77 *K. Bosl,* Staat, Gesellschaft, Wirtschaft im deutschen Mittelalter, in: Handbuch der deutschen Geschichte, 5. Aufl 1980, 7, 225f; *ders,* Die Geschichte der Repräsentation in Bayern, 1974, 54.

78 *Blickle - Blickle,* wie Fn 42, 32ff; *Stolz*, wie Fn 11, 348; *Brunner*, wie Fn 2, 223.

79 *Brauneder*, Verfassungsgeschichte, 35, 36f, 52f.

80 *Kraus,* wie Fn 35, 195f.

81 *H. Wiesflecker,* Kaiser Maximilian I., II, 1975, 185ff, 196ff, 242, 407; III 1977, 231ff, 239ff; IV 1981, 292ff; V 1986, 205ff, 208, 210ff.

Reichskompetenzen wahrzunehmen haben[82]. Die Ausweitung von Herrschaft durch Länderverbindungen sowie ihre Erhöhung durch die höchstrangigen und sogar länderübergreifenden Würden der deutschen Königs- sowie vor allem der römischen Kaiserkrone fällt hier zusammen. Diese Tendenzen führen aber erst in der Neuzeit zur Konsolidierung neuer Situationen[83]. Mit ihrer Länderverbindung in der verfestigten Form der Monarchischen Union überwinden die Habsburger durch großräumige Herrschaft schließlich das Länderkonglomerat. Erst dessen Nivellierung, nämlich der Landstände und dann des Landesrechts, ermöglicht eine gefestigte absolutistische Herrschaft. Diese Herrschaft tritt an die Stelle der Länder und wird schließlich zum Staat. Gemeinsam damit entwickelt sich in der Monarchia austriaca eine Aufgabenverteilung, nämlich die der übergreifenden Herrschaftskompetenzen einerseits und die der Landeskompetenzen andererseits, womit die Wurzeln einer föderalistischen Struktur grundgelegt sind[84].

82 *Brauneder*, Verfassungsgeschichte, 74, 77.

83 Ebda 58.

84 Ebda 35, 54.

Der ständische Anteil am Gemeinwesen in den östlichen österreichischen Ländern

I. Die Länder im 14. und 15. Jahrhundert: A. Die Landesstruktur, B. Der Landesfürst, C. Die Landstände; II. Die Tätigkeiten der Landstände vor 1500: A. Allgemein-laufende Tätigkeiten, B. Konkrete landständische Tätigkeiten; III. Innovationen der Landstände: A. Bewußte Innovationen: 1. Landesbewußtsein, 2. Rechtsordnung, 3. Behördenwesen, B. Faktische Innovationen, C. Vergleiche; IV. Der Ständestaat des 16. Jahrhunderts: A. Die allgemeine Lage, B. Die Tätigkeiten der Landstände, C. Die ständische Verfassungssicht.

I. Die Länder im 14. und 15. Jahrhundert

A. Die Landesstruktur

Die drei Länder Österreich (unter der Enns), das Land (selten: Österreich) ob der Enns sowie die Steiermark weisen mehrere Ähnlichkeiten auf: Österreich und die Steiermark sind aus einem festen Kern - einer Mark - mit zugehörigen Gebieten entstanden. So besteht in der Steiermark wie ähnlich auch in Österreich der Herrschaftsbereich des Herzogs, das „Herzogtum", aus dem Land („terra") sowie „membra annexa", in welchen der Herzog andere Rechte als dort ausübt[1]. Das Land ob der Enns[2] nimmt an dieser Entwicklung insoferne teil, als es im Wesentlichen durch Abspaltung von Österreich entsteht. In allen drei Ländern schwankt die Zugehörigkeit bestimmter Gebiete zu dem einen oder anderen Land im Laufe der Zeit, sei es rechtlich wie etwa bei Wiener Neustadt (zwischen Österreich und Steier-

---

Originalbeitrag: Referat 39. Deutscher Historikertag, Hannover, 23.-26. September 1992.

1 *H. Pirchegger*, Landesfürst und Adel in Steiermark während des Mittelalters, 1951, 28; *O. Brunner*, Land und Herrschaft, 5. Aufl 1965, 171, 174, 197; *K. Lechner*, Die Bildung des Territoriums und die Durchsetzung der Territorialhoheit im Raum des östlichen Österreich, in: *H. Patze* (Hrsg), Der Territorialstaat im 14. Jahrhundert II, 1971, 390ff, 398, 400, 403, 406, 411 uö. Zum Folgenden auch: *O. Hageneder*, Die Herrschaft zu Österreich und ihre Länder im Mittelalter, in: Carinthia I/186, 1996, 219-235; *Brauneder*, Territorialstrukturen, voriger Beitrag in diesem Band, 11ff.

2 Dazu: *M. Weltin*, Vom „östlichen Baiern" zum „Land ob der Enns", in: Tausend Jahre Oberösterreich. Das Werden eines Landes. Ausstellung des Landes Oberösterreich 1983. Beitragsteil, 1983, 23-51; *O. Hageneder*, Territoriale Entwicklung, Verfassung und Verwaltung im 15. Jahrhundert, in: ebda 53-63.

mark) oder eher im Sprachgebrauch (südliches Österreich bzw nördliche Steiermark) oder als - wissenschaftlich - ungewisse Zuordnung wie hinsichtlich des Traungaus zu allen der hier in Rede stehenden Länder[3]. Zufolge der Entstehung aus einem festen Kern existiert in allen drei Ländern eine etablierte hierarchische Ordnung mit reichsfürstlicher Spitze, die den Zusammenschluß der Grafen, freien Herren und Ministerialen zu einer eigenen ständischen Korporation, dem Herrenstand, begünstigt[4], während in später entstehenden Ländern wie z B Tirol die Landesbildung auf Kosten dieser Gruppen erfolgt und daher kein Herrenstand existiert. Ein weiteres gemeinsames Charakteristikum unserer Länder besteht schließlich darin, daß innerhalb der Landesgrenzen relativ selbständige Herrschaftskomplexe unterschiedlichster Art liegen, wie etwa in Steiermark salzburgische Besitzungen, ob der Enns das „Land" der Schaunberger oder in Österreich die „Brandenburgischen Lehen"[5] und, im Zusammenhang damit, daß der Landesfürst eine allgemeine Vogtei über die Landesklöster sowie einen geschlossenen Landrechts(gerichts)bezirk erst allmählich gegen derartige, ihm in diesen Beziehungen gleichgestellte Inhaber aufbauen kann[6]. Insgesamt trifft auf jedes der drei Länder die Charakterisierung der Steiermark zu, es sei kein „nach innen und außen geschlossenes Territorium", vielmehr eine wechselnde Summe von Herrschaftsgebieten, die der Herzog als Graf, Vogt und Grundherr besaß, gefestigt durch seine Militärhoheit, die ihm seine Ministerialen und seine unfreie Ritterschaft boten, weniger die freien Vasallen"[7]. Anders betrachtet: Das im wesentlichen feststehende Gebiet beinhaltet zahlreiche höchst unterschiedliche, zum Teil relativ selbständige mindere Herrschaften in meist nur lockerer Verbindung untereinander.

---

3 *Brunner*, wie Fn 1, 207; *Pirchegger*, wie Fn 1, 31, 28f; *Lechner*, wie Fn 1, 455f.

4 *Brauneder*, Verfassungsgeschichte, 25. Dies als Ausnahme verglichen mit anderen Territorien des Reiches: so *K. Bosl*, Staat, Gesellschaft, Wirtschaft im deutschen Mittelalter, 5. Aufl 1980, 233.

5 Zu den Salzburger Lehen: *A. Lang*, Die Salzburger Lehen in Steiermark bis 1520, 1937. Zu den Schaunberger Lehen: *P. Feldbauer*, Der Herrenstand in Oberösterreich. Ursprünge, Anfänge, Frühformen, 1972, 216; *O. Hageneder*, Die Grafschaft Schaunburg. Beiträge zur Geschichte eines Territoriums im späten Mittelalter, in: Mitteilungen des Oberösterreichischen Landesarchivs 5, 1957, 189ff; *Hageneder*, wie Fn 2, 59f; *A. Niederstätter*, Das Jahrhundert der Mitte. An der Wende vom Mittelalter zur Neuzeit, 1996, 205-209. Zu den Brandenburger Lehen: *K. Lechner*, Zur Geschichte und Bedeutung der Brandenburger Lehen in Österreich, in: Jahrbuch für Landeskunde von Niederösterreich NF 24, 1931, 259ff; *Lechner*, wie Fn 1, 419ff, 436ff, 454, 456ff.

6 Ebda u a 406, 437, 448; vgl zusammenfassend: *Brauneder,* Territorialstrukturen, in diesem Band 11ff.

7 *Pirchegger*, wie Fn 1, 57.

Hierin liegt ein Unterschied etwa zu Bayern, der sich schließlich darin niederschlägt, daß dieses eine landesfürstliche Lokalverwaltung zufolge „direkter Fürstenuntertanen“ aufweist, unsere Länder hingegen eine „genossenschaftliche Selbstverwaltung“[8]. Damit verband sich ein weiteres Moment. Nicht nur die Landesherrschaft, sondern auch die minderen Herrschaften unterlagen einer Herrschaftsverdichtung, was diesen eine potentielle Sprengkraft gegenüber der Landesherrschaft verlieh[9]. Im wesentlichen entstanden durch sie die jüngeren Länder Tirol und Salzburg zu Lasten Bayerns, während ähnliche Tendenzen wie insbesondere der Schaunberger in den hier behandelten Ländern fehlschlugen.

B. Der Landesfürst

Von der Dynastie her betrachtet regierte in allen drei Ländern - und in anderen - das Haus Habsburg, und zwar ein oder gemeinsam mehrere Landesfürsten sowie Vormünder minderjähriger Landesfürsten in oft verwirrenden Kombinationen[10]. Österreich hatte von 1485 bis 1490 auch den ungarischen König Matthias Corvinus zum Landesfürsten. Was die Habsburger-Dynastie anlangt, so ist für die Gesamtbetrachtung wesentlich, daß sie seit 1379 in zwei und sodann zeitweise in drei Linien zerfiel, wobei die Länder Österreich unter und ob der Enns seit 1379 der albertinischen, die Steiermark mit anderen Ländern der leopoldinischen Linie zugehörten.

Die tatsächliche wie die spezifisch rechtliche Situation des jeweiligen Landesfürstentums zeigt sich jedoch weniger aus dieser dynastischen Sicht sondern vom Blickwinkel des jeweiligen Landes her wie diesen auch die involvierten Zeitgenossen haben mußten. Diese Betrachtung zeigt, daß Österreich unter sowie das Land ob der Enns zufolge ihrer Zugehörigkeit zur albertinischen Linie in der Regel einen gemeinsamen Landesfürsten besaßen. Im wesentlichen besaß also keines dieser beiden Länder je einen eigenen Landesfürsten, durch die Residenz Wien fehlte ein solcher im Land ob der Enns. Auch die Steiermark stand seit 1379 fast stets gemeinsam mit den Ländern Kärnten und Krain unter einem leopoldinischen Landesfürsten, bis

8 *P. Fried*, „Modernstaatliche“ Entwicklungstendenzen im bayerischen Ständestaat des Spätmittelalters, in: *H. Rausch* (Hrsg), Die geschichtlichen Grundlagen der modernen Volksvertretung II, 1974, 390f.

9 *Hageneder*, wie Fn 2, 232.

10 Zum Folgenden: *H. Hantsch*, Geschichte Österreichs I, 1953, 167, 176ff, 196ff; *E. C. Hellbling*, Österreichische Verfassungs- und Verwaltungsgeschichte, 2. Aufl 1974, 69ff; *Niederstätter*, wie Fn 5, 149ff, 238ff.

1396 sogar weiters mit Tirol und den Vorlanden, wozu von 1386 bis 1395 und seit 1457 auch Österreich kam. Diese Situationen komplizierten sich noch durch ein gemeinsames Landesfürstentum zweier Herzöge sowie durch Vormundschaftsführungen. Als gemeinsame Landesfürsten regierten die Steiermark (und andere Länder[11]) von 1402 an die Herzöge Wilhelm und Ernst, 1404 trat dazu als Dritter Herzog Leopold IV., allerdings nur für die Steiermark! Nach dem Tod Herzog Wilhelms 1406 regierte - ausnahmsweise - Herzog Ernst die Steiermark allein (und Herzog Leopold IV. Kärnten und Krain). Nach dem Tod von Herzog Leopold IV.1411 wurde Herzog Ernst Landesfürst auch von Kärnten und Krain, er vereinte also Innerösterreich in seiner Hand. Als er 1424 starb, fiel nun dieses zur gesamten Hand an die noch minderjährigen Herzöge Friedrich V. (den späteren Kaiser Friedrich III.) und Herzog Albrecht VI. Trotz beider Mündigkeit 1435 übernimmt Herzog Friedrich V. allein die Herrschaft, was Herzog Albrecht VI. anerkennen mußte. Letzterer regierte dann allerdings 1458 das Land ob der Enns und 1462 überdies Österreich. Nach seinem Tod 1463 vereinigte Herzog Friedrich V., der von 1458 bis 1462 auch Österreich regiert hatte, alle Länder Innerösterreichs und die an der Donau - Tirol und die Vorlande besaßen weiterhin noch ihre eigene Habsburgerlinie. Die zweite Komplikation brachten Vormundschaften. So stand in Österreich unter und ob der Enns der minderjährige Herzog Albrecht V. (König Albrecht II.) von 1404 bis 1411 unter der Vormundschaft erst Herzog Wilhelms, ab 1406 der Herzog Leopolds IV. und ab 1409 der gemeinsamen der Herzöge Leopold IV. und Ernst aus der leopoldinischen Linie. Auch der minderjährige Herzog Ladislaus stand von 1440 an unter der Vormundschaft des Leopoldiners Herzog Friedrich V. An diesen beiden Vormundschaftsfällen ist interessant zu sehen, daß der zeitweilige Mitregent der Vormünder an deren Vormundschaft nicht immer beteiligt war. Während der Zeit ihrer Minderjährigkeit standen übrigens die Leopoldiner Herzog Friedrich V. und Herzog Albrecht VI. unter der Vormundschaft Herzog Friedrichs IV. aus der Tiroler Linie.

So ist festzuhalten, daß allein die Steiermark in den Jahren 1406 bis 1411 in Herzog Ernst sowie das Land ob der Enns von 1458 bis 1463 in Herzog Albrecht VI. als einzige unserer Länder ihren eigenen Landesfürsten besaßen. Ansonsten waren zumindest zwei Länder unter einem Landesfürsten vereinigt, was bedeutete, daß zumindest ein Land von einem anderen aus regiert wurde und somit tatsächlich keinen eigenen Landesfürsten besaß. Aber auch für die eben erwähnten Herzöge Ernst und Albrecht VI. war das stets ohnedies nur kurze Landesfürstentum in bloß einem Land die Aus-

[11] Diese sind hier nicht mit angeführt.

nahme neben einem gesamthändischen Landesfürstentum und/oder einem solchen über mehrere Länder. Der Regelfall bestand demnach darin, daß manche Länder keinen eigenen Landesfürsten besaßen, d h einen solchen, der im Land und nur dieses regierte: Seinem Wesen nach konnte das Land „unter Umständen eines Landesherren - zumindest de facto - entbehren“,[12] was in (diesen) Zeiten der personen- und nicht organbezogenen Herrschaftsauffassung ins Gewicht fällt. Während der Vormundschaft der leopoldinischen Linie von 1404 bis 1411 und sodann wieder von 1440 bis 1452 besaßen die Länder unter und ob der Enns zwar einen - gemeinsamen - Landesfürsten, wurden aber von Graz bzw Wiener Neustadt, damals steirisch, regiert. Dazu kamen noch weitere, und zwar höherrangige Funktionen oder zumindest Würden, hinter die das Landesfürstentum zurückzutreten hatte, von ihnen aber auch profitierte[13]. Herzog Albrecht V. wurde 1438 zum Deutschen König gewählt, Herzog Friedrich V. 1440 zu seinem Nachfolger; Matthias Corvinus, zumindest aus seiner Sicht Landesfürst in Österreich von 1485 bis 1490, war König von Ungarn; daß ab diesem Jahr Herzog Ladislaus auch König von Böhmen war, hatte zwar nur formale Bedeutung, zeigt aber doch einen darauf ausgerichteten Aufwand an politischer Energie. Die Habsburger waren sich späterhin sehr wohl bewußt, daß alle zuvor genannten Umstände ihre Position als Landesfürsten, und zwar gegenüber anderen Kräften im Lande, geschwächt hatten. So hielt 1526 der Landrechtsentwurf für Österreich unter der Enns fest, das Engagement in der Reichspolitik habe die habsburgischen Landesfürsten „ihren erblichen Landen und Leuten und sonderlich diesem Erzherzogtum“ entzogen, so daß damit „der Adel im Land ohne Obrigkeit, Recht und Ordnung“ gewesen wäre und sie aus einem „namhaften edlen Geschlecht“ jemanden „an ihrer Statt geordnet (und zu) ihrem Landmarschall“ ernannt hätten[14].

Die Linienbildung im Hause Habsburg erinnert an die zeitliche Parallelerscheinung im Hause Wittelsbach, scheint aber doch anderes bewirkt zu haben. Grundsätzlich teilten die Habsburger nicht ihr Land (im spezifischen Sinn), sondern verteilten mehrere Länder untereinander; es waren dies Herrschafts- und nicht Länderteilungen, wenngleich solches doch auch erwogen, aber eben doch deswegen in auffallender Weise nicht realisiert wurde[15]. Während die habsburgischen Herrschaftsteilungen bestenfalls und nur aus-

---

[12] *Hageneder*, wie Fn 2, 229.

[13] *Lechner*, wie Fn 1, 422ff, 432f.

[14] Niederösterreichisches Landesarchiv, Handschrift 178 (Landrechtsentwurf Niederösterreich 1526; zitiert nach „Sammlung Chorinsky“ = *C. v Chorinsky* (Hrsg), Sammlung lithographierter Mitteilungen und Abschriften österreichischer Rechtsquellen der Neuzeit), fol 2r.

[15] *Hageneder*, wie Fn 2, 226.

nahmsweise dazu führten, daß ein Land in die Hand eines Landesfürsten kam, was die Ausnahme darstellte, erhielten die Teiler im Hause Wittelsbach weniger, nämlich Landesteile. So konnten denn auch hier diese Teilungen in den einzelnen Teilherzogtümern mit jeweils einem einzelnen Fürsten herrschaftskonsolidierend und modernisierend wirken[16], während eine derartige Konzentration im Hause Habsburg nicht einmal für ein einziges Land stattfand! Gemeinsam mit vor allem den Vormundschaftsstreitigkeiten und zeitweilig beladen mit der Reichspolitik oder böhmischen oder ungarischen Königspolitik stärkten hier die Herrschaftsteilungen das Landesfürstentum nicht.

Unter diesen Bedingungen trug auch das Heranziehen juristisch geschulter Räte[17] seitens der habsburgischen Landesfürsten, etwa unter Herzog Albrecht V., nicht bei zu der allgemein oder speziell für Bayern festgestellten Emanzipation der Landesfürsten vor allem von den Landherren durch sachliche Beratung. An Hinweisen auf den „gemeinen Nutzen“, das Gemeinwohl, wie auch anderswo fehlte es nicht, doch kann es angesichts der Tätigkeit der sich formierenden Landstände für das Land nicht als Gegenpol zu deren „Sonderinteressen“ verstanden werden. In den Habsburgerländern identifizierten sich diese „Sonderinteressen“ nämlich weitestgehend als allgemeine Landesinteressen im weiträumigeren dynastischen Herrschaftsbereich, und kamen damit dem Land zugute. Anders die landesfürstliche Politik: Trotz Herrschaftsteilungen letztlich in drei Linien bestimmte die der Habsburger ebenso wie die der Wittelsbacher stets die Tendenz zur Zusammenführung. Während aber diese das Land Bayern in seinem ungeteilten Zustand wiederherstellte, lief dieselbe Tendenz im Falle der Habsburger auf eine nicht auf einzelne Länder, sondern den Gesamtkomplex bezogene Politik hinaus und gewann damit eine ganz andere Richtung. Dazu kam letztlich die auch durch die königliche und kaiserliche Würde mitermöglichte ausgreifende Europapolitik als dynastische Erhöhungspolitik, die notgedrungen von einer Konzentration auf das jeweilige Landesfürstentum und damit das Land ablenkte: Dieses verblieb den Landständen[18].

---

[16] *Fried*, wie Fn 8, 377; anderer Ansicht: *Bosl*, wie Fn 4, 225f.

[17] *H. Duchhardt*, Deutsche Verfassungsgeschichte 1495-1806, 1991, 56; *D. Willoweit*, Deutsche Verfassungsgeschichte, 4. Aufl 2001, 91ff; *Fried*, wie Fn 8, 382; *R. Folz*, Die Ständeversammlungen in den deutschen Fürstentümern (Vom Ende des 13. bis zum Beginn des 16. Jahrhunderts), in: *Rausch*, wie Fn 8, 205; zu Albrecht V.: *G. Köppel*, Herzog Albrecht V. von Österreich, Phil Diss Wien 1943.

[18] *H. Sturmberger*, Kaiser Maximilian I., in: *ders*, Land ob der Enns und Österreich. Aufsätze und Vorträge, 1979, 141.

Entstehung und Bedeutung der Landstände sind aus der Landesstruktur (s o A) sowie im Zusammenhang mit der Stellung des Landesfürsten (s o B) zu erklären.

Dem Land als vorerst locker verbundenem Komplex verschiedener Herrschaften entsprechen mehrere Herrschaftsträger: der Landesfürst und die Landherren. Ihr Verhältnis zueinander ist vorerst nicht durch die Zugehörigkeit zu einer Korporation bestimmt, sondern durch Beziehungen zwischen einzelnen Rechtsträgern[19]. So kann auch der Steirische Reimchronist des 14. Jahrhunderts einem Grafen von Hardegg die Worte in den Mund legen: „Ich bin ein rechter freier Mann ... und kann dienen, wem ich will"[20]. Dies ist zwar typisch nur für die Landherren, die Mitglieder des späteren Herrenstandes. Die Bedeutung ursprünglicher einzelner Rechtsträgerschaft mit den daraus entspringenden Möglichkeiten und Notwendigkeiten betrifft jedoch auch die Ritter und die Städte.

Dieser einzelnen Rechtsträgerschaft korrespondiert ein jeweils eigener Rechtskreis[21]: Dienstrecht, Hofrecht, Stadtrecht. Mit diesen Rechtskreisen existiert neben den Befugnissen des Landesfürsten originäres autonomes Recht, welches dieser nicht ändern kann. Mit dem sowohl den Landesfürsten wie die Landherren verbindenden Landrecht existiert in ähnlicher Weise ein weiterer Rechtskreis, welcher ebenfalls der alleinigen Disposition des Landesfürsten entzogen ist. Der Steirische Reimchronist hält daher weiters auch ausdrücklich fest, zur Rechtsänderung bedürfe es des Zusammenwirkens des Landesfürsten und der Herren. Dies war reichsrechtlich garantiert: Gemäß der „sententia de iure statuum terrae" von 1231 sollten die „meliores et maiores terrae" beim Erlaß von „constitutiones vel nova iura terrae" mit dem Landesfürsten zusammenwirken. Auf dem Standpunkt der Rechtsänderung nur durch Konsens des Herrschers und der Mächtigen im Herrschaftsgebiet analog zu Bischof und Domkapitel stand übrigens auch

---

19 *W. Näf*, Frühformen des „Modernen Staates" im Spätmittelalter, in: Historische Zeitschrift 171, 1951, 232.

20 *Pirchegger*, wie Fn 1, 76.

21 Zum Folgenden: *H. Schlosser*, Grundzüge der Neueren Privatrechtsgeschichte, 9. Aufl 2001, 18; *Brauneder*, Gesetzgebungsgeschichte, 437-462; zur „sententia" (Monumenta Germaniae Historica. Legum Sectio IV. Constitutiones et Acta publica, Tomus II, 1906, Nr. 305): *D. Willoweit*, Deutsche Verfassungsgeschichte, 4. Aufl 2001, 93; *W. Ebel*, Geschichte der Gesetzgebung in Deutschland (= Göttinger Rechtswissenschaftliche Studien 24), 2. Aufl 1958, 51; *U. Wesel*, Geschichte des Rechts. Von den Frühformen bis zum Vertrag von Maastricht, 1997, 299f.

die mittelalterliche Wissenschaft[22]. Ein neuartiges Ausgreifen der Rechtsetzung etwa im Sinne einer Rechtsvereinheitlichung im Land bedarf daher unabdingbar des Mitwirkens aller Rechtsetzungsbefugten: also des Landesfürsten und der (künftigen) Landstände[23]. Die einzelnen Rechtsträger sind, was diese Stellung beweist und aus ihr erfließt, zu einem Teil durch permanente Rechtsbeziehungen verbunden: In einem derartigen Dauerrechtsverhältnis stehen der Landesfürst und die Landherren durch die Erbhuldigung[24] und durch die schmale Basis des Landrechts, weiters der Landesfürst mit einigen Städten, Märkten und Prälaten durch deren Eigenschaft als sein Kammergut im weiteren Sinne, andere von diesen können, wenngleich eben selten, auch mit einem der Landherrn in ähnlichen Dauerrechtsverhältnissen stehen. Zu diesen permanenten treten weitere Rechtsbeziehungen, vor allem der späteren Stände untereinander, aber auch dieser mit dem Landesfürsten. Sie erfordern, nicht anders als etwa bei Heirat, Schenkung oder Kauf, entsprechende Übereinkommen, rechtliche Absprachen, also Verträge. Vor Ausbildung der ständischen Korporationen begegnen uns daher allerlei „Bünde". Sie dienen nicht bloß der Stärkung der ständischen Position gegenüber dem Landesfürsten, sie richten sich auch gegeneinander[25]. Sie sind der natürlich-notwendige Ausdruck der Verbindung von an sich Unverbundenem oder nicht auf die nunmehr vereinbarte Weise Verbundenem zu welchen Zwecken immer. Das folgt in unseren drei Ländern besonders auch daraus, daß sie, anders als in Bayern, keine Reaktion auf eine zu große Machtfülle des Landesfürsten darstellen[26]. Daß vorerst der einzelne Rechtsträger im Vordergrund steht und nicht deren Summe als Korporation, zeigt sich darin, daß derartigen Bünden, sei es nur bestimmter Standesgenossen unter sich oder mit anderen, nicht alle davon angehören müssen[27]. Auch betont gerade die Stadt Wien ihre Einzelrechtsträgerschaft oftmals durch ihr alleiniges Handeln im Rahmen der Landespolitik, sie fühlt sich durchaus nicht an die übrigen österreichischen Städte gebunden, und dies späterhin trotz Ausbildung des Landtags als Institution, was übrigens auch auf andere

---

22 *O. Hageneder*, Über das fürstliche Gesetzgebungsrecht beim steirischen Reimchronisten, in: Festschrift Nikolaus Grass zum 60. Geburtstag I, 1974, 459, 480.

23 *Näf*, wie Fn 19, 231; *Brauneder,* Gesetzgebungsgeschichte.

24 *Brunner*, wie Fn 1, 423.

25 *Folz*, wie Fn 17, 197, 201; *Bosl*, wie Fn 4, 227.

26 *Fried*, wie Fn 8, 366.

27 *J. Kaufmann*, Die Politik des Landesfürsten und der landesfürstlichen Städte im spätmittelalterlichen Österreich, Phil Diss Wien 1962, 103, 104, 106ff, 110f; *G. Turba*, Der Ritterstand in Österreich um die Mitte des 15. Jahrhunderts, Phil Diss Wien 1970, 11f, 14.

Städte zutrifft[28]. Ein Motiv zum Bündnisabschluß besteht natürlich darin, nur gemeinsam verbunden eine Chance zur Beeinflussung der Landespolitik zu sehen[29]. Zwischen den permanenten und den sonstigen Rechtsbeziehungen besteht ein konkreter Zusammenhang. Aus der Treueverpflichtung gegenüber dem Landesfürsten ergibt sich nämlich ein allgemeines Rechtsverhältnis. Herzog Ernst von Steiermark spricht es 1412 beispielsweise ganz deutlich an[30]: Er habe „das landtvolk auf unser vorgenannt schreiben und den offen brief umb rat und hilff anruffen" lassen. Es ist dies der allgemeine Rechtsgrund zu einem spezifischen rechtlichen Tätigsein, nämlich zum Abschluß entsprechender Übereinkommen, zum „Miteinanderverhandeln" im Sinne Otto Brunners. Dieses Miteinanderverhandeln ist das natürliche Ergebnis eines Wollens und im Sinne von Rat-Hilfe-Leisten auch Sollens der einzelnen Herrschaftsträger zum Wohle der Summe ihrer Herrschaften, also des Landes. Dieses ursprünglich natürliche Zusammenwirken zeigt sich dort, wo es keine - späteren - Landstände erfaßt, wie in der Steiermark und in Kärnten etwa den Erzbischof von Salzburg wegen seiner hiesigen Besitzungen[31].

Spiegelgleich zur Unmöglichkeit eines alleinigen Handelns des Landesfürsten steht die eines alleinigen Handelns der Landstände: 1455 beispielsweise konnte sich in der Steiermark der Landesfürst schärfstens gegen ein eigenmächtiges Zusammentreten der Landstände aussprechen, ihm stand das Recht der Ladung zu[32]. Selbständiges Zusammentreten der Landstände schuf bloß einen nicht vollberechtigten Landeskonvent.

Die Bedeutung der Einzel-Rechtsträgerschaft an sich, dann in der individuellen Beziehung zum Landesfürsten sowie im Bündnis mit Standesgenossen folgt begreiflicherweise auch aus der unterschiedlichen Entwicklung der einzelnen - späteren - Landständegruppen und ihrer einzelnen Angehörigen. Die Entwicklung der Landstände ist vielschichtig und höchst unterschiedlich[33]. Alle drei Länder weisen aber dieselbe Ständegliederung in Herren,

28 *Kaufmann*, wie Fn 28, 134f, 140f, 138, 142.

29 *Fried*, wie Fn 8, 366.

30 Zum Folgenden: *Brunner*, wie Fn 1, 431, 426ff.

31 *H. Helbig*, Fürsten und Stände im Westen des Reichs im Übergang vom Mittelalter zur Neuzeit, in: *Rausch*, wie Fn 8, 130; *Lechner*, wie Fn 1, 399.

32 *B. Seuffert - G. Kogler* (Hrsg), Die ältesten steirischen Landtagsakten 1396-1519 II, 1958, 8.

33 Zum Folgenden: *M. Mitterauer*, Ständegliederung und Ländertypen, in: Herrschaftsstruktur und Ständebildung III, 1973, 138; *H. Hassinger*, Die Landstände der österreichischen Länder. Zusammensetzung, Organisation und Leistung im 16.-18. Jahrhundert, in: Jahrbuch des Vereins für Landeskunde von Niederösterreich NF XXXVI/II, 1964, 991; *G. Putschögl*, Die landständische Behördenorganisation in Österreich ob der Enns vom Anfang des 16. Jahrhunderts bis zur Mitte des 18. Jahrhunderts, 1978, 32; *K. Gutkas*, Der

Ritter, Prälaten und Städte auf. In Österreich unter und ob der Enns verläuft zunächst ihre Ausformung noch gemeinsam. Die erst spätere Ausbildung einer gesonderten Ständeorganisation für das Land ob der Enns ist ab dem Anfang des 15. Jahrhunderts erstmals mit dem Separat-Landtag zu Enns 1408 greifbar, sie setzt sich mit den Herrschaftsteilungen dieses Jahrhunderts, vor allem jener von 1458/62, fort: Gegen Ende des 15. Jahrhunderts bezeichnen die Quellen die Stände ob der Enns als „ain gemaine landschafft des landes Oesterreich ob der Enns" (1480). Die Stände der Steiermark durchlaufen von Anfang an ihre eigene Entwicklung. Der Erbvertrag von 1186 zwischen Herzog Leopold V. von Österreich und Herzog Ottokar IV. von Steiermark garantiert den steirischen Ministerialen als Landsgemeinde Selbständigkeit gegenüber Österreich[34]. Als voll entwickelte - politische - Stände treten uns in allen drei Ländern Herren, Ritter, Prälaten und Städte auf den Landtagen des 15. Jahrhunderts entgegen[35]. Der Herrenstand[36], aus hochfreien Grafen, freien Herren und landesfürstlichen Ministerialen entstanden, erfährt in Österreich Anfang des 13. Jahrhunderts eine erste Ausformung als Gruppe der Landherren, bis Ende des 14. Jahrhunderts ist dieser Prozeß abgeschlossen. Für die Steiermark ist eine allmähliche Institutionalisierung der Herrengruppe - ähnlich wie in Österreich, aber zeitlich etwas verzögert - ab der 2. Hälfte des 13. Jahrhunderts zu konstatieren. Der Ritterstand[37], aus der Dienstmannschaft des Landesherren, der Bischöfe, der Herren und der Ministerialen hervorgegangen, gewinnt in Österreich seit der

---

Mailberger Bund, in: Mitteilungen des österreichischen Staatsarchivs 74, 1986, 82; *Th. Seitlinger*, Beiträge zur Geschichte der Stände und Landtage Österreichs ob der Enns (1588-1591), Phil DiplArbeit Wien 1987, 2.

34 *Brauneder*, Verfassungsgeschichte, 51; *K. Spreitzhofer*, Georgenberger Handfeste. Entstehung und Folgen der ersten Verfassungsurkunde der Steiermark, 1986.

35 *K. Gutkas*, Landesfürst und Stände um die Mitte des 15. Jahrhunderts, in: Mitteilungen des oberösterreichischen Landesarchivs 8, 1964, 233ff; *ders*, Friedrich III. und die Stände des Landes Österreich, in: Friedrich III. Kaiserresidenz Wiener Neustadt. 1966 (Katalog des niederösterreichischen Landesmuseums, NF 29), 155; *Turba*, wie Fn 27, 10f, 158, 184; *S. Petrin*, Die Stände des Landes Niederösterreich, 1982, 5; *Brunner*, wie Fn 1, 404; *Niederstätter*, wie Fn 5, 218ff.

36 *P. Feldbauer*, Herren und Ritter, 1973, 17f, 95, 97f; *H. Dopsch*, Landherren, Herrenbesitz und Herrenstand in der Steiermark 1100-1500 (Wurzeln und Entstehung des steirischen Herrenstandes), Phil Diss Wien 1968, 380ff, 392; *Mitterauer*, wie Fn 33, 118, 147; *Hassinger*, wie Fn 33, 998, 1010; *Turba*, wie Fn 27, 9, 10f, 180; *H. Stradal*, Die Prälaten, in: Herrschaftsstruktur und Ständebildung, wie Fn 33, 56; *Brunner*, wie Fn 1, 405f.

37 *G. Marckhgott*, Studien zur Entstehung des Ritterstandes im Land ob der Enns. Staatsprüfungsarbeit am Institut für österreichische Geschichtsforschung, Wien 1980, 7, 15; *Feldbauer*, wie Fn 36, 56, 100; *Mitterauer*, wie Fn 33, 118, 143, 146f, 151, 153f; *Hassinger*, wie Fn 33, 1003, 1010; *Turba*, wie Fn 27, 9ff, 182, 185; *Brunner*, wie Fn 1, 407ff.

Mitte des 13. Jahrhunderts eine allmähliche Ausformung; als ständische Gruppe im Land ist er hier gegen Ende dieses Zeitraums erkennbar. Die Wurzeln des älteren steirischen Ritterstandes reichen schon bis in das 12. Jahrhundert zurück. Während in Österreich eine deutliche Abgrenzung der Herren und Ritter um die Mitte des 14. Jahrhunderts spürbar wird, ist die völlige Abschließung des späteren steirischen Herrenstandes dem Ritterstand gegenüber bereits im 13. Jahrhundert eingetreten. In der Steiermark stellt der Herrenstand auf den Landtagen des 15. Jahrhunderts daher, anders als in Österreich, eine zahlenmäßig kleine Gruppe dar, so daß er im Landtag mit dem Ritterstand eine gemeinsame „Adelsbank" bildet. Die beiden anderen Gruppen, die Prälaten und Städte, erscheinen erst an der Wende des 14. zum 15. Jahrhundert auf den Landtagen als „Landstände"[38]. Eine Mitwirkung der Prälaten[39] an der Ausübung der Landesherrschaft ist zwar vereinzelt schon seit dem 13. Jahrhundert belegt, eine gewisse Konstanz dieser Mitwirkung aber erst ab der 2. Hälfte des 14. Jahrhunderts greifbar. In Österreich bilden die Prälaten sodann ab Ende dieses Zeitraumes eine eigene Landtagskurie, in der Steiermark wird die Ausformung einer Prälatenkurie erst Mitte des 15. Jahrhunderts sichtbar. Hinsichtlich der Entwicklung der Städte und Märkte[40] als Landstand zeigt sich in Österreich eine Verselbständigung der landesfürstlichen Städte im obderennsischen Bereich etwas früher als im übrigen Österreich. Als gemeinsam handelnde Gruppe treten uns die obderennsischen Städte bereits im Laufe des 14. Jahrhunderts entgegen. Anders als im übrigen Österreich (unter der Enns) kommt es hier aber zu keiner Dominanz einer Stadt wie Wien, da Linz nur vorübergehend als Residenz diente. Im Verhältnis zu den Städten nehmen landesfürstliche Märkte in Österreich unter der Enns ein wenigstens zahlenmäßig geringes Gewicht ein, im Land ob der Enns ist kein einziger Markt im Landtag vertreten. In der Steiermark zeigt sich dagegen ein ausgewogenes Verhältnis zwischen Städten und Märkten, deren Bedeutung als politischer Faktor, durch Konzentration einer großen Zahl von Städten und Märkten in der Hand des Landesfürsten, bereits im 14. Jahrhundert evident wird. Die Zusammensetzung vor allem der Adels-Kurien blieb nicht gleich. Im Laufe des

[38] *H. Knittler*, Städte und Märkte, 1973, 17ff; *Petrin*, wie Fn 35, 15; *Hassinger*, wie Fn 33, 996; *Brunner*, wie Fn 1, 408.

[39] *Stradal*, wie Fn 36, 55, 124ff, 138f; *Mitterauer*, wie Fn 33, 146.

[40] *K. Gutkas*, Landesfürst, Landtag und Städte Niederösterreichs im 16. Jahrhundert, in: Jahrbuch des Vereins für Landeskunde von Niederösterreich NF XXXVI/I, 1964, 311-319; *ders*, wie Fn 35, 243; *Knittler*, wie Fn 38, 45f, 50, 64f; *Petrin*, wie Fn 35, 17; *Seitlinger*, wie Fn 33, 22; *Mitterauer*, wie Fn 33, 109, 143ff, 154, 156f; *Hassinger*, wie Fn 33, 1010.

16. Jahrhunderts entstand in Österreich praktisch ein „neuer Herrenstand“[41] aus Rittern, auch aus Bürgern und zum Teil auch durch Auswärtige. Gleiches gilt für den Ritterstand: Er bildete eine Karriereetappe für Günstlinge des Landesfürsten, die meist wegen zusätzlicher Einnahmequellen auf diesen angewiesen waren. Einzelne Herrengeschlechter besonders in Österreich bewahrten ihre recht selbständige Stellung dennoch, und zwar durch den Rückhalt an ihren Grundherrschaften[42].

Zusammenfassend ist zu den Landständen unserer drei Länder im 15. Jahrhundert folgendes festzuhalten: Im wesentlichen ist ihre Ausbildung in den vier Kurien der Herren, der Ritter, der Städte und der Prälaten abgeschlossen. Jeweils für sich sowie zusammen haben sie allmählich ein Korporationsgefühl entwickelt. Dieses aber hat das Bewußtsein der einzelnen Rechtsträgerschaft nicht verdrängt; Bünde und vor allem das Miteinanderverhandeln[43] hielten dieses Bewußtsein und damit das „Freiheitsmotiv“ wach. Dies herrschte naturgemäß im Herrenstand vor, denn dem Gefühl, Vertragspartner des Landesfürsten zu sein, stand keine Unterordnung als dessen Kammergut entgegen, während etwa die Prälaten und Städte vom Landesfürsten auch als dessen Kammergut ohne Verhandlungen zu Leistungen herangezogen wurden[44].

II. Die Tätigkeiten der Landstände vor 1500

A. Allgemein-laufende Tätigkeiten

Zufolge der Struktur des Landes sowie der Stellung des Landesfürsten und der Landstände erwies sich bei einer Zunahme der Landesaufgaben ein Zusammenwirken als erforderlich. Wie diese einerseits der Landesfürst nicht für das gesamte Land wahrnehmen konnte, so war es andererseits für die einzelnen Herrschaften unsinnig, sie für ihren eigenen Bereich allein zu besorgen wie etwa die Abwehr von Hussiten, Ungarn oder Türken. Dies bestätigt Näfs Ansicht eines „notwendigen Dualismus“[45], besser: eines notwendigen Zusammenwirkens. Die Ausgangssituation macht es auch be-

---

41 *K. Gutkas*, Die Stände Österreichs im 16. Jahrundert, in: Renaissance in Österreich (Katalog zur niederösterreichischen Landesausstellung Schallaburg 1974), 1974, 386, 389.

42 *H. Wiesflecker*, Kaiser Maximilian I. Das Reich, Österreich und Europa an der Wende zur Neuzeit V 1986, 198; IV 1981, 292.

43 *Näf*, wie Fn 19, 232.

44 *Brunner*, wie Fn 1, 436.

45 *Näf*, wie Fn 19, 227.

greiflich, daß, erstmals wohl 1254, in Österreich dem Landesfürsten ein Ratskollegium[46], gebildet aus den Landherren, zur Seite stand; sie macht es ferner verständlich, daß sich der Personenkreis erweiterte und zum Vorläufer der späteren Landtage wurde: Als Gremium gemeinsam Interessierter entstanden sie, weil sie „eine nützliche Funktion“ erfüllten[47]. Um 1400 sind in unseren Ländern die Landtage als Versammlungen der vier Stände aufgrund der Einberufung durch den Landesfürsten zu einer feststehenden Einrichtung geworden[48]. Noch um 1350 banden Beschlüsse nachweislich nur Anwesende, rund hundert Jahre später hatte sich das Mehrstimmigkeitsprinzip durchgesetzt: Der Organcharakter des Landtags kam zum Durchbruch. Dazu trug schließlich bei, daß sich ein bestimmter Verfahrensablauf herauskristallisierte, zu Beginn der Neuzeit war er „genormt“[49]. Freilich nicht sehr: Noch gab es Tagungen und Ausschüsse auch der einzelnen Stände im Rahmen des Landtages[50]. Der Landtag insgesamt bildete jedoch das Gremium für das Zusammenwirken des Landesfürsten mit den Landständen, aber natürlich auch dieser untereinander. Als „wichtigste Funktion“ gilt die sogenannte „Steuerbewilligung“[51]: „Sogenannte“ deshalb, weil der Ausdruck zu modern-parlamentarisch klingt. Tatsächlich wurde ja bekanntlich auch kaum „bewilligt“, sondern ausgehandelt. Und dies konnte aufgrund der skizzierten Grundlagen und der weiteren Entwicklung auch nicht anders sein. Die Versammelten einigten sich nach Verhandlungen auf ein gemeinsames Aufbringen für einen Allen nützlichen Zweck - und dies unterscheidet sich eben sehr stark von einer tatsächlichen „Steuereinhebung“ ohne Verhandeln wie die des Landesfürsten aus seinem Kammergut, wozu freilich ein Teil der Stände zählte. Allgemeinlaufende Tätigkeiten der Landstände entspringen weiters dem Amt des Landeshauptmanns. In der Steier-

---

46 *A. v Luschin-Ebengreuth*, Grundriß der österreichischen Reichsgeschichte, 2. Aufl 1918, 99f; *H. Wiesflecker*, Die Entwicklung der landständischen Verfassung in den österreichischen Ländern von den Anfängen bis auf Maximilian I., in: Die Entwicklung der Verfassung Österreichs vom Mittelalter bis zur Gegenwart, 2. Aufl 1970, 17.

47 *F. L. Carsten*, Die deutschen Landstände und der Aufstieg der Fürsten, in: *Rausch*, wie Fn 8, 321; *Hassinger*, wie Fn 33, 998, 1010; *Turba*, wie Fn 27, 9, 10f, 180; *H. Stradal*, Die Prälaten, in: Herrschaftsstruktur und Ständebildung, wie Fn 33, 56; *Brunner*, wie Fn 1, 405f.

48 *Wiesflecker*, wie Fn 46, 18f; *Luschin*, wie Fn 46, 101ff.

49 *Gutkas*, wie Fn 41, 393.

50 *H. Hassinger*, Ständische Vertretungen in den althabsburgischen Ländern und in Salzburg, in: *D. Gerhard* (Hrsg), Ständische Vertretungen in Europa im 17. und 18. Jahrhundert, 1969, 267.

51 *Bosl*, wie Fn 4, 225; *P. Blickle*, Landschaften im Alten Reich. Die staatliche Funktion des gemeinen Mannes in Oberdeutschland, 1973, 43, 45.

mark zeigt sich sehr klar, daß diesen vor dem 14. Jahrhundert der Landesfürst völlig unabhängig von den Landständen bestellte, nämlich landfremde Personen, danach aber stets Personen aus dem steirischen, teils auch österreichischen Herrenstand. Mit dem landesfürstlich bestellten Landeshauptmann aus dem Kreis der Landstände sind diese zusätzlich zum Landtag als Träger der Geschicke des gesamten Landes kenntlich gemacht[52]. Zum Landtag wie auch zum Landeshautpmann ist für das 14. und 15. Jahrhundert, auch für späterhin, in Erinnerung zu rufen, daß diese Organe jedes Land besaß, nicht aber jedes Land, wie erwähnt, einen eigenen Landesfürsten! Dies macht es jedenfalls für die habsburgischen Länder sehr verständlich, daß Otto Brunner gerade für das 15. Jahrhundert feststellte, die „Landstände sind das Land“[53]. Der Landesfürst ist es ja tatsächlich nicht, er ist sozusagen „zumindest zwei Länder“. Der gemeinsame Landesfürst bleibt nicht ohne Rückwirkung auf die Landstände: Es sind ihm nun die Landstände mehrerer Länder zu Rat und Hilfe verpflichtet - General- und Ausschußlandtage sind die Folge. Die ersten dieser länderumgreifenden Ständeversammlungen[54] berief Herzog Friedrich V. 1446 ein, nämlich für die innerösterreichischen Länder, unter Maximilian I. fanden sie für alle niederösterreichischen Länder erstmals 1502 und sogar für alle Erbländer vor allem 1518 in Innsbruck statt. Hier vermehrte sich nicht nur begreiflicherweise das landständische Element, sondern, trotz Zwistigkeiten zwischen einzelnen Ländern, festigte es sich auch zunehmend. Schon 1508 erhoben die Stände gegen die neuen maximilianischen Behörden zahlreiche Beschwerden[55] zugunsten der herkömmlichen Rechte der Länder, besonders zu Augsburg 1510 und sodann zu Innsbruck 1518 erreichten sie gewichtige Zugeständnisse. Neben den - fortdauemden - Einzellandtagen gewannen diese Generallandtage besondere Bedeutung für die Landstände[56]. Der sogenannte Generallandtag zu Innsbruck 1518, tatsächlich nur ein Ausschußlandtag, brachte beispielsweise Ergebnisse vor allem im Bereich der Mitregierung. Signifikant dafür ist die neue Hof(rats)-Ordnung[57]: Der Hofrat sollte in gleicher Weise für Reichs- wie Landesangelegenheiten zuständig

52 *F. Tremmel*, Die Landeshauptleute im Herzogtume Steiermark, 1962, 9, 16.

53 *Brunner*, wie Fn 1, 438.

54 Zum Folgenden: *Hellbling*, wie Fn 10, 116; *Luschin*, wie Fn 46, 103, 106; *H. J. Zeibig*, Der Ausschuss-Landtag der gesammten österreichischen Erblande zu Innsbruck 1518, in: AÖG 13, 1854, 236ff; *A. Jäger,* Geschichte der Landständischen Verfassung Tirols II/2, 1885, 490ff.

55 *Wiesflecker*, wie Fn 42, V, 293; IV, 45, 202, 213.

56 Ebda IV, 295.

57 Ebda IV, 305ff, 314, 320.

sein, die Hälfte seiner 18 Räte aus den nieder- und oberösterreichischen Ländern (davon fünf Räte aus den niederösterreichischen Ländern und je zwei aus Tirol und den Vorlanden) kommen, und zwar ausschließlich aus den Landständen! Insgesamt war nunmehr eine umfassende Mitwirkung der Landstände vorgesehen.

B. Konkrete landständische Tätigkeiten

Ein besonderes Licht auf die Stellung der Landstände werfen Tätigkeiten, die nicht zu den allgemein-laufenden Angelegenheiten des Landtags oder des Landeshauptmanns zählen. Zum Teil entspringen diese Tätigkeiten der von Näf[58] allgemein festgestellten „Krisenanfälligkeit der Könige und Fürsten". Sie weisen darauf hin, daß ein Regieren des Landes in einem umfassenden Sinne ebenso wie ein Zusammenfassen der Landesressourcen für Landeszwecke des Zusammenwirkens der einzelnen Landstände und des Landesfürsten bedarf. Der Kreis der Mitwirkenden an den im Folgenden chronologisch aufgeführten Rechtsakten zeigt generell - in der Zeit vor oder während der Konsolidierung von Ständeversammlungen zu Landtagen - die Bedeutung der einzelnen Stände als Einzelrechtsträger, noch nicht als Korporation. Er zeigt weiters, daß (potentielle) Landesfürsten nicht umhin können, sich der Zustimmung anderer Herrschaftsträger zur (besseren) Ausübung ihres Landesfürstentums zu versichern[59]. Zwischen den beiden ständischen Vormundschaftserklärungen 1406 und 1411 - siehe sogleich - hielt der Klerikerjurist Thomas Ebendorfer fest, das Handeln der „Nachbarn" gegeneinander bestimme ihre jeweilige Stellung als „Vasall eines Barons oder Prälaten oder Ritters"[60] - was wie eine Erweiterung des Steirischen Reimchronisten über die unabhängige Stellung der Landherren klingt. Am Ende des 13. Jahrhunderts sehen wir Herren, Ritter und Städte am Landfrieden 1281 mitwirken[61]. Knapp danach, 1313, beschwören Herren, Prälaten und Städte Österreichs und der Steiermark den Heiratsvertrag Friedrichs des Schönen mit Elisabeth von Aragon. 1355 beschwören die Hausordnung Herzog Albrechts II. Landherren aus Österreich unter und ob

---

[58] *Näf*, wie Fn 19, 229.

[59] *Carsten*, wie Fn 47, 319.

[60] *Hantsch*, wie Fn 10, 162; zu Thomas Ebendorfer: *Brauneder*, Ebendorfer, 24ff, 314f.

[61] Hierzu und zum Folgenden: *Luschin*, wie Fn 46, 96, 90, 100, 104; *Wiesflecker*, wie Fn 46, 18; *E. C. Hellbling*, Die habsburgischen Rechtsnormen des Mittelalters in rechtlicher Sicht, in: *N. Grass - W. Ogris* (Hrsg), Festschrift Hans Lentze, 1969, 295ff.

der Enns, Steiermark und Kärnten, auch Städtevertreter. Der Erbvertrag zwischen Habsburgern und Luxemburgern 1364 wird nach dem „Rat“ aller - einzelner - Landstände abgeschlossen und von den Herren und Städten zusätzlich beeidet. Ähnlich kommt auch der Landfriede 1402 mit einzelnen Ständen zustande.

Eine besonders auffallend „ständische Phase“[62] beginnt mit dem ständischen Schiedsspruch 1406 bezüglich der Vormundschaft über Herzog Albrecht V. Er führt 1411 zur ständischen Einsetzung des nunmehr großjährigen Herzog Albrechts V. als Landesfürst in Österreich. Gegen die einbrechenden Hussiten initiiert dieser um 1420 einen Adelsbund, so daß die Hussitenabwehr damit letztlich von den Landständen getragen wurde. 1452 erzwingt der Mailberger Adelsbund die nach Landrecht sogar vorzeitige Entlassung Herzog Ladislaus aus der Vormundschaft von Herzog Friedrich V. Nach dem Tod von Herzog Ladislaus 1457 ergeht ein ständischer Schiedsspruch über dessen Nachfolge. 1462 kommt es zur ständischen Friedensvermittlung zwischen Herzog Friedrich V. und Herzog Albrecht VI. Nach dem Tode Maximilians I. 1519 stellen sich die Stände der niederösterreichischen Länder auf den Standpunkt, das von Maximilian I. eingesetzte Regiment habe mit dessen Tod seine Amtsgewalt verloren, bis zum Antritt des neuen Landesfürsten - Kaiser Karls V. - falle daher die jeweilige Landesregierung allein an die Stände[63]: Dies vermutlich im Glauben, Maximilian I. habe keine Vorsorge für diese „Zwischenregierung“ getroffen, was aber der Fall gewesen war. Die Stände Österreichs hielten jedoch an ihrer „Zwischenregierungstheorie“ auch dann noch fest, als bekannt wurde, der verstorbene Landesfürst habe testamentarisch das bestehende Regiment über seinen Tod hinaus beauftragt. Mittlerweile hatten die Stände Österreichs mit der Landesregierung einen von ihnen gewählten Ausschuß beauftragt und das maximilianeische Regiment nicht mehr anerkannt. Überdies kamen sie auch der Erbhuldigung an Karl V. als neuem Landesfürsten nur höchst zögerlich nach, während die übrigen niederösterreichischen Länder huldigten. Nach Übertragung des Landesfürstentums auf Ferdinand I. wurde gegen die Ständeführer ein Prozeß eröffnet, diese verurteilt und 1522 enthauptet. Übrigens ging im Anschluß an dieses „ständische Zwischenreich“ die hiefür maßgebliche Stadt Wien durch die neue stadtherrliche Stadtordnung 1526

---

62 Zum Folgenden: *Hellbling*, wie Fn 10, 113, 73, 74f, 76; *Hantsch*, wie Fn 10, 168; *Luschin*, wie Fn 46, 93; *Niederstätter*, wie Fn 5, 238ff.

63 Zum Folgenden: *H. Kretschmer*, Studien zum Tagebuch Martin Siebenbürgers. Staatsprüfungsarbeit am Institut für österreichische Geschichtsforschung, Wien 1977, 9ff; *Hellbling*, wie Fn 10, 76; *H. Wiesflecker*, Österreich im Zeitalter Maximilians I., 1999, 442ff.

zahlreicher Privilegien verlustig: Der Zusammenhang zwischen Herrschaftsautonomie und Teilhabe an der Regierung des Landes wird hier sehr handgreiflich!

III. Innovationen der Landstände

Gerhard Buchda hat vorgeschlagen, man müsse „auseinanderhalten", ob „sich die Landstände subjektiv als Wortführer und Sachwalter der Gesamtbevölkerung ihres jeweiligen Territoriums gefühlt und betrachtet" oder derartige Interessen „objektiv" für das Land wahrgenommen haben[64]. Ähnlich wird nun zwischen bewußter Herbeiführung von Innovationen und unbewußt-tatsächlichem Erfolg unterschieden; beides ist miteinander verwoben, die Grenze fließend.

A. Bewußte Innovationen

1. Landesbewußtsein

Hieher zählen zahlreiche Handlungen[65], die davon zeugen, daß die Stände ein höheres Landesbewußtsein besaßen als die mehrfachen und daher überterritorialen, mit Karl V. und Ferdinand I. überdies fremden Landesfürsten. Dies zeigte sich beispielsweise im Rangstreit zwischen den Ständen des Landes ob der Enns und jenen der älteren Herzogtümer wie etwa Steiermark und Kärnten sowie im Widerstand der Landstände gegen die Zusammenfassung der niederösterreichischen Länder zu einem sie nivellierenden „Königreich Österreich". Im Zusammenhang damit steht auch, daß zur Zeit der General- und Ausschußlandtage besonders Maximilian I. den Weg der Verhandlung mit einzelnen Landtagen nicht fallen lassen konnte. Vielfach wandten sich die Länder gegen die großräumige Europapolitik der Habsburger, die zu ihren Lasten ging. Zum Landesbewußtsein zählt auch das Eintreten der Stände für die bestehende Rechtsordnung (s sogleich), etwa ihr Auftreten gegen eine allein königliche Gerichtsbarkeit, was schließlich zu den umfassenden Landrechtsaufzeichnungen des 16. Jahrhunderts führte.

---

64 *G. Buchda*, Reichsstände und Landstände im 16. und 17. Jahrhundert, in: *Rausch*, wie Fn 8, 219f.

65 Zum Folgenden: *Wiesflecker*, wie Fn 42, IV, 310, 302, 295, 298ff, 305ff; V, 202; *H. Koller*, Das „Königreich" Österreich, 1972; *U. Flossmann*, Regnum Austriae, in: ZRG/ GA 89, 1972, 78ff.

Auch Zwistigkeiten zwischen den Ländern wie im Zuge von ständischen Gesandtschaften ins Ausland[66] zeigen, daß sich die Landstände bewußt als Vertreter ihres Landes fühlten.

2. Rechtsordnung

Eine ständische Sorge galt der Aufzeichnung des Landrechts[67]. Dazu bedienten sie sich der modernen Rechtswissenschaft, was übrigens klar der Ansicht eines „Kampfs der Stände um das alte Recht“ als Frontstellung gegen das Römisch-Gemeine Recht widerspricht. So berief sich denn beispielsweise auch der österreichische Ständevertreter Doktor Martin Siebenbürger[68] auf das „geistlich und kaiserliche Recht“, und zwar zugunsten der Stände gegen den (Beamtenapparat des) Landesfürsten, auf die „Satzung der geschriebenen Rechte“ sowie auch auf „göttlich und weltlich Gesetz“. Überhaupt sind seine Argumentationen nicht einfach auf Herkommen aufgebaut, sondern auf Rechtsgrundlagen - auch die Stände bedienten sich der Juristen. Insgesamt waren die Landstände ebenso wie der Landesfürst in die identischen Grundwerte der Ständegesellschaft eingebunden[69], vor allem in den Gedanken einer „Ordnung“ als Hierarchie. Bewußt setzten sie sich denn auch für diverse „Ordnungen“ ein, vor allem im 16. Jahrhundert der des Landrechtes unter Einschluß ihrer eigenen Rechtsstellung.

3. Behördenwesen

Mit der Ausbildung des Landtages sowie zufolge besonderer Aufgaben und Anforderungen entstehen im 15. Jahrhundert ständische Behörden.

Ständische Kollegien dienen der Mitregierung des Landes mit dem Landesfürsten[70], bei dessen Abwesenheit fungieren sie, die sogenannten „Anwälte“, als stellvertretende Landesregierung. Vor allem bauen die Stände eine Finanz- und Steuerverwaltung auf, die, zum Teil auch mit der ständischen Militärverwaltung, zur Einteilung des Landes in Kreise oder Viertel

---

66 *G. R. Burkert*, Ständische Kontakte nach dem Tod Maximilians I., in: Bericht über den sechzehnten österreichischen Historikertag in Krems/Donau, 1986, 306, 309.

67 S u IV B.

68 Zum Folgenden: *Kretschmer*, wie Fn 63, 103f.

69 *P. Münch*, Grundrechte der frühneuzeitlichen Ständegesellschaft? Aufriß einer vernachlässigten Thematik, in: *W. Schulze* (Hrsg), Ständische Gesellschaft und soziale Mobilität, 1988, 66.

70 Zum Folgenden: *Hellbling*, wie Fn 10, 114; *Gutkas*, Landesfürst und Stände, wie Fn 35, 234ff, 241; *Luschin*, wie Fn 46, 281f; *Putschögl*, wie Fn 33, 41f, 43ff.

beiträgt. Die ständischen Finanzbehörden übernehmen allmählich auch andere Verwaltungsaufgaben. Die Türkenbedrohung führt 1475 in der Steiermark zur Einrichtung der Landschaftskasse. Im Land ob der Enns existieren ab etwa 1450 Landtagsausschüsse zur Vorbereitung der Sitzungen des Landtags, „Einnehmer" zur Durchführung seiner Beschlüsse und schließlich „Verordnete" als Landesregierung. Vor 1500 haben die Stände insgesamt eine effiziente Landesverwaltung aufgebaut[71], die echte, nämlich meist von ihnen persönlich besorgte, Selbstverwaltung ist. Der landesfürstliche Behördenapparat entsteht erst nach 1500 unter Maximilian I. Eine zufolge der ständischen Landesverwaltung notwendige Einrichtung erhält symbolhaften Charakter: das Landhaus als ständischer Verwaltungssitz und daneben oft noch das ständische Zeughaus. Das erste Landhaus entsteht schon 1494 in Graz, 1513 folgt das für Österreich in Wien und sodann 1536/63 in Linz jenes für das Land ob der Enns.

Die maximilianischen Behördeneinrichtungen - auf die im einzelnen hier nicht einzugehen ist - brachten gegenüber dem System der ständischen Landesverwaltung erhebliche Veränderungen[72]. Im Organisatorischen bestand die gravierendste Neuerung darin, daß Behörden mit einem Wirkungskreis für stets mehrere Länder geschaffen wurden, die überdies zeitweise auch Reichskompetenzen wahrzunehmen hatten. Im wesentlichen gab es Behörden einerseits für die Gruppe der oberösterreichischen Länder (Tirol und die Vorlande) und andererseits für die der niederösterreichischen Länder, nämlich Innerösterreich mit Steiermark, Kärnten, Krain und dem Küstenland einschließlich Triest, sowie Österreich unter und ob der Enns. Dies bedeutete für jene Länder, in welchen nicht der Sitz dieser neuen Behörden lag, und sie waren natürlich in der überwiegenden Mehrheit, eine Verwaltung vom Ausland aus. Zufolge der zahlreichen in diesem Sinne ausländischen Beamten oder tatsächlich solchen vor allem aus den Niederlanden entstand selbst in Ländern mit derartigen Verwaltungssitzen das Gefühl einer fremden Regierung. Dazu kam noch das Nichtheranziehen der Landstände zumindest in den Anfangszeiten, was diese zu Recht als Eingriff in die Landesorganisation verstanden. Verstärkt wurde das Neuartig-Fremde durch neue Verwaltungspraktiken meist nach, wie Wiesflecker mehrfach betont, burgundischem Vorbild. Ziemlich umgehend formierte sich der ständische Widerstand, und zwar vor allem in unseren drei Ländern. Einen besonderen Stein des Anstoßes bildete das neue königliche Kammergericht in Wiener

---

[71] Zum Folgenden: *Carsten*, wie Fn 47, 326; *Gutkas*, wie Fn 41, 385, 393.

[72] Zum Folgenden: *Wiesflecker*, wie Fn 42, II 1975, 185ff, 196ff, 242, 407; III 1977, 231ff, 239ff; IV, 292ff; V, 205ff, 208, 210ff; *ders*, Österreich, wie Fn 63, 232ff.

Neustadt, welches gleichfalls zu Recht als Mißachtung bisheriger ständischer Rechte galt, da die Gerichtsbarkeit eindeutig gemeinsame fürstlich-ständische Landessache war. Zudem befand sich für Österreich der Sitz des Gerichts, da im damals steirischen Wiener Neustadt, im Ausland[73]. Auf ständischen Druck hin wurde nicht nur dieses Gericht abgeschafft, sondern in die neuen Behörden auch Ständemitglieder aufgenommen wie in das niederösterreichische Regiment, meist zu Wien, ab 1508 und insbesondere ab 1510: Nun kam es hier fast zu einem Überwiegen des ständischen Einflusses, was zu einer Art Unterstellung des niederösterreichischen Regiments unter das oberösterreichische zu Innsbruck führte. Kritik und Widerstand gegen das Neue der Reformen Maximilians I. richteten sich also einmal gegen die landfremden Amtsträger und sodann gegen die länderübergreifende, das heißt ländernegierende Organisation[74]. Ihr traten besonders auf den General- und Ausschußlandtagen die Stände entgegen, die ihre Mitwirkung und damit auch die Berücksichtigung von Länderwünschen zur Geltung brachten, denn nun stellte sich die „Steuerbewilligung als ein wirksames Druckmittel“ dar, sie erklärt die starke Stellung der Stände[75]. Die Ausschußlandtage machten übrigens eine Art neuer Einrichtung der Landstände notwendig: ständische Gesandtschaften[76]. Sie gab es auch für andere Zwecke, eine besondere Berühmtheit erlangte jene nach Spanien an den Hof des künftigen Landesfürsten Karl V. Insgesamt entstand ein ständisches Gesandtschaftswesen in einem sehr umfassenden Sinn: Etwa gleichzeitig mit der Gesandtschaft zu König Karl nach Barcelona 1519 wurden eine weitere zu Erzherzog Ferdinand nach Mecheln abgefertigt, dann im folgenden Jahr solche zur „obersten Regierung“ Karls nach Augsburg, Maastricht und Köln sowie zum Kaiser selbst nach Aachen, Köln und Mainz. Die Einrichtung regelmäßiger landständischer Gesandtschaften erfolgte schließlich mit der Wiederbelebung von Ausschußlandtagen unter Ferdinand I.[77] in den Jahren von 1525 bis 1531, nämlich in Innsbruck 1525 und 1531, in Steyr/Wien 1525, in Augsburg 1525/26 und in Linz 1529, 1530 und 1531. Ein reges ständisches Gesandtschaftswesen einzelner Länder untereinander entwickelte sich im selben Zeitraum auch in bezug auf Fragen der Wirtschafts-

---

73 *Wiesflecker*, wie Fn 42, II, 242.

74 *Sturmberger*, wie Fn 18, 147; *ders*, Dualistischer Ständestaat und werdender Absolutismus, in: *ders*, wie Fn 18, 247.

75 *Wiesflecker*, wie Fn 42, II, 386.

76 Hierzu: *G. R. Burkert*, Landesfürst und Stände. Karl V., Ferdinand I. und die österreichischen Erbländer im Ringen um Gesamtstaat und Landesinteressen, 1987, 64ff, 72ff, 80ff, 84, 86.

77 Ebda 187ff.

und Verteidigungspolitik[78]. Mit den für das 14. und 15. Jahrhundert beschriebenen konkreten Tätigkeiten treten die Landstände unserer Länder teils sehr bewußt als Vertreter des Landes auf, zum Teil als Mitinhaber der Landesgewalt, im Falle der österreichischen Stände nach dem Tode Maximilians I. als - vorübergehende - Alleininhaber der Landesgewalt. Gegen Ende des 16. Jahrhunderts werden wir diese Haltung dann nochmals sehr deutlich vor allem bei den Ständen des Landes ob der Enns sehen.

B. Faktische Innovationen

Existenz wie konkretes Handeln der Stände insgesamt haben verhindert, daß der Landesfürst seine Herrschaft über das Land mit der über seinen Allodial-(Urbar-)besitz gleichsetzen, das Land zu seinem Kammergut machten konnte[79]. In der spezifischen länderübergreifenden Herrschaftssituation der Habsburger haben sie auf diese Weise weiters das Verschmelzen der Länder zu größeren Einheiten unterbunden. Land und länderübergreifende Fürstenherrschaft bleiben getrennt: Neben der Existenz des Reiches mit seinen Kompetenzen ist dies mit ein Grund zur freiheits- und vielfaltsbewahrenden föderativen Ausgestaltung des „komplementären Reichs-Staates“[80].

C. Vergleiche

Die Stellung der Landstände in unseren Ländern unterscheidet sich von jenen beispielsweise in Bayern erheblich. Sie haben sich letztlich nicht mit einem Festhalten an ihren Sonderrechten begnügt und sich durch deren Garantie eine „Entmachtung“ als Landesfaktor gefallen lassen[81]. Eine Parallelität besteht allerdings insoferne, als - natürlicherweise - die Stände dem Land verhaftet bleiben. Dies führt in Bayern zu einem gemeinsamen Ständeausschuß der Teilherzogtümer und fördert deren Wiedervereinigung als Land[82]: Es wird mit der fürstlichen Herrschaft wieder identisch. In den Habsburgerländern verhindern die Stände just dies: Die Länder bleiben bestehen, die Herrschaft wird überterritorial. Eine Passivität der Stände, wie

---

78 Ebda 246, 285, 289f, 292.

79 *Brunner*, wie Fn 1, 378ff.

80 *G. Schmidt*, Geschichte des alten Reichs. Staat und Nation in der Frühen Neuzeit 1495-1806, 1999, 33ff.

81 *Fried*, wie Fn 8, 350.

82 *K. Bosl*, Die Geschichte der Repräsentation in Bayern, 1974, 54.

sie Hartung aufgrund der bayerischen „Freiheitsbriefe" sieht und sie für Württemberg als „Hemmschuh"[83] wertet, ist für die steirischen und die österreichischen Stände nicht zu orten. Demnach trifft auch Hartungs Überlegung hier nicht zu, es sei den Ständen ursprünglich nicht um einen „Anteil am Staat", sondern um eine „Freiheit vom Staat" gegangen: Unsere Stände setzten sich vom 14. bis zum 16. Jahrhundert praktisch, dann auch theoretisch dafür ein, Anteil am Landesstaat zu haben. Entgegen Helbigs Feststellung[84] ist demnach auch kein „erster Aufschwung ständischer Regsamkeit größtenteils bald wieder erlahmt", nämlich um 1500: Jetzt erst beginnt in unseren Ländern die moderne Mitwirkung der Landstände am Staatswesen. Zuzustimmen ist Oestreichs Beobachtungen über die Bedeutung der Stände für die Finanzverwaltung, im Bereich der Rechtsverwaltung sowie der Kulturpolitik[85]. Im Sinne von Näf[86] hatten die Stände begonnen, „über den Staat zu wachen", den sie aus bloßem „Herrschaftsbesitz" durch die Verbindung der „Grundherrschaften und feudalen Herrlichkeiten" mitschufen und hiebei eine moderne „Staatsgesinnung" mittrugen. Ihr „rechtsentwickelnder Ratschlag" als Aussage über „das Rechtmäßige des Tuns"[87] trieb neben der noch eher nur richterlich-administrativen Herrschaft des Landesfürsten die Modernität voran. Hier mengen sich bewußte und unbewußte „herrschaftliche Innovationen".

IV. Der Ständestaat des 16. Jahrhunderts

A. Die allgemeine Lage

Mit der Hofratsordnung Ferdinands I. 1527 sind für die landesfürstlichen und zum Teil auch kaiserlichen Befugnisse über alle Länder Zentralbehörden eingesetzt[88]: Sie fassen die Länder zu einer monarchischen Union zusammen. Ab der Herrschaftsteilung von 1564 existieren drei derartige Unionen. Vor allem vor 1564 besitzt mit dem überdies in der Reichspolitik stark engagierten Kaiser Ferdinand I. eigentlich kein Land einen „regieren-

83 *F. Hartung*, Herrschaftsverträge und ständischer Dualismus in den deutschen Territorien, in: *Rausch*, wie Fn 8, 41ff.

84 *H. Helbig*, Königtum und Ständeversammlung in Deutschland, in: *Rausch*, wie Fn 8, 118.

85 *G. Oestreich*, Ständetum und Staatsbildung in Deutschland, in: *Rausch*, wie Fn 8, 53ff.

86 *Näf*, wie Fn 19, 234ff, 241.

87 *O. Brunner*, Land und Landstände in Österreich, in: Mitteilungen des oberösterreichischen Landesarchivs 5, 1957, 66.

88 Zum Folgenden: *Brauneder*, Verfassungsgeschichte, 74, 69ff, 73f, 62, 64f; 96ff, 101ff, 128ff, 147ff, 177.

den Landesfürsten". Nach 1564 ziehen zwar solche auch in die Hofburgen von Graz und Innsbruck als Residenzen der neuen Ländergruppen ein, der Monarch ist aber primär diesen und nicht deren einzelnen Ländern verbunden. Die typische Landesresidenz stellt daher das ständische Landhaus dar. Der ständische Einfluß auf die monarchische Union ist gering, bis 1564 manifestiert er sich anfangs noch in General- und Ausschußlandtagen, nach 1564 spielen diese keine Rolle. So kommt es denn auch zu keiner Ausbildung von Generalständen, zu keiner Verschmelzung der Stände, sie bleiben ihren Ländern verhaftet. Spiegelgleich zu dieser Situation sind die Länder ständisch dominiert. Die Landesverwaltung ist so gut wie ausschließlich ständische Verwaltung. Es gibt - außerhalb der landesfürstlichen Grund- und Stadtherrschaften - keine landesfürstliche Verwaltung im einzelnen Land! Dies zeigt sich beispielsweise im 17. Jahrhundert daran, daß trotz der Entmachtung der Landstände die von ihnen geschaffene Verwaltungsstruktur bis in das 19. Jahrhundert sowie, modernisiert, bis letztlich in das frühe 20. Jahrhundert erhalten bleibt.

B. Die Tätigkeit der Landstände

Die ständische Verwaltungsorganisation erfährt einen zunehmenden Ausbau und eine organisatorische Verfestigung[89]: Dies betrifft ganz besonders die Finanzverwaltung und die Rechnungskontrolle. Im Land ob der Enns und in der Steiermark beispielsweise werden die „Verordneten" knapp vor 1530 zur permanenten Landesregierung. Unsere drei Länder standen nun schlechthin unter landständischer Regierung und Verwaltung. Auffallend ist besonders auch der Ausbau der Leistungsverwaltung im Bereich der Gesundheitspflege und vor allem im Schulwesen[90]. In Graz, in Enns und dann in Linz sowie in Horn und in Loosdorf entstanden sogenannte „Landschaftsschulen", die als „Hohe Schulen" universitätsähnlichen Charakter aufwie-

---

[89] *Putschögl*, wie Fn 33, 47ff; *A. Mell*, Grundriß der Verfassungs- und Verwaltungsgeschichte des Landes Steiermark, 1929, 297ff, 437ff.

[90] Zum Schulwesen: *G. Heiß*, Bildungsanstalten des niederösterreichischen Adels im gesellschaftlichen Wandel: Zum Bildungsgang im 16. und 17. Jahrhundert, in: *G. Klingenstein - H. Lutz* (Hrsg), Spezialforschung und „Gesamtgeschichte", 1981, 145ff; *ders*, Konfession, Politik und Bildung. Die Landschaftsschulen in den nieder- und innerösterreichischen Ländern vor dem Dreißigjährigen Krieg, in: *G. Klingenstein - H. Lutz - G. Stourzh* (Hrsg), Bildung, Politik und Gesellschaft, 1978, 22ff; *G. Reingrabner*, Zur Geschichte der protestantischen Landschaftsschule in Wien, in: Wiener Geschichtsblätter 27, 1972, 314ff; *G. Ritschel*, Die Förderung von Kultur und Wissenschaft durch die oberösterreichischen Landstände 1574-1624, Phil Diss Wien 1968, 17ff.

sen. Vor allem aber profilierten sich die Stände im Bereich der Gesetzgebung[91]. Schematisch lassen sich hiebei drei Arten der Einflußnahme unterscheiden. Keinen Einfluß hatten die Landstände auf jene „Ordnungen", welche der Landesfürst als Regalieninhaber erließ. Auf der anderen Seite der Skala stehen allein „landschaftliche" Patente, zustandegekommen ohne Mitwirkung des Landesfürsten, sie sind freilich in der Minderzahl. Dazwischen liegen der Bereich des überkommenen Landrechts, hier steht das Gesetzgebungsrecht Landesfürst und Landständen zwingend gemeinsam zu, weiters das aufstrebende Policeyrecht, das alsbald der Landesfürst als Monopol ausübt, aber am Entstehen der Gesetzesinhalte doch die Stände beteiligt, gerade bei den umfassenden Policeyordnungen. In diesen unterschiedlichen Arten konnten die Stände - noch - einen nicht unwesentlichen Einfluß auf die Gesetzgebung ausüben: Schließlich waren es ihre Behörden, die sie zu vollziehen hatten - darauf war der Landesfürst angewiesen. Im Bereich des Landrechts zeigt sich übrigens der Rat-Hilfe-Anteil der Landstände. Auf die inhaltliche Ausgestaltung des Policeyrechts[92] wirkten die Stände durch zahlreiche Beschwerden ein wie etwa auf den Ausschußlandtagen in Innsbruck 1518 und in Augsburg 1525/26, welche die künftigen Policeyordnungen fast schon im Aufbau vorwegnahmen. Auch auf den Landtagen beschäftigen sich die Stände immer wieder mit einschlägigen Policeyangelegenheiten wie etwa dem Fürkauf. Selbst auf das steirische (Wein-)Bergrecht konnten die Stände einen entscheidenden Einfluß nehmen, ihre Uneinigkeit zögerte deren Erlaß sogar hinaus[93]. Am signifikantesten sind jedoch die Bemühungen um die Kompilation des Landrechts in Osterreich unter und ob der Enns. Initiative wie inhaltliche Ausgestaltung liegen hier überwiegend bei den Ständen[94]: Den Inhalt bilden Gerichtsorganisation, Zivilverfahrensrecht und Privatrecht, späterhin auch die grundherrschaftlichen Verhältnisse und das Lehensrecht. Diese Landrechtsentwürfe erhalten zwar nie die landesfürstliche Sanktion, einige von ihnen werden jedoch in der Praxis wie Gesetze verwendet und späterhin einige Teile auch tatsächlich in Kraft gesetzt. Wesentliche Partien des neuen

---

[91] Zum Folgenden: *Brauneder,* Gesetzgebungsgeschichte, 437-462; *ders*, Frühneuzeitliche Gesetzgebung, vgl in diesem Band, 365ff.

[92] Dazu: *Brauneder*, Anfänge der Gesetzgebung, 413-435, 425ff; *ders*, Gehalt, 473-487; *ders*, Policeygesetzgebung, in diesem Band, 385ff; *ders*, Soziale Gruppen, in diesem Band, 403ff; *J. Pauser*: Gravamina und Policey. Zum Einfluß ständischer Beschwerden auf die landesfürstliche Gesetzgebungspraxis in den niederösterreichischen Ländern vornehmlich unter Ferdinand I. (1521-1564), in: Parliaments, Estates & Representation 17, 1997, 13-38.

[93] *A. Mell*, Das Steirische Weinbergrecht und dessen Kodifikation im Jahre 1543, 1928.

[94] *Brauneder*, Gesetzgebungsgeschichte, 450ff; *ders*, Juristenschriften, 37ff, 43ff, 51ff.

Rechts gehen so gerade in den beiden österreichischen Erzherzogtümem auf die Landstände zurück. Bei den entsprechenden Tätigkeiten bedienen sich die Landstände ebenso wie der Landesfürst durchaus eines zunehmend an Bedeutung gewinnenden Berufsstandes, nämlich der gelehrten Juristen[95]: Sie stellen solche an ihren Landschaftsschulen an, sie betrauen sie mit der Abfassung die erwähnten Landrechtsentwürfe: Dort lassen sie Römisch-Gemeines Recht unterrichten, hier soll es in Ergänzung zum „Landesbrauch" in die neuen Gesetze einfließen. Eine Polarisierung hier Landesfürst mit Römisch-Gemeinem Recht, dort Landstände mit heimischem Landesbrauch hat es in dieser Schärfe nicht gegeben.

C. Die ständische Verfassungssicht

Auf die gelehrten Juristen mit ihrem Kenntnisstand und Argumentationsarsenal geht die nun ausdrückliche Formulierung der Grundposition der Landesverfassung aus ständischer Sicht zurück. Dazu kommt ein weiterer Einfluß, nämlich der konfessionelle Religionszusagen an die überwiegend protestantischen Stände unserer drei Länder seitens des katholischen Landesfürsten, begriffen daher die Landstände als einen ganz eminenten Teil ihrer „Freiheiten", die es zu behaupten galt, besonders nun in religiöser Sicht. Der Horner Bund der unterennsischen Landstände[96] 1608 diente „Landeswohlstand und Freiheiten", besonders der „Erhaltung der Seelen (und) Gewissensfreiheit". Die Landstände sahen die Religionskonzessionen als Verfassungsbestandteil an, nämlich die Österreichs als „ersessnes jus und gerechigkheit"[97] oder in der Steiermark als „schon ein Statutum, eine Immunitas, Securitas"[98]. Für den Landesfürsten hingegen handelte es sich um entziehbare oder überhaupt nur auf Lebenszeit des Gewährenden befristete Privilegien: Aus „Gnaden gegeben" bemerkte Rudolf II., der sich bei seinen antiprotestantischen Maßnahmen ob der Enns auch auf seine „göttlichen und natürlichen Rechte"[99] berief.

Nicht nur in derartigen Einzelfeststellungen schlug sich ständisches Staatsdenken nieder. Die Landstände formulierten auch Kompakt-Umfassendes.

---

95 Ebda 47; *ders*, Privatrechtswissenschaft, 16ff.

96 *V. Bibl*, Die katholischen und protestantischen Stände in Niederösterreich im 17. Jahrhundert, in: Jahrbuch für Landeskunde von Niederösterreich NF 2, 1903.

97 *G. Reingrabner,* Ständische Libertät und kirchliche Ordnung, in: Österreich in Geschichte und Gegenwart 14, 1970, 461, 342, 346.

98 *Brauneder*, Verfassungsgeschichte, 62.

99 *Reingrabner*, wie Fn 96, 463 Anm 5.

Nach der „Vorred“ im Landrechtsentwurf 1526[100], als dessen formaler Gesetzgeber Ferdinand I. hätte fungieren sollen, stehen Gerichts- und Gesetzgebungshoheit dem Landesfürsten zu, jedoch „mit“ insbesondere „der zweier Stände des Adels“ bzw „mit Rat und Willen unserer Landleut“[101]. Dies bedeutet ein Festschreiben der letztlich mittelalterlichen Rat-Hilfe-Situation. Dies trifft ähnlich auf die Ausübung der Gerichtsbarkeit zu. Diese nämlich habe der Landesfürst an den von ihm einzusetzenden Landmarschall (Landeshauptmann) aus dem Herrenstand sowie den Untermarschall aus dem Ritterstand samt Beisitzern übertragen, freilich im Sinne einer Delegierung, da „Ursprung, Macht und Obrigkeit“ der Gerichtsbarkeit ausdrücklich „von uns fließen“, d h dem Landesfürsten, so daß sie „für sich selbst und in Kraft ihrer Namen und Ämter keinen ordentlichen Gerichtszwang haben“[102]. Aber immerhin wird hier festgeschrieben, daß die Ausübung der Gerichtsbarkeit zwingend den beiden adeligen Ständen obliegt! Ganz im überkommenen mittelalterlichen Sinne ist schließlich die Gesetzgebung, der Erlaß des Landrechts, Ausfluß der Friedenswahrung, es gilt „Landen und Leuten den Fried zugeben“, wobei besonders an „Fried, Einigkeit, gute Sitten und Recht im Land zwischen dem Adel“ gedacht wird[103]. Bald nach 1600 formulieren die Landstände ob der Enns ihren Standpunkt radikaler[104]: „Das ganze Land ob der Enns außer ihrer landesfürstlichen Hoheit und Kammergüter ist den Landständen ihr freies Eigen oder ihnen lehensweise mit aller Ziviljurisdiktion erster Instanz unterworfen“ heißt es in der ursprünglichen Fassung des Landrechtsentwurfs ob der Enns. Die hier ausgesprochene Gleichrangigkeit, wenn nicht sogar mehr, mit dem Landesfürsten schwächten dessen Räte in einer späteren Fassung mit dem Zusatz ab, die Landstände seien „uns als ihrem Erbherrn und Landesfürsten mit Gepflicht und Huldigung verbunden, und als ihrem Haupt untergehörig“. Im Land ob der Enns machte sich zudem ein wesentlicher Einfluß der Monarchomachen geltend: Der obderennsische Landrechtsentwurf entstand in der Bibliothek des calvinischen Ständeführers Erasmus von Tschernembl buchstäblich umgeben von zahlreichen monarchomachischen Schriften. Mittlerweile hatte sich seit dem Landrechtsentwurf 1526 das Widerstandsrecht zu

---

[100] Handschrift, wie Fn 14.

[101] Ebda fol 3r, 5v-r, 7r.

[102] Ebda 3v, 4v.

[103] Ebda 4r, 2r.

[104] Zum Folgenden: *Brauneder*, Gesetzgebungsgeschichte, 445f; *H.-W. Strätz*, Die Landtafel des Erzherzotums Österreich ob der Enns I, 1990, 15f.

einem Thema und Problem des deutschen Protestantismus entwickelt[105], um diese Zeit hatte Tschernembl selbst einen Traktat „De resistentia subditorum adversus principem legitima“ verfaßt[106]! Knapp später entstanden Tschernembls „Consultationes“, in dem er das monarchomachisch beeinflußte Widerstandsrecht gegen den Landesfürsten festschreibt: „Wer nun den Erbherrn macht (nämlich durch die Erbhuldigung), der kann auch den Erbherrn reijcieren, so er dess gemeinen Respekts wegen nicht Acht hat“, und zwar insbesondere dann, wenn der Landesfürst „nit schützen will“. Die adeligen Stände treibt nicht nur ein gefestigtes Standesbewußtsein, sondern auch ein Beharren auf dem dualistisch-korporativen gegen den neuen katholisch-absolutistischen Herrschaftsanspruch[107]. Zufolge der stets festgeschriebenen Pflicht zur Anerkennung des Landesfürsten zeigt sich hier um 1600 jene landständische Position niedergeschrieben, wie sie schon im 14. und 15. Jahrhundert von den Landständen als gelebte Verfassung praktiziert wurde. Übrigens verfuhr Tschernembl als Politiker nicht anders als diese rund 200 Jahre zuvor[108]: ständische Bündnisse, Wahrung der Landesfreiheiten nun unter Einschluß der Bekenntnisfreiheit auch zum Calvinismus, bei Verweigerung Widerstandsrecht gegen den Landesfürsten, ständische Regierung im Interregnum. Erst als es politisch möglich war, haben die Landesfürsten dem widersprochen, zuvor jedoch alle diese Positionen anerkannt gehabt.

---

[105] Vgl Texte bei *H. Scheible*, Das Widerstandsrecht als Problem der deutschen Protestanten 1523-1546, 1969.

[106] Hierzu und zum Folgenden: *H. Sturmberger*, Georg Erasmus Tschernembl, in: *ders*, wie Fn 18, 94; *ders*, Georg Erasmus Tschernembl, 1953, 95, 336ff, 156, 260, 344f; *Brauneder*, Gesetzgebungsgeschichte, 447.

[107] *G. Reingrabner*, Religiöse Lebensformen des protestantischen Adels in Niederösterreich, in: *Klingenstein - Lutz*, wie Fn 90, 132ff, 135f; *Heiß*, Bildungsanstalten, wie Fn 90, 142ff.

[108] *Sturmberger*, Tschernembl-1953, wie Fn 106, 260; ebda 95.

The Structure of general administration in the Habsburg-monarchy during the time of emperor Napoleon I.

I. Political background and basic conditions; II. The administrative System of the Habsburg Monarchy round 1800: A. The New Public Authority Structure, B. Governmental Districts in Addition to the Länder, C. The System as a whole and its Bureaucracy; III. The „Napoleonic model" in parts of nowadays Austria; IV. The Austrian system after 1815; V. Conclusion.

I. Political background and basic conditions

On the territory of nowadays Austria, at the beginning of 1812 two civil codes were set in force: In the eastern parts which still belonged to the Habsburg Monarchy the General Civil Code (Allgemeines Bürgerliches Gesetzbuch: ABGB) was enacted by the Austrian Emperor while in western parts of Austria because belonging to the „Illyrian Provinces" and therewith to the French Empire itself (see below III) the French Civil Code, at this time called Code Napoleon, came in being. Both of these facts show very clearly the political background and also the basic conditions for the interference in regard to the so-called „Napoleonic Model of Administration" on the one hand and the administrative situation rooted in the indigenous development of the Habsburg Monarchy on the other.

During the time of Napoleon only with few exceptions, like first of all the marriage between the French emperor himself and the daughter of his counterpart, emperor Franz II. (I.), the Habsburg Monarchy stood in several wars against France. That means in particular that the Habsburg Monarchy emphasized a social structure very different from the new one, like e g very clearly shown in the French Civil Code. Whilst the French Civil Code based on the idea of an equal society without any divisions of people in classes (estates), the structure of the society in the Habsburg Monarchy also like in Prussia should remain as a society divided into classes (Ständegesellschaft). Therefore the Austrian Civil Code provided for legal institutions attached to the old classes like for example the family-fideicommissum for the nobility or dominium directum sive utile for the peasantry[1]. In contrast to the All-

Aus: *B. Wunder* (Hrsg), Les Influences du „Modele" Napoleonien d' Administration sur l' Organisation administrative des autres pays / The influences of the Napoleonic „model" of administration on the administrative organization of other countries, Brüssel 1995, 99-113.

gemeines Landrecht of Prussia, the Austrian Civil Code did not mention the different classes (estates) by word so to open its content to all the classes[2]. So it is to understand that the contemporaries hold the Austrian Civil Code as quite another kind of law book against the French Code and especially from the standpoint of the conservatives the Austrian code was esteemed as the better one because it maintained all the old institutions[3].

So both codifications proof the difference between French and Austrian politics during the Napoleonic period. But they also are very significant for a development both states had in common: The strive for overcoming the intermediate powers by a centralized state. Finally the enactment of both codes on nowadays Austrian territory on the same date of January 1, 1812, stands for two facts: First, that the Napoleonic model and the Austrian administrative system were neighbours for several years, secondly that in some territories the Napoleonic model first replaced the Austrian system but was replaced itself by the Austrian administration after the end of the Napoleonic period. Therefore we are allowed to compare both administrative systems as neighbours at the same time as well as successors to each other in chronological sequence.

For that purpose we have to characterize the administrative structure in the Habsburg Monarchy before the Napoleonic aggression; then we have to describe the Napoleonic system in former Habsburg territories; finally we have to look after what remained from the Napoleonic system when those territories became part of the Habsburg Monarchy again.

II. The administrative System of the Habsburg Monarchy round 1800

A. The New Public Authority Structure

The reforms[4] which the public authorities underwent during the period of enlightened absolutism brought about such radical changes in the existing structures that they developed into general state reforms. Particularly in

---

1 *Brauneder*, Vernünftiges Recht, 122f.

2 *Ibid*, Zivilrechtskodifikation, 67.

3 *Ibid*, ABGB, 250f.

4 General background to development of Austria and for comparison *D. Willoweit*, Deutsche Verfassungsgeschichte, 4th ed 2001, 174ff, 203ff; *Brauneder*, Verfassungsgeschichte, 58, 63ff, 73f, 96ff; *ibid*, Beamtenstaat, 255-279; *ibid*, Becher, 57-84; *F. Walter*, Österreichische Verfassungs- und Verwaltungsgeschichte von 1500-1955, 1972 based on *ibid*, Die österreichische Zentralverwaltung II-III, 1925-1971.

conjunction with the reforms ensuing from the codification of the legal system, these reforms gave rise to a new state power. In the initial stages this new entity was not graced with a name, but on conclusion of the process of its establishment it was decided in 1804 to give it an official designation after the name of its ruling house: the Austrian Empire.

These reforms transformed the Habsburg monarchy from a mere monarchical union of corporative states (Länder) into a decentralized unified state. In the course of this process the Länder lost their autonomous standing as the state functions of legislation, jurisdiction and sovereign administration were transferred to new authorities set up under the monarchy union, which thus assumed the character of a state. Hungary was to a certain extent an exception in this process, thus determining the nature of the Habsburg Empire as a state with a differentiated federalist structure. However, this has no bearing on our theme of the nature and structure of administration in present-day Austria.

The key to understanding the desire for reforms lies in the intrinsic nature of the monarchical union of corporative states. Its administrative functions were more or less shared between the monarch as the common ruler of the various Länder and the individual provincial legislatures of the Estates: only the central authorities of the union were subject to the control of the monarch, whilst the middle-level and lower authorities in the individual corporative states, the Länder, mainly remained under the aegis of the Estates; in other words, the central authorities were dependent on the lower authorities of the Estates. In modern terms this meant that there was no direct monarchic administration beyond the court, but rather at best provincial administrative bodies acting as agents of the monarch (Auftragsverwaltung). But the central administration also continued to demonstrate traditional features due in part to the influence exerted by the Estates and in particular to the continuing effects of the late medieval division of the Habsburg complex of Länder into three parts.

As a result of this the court still maintained three Court Councils of War in Vienna, Graz and Innsbruck until 1743/44.

The conceptional background to public authority reform is provided by the abolition of the intermediate powers interposed between the monarch and his subjects, for example the Estates, the churches and autonomous associations such as the guilds. This trend found particular support in the ideas of the mercantilists, which therefore also had a significant part in the development of constitutional law. Their vision of the monarchical union of corporative states offered no place for the latter, preferring to see the union as one unit, one „Land“, comprising an abundance of different legal titles which they however tended to regard more as objects of economical utility than political positions. Based on these theories there existed a series of practical demands, requesting the replacement of the complicated and often inefficient corporative administrative bodies whose powers were moreover restricted to the territory of their particular Länder. Their weaknesses became all too apparent during the wars against Prussia. Besides the formal discrepancies between an almost completely unified Prussian state and a Habsburg monarchy consisting of some twenty separate „hereditary states", the Länder, the latter were further hampered in practical terms by their unavoidable reliance on a plethora of existing authorities representing numerous different interests, i e those of each Estate. The solution to the problems engendered by this situation was genuine centralization at the highest level of government coupled with the establishment of a separate monarchical administrative organization in the Länder.

The State Reform of 1749[5] was the decisive turning point. The Prussian administration with the central „General Directorate" (Generaldirektorium) in Berlin and the „War and Domain Chambers" (Kriegs- und Domänenkammern) in the Länder (provinces) were adopted as a specific role model. Following the reforms of 1749, Vienna became the seat of the most important central authority, the „Directorate" (Direktorium), responsible not only for domestic administration (in publicis) but also for the entire financial administration (in cameralibus), together with the Supreme Judicial Authority (Oberste Justizstelle) responsible for the administration of justice and also acting as the Supreme Court, further the Court and State Chancellery (Hof- und Staatskanzlei) for Foreign Affairs and finally the Court Council of War (Hofkriegsrat). An addition to these supreme administrative bodies was the „Conferenz in internis", which acted as a consultative body to the monarch along the lines of a Privy Council.

However, the decisive reforms were carried out at the middle-level of administration. For the first time administrative bodies with wide-ranging

---

[5] On this and the subsequent reforms: *Walter*, 1500-1955, Fn 4, 94ff; *Ch. Link*, Die habsburgischen Erblande, die böhmischen Länder und Salzburg, in: *K. G. A. Jeserich - H. Pohl - G.-Ch. v Unruh* (Hrsg), Deutsche Verwaltungsgeschichte I and II, 1983, 519ff, on the Kreise, in particular *E. Mischler - J. Ulbrich*, österreichisches Staatswörterbuch, III, 1908, 259ff; partly contemporary *I. Beidtel*, Geschichte der österreichischen Staatsverwaltung 1740-1848 I-II, 1896-1898 (Beidtel 1783-1865), contemporary on certain periods: *J. de Luca*, Österreichische Staatenkunde im Grundriß I-II, 1786, *J. C. Bisinger*, General-Statistik des österreichischen Kaisertums II: Staatsverfassung, 1809, *anon (= F. L. Schirnding)*, Oesterreich im Jahre 1840 I-II, Leipzig 1840; especially *J. Springer*, Statistik des österreichischen Kaiserstaates I-II, 1840.

powers and subject to crown control were set up in the Länder, which initially bore the significant title of „Representation and Chamber" (Repräsentation und Kammer): They represented the monarch in the Länder while simultaneously functioning as a unified fiscal authority in the same manner as the Directorate to which they were subordinate. This new middle-level authority assumed the administrative functions previously undertaken by the Estates: It thus acted as the new government of the Länder as expressed in the designation „Gubernium" adopted in 1762. Direct monarchical administration in the Länder was reinforced by a further crown authority established as a subordinate arm of the Gubernium, the so-called Kreisamt (Regional Office). This again was created to replace bodies set up by the Estates. Only the judiciary was left in the hands of the former authorities of the Länder and the Estates, thus ensuring the separation of judiciary and administration.

The manorial and municipal lords retained their autonomous local administrative powers. Their abolition would have also impinged upon the authority of the nobility and thus of the monarch in his position as ultimate lord of the manors and towns. However, this local administration was transformed into a mandated administrative body (Auftragsverwaltung) acting as agents of the monarch and governed by strict regulations and subject to the control of the Kreisamt. This resulted in a significant streamlining of the organizational structure.

Up to 1848/49 the composition of public authorities was determined by this hierarchy – the Crown Council together with the central administration, middle-level and lower governmental authorities and autonomous local authorities subject to state mandate. During this period the only changes in structural terms were simple modifications within the framework of the existing system. The process of centralization mainly affected Cis-Leithania, (the non-Hungarian territories, in principle belonging to the Holy Roman Empire), although the other parts of the monarchy were also involved to the extent that the overall responsibility of these resided with the Court War Council and the Court and State Chancellery and of course the Crown Council.

Another contributory factor was the Court Chamber, which had already been in existence for many years and now acted as the supreme financial authority for both Hungary and the Germanic Holy Roman Empire. The governmental role of the nobility was strengthened in 1761 by the replacement of the hitherto somewhat insignificant „Conference" with a „Staatsrat" (State Council) made up of noblemen.

1761 also witnessed the institutional separation of the domestic administration from the financial administration occasioned by the dissolution of the Directorate with internal matters becoming the responsibility of the „Böhmisch-Österreichische Hofkanzlei" (Bohemian-Austrian Court Chancellery, subsequently called the „United Court Chancellery") and financial affairs coming under the control of the upgraded Court Chamber. However, during the rule of Emperor Joseph II these two branches of administration were temporarily merged to form the „United Court Office", once again based on the Prussian model. Other subsequent modifications took the form of changes made to the central authorities such as those in the fields of financial and commercial administration or the addition of new central authorities such as the „Court Office for Police and Censorship". However, a common feature in all these measures was the irrevocable curtailment of the influence of the Estates.

B. Governmental Districts in Addition to the Länder

In terms of administrative structure the exclusion of the Estates from their position of influence also gave rise to another aspect which is generally overlooked[6].

The authorities of the Estates necessarily remained rooted within the borders of the Länder, thus obliging the Land to act as middle-level administrative districts. This severance from the Estates meant that middle-level administration was now free to be organized along new territorial lines, a development already evident under the rule of Emperor Joseph II. While he divided up the sizeable territory of Hungary into several new administrative

6 The secondary literature, such as in *Link*, Fn 5; *R. Hoke*, Österreich, in: *Jeserich - Pohl - v Unruh*, Fn 5, takes practically no account of the governmental district (Gouvernementsbezirk), this being supported by the view that the Länder were amalgamated, although this again denies their continued existences, e g *H. Baltl*, Österreichische Rechtsgeschichte, 6th ed 1986, 185: „Länderzusammenlegung". The difference from the Länder is obscured by the often imprecise contemporary terminology with the use of „Land" and its composites for Gouvernementsbezirke, e g inter alia in *Schirnding* I, Fn 5, 70f: The „Land Offices" (Landesstellen) are the „supreme authorities in the Länder (provinces)", although again by contrast *Beidtel* II, Fn 5, 242, also refers to the „Land constitutions" promulgated for certain „Länder" after 1815 as „provincial constitutions"; cf however contemporary references, e g quite unequivocally *Springer* I, Fn 5, 245ff (Länder) and *ibid* II, 20ff (Gouvernementbezirk); *Brauneder*, Verfassungsgeschichte, 100, 102: in particular on subdivisions cf *G. Conditt*, Die Entwicklung der territorialen Gliederung des Landes Niederösterreich, in: Raumordnung aktuell 1982/4, 1982, 3ff with annexes and map 1.

districts, the opposite happened in the small Länder of Cis-Leithania, with a number of Gubernia being dissolved and their duties assigned to others. For example, the Gubernium in Graz assumed responsibility for Carinthia and Carniola (Krain) in addition to Styria. This heralded a development which resulted in the duties of the middle administrative level no longer being carried out by the Land but by a new territorial entity, the „Gouvernementsbezirk“ (Governmental District also referred to as the „Provinz“ and sometimes „Departement“). Its importance as an established middle-level administrative district was demonstrated in the case of the territories acquired or reacquired at the Congress of Vienna: in many instances no-one any longer thought of treating the Länder existing prior to the cession as new state administrative districts: The Kreise (circles or districts) of Villach and Klagenfurt, i e „the former (!) Carinthia and Carniola from now on formed the Illyrian Gubernium“. This contemporary usage reveals the new as opposed to the old state of affairs. The „Provincial Laws“ thus also no longer addressed themselves to the Länder, but to the governmental districts. Even where they encompassed several Länder, they were not divided up according to these Länder, but merely into the Kreise, which had now clearly supplanted the Länder as a state subdivision.

The Länder thus lost virtually all significance in the state system of public authorities. Admittedly, the „Land ob der Enns“ (now Upper Austria), which had been considerably reduced in size during the Napoleonic Era, was not incorporated into Austria „unter der Enns“ (now Lower Austria) as had been proposed. The amalgamation of Carinthia, Carniola and the Adriatic Coast (Küstenland) to form the Land of the „Kingdom of Illyria“ occurred in name only, rather than the actual planned merger, and the Kreise never crossed the borders of the Länder. This situation is underlined by the fact that after 1815 several Länder, for example Carniola, which formed part of the Illyrian governmental district, received their own „Estate Constitutions“. However, this very fact meant that, unless these Länder were at the same time governmental districts, they were mere territorial Estate corporations with an autonomous economic administration (Leistungsverwaltung) dependent on the finances of the Estates and undertaking extremely minimal state-mandated administrative functions. The importance which they nevertheless enjoyed ensued not from the field of administration, but from the fact that they formed the substrate of the monarchical state: all the governmental powers of the Emperor of Austria derived from his position as the sovereign of the individual Länder and can be traced back to imperial privileges pertaining to them. The complete revocation of the Länder would have removed the basis for this legal position and the status of the monarch; in terms of the prevailing historical constitutional law this would have represented a revolutionary step which would have put the Emperor of Austria, thus stripped of his legal titles, on a par with the French emperor, who did not hold such titles and was therefore not recognized as a true monarch. Under the terms of historical constitutional law it was thus the Emperor of Austria „with his Länder" who acceded to the German Confederation and it was the – historical – constitutional law of Hungary which prevented the incorporation of some Hungarian territories into the Cis-Leithanian Governmental district of the Adriatic Coast (Küstenland).

The governmental districts on the one hand and the Länder on the other, each with their own individual authorities, thus brought a clear division between the central state administration and the self-government of the Länder.

C. The System as a whole and its Bureaucracy

At the time Napoleon became the ruler over France and other parts of Europe as well the administrative system of the non-Hungarian-part of the Habsburg Monarchy (Cis-Leithania) was completed and well working since several years[7]. In addition to the Crown Council with its governmental functions there were also other supreme administrative bodies, which meant that each branch of administration had its own place of final appeal, at least in the case of Cis-Leithania. Through the Gubernia of the governmental districts forming the middle-level of administration and the Kreis authorities subordinate to them, the monarchical state administrative hierarchy extended almost down to the level of the monarch's subjects, who were ultimately reached by the mandated administration of the manorial and municipal authorities. Apart from the highest judicial administration with its supreme jurisdiction, the judiciary was separated from the administration and entrusted to state courts, with the exception of cases heard before courts of first instance, as far as they belonged to some national lords. The Land

[7] On the following regarding the legal foundations *Brauneder*, Verfassungsgeschichte, 94f; *ibid*, Verwaltungsrechtswissenschaft, 139ff; *ibid*, Verwaltungsstrafrechtspflege, 321-341; for contemporary view particularly *W. G. Kopetz*, Österreichische politische Gesetzkunde I-II, 1807. On manner of disposition cf particularly *Beidtel* I, Fn 5, 33, 75, 79f, 178, 325f, 442, 455, Annex 459ff (official Journeys); *ibid* II, 33ff; *Schirnding*, Fn 5, 62; *Walter*, 1500-1955, Fn 4, 172; *W. Goldinger*, Die Zentralverwaltung in Cisleithanien, in: *Wandruszka - Urbanitsch*, Die Habsburgermonarchie 1848-1918, II, 1975, 103; *Mischler - Ulbrich* III, Fn 5, 609, 925; „habeas corpus": *E. Wangermann*, Von Joseph II zu den Jakobinerprozessen, 1966, ia 150, also Annex; „civil freedom": Amtsinstruktion, May 1785.

with the Estates remained as virtually nothing more than an autonomous executive administration.

Altogether a hierarchy of administrative bodies exercised the orders of the central organs and fulfilled the aims of regional or local administration. Because of the abolition of the intermediate powers the new state authorities introduced an omnipresence of the „monarchical will“ what means of the general decisions made by the central organs.

While the courts were strictly bound to laws like first of all to the civil code or the penal code, the administrative bodies enjoyed more autonomy in their decisions. Of course an uncountable mass of often very specific rules determined the acting. But the lack of a codification opened a field of not regulated cases. For both the over-regulated and the non-regulated areas a specific branch of science, the Verwaltungslehre (administration theory), provided for general guidelines how to administrate well, what was done more effectively by very remarkable general rules. For instance in 1785, police officers were reminded to respect the „Bürgerliche Freiheit“ („Freedom of Men“) followed in 1791 by a „Habeas Corpus“-statute and legal scholars insisted that even worst criminals enjoy the protection of law. Autonomy limited by laws instead of a strictly binding on laws was considered as a condition of good administration, but admittedly it diminished down to the lower ranks. That is clearly shown by the way of decision making: In keeping with the principle of interdepartmental cooperation (collegial principle), administrative acts of the higher organs provided for consultation and decisions to be taken in committees (Collegia). But the (lower) Kreis authorities were organized on largely monocratic lines. The autonomy of administration is underlined also by the possibility to install boards of experts for specific questions – what was mostly done on the central level – or to use expertise. Hierarchy and autonomy were linked by a system of supervising means on the one hand and on the other by remedies. Altogether the system should provide for fulfilling the logical aims of states – welfare to all under rule of law – in the sense of enlighted absolutism without any preference of certain classes, religions or regions. In remembrance to emperor Joseph II. such type of an only state-bound civil servant was styled „Josephinischer Beamter“ („civil servant in the sense of Joseph II.“) and merely since today esteemed as the ideal of civil servant.

Thus long before Napoleon a lot of elements of the so-called „Napoleonic Model“ came true in the Habsburg Monarchy.

III. The „Napoleonic model“ in parts of nowadays Austria

Since 1805/1809 the provinces of Vorarlberg, Tyrol, Salzburg and parts of Upper Austria belonged to Bavaria respectively to the Kingdom of Italy and here the administrative reforms were generally modeled on the French pattern but mixed with domestic institutions[8]. Other parts of Austria – Upper Carinthia, Croatia, Istria, Dalmatia and other areas on the Adriatic coast like Triest, formed the „Illyrian Provinces“ and belonged with them directly to France!. Here of course the „Napoleonic Model“ came due very strictly[9]. In these formally French parts the contemporaries felt themselves ruled by French authorities, what obviously was shown by French as official language.

So we actually can speak about French administration in parts of Austria. After a transitional period the definitive French political system was introduced by an imperial decree on the organization of the Illyrian provinces which was published in „Bulletin des Lois No.369-bis“ in French („Décret Impérial sur l`organisation de l` Illyrie“) as well as in a (not very accurate) German translation („Kaiserliches Decret über die Organisation Illyriens“)[10]. The „Decret“ encompasses the organization of all administrative bodies and also the organization of courts. The legislation is not mentioned because of course reserved to the emperor. Both the organization of the executive power and of the judiciary followed totally the system like in (other parts of) the French Empire[11]. That was expressed literally: „The 'intendant' should enjoy the same functions like the 'prefet' of the 'departments' of the empire“ (Art. 84); the „conseil près de l'intendant“ should be vested with the same responsibilities like „les conseils de prefecture“ in „the interior of the Empire“ (Art. 88); „the functions of the 'maires', 'adjoins' and police as well as their relations to the local authorities are the same as regulated by the

8 Background literature is *R. Palme*, Indirekte Einflüsse der französischen Verwaltung am Beispiel Tirols zur Bayernzeit, in: Jahrhuch für europäische Verwaltungsgeschichte 2, 1990, 1ff; *F. Zaisberger*, Die Umbildung der Behördenorganisation während der Napoleonischen Zeit in Salzburg, in: Die Alpenländer zur Zeit Napoleons, 1984, 212f; *Walter*, 1500-1955, Fn 4, 199; *Brauneder*, Verfassungsgeschichte, 105f; *Beidtel* II, Fn 5, 263ff.

9 *C. Ghisalberti*, Das juridisch-administrative Modell des napoleonischen Frankreich und der Alpenregion, in: Die Alpenländer zur Zeit Napoleons, 1984, 148ff; *E. Holeczek*, Die Verfassung und Verwaltung Oberkärntens im Vormärz (1809-1848), 1966; *J. Löwenthal*, Geschichte der Stadt Triest, 2. Theil, 1859, 86ff; *J. Zontar*, Die Verwaltung der Steiermark, Kärntens, Krains und des Küstenlandes 1747/48 bis 1848, in: Handbücher und Karten, 1988, 31ff.

10 In: Sammlung der Kärntner Finanzprokuratur I, Fasc Nr 50, Abschnitt D; also in: Klagenfurter Zeitung, 26.5.1811.

11 *Holeczek*, Fn 9, 29f; *F. Sieburg*, Geschichte Frankreichs, 1986, 85f.

status and regulations of the French Empire" (Art. 111). The body of the „Illyrien province" composed of the „provinces" like e g „Carinthia" what meant Upper-Carinthia together with East-Tyrol. The provinces were divided into „districts" like for example the province of Carinthia into the both districts of Villach and Lienz. The local administration was organized in municipalities. Because of the geographical situation far away from „the interior of the Empire" for the „Illyrian provinces" as a whole a General-Governor together with a „director of finance" and a „director of justice" were established as somewhat like representatives of the emperor as well as of the main branches of the cabinet and styled „Government". But apart from this geographic need the administration was the same like „in the interior of the Empire". That characterized also the hierarchy of the judicature[12]: justices of justicy of peace („juges de paix"), courts of first instance („tribunaux de première instance"), courts of appeal („cours d'appel"), respectively courts of trade („tribunaux de commerce"); due to the geographic situation, some functions of the highest court in Paris were delegated to the council of the General-Governor.

Compared with the former Austrian administration and judiciary the French organization was new in mostly all aspects. Only the exception amidst the French system itself, the „Gouvernement", resembled a little to the „Gubernium" of Austria's administration. A true modernization was done by the municipalities which replaced the local administration of the large land-owners as lords of the manor and by the hierarchy of courts. That makes the impression the innovations contributed to two very different parts of organization. But the reforms in both fields are to be understood by the same reason – the overcoming of the old Estates (Landstände) and their remaining part in statehood, what was the local administration and the judiciary.

IV. The Austrian system after 1815

The time after 1815 often is characterized by the term „Restauration"[13]. But in some aspects and also for the Illyrian provinces that came not true. Despite the great tradition of the old provinces (Länder) like Carinthia the ad-

---

12 Kaiserliches Dekret, Titel XVI: Fn 10; *H. Coing*, Handbuch der Quellen und Literatur der neueren europäischen Privatrechtsgeschichte II/5, 447.

13 *K. Griewank*, Der Wiener Kongreß und die europaische Restauration 1814/15, 1963; *E. Weis*, Der Durchbruch des Bürgertums 1776-1847, 1982, 358ff; *Th. S. Hamerow*, Restoration, revolution, reaction, Economics and politics in Germany 1815-1871, 1966.

ministrative unit called „Illyrian provinces“ survived and therewith also the administrative division of Carinthia. Till 1825 Upper Carinthia still belonged to the „Illyrian“ Gubernium of Laibach and did not return under the „Styrian“ Gubernium in Graz. In 1825 also Lower Carinthia was put under the Gubernium of Laibach[14].

This incorporation of whole Carinthia into the (Austrian) Illyrian provinces shows very clearly the aim of Austria's administration after the Napoleonic period: No return to the old system prior to it, no restauration! The Napoleonic administration was obviously valued for another step towards the abolition of the intermediate powers what totally followed the line of Austria's policy since enlighted absolutism. But of course that does not mean that the French administration remained unchanged. By the Habsburg Monarchy as well as by the inhabitants especially of Eastern Tyrol and Carinthia the French period was not so much seen as a time in which those parts belonged to the French state but by a overwhelming majority as the time of French occupation[15]. For the Habsburg Monarchy the abolition of French administration ranked as a question of prestige, of course linked with the ranking of the population to be liberated from on occupant. Generally characterized the new administrative system followed the traditional Austrian development but mixed with French experiences in general and it incorporated also some French elements.

As mentioned before the administrative unit of Illyrian provinces remained under the Government (Gubernium) in Laibach which replaced the French general-government with fewer responsibilities.

The same happened at the lower administrative level[16]: At Villach the circuit-authority (Kreisamt) followed the French directorate (Intendantur). The territory of the circuit (Kreis) underwent now a new organization – new compared with the old Austrian as well as with the French one. The local administration was organized in districts (Bezirke) without any resemblance to both older administration systems. The next administrative level, consisting of main-communities (Hauptgemeinden) and minor-communities (Untergemeinden), only the Hauptgemeinden resembled the French arrondissements communaux. But the great innovation lays in the fact that the

---

14 *Holeczek*, Fn 9, 140f; *Zontar*, Fn 9, 37.

15 *K. Maister*, Osttirol unter französisch-illyrischer Herrschaft, in: Osttiroler Heimatblätter 1926, 4, 98; *E. Aelschker*, Geschichte Kärntens von der Urzeit bis zur Gegenwart II, 1885, 1150.

16 *J. Gründler*, 100 Jahre Bezirkshauptmannschaften in Österreich, 1970, 18ff; *Holeczek*, Fn 9, 205f; *Springer* I, Fn 5, 245ff; *Brauneder*, Verfassungsgeschichte, 100, 102; *Zontar*, Fn 9, 44f.

former Austrian local administration by the lords of the manor was not re-established. Only one exception was made: Some of the new districts (Bezirke) were handed over for administration to some of the large landowners, former lords of the manor. But now even this administration was seen as a delegated state administration.

No restauration was done also in the field of the judiciary[17]. It is worth to mention that by this aspect Carinthia formed an undivided body under the criminal-court at Klagenfurt/Lower Carinthia which also possessed some responsibilities in private-law-judiciary. On the level beneath this court the judiciary power followed the administrative organization because the authorities of the districts (Bezirke) served also for the private-law-jurisdiction. Therewith the French improvement of a simple and clear hierarchy of courts not only remained but was even bettered. That proofs very obviously a comparison between the new court-organization in Upper Carinthia with the old one in Lower Carinthia. In 1814 in Upper Carinthia existed 15 court-districts but in Lower Carinthia roughly 500! That stems from the fact that in all parts of the Habsburg Empire which had not belonged to one of the states adopting the Napoleonic model, along with the responsibilities of the lords of the manor their old private judiciary upon the peasants still remained – till the revolution of 1848.

The district-authorities (Bezirksobrigkeiten) also took over most of the French taxation-system. But now taxes were not collected by the „percepteurs“ travelling round, but the inhabitants had to deliver their taxes before the district-authorities. That was old Austrian tradition: The French heritage merged with new Austrian taxes to a not so foreign burden for the inhabitants[18].

V. Conclusion

Despite the „Napoleonic model“ came true in western parts of nowadays Austria on the detour of the administration of the Kingdoms of Italy respectively Bavaria and immediately by the organization of the French Illyrian Provinces a Napoleonic heritage ranks only at a minimum. Prior to the Napoleonic Era the Habsburg Monarchy underwent reforms like France and its

---

17 *Zontar*, Fn 9, 42f; *Holeczek*, Fn 9, 140f; *H. Braumüller*, Geschichte Kärntens, 1943, 375; *H. Hermann*, Handbuch der Geschichte des Herzogtums Kärnten in Vereinigung mit den österreichischen Fürstentümern III, 1857-1860, 165.

18 *Holeczek*, Fn 9, 180; *G. Freiberger*, Handbuch der österreichischen direkten Steuern in systematischer Darstellung, 1899.

satellite-states during Napoleon's empire. After the return of the lost territories to the Habsburg Monarchy the importance of the „Napoleonic model" came out in an on-pushing effect on the lines of the Austrian reforms started before the Napoleonic period.

Separation of Powers in Austria's First Constitutions

I. The Separation of Powers in General; II. Austria's First Constitution of 1848; III. Draft Constitutions from Outside the Imperial Diet; IV. The Draft Constitution of 1848/49; V. The Constitution of 1849; VI. Immediate Consequences; VII. Longer-lasting Consequences.

I. The Separation of Powers in General

The Habsburg Monarchy (Kaisertum Österreich) was one of the last states in Central Europe which entered the circle of states with a limited monarchical government, the so-called constitutionalism. Similar to the Prussian Monarchy, the Habsburg Monarchy was not vested with a written constitution until the revolution of 1848[1]. The western portion (later called Austria, in contrast to the Hungarian portion) mostly belonged to the German Confederacy. At the beginning of 1848, with only a few exceptions - such as, primarily, Austria and Prussia - its member-states were ruled as constitutional monarchies based on a (written) constitution which provided basic rights and a limited government, first of all granted by the separation of powers (Gewaltentrennung). In the former absolute monarchies, the separation of powers not only served as a valuable constitutional principle but also combined two other principles exclusive to each other: the sovereignty of people versus the sovereignty of the monarch. In the separation of powers, the executive power should remain with the monarch and 'his' administrative authorities, on the one hand, while the legislative power was given to the parliament and therewith to the people it represented. The third power, the judiciary, should stand independent of both of these powers. Further, somewhat like a mutual supervision was foreseen between the legislature and the executive power like the sanctioning of bills from the parliament by

---

Aus: *H. Dippel* (Hrsg), Executive and Legislative Powers in the Constitutions of 1848-49 (= Schriften zur Verfassungsgeschichte 58), Berlin 1999, 55-64.

1 For Austria: *Brauneder,* Verfassungsgeschichte; in general for Central Europe: *Ch.-F. Menger,* Deutsche Verfassungsgeschichte der Neuzeit, 8th ed 1993; *D. Willoweit,* Deutsche Verfassungsgeschichte, 4th ed 2001; *P. Selmer,* Gewaltenteilung, in: *A. Erler - E. Kaufmann* (eds), Handwörterbuch zur deutschen Rechtsgeschichte I-V, I, 1971, 1642ff; Prussia: *R. Koselleck,* Preußen zwischen Reform und Revolution, 1981.

the monarch and, respectively, the responsibility of the ministers towards the parliament.

Thus, in the very specific historical situation, when European monarchies switched from an unlimited monarchical government to a limited one, the separation of powers served two purposes: first, to limit powers in general, secondly to combine the political establishment - the monarch and his surroundings - with the new political power - mainly the bourgeoisie and its representatives in parliament.

This also came true in the constitutional development in Austria[2] in the years 1848/49 and again later in 1867[3]. Modern ideas and patterns of liberal-democratic governments and how to guarantee them through a written constitution became increasingly important in Austria in the years before 1848. Despite the censorship of the bureaucracy and its supervising activities, books, pamphlets, etc, about constitutional matters had been very well known and also discussed in learned societies, e g in reading clubs[4]. Among the many titles, one served as the so-called „constitutional bible of the liberals", the „Staatslexikon" (Encyclopaedia of State), edited by Rotteck and Welcker[5]. Surprisingly, it does not offer articles about „Separation of Power" (Gewaltentrennung) or similar topics. However the keyword „Powers of State" (Gewalten) refers to a very specific article about Cabinets-Justiz (Justice of the monarch instead of independent courts). Perhaps this served as a type of camouflage against the censors, as this article starts with the heading „Separation and Independence of the Judiciary from the Executive and the Legislative" (Trennung und Unabhängigkeit der richterlichen Gewalt von der regierenden und der gesetzgebenden) and continues with very intensive explanations about theories on and the realization of the separation of powers. Other books, sometimes popular titles, also followed this line: e g a „Political ABC for the People" („Politisches ABC für's Volk")[6] offers articles e g on „Constitution" (in general), especially the constitutions of Belgium and of the USA, human rights, and even on „Barricades" (Barrikade) and „Charivari" (Katzenmusik). But it does not deal with the separation of powers, not even under Cabinets-Justiz! Whatever the rea-

---

2 *Brauneder*, Verfassungsgeschichte, 112ff.

3 *Ibid,* Parlament, 43ff.

4 *Ibid,* Leseverein; *M. Raffler,* Bürgerliche Lesekultur im Vormärz. Der Leseverein am Joanneum in Graz (1819-1871), 1993.

5 *C. v Rotteck - C. Welcker,* Das Staats-Lexikon. Enzyklopädie der sämmtlichen Staatswissenschaften I-XII, 2nd ed 1846, II, 777ff.

6 *J. Seegen - M. Schlesinger* (eds), Populäres Staats-Lexicon (Politisches ABC für's Volk) I-III, I, 1848, 99 (Cabinets-Justiz).

son might be, the principle of separation of power was not highlighted so much in the respective literature. It is worth underlining this feature in regard to constitutions described later.

During the short, but nevertheless overwhelming important reform period of 1848/49, Austria not only underwent a very deep constitutional change but enjoyed a very rich and fruitful discussion of constitutional matters in the imperial and local parliaments, as well as in academic circles and the press. Besides many pamphlets on constitutional matters and draft constitutions by private persons and local parliaments (mentioned under III), the main and typical results of this movement are three texts of constitutions: the constitution of 1848 and its successor, the constitution of 1849, and, chronologically in between, the draft constitution of the Imperial Diet (Reichstag), the so-called „Draft Constitution of Kremsier" (Kremsierer Verfassungsentwurf), named after the town of Kremsier, where the Reichstag was convoked because of the revolutionary fighting in Vienna.

II. Austria's First Constitution of 1848

The Constitution of 1848[7] was the most important result of the first revolutionary wave in Vienna in March 1848. It was enacted for the Austrian portion of the Habsburg Monarchy by the monarch in April 1848[8]. It was drafted very hastily by the cabinet but was in accordance with an assembly composed mostly of all the traditional estates of the non-Hungarian provinces completed by representatives of the bourgeoisie (Ständischer Zentralausschuß)[9]. These newly recruited members strengthened the liberal-oriented part of the assembly. Thus it behaved somewhat like a parliament and produced its own draft constitution beside and prior to the cabinet. Primary attention was paid to the representation of people in an imperial parliament, as well as in local diets. Therefore there was no emphasis in this text on the specific role of the separation of powers.

The same situation is reflected in the constitution of 1848. The main aims of the constitution are very clearly shown by the headings: „General Provisions“ (Allgemeine Bestimmung), „The Emperor“ (Der Kaiser), „Ba-

---

7 Text: *E. Bernatzik* (ed), Die österreichischen Verfassungsgesetze mit Erläuterungen, 2nd ed 1911, 102ff.

8 Hungary got a constitution of its own in April 1848.

9 *K. Hugelmann,* Der ständische Zentralausschuß in Österreich im April 1848, in: Verein für Landeskunde in Niederösterreich (ed), Jahrbuch für Landeskunde von Niederösterreich, NS 12, 1912.

sic Rights of the Inhabitants of State" (Staatsbürgerliche und politische Rechte der Staatseinwohner), „The Ministers" (Die Minister), "The Imperial Diet" (Der Reichstag), „Responsibilities of the Imperial Diet" (Wirksamkeit des Reichstages), „Provincial Estates" (Provinzialstände). Obviously the main part of the constitution deals with the position of the monarch and the parliament. The separation of powers is not highlighted by headings, but it is, of course, mentioned in the chapters about the emperor and the Imperial Diet, respectively. The emperor was generally vested with governmental power (Regierungsgewalt, § 8). Executive power was given solely to him, while he was entitled to exercise legislative power only in conjunction with the Imperial Diet (§ 10). He was also the source of the judiciary (Rechtspflege), but only nominally (§ 14), as its indipendence was granted (§ 28).

Characterized in general, the urgent and practical questions about the responsibilities, as well as the creations of organs such as ministers and chambers of parliament, prevailed and dominated the structure of the constitution far more than the theory of the separation of powers. This picture is also reflected in a commentary on the constitution of 1848[10]: practically nothing about the importance or about any role of the separation of powers!

In addition to this, a specific problem arose as the state was composed of autonomous provinces (Länder). Therefore the traditional separation of powers was to be combined with the federalistic division of powers between state and provinces. The constitution of 1848 followed, in general, the lasting situation: The legislative power should be centralized in the person of the monarch and in the parliament; the judiciary should only be exercised by state courts; below the level of state executive authorities, executive responsibilities should belong to the provinces in the sense of self-government. In the information about these aspects of a small federalistic distribution of powers, the constitution was very short and not precise enough: Additional constitutional acts were expected in future.

Yet, after the second revolution of May 1848, the development moved in a different direction. Through an amendment to the constitution of 1848, the Imperial Diet was expressly vested with the responsibility of deciding upon a new constitution. This marked the beginning of the following stage of constitutional development which ended in the Draft Constitution of 1848/49[11] (see below IV).

---

10 *A. Haidinger,* Ausführliche Erläuterung der Verfassungs-Urkunde (Konstitution) des österreichischen Kaiserstaates, 1848.

11 *Brauneder*, Parlament, 52ff; *ibid*, Verfassungsgeschichte, 117ff.

III. Draft Constitutions from Outside the Imperial Diet

Constitutional discussions also took place in the renewed provincial parliaments (Landtage). Two of them elaborated draft constitutions for their respective province (Land), which are worth mentioning because of the different status of the separation of powers.

The draft constitution for Styria[12] reflects what we learned from the constitution of 1848: The approach to the state-powers follows the respective organs (§ 4) like Landtag (Provincial Diet), Landes-Ausschuß (Provincial Committee): a standing committee of the Landtag, and Landes-Verwaltungsrat (Provincial Executive Council). Only the latter reflects directly the separation of powers, because it is characterized explicitly as the „executive organ of the Provincial Diet" (das verwaltende und ausführende Organ des Landtages, § 65). In contrast, the Provincial Diet is not styled explicitly as a legislative organ. Actually, it combines two powers: The enumeration of the statutes (§§ 4ff) gives him legislative power and the enumeration of administrative acts (§§ 24ff) administrative power.

The draft constitution for Moravia (Mähren) offers quite another approach[13]: Here the separation of powers obviously plays an eminent role. The draft constitution consists of two chapters, „General Provisions" (Allgemeine Bestimmungen) and „About the State Powers of the Province" (Von den Staatsgewalten im Lande) separated into three sections: „The Legislative Power" (Die gesetzgebende Gewalt, §§ 12ff), „The Executive Power" (Vollziehende Gewalt, §§ 36ff) and „The Judiciary Power" (Die richterliche Gewalt, §§ 42ff). Each of these powers is handed over to a specific organ such as the legislation to the Provincial Diet (Landtag) together with the Emperor, the executive to the Provincial Governor (Landeshauptmann) and the judiciary to the courts.

However, it is very unique in the Austrian draft constitutions of 1848 that the separation of powers played such a dominant role. Although the draft constitution by Reitlinger[14], includes a title „About the Supreme Power of State" (Von der obersten Staatsgewalt), its sections are concerned with the „Chambers" (Kammern) of the parliament, the „Emperor and the Ministers" (Von dem Kaiser und den Ministern) and „The Supreme Judiciary Power" (Die oberste richterliche Gewalt). Another draft constitution by Prochazka[15]

---

12 *K. Hugelmann,* Die österreichischen Landtage im Jahre 1848, in: AÖG 111/1, 1929, 461ff.

13 *Ibid*, AÖG 115/1, 1940, 188ff.

14 *E. Reitlinger,* Entwurf einer Verfassung für den österreichischen Staat, 1848, 4ff.

15 *J. J. Prochazka,* Ein Konstitutionsentwurf, 1848, 23.

recognizes that „Imperial Power is divided" („Die Reichsgewalt ist getheilt") but „between the people and the Head of the Empire" („zwischen dem Volke und dem Reichsoberhaupt")! The three classical powers are embedded in a mass of other regulations obviously of the same importance, e g the approval of taxation (Steuerbewilligungsrecht). Even in the draft constitution by Mühlfeld, an Austrian representative at the German Constituent National Assembly at Frankfort/Main, together with Egger[16], chapter VI „The Powers of the State" (Die Gewalten des Gesamtstaates) does not highlight the three powers. They are only mentioned very briefly (§§ 171, 194f) among many regulations, e g about the head of state.

What was said above (end of II) to characterize the constitution of 1848, may also serve as a summary of most of the constitutional texts of 1848. The separation of powers influences, of course, the structure of all of them, but is not highlighted as a basic element. Further attention is also paid to the distribution of powers among the state and the provinces (Länder). But the highest rank is given to the organs and its responsibilities and creations such as the elections.

IV. The Draft Constitution of 1848/49

The Draft Constitution of 1848/49 - elaborated by the Imperial Diet - is much more devoted to the separation of powers[17]. Here headings refer to specific powers such as the main headings of the two chapters about „Governmental Powers in General" (Die Regierungsgewalten überhaupt, § 33) and „Judiciary power" (Die richterliche Gewalt, § 132). It is striking that this division does not follow the usual separation of powers: Only the later chapter and its main heading deal with a traditional power, the judiciary, but the other chapter and its heading are dedicated, differently, to the legislative and executive powers, respectively. Also the so-called „Governmental Powers" are not subdivided into a legislative and an executive branch, but in quite another way. The reason why lies in the envisaged federal structure of the state. The negotiations in the constitutional committee of the Imperial Diet concerning the chapter „About the Governmental Powers" (Von den Regierungsgewalten) already revealed the impact of the envisaged federal structure on the organization of the traditional powers[18]. Thus the term

[16] *E. A. Mühlfeld - F. Egger,* Entwurf einer Verfassungs-Urkunde für den Kaiserstaat Oesterreich, 1849, 33ff.

[17] Text: *Bernatzik*, Fn 7, 115ff.

[18] *A. Springer* (ed), Protokolle des Verfassungs-Ausschusses im Oesterreichischen Reichstage 1848-1849, 1885, 127ff.

„Power(s) of State" (Staatsgewalt) was avoided, because the distribution of „Powers of State" among the empire, the provinces (Länder) and maybe the counties (Kreise) would also have vested both the latter with statehood - which should not take place. Therefore the term, „Governmental Powers" was chosen and these powers also separated according to content (Inhalt) and distributed regarding the (geographical) extension (Umfang).

For the (geographical) extension two kinds of governmental powers were distinguished (§ 34): „The Central or Imperial Governmental Powers" (Die Central- oder Reichsregierungsgewalten) extended throughout the entire empire, on the one hand, and, on the other, „The Provincial Governmental Powers" (Die Landesregierungsgewalten) only for each of the provinces. According to this, in chapter III the first title organizes the „Central Imperial Power" (Reichscentralgewalt, §§ 49ff) and the second title deals with the „Provincial Governmental Power" (Landesregierungsgewalt, §§ 102ff). Under both of these titles we find regulations about organs such as, on one side, „The Emperor" (Der Kaiser), „The Imperial Ministers" (Die Reichsminister) and „The Imperial Diet" (Der Reichstag), while, on the other side, the provincial governmental powers should be handled by the „Provincial Administration" (Die Landesverwaltung), „The Provincial Diets" (Die Landtage) and also by county diets and communities (Die Kreistage und Gemeinden). The traditional powers are mentioned, of course, but only once and only shortly before the beginning of both titles in the way of references to these organs: The „Legislative Imperial Power" (gesetzgebende Reichsgewalt) is to be exercised by the emperor and the imperial parliament and the legislative power of each province („die jedem Lande überlassene gesetzgebende Gewalt") also by the emperor together with the provincial diets (§ 35). The executive power was seen, by definition, as only one power (§ 38), but, obviously due to organizational reasons, it was federally divided like the legislative power (§ 102). Yet, only two of the classical powers were divided in this way - not the judiciary which is shown by the heading of its own and declared it also: The judiciary should belong solely to the empire (§ 132). The text recognizes, expressly, that the judiciary has to be separated from the executive power and also that both should stand independent of each other (§ 135).

Concerning the separation of powers the Draft Constitution of 1848/49 shows an interesting pattern by the mixture of the traditional substantial separation together with a federal distribution leading the result, that the federal distribution prevails over the traditional separation.

V. The Constitution of 1849

The parliamentary process of constitution-making came to a sudden end when the parliament was dismissed by the emperor at the beginning of March 1849[19].

Because of the dismissal of the Imperial Diet, the Draft Constitution of 1848/49 never came into being. Instead of sanctioning this text which was formulated and discussed by parliament, the monarch, advised by the cabinet, imposed a new constitution, the Constitution of 1849[20]. This constitution mirrored the draft constitution in many aspects, also in regard to the systematic order. But the classical separation of powers and the federal distribution of powers are specified much more clearly and not mixed like before. Now, the federal aspect is not realized in the distribution of the classical powers, but expressed in catalogues of responsibilities (Angelegenheiten). So one catalogue gives a list of the responsibilities of the provinces (Von den Landesangelegenheiten, § 35) and a second one of the imperial responsibilities (Von den Reichsangelegenheiten, § 36). Next (§ 37) the legislative power is mentioned and organized as a double one: In regard to the imperial responsibilities, it is exercised by the monarch together with the Imperial Diet and, as far as the provincial responsibilities, by the monarch together with the provincial diets. Consequently, after this general statement, the following regulations deal with the Imperial Diet (Von dem Reichstage, §§ 38ff) and with the provincial diets (Von den Landesverfassungen und den Landtagen, §§ 38ff) respectively. The next chapter concerned the executive power (Von der vollziehenden Gewalt, §§ 84ff), which is expressly only „one and indivisible" (Eine und unteilbar, § 94) and belongs „exclusively" (ausschließlich) to the emperor who exercises this power through his ministers and civil servants (§ 84). One of the following chapters is headed „Judicial Power" (Von der richterlichen Gewalt, §§ 99ff). This is also not divided in a federal sense and is explicitly a monopoly of the empire (§ 100).

The Constitution of 1849 combines the federal distribution of powers with the separation of powers. But, by its headings and its chapters, the traditional separation of powers is much more visible. It ranks now as a main organizing principle. Compared to the preceding texts of 1848 and 1848/49, the achievement is obvious.

---

19 *Brauneder*, Parlament, 53f; *ibid*, Verfassungsgeschichte, 120.

20 *Ibid*, 119ff; *Bernatzik*, Fn 7, 146ff (text: 150ff).

VI. Immediate Consequences

As a consequence of the separation of powers laid down in the constitutions, remarkable changes took place. Since the convocation of the Imperial Diet in July 1848, legislative power was exercised for the first time in Austria by an elected parliament. Laws were not made, as before, by commissions of the emperor or a small group of experienced lawyers as experts, supervised by a State Council (Staatsrat) and sanctioned by the monarch[21]. This procedure was replaced, especially, by broad discussions, often on initiatives of representatives and on several amendments e g in the case of the so-called „Liberation of Peasants" (Bauernbefreiung) initiated by the famous representative from Silesia, Hans Kudlich, but also taking into account a lot of amendments by his not so famous colleagues[22].

Another consequence concerned the judiciary[23]. Up to 1848 not all violations were sentenced by independent judges and not all in courts. Courts had jurisdiction concerning felonies (Verbrechen) and misdemeanors (schwere Übertretungen, Vergehen). Courts consisted solely of judges only in regard to felonies, while in regard to misdemeanors courts were composed of judges and civil servants. Furthermore, there also existed a widespread administrative penalty procedure conducted before administrative bodies for administrative infractions (Polizei-, Verwaltungsübertretungen). So prior to 1848, criminal jurisdiction was not only exercised by courts but also by mixed institutions and by mere administrative bodies. That came to an end in 1848: Because of the strict separation of powers all jurisdiction was now concentrated in courts and taken away from administrative authorities.

VII. Longer-lasting Consequences

It is remarkable that in the texts of Austrian constitutions in the years 1848/49, the principle of separation of powers only gradually became a dominating one for the systematic order of constitutional texts. It is remarkable, also, that the „second separation of powers", the one which stems from a federal system, was developed step by step in these years, first in a modification of the classical separation of powers but finally combined with it in a quite understandable way.

---

21 E g the civil code: *Brauneder,* ABGB, 205ff.

22 *F. Prinz,* Hans Kudlich (1823-1917), 1962, 96; *G. Kohl,* Jagd und Revolution. Das Jagdrecht in den Jahren 1848 und 1849, 1993, 65ff.

23 *Brauneder,* Verwaltungsstrafrechtspflege, 321ff.

These systematic achievements remained as a heritage in further constitutions. When, in 1867, Austria's second constitutional period emerged[24], it was not established by one document but mainly by five so-called „Basic Laws of State" (Staatsgrundgesetze)[25]. Two of them hinted in their titles to the separation of powers: „Basic Law about the Judicial Power" (Staatsgrundgesetz über die richterliche Gewalt) and „Basic Law about the Governmental and Administrative Power" (Staatsgrundgesetz über die Regierungs- und Vollzugsgewalt); the regulations about the legislative power were divided into two such basic laws and therefore not styled „about the Legislative Power" but of course the content was not mixed with regulations about both the other powers.

When, in 1918, the Republic of (German-) Austria was founded[26] as a new state similar to, and contemporaneous with, the Republic of Czechoslovakia, the first constitutional act[27] the „Act of the Foundation of Statehood" (Staatsgründungsbeschluß) of October 30, was ruled by the separation of powers: the „supreme power" (Oberste Gewalt, § 1) was given to the National Assembly, but divided into the legislative power, exercised by the National Assembly itself (§ 2), whilst the executive power was handed over to the „State Council" (Staatsrat, § 3). Also the basic systematic order of the federal constitution of today's Austria, enacted in 1920, follows the separation of powers as a tradition born in 1848/49[28].

24 *Ibid*, Parlament, 55ff; *ibid*, Verfassungsgeschichte, 155ff.

25 Text: *Bernatzik*, Fn 7, 390ff.

26 *Brauneder*, Deutschösterreich, 45ff.

27 Texts: *H. Kelsen* (ed), Die Verfassungsgesetze der Republik Deutschösterreich I, 1919.

28 English version: Bundespressedienst - Federal Press Service (ed), Austrian Federal Constitutional Laws, 1995; *H. Hausmaninger,* The Austrian Legal System, 2nd ed 2000.

1848 nach 1848

I. Die neue Heimat; II. Die alte Heimat: A. Die Wiederkehr der 1848er, B. Österreichs „Zweites 1848": 1867, C. Deutschlands „Zweites 1848": 1867-1870/71, D. Das „Dritte 1848": 1918, E. Deutschlands „Viertes 1848": 1948/49.

I. Die neue Heimat

„Die Regimentskapelle begann zu spielen, zwischen den griechischen Säulen des Rathauses erschienen der Bürgermeister, Oberst Blänker, Oberstleutnant Stahel, General Sandford und ... der junge Karl Schurz mit Frau ... Und dann erschien, bejubelt beim ersten Anblick, die altvertraute schwarz-rot-goldene Fahne der deutschen Freiheit"[1]. Am 10. August[2] bei Sonnenaufgang stürmten an der Spitze ihrer Truppen die Hauptleute Hohlfeld, Bachhoff, Dengler, Major Osterhaus, Oberstleutnant Albert und Oberst Salomon gegen „die Reaktion": Verwundet wurden Hauptmann Hohlfeld und Oberstleutnant Albert, Major Osterhaus zwei Pferde unter dem Leib weggeschossen, seine Einheit, das „Börnstein-Regiment", erlitt 44 % Verluste. Die Überraschung kam aber mit dem Angriff der Brigade des Oberst Franz Sigel: In ihren Freischarblusen, mit Schlapphüten und teilweise mit Straußenfedern, mit schwarz-rot-goldenen Schärpen und hinter schwarz-rot-goldenen Fahnen stürmte sie mit Hurrageschrei gegen den Feind. Dieser Enthusiasmus hatte bereits im Mai begonnen[3], als sich in der Turnhalle die deutschen Freiwilligen verschanzt hatten, um den reaktionären Truppen den Weg zum Arsenal zu versperren, bis Verstärkung herankäme. Als es dann so weit war, brach laut zeitgenössischer Presse die Menge in der Halle in einen einzigen großen Schrei des Jubels aus, so daß das gesamte Gebäude erzitterte. Man sah, nach diesen Berichten, alte Männer Tränen der Freude

---

Aus: *F. Dorn - J. Schröder* (Hrsg), Festschrift für Gerd Kleinheyer zum 70. Geburtstag, Heidelberg 2001, 35-49.

1 *M. Kunze*, Der Freiheit eine Gasse, 1995, 858f.

2 *J. M. McPherson*, Für die Freiheit sterben. Die Geschichte des amerikanischen Bürgerkriegs, 7. Aufl 1997, 341; *J. N. Primm - St. Rowan*, Germans for a free Missouri. Translations from the St. Louis Radical Press, 1857-1862, 247, 257f.

3 Das Folgende ebda 207; vgl auch *H. Börnstein*, Fünfundsiebzig Jahre in der Alten und Neuen Welt II, 1881, 268f.

vergießen und jedermann griff sogleich zu den Waffen. Auch spielten sich Szenen ab, wie sie sich früher entweder in Paris oder in der Badisch-Pfälzischen Revolution zugetragen hatten. Insgesamt habe man hier, in der Turnhalle, einen jener herausragenden Augenblicke erlebt, wenn tief im Herzen der Massen glühende Emotionen plötzlich in lodernde Flammen ausbrechen.

Trotz der Namen Blänker, Stahel, Schurz, Börnstein, Hohlfeld, Osterhaus, Sigel, trotz Rathaus und Turnhalle finden sich die vorgenannten Schauplätze nicht im badischen Schwarzwald, nicht an der pfälzischen Weinstraße, das Zeughaus steht nicht in Wien oder Berlin, die Turnhalle nicht in einer der anderen Städte des Deutschen Bundes. Wir sind auch nicht im Jahr 1848, sondern - im Jahr 1861. Das Rathaus ist jenes von New York, die Turnhalle steht in St. Louis am Mississippi, die Stätten der Schlachten sind beispielsweise Wilson's Creek und Bloody Hill in Missouri. Die Szenen lassen sich durchaus vermehren um solche in Illinois, Iowa, Kansas, Arkansas, Pennsylvanien.

Die Schicksale von 1848ern in den Vereinigten Staaten waren ab der zweiten Hälfte des vorigen Jahrhunderts vor allem auch durch die Trivialliteratur wohlbekannt: „Dann kam die Zeit der Revolution ... Ich trat öffentlich als Führer der Unzufriedenen auf; sie ... stürmten in Scharen zusammen und griffen zu den Waffen. Wie viele, viele fielen im Kampfe! ... Andere starben später hinter Kerkermauern. Auf mich wurde natürlich mit allem Fleiße gefahndet; ich entkam. Ich verließ das Vaterland ... Ich irrte hier (nämlich in den Vereinigten Staaten) von einem Staate in den andern, trieb bald dies bald jenes“. Millionen Leser haben diese Sätze gelesen, vielleicht sogar verschlungen, sie stammen aus einem sogenannten Reiseroman, nämlich „Winnetou I“ von Karl May[4].

Auf die eingangs beschriebenen Szenen blicken auch heute US-Historiker mit Faszination[5]. In den hier übersetzten Worten von Rowan liest sich dies so: „Im Rückblick erscheinen die Frühlingstage von 1861, die ‚Flitterwochen des Bürgerkriegs‘, als die letzte Zeit, in der Männer der deutschen März-Revolution mit Federn auf ihren Hüten in den Kampf ziehen und sich noch einmal als himmelstürmende Knaben - boys storming the heavens - fühlen konnten. Das lange Abenteuer, das 1848 in den Straßen von Berlin, Dresden oder Freiburg“ - und wir können getrost hinzufügen:

---

4 *K. May,* Winnetou I, 1893, 128f.

5 *St. Rowan,* The Continuation of the German Revolutionary Tradition on American Soil, in: *Primm - Rowan*, wie Fn 2, 32; hier in der Übersetzung von *Brauneder,* Grundlagen, 243.

Wien oder Prag - „begonnen hatte, ging nun zu Ende auf den Hängen von Bloody Hill am Wilson Creek oder auf anderen Trümmerhaufen, wo die romantische Revolution von 1848 auf Gewehrgeschoße und auf Kanonenkugeln stieß - für ein letztes Mal".

Die Bedeutung der Fourty Eighters ist heute allgemein anerkannt. Anerkannt die „political leadership at the state and local level" sowie mit dem US-Innenminister Carl Schurz auch auf Bundesebene. Anerkannt ist die „contribution to cultural life ... in the areas of the press, literature, theater, music, arts und crafts" wie auch „in the area of education". Und was schließlich die politischen Aktivitäten betrifft, so ist bewußt, daß die 1848er „sought to realize their ideals of humanitarianism, cosmopolitanism, liberty, justice and education for all"[6]. Typisch für diese Feststellungen ist beispielsweise Heinrich Börnstein[7], der 1892 in Baden verstarb, nicht in Baden/Kansas oder Baden/Missouri, sondern in Baden/Wien. Im Vormärz war er als Journalist und Theatermann tätig gewesen: in Wien, Linz, St. Pölten, Lemberg, Laibach, Triest und Agram, in Paris fungierte er schließlich als Redakteur des „Vorwärts". Nach 1848 ging er nach St. Louis, gründete hier die einflußreiche Zeitung „Anzeiger des Westens", initiierte deutsche Lesevereine und andere kulturelle Gesellschaften, betrieb als Pächter das Opernhaus von St. Louis - an seinem Lebensabend war er in Wien Direktor des Theaters in der Josefstadt.

Vor allem aber interessiert das Verhältnis der 1848er zu Politik und Verfassung. Dazu sei noch einmal auf Börnstein verwiesen: Als die Hinwendung Missouris zu den sklavenhaltenden Südstaaten drohte , stieg er in die Politik ein, widmete ihr seine Zeitung, organisierte Massenversammlungen, stellte eine Freiwilligen-Kompanie auf, wurde zum Oberst im 2. Missouri-Regiment gewählt und half in dieser Funktion mit, das Arsenal von St. Louis der Union zu erhalten. Börnstein trat aber auch als Schriftsteller politisch in Erscheinung. Als Freidenker in der Tradition von 1848 war er strikt gegen kirchlichen Einfluß, sein Roman „Die Geheimnisse von St. Louis", der Titel ist nachempfunden Eugène Sues Buch „Die Geheimnisse von Paris", sind ein antiklerikal und vor allem antijesuitischer Roman[8].

---

6 Zitiert nach: *D. H. Tolzmann*, The German-Forty-Eighters in America: 150th Anniversary Assessment (http://www.serve.com/shea/germusa/tolz1848.htm).

7 Zu ihm *Brauneder*, Kulturbeziehungen, 16ff; *Rowan*, wie Fn 5, 37ff; *Börnstein*, wie Fn 3.

8 Ausgabe zuletzt: *H. Boernstein,* The Mysteries of St. Louis. A Novel. Translated by F. Münch. A Modern Edition by St. Rowan and E. Sims, 1990.

Rund eine Million Auswanderer hatten nach 1849 ihre alte Heimat verlassen und waren in die Vereinigten Staaten eingewandert[9] - aus verschiedensten Motiven: Persönliche Gründe spielten keine unerhebliche Rolle, durch seine Flucht entzog sich beispielsweise Hans Kudlich den Folgen seiner Verurteilungen zum Tod sowohl durch ein österreichisches wie ein bayerisches Gericht. Insgesamt aber verließen die 1848er ihre Heimat wegen des Fehlschlags ihrer Ideen: Entgegen ihren Wünschen gab es etwa in Preußen nur das restriktive Dreiklassenwahlrecht zum Parlament, in Österreich nicht einmal dieses, keine Grundrechte und damit etwa keine Pressefreiheit, Meinungsfreiheit, Gewerbefreiheit. Es gab insgesamt kaum Freiheit vom Staat und seiner Bürokratie, auch keine gegenüber den oft mit dem Staat verbündeten Kirchen. Daher wurde wie von dem 1848er Friedrich Münch, einem in den Vereinigten Staaten erfahrenen Auswandererorganisator, für die Einwanderung gerade nach Missouri unter anderem erfolgreich wie folgt geworben[10]: „Völlige Religions-, Rede-, Press- und Versammlungsfreiheit sind gesetzlich garantirt, die Befugnis zur Ausübung aller Bürgerrechte wird nach fünfjähriger Probezeit erlangt". Werbend wirkte auch Münchs Beschreibung der Verfassung von Missouri - er zählte just alle jene Elemente auf, für welche die 1848er in ihrer alten Heimat eingetreten waren, sie aber letztlich nicht verwirklichen konnten: „Alle Staatsgewalt beruht auf dem Volke, welches allein berechtigt ist, seine Gesetze zu machen, sie zu ändern, sie vollziehen zu lassen; Versammlungs- und Petitionsrecht sind gesichert; in religiösen Dingen soll es weder Zwang, noch Vorrechte geben, und der Staat hat mit Kirchenwesen nichts zu thun; unparteiische Justiz soll Jedem werden, und dem Angeklagten das Recht, von Geschworenen gerichtet zu werden; ... ohne speziellen richterlichen Befehl darf keine Verhaftung oder Haussuchung vorgenommen werden; ... Rede- und Pressfreiheit ist unbeschränkt; ... erbliche Titel, Würden und Privilegien giebt es nicht".

Für diese Errungenschaft waren die 1848er in ihrer alten Heimat auf die Barrikaden gegangen, jetzt drohte ihnen deren Verlust in ihrer neuen Heimat. Und dafür gingen sie nun abermals auf die Barrikaden und zogen in den Krieg. Selbst Yankees anerkannten dieses Engagement der deutschen 1848er. William H. Seward lobte 1860 in St. Louis in den Worten Börnsteins die „Freiheitsliebe der Deutsch-Amerikaner" und folgerte, „Missouri

---

[9] Die Literatur dazu ist nahezu uferlos; mit konkreten rechtlichen Bezügen u a *Brauneder*, Grundlagen; *A. G. Roeber,* Palatines, Liberty and Property, 1993; unter Betonung der 1848er Tradition *Kunze,* wie Fn 1, 858.

[10] *F. Münch,* Der Staat Missouri geschildert mit besonderer Rücksicht auf teutsche Einwanderung, 1. Aufl 1859, 5, 154f (Verfassung).

müsse deutsch gemacht werden, um den Staat der Freiheit zu gewinnen"[11], d h um ihn der Union zu erhalten und nicht den Südstaaten zufallen zu lassen.

Und so war es denn auch. Im amerikanischen Bürgerkrieg kamen 15 US-Generale aus den Reihen der 1848er, knapp 50 Regiments- und Brigadekommandeure und eine Vielzahl an Soldaten neben den „gemischten" vor allem in den deutschen Regimentern[12].

In den Worten Rowans haben die Ereignisse von 1861 den Staat Missouri für immer geprägt[13]. Nach Beendigung des Bürgerkrieges zog Friedrich Münch eine Art Resümee: „zum freudigen Gefühle, ein Vaterland wiedergewonnen zu haben, konnten es die Deutschen bis jetzt nirgends, als nur in den Vereinigten Staaten bringen. Wäre nicht für sie die neue Heimath eine ihnen in der That lieb gewordene, sie würden nicht zu hundert Tausenden aus freiem Antriebe in die Reihen der Kämpfer für die Einheit und Freiheit eben dieses Landes eingetreten sein"[14].

II. Die alte Heimat

A. Die Wiederkehr der 1848er

Mai 1861: Kampf um das Arsenal in St. Louis; Mai 1861: In Österreich tritt wieder eine parlamentarische Versammlung zusammen.

Die von der Revolution 1848 in Österreich erzwungene konstitutionelle Monarchie mit ihrem Parlament war mit dessen Auflösung politisch 1849 zu Ende gegangen[15], am Papier stand sie noch bis Ende 1851: Nun wurde auch die Verfassung 1849 außer Kraft gesetzt und ab 1852 legten Verfassungsgrundsätze eine neue Regierungsform fest, nämlich eine neuständisch beschränkte Monarchie. Zu ihren Hauptmerkmalen zählten: keine Verfassungsurkunde, keine Volksvertretung, keine Grundrechte, sondern neuständische, im wesentlichen aus den Gemeindevertretungen hervorgehende Landtage und als „Centralorgan" ein Ausschußlandtag, alle mit nur beratender Funktion. Realisiert wurde selbst dieses System erst nach 10 Jahren Neoabsolutismus, 1861, nun allerdings nach dem verlorenen Krieg in Italien

---

11 *Börnstein*, wie Fn 3, 252.

12 *W. Hochbruck,* Der zweite Freiheitskampf, in: Damals Spezial 1848 - Für die Freiheit streiten, 1998, 103; u a auch *D. Kügler,* Die Deutschen in Amerika, 1983, 126ff.

13 *Rowan,* wie Fn 2, 243.

14 *F. Münch,* Der Staat Missouri, ein Handbuch für deutsche Auswanderer, 2. Aufl 1866, 6.

15 Dazu und zum Folgenden *Brauneder,* Verfassungsentwicklung, 69ff, hier v a 120ff, 138ff, 151ff.

1859 sogar mit einem Parlamentsersatz versehen: dem Reichsrat mit seinem Herrenhaus und seinem Abgeordnetenhaus. Trotz des äußeren Anscheins fehlte dieser Versammlung ein wesentliches Parlamentselement: Keine Kammer ging aus Wahlen hervor, das Herrenhaus ohnedies nicht, das Abgeordnetenhaus war eine Delegiertenversammlung der Landtage.

Aber auch Österreich hatte nun seine „boys storming the heavens". Sie waren allerdings nicht an einem Bloody Hill zu suchen, vielmehr zu Wien im Abgeordnetenhaus, sie stürmten nicht gegen Truppen der Reaktion, sondern traten gegen diese als Parlamentarier auf. Denn es trafen sich hier Abgeordnete wieder, die 1848/49 entweder im österreichischen Reichstag gesessen hatten, wie Brestel, Smolka usw, oder in der Frankfurter Nationalversammlung wie etwa Giskra, Schmerling oder Mühlfeld[16].

1861 zogen in den Vereinigten Staaten die 1848er in den Krieg, um die konstitutionellen Freiheiten zu bewahren, in Österreich ins Parlament, um sie wieder zu erringen.

Beispielhaft dafür steht der Abgeordnete Eugen Megerle von Mühlfeld[17]. 1848/49 war er Abgeordneter in der Frankfurter Nationalversammlung gewesen und hatte dort mit zwei weiteren Mitgliedern den Grundrechts-Unterausschuß gebildet. Hier hatte Mühlfeld wesentlichen Anteil an der Formulierung der modernen Frankfurter Grundrechte sowie ihrer Einrichtung als subjektive öffentliche Rechte zufolge der Möglichkeit, sie bei einem Verfassungsgericht einzuklagen - für die damalige Zeit ein nicht nur europäisches Unikat. 1849 publizierte Mühlfeld einen von diesen Arbeiten inspirierten Verfassungsentwurf für Österreich - er kam zu spät, Österreichs Parlament war bereits aufgelöst. Ab 1861 setzte Mühlfeld seine 1848er-Tätigkeit im neuen Abgeordnetenhaus nahtlos fort. Durch Einzelgesetze suchte er die Grundrechte von 1848/49 ein- und auch sogleich auszuführen. 1862 trat das Gesetz zum Schutz der persönlichen Freiheit in Kraft, im gleichen Jahr das Gesetz zum Schutz des Hausrechts, das bis heute zum Grundrechtsbestand Österreichs zählt. Weitere Entwürfe zielten auf die Einführung der Wissenschaftsfreiheit, der Vereinsfreiheit, der Versammlungsfreiheit und anderes mehr ab. Doch zu einer Beschlußfassung darüber kam es in dieser Form nicht mehr.

---

16 Vgl zu diesen *Brauneder,* Leseverein, 210-234, v a 217ff, 224ff.

17 *Brauneder*, Leseverein, 211-218, 222, 235, 303, 373ff, 380ff; *ders,* Grundrechte, 240-242, 270; *K. Jeschko*, Eugen v. Mühlfeld, Phil Diss Wien 1961; *P. Wrabetz*, Eugen Alexander v. Mühlfeld, in: Österreichisches Anwaltsblatt, 1975, 108ff.

Auch ansonsten fand im Deutschen Bund um 1860 die Erinnerung an 1848 vielfältigen und besonderen Ausdruck[18]. Unter den zahlreichen Sängerfesten, Schützentreffen und Turnerfesten, aber auch Organisationen wie dem Deutschen Juristentag, dann den Schillerfeiern von 1859 gedieh besonders das Schützenfest zu Frankfurt/Main 1862 zu einer 1848er- Demonstration: Sowohl der österreichische Präsidialgesandte wie auch der preußische Gesandte zum Deutschen Bund ließen, jeweils nach Rücksprache mit Wien und Berlin, die Farben Schwarz-Rot-Gold aufziehen. 1862 erklärte der kleindeutsch ausgerichtete Nationalverein das Herstellen der Reichsverfassung 1849 zu seinem Ziel, eben dies auch Abgeordnete der deutschen Einzelparlamente im Deutschen Abgeordnetentag. „1848" war sozusagen in den sechziger Jahren spürbar am Tisch.

B. Österreichs „Zweites 1848": 1867

In Österreich schlug 1867 die „Zweite Stunde der 1848er". Dazu ist zu erinnern, daß Kaiser Franz Joseph nach der erwähnten Einrichtung des Reichsrats 1861 im Ministerrat deutlich festgehalten hatte[19], daß nunmehr „die äußerste Grenze der ... zulässigen Beschränkung der souveränen Macht" des Kaisers erreicht sei, wonach er den Ministern „das feierliche Versprechen" abforderte, „gegen die Abnötigung weiterer Zugeständnisse, sei es durch Drängen des Reichsrates oder der Landtage, sei es durch revolutionäre Versuche der Massen" energisch aufzutreten. Hatten also die 1848er in den Vereinigten Staaten Wilson's Creek und Bloody Hill zu überwinden, so jene in Österreich bildlich gesprochen die Hofburg.

Dazu eröffnete sich 1867 plötzlich die große Chance[20]. Sie kam abermals nach einem verlorenen Krieg, dem von 1866, und seiner Folge, dem Ende des Deutschen Bundes, durch den Ausgleich mit Ungarn. Auch dieses erlebte eine späte Genugtuung: Es bekam seine Verfassung 1848 wieder hergestellt und somit ein konstitutionelles Regierungssystem. Die Regierung dachte, der damit eingetretenen Lage in Cisleithanien bloß durch einige technisch notwendige Verfassungsänderungen Rechnung tragen zu müssen. Nun traten allerdings die 1848er auf den Plan und gaben den Ton an:

---

[18] Zum Folgenden *E. Zechlin,* Die Reichsgründung, 1967, 54ff; *V. Valentin,* Deutsche Geschichte II, 1965, 511f.

[19] Ministerrat am 28. Februar 1861: *H. Brettner-Messler* (Bearb), Die Protokolle des österreichischen Ministerrates 1848-1867 V/1, 1977, 111.

[20] *Brauneder,* Verfassungsentwicklung, 169ff.

Schmerling, Brestel, Smolka, Miklosich, Ziemalkovsky, Kaiserfeld und andere. Sie ergriffen die Gelegenheit beim Schopf: Entgegen der Geschäftsordnung des Abgeordnetenhauses setzten sie einen Verfassungsausschuß ein - und benahmen sich damit haargenau so wie 1848 der österreichische Reichstag und die Frankfurter Nationalversammlung. Entgegen den Regierungsvorlagen erarbeiteten sie eine komplette Verfassung; entgegen dem Befehl des Kaisers verließen sie mit ihrem Motto „Zurück zur Verfassung 1849“ und damit zum Konstitutionalismus den Boden der neuständisch beschränkten Monarchie. Ende 1867, nämlich mit der im Dezember beschlossenen Verfassung, kehrte Cisleithanien zur konstitutionellen Monarchie zurück und damit - nahezu - zum Zustand von 1848/49.

Die Genugtuung der 1848er Österreichs stand nun jenen ihrer ehemaligen Kampfgefährten in den Vereinigten Staaten kaum nach. Beispielsweise[21] hatte der Abgeordnete Brestel schon 1848/49 vorgeschlagen, Österreichs Grundrechte durch Einklagbarkeit als subjektive öffentliche Rechte auszugestalten, die Mehrheit im Verfassungsausschuß sprach sich damals jedoch dagegen aus. Nun, 1867, konnte er die Genugtuung haben, daß mit der entsprechenden Kompetenz des Reichsgerichts als Verfassungsgericht die Grundrechte zu subjektiven öffentlichen Rechten gemacht worden waren.

Jedoch: Man war nur nahezu zu 1848 zurückgekehrt. Der Abgeordnete Kaiserfeld, auch ein 1848er, hielt in der Verfassungsdiskussion 1867 ausdrücklich fest[22], mit der neuen Verfassung habe man „auf das Vollkommene verzichten (müssen), um nicht das minder Vollkommene zu verlieren“; und weiters, es werde die Geschichte wenigstens über das Abgeordnetenhaus „das Verdict fällen: Dieses Haus hat keinen Teil an der Schuld“. Wovon ist hier die Rede? Von welcher Schuld? Was Kaiserfeld hier anspricht ist dies: Entgegen dem nun wieder eingeführten konstitutionellen System blieb es beim ungewählten Reichsrat. Das war ein Schlag nicht nur ins Gesicht des verfassungsrechtlichen Fortschritts, es widersprach auch dem System des Konstitutionalismus. Natürlich hatte man dieses Problem diskutiert, schließlich aber eine Veränderung des bisherigen Zustandes verworfen - es war klar, daß bei einer Rückkehr zum gewählten Parlament von 1848/49 der Kaiser die gesamte Verfassung nicht würde sanktionieren. Daher galt es in den Worten Kaiserfelds „auf das Vollkommene zu verzichten, um nicht das minder Vollkommene zu verlieren“.

---

21 *Brauneder,* Grundrechte, 234, 292.

22 *Brauneder,* Verfassungsentwicklung, 179.

Somit blieb 1848 weiterhin ein anzustrebendes Ziel. Da waren die Wahlen zum Parlament[23], die es nicht gab, und als es 1873 zu ihnen im nur beschränkten Rahmen eines Kurien- und Zensuswahlrechts kam, blieb als weiteres Ziel die Ausdehnung des Wahlrechts - erst 1907 gelang die Einführung des allgemeinen, gleichen, direkten und geheimen Wahlrechts allerdings nur für Männer. Offen war auch die Lösung des Nationalitätenproblems, wobei man, ein wenig nostalgisch verbrämt, vermeinte, es wäre 1848 mit dem Kremsierer Verfassungsentwurf einer Lösung nahe gewesen. Und schließlich harrten viele in Cisleithanien noch immer der Herstellung eines innigeren Verhältnisses zu Deutschland, wie es 1848 die Frankfurter Nationalversammlung geplant und in ihrer Verfassung beschlossen hatte.

C. Deutschlands „Zweites 1848": 1867-1870/71

Wie für Österreich war 1867 auch für Deutschland ein Verfassungsjahr und man konnte auch hier an 1848 nicht vorbeigehen. Sowohl für den neugegründeten Norddeutschen Bund wie für den Deutschen Zollverein kam es, in beiden Fällen allerdings jeweils auf andere Weise und nur punktuell, zu Rückgriffen auf 1848/49.

Schon vor dem Ende des Deutschen Bundes hatte Preußen vorgeschlagen, diesen dadurch zu reformieren, als dem Bundestag der Reichstag der Reichsverfassung 1849 zur Seite zu stellen wäre, genau genommen nur dessen gewählte Kammer, das Volkshaus, nicht aber die Ländervertretung des Staatenhauses, die ohnedies der Bundestag wahrnahm[24]. Dies geschah nun 1867 sogar in zweifacher Weise[25]: Ausdrücklich nach dem Muster des Volkshauses von 1849 erhielt der Norddeutsche Bund neben seinem Bundesrat den Reichstag und, nicht nur für die norddeutschen Staaten, der Deutsche Zollverein ein Zollparlament. Auch in der Art der Verfassungsgebung des Norddeutschen Bundes wiederholte sich 1848: Wie damals die Konstituierende Nationalversammlung so befand hier der Verfassungsgebende Reichstag über die Verfassung. Anders als 1849 mußte jedoch die so festgestellte Verfassung von sämtlichen Bundes-Mitgliedstaaten angenommen werden, was auch geschah. Einen weiteren Anklang an 1848 gab es beim Deutschen Zollverein übrigens insofern, als er gebietsmäßig, freilich sach-

---

23 Vgl zu ihrer Entwicklung: Ebda 192ff.

24 *Ch.-F. Menger,* Deutsche Verfassungsgeschichte der Neuzeit, 8. Aufl 1993 144 (Rz 282); *E. R. Huber,* Deutsche Verfassungsgeschichte seit 1789 III, 3. Aufl, 1988, 518f.

25 *Menger,* wie Fn 24, 144f (Rz 283); *Huber,* wie Fn 24, 646ff.

lich beschränkt auf Wirtschaftsangelegenheiten, die kleindeutsche Lösung verwirklichte.

Noch deutlicher erweckte die Reichsgründung von 1870/71 Erinnerungen an 1848/49[26]. Mit Jahresbeginn 1871 gab es ein Deutsches Reich, einen Deutschen Kaiser, mit dem Reichstag ein Parlament des deutschen Volkes wie dies alles 1848 vorgesehen bzw in der Nationalversammlung verwirklicht gewesen war - nunmehr freilich im kleindeutschen Sinn, allerdings erweitert um Elsaß-Lothringen. Vom Standpunkt der Kleindeutschen konnte man Genugtuung darüber empfinden, nun erreicht zu haben, was 1849 nicht gelungen war. Besonders ein Mann konnte so empfinden, nämlich Eduard von Simson[27]: 1849 hatte er als Nationalversammlungspräsident jene Delegation angeführt, die dem preußischen König Friedrich Wilhelm IV. die Kaiserkrone angeboten hatte - was dieser ausschlug; nunmehr, als Reichstagsabgeordneter, überbrachte er abermals einem preußischen König die Bitte seines Parlaments zur Annahme der Kaiserwürde, jetzt erhielt er keine Absage, Wilhelm I. nahm sie an.

Dennoch: Deutschlands „Zweites 1848“ von 1867 und 1870/71 war wesentlich weiter von 1848 entfernt als das „Zweite 1848“ Österreichs von 1867. Kam es nämlich hier zur Wiederherstellung der Verfassung 1849 mit Ausnahme des Parlaments, so 1867 im Norddeutschen Bund und im Deutschen Zollverein wie sodann 1870 im Deutschen Reich just nur zum Rückgriff auf eine Kammer des Parlaments der Reichsverfassung 1849 und nicht auch auf das übrige Verfassungswerk, etwa auf die Grundrechte! Zwar gab es nun die Traditionsbezeichnungen Deutsches Reich und Deutscher Kaiser, aber als Konstrukte, die mit 1848 nichts gemein hatten. Die Souveränität des Deutschen Reiches von 1871 teilte sich nicht etwa das Volk mit seinem Kaiser wie 1849 geplant, sie lag vielmehr in der Summe der Bundesfürsten. Deutlich macht dies ein offiziöses Bild zum sechzigjährigen Regierungsjubiläum Kaiser Franz Josephs 1908 von Franz Matsch: Das Deutsche Reich gratuliert nicht nur durch Kaiser Wilhelm II., sondern durch Bundesfürsten und Städtevertreter[28]. Der Deutsche Kaiser war als solcher auch nicht Monarch, dies vielmehr der Titel des Bundespräsidiums, das der König von

---

26 *Menger*, wie Fn 24, 146ff (Rz 287ff); *Huber*, wie Fn 24, 777f.

27 *G. Kleinheyer - J. Schröder* (Hrsg), Deutsche und Europäische Juristen aus neun Jahrhunderten, 4. Aufl, 1996, 511; *M. Stolleis* (Hrsg), Juristen. Ein biographisches Lexikon. Von der Antike bis zum 20. Jahrhundert, 2. Aufl 2001, 582f.

28 *R. Mikula* (Hrsg), Franz von Matsch. Ein Wiener Maler der Jahrundertwende. 75. Sonderausstellung des Historischen Museums der Stadt Wien 1982, 1982, Kat Nr 182, Abb 14; *H. Giese*, Franz von Matsch. Leben und Werk 1861-1942, Phil Diss Wien 1976, 125-127, 219f.

Preußen innehatte. Zwei Personen charakterisieren daher in Heinrich Manns „Der Untertan" die 1848er und die 1871er[29]: Für jene sagt der „alte Buck" zu Diederich Hessling: „Wir glaubten (das Volk) würde alles das selbst vollbringen, was es jetzt für den Preis der Unfreiheit von seinen Herren entgegennimmt ... So war in unserem Herzen die deutsche Einheit: Sie war eine Gewissenspflicht ... Wir huldigten keinem sogenannten Schöpfer der deutschen Einheit", worauf der 1871er Hessling sagt: „Das deutsche Volk ist eben, Gott sei Dank, nicht mehr das Volk der Denker und Dichter"! Daher blieb im Bismarck-Reich ein parlamentarisch regiertes Deutschland mit Grundrechten weiterhin eine Vision aus 1848.

D. Das „Dritte 1848": 1918

1848 weiterhin als Ziel in Deutschland wie in Österreich - dies zeigt sich deutlich in der Biografie von Ludo Moritz Hartmann[30]. Sein Vater Moritz Hartmann war 1848er gewesen, seine Mutter erzog den Sohn in der Tradition von 1848. Der junge Hartmann, Sozialdemokrat, wurde der erste Gesandte des republikanischen Österreich in Berlin und war einer jener Österreicher, die in der Verfassunggebenden Deutschen Nationalversammlung zu Weimar beratende Stimme hatten. Hier setzte er sich vehement für die Reichsfarben Schwarz-Rot-Gold anstelle des bisherigen „preußischen" Schwarz-Weiß-Rot und gegen das von der Linken gewünschte Rot ein, denn nur unter den demokratischen Farben von 1848 sei ein Anschluß Österreichs an das Deutsche Reich vorstellbar[31].

Tatsächlich wurde 1918 nach dem „Zweiten 1848" von 1867 in Österreich bzw von 1870/71 in Deutschland jeweils in beiden Ländern zu einem „Dritten 1848". In Preußen und in Österreich erhielt das Wahlrecht eine wesentlich breitere Basis, dort durch das Ende des Dreiklassenwahlrechts, hier durch die Einführung des Frauenwahlrechts und eine demokratischere Ausgestaltung durch den Ersatz des bisherigen Mehrheitswahlrechts durch das

---

29 *H. Mann,* Der Untertan, 1918, 3. Kap.

30 *G. Fellner,* Ludo Moritz Hartmann und die österreichische Geschichtswissenschaft. Grundzüge eines paradigmatischen Konfliktes, 1985; *W. Filla - M. Judy - U. Knittler-Lux* (Hrsg), Aufklärer und Organisator. Der Wissenschaftler, Volksbildner und Politiker Ludo Moritz Hartmann, 1992; *Brauneder*, Leseverein, 317f, 420f.

31 *Brauneder,* Deutschösterreich, 83; Protokoll des Verfassungsausschusses der verfassunggebenden Deutschen Nationalversammlung, 36. Sitzung, 3. Juni 1919: Aktenstücke der verfassunggebenden Deutschen Nationalversammlung I, 1919, 404f.

Verhältniswahlrecht[32]. Österreichs Nationalitätenproblem war dadurch gelöst, daß sich die Republik Deutschösterreich als deutscher Nationalstaat mit Minderheitenschutz verstand[33]. Dessen Eintritt in einen deutschen Bundesstaat wurde wechselseitig als Staatsziel gesetzlich fixiert und ein entsprechender Vertrag von den Außenministern paraphiert[34] - bis dies die Verträge von St. Germain und Versailles unmöglich machten.

Das Gründungsgremium des neuen republikanischen Österreich, die Provisorische Nationalversammlung, sah sich besonders in der Tradition von 1848 stehend an[35]: Ein neues Gemeinwesen galt es zu gründen, und zwar auf demokratischer Basis wie schon 1848. Auch die Szene der Staatsgründung war dieselbe: Der Staat Deutschösterreich wurde am 30. Oktober 1918 im alten Niederösterreichischen Landhaus in Wien aus der Taufe gehoben, von wo 1848 die Revolution ihren Ausgang genommen hatte. Dessen war man sich sehr bewußt und betonte es auch. Auf 1848 berief sich die Provisorische Nationalversammlung am 12. November 1918, als gesetzmäßig festgehalten wurde, Deutschösterreich sei eine „demokratische Republik", ausdrücklich in einem „Aufruf" im Staatsgesetzblatt Nr 6: „Was dieses von Unglück heimgesuchte, schwergeprüfte Volk seit den Tagen von 1848 immer begehrt, was ihm die Mächte des Rückschritts ebenso hartnäckig wie kurzsichtig versagt haben, das ist nun inmitten des allgemeinen Zusammenbruches der alten Einrichtungen glücklich errungen". 1848 blieb in Österreich auch gegenwärtig, als mit dem Vertrag von St Germain in das „glücklich" Errungene abermals „Unglück" hereinbrach. Aus Anlaß der Abtretung Südtirols erinnerte in der Nationalversammlung zu Wien ein Südtiroler Abgeordneter am 6. September 1919[36], daß „Jakob Grimm vor genau 71 Jahren in der Frankfurter Nationalversammlung als ersten Artikel der deutschen Verfassung die Worte vorgeschlagen hat: ‚Alle Deutschen sind frei, deutscher Boden duldet keine Knechtschaft und selbst der fremde Unfreie, der ihn betritt, wird frei'„ und folgerte daraus: „Meine Herren und Damen, die Zukunft hat nur zwei Möglichkeiten: Entweder werden aus dem Angesichte der Menschheit jene häßlichen Falten des Hasses, der Rachsucht

---

32 *E. R. Huber,* Deutsche Verfassungsgeschichte V, 1978, 793; *Christoph Gusy,* Die Weimarer Reichsverfassung, 1997, 56; *Brauneder,* Verfassungsgeschichte, 192.

33 *Brauneder*, Deutschösterreich, 108f.

34 *Huber,* wie Fn 32, 1175; *Brauneder*, Rechtsangleichung, 113ff; *ders*, Deutschösterreich, 115f.

35 Das Folgende bei *Brauneder*, Deutschösterreich, 32ff.

36 29. Sitzung der Konstituierenden Nationalversammlung am 6. September 1919: Stenographische Protokolle über die Sitzungen der Provisorischen Nationalversammlung für Deutschösterreich, 1919, 787; *Brauneder,* Deutschösterreich, 222.

und der Raubgier weggewischt und es wird das Recht neu geboren, oder aber es muß zu einem deutschen Sklavenaufstand kommen, damit wieder wahr werde, daß alle Deutschen frei sind, daß deutscher Boden keine Knechtschaft kennt und daß sogar der Fremde, der auf unsern Boden kommt, hier in deutscher Luft frei wird", worauf das Stenografische Protokoll vermerkt: „Stürmischer, anhaltender Beifall und Händeklatschen. Redner wird vielseitig beglückwünscht".

In den österreichischen Verfassungsarbeiten selbst spielten freilich die Verfassungstexte von 1848/49 als konkrete Vorlagen eine nur untergeordnete Rolle, wenngleich beispielsweise Renner und Kelsen den Kremsierer Verfassungsentwurf besonders studiert und jener ihn für Aufbau und einzelne Formulierungen seines Verfassungsentwurfs auch zum Vorbild genommen hatte[37].

Auch die Verfassunggebende Deutsche Nationalversammlung zu Weimar stand bewußt in der Tradition von 1848[38]. Nachdem schon in der ersten und in der zweiten Sitzung auf 1848/49 hingewiesen worden war, leitete Staatssekretär Preuß die allerersten Beratungen in der dritten Sitzung mit jenen Worten ein, mit welchen „einst Heinrich von Gagern die erste verfassunggebende Nationalversammlung des deutschen Volkes in der Paulskirche zu Frankfurt" begrüßt hatte. In der voraufgegangenen zweiten Sitzung befand sich übrigens unter den verlesenen Einläufen auch einer des Rektors der Universität Graz, der die Nationalversammlung als „neue politische Paulskirche" bezeichnete. Wie ein roter Faden durchziehen die Plenardebatten der Nationalversammlung Hinweise und Berufungen auf 1848/49, konkret auf die Paulskirche und auf ihre Reichsverfassung, ja sogar auf deren konkrete Bestimmungen (§§ 130, 133, 137, 139, 157, 174-176, 194[39]). Vor allem die neuen Reichsfarben Schwarz-Rot-Gold galten wie selbstverständlich als die Farben von 1848, und zwar als Farben des Fortschritts und der Demokratie. Besonders den Grundrechtsteil sah man in der Tradition von 1848/49 stehend an, hier „leben Goldkörner aus der Paulskirche weiter" war die überwiegende Meinung, nur eine Minderheit hielt sie für „die ältesten Ladenhüter aus dem Jahre 1848"[40]. Schon im Verfassungsausschuß[41]

---

37 *Brauneder,* Renner, 169ff; *Brauneder*, Verfassungsentwicklung, 120.

38 Zum Folgenden: Verhandlungen der Verfassunggebenden Deutschen Nationalversammlung, 1920 = Verhandlungen des Reichstags, Bände 326-329, hier Verhandlungen 326/7 C (Rektor Univ Graz), Verhandlungen 326/12 C (Preuß); *J.-D. Kühne,* Die Reichsverfassung der Paulskirche. Vorbild und Verwirklichung im späteren deutschen Rechtsleben, 1985, 134ff.

39 Vgl auch *Gusy*, wie Fn 32, 324, 344.

40 Verhandlungen, wie Fn 38, 326/464 B (Goldhörner), 326/478 D (Ladenhüter); *Kühne*, wie Fn 38, 136.

war man sich bewußt gewesen, daß 1848/49 „hier so häufig als Vorbild zitiert worden ist", wie es am 16. Juni 1919 hieß, und zwar ebenfalls, wie sodann im Plenum, besonders konkret zu den Reichsfarben und den Grundrechten. Wie in Österreichs Nationalversammlung wurde auch hier „Jakob Grimm in der Frankfurter Nationalversammlung" zitiert[42]. Tatsächlich machten die neuen Reichsfarben Schwarz-Rot-Gold die 1848er- Tradition besonders plakativ, inhaltlich vertiefte sie der Grundrechtskatalog.

Ganz aber war selbst jetzt 1848 nicht verwirklicht, z B die Grundrechte keine subjektiven öffentlichen Rechte, als „Hüter der Verfassung" galt der Reichspräsident, nicht, wie von der Reichsverfassung 1849 gedacht, ein Verfassungsgerichtshof[43].

E. Deutschlands „Viertes 1848": 1948/49

So blieb auch nach 1918/19 noch manches einzulösen. Und dafür eröffnete sich genau einhundert Jahre nach 1848/49 eine besondere Chance. Anders als Österreich, das nach 1945 seinen Verfassungszustand von 1920/1929 im wesentlichen wiederherstellte, standen nämlich die deutschen Länder und sodann Deutschland insgesamt vor dem Problem neuer Verfassungsakte.

Daß die Verfassungsgebung für Deutschland insgesamt just in die Jahre 1948/ 49 fiel, hatte allerdings nichts mit einem 100-Jahre-Gedenken zu tun, sondern verstand sich aus dem Stand der politischen Entwicklung im besetzten Nachkriegsdeutschland: Aus der Trizone sollte nach dem Willen der westlichen Besatzungsmächte ein Staat werden, die Sowjetzone zog nach - beide Entwicklungen hatten aber Gesamtdeutschland im Auge.

Der inhaltliche Einfluß von 1848/49 blieb jetzt begreiflicherweise gering, er war schon von der Reichsverfassung 1919 aufgesogen worden und sie diente nun als primäres deutsches Vorbild. In der Verfassungsdiskussion des Parlamentarischen Rates[44] griff die Diskussion dennoch mehrfach auf 1848/49 zurück, vor allem bei den Grundrechten, dann auch hinsichtlich des

---

41 Verhandlungen und Beratungen des Verfassungsausschusses: Verhandlungen des Reichstags, Band 336; *Kühne,* wie Fn 38, 136-138.

42 Verhandlungen, wie Fn 41, 336/498.

43 *Gusy*, wie Fn 32, 115; *C. Schmitt,* Der Hüter der Verfassung, 1931.

44 *E. Pikart - W. Werner* (Bearb), Der Parlamentarische Rat 1948-1949. Akten und Protokolle 5/1, 1993, 30, 136, 149, 491; *W. Werner* (Bearb), Der Parlamentarische Rat 1948-1949. Akten und Protokolle 9, 1996, 61, 111, 254, 572, 588; *K.-B. v Doemming - R. W. Füsslein - W. Matz* (Bearb), Enstehungsgeschichte der Artikel des Grundgesetzes, in: JBÖffR NF 1, 1951, 211ff.

Föderalismus und, wenngleich nur kurz, hinsichtlich der wiederherzustellenden Farben Schwarz-Rot-Gold. Vor allem der spätere Bundespräsident Heuß entpuppte sich hier als ein „1848er". Aus dem zuvor genannten Grund blieb übrigens auch in den zum Teil bereits vor 1948 erlassenen Landesverfassungen der Einfluß der Paulskirchenverfassung gering[45]. Das gilt ebenso für die DDR-Verfassung 1949[46].

Aber der Tradition von 1848 war man sich allgemein sehr wohl bewußt. Schon vor dem Bonner Grundgesetz 1949 hatten sich zwei der neuen Länder, Rheinland-Pfalz und Saarland, als Landesfarben für das Schwarz-Rot-Gold von 1848 entschieden[47]. Niedersachsen folgte 1951[48]. Bei den Verfassungsberatungen im damaligen Land Württemberg-Baden kam 1946 zur Sprache, daß 1848 „Badenser und Schwaben mit der Waffe in der Hand für die demokratische Freiheit gekämpft hatten"[49]. Gleichfalls 1946 verwies man in Hessen im Zuge der Verfassungsberatungen auf die Paulskirchenarbeiten[50]. Die Zweite Lesung der (Ost-)Berliner Landesverfassung 1948 stand bewußt im Zusammenhang mit der Festsitzung der Stadtverordnetenversammlung zum Gedenken an 1848[51]. Der Berichterstatter erinnerte eingangs an „1848, das Geburtsjahr der parlamentarischen Demokratie in Deutschland". Bewußt am 100. Jahrestag der Berliner Märzrevolution trat am 18. März 1948 auf Initiative der SED der 2. Deutsche Volkskongreß zusammen[52], der das Entstehen der DDR-Verfassung 1949 in die Wege leitete.

---

45 *R. Polley*, Die Hessische Verfassung von 1946 und ihre historischen und zeitgenössischen Vorbilder, in: *H. Eichel - K. P. Möller* (Hrsg), 50 Jahre Verfassung des Landes Hessen, 1997, 55f; *H. Berding* (Hrsg), Die Entstehung der Hessischen Verfassung von 1946. Eine Dokumentation 1996, 91, 261, 327, 434, 476, 1107; *E. Schmidt*, Staatsgründung und Verfassungsgebung in Bayern. Die Entstehung der Bayerischen Verfassung vom 8. Dezember 1946, 1997.

46 Autorenkollektiv, Staats- und Rechtsgeschichte der DDR, 1983, 73ff.

47 *E. Schunck*, Die Verfassung für Rheinland-Pfalz vom 18. Mai 1947, in: JBÖffR NF 5, 1956, 175: Ausführung des Art 74 Abs 2 der Landesverfassung durch Landesgesetz vom 10. Mai 1948; Art 62 Verfassung des Saarlandes vom 15. November 1947.

48 *H. Korte*, Verfassung und Verwaltung des Landes Niedersachsen, in: JBÖffR NF 5, 1956, 53f: Art 1 Abs 3 Vorläufige Niedersächsische Verfassung vom 13. April 1951.

49 Verhandlungen der Verfassunggebenden Landesversammlung für Württemberg-Baden, 1946: 1. und 3. Sitzung.

50 Drucksachen der Verfassungsberatenden Landesversammlung Groß-Hessen, Abt III: Stenografische Berichte über die Plenarsitzungen, 1946: 2. Sitzung; *Polley*, wie Fn 45.

51 Stenografische Berichte über die öffentlichen Sitzungen der stadtverordneten Versammlung von Berlin, 1. Wahlperiode 1948, 1948: 60. Sitzung.

52 *E. Heuerlein* (Hrsg), DDR-Geschichte und Bestandaufnahme, 1966, 43, 70.

Mit besonderer Berechtigung konnte und kann das Bonner Grundgesetz die Tradition von 1848 für sich in Anspruch nehmen, und zwar konkret im Sinne einer späten Ernte, eines „Vierten 1848“. Die Stellung des Parlaments garantiert nunmehr eine besonders solide repräsentativ-demokratische Grundlage, durch die Gründung neuer Länder anstelle des ehedem übergewichtigen Preußen waren ein ausgewogenerer föderalistischer Rahmen und vor allem, erstmals seit der gedanklichen Grundlegung in der Reichsverfassung 1849, die Grundrechte zu subjektiv-öffentlichen Rechten erhoben worden. Unübersehbar ist das Bundesverfassungsgericht wohl nicht nur Hüter, sondern auch so etwas wie Modernisator der Verfassung geworden. Bewußt allerdings hatte man, entgegen dem westalliierten Wunsche, die Verfassungsgebung nicht wie 1848/49 einer Konstituierenden Nationalversammlung überantwortet, sondern praktisch einem Länderausschuß, um das Provisorische dieser sich - vorerst - nur auf Westdeutschland beziehenden Verfassungsordnung zu unterstreichen.

Hatte man nun mit dem Bonner Grundgesetz 1949 die 1849 verfassungsmäßig postulierte Freiheit bei weitem erreicht, so nicht jedoch die Einheit: Im anderen Teile Deutschlands war gleichfalls eine Verfassung ins Leben getreten. Dazu kam, in weiterer Abkehr von 1848/49, daß diese gerade im Kontrast zu ihrem Text auch die Freiheit nicht verbürgen konnte. Dazu sei nochmals auf die Trivialliteratur zurückgegriffen. Als späterhin auch in der DDR Karl May wieder verlegt werden durfte, strich man in den Selbstbekenntnissen eines emigrierten 1848ers seine Hinweise auf die von ihm erhoffte deutsche Einheit ebenso wie die auf Freiheit und Gottvertrauen[53]. Erinnerungen an 1848 sollten hier in der DDR selektiv sein, eine Zensur, die mittlerweile, wie ehemals 1848, hinfällig geworden ist.

---

53 *K. May,* Winnetou I, Berlin/Ost 1982, 105ff.

Konstitutionalisierung und Parlamentarisierung in Österreich 1848 bis 1918

I. Formen der beschränkten Monarchie; II. Entwicklungsphasen in Österreich: A. Erste konstitutionelle Periode, B. Zweite konstitutionelle Periode, C. Periode der neuständisch beschränkten Monarchie; III. Tendenzen: A. Vor 1848, B. Nach 1848, C. Nach 1861; IV. Das Regierungssystem der ersten Konstitutionellen Periode: A. Die Verfassungskonzeption, B. Die politische Praxis: 1. Das neuständische Vorspiel, 2. Die konstitutionelle Verfassungsrealität, 3. Der unechte Konstitutionalismus; V. Das Regierungssystem der Neuständischen Periode: A. Die Verfassungskonzeption, B. Die politische Praxis: 1. Die neuabsolutistische Phase vor 1860, 2. Die provisorische neuständische Phase von 1860, 3. Die neuständische Phase ab 1861; VI. Die zweite Konstitutionelle Periode: A. Das Regierungssystem, B. Die politische Praxis; VII. Zusammenfassung.

I. Formen der beschränkten Monarchie

Mit den Wörtern Konstitutionalisierung beziehungsweise Parlamentarisierung sind Entwicklungen hin zu bestimmten Regierungssystemen zu verstehen, nämlich zur konstitutionellen oder parlamentarischen Monarchie. Das Gemeinsame dieser beiden Formen der Monarchie sind die drei obersten Staatsorgane Monarch, Ministerrat, Parlament, das Verschiedenartige besteht im unterschiedlichen Verhältnis dieser Organe zueinander[1]. Im System der konstitutionellen Monarchie ist der Ministerrat vom Monarchen abhängig; dieser bestellt die Minister und beruft sie ab, wobei er - rechtlich - völlig unabhängig vom Parlament handelt. Dieses besitzt nur eine indirekte Einflußnahme auf den Ministerrat, und zwar im Wege der Wahrnehmung der Ministerverantwortlichkeit. Diese ist zweigeteilt: Die rechtliche Verantwortlichkeit ermöglicht dem Parlament einzelne Minister wegen Verlet-

Aus: *A. G. Manca - W. Brauneder* (Hrsg), L'istitutzione parlamentare nel XIX secolo. Una prospettiva comparata / Die parlamentarische Institution im 19. Jahrhundert. Eine Perspektive im Vergleich, Bologna - Berlin 2000, 49-78.

1 Allgemein *K. v Beyme*, Die parlamentarischen Regierungssysteme in Europa, 1973; *K. O. v Aretin*, Konstitutionelle Monarchie, in: *A. Erler - E. Kaufmann* (Hrsg), Handwörterbuch zur deutschen Rechtsgeschichte II, 1978, 1122ff; *H. Boldt*, Parlament, parlamentarische Regierung, Parlamentarismus, in: *O. Brunner - W. Conze - R. Koselleck* (Hrsg), Geschichtliche Grundbegriffe IV, 1978, 649ff; zu Deutschland: *C.-F. Menger*, Deutsche Verfassungsgeschichte der Neuzeit, 8. Aufl 1993; *D. Willoweit*, Deutsche Verfassungsgeschichte, 4. Aufl 2001; zu Österreich: *Brauneder,* Verfassungsentwicklung, 69ff.

zungen der Verfassung in der Regel vor einem speziellen Gericht zur Verantwortung zu ziehen. Die politische Verantwortlichkeit besteht darin, Ministern das Mißtrauen wegen der politischen Amtsführung auszusprechen, was allerdings im System der konstitutionellen Monarchie nur als Wunsch an den Monarchen, die - bzw den - Minister abzuberufen, zu verstehen ist, dem dieser allerdings nicht nach zukommen braucht. Das enge Verhältnis von Monarchen und Ministerrat kennzeichnet der Umstand, daß beide gemeinsam die Regierung bilden, das heißt, die Funktion Regierung ausüben, was in Österreich etwa darin ersichtlich wurde, daß die Kaiser Franz Joseph und Karl oftmals selbst die Ministerratssitzungen leiteten. Das Parlament übt gemeinsam mit dem Monarchen die Gesetzgebung aus, und zwar dergestalt, daß das Parlament den Inhalt beschließt, der Monarch aber mit seiner Sanktion den Beschluß mit Gesetzeskraft ausstattet. Diese kann er dadurch verhindern, daß er die Sanktion verweigert, was das Parlament hinzunehmen hat, womit der Monarch ein absolutes Veto besitzt. Das Parlament geht aus Wahlen hervor, die in der Regel vielfachen Beschränkungen unterliegen. Träger der staatlichen Souveränität sind Monarch und Volk, dieses repräsentiert durch das Parlament oder wenigstens durch eine von dessen beiden Kammern.

In der parlamentarischen Monarchie hingegen stellt sich bei denselben Organen deren Verhältnis anders dar. Der Ministerrat wird hier nicht frei vom Monarchen ernannt, sondern bloß formal aufgrund eines entsprechenden Vorschlags des Parlaments. Dem entspricht, daß ein Mißtrauensbeschluß des Parlaments zwingend zur Amtsenthebung der Regierung beziehungsweise des Ministers führt, daneben besteht die schon erwähnte rechtliche Ministerverantwortlichkeit. Die Funktion Regierung wird allein vom Ministerrat, nicht auch vom Monarchen wahrgenommen, der Ministerrat ist die Regierung. Die Gesetzgebung übt das Parlament gemeinsam mit dem Monarchen aus, und zwar so wie in der konstitutionellen Monarchie, allerdings mit dem wesentlichen Unterschied, daß das Parlament bei Verweigerung der Sanktion durch den Monarchen einen Beharrungsbeschluß fassen kann, was diesen zur Sanktion zwingt, womit er nur ein suspensives Veto besitzt. Das Parlament geht aus Wahlen hervor, die wohl auch Beschränkungen unterliegen, aber nicht so weitgehenden wie in der konstitutionellen Monarchie beziehungsweise anders als dort nicht zum System erhoben sind. Die staatliche Souveränität liegt hier allein im Volk, sie wird wie dieses vom Parlament repräsentiert, der Monarch ist Staatsoberhaupt mit einem bestimmten Kreis an eher repräsentativen Rechten.

Schließlich kennt das 19. Jahrhundert noch eine dritte Art der beschränkten Monarchie in der Form der neuständisch beschränkten, beziehungsweise kurz bezeichnet neuständischen Monarchie. Ähnlich wie bei der zuvor beschriebenen Formen existieren auch hier drei Organe, nämlich der Monarch, der Ministerrat sowie ein parlamentsähnliches Organ in der Form einer Ständeversammlung. Das Verhältnis des Monarchen zum Ministerrat entspricht jenem in der konstitutionellen Monarchie: Er beruft die Minister und setzt sie ab, er übt mit ihnen gemeinsam die Funktion Regierung aus. Allerdings sind sie nur ihm, nicht auch der Ständeversammlung verantwortlich, diese besitzt keinerlei Einfluß auf den Ministerrat. Auch ist die Ständeversammlung nicht gesetzgebendes Organ wie das Parlament, sondern besitzt bloß eine nur oder überwiegend beratende Funktion gegenüber dem Monarchen als dem alleinigen Gesetzgeber aus. Träger der staatlichen Souveränität ist, im Gegensatz zu den bisherigen Formen, allein der Monarch.

Konstitutionalisierung beziehungsweise Parlamentarisierung bedeutet daher die Herstellung bestimmter Verhältnisse zwischen dem Monarchen und der Regierung und dem Parlament. Darauf ist das Hauptaugenmerk zu lenken, wobei es auf die Zusammensetzung des Parlaments für diese Fragen in erster Linie nicht ankommt.

II. Entwicklungsphasen in Österreich

Unter Österreich wird im Sinne des Sprachgebrauches gegen Ende des 19. Jahrhunderts der nichtungarische Teil der Habsburgermonarchie verstanden[2], der inoffiziell auch Cisleithanien benannt wurde, also nicht das Kaisertum Österreich insgesamt beziehungsweise ab 1867 die österreichisch-ungarische Monarchie. Eine Ausnahme bildet jene Zeitspanne, in welcher Ungarn nicht als eigener, besonderer Teil der Habsburgermonarchie organisiert, vielmehr in eine gesamtösterreichische, einheitliche Verfassung miteinbezogen war. Drei Perioden der Entwicklung sind zu unterscheiden[3].

A. Erste konstitutionelle Periode

Die Ära der absoluten Monarchie endet in Österreich mit der Revolution 1848, präzise mit der Verfassung 1848, die in Österreich/Cisleithanien am

---

[2] Dazu *E. Zöllner*, Der Österreichbegriff, 1988; *R. G. Plaschka - G. Stourzh - J. P. Niederkorn* (Hrsg), Was heißt Österreich? Inhalt und Umfang des Österreichbegriffs vom 10. Jahrhundert bis heute, 1995; *Brauneder*, Österreich HRG, 1334ff; *Brauneder*, Österreich ELR, 1/930.

[3] Allgemein *Brauneder*, Verfassungsgeschichte.

25. April in Kraft trat, genau 14 Tage nach einer eigenen Verfassung für Ungarn. Anfang März 1849 tritt an die Stelle dieser beiden Verfassungen die Verfassung 1849 für das Kaisertum Österreich insgesamt, also auch für Ungarn, die aber bereits zum Jahresende 1851 aufgehoben wird. Während dieser ersten konstitutionellen Periode existiert allerdings ein Parlament nur vom Juli 1848 bis Anfang März 1849 - lediglich in dieser Zeitspanne ist Österreich auch in der Verfassungswirklichkeit eine konstitutionelle Monarchie, im übrigen Zeitraum, insbesondere vom März 1849 bis zum Jahresende 1851, wird absolutistisch regiert.

B. Zweite konstitutionelle Periode

Mit der Verfassung 1867 kehrt Österreich zur konstitutionellen Monarchie zurück und bleibt eine solche bis zum Ende des Staates im November 1918. Durch den Ausgleich mit Ungarn, gleichfalls im Jahre 1867, besteht die Habsburgermonarchie aus den beiden Staaten Cisleithanien, erst ab 1915 offiziell Österreich genannt, und Ungarn, die durch die Realunion zur österreichisch-ungarischen Monarchie miteinander verbunden sind. Die Verfassung 1867 gilt demnach nur in Österreich/Cisleithanien, in Ungarn ab 1867 wieder dessen Verfassung aus 1848.

C. Periode der neuständisch beschränkten Monarchie

Zwischen den beiden konstitutionellen Phasen liegt die der neuständisch beschränkten Monarchie. Ihr Fundament bilden die Verfassungsgrundsätze 1852, die aber noch nicht das gesamte Regierungssystem festlegen, denn die gesamtstaatliche Ständevertretung wird erst 1860 geschaffen, und zwar vorerst provisorisch, sodann im Oktoberdiplom 1860 grundgelegt sowie in der Reichsverfassung 1861 ausgeführt. Erst ab 1861 entspricht auch die Verfassungswirklichkeit der neuständischen Monarchie. In den Jahren zuvor, von 1852 bis Anfang 1860, wird absolutistisch regiert - mit Ausnahme von Lombardo-Venetien, wo bereits ab 1855 mit den Kongregationen Vertretungen zur Wahrung der Landesinteressen bestehen. 1867 wird die neuständische in die konstitutionelle Monarchie übergeleitet.

III. Tendenzen

A. Vor 1848

Die Reformtendenzen vor der Revolution von 1848 hatten[4], wenngleich in höchst unterschiedlicher Intensität, alle drei Formen der beschränkten Monarchie[5] im Auge. Bei weitem im Vordergrund stand dabei das System der konstitutionellen Monarchie. Die theoretischen Grundlagen dafür gaben entsprechende Werke ab wie etwa Aretins „Staatsrecht der constitutionellen Monarchie" (Leipzig 1839), eine „Collection des Constitutions" (Paris 1821-1823), Weils „Konstitutionelle Jahrbücher" (Stuttgart 1843) oder Zöpfls „Grundsätze des allgemeinen und des constitutionell-monarchischen Staatsrechtes" (Heidelberg 1841) sowie auch staatswissenschaftliche Enzyklopädien. Im Zentrum allerdings stand das „Staatslexikon" von Rotteck und Welcker. Derartige Werke, in Österreich oft durch die Zensur entweder nicht oder nur einem beschränkten Leserkreis zugänglich, waren wie sogar das Rotteck-Welcker'sche Staatslexikon in privaten Bibliotheken zu finden, vor allem aber in Lesevereinen wie in Wien in dem für die Revolution von 1848 und ihre Vorbereitungen höchst wichtigen juridisch-politischen Leseverein[6]. Hier[7] befanden sich alle eben angeführten Titel und noch eine große Anzahl weiterer, einschlägiger Werke, vor allem auch Zeitungen wie beispielsweise „Deutsche Jahrbücher", das „Mainzer Archiv für die neueste Gesetzgebung aller deutschen Staaten" oder Mittermaiers „Zeitschrift für Rechtswissenschaft und Gesetzgebung des Auslandes". Zu diesen theoretischen Grundlagen kamen praktische Erfahrungen. So hatten[8] etwa Vesque, Bach, Doblhoff, Bauernfeld oder Sommaruga auf ihren Bildungsreisen die Parlamente in London und Paris besucht und hier lebendigen Parlamentsbetrieb kennenlernen können. Nach ihrer Rückkehr berichteten sie in Wien davon. So diskutierte man im Leseverein nicht nur die Theorie der Bücher, sondern auch praktische Erfahrungen. Aber noch mehr: Als Österreich im Jahre 1846 den Freistaat Krakau annektierte, hielt man im Leseverein eine Art von Strafprozeß ab, in dem die österreichische Regierung schließlich des „Mordes" an Krakau schuldig gesprochen wurde[9]. Das Rotteck-

---

[4] *Brauneder*, Verfassungsentwicklung, 78ff.

[5] S o I.

[6] *M. Raffler*, Bürgerliche Lesekultur im Vormärz. Der Leseverein am Joanneum in Graz (1819-1871), 1993; *Brauneder*, Leseverein.

[7] Ebda, 487.

[8] Ebda 106ff.

[9] Ebda 150.

Welcker'sche Staatslexikon galt als die „Verfassungsbibel“ der Liberalen. Tatsächlich waren es das gewichtige liberale Bürgertum sowie auch die kleinere Gruppe liberaler Adeliger, welche sich aufgrund von Theorie und zum Teil selbsterlebter Praxis für die konstitutionelle Monarchie einsetzten[10].

Aus vielerlei Quellen und Berichten wußte man also Bescheid um das Funktionieren konstitutioneller Regierungssysteme besonders auch in den übrigen Staaten des Deutschen Bundes, vor allem in dem als besonders fortschrittlich geltenden Großherzogtum Baden, aber auch in Österreichs Nachbarn Bayern und Sachsen, die beide konstitutionelle Verfassungen besaßen. Gerade das benachbarte Bayern beeinflußte das Reformdenken in Österreich nicht unwesentlich. Als beispielsweise 1819 der erste bayerische Landtag eröffnet wurde, beobachtete die oberösterreichische Bevölkerung nicht nur genau dessen Verhandlungen, es wurde bald auch der Wunsch nach einer Konstitution laut und offen diskutiert; gegen die Wortführer dieser konstitutionellen Strömung ging man streng vor[11].

Eine andere Reformrichtung[12], angesiedelt in weniger liberal gesinnten, aber dennoch fortschrittlichen Teilen des Adels und auch in bürgerlichen Kreisen, strebte das System einer neuständisch beschränkten Monarchie an. Die theoretische Grundlage hierzu bot die Idee des Historischen Staatsrechts, welches sehr wesentlich von der Historischen Rechtsschule getragen wurde, die ab etwa 1840 in Österreich Fuß faßte[13]. Ihr ging es darum, historisch gewachsene Einrichtungen fortzuentwickeln, zu modernisieren. Dazu waren die ständischen Landtage aufzuwerten beziehungsweise erst herzustellen wie in jenen Ländern, welche diese überhaupt nicht besaßen.

Nicht nur sollten die Landtage in ihrer Bedeutung aufgewertet, sondern auch neu zusammengesetzt werden, eben durch „neue“ Stände[14]. Hierbei dachte man vor allem an Vertreter von Handel und Industrie, von Bildungseinrichtungen wie der Universitäten, auch an Vertreter des Bauernstandes dort, wo dieser, wie die Regel, am Landtag nicht vertreten war. Kurz cha-

---

10 *E. R. Huber*, Deutsche Verfassungsgeschichte seit 1789 II, 3. Aufl 1988, 390ff.

11 *H. Sturmberger*, Der Weg zum Verfassungsstaat. Die politische Entwicklung in Oberösterreich von 1792-1861, 1962, 25ff.

12 *Huber*, wie Fn 10, 358ff; *Brauneder*, Verfassungsentwicklung, 81ff; vgl *L. Thun*, Ueber die Aussichten der parlamentarischen Regierungsform in Oesterreich, in: *ders* (Hrsg), Earl Grey. Die parlamentarische Regierungsform betrachtet in Hinblick auf eine Reform des Parlaments, 1863.

13 *Brauneder*, Historische.

14 *Brauneder*, Verfassungsentwicklung, 82f; vgl die Dokumentation von *M. Rietra*, Jung Österreich. Dokumente und Materialien zur liberalen Opposition 1835-1848, 1980.

rakterisiert ging es um eine - zusätzliche - Vertretung des Besitz- und Bildungsbürgertums sowie des Bauernstandes neben den bisherigen Ständen der Prälaten, des Adels und einiger Städte. In Ergänzung zu den Landtagen der einzelnen Länder sollte eine zentrale neuständische Vertretung als „Centralorgan“ für Österreich/Cisleithanien insgesamt geschaffen werden, und zwar in der Form eines Ausschußlandtages, beschickt von Deputationen der einzelnen Landtage. Dafür gab es Pläne wie etwa in den „Grenzboten“ knapp vor Ausbruch der Revolution von 1848.

Die konstitutionelle, mehr aber noch die neuständische Monarchie wären durch eine evolutionäre Verfassungsentwicklung herstellbar gewesen: Bei grundsätzlicher Unantastbarkeit des Monarchen und im wesentlichen auch des ihm weiterhin unterstehenden Verwaltungsapparates konnten die signifikanten Merkmale und Folgen dieser beiden Formen der beschränkten Monarchie dadurch verwirklicht werden, indem zum Monarchen neue Organe hinzutraten, dort das Parlament, hier das ständische Zentralorgan. Das Parlament als eine echte Neuerung hätte freilich die Konstitutionalisierung wesentlich deutlicher als Verfassungsveränderung hervortreten lassen als eine neuständische Monarchie mit ihrem ständischen Zentralorgan, welches im wesentlichen eben nur ein Ausschuß der zu reformierenden Landtage gewesen wäre und überdies eine Art Renaissance der Ausschußlandtage der frühen Neuzeit bedeutet hätte.

Anders stand es mit der parlamentarischen Monarchie: Die Position des Monarchen wäre hier durch sein Abdrängen ins eher Repräsentativ-Formelle einem nahezu revolutionären Wandel unterzogen worden. Deutlich sichtbar macht dies Belgien[15]: Der König der Belgier war nicht nur ein vom Parlament eingesetztes Staatsoberhaupt und somit ohne jegliche historische Rechtstitel, er spielte eben ganz im Sinne der parlamentarischen Monarchie die eben beschriebene Monarchenrolle und galt daher anfänglich aus der Sicht der vormärzlichen absolutistischen Habsburgermonarchie gar nicht als Monarch, sondern bloß als Oberhaupt Belgiens. Die Herstellung einer parlamentarischen Monarchie auf evolutionärem Wege konnte daher kaum erwartet werden, eine derartige Verfassungsentwicklung war nur durch revolutionäres Vorgehen vorstellbar. Als die Nationalversammlung zu Frankfurt am Main[16] schließlich mit der Schaffung einer Reichsverfassung ohne Mitwirken der deutschen Monarchen und der Wahl des preußischen Königs zum Kaiser der Deutschen sozusagen den „belgischen Weg“ einschlug,

---

[15] *Menger*, wie Fn 1, Rz 243.

[16] *Huber*, Verfassungsgeschichte, wie Fn 10, 807ff; *J.-D. Kühne*, Die Reichsverfassung der Paulskirche, 1985, 44ff.

wurde dies von den wichtigsten der deutschen Staaten wie Preußen und der Habsburgermonarchie als revolutionärer Akt empfunden. Aufgrund der Revolution von 1848 schien ein solcher Weg als gangbar, eine Revolution hatte eben stattgefunden, zuvor jedoch war - eben dieses Weges wegen - die Errichtung einer parlamentarischen Monarchie bloß der Gedanke einer geringen Minderheit der Erneuerungsbestrebten.

B. Nach 1848

Nach der ersten Revolutionswelle vom März 1848 beherrschte in Österreich die Idee der konstitutionellen Monarchie die Entwicklung: Sie wurde sowohl in der Verfassung 1848 wie sodann anschließend in der Verfassung 1849 als Regierungssystem festgelegt und war auch im Kremsierer Verfassungsentwurf vorgesehen. Andere Tendenzen spielten eine untergeordnete Rolle[17]. Der Verfassungsentwurf des nach der Märzrevolution 1848 einberufenen Ständischen Zentralausschusses[18] sah eher eine neuständische Monarchie[19] vor besonders zufolge der Ausgestaltung der Landtage als neuständische Interessenvertretungen. Ähnliches läßt sich auch für die Verfassungsentwürfe mancher Landtage sagen[20]. Im Gegensatz dazu dominierte freilich den Reichstag nach der Oktoberrevolution von 1848 in einem bestimmten Aspekt die Idee der parlamentarischen Monarchie. Diese vertraten, wenn auch unausgesprochen, jene, welche die Verfassungsgebung beim Reichstag monopolisieren und den Monarchen davon nahezu ausschließen wollten, und zwar deshalb, weil sie davon ausgingen, daß nunmehr alle Gewalt beim Volke liege und somit bei seiner Repräsentation, dem Reichstag. Dieser Gedanke fand im Grundrechtsteil des Kremsierer Verfassungsentwurfs[21] insoferne seinen Niederschlag, als dieser mit folgender Bestimmung begann: „Alle Staatsgewalten gehen vom Volke aus

---

17 *Brauneder*, Leseverein, 190f; *E. Manas*, Joseph Tuvora als politischer Publizist. Ein Beitrag zur österreichischen Pressegeschichte und Pressepolitik in den Jahren 1840-1871, Phil Diss Wien 1975; *G. Kohl*, Joseph Tuvora, in: *H. Reinalter* (Hrsg), Biographisches Lexikon zur Geschichte der demokratischen und liberalen Bewegung in Mitteleuropa II: 1800-1850, im Erscheinen.

18 S u IV B 1.

19 Text bei *K. Hugelmann*, Der ständische Zentralausschuß in Österreich im April 1848, in: Jahrbuch für Landeskunde von Niederösterreich, 1913, 228ff; vgl auch Protokolle des ständischen Central-Ausschusses. April 1848, o O, o J.

20 Tirol: *K. Hugelmann*, Die österreichischen Landtage im Jahre 1848, AÖG 114/1, 1938, 107ff.

21 *Brauneder*, Grundrechte, 216.

und werden auf die in der Konstitution festgesetzten Weise ausgeübt". Diese Bestimmung stieß auf den Widerstand des Ministerrates, der darin - zu Recht - ein Abgehen vom System der konstitutionellen Monarchie der Verfassung 1848 sah, in der ja die Staatsgewalt zwischen Volk und Monarchen geteilt war. Wie sehr dieses System mit jener Bestimmung als im Widerspruch stehend angesehen wurde, also als dem Konstitutionalismus widersprechend, zeigt der Umstand, daß die Nichteinigung über diese Bestimmung schließlich zur Auflösung des Reichstags führte und darüber hinaus zum Erlaß einer neuen Verfassung allein aus monarchischer Macht. Diese, die Verfassung 1849, entsprach, wie erwähnt, auch dem System der konstitutionellen Monarchie. Trotz des zuvor Beschriebenen vertrat dieses nicht nur der Ministerrat, sondern auch die Reichstagsmehrheit, denn sie hatte die zitierte Volkssouveränitäts-Bestimmung letztlich doch fallengelassen, aber zu spät, um das Verfassungswerk zu retten. Das Agieren des Reichstags trug aber wohl sehr wesentlich dazu bei, einem Parlament prinzipiell den Erlaß der Verfassung einer parlamentarischen Monarchie zuzusinnen beziehungsweise durch seine Tätigkeit eine Parlamentarisierung herbeizuführen. Der Widerstand dagegen stärkte die Anhänger der neuständischen Monarchie. Signifikant dafür ist Minister Alexander Bach[22], der sich noch im Frühjahr 1848 ganz wesentlich zumindest für die konstitutionelle Monarchie eingesetzt hatte, nach der Auflösung des Reichstags aber alsbald zu einem Verfechter des Gedankens der neuständischen Monarchie wurde, für die er schließlich die Verfassungsgrundsätze 1852 ausarbeiten ließ. Bach blieb so zwar ein Anhänger des Regierungssystems einer beschränkten Monarchie, wechselte allerdings seine Ansicht über die Art dieser Beschränkung erheblich.

Die Tendenz zur neuständischen Monarchie verstärkte sich nach und trotz des Erlasses der Verfassung 1849 zunehmend[23]. Noch im Einklang mit der Verfassung 1849 standen die verschiedenen 1849 und 1850 erlassenen Landesverfassungen, die Landtage als neuständische Interessenvertretungen vorsahen. Konstituiert wurden sie aber dennoch nicht und für das neben dem Monarchen wichtigste Kernstück, das Parlament, nicht einmal die entsprechenden gesetzlichen Grundlagen einer Wahlordnung geschaffen. Einen deutlichen Abbau des konstitutionellen Systems brachte im August 1851 ein Bündel an Maßnahmen. Es kam zur Aufhebung der mangels Parlament ohnehin nicht effektiven Ministerverantwortlichkeit, vor allem zur Um-

---

22 Österreichisches Biographisches Lexikon I, 1957, 40; *Brauneder*, Leseverein, 110f.

23 *Ders*, Verfassungsgeschichte, 134f; *ders*, Verfassungsentwicklung, 135ff; RGBl 194/1851, 196/1851, 197/1851.

wandlung des Reichsrats in einen auf den Monarchen bezogenen Kronrat, und schließlich erhielten sowohl der Ministerratspräsident wie auch der Reichsratspräsident die Weisung, eine Verfassung in Abkehr vom Konstitutionalismus zu überlegen, denn für sie wurde festgesetzt, es sei das „Princip ... der monarchischen Gestaltung ... unverrückt im Auge zu behalten"! Die entsprechenden Gutachten[24] von Reichsratspräsidenten Kübeck sowie von Ministerratspräsidenten Schwarzenberg sprachen sich praktisch für die Ablöse der konstitutionellen durch eine neuständische Monarchie aus. Nach einer nur kurzen Debatte im Reichsrat, nach längeren Verhandlungen im Ministerrat war es dann mit Ende 1851 so weit: Je ein Patent hob die Reichsverfassung 1849 sowie das in Cisleithanien dazugehörige Grundrechtspatent 1849 auf, ein Allerhöchstes Handschreiben stellte „Grundzüge für organische Einrichtungen in den Kronländern des österreichischen Kaiserstaates", die sogenannten Verfassungsgrundsätze 1852, fest, die den Aufbau einer neuständischen Monarchie vorsahen. Der verzögerte Schlußstein in diesem System, das Oktoberdiplom 1860, sprach dazu mit seinen theoretischen Grundlagen schließlich ganz offen das Historische Staatsrecht in Einklang mit der Historischen Rechtsschule an[25]: „Nur solche Institutionen und Rechtszustände, welche dem geschichtlichen Rechtsbewußtsein, der bestehenden Verschiedenheit Unserer Königreiche und Länder und den Anforderungen ihres untheilbaren und unzertrennlichen kräftigen Verbandes gleichmäßig entsprechen" kämen für die Verfassungsgestaltung in Betracht - also eine zeitgemäße Modifikation gewachsenen Rechts ganz im Sinne des Historischen Staatsrechtes!

Mit diesem so offenkundigen Bekenntnis zum Historischen Staatsrecht war aber die Grenze des politisch Machbaren doch nahezu überschritten[26]. Die notwendige verfassungsgesetzliche Umsetzung des vom Oktoberdiplom 1860 Grundgelegten in der Reichsverfassung 1861 brachte daher auch eine Art Modernisierungsschub, freilich durchaus in den Grenzen des Systems der neuständischen Monarchie. Als Redaktor der Reichsverfassung 1861 fungierte Johann Perthaler[27], ein Anhänger der Historischen Rechtsschule und damit des Historischen Staatsrechts und insoferne eher ein Befürworter der neuständischen als der konstitutionellen Monarchie. Staatsminister Schmerling[28], unter dessen Ägide diese Modernisierung stattfand, hatte sich,

---

24 Dazu *Brauneder*, Denkschrift, 83f.

25 RGBl 226/1860.

26 Zum Folgenden *Brauneder*, Verfassungsentwicklung, 148ff.

27 Österreichisches Biographisches Lexikon VII, 1978, 429f; *Brauneder*, Leseverein, 300f.

28 Vgl *L. Höbelt* (Hrsg), Österreichs Weg zur konstitutionellen Monarchie. Aus der Sicht des Staatsministers Anton v. Schmerling (Rechts- und sozialwissenschaftliche Reihe 9), 1994.

ähnlich wie Bach, gewandelt: Weiterhin ein Anhänger der beschränkten Monarchie, neigte er nun der neuständischen Richtung zu, obwohl er 1848/49 in Frankfurt am Main einer der Reichsminister in dem von der Nationalversammlung bestimmten und daher parlamentarischen System gewesen war.

C. Nach 1861

Im nunmehr aufgrund der Reichsverfassung 1861 voll entfalteten System der neuständischen Monarchie verstärkten sich aber alsbald die Tendenzen hin zum Konstitutionalismus. Wesentlichen Anteil daran hatten jene Abgeordnete in den Landtagen und im Reichsrat, die bereits 1848-49 Parlamenten angehört hatten, sei es dem österreichischen Reichstag oder der Nationalversammlung in Frankfurt am Main. Signifikant dafür ist der Abgeordnete Mühlfeld[29]. Er hatte in der Frankfurter Nationalversammlung im Grundrechtsunterausschuß gesessen und sodann im März 1849 mit Franz Egger einen Verfassungsentwurf für das Kaisertum Österreich publiziert, der eine konstitutionelle Monarchie vorschlug. Nun, als Abgeordneter des neuständischen Reichsrats, versuchte er schrittweise das neuständische an das konstitutionelle System heranzuführen wie beispielsweise mit einer Reihe an Entwürfen für Einzelgesetze, welche einzelne Grundrechte realisieren sollten. Tatsächlich war ihm auch in zwei Fällen Erfolg beschieden, nämlich mit dem Gesetz zum Schutz der persönlichen Freiheit sowie mit dem weiteren zum Schutz des Hausrechts aus 1862[30]. Dieses gehört auch heute noch dem österreichischen Grundrechtskatalog an. Insgesamt entfaltete sich in den Landtagen und im Reichsrat ein parlamentarisches Leben nahezu wie in den Parlamenten konstitutioneller Monarchien.

Als 1867 durch den Ausgleich mit Ungarn in Österreich Verfassungsänderungen notwendig wurden[31], setzte das Abgeordnetenhaus ohne entsprechende Grundlage in der Geschäftsordnung einen Verfassungsausschuß wie seinerzeit der Reichstag im Jahre 1848 ein, der sodann durch die Ausarbeitung mehrerer Staatsgrundgesetze, die zur Reichsverfassung 1861 hinzutraten, die neuständische in eine konstitutionelle Monarchie überführte. Die

---

29 Zu ihm s o *Brauneder*, 1848, in diesem Band, 89 Fn 17.

30 RGBl 87/1862, 88/1862.

31 *Brauneder*, Verfassungsgeschichte, 154ff; *ders*, Verfassungsentwicklung, 174ff; *P. Berger* (Hrsg), Der österreichisch-ungarische Ausgleich von 1867. Vorgeschichte und Wirkungen, 1967; Der österreichisch-ungarische Ausgleich von 1867. Seine Grundlagen und Auswirkungen (Buchreihe der Südostdeutschen Historischen Kommission 20), 1968.

seit 1861 spürbaren Tendenzen hin zum Konstitutionalismus hatten hiermit ihr Ziel erreicht - wenngleich insoferne unvollkommen, als das Abgeordnetenhaus des Reichsrats weiterhin nicht aus Wahlen hervorging, sondern, da von den neuständischen Landtagen beschickt, den Charakter eines neuständischen Ausschußlandtages besaß[32].

Dieser Umstand erklärt, daß nach 1867 die Tendenzen[33] dahin gingen, den Konstitutionalismus zu vollenden. Die weitere Verfassungsentwicklung bestimmte daher nahezu ausschließlich die Einführung und sodann der Ausbau des Wahlrechts. Die Grenzen des Konstitutionalismus überschritt diese Entwicklung nie, eine Parlamentarisierung des Regierungssystems trat nicht ein, weder durch eine Verfassungsänderung, noch in der Verfassungspraxis. Angesichts der zahlreichen Nationalitäten, durchkreuzt von unterschiedlichsten Parteirichtungen, wäre eine Regierungsbildung aus dem Parlament wohl unmöglich gewesen. So stellte denn Ministerpräsident Beck vor der Wahlrechtsreform von 1907 fest: „Die Regierung ... muß Zusammensetzung eines schiedsrichterlichen Kollegs besitzen, da sie zwischen den Nationalitäten zu vermitteln habe, sie darf ... (daher) nicht die Regierung einer Partei werden, die Regierung des Kaisers muß die Regierung für alle sein"[34]. Mit der Beibehaltung des Zweikammernsystems wurde der Hochkonstitutionalismus mit einem Parlament allein als Volksvertretung allerdings nicht erreicht, auch insoferne nicht, als die Landtage bis zum Ende des Staates 1918 von ihrer Wahl und Zusammensetzung her neuständische Interessenvertretungen blieben.

IV. Das Regierungssystem der ersten Konstitutionellen Periode

A. Die Verfassungskonzeption

Die verfassungsrechtlichen Grundlagen bildeten die Verfassung 1848 und, sie ablösend, die Verfassung 1849[35]. Der vom Reichstag erarbeitete Verfassungstext konnte vor dessen Auflösung nur zu einem kleinen Teil zum Beschluß erhoben werden, als Kremsierer Verfassungsentwurf[36] bildete er dennoch ein wichtiges Dokument der Verfassungsentwicklung, blieb Vor-

---

32 *Brauneder*, Bicameralism, 127ff, insb 134ff.

33 *Brauneder*, Verfassungsgeschichte, 158ff; *ders*, Verfassungsentwicklung, 192ff.

34 *B. Skottsberg*, Der österreichische Parlamentarismus, 1940, 107f.

35 Texte: PGS 49/1848; RGBl 150/1849; auch in: *E. Bernatzik*, Die österreichischen Verfassungsgesetze mit Erläuterungen, 2. Aufl 1911, 102ff, 150ff.

36 Text in *Bernatzik*, wie Fn 35, 115ff.

bild übrigens bis über das Ende des Staates 1918 hinaus[37]. Soweit hier in der Folge zu einem dieser Texte nicht Abweichendes vermerkt wird, beziehen sich die Ausführungen auf die beiden Verfassungen und den Kremsierer Verfassungsentwurf[38].

Kaiser und Ministerrat übten gemeinsam die Funktion Regierung aus, der Kaiser ernannte die Minister und berief sie ab, beides ohne Mitwirkung des Parlaments. Sämtliche Verwaltungsbehörden, auch jene der Länder, unterstanden in hierarchischer Abstufung dem Ministerrat, letztlich dem Kaiser. Die politische Ministerverantwortlichkeit gegenüber dem Parlament bewirkte nicht, daß dessen Mißtrauensvotum zur Absetzung führte; rechtlich sollten die Minister dem Reichsgericht verantwortlich sein. Erstmals der Kremsierer Entwurf und sodann die Verfassung 1849 sahen ein weiteres, vom Parlament unabhängiges Organ an der Staatsspitze vor, den Reichsrat[39]. Der Kremsierer Entwurf konzipierte ihn als ein Beratungsorgan des Ministerrates, also ausdrücklich nicht als einen Kronrat, die Verfassung 1849 hingegen als Beratungsorgan des Kaisers und des Ministerrates, somit auch als Kronrat. Die Reichsräte wurden vom Kaiser ernannt, der dabei „auf die verschiedenen Theile des Reiches mögliche Rücksicht zu nehmen" hatte, der Reichsrat sollte also in seiner beratenden Funktion auch die Gesamtmonarchie repräsentieren. Die Abänderung des Reichsratsstatuts 1851 machte dann allerdings aus dem Reichsrat einen Kronrat in Gleichrangigkeit mit dem Ministerrat[40].

Dem Kaiser mit seinem Ministerrat und ab der Verfassung 1849 dem Reichsrat stand das Parlament gegenüber, der Reichstag. Alle Verfassungstexte konzipierten ihn, wenigstens ursprünglich, nach dem Zwei-Kammern-System. Neben der gewählten Kammer („Kammer der Abgeordneten": Verfassung 1848, „Volkskammer": Kremsierer Entwurf, „Unterhaus": Verfassung 1849) sah die Verfassung 1848 mit dem „Senat" eine Pairs-Kammer vor, der Kremsierer Entwurf mit der „Länderkammer" eine Ländervertretung und die Verfassung 1849 mit ihrem „Oberhaus" eine neuständisch zusammengesetzte Ländervertretung. Mit der Mai-Novelle zur Verfassung 1848 wurde allerdings der Senat abgeschafft, um die Volksvertretung der anderen Kammer nicht zu beeinträchtigen. Allerdings wurde dann dennoch wieder ein Zwei-Kammer-System ins Auge gefaßt, wenngleich im Kremsie-

---

37 *Brauneder*, Renner, 198.

38 *Ders*, Verfassungsgeschichte, 112ff; *ders*, Verfassungsentwicklung, 84ff; *ders*, Struktur, 279ff.

39 *R. Katary*, Die Entstehung des Österreichischen Reichsrates 1848 bis 1851, Jur Diss Wien 2000; vgl auch *E. Lindinger*, Der jüngere Staatsrat, Jur Diss Wien 1998.

40 RGBl 92/1851, 196/1851.

rer Entwurf zugunsten des Föderalismus, in der Verfassung 1849 aber als bewußte Beschränkung der Volkskammer.

Mit sogar zwei vom Parlament unabhängigen, dafür aber vom Monarchen stark abhängigen Organen - Ministerrat und Reichsrat - bildete die monarchische Spitze einen starken Gegenpol zum Parlament. Da der Reichstag nach beiden Verfassungen nicht das Recht zur Fassung eines Beharrungsbeschlusses besaß, bedeutete die einmalige Verweigerung der Sanktion durch den Kaiser daher das Einlegen eines absoluten Vetos. Der Kremsierer Entwurf hingegen sah nur ein suspensives Veto vor. Den Kaiser stärkte weiters das Recht, den Reichstag aufzulösen.

B. Die politische Praxis

Die erste konstitutionelle Periode mit ihrer Dauer von fast genau vier Jahren besaß in der Verfassungswirklichkeit nur während siebeneinhalb Monaten ein konstitutionelles Regierungssystem, nämlich vom Zusammentritt des Reichstags im Juli 1848 bis zu seiner Auflösung in den ersten Märztagen 1849 (unten 2). Dem vorgelagert war eine Art neuständisches Provisorium (unten 1), nachgelagert ein unechter Konstitutionalismus (unten 3).

1. Das neuständische Vorspiel

Das Verfassungsversprechen vom 15. März[41] sah als Provisorium eine Art von neuständischem System vor: neuständisch deshalb, weil es eine Einberufung der Landtage ausdrücklich „mit verstärkter Vertretung des Bürgerstandes“ anordnete, provisorisch, weil dieser Versammlung aufgetragen war, eine „Constitution“ zu erstellen, was zumal dadurch, daß dieses Wort eigens in den Text des Verfassungsversprechens eingefügt worden war, die künftige Herstellung einer konstitutionellen Monarchie ankündigte. Am 17. März wurde die Einsetzung eines „verantwortlichen Ministerrates“ befohlen und es wurden am 18. März die Landtage einberufen, aus deren Mitte sich ein Ausschußlandtag bildete, der Ständische Zentralausschuß, der am 10. April 1848 erstmals zusammentrat. In seiner Zusammensetzung repräsentierte der ständische Zentralausschuß allerdings weder sämtliche Landtage noch sämtliche Stände in einer auch nur annähernd proportionalen Weise, sondern es gab eine Überrepräsentation bürgerlicher Mitglieder, was dem Zentralausschuß einen neuständischen Charakter gab. Im wesentlichen wies

---

41 Zum Folgenden *K. Hugelmann*, wie Fn 19, 170ff.

der Zentralausschuß eine Zusammensetzung auf, wie er sich diese auch für das künftige österreichische Parlament vorstellte, er bestand nämlich, wie für dieses formuliert, aus Angehörigen von „Besitz und Intellegenz“ sowie der „Aristokratie“, was ihm als „eine Vertretung des Volks“ galt.[42] Die Mitglieder verstanden sich auch als „Abgeordnete“, freilich mit der Einschränkung, man könne den Zentralausschuß „nicht als wahren Ausdruck des Volkes gelten lassen“, offenbar deshalb, weil er nicht aus Wahlen hervorgegangen war. So stellt er sich als ein provisorisches neuständisches Gremium dar. Von seiner Tätigkeit her nahm er eine Stellung nahezu wie eine Konstituante ein. Der Zentralausschuß ließ durch je einen eigenen Referenten einen Entwurf für eine Gemeindeordnung, die Grundentlastung, die Landesverfassungen und die Gesamtstaatsverfassung erarbeiten, auch trat er in Verkehr mit dem Ministerrat, beispielsweise wurde sein Gesamtstaats-Verfassungsentwurf diesem „als die Ansicht der Mehrheit der Abgeordneten vorgelegt“. Als Kaiser und Innenminister Vertretern Böhmens verfassungsrechtliche Zusagen machten, fälschlicherweise „Böhmische Charte“ benannt, befragten sie dazu den Innenminister und schließlich kam es hinsichtlich der Gesamtstaatsverfassung zu einer gemeinsamen Sitzung von Mitgliedern des Zentralausschusses mit dem Ministerrat. Zu diesem Verständnis und Handeln des Zentralausschusses trug wohl mit bei, daß er von der Existenz des „Vorparlaments“ in Frankfurt am Main Kenntnis hatte. Ähnlich wie der Zentralausschuß setzte es sich aus meist liberalen Abgeordneten der deutschen Landesparlamente zusammen, zu ihm reisten übrigens auch fünfzehn Österreicher an[43], und beschloß Grundlagen für die künftige Verfassung. Bach, selbst Mitglied des Zentralausschusses, wertete späterhin sein Mitwirken am Zustandekommen der Verfassung 1848 als ein solches von Ländervertretern[44].

In der Verfassungswirklichkeit bestand damit das provisorische System einer neuständischen Monarchie: Vom Kaiser eingesetzte Minister berieten sich zumindest in wichtigen Fragen mit einem neuständischen Zentralorgan. Das neuständische Element verstärkten die Landtage, da auch sie im Sinne des Verfassungsversprechens vom 15. März „mit verstärkter Vertretung des Bürgerstandes“ und zum Teil auch des Bauernstandes zusammengetreten waren. Zufolge der konstitutionellen Verfassung 1848, vor allem aber mit

---

42 *Brauneder*, Verfassungsentwicklung, 84ff.

43 Ebda 94ff; *J. A. v Helfert*, Geschichte der österreichischen Revolution I, 1907, 413; *G. Kohl*, „Welkende Sonnenblume“ oder „Erste Stadt von Europa“? Wiener Stimmungen zum städtischen Rang Wiens 1848, in: Wiener Geschichtsblätter 1998, 158.

44 Haus-, Hof- und Staatsarchiv Wien, Ministerratsprotokolle 1849, hier vom 12. 2., fol 140; *Brauneder*, Verfassungsentwicklung, 87.

ihrer Mai-Novelle war dieses System klar erkennbar ein Provisorium, denn nicht nur bedeutete die Realisierung der Verfassung 1848 die Herstellung der konstitutionellen Monarchie, sondern es war die Verfassungsgestaltung mit der Mai-Novelle dem künftigen Reichstag als einer konstituierenden Nationalversammlung aufgetragen.

2. Die konstitutionelle Verfassungsrealität

Mit dem Zusammentritt des Reichstags am 22. Juni 1848 war das konstitutionelle System der Verfassung 1848 komplett: Zu Kaiser und Ministerrat trat mit ihm das Parlament hinzu. Bis zur Auflösung des Reichstags anfangs März 1849 entwickelte sich eine echte konstitutionelle Verfassungssituation, die seit der Oktober-Revolution zunehmend von einem Spannungsverhältnis zwischen der Regierung, dem Kaiser und dem Ministerrat, und dem Parlament, dem Reichstag, gekennzeichnet wurde.

Der Reichstag[45] nahm seine verfassungsmäßigen Aufgaben sogleich tatkräftig in Angriff. Die erste, noch vom Ministerrat beschlossene Reichstags-Geschäftsordnung hatte vorgesehen, es sei dem Reichstag ein „Verfassungs-Entwurf" zu übergeben, welchen dieser sodann „der reifen Beratung" unterziehen werde. Davon rückte der Reichstag nun ab, die weitere, von ihm beschlossene Geschäftsordnung sah derartiges nicht mehr vor, sondern vielmehr die Erarbeitung der Verfassung in einem eigenen Verfassungsausschuß. Tatsächlich widmete sich der Reichstag in ganz umfassender Weise dem Verfassungswerk. Er setzte dafür einen Verfassungsausschuß ein, dieser zwei Unterausschüsse, einen zur Erarbeitung des Grundrechtskatalogs und den anderen für die übrigen Verfassungsteile, deren Entwürfe berieten auch die Abteilungen des Reichstags, vor allem aber fand im Verfassungsausschuß eine umfassende und tiefschürfende Verfassungsdiskussion statt[46]. Der Reichstag interpellierte die Minister, diskutierte und beschloß Anleihen, ergriff die Initiative zu Gesetzen wie vor allem, verbunden mit dem Namen Hans Kudlich, zur Grundentlastung, der sogenannten „Bauernbefreiung". Der Reichstag nahm etwa die Regierungserklärung des neuen Minister-

---

45 Zum Folgenden *S. Morscher*, Die Geschäftsordnungen des Konstituierenden Reichstages 1848/1849, 1984.

46 *A. Springer* (Hrsg), Protokolle des Verfassungsausschusses im österreichischen Reichstage, 1885; *A. Fischel*, Die Protokolle des Verfassungsausschusses über die Grundrechte, 1912; *E. Weinzierl-Fischer*, Die Abteilungsberatungen des Österreichischen Reichstages 1848/49 über die Grundrechte, in: Bericht über den 4. österreichischen Historikertag 1956, 1957; Verhandlungen des Österreichischen Reichstages nach der Stenographischen Aufnahme, 1848-49, Nachdruck 1970.

präsidenten Schwarzenberg entgegen, sodann das Thronbesteigungsmanifest des neuen Kaisers Franz Joseph, die er beide erwiderte, letzteres mit einer eigenen Deputation.

Das Ergebnis der Verfassungsarbeiten brachte allerdings den Reichstag rasch in einen Gegensatz zu Kaiser und Ministerrat, und zwar vor allem mit der schon erwähnten[47], dem konstitutionellen System widersprechenden Festlegung der Volkssouveränität in dem Satzteil: „Alle Staatsgewalten gehen vom Volke aus". Dieses Satzes wegen[48] beschloß der Ministerrat am zweiten Weihnachtsfeiertag 1848 seine Nichtteilnahme an der künftigen Beratung der Grundrechte im Reichstagsplenum. Ganz nach konstitutionellem Muster war für ihn im Falle der Nichtbeachtung seiner Bedenken „die Auflösung des Reichstag oder der Rücktritt des Ministeriums unvermeidlich". Ein Beheben dieser Spannung erhoffte sich der Ministerrat dadurch, daß er einen Abänderungsantrag zu den vorgeschlagenen Grundrechten vorbereiten ließ, und zwar nicht einmal als Regierungsvorlage, sondern als Initiativantrag des Abgeordneten Helfert. Das Plenum begann jedoch, die vom Verfassungsausschuß vorgeschlagenen Grundrechte zu beschließen.

So schöpfte der Reichstag bis zuletzt seine verfassungsrechtlichen Möglichkeiten aus. Dem standen allerdings die Befugnisse von Kaiser und Ministerrat gegenüber. Der Reichstag hatte keinen Einfluß auf die Ernennung und Abberufung der wechselnden Minister, beispielsweise auf die Bestellung des Fürsten Schwarzenberg zum Ministerpräsidenten. Auch blieb es dem Ministerrat unbenommen, einen eigenen Verfassungsentwurf zu erstellen, was ab etwa Jahresbeginn 1849 geschah, als er sehen mußte, es werde mit dem Reichstag in der Verfassungsfrage zu keiner Einigung kommen. Daher schlug der Ministerrat schließlich dem Kaiser vor, den Reichstag, konstitutionellem Vorgehen gemäß, aufzulösen - dies geschah zum 7. März 1849.

Konstitutionellem Muster, konkret der Verfassung 1848, hätte nun entsprochen, den aufgelösten durch einen neuen Reichstag zu ersetzen, also Wahlen zum Reichstag aufgrund der bestehenden Wahlordnung auszuschreiben und durchzuführen. Dazu aber kam es nicht. Unter Bruch der Verfassung 1848 ersetzte diese der Kaiser durch eine ohne die vorgeschriebene Mitwirkung des Reichstags allein von ihm erlassene neue Verfassung, die Verfassung 1849.

---

47 S o Fn 19.

48 *Brauneder*, Grundrechte, 216.

3. Der unechte Konstitutionalismus

Die Verfassung 1849 schrieb abermals das System der konstitutionellen Monarchie fest, und zwar gegenüber der Verfassung 1848 sogar in ausgereifterer Form[49], so daß sie auch daher vorerst gute Aufnahme fand[50].

Der Verfassungsbruch freilich gab Grund zu einer Skepsis, vor allem auch das Wissen darum, daß zahlreiche Berater des Monarchen von der konstitutionellen Regierungsform abrieten, die ihre Stütze eigentlich nur in einer Mehrheit im Ministerrat besaß[51].

Die Staatstätigkeit spielte sich tatsächlich auf der Grundlage der Verfassung 1849 ab, insoferne war das Kaisertum Österreich formell ein Verfassungsstaat. Nicht nur wurden einzelne Bestimmungen der Verfassung zum Teil sogar unter ausdrücklichem Hinweis darauf durch Gesetze vollzogen[52], sondern es wurden diese auch formell auf der Grundlage der Verfassung erlassen, nämlich unter Bezugnahme auf das interimistische Gesetzgebungsrecht des Kaisers gemäß § 120. Beispielsweise ergingen ausdrücklich „in Vollziehung der §§ 77-83 der Reichsverfassung über Einrathen Unseres Ministerrathes" in den Jahren 1849 und 1850 zahlreiche Landesverfassungen[53]. Sie zeigen zwar einerseits, daß an eine Ausführung der Verfassung 1849 vorerst durchaus gedacht war, andererseits aber auch, in welcher Weise dies geschehen konnte. Die Landtage waren nämlich durchaus nicht als Parlamente im Sinne eines weitestgehend allgemeinen und gleichen Wahlrechts konzipiert, sondern zufolge eines Kurienwahlrechts als neuständische Interessenvertretungen, und dies, wie ein Motivenbericht dazu zeigt[54], ganz bewußt. Dies erlaubte natürlich Rückschlüsse auf die künftige Zusammensetzung des Reichstags. Die Verfassungswirklichkeit bestimmte daher zwar ein Vollzug der konstitutionellen Verfassung 1849, aber in Hinblick auf das Regierungssystem nur ein unechter Konstitutionalismus. Neben Kaiser und Ministerrat fungierte, mangels eines Parlamentes, der Reichsrat

---

49 *F. Schlitter*, Versäumte Gelegenheiten - Die oktroyierte Verfassung vom 4. März 1849, 1920.

50 *M. v Stubenrauch*, Einige Worte über die Reichsverfassung für das Kaiserthum Oesterreich vom 4. März 1849, in: Österreichische Zeitschrift für Rechts- und Staatswissenschaft 2, 1849, insb 108f (Da „im Wesentlichen allen gerechten Wünschen des Volkes zu entsprechen geeignet" sollte die Verfassung „mit dankbarer Anerkennung hingenommen werden").

51 *Brauneder*, Grundrechte, 244ff.

52 Ebda 259f.

53 RGBl 1/1850, 2/1850, 3/1850, 8/1850, 9/1850, 11/1850, 12/1850, 18/1850, 21/1850, 22/1850, 26/1850.

54 Beilage-Heft zum allgemeinen Reichs-Gesetz- und Regierungsblatte, 1850, 3ff, insb 8f.

nahezu als Ersatzparlament. Sein Statut von 1851 wurde ausdrücklich „in Ausführung der §§ 96 bis 98 der Reichsverfassung“ sowie aufgrund der „§§ 87 und 120 der Reichsverfassung“ erlassen, seine Stellung dieser gegenüber aber ausgeweitet und dadurch zum Ersatzparlament gemacht, daß er „in allen Fragen der Gesetzgebung gehört, und die Anhörung desselben in der Kundmachung der Gesetze erwähnt“ werden mußte (§ 7). Der Reichsrat setzte sich aus dem Präsidenten, den Reichsräten und zeitlichen Teilnehmern zusammen, wobei letztere „aus allen Ständen und Theilen der Monarchie“ beigezogen wurden[55], eine Formulierung - „Stände“ - ‚die es ermöglichte, ihm einen neuständischen Charakter zu geben.

Mit dem Kaiser und dem von ihm ernannten Ministerrat sowie vor allem mit dem neuständisch zusammengesetzten Reichsrat als eines bloßen Beratungsorgans war eine Verfassungswirklichkeit geschaffen, die einer neuständischen Monarchie ähnlich war, aber doch nicht entsprach. Dies deshalb, weil das quasi-neuständische Organ, der Reichsrat, eben in Wahrheit kein Organ irgendwelcher Stände, sondern durch seine Beschickung ein solches des Kaisers war. Zufolge der Abstützung auf Inhalt und gesetzgeberische Form der Verfassung 1849 sowie durch die Beiziehung von Ministerrat und Reichsrat, schließlich auch durch die Gesetzespublikation im Reichsgesetzblatt und in Landesgesetzblättern bestimmte die Verfassungswirklichkeit einerseits ein Absolutismus, wenngleich dieser Elemente wegen andererseits in neuer Art, eben ein sogenannter Neuabsolutismus.

Vor diesem Hintergrund fand besonders ab 1851 die schon beschriebene Entwicklung[56] zu einer neuständischen Monarchie statt.

V. Das Regierungssystem der neuständischen Periode

A. Die Verfassungskonzeption

Die Grundlage des neuen Verfassungssystems ab 1852 bildeten im wesentlichen die Verfassungsgrundsätze 1852[57] mit ihrer späten Ergänzung durch das Oktoberdiplom 1860[58], das schließlich durch die Reichsverfassung 1861[59] konkretisiert wurde. Dazu kamen weitere Gesetze wie etwa das

---

55 RGBl 92/1851, §§ 13ff; zur personellen Besetzung des Reichsrates vgl *F. Walter*, Die österreichische Zentralverwaltung III/1, 1964, 1, 478, 558.

56 S o III B.

57 RGBl 4/1851.

58 RGBl 226/1860.

59 RGBl 20/1861.

Reichsratsstatut 1851 mit seinen Modifikationen[60] insbesondere durch die Schaffung des Verstärkten Reichsrats 1860[61], 1861 auch das Staatsratsstatut[62]. Gegenüber der bisherigen Situation verschoben sich die Gewichte im Regierungssystem[63]. Die Regierung bildeten nun nicht mehr Kaiser und Ministerrat, sondern Kaiser und Reichsrat, dieser als Kronrat. Der Ministerrat wurde in „Ministerkonferenz" umbenannt und stellte bloß die Versammlung der einzelnen Minister als Spitzen der jeweiligen Verwaltungszweige dar, kein Kollegialorgan, womit in Einklang stand, daß es auch keinen Ministerpräsidenten gab. Mangels anderer Organe, vor allem zufolge der noch ausstehenden Landtage wie des fehlenden Zentralorgans, war das Regierungssystem das eines Neuabsolutismus.

Die Verfassungsgrundsätze 1852[64] sahen die Errichtung von Landesvertretungen für die einzelnen Länder als Landesvertretungen vor, wobei sowohl deren Bezeichnung, in der Regel Landtag, wie auch jene der Länder nach historischen Vorbildern wechseln konnten, aber doch in der Sache die gleiche Struktur aufwiesen. Die Landtage sollten neuständisch beschickte Interessenvertretungen sein, wobei die Beschickung seitens lokaler Gremien zu erfolgen hatte, nämlich entweder aus den drei unterschiedlichen Typen an Ortsgemeinden, den einfachen Ortsgemeinden sowie den beiden Stadtgemeindetypen, wie auch aus den neben ihnen zu errichtenden Gutsgebieten, einer Art Renaissance der Grundherrschaft[65]. Die Vertreter der Landgemeinden, der Stadtgemeinden und des Großgrundbesitzes der Gutsgebiete hätten sich in den entsprechenden Kurien der Landtage wiedergefunden. Diese neuständischen Landtage waren ausdrücklich nach dem Muster der altständischen Landtage des Vormärz, konkret der Ständischen Verfassung für Tirol 1816 im neuständischen Sinne fortzuentwickeln[66] - ein typischer Gedankengang des Historischen Staatsrechts, das sich auch äußerlich in den schon erwähnten verschiedenartigen Bezeichnungen wie übrigens auch für die Stadtgemeinden niederschlug. Derartige Landtagsstatute lagen alsbald im Entwurf vor, ihre Verwirklichung verlangte jedoch vorerst die Errichtung der verschiedenen Gemeinden und der Gutsgebiete. Das entsprechende Gesetz dafür erging jedoch erst nach einigen Jahren als Gemeindegesetz

60 RGBl 92/1851, 196/1851.

61 RGBl 56/1860.

62 RGBl 22/1861.

63 *Brauneder*, Verfassungsgeschichte, 296f.

64 *J. Redlich*, Das österreichische Staats- und Reichsproblem I, 1920, 382ff.

65 *Brauneder*, Staatselement, 141ff.

66 *B. v Meyer* (Hrsg), Erlebnisse des Bernhard Ritter von Meyer I, 1875, 353.

1859[67]. Da der staatliche Aufbau somit erst der Gemeindestruktur bedurfte, um die Landtage zu beschicken gab es vorerst überhaupt noch keine Aussage über das neuständische Zentralorgan für die Gesamtmonarchie. Von einem derartigen „Centralorgan“ war jedoch in groben Zügen schon 1852 die Rede gewesen[68]. Man dachte dabei naturgemäß an einen General- oder eher Ausschußlandtag als der einzigen Gestaltung, die sich systemkonform anbot: Wie die verschiedenen Gemeinden die jeweiligen Landtage, so hätten diese das Zentralorgan zu beschicken. Den Landtagen wie dem Zentralorgan wäre, nach dem Vorbild der vormärzlichen Landtage, kein Beschluß-, sondern nur ein Beratungsrecht des Monarchen als dem alleinigen Gesetzgeber zugestanden.

Der Aufbau der neuständischen Monarchie hatte nach dem Erlaß des Gemeindegesetzes 1859 wie folgt aus: Im Sinne der Verfassungsgrundsätze 1852 stand die gesetzliche Grundlage für die Lokalstruktur mit dem Gemeindegesetz 1859 in Kraft, die Entwürfe für Landtagsstatute lagen vor, ausständig war noch der Entwurf für das Zentralorgan. In diese unvollkommene Situation brach 1859 der Krieg mit Sardinien-Piemont herein, dessen unglücklicher Ausgang zu einer Beschleunigung der Verfassungsentwicklung führte. Die Entwicklung[69] schlug nun sozusagen um, nicht der Aufbau von unten über die Errichtung von Gemeinden und Landtagen hin zum Zentralorgan konnte abgewartet werden, sondern es wurde sogleich, und zwar provisorisch, das Zentralorgan geschaffen. Dafür benützte man die vorhandene Institution des Reichsrats und schuf von ihm eine zweite Form, dem Verstärkten Reichsrat durch die Hinzuziehung von Ländervertretern kraft Ernennung des Kaisers. In diesem Verstärkten Reichsrat[70] wurden die bisherigen 22 Reichsrats-Mitglieder von den 38 neuen Ländervertretern dominiert, als Ländervertreter fühlten sich übrigens auch die bisherigen ungarischen Mitglieder, so daß insgesamt der Verstärkte Reichsrat überwiegend einem - zufolge der Ernennung bloß provisorischen - neuständischen Ausschußlandtag entsprach. Im Sinne der neuständischen Monarchie kam diesem Organ kein Beschlußrecht, auch kein Initiativrecht zu, es fungierte lediglich als Beratungsorgan des Monarchen durch das Erstatten von Gutachten. Eine wichtige Kompetenzvermehrung fand im Juli 1860 statt, als der Verstärkte Reichsrat das parlamentsmäßige Zustimmungsrecht in der Steuergesetzgebung erhielt. Nun wurde auch mit dem Erlaß von Landtags-Sta-

---

67 RGBl 158/1859.

68 Etwa *Meyer*, wie Fn 66, 355f.

69 *Brauneder*, Verfassungsentwicklung, 141ff, 145ff.

70 RGBl 56/1860.

tuten begonnen und vor allem mit dem Oktoberdiplom 1860 dann der formelle Schlußstein in das mit den Verfassungsgrundsätzen 1852 nur unvollkommen fundierte Gebäude gesetzt: Als Reichsrat schlechthin wurde der Verstärkte Reichsrat zum definitiven Zentralorgan gemacht, wobei die von den Landtagen zu entsendenden Mitglieder auf einhundert aufgestockt wurden, die auf die Länder „im Verhältnisse der Ausdehnung, Bevölkerung und Besteuerung" zu verteilen waren. Diesem neuen Reichsrat kam somit ganz überwiegend der Charakter eines Ausschußlandtages zu, er besaß so wie der Verstärkte Reichsrat nahezu ausschließlich eine beratende Funktion mit allerdings einem parlamentsähnlichen Beschlußrecht in bestimmten finanziellen Angelegenheiten.

Die Reichsverfassung 1861[71] konkretisierte das Staats- und Regierungssystem wie es schon bisher bestanden hatte, im Oktoberdiplom 1860 ergänzend grundgelegt worden war, veränderte es aber auch und baute es weiter aus. Veränderungen und Ausbau betrafen den neuen Reichsrat, der nunmehr parlamentsähnlich in zwei Kammern organisiert wurde, dem Herrenhaus und dem Abgeordnetenhaus, auch wurden seine Kompetenzen insoferne erweitert, als die bisherigen Anhörungs- zu Beschlußrechten verstärkt wurden. Funktional entsprach der Reichsrat damit einem konstitutionellen Parlament, von seiner Zusammensetzung her jedoch nicht, da das Abgeordnetenhaus nicht gewählt, sondern von den Landtagen beschickt wurde. Vom Blickwinkel eines Zweikammern-Parlaments besehen bestand der Reichsrat sozusagen aus zwei Ersten Kammern[72], nämlich aus dem Herrenhaus als einer Pairskammer und dem Abgeordnetenhaus als Ländervertretung, dieses in der Form eines Ausschußlandtags. Die gesetzgebende Gewalt war so konzipiert, daß der Kaiser als Gesetzgeber fungierte, dabei allerdings in Gesamtstaatsangelegenheiten an die Mitwirkung des Reichsrats, in Landesangelegenheiten an die der Landtage gebunden war. Reichsrat wie Landtage waren in ihrer Tätigkeit strikt auf den Monarchen ausgerichtet, nämlich jene ihm gegenüber als Reichsvertretung, diese als Landesvertretungen; signifikant für diese Ausrichtung ist etwa der Umstand, daß die Landtage untereinander nicht in Verkehr treten durften. Die Bindung des Kaisers in der Gesetzgebung wich allerdings vom neuständischen Modell ab und näherte sich dem konstitutionellem System.

---

71 Zum Folgenden *Brauneder*, Struktur, 301ff; *ders*, Verfassungsgeschichte, 141ff; *Redlich*, wie Fn 64, 672ff; *F. Fellner*, Das Februarpatent von 1861. Entstehung und Bedeutung, in: Mitteilungen des Instituts für österreichische Geschichtsforschung 63, 1955, 549ff.

72 *Brauneder*, Bicameralism.

Stark verändert wurden schon 1860 die Regierungsorgane[73]. Neben die Ministerkonferenz, ab 1861 wieder Ministerrat genannt, traten Organe ganz unterschiedlicher Natur, nämlich teils mit umfassenden Kompetenzen für die Gesamtmonarchie wie Ministerpräsident, Polizei-, Außen-, Kriegs- und Handelsminister, teils nur mit solchen entweder für Cisleithanien wie der Staatsminister oder für Ungarn wie der ungarische Hofkanzler beziehungsweise für Kroatien-Slawonien wie der Präsident des kroatisch-slawonischen Hofdikasteriums. Manche von ihnen besaßen gar keine Beschlußrechte wie etwa der gesamtstaatliche Handelsminister. In Hinblick auf diese Organe bestand Kaiser Franz Joseph auf seinem „Recht der ganz freien Wahl", auch trug er ihnen auf, den nunmehrigen Verfassungszustand gegen jede Veränderung zu schützen, „sei es durch Drängen des Reichsrates oder der Landtage, sei es durch revolutionäre Versuche der Massen"[74]. Mit den vorerwähnten Organen und ihren Kompetenzen, dem Fehlen etwa von Grundrechten, Gewaltenteilung, der Garantie der richterlichen Unabhängigkeit und der Ministerverantwortlichkeit blieb das System der neuständischen Monarchie unangetastet und sollte auch nach den klaren Äußerungen des Kaisers nicht weiterentwickelt werden. Dazu kam noch, daß an die Stelle des alten Reichsrats der neugegründete Staatsrat sowohl als Kronrat wie aber auch als Beratungsorgan des Ministerrates trat - mit ihm als einem parlamentsunabhängigen höchsten Organ blieb also ein weiteres Element der neuständischen Monarchie erhalten[75]. Das Historische Staatsrecht hatte seinen Höhepunkt erreicht: Es war ausdrücklich im Oktoberdiplom 1860 erwähnt und wurde im Reichsrat, in den Landtagen und eigentlich mehr noch in den Regierungsorganen verwirklicht. Die Ablehnung des Konstitutionalismus konnte kaum augenfälliger sein.

B. Die politische Praxis

Mit der Etablierung des bisher fehlenden Zentralorgans durch den Verstärkten Reichsrat im Frühjahr 1860 und sodann durch den neugestalteten Reichsrat aufgrund der Reichsverfassung 1861 bilden deren Aktivitäten ab 1860, mehr noch ab 1861 entscheidende Zäsuren in der Praxis der neuständisch konzipierten Monarchie.

---

[73] *H. Rumpler*, Ministerrat und Ministerratsprotokolle 1848 bis 1867. Behördengeschichtliche und aktenkundliche Analyse, in: Die Protokolle des österreichischen Ministerrates 1848-1867, Einleitungsband, 1970, 60f; *Brauneder*, Verfassungsentwicklung, 158f; *Bernatzik*, wie Fn 35, 228f.

[74] *Rumpler*, wie Fn 73, 64; *Redlich*, wie Fn 64, 808.

[75] S o Fn 39.

1. Die neuabsolutistische Phase vor 1860

Bis zum Ende des Fehlens des erwähnten Zentralorgans wie auch der Landtage, also bis 1860, bestimmte die politische Praxis der schon erwähnte Neuabsolutismus[76].

Der Ministerrat beziehungsweise die nachfolgende Ministerkonferenz erarbeitete die erwähnten Entwürfe für die Landtage wie für die Gemeindeordnung und konzipierte damit den Ausbau des neuständischen Elements, welche allerdings der Reichsrat wesentlich verzögerte. Erfolg hingegen war dem Ministerrat beziehungsweise der Ministerkonferenz mit dem Aufbau einer Verwaltungs- und Gerichtsstruktur im Sinne eines modernen Staates beschieden[77]. Der dadurch bewirkte Zugriff des Staates auf seine Staatsbürger verstärkte allerdings den Eindruck absoluter Staatsmacht.

2. Die provisorische neuständische Phase von 1860

Mit dem Verstärkten Reichsrat trat dem Monarchen erstmals ein nahezu von Eigeninteressen bestimmtes Organ gegenüber, wenngleich als ernanntes Provisorium. Im Zuge seiner zwar nur beratend-gutachtenden Tätigkeit in Finanzangelegenheiten ergriff der Verstärkte Reichsrat die Möglichkeit, sich behutsam über die Verfassungsfrage zu äußern[78]. Ein Gutachten über die allgemeine Finanzlage legte er gerade wegen der darüber unterschiedlichen Schlußäußerungen in zwei Varianten vor, nämlich in der eines Majoritätsgutachtens und eines Minoritätsgutachtens. Ersteres vertrat den Standpunkt der Realisierung und des Ausbaues der neuständischen Monarchie im Sinne der Verfassungsgrundsätze 1852 unter Einhaltung des Historischen Staatsrechts, während dieses, allerdings sehr verklausuliert, eine konstitutionelle Monarchie empfahl. In der voraufgegangenen Verfassungsdiskussion waren die Standpunkte deutlich zutagegetreten, und zwar unter ausdrücklichem Hinweis auf das „Staatslexikon" von Rotteck-Welcker[79]. Einen Druck zur Konstitutionalisierung oder eine konstitutionelle politische Praxis gab es allerdings nicht.

---

76 S o V A.

77 Vgl Beschreibung bei *M. v Stubenrauch*, Tabellarische Darstellung des Organismus der österreichischen Staatsverwaltung, 1855; *G. Kohl*, Die Anfänge der modernen Gerichtsorganisation in Niederösterreich, 2000.

78 Verhandlungen des österreichischen verstärkten Reichsrates 1860, 1860 (Nachdruck 1972), I, 716; II, 122, 295; das Folgende II, 37ff, 41ff.

79 Ebda II, 156, 295.

3. Die neuständische Phase ab 1861

Mit der Realisierung der Reichsverfassung 1861, vor allem mit der Wahl der Landtage, sodann durch deren Beschickung des Abgeordnetenhauses des Reichsrats sowie der Bildung von dessen Herrenhaus war das seit 1852 fehlende, definitive Zentralorgan geschaffen[80]. Wie erwähnt, entsprach diese Struktur einem Zweikammern-Parlament, was eine Kritik am „parlamentarischen Charakter" des Reichsrats auch tatsächlich hervorrief. Diese Kritik wie auch die Warnung des Kaisers erwiesen sich als berechtigt. Im Reichsrat wie in den Landtagen entfaltete sich ein parlamentarisches Leben, welches nahezu an jenes von 1848/49 erinnert[81]. Allerdings schränkte die Regierung die Gesetzgebungstätigkeit[82] des Reichsrates nicht nur durch eigene Regierungsvorlagen ein, sondern auch insoferne, als es dem Reichsrat kein Gesetzgebungsmonopol zubilligte, und zwar dadurch, daß bestimmte Materien nicht in der Form eines Gesetzes, sondern in der von Patenten allein durch den Kaiser geregelt wurden wie etwa das Verhältnis des Staates zu den evangelischen Kirchen im sogenannten Protestantenpatent 1861[83]. Deutlich trat diese Tendenz schließlich 1865 zutage. Die sogenannte Sistierung des Grundgesetzes über die Reichsvertretung, also die zeitweise Nichtanwendung der Gesetzesgrundlage für die Tätigkeit des Reichsrats, und damit die Suspendierung des Reichsrats selbst sollte eine Verfassungsgesetzgebung ohne Reichsrat ermöglichen, um das verfassungsrechtliche Verhältnis Ungarns in der Gesamtmonarchie neu zu bestimmen. Tatsächlich vereinbarte der Monarch als der durch die Pragmatische Sanktion bestimmte König von Ungarn mit diesem Land eine neue Verfassungssituation durch die Wiederherstellung der Verfassung 1848 bei einigen Beschränkungen zum Zwecke der Aufrechterhaltung der Gesamtmonarchie, womit sich diese, wenngleich vorerst gerade für Cisleithanien nicht so ganz ersichtlich, in eine Realunion der beiden Staaten Ungarn und Cisleithanien verwandelte. Die Grundbedingungen für die Herstellung dieses Zustandes, nämlich durch das vorerst alleinige Agieren des Monarchen, hatte die politische Praxis der neuständischen Monarchie mit ihrer Dominanz des Monarchen und seiner Organe gerade in Verfassungsfragen sehr wesentlich ermöglicht. Dazu kommt, daß die cisleithanische Regierung vorerst keine Änderung dieses Regierungssystems ins Auge faßte. Beispielsweise hatte sich Staatsminister

---

80 *Brauneder*, Verfassungsentwicklung, 151ff.

81 S o IV B 1.

82 *Brauneder*, Verfassungsentwicklung, 163ff.

83 RGBl 41/1861.

Schmerling 1861 strikt gegen die Ministerverantwortlichkeit ausgesprochen[84].

VI. Die zweite konstitutionelle Periode

Mit dem Ausgleich 1867 schied Ungarn als eigener Staat mit eigener Verfassung aus dem Gesamtstaat aus, dieser beschränkte sich nun auf Cisleithanien, das, wie oben erwähnt[85], mit seiner Verfassung 1867 nach dem Vorbild der Verfassung 1849 als konstitutionelle Monarchie eingerichtet wurde.

A. Das Regierungssystem

Das Staatsgrundgesetz über die Regierungs- und Vollzugsgewalt teilte, seinem Titel entsprechend, die Regierungsfunktion[86] dem Kaiser und dem von ihm einzusetzenden und abzuberufenden Ministerrat zu, die übrige Exekutive hatte eine letztlich dem Kaiser untergeordnete Verwaltungshierarchie zu besorgen, wobei die Bezeichnung „Statthalter" für die Verwaltungschefs größerer Länder zum Ausdruck brachte, daß sie wie die Organe der Verwaltung überhaupt als Beauftragte des Kaisers zu betrachten waren. Die politische Ministerverantwortlichkeit gegenüber dem Parlament führte, so von diesem durch Mißtrauensantrag wahrgenommen, nicht automatisch zur Absetzung des Ministerrates beziehungsweise des Ministers. Die rechtliche Ministerverantwortlichkeit konnte das Parlament vor dem Staatsgerichtshof geltend machen, doch wurde dieses Instrument praktisch nicht effektiv. In der Gesetzgebung kam dem Kaiser ein absolutes Veto zu, ferner das Recht zur Auflösung des Abgeordnetenhauses und vor allem ein Notverordnungsrecht im Falle der Notwendigkeit einer Regelung zu einer Zeit, in der das Parlament nicht versammelt werden konnte. Alle diese Instrumente gaben Kaiser und Ministerrat eine überaus starke Stellung im Verfassungsgefüge. Dazu trug letztendlich auch bei, daß der Staatsrat, da mit dem konstitutionellen System unvereinbar, 1868 abgeschafft wurde[87], denn die Regierung war nun nicht mehr gehalten, sich mit dessen gutächtlichen Äußerungen auseinanderzusetzen.

---

[84] *Rumpler*, wie Fn 73, 66ff.

[85] S o II B.

[86] *Brauneder*, Verfassungsgeschichte, 301ff; *ders*, Regierungssystem, 169ff.

[87] RGBl 60/1868.

Das Parlament, der Reichsrat, wurde 1867 unverändert aus der bisherigen Verfassungssituation übernommen, bildete somit dadurch, daß das Abgeordnetenhaus entgegen seiner Bezeichnung weiterhin nicht gewählt wurde und sich so wie die Landtage neuständisch zusammensetzte, ein ganz auffallendes Relikt der neuständischen Monarchie. Es war daher schlechthin das Anliegen und auch der Hauptinhalt der weiteren Verfassungsentwicklung, das Abgeordnetenhaus aus einer Wahlen hervorgehen zu lassen. Nach Einführung der Wahl 1873 mit einem Kurien- und Zensuswahlrecht wie schon bisher zu den Landtagen kam es, nach mehreren Ausweitungen des Wahlrechtes durch Herabsenken des Zensus, 1907 zur Einführung des allgemein-gleichen Männerwahlrechtes. In der Gesetzgebung führte allerdings kaum ein Weg am Parlament vorbei, denn sein Gesetzgebungsbeschluß konnte nicht umgangen werden. Bemerkt sei auch, daß die Verfassung dem Abgeordnetenhaus einen gewissen Vorrang einräumte, insbesondere dadurch, daß in Budgetangelegenheiten seine Beschlußfassung maßgeblich war.

B. Die politische Praxis

Das verfassungsrechtlich vorgezeichnete Gewicht des Kaisers und seines Ministerrates, kurz: der Regierung, konnte diese nicht bloß behaupten, sondern eher noch ausbauen. Die Minister blieben solche des Kaisers, wie dies Ministerpräsident Beck 1907 festgehalten hatte[88]. In ähnlicher Weise sprach sich Otto Steinwender, der deutschnationale Reichsratsabgeordnete, gegen eine Parteienregierung aus[89]. Zur Stärkung der Regierung trug nicht unwesentlich auch die Realunion mit Ungarn dadurch bei, daß deren exekutive Spitze, die k.u.k. Minister, praktisch keinem Parlament verantwortlich waren, ähnlich auch nicht der Gemeinsame Ministerrat als das verfassungsrechtlich nirgends vorgesehene Regierungsorgan für die Gesamtmonarchie bestehend aus den eben erwähnten Ministern, den beiden Ministerpräsidenten und allenfalls auch den beiden Landesverteidigungsministern Ungarns und Cisleithaniens[90]. Vor allem aber war es die verfassungswidrige Handhabung des Notverordnungsrechtes, welche sehr wesentlich zur Dominanz der Regierung beitrug[91]: Es kam in der Regel nicht deshalb zur Anwendung,

---

88 *Skottsberg*, wie Fn 34, 107f.

89 *L. Höbelt*, Kornblume und Kaiseradler, 1993, 253.

90 *É. Somogyi*, Der gemeinsame Ministerrat der österreichisch-ungarischen Monarchie 1867-1906, 1996.

91 *G. Hasiba*, Das Notverordnungsrecht in Österreich (1848-1917). Notwendigkeit und Mißbrauch eines „Staatserhaltenden Instrumentes“, 1985.

weil das Parlament nicht versammelt werden konnte, sondern ganz im Gegenteil dann, wenn es zwar versammelt, aber durch Obstruktion nicht handlungsfähig war. Gerade das versammelte, nicht das nicht einberufbare Parlament führte so zur Anwendung des Notverordnungsrechtes, und zwar meist dadurch, daß das Parlament - konkreter das Abgeordnetenhaus - in solchen Situationen aufgelöst wurde. Dies ermöglichte es der Regierung zeitweise sogar jahrelang ohne Parlament zu regieren und als Gesetzgeber zu fungieren[92]! Signifikant für den Einfluß der Regierung auf das Parlament sind übrigens architektonische Details am Parlamentsgebäude zu Wien, nämlich dessen Ausschmückung in vielfältiger Weise mit dem Hauswappen der Habsburger-Dynastie.

Das Parlament konnte allerdings in der Praxis seinen Stellenwert ausbauen. In den Thronreden[93] des Kaisers ist eine Entwicklung von der Reichsvertretung dem Monarchen gegenüber zur umfassenden Volksvertretung ablesbar, auch fungierte es neben dem Ministerrat sehr wohl als eine Art Motor der Gesetzgebung[94]. Dem stand aber eine eminente Schwäche gegenüber, und zwar durch die fortlaufende Zersplitterung in immer mehr Parteien[95]. Weltanschauliche Gruppierungen spalteten sich in solche verschiedener Nationalitäten beziehungsweise diese in verschiedene weltanschauliche Richtungen. Nach der Reichsratswahl im Jahre 1911 gab es 36 Klubs, die zum Teil mehrere Parteien umfaßten! Einen direkten Einfluß auf die Zusammensetzung des Ministerrats konnte das Parlament auf diese Weise nicht erreichen, dieser jedoch nicht unschwer seine Toleranz durch eine Parlamentsmehrheit. Bestenfalls erzielte das Parlament einen Einfluß auf, nicht aber einen solchen durch die Regierung! Zu einer Parlamentarisierung zufolge einer parlamentarischen Praxis wie im Königreich Italien kam es daher in Österreich/Cisleithanien aus allen diesen Gründen nicht.

---

92 So ergingen etwa die Teilnovellen zum Allgemeinen Bürgerlichen Gesetzbuch (RGBl 276/1914, 208/1915, 69/1916) während einer über dreijährigen Periode, in der der Reichsrat nicht versammelt war.

93 *A. Bezecny* (Hrsg), Die Thronreden Sr. Majestät des Kaisers Franz Josef I. bei der feierlichen Eröffnung und Schließung des österreichischen Reichsrates, 1908; *Brauneder*, Verfassungsgeschichte, 183.

94 Am Beispiel der Verfassungsfortbildung *Brauneder*, Verfassungsentwicklung, 213ff, 226ff.

95 Übersicht bei *O. Knauer*, Das österreichische Parlament von 1848-1966, 1969, 19f; *K. Berchtold*, Österreichische Parteiprogramme 1868-1966, 1967; zu einzelnen Parteien: *L. Brügel*, Geschichte der Sozialdemokratie, 1922ff; *D. Harrington-Müller*, Der Fortschrittsklub im Abgeordnetenhaus des österreichischen Reichsrates 1873-1910, 1972; *Höbelt*, wie Fn 89.

VII. Zusammenfassung

In allen drei Perioden der Verfassungsentwicklung in Österreich/ Cisleithanien von 1848 bis 1918 ist eine starke, zum Teil sogar überaus starke Dominanz der Exekutive zufolge ihrer Unabhängigkeit gegenüber dem Parlament festzustellen. Die reale Regierungsgewalt des Kaisers leistete sogar hinhaltenden, wenngleich letztlich erfolglosen Widerstand selbst gegen eine Konstitutionalisierung. Als die konstitutionelle Monarchie 1867 wieder, und zwar auf Dauer eingeführt wurde, war sie mit den Relikten aus der Zeit der neuständischen Monarchie behaftet: Dazu zählte das Zweikammern-System, vorerst die fehlende und lange Zeit hindurch die nur sehr beschränkte Wahl zum Abgeordnetenhaus, die stets beschränkte Wahl zu den Landtagen und vor allem das Notverordnungsrecht mit besonders seiner verfassungswidrigen Anwendung.

Eine parlamentarische Praxis analog etwa zur Entwicklung im Königreich Italien verhinderte die Parteienzersplitterung im Abgeordnetenhaus, die höchstens eine Toleranz des Ministerrats, aber keine Einigung auf die Bildung eines solchen erlaubte. Eine Parlamentarisierung im formellen Wege konnte durch die Dominanz der Exekutive, vor allem durch das Vetorecht des Kaisers wie auch durch den Widerstand der Minister nicht eintreten. Anders als im deutschen Kaiserreich noch im Oktober 1918 vollzog Österreich nicht den Wandel zur Regierungsform der parlamentarischen Monarchie. Die in Österreich Mitte Oktober 1918 vom Kaiser proklamierte Verfassungsreform sollte mit einer Umwandlung Cisleithaniens in einen Bundesstaat die Staats-, nicht aber die Regierungsform betreffen.

VII. Zusammenfassung

America's Influence on Constitutional Development in the Habsburg Monarchy

I. North-America; II. Legal Revolution in Central Europe; III. The Delaying Impact of the French Revolution; IV. Increasing Interest in North America's Political System; V. North America in the Discussions for a Constitution in 1848/49; VI. Conclusion.

I. North-America

In the years between 1776 and 1791 the legal development on the East Coast of North America contributed a number of new elements to modern constitutional elaboration. The most important impacts came already from formal instruments like the Bill of Rights and written constitutions. New was also the content of such instruments, only to mention the Federal Constitution of 1787 with its new structure of a Federal as well as a Republican State[1].

II. Legal Revolution in Central Europe

During these years also in Central Europe, and therefore in the Habsburg Monarchy too, a revolution of legal culture took place[2]. But it was carried out without any political revolution, by the governing powers themselves, what means first of all by the bureaucracy, by politicians and jurists, together with monarchs educated in the spirit of the enlightenment. The task was to form a unified state by diminishing local authorities and the powers of the churches and to unify the different provinces like it was done contemporarily in the Habsburg Monarchy as well as in the Prussian Monarchy. The unifying of law served as one of the instruments towards this task. It was done by several codifications like the penal codes or the civil codes.

Aus: *R. Martucci* (ed), Constitution & Revolution aux États-Unis d'Amérique et en Europe, Macerata 1995, 673-681; auch in: Fundamina 1998, 32-41.

1 *G. Franz* (ed), Staatsverfassungen, 3rd ed 1975, 3f, 11ff.

2 *Brauneder*, Verfassungsgeschichte, 79ff; *I. Beidtel - A. Huber*, Geschichte der österreichischen Staatsverwaltung 1740-1848, 1898; *H. Conrad*, Rechtsstaatliche Bestrebungen im Absolutismus Preußens und Österreichs am Ende des 18. Jahrhunderts, 1961; *F. Maaß*, Der Josephinismus I-IV, 1950-1957, *K. O. v Aretin*, Der aufgeklärte Absolutismus, 1974.

But the idea of such codifications included more: That is the rule of law and thus, in the field of politics, the legal determination of government and to seem personal freedom and private property even in an absolute monarchy. To complete that purpose a so-called Political Code came into discussion and was provided for by most of the Habsburg monarchs[3].

So when the North American provinces declared themselves for independent in 1776, it had been ten years since in the Habsburg Monarchy the first draft for a civil code had been finished[4]. In 1780, that is a few of years before the American constitution came into force, concepts and guidelines[5] viewed the Political Code also as a written constitution („Staatsverfassung") to guarantee a government only based on law and to actuate the purpose of common welfare. When in 1787 the constitution of the USA was enacted, in the Habsburg Monarchy the first part of the Civil Code came into force. In 1791, when the Bill of Rights was promulgated in the USA, in the Habsburg Monarchy the first part of the revised Civil Code was finished. This draft together with a second and a third part was set in force in 1797 for the new provinces of Galicia. It is very remarkable that the draft from 1791 and therefore also the Civil Code of 1797 started with pronunciations like a Bill of Rights[6]. By these provisions the state has to respect the natural rights of each human being („Angeborene Rechte") like the right to life, the right to an education, the right to a living wage, the right to self-defense; furthermore it is stated that all human beings are equal. Even some administrative directives prescribed fundamental procedures to be followed. So in 1791 a degree refered to the principle of „habeas-corpus" and another to the „freedom of men" („bürgerliche Freiheit")[7].

Nevertheless the intentions of the legal developments in North America and in Central Europe like in the Habsburg Monarchy were totally different. Firstly the political systems differed very much, of course. In North America a democratic federal republic was created, the Habsburg Monarchy was ruled as an absolute monarchy and therefore organized like a centralized state[8]. Different from the USA there was no written constitution and no Bill of Rights to guideline the exercise of state power. But the codifications of

3 *S. Adler*, Die politische Gesetzgebung in ihren geschichtlichen Beziehungen zum allgemeinen bürgerlichen Gesetzbuche, in: Festschrift zur Jahrhundertfeier des Allgemeinen Bürgerlichen Gesetzbuches, 1911, 90ff, 102ff.

4 *Ph. Harras v Harrasowsky* (ed), Der Codex Theresianus und seine Umarbeitungen, 1883, 7f.

5 *Adler*, Fn 3, 99ff, 103 Fn 22, 102.

6 *Brauneder*, Verfassungsgeschichte, 86; *ibid*, Grundrechte, 194f.

7 *Ibid*, History, 41.

8 *Ibid*, Verfassungsgeschichte, 79ff, 85f; *ibid*, History.

private law, penal law and procedure law were also to protect the inhabitants against despotism - of the monarch and of the bureaucracy as well - and to serve as the rule of law, which was established not only by its prescriptions but also by a hierarchy of independent courts.

III. The Delaying Impact of the French Revolution

The codification of the entire legal system stopped before the level of constitutional law. One of the reasons why was the French Revolution. Ten years after the above described concepts of 1780, amidst the French Revolution, the idea of Human Rights still remained but the expression „Droits de l`homme“ was held only for a slogan[9]. It was argued that in an organized state such Basic Rights do not emanate from Natural Law but stem, like other legal provisions, too, from the power of the state and therefore changed into Rights (only) of the Citizens. But some years later even such Citizen-Rights were held for dangerous[10]. Therefore the Political Code never came into being.

When in 1793 the King of France was brought to death by the guillotine, in the same year in the Habsburg Monarchy Franz II. took over the government and was also elected Emperor of the Holy Roman Empire. That indicated very obviously the two different political and also constitutional systems which struggled all over Europe for the next decades. The wars between France and the „Old Monarchies“ were first of all a struggle between two different social and therefore political and also juridical systems. That is very clearly shown by the respective Civil Codes[11]. The famous French code civil is guidelined by the equality of people; the Prussian Code (Allgemeines Landrecht für die Preussischen Staaten 1796) provides different rules for the nobility, the bourgeoisie and the peasantry; the Austrian General Civil Code (Allgemeines Bürgerliches Gesetzbuch 1811) didn't abolish the old structure of society but rather adapted the old institutions of feudalism, though not fixed to the old classes and therefore open to a new development.

These different positions make it quite understandable that the law commissions in the Habsburg Monarchy didn't adopt the new and revolutionary French legal system despite the fact that jurists knew it very well[12]. Espe-

9 *Adler*, Fn 3, 101 Fn 32, 104.

10 Ibid 105, 111, 129.

11 *Brauneder*, Zivilrechtskodifikation, 69.

12 *Ibid*, Ständisches Recht, 24f.

cially on the constitutional level, any similarity to the French system was avoided. Therefore not only the Political Code did not come into being but also the ancestor of a Bill of Rights in the Civil Code of Galicia was not transferred to the General Civil Code of 1811.

IV. Increasing Interest in North America's Political System

The lack even of French influence makes it understandable that the constitutional innovations of the USA were merely useless for the structure of the Habsburg Monarchy. After the Napoleonic period that view prevailed all over Central Europe. Now in the age of „Restauration“ the basic principle for any organization of statehood was seen in the „Legitimacy of the Monarch“ in total opposition to the „Sovereignty of People“. For the German states the German Confederacy, including Austria as its leading power, maintained this principle not only for its own constitution but it also forced it upon the constitutions of its member states[13].

However that was not the political system the German intelligencia had fought for in the „Freedom Wars“ against Napoleon. Most of the intelligencia strived for democratic institutions in the German states, at a minimum for restricted monarchies, and also for a German Federal State instead of the German Confederacy[14]. More and more the constitutional situation of the USA came into discussion as a possible model for change in Germany, a development which also concerned the intelligencia in Austria. Because Germany consisted of approximately 40 states, a main constitutional problem was the demand that despite a unified German state each member state should not loose its statehood. Since 1819 for a lot of German thinkers this problem was solved by the constitution of the United States which they therefore praised as a model for Germany[15].

In the years prior to the revolution of 1848 a lot of titles were published which described the constitutional situation in North America and these were present in the stocks of libraries also in Austria. Thus, the following books were available in the Imperial Library (now National Library) at Vienna[16]: L. A. de La Rochefoucauld, „Constitutions des treize Etats-unis de

---

13 *E. R. Huber*, Deutsche Verfassungsgeschichte seit 1789 I, 2nd ed 1975, 651ff.

14 *Huber,* Fn 13, 697ff.

15 *E. H. M. Lange*, Die Würde des Menschen ist unantastbar, 1993, 138.

16 *R. Regner*, Die Verfassungsordnung der Vereinigten Staaten in der österreichischen Verfassungsdiskussion von 1848/49, in: *Brauneder*, Grundlagen, 213f.

l`Amérique" (1783); J. V. Delacroix, „Constitutions des principaux états de I'Europe et des Etats-unis de I'Amérique" (1791); J. Adams, „Defense des constitution Américaines" (1792); G. C. F. Seidel, „Die Staatsverfassung der Vereinigten Staaten von Nordamerika und historische Beiträge und Belege zu der Geschichte ihrer Revolution" (1795); P. A. Dufau - J.-B. Duvergier - J. Guadet, „Collection des Constitutions, Chartes et lois fondamentales des peuples de I'Europe et des deux Amériques (etc)" vol 1-7 (1821-30); P. F. Aiken, „Vergleichende Darstellung der Constitution Großbritanniens und der Vereinigten Staaten von Amerika" (1844) und sodann von 1848 W. F. Schubert; „Die Verfassungsurkunden und Grundgesetze der Staaten Europas, der nordamerikanischen Freistaaten und Brasiliens". The University Library of Vienna contains a book about Texas with an appendix about its constitution: „Texas. Ein Handbuch für deutsche Auswanderer" (1845).

But we do not need to look only at such big libraries. The library of the most famous reading club in Vienna, „Juridisch-Politischer Leseverein", was also equipped with books about the USA and its constitution[17] like Buss, „Vergleichendes Bundesstaatsrecht von Nordamerika, Deutschland und der Schweiz". Very well known even in some private households in Austria was the „Staats-Lexikon" of Rotteck - Welcker a chapter of which describes the „North American Constitution". We further know that interested men used to read Bromme's „Die Verfassungen der Vereinigten Staaten von Nord Amerika, der Freistaaten Pennsylvania und Texas, der Königreiche Belgien und Norwegen, die Bundesverfassung der Schweiz und die englische Staatsverfassung" (1848).

Books about North America and its constitution were sometimes well known even in small towns: At Hallstatt, situated admidst the alps of Upper-Austria, a landlord and miller possessed all the works of Thomas Paine and was very enthusiastic about the American constitution[18].

Not only books promoted the knowledge of North America's legal system. In the reading clubs like the above mentioned one books and papers were not only read but also discussed. Some members of this reading club could speak about the political system of the United States because of their stays overseas[19]. So for instance Carl Moering, in 1848/49 representative at the parliament in Frankfort/Main, lived in the United States from 1841 to

[17] *Brauneder*, Leseverein, especially 487ff.

[18] *H. Sturmberger*, Die Amerika-Auswanderung aus Oberösterreich zur Zeit des Neo-Absolutismus (1848-1861), in: *Brauneder*, Grundlagen, 76f.

[19] *Brauneder*, Leseverein, 112f.

1843. There he intended to marry Elisabeth Carol Tucker, the granddaughter of one of the fathers of the Bill of Rights. Another member who could tell about his experiences in the USA was the famous poet Nikolaus Lenau[20].

Moreover we also have to keep in mind that letters were exchanged between immigrants to the USA and their friends and families at home. These letters circulated among other persons outside the family, sometimes on demand of the authors themselves[21]. The influence of such letters was very well known by public authorities, who strived to prohibit their circulation. In that way also constitutional and political views were transferred to Europe. Although those parts not always sounded very enthusiastic, the freedom of men was praised highly[22].

So the picture is very clear that prior to 1848 by a number of means the constitutional situation in the USA was increasingly well known among the specific interested intelligencia in Austria and especially in Vienna.

But this knowledge should not be overestimated. In general that is proved by the emigrants. What motivated them to choose North America for their new homeland was not so much the desire for a constitutional change but first of all to better their economic situation[23]. Of course there is one, late, exception: the so called „Forty-eighters“ who left after the decline of the revolution in the years 1849/50. Even now reference books for emigrants focused on economic and social questions and not on constitutional or legal aspects. Such a book for Austrian emigrants, although published in 1849, a year full of constitutional discussions, described North America in 47 pages, but only 7 were dedicated to constitution and administration[24]. In general such works briefly characterized the United States as a democratic „free state“ „Die vereinigten Staaten bilden einen demokratischen Freystaat“ (1822)[25]. Of course, such concise statements advertised a desirable political system, but were one's useless to the end of adopting it or a similar one for one's own country.

---

20 *Sturmberger*, Fn 18, 65ff; *Brauneder*, Leseverein, 112.

21 *Sturmberger*, Fn 18, 98ff, 115; *H. Krohn*, Und warum habt ihr denn Deutschland verlassen? 300 Jahre Auswanderung nach Amerika, 1992, 112ff.

22 *A. G. Roeber*, Transfer und Bedeutung deutscher Rechtsvorstellungen und Rechtsgewohnheiten in Nordamerika zur Zeit der Revolution, in: *Brauneder*, Grundlagen, 135f.

23 *J.-D. Kühne*, Die Bundesverfassung der Vereinigten Staaten in der Frankfurter Verfassungsdiskussion 1848/49, in: *Brauneder*, Grundlagen, 169.

24 *F. Jünemann*, Rathgeber und Wegweiser für Auswanderer aus Oesterreich nach den Vereinigten Staaten, 1849, 96-147, 105-112.

25 *J. G. A. Galletti*, Allgemeine Weltkunde, 5th ed 1822, 309.

V. North America in the Discussions for a Constitution in 1848/49

In Austria[26] the first discussions about the making of a written constitution took place shortly after the revolution of 1848. Now by drafting the first written constitution the knowledge about political systems like that of North America could gain direct influence on the Austrian constitution. By the way, we find a parallel situation in 1848/49 also among the parliament of the German Confederacy in Frankfurt/Main to which many representatives from German-Austrian provinces were elected. There they also shared discussions in which the North American constitutional situation played some role[27].

For the Austrian situation in 1848/49 very sufficient material about any influence from abroad is given by the protocolls of the Austrian parliament, by those, which refer to its plenary session as well as by the protocolls of the constitutional committee[28].

First we look at the constitutional committee[29]. There, in 12 out of 47 relevant sessions remarks about American constitutional situations were made; that, is in 30% of all sessions. But that counts not so much as it might sound: Of course a lot of other constitutional situations had been in discussion also, like of England, Belgium, France, German states and Switzerland. An overwhelming number, exactly 75% of remarks about the North American constitutional situation, regard the problem of federalism. Very surprisingly is the fact that, despite the importance of the discussion about human rights, the situation in North America is simply neglected! In roughly 30 sessions about human rights, only in two the North American situation was deemed worthy to mention. So far the discussions in the constitutional committee.

In the plenary sessions[30] of the parliament, only a part of human rights came into discussion, because the parliament was very unexpectedly dismissed at the beginning of March 1849. Contrary to the committee discussions, the plenary discussions used arguments from the North American situation much more. In about 50% of all debates America was mentioned. We hear about the situation in the federation as well as about the constitu-

---

26 *Brauneder*, Verfassungsgeschichte, 115, 117; *ibid*, Leseverein, 210ff.

27 *Kühne,* Fn 23, 171f.

28 Verhandlungen des österreichischen Reichstages nach der stenographischen Aufnahme, 1848/49, Reprint 1970; *A. Springer* (ed), Protokolle des Verfassungsausschusses im Österreichischen Reichstage 1848-1849, 1885.

29 *Regner*, Fn 16, 191ff, 197.

30 Ibid 197ff.

tions of states like Texas and Pennsylvania. But of course not only the North American situation served for arguments. Indeed, the constitutions of a lot of other states were mentioned more frequently.

What was the purpose of refering to constitutions from abroad in general? Was it because of their legal structure, because of their quality in connection with famous legislators or did it come from other reasons not directly founded in the texts of the constitutions? For the arguments from the North-American constitutions it is very clear: They were used to strengthen the viewpoints of the speakers by comparison. In no case we can recognize traces of a reception on the part of the parliament!

The knowledge about North America's constitutions was not very precise[31]. Altogether what is said is specificly correct in roughly 35%, in 48% what is said is generally correct, but in 17% it is false! Compared with the knowledge of North America's constitution in the Frankfurt parliament the representatives in the Austrian parliament were not so well informed. The link between the theoretical knowledge of the constitutional situation in North America and the practical demand during the political and constitutional discussion is very obviously shown by a leaflet and by a speach of one of the constitutional experts in April 1848: Both refer to the bicameral system of the USA by words which are a quotation of the above mentioned „Staatslexikon" of Rotteck - Welcker. Also the remarks about human rights in the constitutions of Texas and Pennsylvania are quotations from a secondary source, of Bromme's book[32]. So what Bromme said about the knowledge of foreign constitutions in general proves true: In Austria the principles and details of the North American constitution „are well known by virtually nobody and an advertisement grounded only on hearsay or on the encyclopedia".

VI. Conclusion

There is a saying that the emperor Franz II., after a defeat against Napoleon I., exclaimed that now he had to emigrate to America[33]. Roughly at the same time the „Uncle in America" as the great hope for hopeless Germans was created by an Austrian writer. The Austrian poet Nicolaus Lenau characterized his emigration to America by the words „Towards the paradise of

---

31 Ibid 206ff.

32 Ibid 207ff.

33 *F. Walter* (ed), Die österreichische Zentralverwaltung, Abt 2, Bd 5: Die Zeit Franz' II. (I.) und Ferdinands I. (1792-1848), Aktenstücke, 1956, 12 Nr. 3a.

freedom ...“ - yet only one year later he returned[34]. Such contacts between the „Old and the New World“ are numerous - but not in the field of law and constitution. Despite some remarkable aspects, the American influence even in the years 1848/49 takes a place far behind European models with greater similarities to Austria's situation.

---

34 *Sturmberger*, Fn 18, 65.

England als Vorbild in der österreichischen Verfassungsentwicklung des 19. Jahrhunderts

I. Grundsätzliches; II. Arten der Kenntnisnahme; III. Einflußsituationen und Sachgebiete; IV. Arten und Inhalte der Argumentationen; V. Argumentationszwecke: A. Fortschrittliches Vorbild, B. Konservatives Vorbild; VI. Tatsächliche Einflüsse: A. Negatives Vorbild, B. Positives Vorbild; VII. Würdigung.

I. Grundsätzliches

In der bewegten Verfassungsentwicklung Österreichs ab 1848[1] spielen Argumente mit ausländischen Vorbildern oft eine interessante Rolle. Zu ihnen zählen vor allem die Verfassungen deutscher Staaten, dann etwa jene Frankreichs, der USA und auch Englands, womit man meist Großbritannien verstand[2]. Das Motiv offenbarten Hinweise wie 1867 auf Verhältnisse in „vorgeschrittenen Staaten, in England, Frankreich, Preußen, Holland, Belgien“[3].

Was England anlangt, so wird es im österreichischen Reichstag von 1848/49 beispielsweise von Schuselka[4] als „Muster der konstitutionellen Staaten“ bezeichnet, 1861 gilt es Giskra im Abgeordnetenhaus des Reichsrats als „Musterstaat politischer Weisheit“[5], in der Verfassungsdebatte des

Aus: *D. Murswiek - U. Storost - H. A. Wolff* (Hrsg), Staat - Souveränität - Verfassung. Festschrift für Helmut Quaritsch zum 70. Geburtstag, Berlin 2000, 511-526.

1 Vgl dazu *Brauneder,* Verfassungsgeschichte, 112ff; *ders,* Verfassungsentwicklung, 69-237.

2 Vgl etwa *Brauneder,* Grundrechte, 189-364, etwa 221f; *ders,* Influence, in diesem Band, 135ff; am Beispiel der USA: *R. Regner,* Die Verfassungsordnung der Vereinigten Staaten in der österreichischen Verfassungdiskussion von 1848/49, in: *Brauneder*, Grundlagen, 189-218. Zur Rezeption der englischen Verfassung in Deutschland vgl u a *H.-Ch. Kraus,* Die deutsche Rezeption und Darstellung der englischen Verfassung im 19. Jahrhundert, in: *R. Muhs - J. Paulmann - W. Steinmetz* (Hrsg), Aneignung und Abwehr. Interkultureller Transfer zwischen Deutschland und Großbritannien im 19. Jahrhundert (= Arbeitskreis Deutsche England-Forschung 32), 1998, 89-126; *W. Pöggeler,* Die deutsche Wissenschaft vom englischen Staatsrecht. Ein Beitrag zur Rezeptions- und Wissenschaftsgeschichte 1748-1914, 1995.

3 Die neue Gesetzgebung Österreichs. Erläutert aus den Reichsraths-Verhandlungen I, 1868, 443.

4 RT-V V, 11.

5 Diskussion vom 11. Juni 1861: StenProt AH, 1861, 1. Session, 268.

Herrenhauses 1867 als „Muster konstitutioneller Einrichtungen“[6] und 1875 meint Plener, man berufe sich „wie gewöhnlich“ auf England, das „in allen derartigen konstitutionellen Dingen als Musterland angenommen wird“[7]. Im Ergebnis sprachen Zeitgenossen ganz allgemein von einer „stufenweisen Rezeption des englischen Staatsrechtes“ wie Josef Redlich 1905[8].

II. Arten der Kenntnisnahme

Mit der britischen Verfassung hatten sich Schriftsteller des Staatsrechts wie Robert von Mohl, Mittermaier und Lorenz von Stein[9] beschäftigt. Zahlreiche Hinweise darauf enthielt das Staatslexikon von Rotteck-Welcker[10], welches als „Verfassungsbibel der Liberalen“ galt. Hier fanden sich beispielsweise ausführliche Darstellungen u a des englischen Staatsrechts, zur Anglikanischen Kirche und zur Schwurgerichtsbarkeit („Jury“), wobei weitere Stichworte wie etwa „Bill“ oder „Habeascorpusacte“ auf diese Artikel und damit den entsprechenden Inhalt verwiesen. Minister Leo Graf Thun übersetzte 1863 das 1857 erschienene Buch von Lord Grey über die parlamentarische Regierungsform in England[11]. Als der bekannte Zivilrechtler Josef Unger nach seiner Phase politischer Tätigkeiten wieder an die Wiener Rechtsfakultät zurückkehrte, geschah dies mit einer Vorlesung über öster-

---

6 Schmerling in der ersten Debatte des Herrenhauses über die Abänderung des Grundgesetzes über die Reichsvertretung, in: Neue Gesetzgebung, wie Fn 3, 221.

7 Plener in einer Rede vor dem Abgeordnetenhaus am 18. März 1875 über die „Errichtung eines Verwaltungsgerichtshofes“, in: Reden von *Ernst Freiherr von Plener* 1873-1911, 1911, 23f.

8 *J. Redlich,* Recht und Technik des Englischen Parlamentarismus. Die Geschäftsordnung des House of Commons in ihrer geschichtlichen Entwicklung und gegenwärtigen Gestalt, 1905, 779.

9 Z B *L. v Stein,* Die Verwaltungslehre I/2, 2. Aufl, 1869, 159ff zur Bedeutung der englischen Selbstverwaltung; *ders,* Handbuch der Verwaltungslehre und des Verwaltungsrechts, 1870; vgl *Brauneder,* Formen, 370. Zu Mohl und Mittermaier: *Pöggeler,* wie Fn 2, 69ff, 73ff.

10 *C. v Rotteck - C. Welcker* (Hrsg), Das Staats-Lexikon. Encyklopädie der sämmtlichen Staatswissenschaften für alle Stände, 2. Aufl, 1845-1848. Zum Staatslexikon s: *M. Stolleis,* Geschichte des öffentlichen Rechts in Deutschland II, 1992, 160; *Pöggeler,* wie Fn 2, 59ff.

11 *E. Grey,* Die parlamentarische Regierungsform betrachtet im Hinblick auf eine Reform des Parlamentes. Eine Abhandlung. Aus dem Englischen übersetzt und mit einem Anhang über die Aussichten der parlamentarischen Regierungsform in Oesterreich versehen von Graf Leo Thun, 1863.

reichisches und englisches Staatsrecht[12]. Vor allem beschäftigte sich Josef Redlich, späterhin gleichfalls Minister wie Thun, mehrfach mit Fragen des englischen Verfassungs- und Verwaltungsrechts. Zu nennen sind etwa seine Abhandlung über die englische Lokalverwaltung von 1901 sowie sein Buch „Recht und Technik des englischen Parlamentarismus" von 1905 über Entwicklung und Stand der Geschäftsordnung des House of Commons[13].

Die Kenntnis des englischen Verfassungsrechts vermittelten außer einschlägigen Werken auch persönliche Aufenthalte in England sowie sodann die mündlichen und schriftlichen Berichte darüber. Dazu kamen persönliche Bekanntschaften und Briefwechsel. Im besonders ab der Revolution von 1848 politisch einflußreichen „Juridisch-politischen Leseverein" in Wien mischten sich alle diese Informationsquellen[14]. Von seinen Mitgliedern hatten viele England bereist wie die später maßgebenden Politiker Alexander Bach, Franz von Sommaruga junior und Anton von Doblhoff-Dier[15], auch Leo Thun[16], dann die bekannten Juristen Joseph Würth[17] und Vesque von Püttlingen[18], der Schriftsetzer Karl Scherzer[19], die damaligen Generalinspektoren der Staatseisenbahnen Ludwig Negrelli und Carl Ghega[20]. Der Dichter Eduard von Bauernfeld wohnte in London einem Prozeß vor dem Lord Major bei und besuchte einmal von „abends nach 9 Uhr" bis „nach Mitternacht" eine Sitzung der „Chamber of Commons"[21]; später meinte er, daß in England die Lords wenig zählten[22]. Aufgrund ihrer Englanderfahrungen berücksichtigte Würth in seinem Buch über das Gefangenenhauswesen sowie in seinem Kommentar zur österreichischen Strafprozeßordnung 1850 u a auch England[23], schrieb Negrelli über dessen Eisen-

---

12 *Brauneder*, Unger, 486.

13 *J. Redlich,* Englische Lokalverwaltung, 1901-1903; *ders,* wie Fn 8. Zu Redlich auch: *Pöggeler,* wie Fn 2, 100ff.

14 Vgl dazu v a *Brauneder,* Leseverein.

15 Ebda 108, 110.

16 *Ch. Thienen-Adlerflycht,* Graf Leo Thun im Vormärz, 1967, 81.

17 *Brauneder,* Leseverein, 106.

18 Ebda 107.

19 Ebda 112.

20 Ebda 111, 112f.

21 Ebda 113.

22 Ebda 373.

23 Ebda 144: *J. Würth,* Die neuesten Fortschritte des Gefängniswesens in Frankreich, England, Schottland, Belgien und der Schweiz, 1844; *ders,* Die österreichische Strafprozeßordnung vom 17. Jänner 1850, erläutert und in Vergleichung mit den Gesetzgebungen des Auslandes dargestellt, 1850.

bahnen[24], Vesque konnte das englische und französische Parlament vergleichen[25], Bach begleitete 1847 Richard Cobden auf dessen Reise durch Österreich und war in Wien Auskunftsperson für den Korrespondenten der „Times“[26], in dessen Londoner Druckerei möglicherweise Scherzer gearbeitet hatte[27]. Der Offizier und Abgeordnete von 1848/49 Carl Moering war mit dem Mitglied des House of Lords Viscount John Lowther persönlich bekannt und stand mit ihm auch in brieflichem Kontakt[28]. An juristischer Literatur über England gab es in der Bibliothek des Lesevereines 1844, bald nach seiner Gründung, folgende Titel[29]: „Bericht der Parlaments-Commission über den Zustand des Ackerbaues in Irland und Großbrittanien“ (Wien 1840), Stephens „Handbuch des engl. Strafrechts“ (Göttingen 1843), „England's Strafgesetzgebung“ (Göttingen 1843), Tellkampfs „Über die Besserungsgefängnisse in Nordamerika u England“ (Berlin 1844), „Acts relating to prisons“ (London 1823-1842) sowie Raumers „Die Korngesetze Englands“ (Leipzig 1841). Dazu kamen bis 1847 weitere Titel wie u a G. Phillips „Englische Reichs- und Rechtsgeschichte“ (Berlin 1827/28), „Geschichte des englischen Rechts“ (bearbeitet von W. Schäffner, Darmstadt 1839), Schulte „Das Englische Parlament“ (Berlin 1844), Stephen „New commentaries on the laws of England“ (London 1841), L. Th. Kleinschrod „Großbrittaniens Gesetzgebung über Gewerbe, Handel etc“ (Stuttgart-Tübingen 1826), Story „Englisches und Nordamerikanisches Wechselrecht“ (Leipzig 1845), Stromeyer „Die Folgen der Aufhebung der englischen Korngesetze“ (Stuttgart 1846), sodann knapp zehn „Reports“ über Gefängnisfragen in Großbritannien samt „Regulations for prisons in England and Wales“ (London 1843). Für die erste Hälfte des 19. Jahrhunderts galt jedenfalls nach zeitgenössischer Beobachtung, daß man im Leseverein und damit in Wiens Juristenwelt überhaupt „die englische Verfassung“ kannte[30]. Auch späterhin war dies nicht anders. Beispielsweise hielt in der Wiener Juristischen Gesellschaft 1903 Ernst T. Schuster, Barrister at Law, einen Vortrag über „Eheverträge und Familienfideikommisse nach

---

24 *L. Negrelli,* Ausflug nach Frankreich, England und Belgien zur Beobachtung der dortigen Eisenbahnen, 1838.

25 *Brauneder,* Leseverein, 107.

26 Ebda 110.

27 Ebda 112.

28 *A. Wandruszka,* Karl Moerings Tagebücher, in: Bausteine zur Geschichte Österreichs (= AÖG 125), 1966, 221; *Brauneder,* Leseverein, 113, 121.

29 Vgl dazu *Brauneder,* Leseverein, 487ff: Anhang IX (Bücherverzeichnis 1844) und Anhang X (Bücherverzeichnis 1847 - Zuwachs); hier nach diesem Verzeichnis zitiert.

30 Ebda 58, nach Kalchberg.

englischem Recht“, 1909 sprach der Rechtssoziologe Eugen Ehrlich „Über eine englische Studienreise“[31]. An der Rechtswissenschaftlichen Fakultät gab es ab 1897, wie schon angedeutet, mit Josef Unger eine Honorarprofessur für Österreichisches und Englisches Staatsrecht[32]. Zu Englands Recht erschienen auch Monografien österreichischer Autoren wie die schon erwähnten von Josef Redlich[33] oder etwa 1873 „Englische Baugenossenschaften“ von Ernst von Plener[34]. In der Auseinandersetzung mit an England orientierten Autoren wie Gneist kam es weiters zu solchen mit Aspekten von Englands Verfassung und Verwaltung auch in Beiträgen in Fachzeitschriften wie etwa in Karl von Lemayers „Apologetische Studien zur Verwaltungsgerichtsbarkeit[35]. Allgemein trugen weiters Erziehung und persönliche Kontakte vor allem im Adel zu Kenntnissen über Englands politisches System bei. Leo Thun Hohenstein verfügte über beste bekanntschaftlich-wissenschaftliche Kontakte nach England, und zwar auch zu Beratern Lord Greys[36], dessen Übersetzer er später wurde. England bereist hatte übrigens 1850 auch der Minister ohne Portefeuille Anton Graf von Széscen[37], der über Details Bescheid wußte wie etwa, daß bei Unruhen in Bristol der kommandierende Offizier mangels Ersuchen der Zivilbehörde nicht eingeschritten wäre, worauf er, da es dem nicht bedurft hätte, kriegsgerichtlich verurteilt worden sei.

III. Einflußsituationen und Sachgebiete

In welcher Weise die englische Verfassung tatsächlich als Vorbild für Entwicklungen in Österreich genommen wurde, zeigen vor allem Debatten in den entsprechenden Gremien wie Parlament und Regierung. Auf Vorbilder griff man begreiflicherweise vor allem dann zurück, wenn es galt, neue Verfassungen oder verfassungsrelevante Gesetze zu machen. Besonders gedachte man daher Englands bei den Verfassungsarbeiten in den Jahren

---

31 Ebda 402.

32 Ebda 306; s o Fn 12.

33 Vgl oben Fn 8 und 13.

34 *Brauneder,* Leseverein, 355f.

35 In: (Grünhuts) Zeitschrift für das Privat- und öffentliche Recht der Gegenwart 22, 1895, 353ff.

36 *Thienen-Adlerflycht,* wie Fn 16, 80, auch 77, 79.

37 *C. v Wurzbach,* Biographisches Lexikon des Kaiserthums Österreich 41, 294; *H. Brettner-Messler* (Bearb), Die Protokolle des österreichischen Ministerrats 1848-1867 V/1, 1977, 294.

1848/49 im Reichstag, dann auch 1860/61 im Verstärkten Reichsrat sowie in der Regierung und wieder 1867 bei den Verfassungsdiskussionen im Parlament. Aber etwa auch anläßlich der Diskussion um die Ministerverantwortlichkeit 1861, bei der Einrichtung der Verwaltungsgerichtsbarkeit 1875 oder in der Wahlreformdiskussion von 1906 verwies man auf die englische Situation.

Überblickt man die in der Folge noch zu erwähnenden einzelnen Sachfragen insgesamt, so schenkte man Englands Staatsordnung Aufmerksamkeit vor allem allgemein zu Fragen des Parlamentarismus, dann besonders zur Ministerverantwortlichkeit, zu den Grundrechten, der Einführung von Schwurgerichten, der lokalen Verwaltung als „self-gouvernement", zur Verwaltungsgerichtsbarkeit, auch zur Autonomie der Länder, zum Wahlrecht und einigen weiteren Detailfragen.

IV. Arten und Inhalte der Argumentationen

Eine Gruppe an Hinweisen auf englische Vorbilder läßt erkennen, daß man sich auf Selbstverständliches zu berufen glaubt, was keiner näheren Ausführung bedürfe. Derartige Bemerkungen verweisen etwa bloß, nämlich ohne weitere Erklärung, auf das „self-gouvernement" sozusagen als fortschrittlichen terminus technicus[38], auf die lokale Selbstverwaltung nach englischem Muster[39], die „Habeas-Corpus"-Akte"[40], offenkundig auf diese als „englische Konstitutionsurkunde" schlechthin[41], wohingegen 1861 das österreichische Grundrechtspatent von 1849 als „habeas corpus Acte" galt[42], ferner auf den Satz „Das Haus des freien Mannes ist seine Burg"[43], die Stellung Schottlands und Irlands[44], die „Reformfrage in England" um 1860[45], die „catholic question"[46], die „neueste Gesetzgebung Englands"[47], auf englische

---

38 Sogar Brünner Zeitung Nr 242 vom 20. Oktober 1860, 2032.

39 So Thuns Verwaltungskonzept als „neoständischer" Föderalist in der Ministerkonferenz nach: *W. Heindl* (Bearb), Die Protokolle des österreichischen Ministerrats 1848-1867 III/2, 1979, XLI.

40 RT-V IV, wie Fn 4, 480, 524.

41 *A. Fischel* (Hrsg), Die Protokolle des Verfassungsausschusses über die Grundrechte. Ein Beitrag zur Geschichte des österreichischen Reichstags vom Jahre 1848, 1912, 61.

42 StenProt AH 1861, wie Fn 5, 275 (Dr. v Mühlfeld); „Habeas-Corpus-Act" für das Recht auf persönliche Freiheit bereits 1848/49: RT-V, wie Fn 4, 524 (Abg Ullepitsch).

43 RT-V IV, wie Fn 4, 668.

44 Z B: Neue Gesetzgebung, wie Fn 3, 221; RT-V IV, wie Fn 4, 480.

45 Verhandlungen des österreichischen verstärkten Reichsrathes 1860 II, 1860, 57.

46 *Brettner-Messler*, wie Fn 37, 294.

Gesetze der Jahre 1867, 1868, 1869, weitere Hinweise gedenken der „irischen Landbill, der irischen Kirchenbill, der Wahlreform“[48], allgemein der englischen Industrialgesetzgebung[49] sowie der „letzten Wahlresultate“[50] oder fügen einer Diskussion „noch das Beispiel Englands“ bezüglich der aktiven Wahlfähigkeit bei[51]. Diesen Äußerungen ist zu entnehmen, daß der Redner davon ausging, das Publikum habe eine Kenntnis der erwähnten Dinge. Dies wieder bedeutet, daß nicht nur der Redner, sondern wohl die angesprochenen Gremien überhaupt mit der englischen Entwicklung vertraut waren bzw, daß man dies annahm. Aber es galt offenkundig auch, Irrtümer zu berichtigen, wie es Unger und Plener 1875 hinsichtlich der englischen Verwaltung getan hatten, wobei letzterer besonders auf das „System von gewählten Räten“ u a in der Armen- und Sanitätsverwaltung neben den Friedensrichtern hinwies[52].

Die Art der Bezugnahme aber schwankt. In den diversen Debatten fallen nicht nur die eben erwähnten allgemeinen Hinweise, es wird auch im Detail referiert oder auf bestimmte politische Ereignisse verwiesen. Es wurde etwa festgestellt, daß es niemandem eingefallen sei, in die englische Verfassung Grundrechte aufzunehmen (so Schmerling)[53]; daß in England die Soldaten „vollkommen dem Civilrecht untergeordnet“ seien[54]; daß sich England im Gegensatz zu Deutschland gesetzlich weniger um das Erziehungswesen gekümmert habe[55]; der englische Staat sich nicht in Unterrichtsangelegenheiten einmische[56]; eine Suspension von Habeas-Corpus nur erfolgen könne,

---

47 RT-V IV, wie Fn 4, 529.

48 Plener in einer Rede zur „Revision der Geschäftsordnung“ vor dem Abgeordnetenhaus am 19. Februar 1875, in: *Plener,* wie Fn 7, 22.

49 *A. Springer* (Hrsg), Protokolle des Verfassungs-Ausschusses im Oesterreichischen Reichstage 1848-1849, 1885, 75.

50 Plener in einer Rede vor dem Herrenhaus am 21. Dezember 1906 zur „Wahlreform 1906“: *Plener,* wie Fn 7, 984.

51 *Springer,* wie Fn 49, 185. Ähnlicher Hinweis hinsichtlich eines Mindestalters bei der passiven Wahlfähigkeit darauf, daß „England ... gar keinen Census“ kenne, bei: *Springer,* wie Fn 49, 194.

52 Plener in einer Rede vor dem Abgeordnetenhaus vom 18. März 1875 zur „Errichtung eines Verwaltungsgerichtshofes“, in: *Plener,* wie Fn 7, 24.

53 *A. R. v Schmerling,* Denkwürdigkeiten, zit nach *St. Malfer,* Einleitung, in: *ders* (Bearb), Die Protokolle des österreichischen Ministerrates 1848-1867 V/2, 1977, XIII. Ein Auszug aus den Denkwürdigkeiten - ohne die gerade angegebenen Stelle - bei *L. Höbelt* (Hrsg), Österreichs Weg zur konstitutionellen Monarchie. Aus der Sicht des Staatsministers Anton v. Schmerling (= Rechts- und sozialwissenschaftliche Reihe 9), 1994.

54 Neue Gesetzgebung, wie Fn 3, 443.

55 *Fischel,* wie Fn 41, 133.

56 *Springer,* wie Fn 49, 321.

wenn das Parlament nicht versammelt ist[57]; „in England nur die erste Kammer“ budgetrechtliche Kompetenzen habe[58]. Detailliertere Ausführungen legen davon Zeugnis ab, wie weit man mit den englischen Verhältnissen vertraut war. So wurde zum Grundrecht der persönlichen Freiheit folgendes bemerkt: In England sei die Pressefreiheit lange Zeit gesetzlich nicht geregelt gewesen, sei auch „durch häufige Verfolgungen gegen Schriftsteller beeinträchtigt“ worden, doch hätte dies „die konstitutionelle Freiheit Englands“ nicht geschmälert, „weil es an der persönlichen Freiheit festhielt“, auch im Verhalten gegen Irland habe England stets das Prinzip der persönlichen Freiheit gewahrt, über Irland habe das englische Parlament nie den Belagerungszustand verhängt, außergewöhnliche Maßnahmen seien stets befristet und „unter der größten Verantwortlichkeit der damit beauftragten Exekutivorgane der Zivilgewalt“ durchgeführt worden[59]. Untersuchungen durch Zollbeamte würden allerdings mit großer Rücksichtslosigkeit erfolgen[60]. Sehr ausführlich wird auch über die Schwurgerichtsbarkeit berichtet[61]. Manche Ausführungen hiezu enthalten theoretische Details wie etwa die Berufung auf Lord Brougham, dem das Rotteck-Welckersche Staatslexikon einen eigenen Artikel gewidmet hatte[62], aber auch auf Fälle aus der Praxis: Es hätten bei einem Geschworenengerichtsprozeß in England den Geschworenen sechstausend Fragen gestellt werden müssen[63]. Zur Kirchenfreiheit wird darauf hingewiesen, daß die „englische Episkopalkirche“ mehr Freiheit als die katholische Kirche in Österreich genieße, ebenso die katholische Kirche in Irland, obwohl sie nicht Staatskirche sei[64]. Zur Ministerverantwortlichkeit wird nicht nur auf eine entsprechende Regelung und Textierungen „im Sinne des englischen Staatsrechts“[65] Bezug genommen,

---

57 *Fischel,* wie Fn 41, 172.

58 *Springer,* wie Fn 49, 330, 332.

59 RT-V IV, wie Fn 4, 480. Auch im Verfassungsausschuß: *Fischel,* wie Fn 41, 61.

60 RT-V IV, wie Fn 4, 670.

61 Ebda 525ff.

62 Ebda 554. Lord Brougham (1778-1868), Rechtsanwalt, langjähriges Mitglied des House of Commons, schließlich Lord Chancellor des House of Lords; *Rotteck - Welcker* (Hrsg), Das Staats-Lexikon II, 1846, 676-678. Weiters wird er im „Jury“-Artikel (ebda VII, 1847, 754) neben Burke, Blackstone, Lord Russel und Peel als Verfechter der englischen Schwurgerichtsbarkeit genannt. Seine Parlamentsreden waren weithin bekannt; die Hofbibliothek Wien verfügte über Ausgaben (Speeches ..., 4 Bde, Edingburgh 1838) und auch der Juridisch-politsche Leseverein hatte ein Werk Broughams in seinem Besitz (Lives of men of letters and science, London 1845: *Brauneder,* Leseverein, 512).

63 RT-V IV, wie Fn 4, 554.

64 Ebda 100.

65 *St. Malfer* (Bearb), Die Protokolle des österreichischen Ministerrates 1848-1867 V/2, 1981, 154 (Graf Szécsen).

sondern auch die Meinung vertreten, es sei „die politische Verantwortlichkeit gegenüber der Kammer bereits zu einer Macht geworden ..., welche die Exekutive, wie sie unbedingt nur aus der Parlamentsmajorität entstehen und mit ihr bestehen kann, auch tatsächlich nahezu in der Legislative aufgehen macht", so daß eine Deckung der Exekutive durch die Autorität der Krone wie in Österreich unmöglich sei[66]. Hinsichtlich der ministeriellen Gegenzeichnung von kaiserlichen Ministerernennungen wird explizit darauf verwiesen, daß „in England ... der Minister für den Fall einer solchen Contrasignation unverantwortlich" sei, und es wären weder „bisher in England, noch sonstwo Fälle vorgekommen, daß Minister bei einer derlei Ernennung einmal ihren Kopf aufgesetzt und die Contrasignatur verweigert haben"[67]. Eine verfassungsrechtliche Erweiterung der Regentschaft auch auf Fälle der Abwesenheit des Kaisers sei nicht notwendig, was „die Verhandlungen des englischen Parlaments, bevor die Königin Victoria vor einigen Jahren den Continent besuchte", gelehrt hätten[68]. Bezüglich der Wahlen war bekannt, daß in England „jeder Wähler vor dem Wahlcommisar seinen Stimmzettel abgibt" und „die Candidaten ... bei Wahlversammlungen Reden halten müssen"[69]. Auch sei dort „in den letzten Jahren nicht ein Fall vorgekommen, daß ein Deputierter ohne absolute Stimmenmehrheit in die Kammer gekommen wäre"[70].

Ausführlich beschäftigte man sich auch mit der Verwaltung Englands: Sie beruhe „auf der Verschmelzung der Jurisdiktion und der Verwaltung" wie gerade im Amte des Friedensrichters, über derartigen Behörden stünden die staatlichen Gerichte als staatliche Kontrolle. Die Meinung, in England könne jedermann gegen Verwaltungsakte die ordentlichen Gerichte anrufen, wird berichtigt und auch betont, daß die Verwaltung vielfach gewählten Kommissionen obliege wie etwa die Armenverwaltung, die Sanitätspflege und das öffentliche Bauwesen[71].

Zur Parlamentsarbeit gab es die Meinung, im englischen Parlament spielten die Ausschüsse nicht die Rolle wie im österreichischen[72]. In England würde daher ein Minister selbst über seine Vorlage debattieren, während in

66 Neue Gesetzgebung, wie Fn 3, 74.

67 *Springer,* wie Fn 49, 85f.

68 Ebda 103.

69 Ebda 199f.

70 Ebda 204.

71 Plener in einer Rede vor dem Abgeordnetenhaus vom 18. März 1875 zur „Errichtung eines Verwaltungsgerichtshofes", in: *Plener,* wie Fn 7, 24.

72 Plener in einer Rede zur „Revision der Geschäftsordnung" vor dem Abgeordnetenhaus am 19. Februar 1875, in: ebda 21f.

Österreich der Minister in der Plenumsdebatte zurücktrete hinter den Berichterstatter des Ausschusses, welcher die Regierungsvorlage behandelt und eventuell umgeformt hat. Im englischen Parlament fänden de facto wesentlich mehr Plenarsitzungen statt, nämlich auch in Form sogenannter „Komiteesitzungen" unter dem Vorsitz eines „chairman of commitees" statt des „speakers", das Plenum verwandle sich derart in ein Komitee für Sachfragen mit einfacherem Geschäftsgang, aber in voller Öffentlichkeit, während in Österreich an deren Stelle die nichtöffentlichen Ausschußberatungen träten. Plener trat dafür ein, diesem Beispiel in modifizierter Form zu folgen, zumal dies im Preußischen Landtag und im Deutschen Reichstag schon geschehen sei[73].

V. Argumentationszwecke

Zu welchem Zweck wurde nun auf englische Vorbilder zurückgegriffen? In einigen Fällen geschah dies einfach aus einem empirischen Bedürfnis zur Lösung technischer Fragen wie etwa hinsichtlich der Geschworenengerichte, der Verwaltungsgerichtsbarkeit, der Geschäftsordnung des Parlaments, der Stellung der Minister. Meist verband sich aber mit dem sachlichen ein politischer Zweck oder es stand dieser überhaupt im Vordergrund.

A. Fortschrittliches Vorbild

Die eingangs erwähnten pauschalen Lobpreisungen des englischen Verfassungssystems dienten zur Begründung des Konstitutionalismus gegen den Absolutismus beziehungsweise gegen die neuständisch beschränkte Monarchie. Im Sinne des Konstitutionalismus und zu seiner Förderung berief man sich auch auf seine einzelnen Elemente wie etwa im Bereich der Grundrechte auf die Stellung der Kirchen[74], das Fehlen eines Sonderrechts für das Militär[75] und die persönliche Freiheit[76], den Schutz des Hausrechts mit dem schon zitierten Satz „Das Haus des freien Manns ist seine Burg" als „Fundamentalgesetz der Volksfreiheit"[77], dann die Ministerverantwortlich-

[73] Ebda 22: Er dachte fakultativ an eine Beratung im Plenum statt im Ausschuß.

[74] RT-V V, wie Fn 4, 97ff, v a 100, 116f.

[75] Neue Gesetzgebung, wie Fn 3, 443.

[76] RT-V IV, wie Fn 4, 480; *Fischel,* wie Fn 41, 61; *Brauneder,* Grundlagen, 224.

[77] RT-V IV, wie Fn 4, 668: Was allerdings nicht unwidersprochen blieb.

keit als „einer der schönsten und edelsten Früchte des englischen Staatslebens“[78] oder das System des „self gouvernements“[79]. 1849 wollte der Abgeordnete Brestel „den in England geltenden und zur Befestigung der dortigen Freiheit wesentlich beitragenden Grundsatz“, nämlich die Klagemöglichkeit mittels Individualantrags bei Verletzung „constitutionellen Rechts“ durch Verwaltungsbehörden, „auch in unserer Constitution ausgesprochen haben“[80].

In der Wahlreformdebatte von 1906, in deren Gefolge sich das Abgeordnetenhaus von einer nach einem Kurien- und Zensuswahlsystem gewählten Interessenververtretung in eine Volksvertretung aufgrund eines insbesondere allgemeinen und gleichen Wahlrechts wandelte, wies Plener darauf hin, daß das bereits derart gewählte englische Parlament dennoch „eine viel stärkere Interessenvertretung als bei unserem Kuriensysteme“ sei, dem er das Zeugnis ausstellte, „einseitige Klasseninteressen eigentlich nie ausgeübt [zu] haben“[81].

B. Konservatives Vorbild

Das englische Vorbild diente aber argumentativ auch gegen den Konstitutionalismus bzw gegen ein stärkeres Parlament in Österreich. Noch vor der Reichsverfassung 1861 wurde beispielsweise darauf verwiesen, daß man in einem künftigen Wahlrecht dem Großgrundbesitz einen bestimmenden Einfluß erhalten müsse, denn nur dann habe eine Verfassung Bestand und entwickle sich vorteilhaft: „England liefert hiezu den Beweis“[82]; das geschah dann 1861 tatsächlich. Auch vor der Wahlrechtsreform von 1907, welche das Parlament von einer Interessenvertretung in eine Volksvertretung umwandelte, kam die Rede auf England: Trotz eines weitgezogenen Wahlrechts sei hier die Interessenvertretung nicht verschwunden, das englische Parlament sei aber eine Interessenvertretung „nach dem Diktate der arbeitenden Klassen“[83]. Minister Schmerling rechtfertigte das Fehlen von Grundrechten in „seiner“ Reichsverfassung 1861, die nicht dem Konstitutionalismus folgte, damit, daß auch England keinen Grundrechtskatalog besitze[84].

---

78 *Thun,* in: *Grey,* wie Fn 11, 194.

79 *J. Redlich,* Das österreichische Staats- und Reichsproblem I/1, 1920, 379; *Thun,* in: Grey, wie Fn 11, 197.

80 *Springer,* wie Fn 49, 225f.

81 Plener vor dem Herrenhaus am 21. Dezember 1906, in: *Plener,* wie Fn 7, 984.

82 *Malfer,* Einleitung, in: *ders*, wie Fn 65, 94.

83 Plener, wie Fn 7, 81.

84 Ebda 53.

In besonderer Weise gegen Konstitutionalismus und Parlamentarismus wendet sich die Übersetzung des eingangs (oben II) genannten Buches von Grey durch Minister Thun insbesondere durch dessen Nachwort. Da, so Thun, zur Zeit - zwei Jahre nach der Reichsverfassung 1861 - in Österreich „von vielen eine parlamentarische Regierungsform angestrebt wird“ sei Greys Buch von „bleibendem Wert“ und sehr „lehrreich“[85]. Mit seiner Übersetzung gibt Thun sodann eine Darstellung des englischen Verfassungssystems. Er bewertet dieses als durchaus positiv. Für Österreich stellt er nun allerdings fest, daß das, was im Anschluß an die Reichsverfassung 1861 als „Konstitutionalismus“ gefordert werde, mit dem englischen System einerseits nichts zu tun habe, andererseits sei dieses auch gar nicht auf Österreich übertragbar[86]. In Österreich fehle es an einer entsprechenden historischen Entwicklung[87], es gäbe keine „soliden Parteien“, keine „praktisch erfahrenen Staatsmänner“ und keine „praktische Bildung“ des Volkes in politischer Hinsicht[88]. Österreich ermangle es besonders an politischen Parteien, welche im ganzen Staatsgebiet existierten, denn sie seien hauptsächlich territorial zersplittert, auch müßten sie sich wie in England „aus besitzenden Klassen“ zusammensetzen, um nicht die Zerstörung der bestehenden Zustände anzustreben[89]. Vor allem aus diesem Grund sei es nicht möglich, an eine Regierungsbildung aus der Parlamentsmehrheit zu denken, diese müsse weiterhin dem Monarchen verbleiben[90]. Notwendig sei daher die Gründung einer konservativen Partei gegen die Liberalen[91]. Aus diesen Gründen könne ferner die - für England hochgeschätzte - Ministerverantwortlichkeit nicht eingeführt werden[92]. Das große Vorbild der freien politischen Diskussion Englands hingegen sei voll auf Österreich übertragbar, hiefür wären geeignete Gremien zu bilden, die aber keine Parlamente im modernen Sinn sein müßten[93]. Insgesamt müsse das System der „beschränkten Monarchie“ verwirklicht werden, etwa so wie dies der Kaiser mit dem Oktoberdiplom 1860 (der Basis der Reichsverfassung 1861) in Aussicht gestellt habe. Dieses Regierungssystem sei durch unabhängige Gerichte zu ergänzen, solchen auch Regierungsbefugnisse zu übertragen, näm-

---

85 *Thun,* in: Grey, wie Fn 11, IV.

86 Ebda 203ff.

87 Ebda 226ff.

88 Ebda 210.

89 Ebda 196.

90 Ebda 226ff.

91 Ebda 236f.

92 Ebda 221ff, 225.

93 Ebda 215ff.

lich als öffentliche Gerichtsbarkeit[94]. Das wichtigste Element sieht Thun in der erwähnten freien Diskussion, die auch die Ministerverantwortlichkeit und die Bestellung der Regierung aus dem Parlament ersetzen könne[95]. Eine „parlamentarische Regierungsform (sei) in Österreich zunächst eine Unmöglichkeit“[96], für Österreich lehnt er das englische System ab[97].

Im wesentlichen verwendet Thun den englischen Parlamentarismus zur Begründung des Regierungssystems der neuständisch beschränkten Monarchie wie es die Reichsverfassung 1861 festschrieb. In England habe sich der Parlamentarismus aus der ständischen Monarchie weiterentwickelt und seine - für England somit spezifisch gewachsene - Form gefunden. In den Staaten des Kontinents hingegen wurde, so Thun, die ständische Monarchie durch den Absolutismus beseitigt und es kam zur Reaktion in der Form des - schematisch konstruierten und nicht spezifisch herangewachsenen - Konstitutionalismus. Dieser sei zwar für England, da hier allmählich herangewachsen, passend, nicht aber etwa für Österreich: Hier müsse man analog zur Einrichtung Englands auf den Gedanken der ständischen Monarchie zurückgreifen und diesen den modernen Gegebenheiten anpassen. Eben dies war zwei Jahre zuvor mit der - neuständischen - Reichsverfassung 1861 geschehen!

Thuns Argumentationen entsprechen übrigens gerade mit seiner Bedachtnahme auf die jeweilige Entwicklung, mit seiner Berücksichtigung historischer Elemente wie mit seiner Forderung nach deren Modernisierung der „historisch-systematischen Jurisprudenz“, der sogenannten Historischen Rechtsschule - die er als Minister durch entsprechende Berufungen und Studienvorschriften gefördert hatte[98]. Auch Redlichs Buch über die Geschäftsordnung des House of Commons ist gut fünfzig Jahre nach Thuns Abhandlung von dieser Richtung beeinflußt, da er „die Eigenart des Parlamentarismus zunächst in seinem Mutterlande historisch-politisch und rechtlich“ erfassen möchte, und zwar als „Ausdruck der historischen und national bedingten Eigenart des englischen Parlamentarismus auf seinen verschiedenen Entwicklungsstufen“[99].

Der konservative Standpunkt Thuns blieb jedoch letztlich ohne Wirkungen. Der von ihm durchaus gesehene „Wunsch, sein Vaterland ähnlichen

---

94 Ebda 220f.

95 Ebda 225, 228.

96 Ebda 230.

97 Ebda 238.

98 Vgl dazu: *H. Lentze,* Die Universitätsreform des Ministers Graf Leo Thun Hohenstein, 1962.

99 Wie Fn 8, XI bzw IXf.

Einrichtungen teilhaftig werden zu sehen" wie sie in England bestünden, setzte sich doch durch, das englische Verfassungssystem blieb mit „ein Grund der constitutionellen Bestrebungen"[100]. Schon nach Erlaß der Reichsverfassung 1861 war man sich des Umstandes bewußt, daß in „England Jahrhunderte und zum mindesten Dezennien notwendig waren, um Bestimmungen von (großer) Wichtigkeit zu beschliessen", aber auch, daß man in Österreich viel rascher ans Werk zu gehen habe[101]. 1867 wurde Österreichs Verfassung nahezu ganz im konstitutionellen Sinne ausgebaut. Im Gegensatz zur Übersetzung von Grey durch Thun hat sich Redlich gegen Ende des Jahrhunderts mit englischen Einrichtungen dann sehr wohl deswegen befaßt, um sie als Vorbild für Österreich zu verwenden.

VI. Tatsächliche Einflüsse

Hatten nun Institutionen des englischen Verfassungsrechts konkret Einfluß auf solche in Österreich?

A. Negatives Vorbild

Grundsätzlich war man sich sehr wohl des Umstandes bewußt, daß die Rechtsordnung wie auch die Verfassungsordnung in beiden Staaten wesentlich verschieden sind. So fiel schon 1849 die warnende Bemerkung, daß ohne Berücksichtigung der historisch unterschiedlichen Entwicklungen eine „Hinweisung" auf England „als ein vor eine gesetzgebende Versammlung gar nicht gehöriges Flickwerk" erscheine[102]. Daher gab England einerseits ein negatives Vorbild ab. So sprach Cavalcalbo im Verfassungsausschuß 1849 von der Unanwendbarkeit des englischen Beispiels der Kumulativwahl: „In England sei ein ganz anderes politisches Leben als bei uns, wo in Städten, wie die Erfahrung zeigte, Leute, die acht Wahlmänner zu wählen hätten, in Verlegenheit waren, diese herauszufinden". „Es so zu machen wie in England" wollte auch Brestel hinsichtlich der Wahlfrage nicht befürworten, „denn es würde bei uns zu Schlägereien führen, wie dies auch in England oft vorkommt"[103]. Im Juli 1861 lehnte Minister Rechberg die ausführli-

---

100 *Thun,* in: *Grey,* wie Fn 11, V.

101 Giskra in der Diskussion vom 11. Juni 1861 im Abgeordnetenhaus: StenProt AH 1861, 269.

102 RT-V IV, wie Fn 4, 667f.

103 Beide Zitate nach *Springer,* wie Fn 49, 204.

che Beantwortung einer Interpellation ab, denn dies bedeute, das „parlamentarische System Englands auf unseren Boden vollständig [zu] übertragen“, was er in dieser Zeit der neuständisch beschränkten Monarchie ablehnte[104]. So hatte 1867 eine Regierungsvorlage beabsichtigt, das Herrenhaus über Anklagen bei Ministerverantwortlichkeit entscheiden zu lassen, und zwar mit dem Hinweis, man „reflectirt dabei gewöhnlich auf England“[105]. Dieser Lösung wurde nun, gerade im Hinblick auf England, entgegengehalten, daß das englische Oberhaus im Gegensatz zum österreichischen Herrenhaus auf ganz anderen Grundlagen und Voraussetzungen beruhe, es habe eine wesentlich unabhängigere und selbständigere Stellung vor allem durch die Erblichkeit der Lords und auch durch deren Erfahrungen in Ausübung des Richteramtes[106]. So wurde, gerade auch mit dem Hinweis auf England und im Gegensatz dazu, in Österreich ein eigener Staatsgerichtshof zur Ministeranklage eingeführt[107].

England als negatives Vorbild spielte auch mit eine Rolle bei der Einrichtung des Verwaltungsgerichtshofes[108]. So hatte der österreichische Verwaltungsgerichtshof bloß kassatorisch und nicht meritorisch zu entscheiden: „Gesetzesrecht zu machen ... [mag] vielleicht in England, wo alles auf Präzedenzfälle angewiesen ist, angezeigt sein“, gemeint ist durch das meritorisch erledigende Gericht, derartiges stehe aber mit der österreichischen Rechtstradition in Widerspruch[109]. Hingewiesen wurde auch auf den Umstand, in England sei vieles nicht „gesetzlich ausgesprochen“[110], „die Verfassung in England weit weniger geschrieben als eingelebt“[111].

Auch für die Lokalverwaltung sollte Englands „self-gouvernement“ nicht das Vorbild sein, diese vielmehr in Österreich eine Verbindung mit der staatlichen Verwaltung aufweisen[112].

---

[104] *Malfer*, wie Fn 65, 257 Fn 1.

[105] § 7 Regierungsentwurf eines Gesetzes über die Ministerverantwortlichkeit, in: Neue Gesetzgebung, wie Fn 3, 62f, 66.

[106] Bericht des Verfassungsausschusses über den Regierungsentwurf eines Gesetzes über die Ministerverantwortlichkeit, in: Neue Gesetzgebung, wie Fn 3, 66.

[107] Gesetz vom 25. Juli 1867 über die Verantwortlichkeit der Minister für die im Reichsrathe vertretenen Königreiche und Länder, RGBl 1867/101.

[108] Vgl dazu allgemein *F. Lehne,* Rechtsschutz im öffentlichen Recht: Staatsgerichtshof, Reichsgericht, Verwaltungsgerichtshof, in: *A. Wandruszka - P. Urbanitsch* (Hrsg), Die Habsburgermonarchie 1848-1918 II: Verwaltung und Rechtswesen, 1975, 663ff, bes 692ff; *T. Olechowski,* Die Einführung der Verwaltungsgerichtsbarkeit in Österreich, 1999.

[109] Plener in einer Rede vor dem Abgeordnetenhaus am 18. März 1875 über die „Errichtung eines Verwaltungsgerichtshofes“, in: *Plener,* wie Fn 7, 30.

[110] RT-V IV, wie Fn 4, 480

[111] Giskra: StenProt AH 1861, 286.

[112] *J. Redlich,* wie Fn 79, 379.

Als nachahmenswert hingegen wurden Gepflogenheiten des englischen Parlaments vorgeschlagen wie die Einführung sogenannter „Komiteesitzungen“ des Plenums anstelle der auch in Österreich üblichen Ausschüsse[113]. Nachahmung fand diese zweifache Rolle des Plenums - einmal Ausschußfunktion, einmal eher bloße Abstimmungsfunktion - angeblich im Preußischen Landtag und im Deutschen Reichstag, jedenfalls im Landtag von Hannover[114], aber doch als Ausnahme in Europa. Daher stand dem ebenso die österreichische Tradition entgegen.

Sogar „namentlich“ auf England berief sich 1867 der Bericht der Kommission des Herrenhauses zum Gesetz über die Ministerverantwortlichkeit[115].

Starker Einfluß im positiven Sinn ist im Bereich der Grundrechte festzustellen, und zwar hinsichtlich der Freiheit der Person und des Schutzes des Hausrechts[116].

Einen weiteren Einfluß gab es schließlich im Bereich der Geschworenengerichte dahingehend, daß ein Urteil derselben durch kein anderes Gericht aufgehoben werden kann sowie in der Einrichtung der Urteils-Jury, während die Anklage-Jury abgelehnt wurde, und zwar trotz fundierter Befürwortung aufgrund englischer Erfahrungen[117].

VII. Würdigung

Insgesamt führten die zahlreichen Hinweise auf englisches Verfassungsrecht nicht dazu, daß von diesem Details übernommen worden wären. Zwar hat es in vielen Fragen das Material für Diskussionen abgegeben, doch war man sich immer bewußt, es besitze England eine anders strukturierte und unter eigenen Bedingungen gewachsene Verfassungs- und Rechtsordnung. Aber es wirkten englische Grundhaltungen als Verstärker auf bestimmte Richtun-

---

113 Plener in einer Rede zur „Revision der Geschäftsordnung“ vor dem Abgeordnetenhaus am 19. Februar 1875, in: *Plener,* wie Fn 7, 21f. Vgl o nach Fn 72.

114 Vgl o bei Fn 73; *C. Hayungs,* Die Geschäftsordnung des hannoverschen Landtages (1833-1866). Ein Beispiel englischen Parlamentsrechts auf deutschem Boden?, 1999, 343ff.

115 Neue Gesetzgebung, wie Fn 3, 76f: „hat die Regierungsvorlage nach dem Vorgange mehrerer anderer Verfassungen, namentlich der englischen, das Herrenhaus als Gerichtshof ... aufgestellt“.

116 Vgl *Brauneder,* Grundrechte, 224; RT-V IV, wie Fn 4, 480, 670, *Fischel,* wie Fn 41, 61.

117 Vgl die Diskussion etwa in: RT-V IV, wie Fn 4, 525, 529, 554f.

gen, wenn sie dann auch im Detail anders, besonders institutionell modifiziert, Berücksichtigung im österreichischen Verfassungsrecht fanden. Englands Verfassung diente auch als Gradmesser für die Fortschrittlichkeit des österreichischen Verfassungsrechtes. Schließlich wirkten zahlreiche Berufungen auf England als Antrieb zum Ausbau der österreichischen Verfassung im Sinne einer Festigung des Parlamentes.

Populäre Vermittlung von Kenntnissen über Staat und Verfassung

Karl May als Beispiel

I. Vorbemerkung; II. Deutschland; III. Deutscher Bund, Norddeutscher Bund, Deutscher Zollverein; IV. Das Deutsche Reich; V. Österreich; VI. Staatliche Nachbarschaft: Deutsche Staaten und Österreich; VII. Grenzen in Mitteleuropa: Sachsen, Bayern, Österreich; VIII. Staatsangehörigkeit und Volkszugehörigkeit; IX. „Fremde"; X. Europas Kolonialmächte; XI. Ergebnis.

I. Vorbemerkung

Das einfache Lesepublikum bezog und bezieht allfällige Vorstellungen über Staat und Verfassung nicht aus Fachliteratur. Was konnte es im 19. Jahrhundert darüber der Trivialliteratur entnehmen? Einer der damals meistgelesenen Autoren dieser Literaturgattung soll dafür Beispiele liefern: Karl May.

In seinen Jugendschriften bemüht sich May bekanntlich in besonderer Weise darum, konkretes Wissen zu vermitteln, wobei er sich zum Teil nahezu pädagogisch-psychologischer Tricks bedient[1]: Die eine Person stellt durch komische Verwechslungen falsche Behauptungen auf, die andere korrigiert diese. Derartiges fehlt in den Reiseerzählungen. Die Vermittlung konkreten Wissens wie etwa über die Errichtung des Nationalparks im Yellowstone-Gebiet[2] oder über Arabien und die Kalifen verstand May, wie dazu vermerkt, als „historische Einleitung ... zum besseren Verständnis des Nachfolgenden"[3]. Derartige bewußt plazierte Fakten haben also einführenden Charakter zum anschließenden Geschehen, sie fundieren dieses geographisch-historisch.

Aus: *W. Brauneder* (Hrsg), Karl May und Österreich. Realität - Fiktion - Rezeption. Bildung und Trivialliteratur, Husum 1996, 275-319.

Werksgeschichtliche Bemerkungen folgen: *G. Ueding* (Hrsg), Karl-May-Handbuch, 2. Aufl 2001; *H. Plaul* (Hrsg), Illustrierte Karl May Bibliografie, 1989. - Personelle Daten, soweit nicht dem Text selbst entnommen, entstammen *B. Kosciuszko* (Hrsg), Großes Karl May Figuren-Lexikon, 3. Aufl 2000.

1 *G. Ueding* (Hrsg), Karl-May-Handbuch, 2. Aufl 2001, 272, insb 282 („pädagogische List"), 296.

2 GRRF IX, 354ff; bzw GWR XXXV, 254ff.

3 GRRF III, 8.

Davon zu unterscheiden ist jene - unbewußte - Wissensvermittlung durch das Einflechten von Fakten oder deren Interpretation in den Handlungsablauf. Es handelt sich somit um Nebenprodukte, um Äußerungen, die primär nicht die Absicht haben, den Leser zu belehren.

Um derartige Aussagen geht es in der folgenden Darstellung. Sie erscheinen deshalb von besonderem Interesse, weil sie sowohl einerseits unbewußt Wissen vermitteln, andererseits auch symptomatisch dafür sind, wie der Autor Fakten sieht und einordnet. Konkret also: Wie hat May staatliche Erscheinungen gesehen, und zwar mit der Folge, daß er sie seiner übergroßen Lesergemeinde in dieser Weise zur Rezeption bringen konnte?

Nicht geht es damit also um jene obrigkeitlich-staatlichen Äußerungen, vor allem um jene Szenen Mays, in denen er heimische Verhältnisse etwa im orientalischen Gewande - bewußt - widerspiegelte.

II. Deutschland

Im „Abendlande" gibt es „mehrere Länder", eines davon ist „Dschermanistan", aus dem May/Kara Ben Nemsi stammt[4]. „Alemania", „Deutschland" ist sein „Vaterland"[5]. Zwischen seinen Amerika-Reisen kehrt May/Shatterhand oft bloß für „einige Zeit nach Deutschland" zurück[6]. May ist daher, kurz charakterisiert, „Deutschland" so wie der Governor „England" ist[7].

Deutschland ist das „Vaterland" auch von Dr Schwarz, das er insbesondere damit charakterisiert, daß es „in mehrere Länder" zerfalle[8]. Von diesen Ländern wird hier noch öfters die Rede sein. Eines davon ist die „Heimat" von May/Shatterhand, nämlich Sachsen, „ein Königreich, welches zu Deutschland gehört"[9]. Aber, um weitere Beispiele zu nennen, zu Deutschland zählen auch Pommern und die polnischen Teile Preußens[10].

Zu Karl Mays Zeiten und damit auch zu jenen seiner Reiseerzählungen etikettierte das Wort „Deutschland" keinen verfassungsrechtlichen Begriff. Erst die Staatsbezeichnung „Bundesrepublik Deutschland" verwendet erstmals dieses Wort. Die Bezeichnung „Deutschland" stellte somit zu Mays Zeiten keine Bezeichnung für eine politische Einheit dar. Bis 1866 existierte

---

4 GRRF XXVII, 497.

5 GRRF V, 238f; GRRF XX, 32; GRRF XXX, 195, ähnlich 197.

6 GRRF XXIV, 621.

7 GRRF XXX, 486, 520.

8 HKA III/3, 227; GWR XLI, 247.

9 GRRF XX, 15f.

10 Ebda 32.

der „Deutsche Bund“ als völkerrechtliche Vereinigung der deutschen Staaten, an seine Stelle trat 1867 nördlich des Mains der „Norddeutsche Bund“, der sich 1870/71 zum „Deutschen Reich“ ausweitete.

So ist denn danach zu fragen, was May unter „Deutschland“ verstand. Streng genommen, hängt die Beantwortung dieser Frage von dem Handlungszeitraum der jeweiligen Erzählung ab. Sofern sie vor der Gründung des Deutschen Reiches 1870/71 spielt, kann May dieses mit „Deutschland“ nicht meinen. „Deutschland“ habe „keinen einigen Herrn“, und so wird „im Namen des zu erwartenden deutschen Kaisers“ die Insel Rodriganda in Besitz genommen: Mit „Hoch Deutschland!“ kann hier also noch nicht das Deutsche Reich gefeiert sein[11].

„Deutschland“ war für May überwiegend kein staatlicher, sondern ein geographisch-kultureller Begriff. Dies zeigt sich einige Male ziemlich deutlich. Dies beispielsweise dann, wenn May auf Ereignisse hinweist, die er wegen der historisch wechselnden Abfolge deutscher Staatlichkeit oder der Vielfalt deutscher Staaten vor der Reichsgründung 1870/71 mit keiner präzisen staatsrechtlichen Terminologie einordnen kann. So war der „Besitz von Metz“ eine wichtige Frage „aller Zeiten zwischen Deutschland und Frankreich“, angefangen von Ludwig dem Deutschen über das ganze Mittelalter und die Neuzeit hin bis in das neunzehnte Jahrhundert - bei eben in diesem langen Zeitraum wechselnder Staatlichkeit[12]. Napoleon I. erhob „seine Riesenfaust gegen Deutschland“, nämlich erst noch gegen das Römisch-deutsche Reich und dann gegen einzelne deutsche Staaten[13]. Knapp vor 1870/71, zur Zeit des Norddeutschen Bundes und der einzelnen süddeutschen Staaten, verlangen französische Parteien „Rache an Deutschland“, ferner, „Deutschland in den Staub zu treten“[14]. Soll Präziseres gesagt werden, dann geht dies nur durch die Nennung einzelner deutscher Staaten wie insbesondere „Preußen“, auch „Sachsen, Bayern“, dann ist die Rede vom „preußischen, bayerischen und hessischen Landesteil“[15] oder von Bewohnern wie „Preußen und Süddeutsche“, es sind aufgeführt die „Preußen, die Bayern, die Würthemberger, Westfalen, die Sachsen und die Pommeraner“[16]. Meint May hingegen eine spezifische staatsrechtliche Situation in Deutschland, bedient er sich konkreterer Ausdrücke. Im Kontrast zu einigen zuvor zitierten „Deutschland“-Nennungen verwendet er „deutsches Reich“

---

11 WR III, 1411f.

12 LU I, 132.

13 Ebda III, 996.

14 Ebda 99.

15 Ebda IV, 1343; ebda III, 998.

16 Ebda III, 1057.

für das ostfränkische Reich (mit Metz), das Römisch-deutsche Reich nennt er „Kaiserreich“ (im Zusammenhang mit Napoleon I.)[17].

Von einzelnen Staaten muß May natürlich auch in Hinblick auf den Krieg von 1866 sprechen, denn er spielte sich ja hauptsächlich zwischen deutschen Staaten, also in Deutschland/Deutscher Bund, ab: So ist die Rede von „Preußen“ und „Österreich“ mit der bemerkenswerten Zusammenfassung: „Preußen siegte; es warf seinen Gegner, der leider sein Bruder war.“[18]

Ist es May nicht möglich, derart präzise zu sein, dann spricht er eben, aus den zuvor genannten Gründen, schlechthin von „Deutschland“. Dazu zählt auch die Belehrung des Wirtes in Guaymas, Sachsen sei „ein Königreich, welches zu Deutschland gehört“[19]. Da zu diesem Handlungszeitpunkt Ende der sechziger Jahre Deutschland, wie erläutert, staatlich noch nicht geeinigt war, kann die Bezeichnung nur für eine geograpisch-kulturelle Einheit stehen. In eben die gleiche Richtung eines nicht-staatlichen Deutschland-Begriffs zeigt die kurz darauf in Ures angesiedelte Bemerkung, Deutsche müßten von „Deutschland mit seinen Gesandtschaften oder Konsulaten“ beschützt werden[20]. Damit konnten zu diesem Zeitpunkt nur die Vertretungen der im Deutschen Bund zusammengefaßten Staaten gemeint sein. Mit der Mehrzahlform „Gesandtschaften und Konsulate“ für bloß eine Stadt, Ures, ist auf die Möglichkeit mehrerer Vertretungen, nämlich mehrerer deutscher Staaten an einem Ort, Bedacht genommen. Eine[21] dieser Vertretungen erwähnt May/Kara Ben Nemsi in Stambul, nämlich die „preußische Gesandtschaft“ im gegenüberliegenden Pera, die er, obwohl sächsischer Staatsbürger, für wichtig, weil wohl gewichtig, hält, während es den Wekil von Kbilli unbeeindruckt läßt, daß er „im Schatten seines Königs“, also des sächsischen Monarchen, steht (obwohl er einen Paß vom „französischen Gouvernement in Algier“ vorlegt) - auch in den USA maß May/Shatterhand diesen Vertretungen deutscher Einzelstaaten nicht viel Gewicht bei, hier vielleicht aus eigenen Raubdruckerfahrungen: „Und selbst wenn wir Deutschen allen möglichen Schutz besäßen“.

Was versteht May nun unter Deutschland? Dazu ist vorab einmal festzuhalten, daß ihm Deutschland und das Deutsche Reich an einer Stelle eindeutig zwei klar unterschiedene Begriffe sind. Der Desierto bemerkt nämlich einerseits[22], daß nun seine Heimat Schleswig-Holstein „zum deutschen

17 Ebda I, 132; ebda III, 996.

18 Ebda III, 998.

19 GRRF XX, 15f.

20 Ebda 92.

21 Das Folgende: GRRF III, 518; GRRF I, 66, 56; GRRF XXIV, 158.

22 GRRF XIII, 239.

Reiche“ gehöre, andererseits, daß er „Deutschland und seine Sprache liebe“. Dort, wo es um staatsrechtliche Zuordnungen geht, verwendet May die staatsrechtliche Bezeichnung „Deutsches Reich“, hier, wo er mit der Sprache die Kultur anklingen läßt, den nicht-staatsrechtlichen Terminus „Deutschland“ - wobei es dabei um mehr geht, nämlich auch um ein emotionelles Bekenntnis („liebe“) wohl nicht nur zur Sprache, sondern mit dieser zur Kultur.

Jedenfalls stellt Deutschland für May eine sprachliche Einheit dar und es ließe sich vermuten, daß ihm diese Einheit mit dem Deutschen Reich deshalb nicht identisch war, da zum deutschen Sprachgebiet auch andere Landstriche zählten. Ein weiteres Indiz in diese Richtung liefert May mit Dr Bertram[23]: „ein Deutsch-Österreicher, ein Deutscher von ganzer Seele“, ein „Deutscher durch und durch, wenn auch nur Deutsch-Österreicher“. Seiner Meinung nach richte sich der Krieg Frankreichs von 1870/71 „nicht gegen Preußen, sondern gegen ganz Deutschland“; Lothringen mit Ortry gilt ihm als eine „Provinz“, die „Deutschland geraubt (wurde), sie ist deutscher Boden“. Der Deutschlandbegriff Dr Bertrams umfaßt also auch Lothringen, oder jedenfalls Teile davon, sofern und weil es „deutscher Boden“ ist. Dem Deutschösterreicher, zumal „Deutscher von ganzer Seele“ und sogar „Deutscher durch und durch“, wird man nun wohl zusinnen müssen, daß auch sein Deutschösterreich „deutscher Boden“ und damit Teil Deutschlands ist. In Einklang damit steht seine Feststellung, er mache sich bei einer Unterstützung Dr Müllers alias Richards von Königsau als preußischem Spion gegen Frankreich „keines Verrats schuldig“.

Für Mays Deutschland-Begriff liefert Kara Ben Nemsi ein konkretes Indiz mit dem Hinweis[24], die Nemsi besäßen „eine einzige Oase, die aber so groß ist, daß fünfzig Millionen Menschen auf ihr wohnen“. Diese Zahl erreicht man um das Jahr 1860 nicht einmal mit den Einwohnern des Deutschen Bundes unter Einschluß seiner österreichischen Gebiete, denn 1854 hatte dieser 43 Millionen Einwohner. Allerdings reicht das Land der Nemsi für May/Kara Ben Nemsi über den Deutschen Bund hinaus, nämlich vom „Westen der Türkei bis an die Länder der Fransezler und Engleterri“. Damit beschreibt er offenkundig als Land der Deutschen deren gesamtes Siedlungsgebiet, beginnend in Ungarn („Westen der Türkei“) bis - wie mit Dr Bertram - Lothringen und auch Luxemburg. „Rede wie dir der Schnabel gewachsen ist!“ ist für May/Kara Ben Nemsi „in Deutschland eine Redens-

---

23 So auch in den Bearbeitungen nach 1945: GWB LVII, 319; GWB, LIX, 375.

24 GRRF I, 56; dazu *J. G. A. Galletti*, Allgemeine Weltkunde, 11. Aufl 1854, 335.

art"[25]: Eine solche war (und ist) diese aber nicht nur im Gebiet des Deutschen Reichs, sondern besonders auch in Österreich. Tatsächlich umfaßte der Begriff „Deutschland" zu Mays Zeiten mehr als nur das Gebiet des Deutschen Reiches. Nach Gallettis „Weltkunde" war Deutschland identisch mit dem Deutschen Bund, hierzu zählten beispielsweise auch „Luxemburg" sowie die „Kaiserlich österreichischen Länder" mit u a „Illyrien" und „Böhmen", zu Handelsstädten in Deutschland sind auch Wien, Prag und Triest vermerkt und gerade zum Desierto-Gespräch paßt die Feststellung: „Der dänische Staat umfaßt einen Teil Deutschlands"[26]. In „Stieler's Schul-Atlas" dieser Zeit[27] verzeichnete die „Gebirgs-Karte von Deutschland" etwa auch Höhenzüge in den österreichischen Kronländern, und es entsprach ihr die gegenüberstehende politische Karte „Übersicht der Staaten des Deutschen Bundes" (Kartenbilder Nummer 13 und 14); die weitere Karte „Politische Übersicht von Europa" (Nummer 6) überschrieb das Gebiet des Deutschen Bundes mit „Deutschland", das somit auch den westlichen Teil des Kaisertums Österreich umfaßte, womit wieder ein weiteres Kartenbild in Einklang steht, das wie folgt betitelt ist: „Süd-Östliches Deutschland, enthält die Deutschen Kronländer der Oesterreichischen Monarchie", nämlich alle außer Galizien, Dalmatien, Bukowina und den ungarischen Ländern (Nummer 18).

Und so können Ärzte aus Wien „aus demselben Lande Germania" kommen wie Dr Sternau aus Mainz[28]. Deutschland ist eben ein geographisch-kultureller und kein staatsrechtlicher Begriff.

Allerdings gibt es einige klare Aussagen dahingehend, daß May bei der Verwendung von „Dschermanistan" und „Alemania" oder in Hinblick auf Deutschland als „Vaterland" doch an das Deutsche Reich von 1870/71 dachte, nämlich immer dann, wenn er Deutschland mit Wilhelm I., Bismarck und Moltke oder einigen dieser Personen charakterisierte[29], und damit, daß es das Land sei, das Napoleon III. besiegt habe[30]. Damit kann May nur das Deutsche Reich bzw dieses im status nascendi meinen und schließt aus diesem Deutschland-Verständnis die deutschen Gebiete Österreichs aus. Sehr klar wird dieses Deutschland-Verständnis übrigens in einer irrigen Be-

---

25 GRRF XVI, 144.

26 *Galletti*, wie Fn 24, 329f, 342, 562.

27 Hier verwendet: Stiehler's Schul-Atlas der neuesten Erdkunde, 30. Aufl 1850/Ausgabe für Oesterreich.

28 WR IV 1518.

29 S u IV.

30 GWR XLVIII, 166; GWW XXVI, 475; KMKM XXVI, 226: Hier sodann 254 eine Kaiser-Bismarck-Moltke-Charakteristik.

zeichnung, nämlich „Kaiser von Deutschland“[31], womit er den „Deutschen Kaiser“ von 1870/71 und daher mit „Deutschland“ dieses meint. So auch 1910 im Briefwechsel mit Peter Rosegger, da er „Deutschland“ mit seinem „Pressegesetz“ Österreich gegenüberstellt: „Wären Sie in Deutschland“ - „Da Sie aber Österreicher sind“[32]!

Als Kuriosität ist übrigens anzumerken, daß die „Alemania“-Charakteristik mit Wilhelm I. und Bismarck sich im Balkanteil des Orientzyklus findet, der vor 1870/71 spielt[33]! Sie träfe vor 1866 bloß auf Preußen, dann noch auf den Norddeutschen Bund zu - beide sind aber nicht das „Vaterland“ Mays/Kara Ben Nemsis. So zeigt das Original, daß May das eben beschriebene Deutschland-Bild zur Zeit der Abfassung dieser Stelle, 1887, rückprojizierte. Eine Rückprojizierung der Situation von 1893 ist wohl auch der Ausruf Klekih-Petras „wenn es doch nun endlich einmal ein einiges Volk werden wollte!“[34]. Denn, auf alle Deutschen wie hier bezogen, würde der Ausruf zur Handlungszeit in den sechziger Jahren durchaus auch bedeuten, die Deutschen Österreichs in einen einigen Staat miteinbeziehen zu wollen, was auszudrücken wohl nicht in der Absicht Mays lag.

So ist festzuhalten, daß May unter „Deutschland“ seit der Reichsgründung 1870/71 primär das Deutsche Reich verstand. Zuvor und zum Teil wohl auch noch danach war ihm „Deutschland“ ein geographisch-kultureller Begriff und identisch mit dem über das spätere Deutsche Reich hinausgehenden Deutschen Bund, was im Einklang mit dem damaligen Sprachgebrauch stand. Mit diesem erst weiteren und dann engeren Deutschland-Begriff ist May übrigens symptomatisch für die einsetzende Verengung des Deutschland-Begriffes auf das Deutsche Reich, wobei er diesen verengten Begriff auch rückprojizierte.

Exkurs zu II: Bearbeitungen nach 1945

Nach 1945 fehlt die „Alemania“-Charakteristik im Orientzyklus[35]. Damit wurde die zuvor erwähnte unhistorische Rückprojizierung des Deutschen Reiches in die Zeit vor dessen Gründung 1870/71 behoben.

---

31 GRRF XVI, 143f. - May schreibt sehr wohl auch „deutscher Kaiser“: s o vor Fn 11; auch u bei Fn 51.

32 Bei: *A. Schneider*, „... unsere Seelen haben viel Gemeinsames!“ Zum Verhältnis Peter Rosegger - Karl May, in: JbKMG 1975, 237.

33 GRRF V, 239.

34 GRRF VII, 126.

35 GWW V, 213f; GWB V, 206f.

Aus der „Redensart“ in „Deutschland“ wurde eine solche „daheim“[36], was nun auch bloß Sachsen sein kann - aber nicht stimmt.

Eine weitere Bearbeitung allerdings führte zu Konfusionen. In der Desierto-Erzählung sind die zuvor erwähnten Nuancen aufgehoben und damit Ungereimtheiten eingeführt worden. Statt: „Heute gehört meine Heimat zum deutschen Reiche“, heißt es nun: „Seit 1864 gehört meine Heimat zu Deutschland“[37]. Tatsächlich gab es nach 1945 keinen Staat mit der Bezeichnung Deutsches Reich mehr, zu dem Schleswig-Holstein „heute“, um 1950, gehören konnte - doch Gegenwartskunde sollte ja mit der Bearbeitung eines im 19. Jahrhundert spielenden und geschriebenen Textes wohl auch nicht betrieben werden. Im zeitgenössischen Kontext gesehen, muß sich diese aber doppelte Kritik gefallen lassen. Einmal aus der Intention Mays: Er hatte ja eine staatsrechtliche Zuordnung ausdrücken wollen - in diesem Sinne aber gab es den Begriff „Deutschland“ bis zur Gründung der „Bundesrepublik Deutschland“ nicht. Sodann aus verfassungshistorischen Erwägungen: Wozu Schleswig-Holstein „seit 1864“ gehörte, ist staatsrechtlich keinesfalls so einfach auszudrücken, wie die Bearbeiter nach 1945 dies wollten. Als Zuordnung zu einem rechtlich verfaßten „Deutschland“ bietet sich für 1864 der „Deutsche Bund“ an, wenngleich ihm nicht alle Gebiete des geographischen Deutschland angehörten, wie gerade Schleswig. Zum politischen Deutschland, dem „Deutschen Bund“, gehörte es während dessen Existenz bis 1866 nicht. „Deutschland“ könnte im Zitat also nicht durch „Deutscher Bund“ ersetzt werden. „Seit 1864“ gehörte Schleswig-Holstein vielmehr als Kondominium zwei deutschen Bundesstaaten an, nämlich Preußen und Österreich, die sich 1865 die Verwaltung teilten, Preußen übernahm diese in Schleswig, Österreich in Holstein. Erst nach dem Krieg von 1866 annektierte Preußen Schleswig-Holstein, womit es nun nicht bloß zu Preußen, sondern auch zum Norddeutschen Bund gehörte. „Seit 1864“ gehörte Schleswig-Holstein somit „als Kondominium zu Österreich und Preußen“, hievon Holstein auch zum Deutschen Bund, beides seit 1866 zu Preußen und damit zum Norddeutschen Bund bzw ab 1870/71 zum „Deutschen Reich“ - so müßte man das schlichte „Deutschland“ von Mays Bearbeitern ins Staatsrechtliche transformieren. Eine derartig schulmeisterliche Modifikation bietet sich nun wirklich nicht an - wer würde derartigen staatsrechtlichen Unterricht seinem Gast im Urwald Südamerikas zumuten? Aber nicht nur staatsrechtlich ist der Satz, Schleswig-Holstein gehörte seit 1864 „Deutschland“ an, unrichtig. Gerade im Sinne des emotionell-kulturellen Deutschland-Begriffes von May ist der Satz unrichtig, denn zu einem sol-

---

36 GWW XVI, 134; GWB XVI, 126.

37 GWW XIII, 201; GWB XIII, 201.

chen Deutschland gehörte Schleswig durchaus schon vor 1864. Der Desierto bezeichnet sich ja ausdrücklich bloß für die Zeit danach als „Deutscher“, er charakterisiert sich selbst wie folgt: Ich „war ein Deutscher mit Leib und Seele“ - „war“, also zur Zeit, als er sich staatsrechtlich als „Däne“ sehen mußte, was ja auch zum Konflikt führte. Und überdies hielt ja schon Galletti, wie zuvor zitiert, fest: „Der dänische Staat umfaßt einen Teil Deutschlands“[38].

Als einzige in der Sache richtige und überdies vom Verständnis Mays her plausible Feststellung bleibt daher lediglich die des Originals: „Heute gehört meine Heimat zum deutschen Reiche“ - es würde wohl auch ansonsten viel Mühe machen, die Gesammelten Werke in eine heute gültige staatsrechtliche Terminologie zu übersetzen: Beispielsweise wären die Bände 1 bis 6 davon ganz beträchtlich betroffen! Und das fiel zum Glück noch niemandem ein.

III. Deutscher Bund, Norddeutscher Bund, Deutscher Zollverein

Seit 1815 waren jene Staaten und Gebiete, die bis 1806 zum Römisch-deutschen Reich gehört hatten, im Deutschen Bund vereinigt. Er stellte die politische Organisation Deutschlands dar. Doch war er mit Deutschland nicht völlig identisch: Dazu zählte beispielsweise auch Schleswig, das aber nicht dem Deutschen Bund angehörte.

Anders als für Wilhelm Raabe in seinem „Abu Telfan“, wo eine Landung in Triest eine „auf dem Territorium des Deutschen Bundes“ ist[39], war dieser für May nicht erwähnenswert. Nie charakterisiert er „Deutschland“ oder „Alemania“ vor 1866 mit etwa der Bundesversammlung zu Frankfurt/Main oder der Präsidialmacht Österreich oder gar mit seinem Kaiser als daher ersten der deutschen Bundesfürsten wie er später mit Kaiser Wilhelm I. das Deutsche Reich charakterisiert.

Auch der Norddeutsche Bund findet keine Erwähnung. Für die Zeit zwischen 1866 und der Reichsgründung 1870/71 nennt May, wie erwähnt (s o II), die einzelnen deutschen Staaten oder Einwohner wie die „Preußen und die Süddeutschen“. Indirekte Hinweise gibt es möglicherweise doch[40]: Bei

---

38 S o bei Fn 26.

39 W. *Raabe*, Abu Telfan oder die Heimkehr vom Mondgebirge, Zeitschriftabdruck 1867, Buchausgabe „1868“ (tatsächlich 1. Aufl 1869); hier zit nach Winkler Dünndruckausgabe: 11.

40 Flagge: WR III, 1411f; Dienst: WR VI, 2612 (1882-84: Reprint Leipzig 1988/89) bzw ebda (1886: Reprint Hildesheim-New York 1971).

der Inbesitznahme der Insel Rodriganda nimmt man - vom Schiff - die „deutsche Flagge“ mit und hißt diese am „höchsten Punkt der Insel“. Beim Wort genommen, kann es sich bei dieser „deutschen Flagge“ nur um die Handelsflagge des Norddeutschen Bundes handeln, eine andere Einheitsflagge gab es zu diesem Zeitpunkt nicht. Einen phonetischen Anklang an den Norddeutschen Bund enthält die Feststellung, „Waldröschens“ Mann sei „Oberst in norddeutschen Diensten“, was die Auflage 1886 in „Oberst in einer norddeutschen Stadt“ modifizierte. Gerade aber diese Korrektur könnte ein Indiz für einen Gedanken an den Norddeutschen Bund sein: Dieser besaß keine Armee, man konnte also nicht in dessen militärischem Dienst stehen, die Bundesarmee war, wie später das Reichsheer des Deutschen Reiches auch, als Kontingentheer der Einzelstaaten konzipiert, und so gab es im Norddeutschen Bund neben der preußischen auch noch die sächsische Armee. Man stand also entweder in preußischen oder in sächsischen Diensten! Die Auflage von 1886 korrigierte somit eindeutig einen Fehler, gerade aber er zeigt wohl Mays Blickrichtung auf den Norddeutschen Bund.

In ähnlicher Weise berücksichtigt May eine andere Organisation Deutschlands, nämlich den Deutschen Zollverein. Auch diesen erwähnt er nicht direkt, dafür aber sehr deutlich durch die Beschreibung einer seiner Folgen im Zusammenhang und im Hinblick darauf, daß Österreich dem Zollverein nie angehörte, aber bereits seit 1834 neben Sachsen u a Preußen[41]: „Aus Berlin, das so viele Meilen von hier liegt, darf ich mir ohne Straf Stiefeln kaufen, soviel ich will“, da eben Preußen mit Sachsen Zollinland war. Im Zollausland aber, wie in Österreich, nämlich „in Breitenbach“, gleich 1 km jenseits der Grenze vom sächsischen Johanngeorgenstadt an der Bahnlinie von hier nach Karlsbad gelegen, heute als Potucky Grenzstation, das damals zu Fuß nach Angabe des Grenzmeisters „keine Stund entfernt ist, darf ichs net, wenn ich net so viel extra zahl“, nämlich so viel Zollgebühr für das Paar Stiefel, „daß ich sie beinah noch mal besohlen lassen kann“.

IV. Das Deutsche Reich

Mit dem „Kaiser von Deutschland“, seinem „großen Wessir“, nämlich Bismarck, und dem „berühmten Obergeneral“, womit Moltke gemeint ist, bzw nahezu identisch mit „Sultan ... Wilhelm“, „Großvesir ... Bismarck“ und „Muschir“ (laut Fußnote „Obergeneral“) „Moltke“ scheint May das Deut-

41 GWR XLIII, 11; GWB XLIII, 95. Die erläuternden Ortsangaben nach *K. Baedeker*, Österreich, 27. Aufl 1907, 309.

sche Reich als einen einheitlichen Staat anzusehen[42]. Dem aber ist ganz und gar nicht so[43].

Denn: Dem „mächtigen und weisen Stamme der Germani“ stehen mehrere „große Häuptlinge“ vor[44]. Noch deutlicher: Die „Deu-scheh haben mehrere Häuptlinge, welche Kön-ig genannt werden; der oberste Häuptling aber wird Kai-sa genannt“[45]. Ins „Orientalische“ übertragen liest sich dies so: Die „Nemsi“ haben „auch einen Padischah“ wie die Osmanen, sodann aber noch „Paschas“[46]; oder präziser: Deutschland „zerfällt in mehrere Länder, deren jedes einen großen, mächtigen Sultan hat“, aber es existiert noch „der oberste Schah, der über sie alle herrscht“, nämlich Kaiser Wilhelm I.[47]. Daß auch hier davon die Rede ist, daß dessen „oberster Wesir“ Bismarck und „sein berühmtester“ General Moltke heißen, hat nun wenig zentralistische Wirkung. Interessant ist bei diesem „orientalischen Bild“ noch, daß Kaiser Napoleon III. als „Sultan von Feransa“ bezeichnet wird, womit die deutschen Bundesfürsten als gleichfalls „große, mächtige Sultan(e)“ dem Kaiser von Frankreich gleichgestellt erscheinen, was den Deutschen Kaiser nicht in den Vordergrund rückt. Die Bedeutsamkeit der Bundesfürsten als Souveräne ihrer Staaten stellt sich für May nach 1870/71 nicht anders dar als zur Zeit des Deutschen Bundes[48]. Damals fehlte der Kaiser, es gab nur die Bundesfürsten: „Germanistan“ hat nicht „einen gro-

---

42 GRRF XVI, 143f; bzw GRRF XXVII, 497f; auch GRRF V, 238f.

43 Vgl dazu auch *St. Schmatz*, Karl Mays politisches Weltbild (= Sonderheft der Karl-May-Gesellschaft 86), 1990, 47ff: „Karl May und das zeitgenössische Deutschland“. Die hier aufgestellten Behauptungen müssen zum Teil jedoch höchst kritisch aufgenommen werden, und zwar aus vielfachen Gründen. Es wird von zu groben, undifferenzierten Mustern ausgegangen wie z B „Wilhelminisches Deutschland“ (47), womit den föderalistisch bedingten politischen Unterschieden etwa Bayern-Preußen oder hier Rheinlande-Ostelbien nicht Rechnung getragen wird. Dazu kommen falsche Ansätze wie „Autoritatives System“ (48) für diese Epoche sowie unbelegte Behauptungen wie eine Abneigung Mays gegen Kaiser Wilhelm II. (48). Auch wird, freilich nicht nur von Schmatz, oftmals gar nicht in Rechnung gestellt, daß mit negativen Einzelpersonen nicht unbedingt ein negatives Bild eines Standes, etwa des Adels, zu zeichnen beabsichtigt ist, sich jene negativen Charaktere vielmehr auch aus der Erzählkomposition verstehen können; zum gleichen Stand sind oftmals positive Charaktere unberücksichtigt geblieben wie gerade zum Militär Kurt Helmers (GWR: Unger) mit seinen Offiziersfreunden!

44 GRRF IX, 237.

45 HKA III/1, 350; nicht in GWR, GWW, GWB, VNL; die hier fehlende Stelle auch in: Winnetou und der schwarze Hirsch, in: *W. Hansen - S. C. Augustin*, Karl May - Winnetou und der schwarze Hirsch (= Heyne TB 6412), 337.

46 GRRF I, 193.

47 HKA III/3, 227; GWR XLI, 247.

48 GRRF II, 185.

ßen Sultan“ wie das Osmanische Reich einen „Padischah“, sondern „sehr viele Padischahs“. Es hatte Deutschland „der Fürsten viele, aber keinen einigen Herrn“, und in Kenntnis der späteren Entwicklung kann May hinzufügen, dieser käme als der „zu erwartende deutsche Kaiser“[49]. Er tritt zu den Fürsten also bloß hinzu, und so sind sie für May nach 1871 noch immer „große Häuptlinge“ und gleichrangig den „Häuptlinge(n) der drei bösen Stämme“ der Engländer, Spanier und Franzosen (unten VI.), auch ist ihm nach 1871 deren Kaiser ebenso „Sultan“ wie die Bundesfürsten neben dem Deutschen Kaiser! Nicht an diesen, sondern an einen Bundesfürsten wie den König v Bayern muß sich ein Wilderer um Begnadigung wenden[50].

Nur scherzhaft scheint für May der „deutsche Kaiser“ allein - ohne Bismarck und Moltke bzw ohne Bundesfürsten - erwähnenswert zu sein: „Ob ich sag' psychikalisch oder physikalisch, das ist dem deutschen Kaiser ganz egal“ meint der Hobble-Frank, doch tatsächlich ist May mit seinem Hobble-Frank auf den Deutschen Kaiser als Symbolfigur der Reichseinheit stolz: „Ich bin ein Deutscher und bleib een Deutscher, zumal wir jetzt nu eenen Kaiser haben“[51].

Das Deutsche Reich erscheint May somit als ein Fürstenbund, das seinen Schwerpunkt in den Ländern und ihren Bundesfürsten, den „Sultanen“, und nicht im Deutschen Kaiser hat. Mit diesem Bild trifft May genau die Situation zur Zeit der Reichsgründung und in etwa bis hin zum Regierungsantritt Kaiser Wilhelms II. Aber selbst jetzt blieb der Fürstenbund-Charakter noch erhalten. Als 1908 das Deutsche Reich Kaiser Franz Josef zum 60jährigen Regierungsjubiläum gratulierte, stand ihm als Vertreter des Deutschen Reiches nicht bloß Kaiser Wilhelm II. gegenüber, sondern mit diesem alle Bundesfürsten und ein Vertreter der drei Freien Städte. Besonders schön hebt diese Szene das Bild von Franz von Matsch ins Bewußtsein[52]: In der linken Bildhälfte steht nahezu einsam Kaiser Franz Josef, die rechte füllen 11 Männer, die Bundesfürsten und der Vertreter der Freien Städte, bloß einen Schritt vor ihnen steht Kaiser Wilhelm II. Verfassungsrechtlich war diese Personenmehrheit der Träger der Souveränität des Deutschen Reiches und - im Gegensatz zu Kaiser Franz Josef für Österreich-Ungarn - nicht der Deutsche Kaiser.

49 WR III, 1411f.

50 WzG I, 24.

51 HKA III/1, 158 bzw 43: nicht in GWR, GWW, GWB, VNL!

52 Die Huldigung der deutschen Bundesfürsten, in: *R. Mikula* (Hrsg), Franz von Matsch. Ein Wiener Maler der Jahrhundertwende, in: Katalog einer Sonderausstellung des Historischen Museums der Stadt Wien 1982, 1981, Nr 182; vgl dazu *H. Giese*, Franz von Matsch. Leben und Werk 1861-1942, Phil Diss Wien 1976, 125ff.

Daß May, wie zuvor zitiert, Kaiser Wilhelm I. auch als „Sultan“ bezeichnet, tut seinem korrekteren Bild keinen Abbruch: Es geschieht dies nur, wenn er, wie eben dort, die Bundesfürsten nicht erwähnt, weil er offenbar nur die - preußische - Reichsspitze beschreiben will, und als König von Preußen ist Wilhelm I. eben ein „Sultan“. Diesem war übrigens seine preußische Königswürde stets mehr wert als der „Deutsche Kaiser“, in dem er nur einen Titel sah, gleich dem eines „Charakter-Majors“ ohne entsprechendes Kommando[53].

Das Wilhelm I.-Bismarck-Moltke-Bild versteht sich daraus, Bekannt-Einprägsames zu verwenden, nämlich berühmte Personen und nicht Institutionen. Wilhelm I. und Bismarck sind eben die „beiden größten Männer Deutschlands“[54] und auch im Gasthof „Drei Linden“ zu Ebersbach hängen „Bismarck, Moltke, der alte Kaiser“[55] an der Wand. Sodann stand May wohl, wie auch seinen Zeitgenossen, das Preußische der neuen Reichsspitze besonders im Vordergrund. Bismarck ist ihm die „Seele der preußischen Politik“[56]. Freilich hält May mit jener verkürzten Beschreibung fest, was in der Verfassungswirklichkeit allmählich eintrat: Die Bedeutungsminderung der Bundesfürsten gegenüber dem Kaiser. Auf der Soiree des Großherzogs v Hessen-Darmstadt im Schloß Montbijou (sic!) läßt May Wilhelm I. als König v Preußen so auftreten, als sei dieser der einzige Souverän und nicht auch der Großherzog ein regierender Monarch[57]. Dieser erscheint eher mit dem spanischen Herzog v Olsunna, der kein Souverän ist, auf eine Stufe gestellt.

In den zitierten Charakteristiken zum Deutschen Reich fehlt stets eine verfassungsrechtliche Institution, nämlich das Parlament. Dies mag den Anschein erwecken, als messe May der Volksvertretung keine Rolle zu, als gerate sie ihm nicht ins Blickfeld. Dem ist aber nicht so: So hält er ausdrücklich fest, es habe „der König nicht den Zolle gemacht, sondern du selber, denn du hast den Mann mit gewählt, der im Landtag für uns spricht“[58]. Der politische Mechanismus, hier mit Sachsens Landtag, ist May also vertraut und wird argumentativ verwertet - vielleicht bewußt belehrend. Dies freilich ist eher irreführend. Sachsen besaß wie alle Mitglieder im

---

[53] Vgl besonders *Bismarck*, Gedanken und Erinnerungen II, 23. Kap Abschnitt 4.

[54] *P. Lindau*, Aus der Neuen Welt. Briefe aus dem Osten und Westen der Vereinigten Staaten, hrsg v *P. Wersig*, Berlin 1884, (Neuausgabe oJ), 234.

[55] WR III, 1203 bzw GWR XLVII, 330.

[56] WR III, 1203.

[57] Ebda 1235ff.

[58] GWR XLIII, 96.

Deutschen Zollverein[59] seit 1867 keine Zollkompetenzen mehr, denn diese waren auf dessen neues „Zollparlament“ übergegangen. Die Zollvereinsstaaten mußten sich aber schon zuvor an die Beschlüsse des Zollkongresses halten. Zur Zeit der Erstedition dieses Textes, 1879, traf also Mays Hinweis auf Sachsens Landtag nicht mehr zu. Nur im Wissen darum und daher unter der Annahme, die Erzählung spiele vor 1867, konnte sie konkret-belehrenden Charakter gewinnen.

Schließlich finden wir noch einige spezifische Folgen der Reichsgründung: Vor ihr trägt in Guaymas May/Shatterhand im „Fremdenbuch“ als seine „Heimat Sajonia“, Sachsen, ein; nach ihr, im „Fremdenbuch“ in Colombo, sind „Deutsche“ eingetragen[60]. Vor 1870/71 gab es eben nur die Staatsbürgerschaft der Länder, jetzt auch die des Deutschen Reiches. Während des Krieges Argentiniens gegen Paraguay, daher irgendwann in den Jahren 1865 bis 1870, kann sich der Preuße Dr Morgenstern nur untechnisch einen „deutschen Unterthan“ nennen, denn noch stehen wir ja vor der Reichsgründung; richtig äußert sich sein „Landsmann“ Fritz Kiesewetter mit der präzisen Feststellung, er sei „Unterthan des Königs von Preußen“[61]. Als May 1891 vom eben Zitierten sowohl die Guaymas- wie auch die Südamerika-Szene schrieb, trug er mit der Betonung der Länder-Staatsbürgerschaft 20 Jahre nach der Reichsgründung aber nicht bloß den Handlungszeiten vor 1871 Rechnung. Er entsprach der zeitgenössischen Rechtslage insofern, als man primär die Länder-Staatsbürgerschaft und als Folge davon die Reichsangehörigkeit erwarb. Doch wird May diese formale Interpretation wohl nicht voll gerecht - er hätte sich ja auf die Erwähnung der Eigenschaft als „deutscher Unterthan“ wie im Falle Morgensterns beschränken können. So aber wählt er mit seinen Hinweisen auf Sachsen bzw Preußen die föderalistische Sichtweise. Indirekt übrigens auch mit dem Wort „Unterthan“, da er damit eine auf die Landes-Monarchen bezogene Betrachtung pflegt: Morgenstern als „deutscher Unterthan“ ist eben der Untertan eines deutschen Landesfürsten. Ganz klar tritt Mays - richtige - föderalistische Staatsbürgerschaftssicht auch für die Zeit nach der Reichsgründung durch Frau Ebersbach zutage: Als „Dame vom zusammengeeinten deutschen Kaiserreich“ ist sie „Landestochter des schönen Sachsenlandes“, und - präzise - stolz auf ihre „gute, sächsische Schtaatsangehörigkeit“[62].

---

59 Zu ihm vgl *E. Wadle,* Der Deutsche Zollverein, in: JuS 1984, 586ff; *ders*, Der Zollverein und die deutsche Rechtseinheit, in: ZRG/GA 1985, 99ff.

60 GRRF XX, 10, 15f; GRRF XXX, 123.

61 HKA III/5, 86f; GWR XXXIX, 89f.

62 HKA III/6, 250, 260.

Auch in Währungsangaben schlägt trotz Reichsgründung die Bedachtnahme auf Landeswährungen noch durch. Nach 1871 trat reichseinheitlich die Mark-Währung erst neben, dann an die Stelle der einzelstaatlichen Währungen. Von sächsischen Pfennigen und Talern ist zu Beginn von „„Weihnacht!"" oft die Rede, wir sind eben noch im Winter 1857[63]. Die Übergangszeit nach 1871 charakterisieren dann Doppelangaben wie zu Bayern „fünfzig Thaler, hundertfünfzig Mark" oder „vierundzwanzig Thaler oder zweiundsiebzig Mark", so daß der Ausdruck „bayrisches Geldl" gerade noch paßt[64].

Außer einheitlicher Staatsbürgerschaft und einheitlicher Währung vermerkt May noch eine weitere Folge der Reichsgründung. In den Zeiten zuvor beschrieb er den Schutz der Angehörigen der deutschen Staaten als wenig wirkungsvoll, nunmehr aber habe sich dies geändert: „Die Vertretung Deutschlands war damals keine so kräftige und imponierende wie jetzt, besonders in jenen fernen Ländern" wie Ceylon, wo May/"Charly" diese Bemerkung macht[65]. Interessant ist übrigens, daß er für die Zeiten „damals" auf Ceylon zusätzlich vermerkt, „der Anschluß an einen Engländer" wäre wegen des ehedem geringen Schutzes deutscher Staaten „nur vorteilhaft zu nennen"!

Die Reichsgründung von 1870/71 erscheint May ganz im Einklang mit dem Zeitgeist und überdies angesichts der anderen europäischen Machtstaaten als ein für den einzelnen Deutschen zumal im Ausland positives Ereignis. Doch stellt das Deutsche Reich für May durchaus keinen einheitsstaatlichen, zentralistischen Klotz dar, vielmehr ein Länderkonglomerat, einen lockeren Bundesstaat. So spricht er vom „zusammengeeinten deutschen Kaiserreich" und verwendet für dieses als Bundesstaat ebenso wie zuvor für den Deutschen Bund als Staatenbund die Ausdrücke „Deutschland", „Dschermanistan" oder „Alemania"[66]. Der Bundesstaat des Deutschen Reiches besitzt zwar eine mehrfach betonte preußische Spitze, und dies nicht nur im preußischen Monarchen, ist aber insgesamt ein Fürstenbund der einzelnen Länder.

---

63 GRRF XXIV, d ö; zur Datierung: ebda, Reprint Bamberg 1984,17.

64 WzG IV, 1255, 1622, 1456.

65 GRRF XI, 389; zur Situation vor 1870/71 s o bei Fn 20-22.

66 Wie Fn 62; vgl außer den obigen Beispielen insb noch: WzG VI, 2376f, 2396, 2477.

Allerdings erweist sich das Bild des Deutschen Reiches mit Kaiser und Reichskanzler ohne Erwähnung der Bundesfürsten prägender als das - richtigere - föderalistische Bild. So fehlt nach 1945 der Hinweis auf die „großen Häuptlinge der Germani", obwohl der „Stamm der German" erwähnt bleibt[67].

Eine Bearbeitung besonderer Art stellt Band LX dar: Hier[68] ist die Rede von Wilhelm als dem „Padischah" und von Bismarck als „seinem Großvezir"; die Sultane fehlen. Daß es sich dabei um einen besonderen Rezeptionsvorgang handelt, nämlich durch die Bearbeiter von „Deutsche Herzen, Deutsche Helden", geht daraus hervor, daß hier, im Original, dieses Bild fehlt. Als man 1930 Band LX gleichsam aus der Taufe hob, wählte man also das zentralistischere Bild - übrigens ein chronologischer Schnitzer, denn die nunmehr für die Einpassung in den Beginn des Orientzyklus gewählte Handlungszeit der sechziger Jahre mußte Wilhelm I. als „Padischah"-Kaiser fremd sein, aber just dies war im Orientzyklus May selbst passiert.

Schon in GWR entfiel das „zusammengeeinte deutsche Kaiserreich", denn die Ölprinz-Handlung sollte „um das Jahr 1869", also vor der Reichsgründung, spielen, statt vom „deutschen Kaiserreich" ist, sozusagen im Einklang mit Frau Ebersbach als „Tochter des schönen Sachsenlandes", vom „überall geschätzten Sachsenland" die Rede; in GWB fehlt nun auch dieses[69].

Die Kaiser v Deutschland-Charakteristik ist in allen Ausgaben schon seit GWR gestrichen worden, ebenso entfielen der Deutsche Kaiser des Hobble Frank und die Wilhelm I.-Bismarck-Moltke-Charakteristiken gänzlich oder zum Teil, und zwar wegen der Her- oder Richtigstellung der chronologischen Einordnung. Eine Sultan-Großwesir-Muschir-Charakteristik geriet in GWW mit der Umgestaltung von Band XXVII in Verlust, da sie mit dem Kapitel „Ein Rätsel" gestrichen und dieses nicht in GWW XXVI („Im Banne der Rache") aufgenommen wurde, in GWB XXVI („Der Löwe der

---

67 GWW IX, 234; GWB IX, 221.

68 GWB LX, 123. Nicht im Original: Die Königin der Wüste (= Deutsche Herzen - deutsche Helden II), Dresden 1901 (Reprint Hildesheim-New York 1976), 187.

69 GWR XXXVII, 257, 268; GWB XXXVII, 235. - Nach dem Hinweis des Hobble-Frank auf seine „Villa Bärenfett, die ich im dritten Jahrgang pagina 397 (des Guten Kameraden) so physikalisch-dramatisch geschildert habe", müßte die Erzählung jedenfalls nach den Jahren 1888/89, dem erwähnten dritten Jahrgang, spielen: Wie Fn 62, 175 (nicht in GWW).

Blutrache") hingegen findet sich diese Stelle wieder in der Erzählung „Ein Rätsel" im 3. Kapitel[70].

Die Fürsten-Charakteristik hat in der Bearbeitung als „Benito Juarez" eine Verschlechterung und eine Verbesserung erfahren[71]. Aus dem Deutschland ermangelnden „einigen Herrn", dem künftigen Kaiser, wurde das Vermissen eines „einzigen Herrn", doch gibt es (auch) hier „der Fürsten viele": eine fehlerhafte Verschlechterung. Als Verbesserung hingegen steht statt „Hoch sein Herrscher!" - den es ja noch nicht gibt - ein „Hoch seine Herrscher!", also auf die „Fürsten viele", was korrekt ist.

V. Österreich

Äußerungen über Österreich läßt sich entnehmen, daß dieses für May ein Gebilde von besonderem Rang darstellte. Handlungsabläufe spielen „drüben im Kaiserlichen", in „dem Kaiserstaat", an dessen Spitze vor Zeiten „die Majestät des deutschen Reichsoberhauptes" stand[72], also der Römisch-deutsche Kaiser. Das Zentrum bildet die „Kaiserstadt Wien"[73] mit beispielsweise dem „Wiener Justizministerium"[74], dem er irrig die Gendarmerie zuordnet. In Wien kann man „die Freuden der Residenz genießen", aber ebenso auch „ein Einsiedler gewesen" sein[75]. Hat man als bayerischer Hinterwäldler, falls „außerordentlich gut beanlagt", „seinen Aufenthalt in Wien fleißig ausgenutzt", so bringt dies „große Sicherheit" in Auftreten und Bildung, man hat „gar wohl gelernt, sich auszudrücken"[76].

Der Wechsel vom dezentralisierten Einheitsstaat des Kaisertums Österreich in die Zwei-Staaten-Monarchie Österreich-Ungarn als Folge des Ausgleichs von 1867 blieb May offenbar verborgen. Ungarn aber scheint doch eher nicht so recht mit den übrigen Habsburger-Ländern eine Einheit zu bilden. Die Teilung von 1867 schlägt sich einmal in einer merkwürdigen Charakteristik nieder. „Österreicherinnen" fallen durch ihr „cisleithanisches Lachen"[77] auf - Cisleithanien war die westliche im Gegensatz zur ungari-

70 GWW XVI 134; GWB XVI, 126; GWB XXVI, 440 (= KMKM XXVI, 254).

71 GWW LIII, 143, GWB LIII, 141.

72 GWR XLIV, 53; GWR XLIII, 418 (hier auch: Reichsoberhaupt); vgl „Kaiserstaaten": GRRF XXIV, 38.

73 GRRF I, 245; WzG VI, 2324.

74 GRRF XXIV, 38.

75 WzG I, 300.

76 Ebda 324, 565.

77 GRRF XXX, 205f.

schen Reichshälfte. Die dezentralistische Struktur des cisleithanischen Einheitsstaates hält vor allem die oftmalige Betonung des Landes Böhmen in Erinnerung; hier geht es aber doch wohl mehr um kleinräumige Nachbarschaft[78]. Allerdings wird die Zusammensetzung Österreichs aus Ländern einmal bewußt gemacht, als nämlich Carpio die Polizei der „österreichischen Länder“ lobt und diese anschließend „Kaiserstaaten nennt, ähnlich wie Raabe im „Abu Telfan“ von den „kaiserlich-königlichen Staaten“ spricht[79]. Einmal unterläuft May allerdings ein Irrtum, als er nämlich dem König v Sachsen („Unser König“) auf österreichischer Seite gleichfalls einen König („ihr König“) gegenüberstellt[80]. Richtig aber meint der Krikelanton[81], er wolle als Österreicher „weder meinem Kaiser noch dem König von Bayern eine Gams mehr wegschiessen“, sondern eine Anstellung bekommen. Geraten wird ihm eine „Supplik an deinen Kaiser“, er hingegen meint, bei „dem bayrischen König ging das wohl eher“. Der Leser erfährt also, daß man sich in Österreich an den Kaiser zu wenden habe, im Deutschen Reich aber nicht an diesen in Berlin, sondern den jeweiligen Bundesfürsten. Übrigens kommt hier Kaiser Franz Josef nicht besonders gut weg: Ihm wird König Ludwig II. als „feiner Herr, der in allem etwas Appartes haben will“ wie einen „Wilderer, der ein Jäger wird“, gegenübergestellt. Tatsächlich hätte Kaiser Franz Josef an einem solchen Wechsel keinen Geschmack gefunden!

Die Habsburger-Monarchie ist zwar für May ein Vielvölkerstaat, worauf hier noch zurückzukommen ist (s u VIII und IX), doch spielen deren Deutsche bzw Deutschösterreicher die primären Rollen. Angehörige nicht-deutscher Bevölkerungsgruppen läßt May eher in Nebenrollen auftreten. Überdies zeichnet er sie - wohl mangels Kenntnis und Information - eher blaß und wenig typisch.

Dazu kommt noch, daß er den Slowaken Usko einen „zechisch-slowenischen“ (!) Dialekt sprechen läßt und ihn als „Slavonier“ einführt[82]. Und obwohl May Dr Schwarz den „Magyar“ Uszkar dahingehend korrigieren läßt, daß er „ein Slowak“ sei, legt er ihm die Feststellung in den Mund, er sei „auch des Slowenischen mächtig“[83]. Gleich drei slawische Stämme hat May hier verwechselt: vor allem Slowaken und Slowenen wie dazu noch Slavonier.

---

78 S u VI.

79 GRRF XXIV, 38; *Raabe,* wie Fn 39, 10.

80 GWR XLIII, 110.

81 WzG I, 24.

82 Ebda III, 1281. Vgl Hinweise im Text, 283, sowie in Fn 143!

83 HKA III/3, 43; GWR XLI, 42.

Mit kaiserlich-ministeriellem Zentrum, Tabakmonopol, einheitlicher Währung und einheitlicher „Polizei“ in allen Ländern einer-, andererseits aber eben mit deren Existenz wie namentlich insbesondere Böhmen, dann auch Tirol, beschreibt May Österreich - ohne Ungarn - korrekt als dezentralisierten Einheitsstaat. Dazu kommen Würde und Rang: „Kaiserstaat“ ist Österreich für May offenbar auch wegen der Reichstradition, verkörpert nunmehr im Kaiser v Österreich (seit 1804) als ehemaligem „deutschen Reichsoberhaupt“ (bis 1806 der „Römische Kaiser“): Das junge Deutsche Reich von 1870/71 nennt May nie Kaiserstaat o ä, obwohl er es ja insbesondere mit dessem Kaiser charakterisiert!

Exkurs zu V: Bearbeitungen nach 1945

Nach 1945 gab es einige Änderungen. Aus dem „cisleithanischen Lachen“ machte man, wohl um Staatsrechtliches beim Leser nicht voraussetzen zu müssen, ein „wienerisches Lachen“.[84]

Verändert wurde auch die Mehrzahlform „Kaiserstaaten“ für die österreichischen Länder, allerdings nur in Wien, die Bearbeiter verstanden sie gerade hier nicht mehr: Sie verkürzten nämlich schlicht auf „Kaiserstaat“ und gaben Österreich damit eine zentralistischere Note[85]. Nach der Wiener Lizenzausgabe[86] bestand damit dieser „Kaiserstaat“ aus den zuvor erwähnten „österreichischen Ländern“. In Bamberg verfügte man keine Änderungen, die „Kaiserstaaten“ blieben mit den „österreichischen Ländern“ identisch[87].

VI. Staatliche Nachbarschaft: Deutsche Staaten und Österreich

Am plastischsten tritt uns das Nebeneinander deutscher Staaten und Österreichs in „„Weihnacht!““ entgegen. Nach Mays eigener Angabe wandert er im Erzgebirge zu „Beginn der 2. Hälfte des 19. Jahrhunderts“ über die dortige Staatsgrenze[88]. Nördlich hievon liegt für May stets die „sächsische Seite“, „Sachsen“, südlich „die böhmische Seite“, „Böhmen“[89], doch heißt

[84] GWW XXX, 173; GWB XXX, 163 (= 2. Aufl GWW).

[85] GWW XXIV, 39.

[86] Zu ihr *Brauneder,* Lizenzausgabe, 159ff.

[87] GWB XXIV, 37.

[88] GRRF XXIV, 62; zur genaueren Datierung: ebda, Reprint Bamberg 1984, 17.

[89] GRRF XXIV, 20, 21, 22, 24, 75, 159.

es hiezu weiters noch, man befinde sich „hier in Österreich“[90]: Für die nördliche Seite also bloß eine, für die südliche zwei Bezeichnungen! An dieser Terminologie fällt auf, daß die Verwendung des Landesnamens „Böhmen“ die des Staatsnamens „Österreich“ bei weitem überwiegt, und zwar in einem Verhältnis von fast drei zu eins. Noch anders sieht die Relation aus, wenn man konkret darauf abstellt, was „Sachsen“ bzw auch einmal „Bayern“ gegenübergestellt wird: Überwiegend das Land „Böhmen“[91], welches in dieser Gegenüberstellung den Staatsnamen „Österreich“[92] mit sieben zu eins dominiert!

Auch im „Weg zum Glück“ steht Böhmen vor Österreich: Slowitz liegt „in Böhmen“[93], der Dialekt verrät, daß man nicht „Bayer, sondern Böhme“ ist, ja es wird sogar konkretisiert, nämlich „hier in Österreich“ in „hier in Böhmen“ und zu Kerys Tochter „eine Böhmin, eine Oesterreichsche!“[94].

Gleiches übrigens auch anderswo: Von den „Bayerischen Alpen“ her besehen liegt Elsbethen, eine reale Ortschaft an der Bahnlinie von Salzburg nach Hallein, „jenseits der Salzburger Grenze“[95]: Wie dort Böhmen steht hier das Land Salzburg vor Österreich.

May spricht freilich vom „österreichischen Geld“[96], vom „österreichischen Offizier“ bzw „österreichischen (Militär-)Dienst“[97], läßt sagen „Das Oesterreich muß mich ausliefern“[98] und berichtet davon, daß die Zigarrensorte Virginia auf „den Tabakbäumen Österreichs“ als „beste Sorte Österreichs“ wachse[99]. „Feiner, österreichischer Kaisertabak“, denn „das kaiserliche Siegel ist schon oben darauf: also ein Oesterreicher!“, wird dem Path-Sepp angeboten[100]. Hier aber gibt es, im Gegensatz zur Verwendung der Termini Böhmen oder Österreich für Grenzanrainer, keine Alternative: Es existierte eben nur eine österreichische und keine böhmische Währung, nur eine österreichische und keine böhmische Armee, nur die Möglichkeit der Auslieferung durch den Staat Österreich und nicht das Kronland Salzburg, nur ein österreichisches und kein böhmisches Tabakmonopol.

---

90 Ebda 21, 24, 116.
91 Ebda 20, 22, 24, 75.
92 Ebda 21, 24, 116.
93 WzG IV, 1357, 1477.
94 Ebda 1685 bzw 1386 bzw, 1269.
95 Ebda 2490.
96 GRRF XXIV, 22.
97 WzG IV, 1642.
98 WzG I, 31.
99 GRRF XXIV, 38, 73.
100 WzG I, 4.

So bleibt bereits als erstes zu resümieren: Allgemein und insbesondere in der Gegenüberstellung zu Sachsen und Bayern sieht May mehr auf Böhmen oder Salzburg als Teile des Kaiserstaates Österreich als auf diesen insgesamt.

Zur Handlungszeit der Weihnachts-Reise, nämlich 1857[101], konnte May für die eine Grenzseite nur die Staaten Sachsen und Bayern anführen: Das Deutsche Reich, von dem Sachsen wie Bayern späterhin Teile wurden, existierte noch nicht. Auf der österreichischen Seite aber war dies anders: Hier gab es den Staat Österreich, der sich in Länder als staatliche Verwaltungssprengel mit schwacher Autonomie gliederte[102] - Böhmen war eines der größten dieser Länder, aber eben kein Staat, sondern nur nach damaliger staatsrechtlicher Sicht „Kommunalverband höchster Ordnung“ ohne staatlichen Charakter; dieser kam allein dem weit über Böhmen hinausreichenden Kaisertum Österreich zu.

In der Gegenüberstellung von Sachsen und Bayern mit Böhmen berührt somit May zwei unterschiedliche verfassungsrechtliche Ebenen, nämlich mit Sachsen und Bayern die höhere eines Staates, mit Böhmen die niedrigere eines Staatsteiles, nämlich eines Landes des Staates Österreich. So fällt auf, daß May jenseits der sächsischen Grenze primär nicht den Gesamtstaat Österreich, sondern einen Teil hievon, nämlich Böhmen, als relevant erachtet, ihm ein Staatsteil und nicht der Staat als solcher ins Blickfeld rückt. Für 1857 sieht May das Staatliche diesseits der Grenze völlig zu Recht bloß im Königreich Sachsen verkörpert, das Deutsche Reich existierte noch nicht - jenseits der Grenzen war dies aber anders. May hätte beispielsweise auffallen können, daß im Gegensatz zur Hauptstadt Dresden, wo nach seinen eigenen Worten, da „Residenz“, sogar „der König und die Königin“ zu Konzerten kommen[103], Prag bloß im Rahmen einer Provinzmetropole stand, wo es König und Königin nicht gab. Gerade deshalb bleibt festzuhalten, daß May die kleinere, nachbarschaftliche - nichtstaatliche - Einheit wichtiger erschien als das großräumige - staatliche - Ganze.

Mit der primären Blickrichtung auf Länder steht May nicht allein. Noch 10 Jahre nach der Abfassung von „„Weihnacht!““, 1907, spricht der Baedeker[104] nicht bloß von der „deutschen Grenze“ wie etwa zwischen Reichenberg und Zittau, sondern verwendet zur „Grenze zwischen Österreich und

---

[101] Wie Fn 88.

[102] *Brauneder,* Verfassungsgeschichte, 147ff, 175ff.

[103] GWR XLVII, 104.

[104] Wie Fn 41, 334 bzw 148 bzw 337 bzw 173 bzw 312. Auch in „Stieler's Schul-Atlas“ (etwa 30. Auflage 1850) war entsprechenden Karten eine Nachbarschaft von „Sachsen“ zu „Bayern“ und „Böhmen“ zu entnehmen.

Deutschland“ bei Salzburg auch noch den Klammerzusatz „(Bayern)“, vor allem kennt er gegenüber Österreich noch eine „preußische Grenze“, eine „bayerische Grenze“ bei Kufstein und überhaupt eine Grenze zwischen „Böhmen und Bayern“.

VII. Grenzen in Mitteleuropa: Sachsen, Bayern, Österreich

Grenzen in Mitteleuropa spielen in den Werken Mays teils eine sehr wichtige, teils aber auch gar keine Rolle. Die Grenz-Situation ist natürlich essentiell für sämtliche Schmuggler-Geschichten, sei es als zentrales Thema einzelner derartiger Erzählungen oder auch eingebunden in einen handlungsvielschichtigeren Romanzyklus wie „Der verlorene Sohn“ und „Der Weg zum Glück“ sowie schließlich als kräftige Ouvertüre in „„Weihnacht!““.

Wie selbstverständlich pflegten May und Carpio bei früheren Reisen „auf dem Gebirge zwischen Sachsen und Böhmen“ dahinzuwandern, was sie „zwischen Oesterreich und Sachsen hin und her pendeln ließ“, und so sind sie „z B in strömendem Regen stundenweit von Sachsen hinüber nach Böhmen oder in umgekehrter Richtung gerannt“[105]. Ebenso wandern beide in „„Weihnacht!““ vom „Städtchen Rehau in Oberfranken“ unkompliziert „nach Asch, und dann ging es auf Eger zu“[106] - unkompliziert: Zwischen dem zum Staat Bayern gehörigen Rehau und dem österreichischen Asch scheint ebenso keine Grenze zu liegen wie zwischen diesem und dem ebenfalls österreichischen Eger! Eine Kontrolle widerfährt den beiden Wanderern erst in Falkenau, etwa dreißig Kilometer nach Eger, durch einen „Gendarm“ als „Sicherheitsbeamten“, weil er beide „doch wohl für Studenten“ hält und sie vom Betreten einer „Herberge für Wanderburschen“ abhalten will[107]: Also durchaus keine Paßkontrolle, gleiches hätte österreichischen Inländern ebenso passieren können.

Die Situation an den bayerisch-österreichischen Grenzen verhält sich ebenso. Im Gegensatz zu „„Weihnacht!““ befinden wir uns im folgenden freilich in einer fiktiven Landschaft. Eine „Sekundärbahn, welche westwärts in die Berge und an die österreichisch-bayerische Grenze“ führt, nämlich in Böhmen von einer „Station Lindenberg“[108] nach Steinegg nächst dieser

105 GRRF XXIV, 21f.

106 Ebda 25.

107 Ebda 27ff.

108 WzG I, 298; *W. Koch - C. Opitz,* Eisenbahn- und Verkehrs-Atlas von Europa (Beamtenausgabe), 1910, Register: Die hier verzeichneten Lindenberg liegen alle im Deutschen Reich und besitzen keinen Eisenbahnanschluß.

Grenze, gab und gibt es nicht. Wie auch immer: Die Bürgermeistersgattin in Steinegg, eine Frau Berta Holberg, geborene Hiller[109] - für May offenbar ein österreichischer Familienname, man erinnert sich an die Familie v Hiller in „„Weihnacht!"" -, erfährt vom Wurzelsepp den Aufenthalt ihres Sohnes Max Walter: „Sie brauchen halt nur da über den Berg zu steigen, so sind's halt gleich schon dort." „Da hinüber, also in Bayern?" Und so gehen beide vom österreichischen Steinegg nach dem bayerischen Ort Hohenwald: „Das ist ja ein wahrer Spaziergang von wenig über einer Stunde"[110]. Dieser „Weg nach Hohenwald führte den Berg hinauf, an dem Schlosse [Steinegg] vorüber und dann durch den Park, welcher dazugehörte. Dann senkte er sich wieder abwärts, bis er in der Nähe der Mühle aus dem Walde trat und man Hohenwald vor sich liegen hatte"[111] - keine Erwähnung der dazwischen liegenden Staatsgrenze oder gar einer Kontrolle daselbst! Gleiches in umgekehrter Richtung[112]: Steinegg kann man vom bayerischen Eichenfeld nächst Hohenwald „in dreiviertel Stunden erreichen"[113], so daß sich König Ludwig von Bayern, „als es bereits dunkel war", dorthin auf den Weg macht, und zwar zu Fuß. Dann hören wir wieder von ihm, als er im Finstern vor Schloß Steinegg steht, „um sich die Fronte zu betrachten" - am Weg dahin hat er die Grenze überschritten, es war dies auch hier May keiner Erwähnung wert. Für Ludwig Held und seine Mutter, die vom böhmischen Slowitz nach dem bayerischen Oberdorf wanderten[114], „führte der Weg in kurzen Windungen zwischen dichten Büschen eine Höhe empor"[115] und dann zu einer Schenke. „Diese lag am Eingange eines kleinen Dörfchens, durch welches der Weg nach Oberdorf führte. Nach einer anderen Richtung ging die Straße gegen Eichenfeld und Hohenwald hin"[116]. Hier treffen sie den Wurzelsepp, der von Oberdorf kommt und nach Hohenwald will - also befindet man sich hier schon in Bayern, was dessen Einladung auf „alles, was nicht über 15 Pfennigen ist", durch diese Angabe in reichsdeutscher Währung bekräftigt[117]. In allen diesen Fällen gibt es keinen Hinweis auf das Überschreiten der Staatsgrenze oder gar die Erwähnung einer Grenzkontrolle!

---

[109] WzG I, 361.
[110] Ebda 361f.
[111] Ebda 364.
[112] Ebda IV, 1630ff, 1673.
[113] Ebda 1648f.
[114] Ebda 1454ff.
[115] Ebda 1455.
[116] Ebda 1460.
[117] Ebda 1460f.

Nicht anders an der Grenze Bayerns zum österreichischen Kronland Salzburg: „und die Fahrt begann. Als der Wagen den Ort hinter sich hatte und auf der Höhe angekommen war, brach der Tag an ... und rundum erschollen die Jodler der Senner und Sennerinnen ... Zunächst war es einsam auf der Straße. Dann traf man Fußgänger und auch einzelne Wagen. Die beiden fuhren in einem sogenannten Berner Wägeli, welches ohne Verdeck war. Darum waren ihre Gestalten und Gesichter deutlich zu erkennen. Anton verließ sich nicht auf Hut und Brille allein. So oft er jemandem begegnete, zog er das Sacktuch hervor und hielt es vor das Gesicht. Auf diese Weise kam er unerkannt über die Grenze hinüber. Dort erst wurde ihm das Herz wirklich leicht, obgleich er auch vorher nicht das gehabt hatte, was man Angst zu nennen pflegt. Jetzt führte der Weg wieder abwärts“[118]. Senner und Sennerinnen, Fußgänger und Passanten in vorbeifahrenden Wagen - aber keine Grenzkontrolle, die gerade hier spannungserhöhend hätte eingebaut werden können. Auf der Rückfahrt von Österreich nach Bayern trägt es sich genauso zu: „Anton holte vor dem Dorfe den Wagen ein und kroch, da der Knecht bereits unterrichtet war und er ihm also keine lange Rede zur Erklärung zu halten brauchte, in das Heu, wo er nicht bemerkt werden konnte. Es war wenig nach Mittagszeit, als sie in der Stadt ankamen. Anton ging sofort nach dem Gerichtsamte“[119] - nämlich in Bayern! Abermals keine Erwähnung der Grenze oder gar einer spannungserhöhenden Grenzkontrolle. „... nicht bemerkt werden konnte“, wie schon bei der Herfahrt von allerlei Passanten nämlich, nicht von der offenkundig nicht vorhandenen Grenzkontrolle.

Sehr wohl kontrolliert wird freilich Eduard Hauser bei seinem Grenzübertritt vom (nicht benannten) Sachsen nach dem (ebenfalls nicht benannten) Österreich am Föhrensteig[120]: Er wird, da flüchtend, unter Abgabe mehrerer Schüsse angehalten und an den Händen gefesselt. Trotz dieser gewaltsamen Anhaltung genügt es, daß er zu seiner Person eine bloß mündliche Auskunft gibt - „Ich heiße Hauser“ - und ebenso zum Motiv seines Grenzübertritts - „Ich will nach Langenberg“ und „Ich habe eine Botschaft auszurichten“. Dann aber geht es dem Beamten darum, ob er „zollpflichtiges Gut“ mit sich führe, „wirklich nichts Versteuerbares“, „nichts Zollbares“. Und daraufhin wird sein Paket mit Briefen durchsucht, aber dies „ist kein Schmuggelgut. Wegen dessen brauchte er nicht zu fliehen“; jedoch entdeckt man dann in seinem Gewand ein eingenähtes Spitzenband. Darauf-

[118] WzG I, 81f.

[119] Ebda 98.

[120] Die Sklaven der Arbeit (=FischerTaschenbücher 1480), 297ff.

hin wird er verhaftet. Es stört die Beamten und den sogar anwesenden Staatsanwalt also durchaus nicht, daß Hauser keinen Paß bei sich führt, ihr Augenmerk gilt bloß zollpflichtigen Waren! Übrigens spielt auch hier die Grenze als solche bereits verbal keine große Rolle. Hausers Weg[121] führt zwar „über die Grenze", aber ebenso einfach „über die Berge" oder schlicht „nach Langenberg" (ab GWR: Breitenbach). Dies kommt auch in der Verhaftungsszenerie sehr deutlich zum Ausdruck. Der Föhrensteig gehört nämlich vom (nicht benannten) Sachsen gesehen bereits ins „jenseitige Territorium", ein „Zollhaus in der Nähe" gibt es nicht, denn der „Föhrensteig ist als Pascherpfad bekannt". Obwohl also in Österreich gelegen, hat der sächsische Staatsanwalt keine Bedenken, eine große Zahl „an Grenzern und Gendarmen" zusammenzuziehen, und zwar „beim Föhrensteige"[122] - in Österreich -, so daß es - im Ausland - zur gewaltsamen Verhaftung Hausers kommt und von hier zum Rücktransport in sein sächsisches Heimatstädtchen!

Nicht nur Erinnerungen an die sächsische bzw bayerische Grenze zu DDR- bzw CSSR-Zeiten verleiten zur Frage, ob ein Grenzübertritt von Sachsen bzw Bayern nach Böhmen gar so leicht möglich war. Eine erste, zeitgenössische Antwort entnehmen wir einem anderen literarischen Produkt, nämlich Wilhelm Raabes „Abu Telfan"[123]. Der „zu Anfange des siebenten Jahrzehnts dieses (Jahrhunderts)" also um 1860, von Afrika zurückkehrende Leonhard Hagebucher steigt einfach „auf dem Molo von Triest ab", begibt sich in ein Gasthaus, trägt sich dort ins Fremdenbuch ein, worauf „ein kaiserlich-königlicher Beamter" kommt, „um sich verwundert einige weitere Auskunft zu erbitten"; in ähnlicher Weise besucht ihn „ein Polizeibeamter auf seiner Stube" in einem Wiener Gasthof und in Prag kommt, aber schon nach seiner Abreise in Richtung Sachsen, „der kaiserlich-königliche Beamte tschechischer Nationalität". Zu Bodenbach wecken ihn „die königlich-sächsischen Mautbeamten", da er im Zug eingeschlafen war, in Dresden zitiert ihn dann die Polizei, „weniger verbindlich als in den kaiserlich-königlichen Staaten", ins „Büro". Personalkontrollen widerfuhren Hagebucher also nicht oder nicht nur an der Grenze erst zu Österreich und dann zu Sachsen, sondern erst nach seiner Einreise, zum Teil weit im Lande, wegen seiner besonderen Herkunft als „Kriegsgefangener, kommt aus Abu Telfan im Land Tumurkie, Königreich Dar-Fur". Die Parallele zu May-Carpio ist augenfällig.

---

[121] Ebda 282ff.

[122] Ebda 293.

[123] *Raabe*, wie Fn 39, 9f.

Nicht nur in dieser dichterischen Quelle finden wir aber diese augenfällige Parallele, sondern auch in einer nüchterneren Quellengattung, nämlich in Reiseführern. Nach ihren Beschreibungen geht es mit der Bahn von Dresden nach Bodenbach ebenso über die sächsisch-österreichische Grenze wie im Falle May-Carpio[124]: Am von der Bahn aus gesehen jenseitigen Elbe-Ufer taucht auf „Herrenkretschen, ... das erste böhmische“ - nicht „österreichische“![125] - Dorf; von der diesseitigen Station Schöna gibt es „Dampffähre hinüber nach Herrenkretschen“ mit dem Zusatz „10 Pf(ennige)“, denn Schöna liegt noch in Sachsen, und hier bezahlt man eben mit reichsdeutscher Währung. „Die Bahn führt jenseits Schöna an den Teichsteinbrüchen (r) vorüber ... bald darauf auf einer Brücke [mit den Wappen Sachsens und Österreichs] über den Globtbach und damit über die Landesgrenze und weiter in dem von Felswänden eingeschlossenen Elbtal nach Station Niedergrund, (einem) langgestreckten böhmischen Dorf“; sodann folgen „Rangierbahnhof Mittelgrund“, „Haltestelle Obergrund“ und schließlich Bodenbach: „Österreichische Zollrevision“ - erst hier, nach bereits drei Bahnstationen auf österreichischem Gebiet und - keine Paßkontrolle! Weder zur Fähre Schöna - Herrenkretschen ist eine solche vermerkt, noch jetzt zu Bodenbach oder zu einer früheren Station. Damit stimmt im gleichen Führer unter „Allgemeines“ der Hinweis überein[126]: „Zoll: Bei Überschreiten der österreichischen Grenze findet Gepäckrevision statt“. Aber nicht einmal dies muß sein: Zu Franzensbad wird festgehalten[127]: „Während der Saison befindet sich auf dem Bahnhofe eine kk österreichische und eine k sächsische Zollexpositur“: Nicht bloß an der Grenze, sondern auch hier kann man sein Gepäck „revidieren“ lassen. Im Gegensatz zur Gepäckrevision lesen wir aber nirgendwo etwas von einer Paßrevision. Wer daher wie May-Carpio kein Gepäck mit sich führt, wird also überhaupt nicht „revidiert“. Der Baedeker hält zur Paßrevision auch ausdrücklich fest[128]: „Ein Paßzwang besteht in Österreich nicht, doch wird der Reisende in einzelnen abgelegenen Teilen des Landes bisweilen von den Behörden veranlaßt, sich über seine Herkunft auszuweisen“! Eine Kaiserliche Verordnung vom 6. November 1865 hatte nämlich „die Auflassung der Paßrevisionen an den Grenzen des

---

124 Das Folgende nach: Meyers Reisebücher: Erzgebirge, Vogtland, Nordböhmen mit den böhmischen Bädern, 1914, 54f.

125 So allerdings *Baedeker,* wie Fn 41, 290.

126 Wie Fn 124, 4.

127 *L. Woerl,* Illustrierter Führer durch den Kurort Franzensbad und Umgebung mit Einschluß von Eger, 7. Aufl 1908, 21f.

128 Wie Fn 41, XI.

Reiches“ angeordnet[129]. Nicht nur Raabe als Schriftstellerkollege Mays bestätigt also dessen Grenz-Schilderungen, sondern auch die österreichischen Paßvorschriften!

Insgesamt schildert May für das 19. Jahrhundert typische Grenzsituationen in Mitteleuropa, die sein Schriftstellerkollege Raabe wie aber auch Reiseführer, beispielsweise der bekannte Baedeker, bestätigen. Die Staatsgrenzen waren wesentlich durchlässiger, wurden von der an der Grenze ansässigen Bevölkerung durchaus nicht als Barriere verstanden. Dies insbesondere in unserem Falle von Sachsen-Bayern-Österreich, da man beiderseits aller dieser Grenzen die gleiche Sprache sprach und sich wie May, Carpio oder der Wurzelsepp in Böhmen bzw die Bürgermeistersgattin aus Österreich in Bayern nicht in der Fremde fühlte. May selbst hatte ja offenbar auch keine Schwierigkeiten gehabt, gegen Jahresende 1869 nach Böhmen zu gelangen: „Ich habe ohne Legitimation Böhmen durchreist“[130].

VIII. Staatsangehörigkeit und Volkszugehörigkeit

Im „Fremdenbuch“ im „Grand-Oriental-Hotel“ in Colombo findet May „Deutsche und Oesterreicher“ eingetragen[131]: Das ist korrekt, jetzt, gegen 1900, existierte neben Österreich-Ungarn das Deutsche Reich. Dessen Einwohner waren Deutsche, von dort kamen die Österreicher - beides begriffen als Staatsbürgerschaft, zu deren Eintragung eben ein Fremdenbuch dient. Diese Zuordnung ergreift übrigens nun auch Sachsen: Ein Schiff des „Norddeutschen“ bzw des „Triester Lloyd“ ist ein „deutscher Lloyddampfer“ bzw als „Oesterreicher“ ein „österreichischer Dampfer“[132].

In Österreich-Ungarn war allerdings die Situation seit 1867 komplizierter. Mit dem sogenannten „Ausgleich“ hatte sich das Kaisertum Österreich in zwei staatsrechtlich selbständige Gebilde zerteilt, die sich im zunehmen-

---

[129] RGBl 116/1865; ähnlich RGBl 80/1867 § 12; nach beiden Verordnungen war jedoch „jeder Reisende, sowohl In- als Ausländer, verbunden, auf allfälliges Verlangen, über seine Person und die Mittel zu seinem Unterhalt sich auszuweisen“ (1867 § 13). Eben dies wurde May in Algersdorf, knapp drei Jahre nach Erlaß der Vorschrift von 1867, zum Verhängnis; der Gendarm in Falkenau hingegen betonte Carpio gegenüber ausdrücklich: „Ich habe nicht nach Ihrem Paß gefragt“ (GRRF XXIV, 28)!

[130] Brief an Plaut & Comp in Leipzig vom 9. Februar 1870 aus Tetschen: JbKMG 1971, 119, sowie *K. Hoffmann*, Plantagenbesitzer auf der Insel Martrinique: Über Karl Mays Gastspiel im Königreich Böhmen 1869/70, in: *Brauneder*, May, 46.

[131] GRRF XXX, 123.

[132] Ebda 161, 166.

den Maße als zwei Staaten, verbunden in einer besonderen Realunion, gegenüberstanden[133]. So gab es denn auch zwei Staatsbürgerschaften, die österreichische und die ungarische. In beiden Fällen durchkreuzte die Staatsbürgerschaft der Umstand, daß in beiden Staaten mehrere und zum Teil identische Nationalitäten wohnten.

Diesen Tatsachen trägt May Rechnung. Der „österreichische Dampfer" besitzt eine „meist italienisch sprechende Schiffsbemannung"; daß deren Kapitän auch ein „Oesterreicher" ist, sagt demnach noch nichts über seine Volkszugehörigkeit aus[134]. Deshalb spezifiziert May: Ein „Austrialy" kann „ein Nemtsche, ein Germanly" sein oder er kommt „aus der Stadt Triest"[135]. So ist denn Mathias Wagner, obwohl Ungarn-Deutscher, kraft seiner ungarischen Staatsbürgerschaft ein „Ungar aus dem Eisenburger Komitat" und insofern ein staatsbürgerrechtlicher „Landsmann" des „Magyar" Istvan Uszkar, ohne volkstumsmäßig Magyare zu sein[136] - was übrigens auch dieser nicht ist, sondern vielmehr Slowake! Gleiche Staatsbürgerschaft verbindet also über ethnische Unterschiede hinweg zum „Landsmann".

Auch anderes verbindet trotz ethnischer Unterschiede zum „Landsmann" wie die Zugehörigkeit zu - verschiedenen! - deutschen Staaten, ohne noch staatsrechtlich verbunden zu sein. So fahren mit May/Shatterhand auf dem Schiff von Guaymas nach Lobos Leute aus seinem „Vaterlande" mit, denn sie kommen „aus Preußen, welches doch in Deutschland liegt", wie eben Mays Sachsen auch[137]. Unter ihnen befindet sich Silberstein, „ein polnischer Hebräer", der sowohl „der polnischen Sprache"[138] als auch „der deutschen Sprache mächtig" ist[139]. Die Auswanderergruppe umfaßt ferner „den langen, starken Deutschen, den sie Herkules nennen", und der im Gegensatz zu Silberstein ebenso wie May/Shatterhand fließendes Deutsch spricht[140]. Den Großteil der Auswanderer stellen jedoch „die polnischen Arbeiter"[141]. Sie alle zusammen gelten aber als „deutsche Emigranten"[142]. Offenbar sind auch sie so wie Silberstein der deutschen Sprache doch mächtig, zumal der Auswanderervertrag anscheinend in Deutsch abgefaßt ist: May/Shatterhand,

---

133 *Brauneder*, Verfassungsgeschichte, 102, 183.
134 GRRF XXX, 167, 189.
135 GRRF IV, 59.
136 HKA III/3, 322; GWR XLI, 347f.
137 GRRF XX, 31f.
138 Ebda 41.
139 Ebda 42.
140 Ebda 45, 48f.
141 Ebda 72.
142 Ebda 92.

überraschenderweise „der polnischen Sprache nicht mächtig“[143], kann ihn nämlich lesen[144]. - Überdies, da „lustig und guter Dinge“, singen die Polen, denn: „Wenn der Deutsche lustig ist, so singt er“ wie hier „Ich weiß nicht, was soll es bedeuten“[145] - wie lustige Deutsche singen „die polnischen Arbeiter“ deutsche Lieder in deutscher Sprache! May trennt also einerseits klar in polnische, deutsche und jüdische Volkszugehörigkeit, andererseits aber macht die staatliche Zugehörigkeit zu Preußen und damit zu einem deutschen Staat sie alle zu „deutschen Emigranten“ und überdies für May/ Shatterhand zu „Landsleuten von mir“[146] - was der Umstand verstärkt, daß die Polen deutsche Lieder singen.

Auch in Triest trennt May zwischen Staats- und Volkszugehörigkeit, aber auf andere, terminologisch nicht so klare Weise. Einer „der berühmtesten Maler Italiens“, Antonio Ventevaglio, stammt aus Latisana von „drüben im Italienischen“[147]. „Drüben“: Obwohl Triest und das Gebiet bis zur damaligen österreichisch-italienischen Grenze mit Einschluß von etwa Monfalcone und Grado zum italienischen Sprachgebiet gehörten und man sich nach diesem Kriterium auch um Triest „im Italienischen“ befand. Von „drüben“ ist aber deshalb die Rede, weil Triest „auf österreichischem und nicht auf italienischem Gebiete“[148], also Staatsgebiete, liegt. May geht es hier um Staatsangehörigkeit und demnach zählt das italienische Sprachgebiet Österreichs hier nicht zum „Italienischen“, womit das italienische Staatsgebiet bezeichnet wird. Damit aber nicht genug: „Italiener“ gibt es auch in und um Triest wie die Brüder Petruccio aus Barzola. Sie sind „Italiener“[149] nicht wegen der formalen Zugehörigkeit zum italienischen Staat wie Ventevaglio, sondern wegen materieller Merkmale wie zu dem einen der Brüder bemerkt: „Er hat einen italienischen Namen und auch seine Züge bestätigen, daß er Italiener sei“[150]. „Italiener“ sind also die Brüder Petruccio wegen ihrer Volkszugehörigkeit, Ventevaglio hingegen primär zufolge seiner Staatsangehörigkeit.

---

[143] Ebda 41. Interessanterweise fehlen in der Angabe Mays in seinem Brief an die Frankfurter Zeitung vom 2. November 1894 über seine Kenntnis von „40 Sprachen“ sämtliche slawischen Idiome (z B wie Fn 164, 314)!

[144] Ebda 52.

[145] Ebda 178.

[146] Ebda 33.

[147] WzG VI, 2319, 2387.

[148] Ebda 2393.

[149] Ebda 2342ff, 2384ff, 2435ff.

[150] Ebda 2343.

Umgekehrt macht trotz verschiedener Staatsangehörigkeit die gleiche Volkszugehörigkeit ebenfalls zum „Landsmann". Selbst bei deutschen Staaten ist dies noch ein wenig fraglich. Denn der Hobble-Frank sieht H. B. Timpe aus Plauen zwar ohne weiteres als seinen Landsmann an, da er eben auch Sachse ist, nicht aber K. O. Timpe aus Hof, da es doch „eegentlich nach Bayern" gehört[151]: „Aber in diesem Falle macht es keenen Schaden, weil die Eisenbahnlinie von Plauen nach Hof ganz sächsisch ist. Ich kann also Kasimir Obadja (Timpe) immerhin als Landsmann gelten lassen"! Man vermeint Friedrich List zu hören, der im Bahnbau ein vorrangiges Mittel zur deutschen Einheit sah - freilich noch im Vormärz. Ansonsten aber bedarf es dieser Technik, hier in doppelter Bedeutung des Wortes, nicht mehr. So ist Pfotenhauer, obwohl „Bayer", ein „Landsmann" des sicherlich nicht bayerischen, möglicherweise sogar sächsischen „Deutschen" Dr Schwarz, ebenso nennt der Sachse Kara Ben Nemsi Josef Korndörfer aus „Kaltenbrunn bei Staffelstein" in der Oberpfalz nordöstlich Bambergs im Staate Bayern „Landsmann" und dieser jenen „aan Nachbar von daheim"[152]. „Landsleute" sind auch Karl Hammer/Vater Jaguar aus Mainz im Lande Hessen und Dr Morgenstern aus Jüterbogk in Preußen, der Sachse Old Shatterhand und der vom Neckar stammende Binnenschiffskapitän am texanischen Colorado; „Landsleute" sogar der Binnendeutsche Old Shatterhand und der Deutschamerikaner Lange aus Missouri, ebenso wie der Binnendeutsche Georg von Adlerhorst und der Rußlanddeutsche Boroda/Barth[153]. Im engsten Sinne zum „Landsmann" stempelt natürlich die gemeinsame Herkunft aus einem Land wie Bayern bei Ludwig Held und dem Klarinettenmenzel[154]. Daher ist Morgenstern, weil er wie Fritz Kiesewetter auch aus Preußen stammt, für diesen sogar „een näherer (!) Landsmann"[155]. Als Zwischenergebnis ist demnach festzuhalten: Gleiche Staatsangehörigkeit macht, und zwar auch über Volkstumsgrenzen hinweg, zum „Landsmann", dies aber ebenso die gleiche Volkszugehörigkeit bei unterschiedlicher Staatsangehörigkeit, sogar in verschiedenen Kontinenten.

Wenn es sachlich darauf ankommt, trennt May übrigens sehr genau in Staatsangehörigkeit und Volkszugehörigkeit. So gibt sich der Desierto zwar

---

151 HKA III/7, 108.

152 HKA III/3, 322, 325; GWR XLI, 247, 250f; GRRF X, 30f.

153 HKA III/5, 68; GWR XXXIX, 70; GRRF VIII, 81,99; Der Engel der Verbannten (= Deutsche Herzen - Deutsche Helden V), Dresden 1902 (Reprint Hildesheim-New York 1976), 400f = GWB LXIII, 317.

154 WzG IV, 1324, d ö.

155 HKA III/5, 21; GWR XXXIX, 15.

als „Deutscher“ aus, spezifiziert aber weiters[156]: „Damals war ich Däne. Heute gehört meine Heimat zum deutschen Reiche“. Seine Volkszugehörigkeit blieb also gleich, seine Staatszugehörigkeit wechselte: Der „Deutsche“ war staatsrechtlich „Däne“ gewesen, nun, nach 1871, ist er als preußischer Staatsbürger Reichsangehöriger: Die Betonung der Zugehörigkeit zum Deutschen Reich von 1870/71 als eine bewußt staatsrechtlich zu wertende Zuordnung unterstreicht übrigens der Umstand, daß May sonst kaum je den Ausdruck „Deutsches Reich“, vielmehr auch für dieses fast stets (s o V) das Wort „Deutschland“ verwendet.

Staats- und Volkszugehörigkeit stehen nicht unüberbrückbar gegeneinander, sondern bunt nebeneinander, und zwar auch dann, wenn es gilt, Bevölkerungsgruppen plastisch zu charakterisieren. Neben „Gauchos, Indianern und Nachkommen der Spanier“ leben in Uruguay und Argentinien besonders „auch Engländer, Deutsche, Franzosen und Italiener“, dann „Schweizer, Illyrier und viele andere“[157]. Würde May mit dem Begriff „Nationalitäten“, den er später verwendet[158], Staatsnationen meinen, gäbe es in Argentinien keine Österreicher, doch just vom „lieben Oesterreich“ spricht er sogleich eine Seite weiter und bald darauf auch von Triest[159]. So mischt May eben Völker wie „Engländer, Deutsche, Franzosen und Italiener“ mit der Staatsnation der „Schweizer“. Vielleicht denkt May bei diesen an die Deutsch-Schweizer. Aber auch damit hätte er, neben den „Deutschen“ schlechthin, nicht streng nach den einzelnen Völkern spezifiziert wie dies sicherlich nicht mit dem blassen Wort „Illyrier“ geschehen ist. Unter Illyrien verstand man in Anknüpfung an einen unscharfen historischen Begriff zeitweise eine Provinz des Kaisertums Österreich[160] mit Gebieten im heutigen Südkärnten, Slowenien, Kroatien und Italien, hier insbesondere das Gebiet um Triest. Nach damaliger Ansicht verteilte sich die Bevölkerung „in Illyrien“ auf Deutsche, Slawen („Winden und Croaten“) sowie Italiener[161]. Die „Illyrier“ sind für May also die weiters nicht unterschiedenen Einwohner Dalmatiens und seines Hinterlandes, die er aber nicht nationalitätenmäßig wie eben zitiert festlegt, sondern eher geographisch-landschaftlich.

So stellen denn nicht nur Staats- oder Volkszugehörigkeit für May verbindende Kriterien dar. Das demonstriert neben dem Pauschalbegriff „Illy-

---

[156] GRRF XIII, 239.

[157] GRRF XII, 4. Fast ebenso bezüglich Buenos Aires HKA III/5, 27; GWR XXXIX, 22.

[158] Ebda 17. Ebenso für Buenos Aires: wie Fn 157.

[159] Ebda 4f, 17.

[160] *Brauneder*, Verfassungsgeschichte, 100; unter Napoleon I. als „Illyrische Provinzen“ ein Teil des Kaisertums Frankreich: ebda 105.

[161] *Galletti*, wie Fn 25, 128, 131.

rier“ auch eine Einzelperson[162]: Martin Albani, „in Triest geboren“, ein „Triester“, der glaubt, man könnte ihn wohl wegen seines Deutsch auch für „einen Bayern oder Tyroler“ halten, sowie May/Kara Ben Nemsi, ein „Sachse“, ein „Deutscher, der ein bißchen Türkisch probiert“, sind für diesen „trotzdem Landsleute“ - „trotzdem“: Anders als May/Kara Ben Nemsi ist Albani österreichischer Staatsbürger und trotz seines Deutsch offenbar doch kein Deutscher, aber dennoch dessen „Landsmann“ wie Hamsad al Dscherbaja[163] am oberen Nil bzw späterhin in Istanbul als „Preuße aus'n Jüterboch“, jedoch tatsächlich als „ein Thüringer“ ebenfalls ein „Landsmann“ des „deutschen Effendi“ May/Kara Ben Nemsi „aus Sachsen“ ist.

Es sind also für May wegen derselben Staatsbürgerschaft Angehörige verschiedener Volksgruppen Landsleute wie Ungarn-Deutsche und Magyaren oder Polen, Deutsche und Juden. Ebenso verbindet aber umgekehrt bei unterschiedlicher Zugehörigkeit zu einzelnen deutschen Staaten wie Sachsen, Preußen, Bayern und solchen in Thüringen, ja sogar zum Staate Missouri, auch die gleiche Volkszugehörigkeit zum „Landsmann“. Und schließlich: Trotz unterschiedlicher Staats- wie Volkszugehörigkeit sind auch Sachse und Triestiner Landsleute.

Bei derart vielschichtigen Gemeinsamkeiten verwundert es nicht, daß die deutsche Sprache über Staatsgrenzen hinweg verbindend wirkt. So weiß denn Hobble-Frank am Rande des Llano Estacado[164], „wohin sich unsere heimatsvolle Sehnsucht zu richten hat, nämlich nach Deutschland“; dies dokumentiert er mit seinem Gedicht über „das richtige Tirolerheimweh“ und so ist es denn nahezu nur konsequent, „in dem schönen Hoferliede“ Frank’scher Dichtung Fehrbellin im „Land Tirol“ anzusiedeln und zufolge seiner zahlreichen historischen Verwechslungen anzunehmen, „bei Fehrbellin besiegte Andreas Hofer die Westgoten“. Gleichfalls im Llano Estacado, diesmal aber nüchterner und daher deutlicher, fällt die Feststellung: „Es sind meist Deutsche aus Böhmen und Hessen“, nämlich Auswanderer, die überfallen werden sollen; „diesen Deutschen“ kommt ein gemeinsames Charakteristikum zu: „Der Deutsche pflegt zwar albern, aber auch ehrlich zu sein“[165] - also sowohl der „Deutsche aus Böhmen und (aus) Hessen“.

Daß zu Mays Zeiten in Böhmen auch Deutsche wohnten, schlägt sich schon in der Charakteristik des Pilsener Biers nieder[166]: „Gib uns zwei Flaschen österreichisches Bier!“ bestellt Murad Nassyr beim Zusammentreffen

[162] GRRF 1, 234, 237f, 241.

[163] Ebda 120f; GRRF III, 459, 518.

[164] Der Geist des Llano estakado (Reclam 8235), 24, 164.

[165] Ebda 123.

[166] Das Folgende GRRF XVI, 5, 9, 18, 35, 107.

in einem Bierlokal in Kairo, das „Bira ingliziji we nimsawiji" ausschenkt. May/Kara Ben Nemsi meint dazu: „Das war eine Höflichkeit gegen mich; ich als Deutscher sollte österreichisches und nicht englisches Bier trinken", wobei er jenes mit Nachdruck näher umschreibt: „Es war Pilsener Bier, ja wirklich Pilsener, und wenn ich mich nicht irre, aus der bürgerlichen Brauerei!". Was Murad Nassyr hier so gerne aus Pilsen trinkt, stempelt ihn aber für May/Kara Ben Nemsi zum „Liebhaber des deutschen Gerstensaftes". Als man sich abermals anschickt „Bira nimsawiji" zu trinken, „deutsches Bier" also in Übereinstimmung mit dem „deutschen Gerstensaft" sowie dem Sprachgebrauch Mays - Nemsi steht bei ihm ja für „Deutsche"[167] - kommt dieses für Kara Ben Nemsi wie selbstverständlich aus „der Pilsener Brauerei", und Murad schenkt ihm zum Abschied schlicht „Bira nimsawiji, österreichisches Bier", das wegen der Bedeutung „Nemsi" für May auch „deutsches" Bier ist. Wie einfach wäre es doch für unseren Autor gewesen, hätte er in Kairo bayerisches Bier ausschenken lassen, zumal er diesem in Triest vor dem österreichischen klar den Vorzug gibt[168]!

Einfacher als diese Bier-Charakteristik halten mehrere Dialoge die grenzüberschreitende Gemeinsamkeit ethnischer Identität fest. Klar ist dem Gespräch May/Kara Ben Nemsis mit dem Schmied Schimin zu entnehmen: Ein „Nemtsche, ein Germanly" kann „ein Austrialy oder Prussialy", ein „Bawarialy" oder ein „Saxaly" sein[169]. In diesem Sinn bemerkt im Gespräch Desierto - Unica - Pena - May der Erstgenannte[170], Pena und May seien „nicht die ersten Deutschen", die sich bei ihm „befinden", schon früher habe sich bei ihm ein „Deutscher" aufgehalten: „Er war aus Graz". Gerade in dieser Szene wird die Weite des gemeinsamen Begriffs „Deutscher" überaus deutlich[171]. May subsumiert unter ihn Pena „aus Breslau", sich selbst mit seinem Bekenntnis „ich bin Sachse", den Desierto aus Schleswig-Holstein, jemanden „aus München oder Wiesbaden" sowie Horn, den eben erwähnten „jungen Grazer". Die „Windhose-Erzählung" liefert dazu eine weitere Facette[172]: Die Mutter Master Salters „war eine Oesterreicherin" und so hat dieser „von mütterlicher Seite deutsches Blut in den Adern", berichtet der Erzähler, worauf Rollins Frau ausruft: „Und ich bin in Brünn geboren!", was jener kommentiert mit: „Also eine Deutsche!" und weiters, da selbst „ein Deutscher": „So können wir uns ja der Muttersprache bedienen". Sie

---

167 *J. Pinnow,* Zum Namen Kara Ben Nemsi, in: MKMG 77, 1988, 13f.
168 WzG V, 2322.
169 GRRF IV, 59.
170 GRRF XIII, 240.
171 Ebda 237, 239, 241.
172 GRRF XV, 226.

aber ist kein Einheitsbrei. Neben „Plattdeutsch, Bayrisch, Schwäbisch oder Österreichisch“ steht als eine weitere „Mundart“ das hier[173] nicht ausdrücklich genannte Sächsisch.

Immer wieder also betont May diese Vielfalt der Deutschen[174]. Am Dialekt des Oberpfälzers Josef Korndörfer fällt ihm auf, er sei „ein anderer als der in der Gegend von Staffelstein“, was dieser damit erklärt, „die Leut' aus Baden und der Rheinpfalz“, „Süddeutsche“ für May/Kara Ben Nemsi, hätten ihn verändert. Die nähere Herkunft von Deutschen wird sogar erfragt: Frau Hiller ist für May/Shatterhand „eine Deutschamerikanerin“, womit sich aber für ihn die Frage verbindet: „Stammte sie aus meiner Heimat?“ Diese präzisiert May teils mit landschaftlichen, teils mit staatlichen Kriterien. Zu ersteren zählen Thüringen, da es zu Mays Zeiten in mehrere Fürstentümer ohne staatliche Einheit zerfiel, Tirol, das wie Böhmen als Land und nicht als Staat organisiert war, auch die Slowakei, die ohne jede Selbständigkeit vor 1918/19 einen Teil Ungarns bildete. Staatliche Kriterien gebraucht May mit den Hinweisen auf Preußen, Bayern, Sachsen und Österreich.

Im Mexiko Kaiser Maximilians von Habsburg-Österreich wird es sogar notwendig zu betonen, daß es auch noch andere Deutsche außer solchen aus Österreich gibt[175]: Es muß „ein Deutscher noch lange kein Oesterreicher sein“, er kann vielmehr auch „ein Bayer“, „ein Preuße“ sein; als „Deutscher“ gilt man jedenfalls sogleich als „Anhänger unseres guten Kaisers Maximiliano“.

Gerade im Hinblick auf Österreichs deutschsprachige Bevölkerung spielt für May die Staatszugehörigkeit oftmals eine Rolle[176]. Desiertos „Deutschen“ „aus Graz“ spezifiziert May mit dem Ausruf „Also ein Deutsch-Österreicher!“. Der österreichische Adelige v Hiller ist wie May/Shatterhand „auch ein Deutscher“, sogar einer „wie Ihr“ (May), doch wird, im Hinblick auf seine Ehegattin, erklärt: „Auch eine Deutsche?“ - „eine Deutschösterreicherin“. Als May den Südamerika-Roman „El Sendador“ schrieb, waren seit der Reichsgründung 1870/71 knappe 20 Jahre, als er „‚Weihnacht!‘“ verfaßte, knappe 30 Jahre vergangen. Nun bot es sich bereits an, nicht mehr die Vielfalt der Deutschen in mehreren Staaten zu erwähnen, sondern die im Deutschen Reich als Deutsche schlechthin zu begreifen und davon etwa die Deutsch-Österreicher abzuheben. Dies auch rückblickend

173 „Der Giftheiner“, nun in: GWB XLIII, 282.

174 Das Folgende: GRRF X, 30f; GRRF XXIV, 153.

175 WR IV, 1766; ebda VI, 2379; ebda IV, 1765.

176 Das Folgende GRRF XIII, 240 bzw XXIV, 150.

für den Deutsch-französischen Krieg, da Österreich neutral blieb. Die österreichische Staatsbürgerschaft tut selbst in dieser besonderen Situation der Volkszugehörigkeit keinen Abbruch: Sogar ein Deutschösterreicher, der 1866 gegen Preußen im Felde stand, kann im Deutsch-französischen Krieg 1870/71 „ein Deutscher von ganzer Seele", ein „Deutscher durch und durch" sein[177].

Der Terminus „Deutsch-Österreicher" zielte aber, und zwar früher, im allgemeinen Sprachgebrauch auch auf eine andere Abgrenzung hin: Der Wortsinn liegt nicht nur im Hinweis „Deutscher, aber aus Österreich", sondern auch in „Österreicher, aber Deutscher und nicht anderer Nationalität"[178]. Möglicherweise in diesem Sinne subsumiert zwar der Schmied Schimin, wie zuvor erwähnt, die „Austrialy" unter die Deutschen, betont aber auch, er habe es einmal mit einem Österreicher aus der Stadt Triest zu tun gehabt[179].

In der „Neuen Welt" verwischen sich freilich die Unterschiede Europas[180]. Das Leitgedicht in „„Weihnacht!"" nennt der österreichische Exil-Adelige Hiller „ein deutsches Weihnachtsgedicht, welches meine Frau mit aus dem alten Lande herüber gebracht hat": Dieses alte Land ist, genaugenommen, für die Familie Hiller Österreich, hier aber klingt es im Zusammenhang mit dem „deutschen Weihnachtsgedicht" als sei es Deutschland. Und, wie zuvor zitiert, wird Hillers Frau, die „Deutschösterreicherin", in den USA für May schlicht zur „Deutschamerikanerin".

Exkurs zu VIII: Bearbeitungen nach 1945

Sofern Österreich berührt wird, griffen nach 1945 in Wien und in Bamberg Bearbeiter in den Text ein, aber insgesamt doch nur sehr geringfügig wie auch ohne Sinnveränderung. Im Desierto-Gespräch ersetzte man in Wien „Deutsch-Österreicher" durch „Österreicher", allerdings allein dies, so daß dieser „Österreicher", nämlich „aus Graz", weiterhin „ein Deutscher" ist[181].

---

177 So auch in den Bearbeitungen nach 1945: s o Fn 24.

178 In diesem Sinne „Deutsch-Österreich" im Gegensatz etwa zu „Tschechisch-Österreich" vor 1918, ersteres sodann der Staatsname der späteren Republik Österreich bis zum Vertrag von St. Germain: *Brauneder*, Verfassungsgeschichte, 18.

179 S o bei Fn 135.

180 Das Folgende in: GRRF XXIV, 524, 150, 153.

181 GWW XIII, 202f. - Dazu folgende Parallele aus einem weiteren Ueberreuter-Produkt: *L. Wied,* Das Geheimnis der Inka-Insel, 1947, unverändert auch 4. Aufl 1953: „... Steyr ..., die alte Eisenstadt im Österreichischen? Dann konnte Harald möglicherweise von deut-

In der Sache änderte man also nichts, die feine Maysche Nuancierung ging freilich verloren. In Bamberg behielt man sie bei[182]. Sowohl in Wien wie in Bamberg blieb es dabei, daß der österreichische Adelige v Hiller wie May/ Shatterhand „auch ein Deutscher" ist, aber es entfiel zu diesem der Zusatz „wie Ihr"[183], und das stimmt nicht nur charakterlich, sondern auch insofern, als May selbst zwischen Böhmen und Sachsen zu differenzieren pflegte.

Ein weiterer Ansatz zur Veränderung, aber gleichfalls unvollkommen, wiederfuhr in Wien wie in Bamberg das in Kairo ausgeschenkte Pilsener Bier. Zwar trinken May/Kara Ben Nemsi und Murad Nassyr „österreichisches und kein englisches Bier", nämlich „Pilsener Bier", Murad ist aber nun einfach „ein Liebhaber des Gerstensaftes" - jetzt, nach 1945, soll Bier aus Pilsen kein „deutscher Gerstensaft" mehr sein[184]. Aber so eindeutig ist es nicht: Denn ausgeschenkt wird neben englischem Bier weiterhin nur „Bira ... nimsawije" und beim abermaligen Besuch bleibt das Bier „der Pilsener Brauerei" mit „Birra Nimsawije" zufolge Mays Gebrauch von „Nemsi" für „Deutscher" doch deutsches Bier und als Abschiedsgeschenk ist es einfach wie bisher „Birra Nimsawije, österreichisches Bier"[185]: Eine Änderung von „Nimsawije" auf „Avusturalije" oder die Streichung jenes Ausdrucks unterblieben.

In einem kuriosen Punkt unterscheiden sich die Radebeuler, die Wiener und die Bamberger Ausgabe[186]. Der Radebeuler Text behielt für Hessens wie Böhmens Deutsche die Charakteristik „albern, aber auch ehrlich" bei, in Wien strich man sie, in Bamberg erhielt sie eine nahezu negative Färbung: „albern, aber *doch* ehrlich"!

---

schen Eltern stammen" (76/192); und wegen eines Gebetsbuchs aus Mariazell stammt Harald „bestimmt von einer deutschen Mutter" ab, „vielleicht war (sie) eine Österreicherin" (88/117); tatsächlich: Es war seine „Mutter eine Deutsche aus Österreich" (116/154), denn ihre Familie „stammt aus Graz in Österreich" (129/159). Hinter L(eo) Wied verbergen sich Leopoldine und Otto Wiedermann (Eintrag im Exemplar der Universitätsbibliothek Wien, Signatur I-560.216).

182 GWB XIII, 200ff.

183 GWW XXIV, 428; GWB XXIV, 519.

184 GWW XVI, 12f, 20; GWB XVI, 12, 19.

185 GWW XVI, 35, 100; GWB XVI, 34, 94.

186 GWR XXXV, 460; GWW XXXV, 420; GWB XXV, 394f; KMKM „Unter Geiern" (232) folgt trotz Hinweis auf GWB der Fassung GWW!

IX. „Fremde“

Der Nationalitätenpluralismus mit Deutschen und Tschechen in Böhmen spielt bei May keine Rolle, obwohl er hievon nicht nur durch seinen eigenen Böhmenaufenthalt 1869/70, sondern besonders auch durch die Tagespresse unterrichtet gewesen sein muß. 1869/70 wie in „„Weihnacht!“‘ bewegte er sich freilich im nahezu ausschließlich deutschsprachigen Nordböhmen. Im „Weg zum Glück“ sind allerdings die Osecs Tschechen, vom jungen Stephan Osec ist ausdrücklich als von einem „zechischen Menschen“ die Rede[187]. Daß Milka Radovec und Fridi Hollaniz Tschechen sind, verraten diese Namen: Milka ist „eigentlich Emilka, das ist Emilie“[188]. Die Nationalität aller dieser Tschechen tritt aber nie in Erscheinung, die beiden Osecs sowie Radovec und Hollaniz sprechen deutsch wie die Deutschböhmen und Bayern[189]. Bezüglich der beiden Osecs kontrastiert dies mit großer Deutlichkeit angesichts der Sprachgewohnheiten ihrer slowakischen Kumpane, wenngleich diese tatsächlich Zigeuner sind. Der „Slowak“ Usco redet nämlich ausdrücklich in einem „zechisch-slowenischen (sic!) Idiome“ und May gebraucht hier tatsächlich einen tschechisch-mährischen Dialekt mit slowakischem Einschlag[190]! Ähnliches fehlt bei den Osecs völlig! Im Gegensatz zu einigen Brocken dieses Idioms der Slowaken[191] legt ihnen May nie tschechische Worte in den Mund! Für sie scheint selbstverständlich, was zu dem Slowaken Usco eigens bemerkt wird, nämlich, daß er sich auch eines „geläufigen Deutsch“ bedienen kann[192]. Neben den Deutschen aus Bayern und Böhmen stechen so nicht die Tschechen, sondern die Slowaken als Fremde hervor. Die Nachbarschaft der Deutschen und Tschechen verbindet offenbar beide und grenzt sie gegen die Slowaken ab.

Mit den Deutschen der Randgebiete Böhmens erweckt May in besonderer Weise nie den Eindruck, Fremde zu beschreiben. Dies wurde schon zur Bedeutung von Grenzen dargelegt (s o VII). Mehr noch zeigen dies aber die handelnden Personen, wie signifikant und beispielhaft in „„Weihnacht!“‘ die Gastwirtfamilie in Falkenau sowie die Familie v Hiller oder alle Personen diesseits und jenseits der Grenze im „Weg zum Glück“. Selbst dialektmäßige Unterschiede sind weder zum sächsisch-böhmischen („„Weihnacht!“‘) noch zum bayerisch-salzburgischen („Weg zum Glück“) Grenzgebiet ver-

---

187 WzG III, 1274.

188 Ebda 1735.

189 Ebda 1714ff.

190 Ebda 1281; freundliche Auskunft Institut für Slawistik der Universität Wien.

191 Ebda 1281f, 1305, 1308.

192 Ebda 1281.

merkt, was allerdings nur deshalb auffällt, weil auf solche für Bayern/Böhmen hingewiesen wird, aber auch dies nur höchst selten: Der Klarinettenmenzel „war von Geburt und Herzensliebe ein echter Bayer und sprach, obgleich er bereits seit langen Jahren hier in dem böhmischen Dorfe als Hufschmied wohnte und lebte, halt immer noch seine vaterländische Mundart“[193]. Umgekehrt merkt man ebenfalls, daß jemand der Sprache nach „nicht einmal Bayer, sondern Böhme“ ist[194]. Doch die Verwechslungsgefahr ist groß: Die Sachsen May und Carpio hält der österreichische Gendarm in Falkenau eventuell auch für Bayern. Derartige Hinweise auf Unterschiede bleiben jedoch Ausnahmen. Vor allem stempelt Dialekt - einer Sprache! - nicht zum „Fremden“: Dialekt zeigt bloß, daß man etwa „von jenseits der bayerischen Grenze her stamme“[195]. Daher kann auch zwanglos der Bayer Ludwig Held der Böhmin Gisela Kery anhand des Bildes „Zehn Deutsche gegen tausend Franzosen“ erklären, was Feigheit nicht ist[196]. Für „einen Fremden“ stuft ein Bauernbursche aus Slowitz vielmehr den jungen Osec ein, weil er aus einem anderen, aber gleichfalls böhmischen Dorfe stammt, und ebenso der Klarinettenmenzel den alten Osec[197]. Daß Ludwig Held völlig vereinzelt als „Fremder“ bezeichnet wird, hat einen staatsbürgerrechtlichen Grund. Der Bahnhofswächter als - österreichischer - Beamter muß zu Held sagen: „Du bist ein Fremder und darfst also keine Amtshandlungen vornehmen“[198]. Gleichfalls darauf geht es zurück, daß sich Held als „ein Bayer“ dagegen verwahrt, daß „die Oesterreicher“ durch Schmuggel „unser schönes bayerisches Geldl derschwindeln“: Als „Unterthan“ Bayerns kenne er nämlich „seine Rechten und also auch seine Pflichten“[199]. Nicht die Staatsgrenze direkt, sondern die andere Rechts- oder Währungsordnung macht - jedoch nur in diesen Beziehungen - jemanden zum Fremden. Aber eben nicht allein: Dies auch die Herkunft aus einem anderen Ort - es kommt also auf die Kriterien an. Die Staatsgrenze allein ist keines. Und dies zeigt sich auch darin[200], daß einem „Oberbeamten“ der „Polizeidirection am Schottenring“ zu Wien ein im damaligen Österreich durchaus üblicher polnischer „ein fremder“ Name ist, und zwar aus demselben Grund wie „ein arabischer Name“ gleichfalls als „ein fremder“ eingestuft wird: Er ist näm-

---

193 WzG IV, 1322.
194 Ebda 1685.
195 Ebda 1250.
196 Ebda 1398.
197 Ebda 1340, 1353.
198 Ebda 1447.
199 Ebda 1456.
200 Ebda 2263f.

lich (auch) „kein deutscher Name“. Fremdes gibt es also durchaus auch innerhalb der Staatsgrenzen.

An den Grenzen zwischen Bayern - Sachsen - Böhmen trägt bis 1866 noch ein Umstand dazu bei, die Einwohner von jenseits dieser Grenzen trotz ihrer anderen Staatsangehörigkeit doch nicht als Fremde zu betrachten. Dieser Umstand schlägt sich insbesondere in der Grenz-Situation in „„Weihnacht!““ nieder. May verwendet für das Gebiet diesseits der sächsischen Grenze nie das Wort Deutschland. Auch ist ihm die Grenze nach Österreich hin keine deutsch-österreichische Grenze, sondern die sächsisch-böhmische. Wie schon erwähnt (s o II), umfaßte 1857 sowohl der geographische wie auch mit dem Deutschen Bund der politische Deutschland-Begriff Teile des Staates Österreich. Die oben zitierte Karte[201] „Süd-Östliches Deutschland, enthält die Deutschen Kronländer der oesterreichischen Monarchie“ zählt sogleich als erstes dieser Länder auf: „Kgr Böhmen“. Dieses gehörte ebenso wie Sachsen und Bayern zum Deutschen Bund. Als May 1857 die sächsisch-böhmische Grenze überwanderte, befand er sich zu deren beiden Seiten auf Bundes-Gebiet, die Grenze schloß Deutschland/Deutscher Bund nach Österreich hin nicht ab, jenes/jener setzte sich vielmehr hier noch fort. Insofern befand sich May sowohl diesseits wie jenseits der Grenze im Erzgebirge nicht im Ausland.

Dennoch war natürlich für den Staat Bayern der Staat Österreich Ausland - für May aber ein Einwohner von jenseits deren Grenzen, wie erläutert, grundsätzlich kein Fremder. Diesen Eindruck vermittelt er gerade für den bayerisch-böhmischen Grenzraum auf eine ganz besondere, nämlich nahezu skurrile Weise. Wie für ihn die Grenze zwischen Bayern und Böhmen kaum eine Rolle spielt, so auch nicht für die durch sie geschiedenen Staatsgewalten. Bayerns König Ludwig[202] überkommt nämlich im österreichischen Steinegg die „Lust, (Keilberg) arretiren zu lassen“, und als Keilberg hier schließlich „nach dem Gefängnisse abgeführt“ wird, gibt der König den - österreichischen - „Polizisten“ die - ! - „Weisung, ihn ja auf das beste zu beaufsichtigen, da er des Fluchtversuches außerordentlich verdächtig sei“! Aber nicht nur ein Monarch wie König Ludwig II. von Bayern tritt im Ausland als Amtsträger auf wie seinerzeit May als Polizeileutnant von Wolframsdorf oder als er selbst in Niederwürschnitz, sondern auch der Wurzelsepp[203]. Den erstaunten österreichischen „Polizisten“ weist er sich in Steinegg als bayerischer - „Geheimpolizist“ mit „Legitimationsmedaille“ sowie einem entsprechenden „Document“ aus: Demzufolge „sind alle Be-

---

201 S o in Fn 27.

202 WzG IV, 1680, 1683.

203 Ebda 1744ff.

hörden des In- und Auslandes hiermit gebeten, ihm in seinen amtlichen Bemühungen den gewünschten Vorschub zu leisten". Und so schafft der bayerische Geheimpolizist, ganz wie daheim, jedoch auf österreichischem Staatsgebiet, den österreichischen Gendarmen an: „Nehmt euch also den da mit"! Ebenso kein Gefühl der Fremde läßt ein anderer Erzählstrang aufkommen, bei dem sich für May - und seine Leser - in eigenartiger Weise, vielleicht durch eine, aber eben dennoch bezeichnende Ungenauigkeit, Österreich und Bayern in einer Amtshandlung König Ludwigs vermischen[204]. Unteroffizier Hermann Arthur Willibold Keilberg war als Schreiber dem „zum Generalstab" abkommandierten Offizier von Sandau zugeteilt gewesen; da Sandau ausdrücklich „österreichischer Offizier", „Offizier in österreichischen Diensten" war, muß es sich also um den österreichischen Generalstab handeln. Damit stimmt weiters überein, daß Keilberg von dem österreichischen Adeligen von Alberg zu Verratshandlungen angestiftet wird, die aber Sandau angelastet werden. Da Alberg Keilberg um seinen Lohn prellt, kann dieser Schulden nicht bezahlen und wird inhaftiert. Obwohl sich dies alles in Österreich abgespielt haben muß, weiß König Ludwig nicht nur davon, daß Sandau „wegen irgendeines militärischen Verbrechens infam kassirt" wurde, sondern er hat Keilberg begnadigt, also der bayerische Monarch einen in Österreich wohl nicht nur verurteilten, sondern - hier! - auch Inhaftierten. Aber nicht etwa Bayerns Nähe verleitet zu derartigen Amtshandlungen bzw ihrer Beschreibung auf österreichischem Staatsgebiet. Ganz wie zu Hause amtiert der Wurzelsepp auch im ferneren Triest[205]: Nach Vorweis seiner „Polizeimünze" läßt er Geld herzählen und nimmt „Papiere" ab, auch würde er „sofort arretiern lassen" mit der Folge: „Sie kämen in Jahren nicht wieder frei"! Da es sich aber um einen italienischen Staatsbürger handelt, müßte selbst der Wurzelsepp diesen „durch den Consul in das Gefängniß stecken lassen". Zu dieser Reihe an Amtshandlungen im Ausland, wenngleich offenbar nicht „in der Fremde", gesellt sich noch die oben (bei Fn 122) beschriebene Szene am österreichischen Föhrensteig.

Allerdings ist zu differenzieren. Während Lorenz das Auftreten des Wurzelsepp in Triest passend als eine „Art der Selbstjustiz" charakterisiert, handeln Sachsens Beamte am Föhrensteig in Böhmen nicht rechtswidrig[206]: Gemäß Handels- und Zollvertrag vom 11. April 1865 zwischen Österreich

---

204 Das Nachfolgende: WzG IV, 1625, 1642, 1625, 1618, 1628.

205 Ebda VI, 2392f.

206 *Ch. F. Lorenz*, Karl Mays zeitgeschichtliche Kolportageromane, 1981, 315. - Der in der Folge erwähnte Vertrag: RGBl 32/1865 Art 10; ebenso Nachfolgevertrag vom 9. März 1868 (RGBl 52).

und den Staaten des deutschen Zoll- und Handelsvereines, darunter auch Sachsen, traf die Vertragspartner die Verpflichtung, „den Aufsichtsbeamten des andern Staates die Verfolgung der Contravenienten in ihr Gebiet zu gestatten"! Sächsische Beamte durften also Schmuggler durchaus auf österreichisches Gebiet verfolgen und festnehmen!

Besonders die Ausübung fremder Staatsgewalt im Ausland zeigt sehr klar, daß für May in Mitteleuropa jenseits einer staatlichen Grenze nicht die Fremde beginnen muß. Die Deutschen Bayerns, Sachsens und Böhmens sind keine voneinander abgegrenzten und unterschiedenen Fremden. Der Begriff „Fremder" ist hier freilich dann am Platze, wenn es um die Anwendung einer anderen Rechts- oder Währungsordnung geht. Aber auch unterschiedliche Nationalitäten wie die Deutschen Bayerns und Böhmens einerseits sowie die Tschechen andererseits stehen sich nicht als Fremde gegenüber. Dazu bedarf es weiterer Entfernungen wie der Herkunft aus der Slowakei im bayerisch-böhmischen Grenzraum. „Fremde" können aber auch schon aus einem anderen Dorfe kommen: Der Begriff ist also für May relativ und jedenfalls nicht abhängig von Staats- oder Nationalitätengrenzen.

X. Europas Kolonialmächte

Deutschland „besitzt nur sich allein, aber keine Colonie", doch „wird die Zeit kommen", wo dies eintritt, „und nur zur Bekräftigung dieser meiner Ueberzeugung" wird die Insel Rodriganda in Besitz genommen, und zwar „im Namen des zu erwartenden deutschen Kaisers", so schrieb May 1883[207]. Zu diesem Zeitpunkt war er insofern kein Prophet, denn den Deutschen Kaiser gab es schon seit zwölf Jahren, aber anscheinend doch einer in Hinblick darauf, daß das Deutsche Reich erst in der Folge Kolonien erwarb. Allerdings lag angesichts des Kolonialbesitzes der anderen europäischen Großmächte die Idee des Erwerbs deutscher Kolonien nicht bloß in der Luft, sondern nahm just 1883 reale Formen an. Denn gerade im Jahr zuvor, 1882, hatten der Bremer Fernkaufmann Lüderitz und sein Mitarbeiter Vogelsang die Initiative zum Erwerb einer Kolonie an der Westküste des südlichen Afrika ergriffen, vorerst allerdings in aller Heimlichkeit. Aber Anfang Juni 1883[208] war bekannt, daß Lüderitz in Angra Pequena, dem heutigen Lüde-

---

[207] WR IV, 1411f.

[208] Vgl *H. E. Lenssen*, Chronik von Deutsch-Südwestafrika, 1988, 12ff; handschriftlicher Bericht der Firma Vogelsang von 1887 zit in *J. A. S. Philipps*, Deutsch-englische Komödie

ritz, Besitz erworben und diesen unter den Schutz des Deutschen Reiches gestellt hatte. Auf ähnlich private Weise wie bei May die Insel Rodriganda wurde somit tatsächlich „Südwestafrika" zur ersten deutschen Kolonie. Hiebei ist kurios, wie sehr sich die Szenen auf Rodriganda und in Angra Pequena/Lüderitz gleichen. Dies wohl nicht von ungefähr[209]: Die Lieferung mit der Insel-Rodriganda-Szene erschien zu einem Zeitpunkt, der mit Sicherheit den Schluß zuläßt, May habe sie nach Bekanntwerden des Besitzergreifungsaktes in Angra Pequena geschrieben. Die parallelen Details von Realität und Fiktion lassen daher die Folgerung zu, May habe jene Szene der Feier in Angra Pequena nachgebildet, wie dies aufgrund der damaligen Berichte leicht hatte möglich sein können. Derartiges in den Erzählfluß einzuweben, war sowohl für das Leserpublikum als auch den eigenen Patriotismus opportun - gerade deshalb aber stellt sich diese Kolonialszene im Mayschen Werk als Einzelfall dar. Zudem fällt an der Rodriganda-Szene auf, daß May betonen läßt, Deutschland habe „nie ein Volk aus seinem Lande verdrängt und um seinen Besitz gebracht" sowie auch, daß es sich um eine „an sich werthlose Insel" handle.

So sehr offenbar für May der Erwerb von Kolonien angesichts des tatsächlichen Kolonialbesitzes zu seiner Zeit zum Standard einer europäischen Großmacht gehörte, scheint er doch in einem wichtigen Punkt dem Kolonialismus nichts abgewinnen zu können. May/Shatterhand betont zu den verschiedenen „Nationen der Bleichgesichter", daß es „nur drei von ihren Stämmen sind, welche die roten Krieger vertrieben haben", wozu der „Stamm der Germani" nicht gehöre; seine Herrscher stünden jenen drei Kolonialmächten sogar feindlich gegenüber und überdies stuft er diese noch als „die drei bösen Stämme" ein[210]. May nennt sie zwar nicht beim Namen, führt aber zwei Charakteristika an: Vertreibung von Indianern, Gegnerschaft zu Deutschland. Im Jahre 1879, als May diese Zeilen schrieb, hatten Frankreich, Großbritannien, Spanien und dann vor allem die USA Indianer bekämpft und vertrieben. Hievon galt Frankreich mit seiner „revanche" für den Verlust von Elsaß-Lothringen als Deutschlands Erzfeind, und Englands Haltung wurde spürbar kühler. Nur entfernt Ähnliches läßt sich für Spanien und die USA sagen. Dort war es doch nicht zu der von Bismarck geförderten Thronbesteigung durch das Haus Hohenzollern-Sigmaringen gekommen, und in den USA waren die Deutschen, die „dutchmen", oft

der Irrungen um Südwestafrika, 1986, 98; *H. Rautenberg,* Das alte Swakopmund, 3. Aufl 1987, 41 (nach Tagebuch von Lüderitz).

209 Vgl *Brauneder*, Rodriganda, 12ff.

210 Das Folgende: GRRF IX, 237.

unwillkommen, was übrigens May exakt wiedergibt[211]. So bieten sich also für „die drei bösen Stämme" vier Kandidaten an. Eine Eingrenzung läßt sich Mays Werk selbst entnehmen. Die 1879 beschriebene Szene wiederholt er nämlich ähnlich 1883, mit dem Unterschied, daß „dem großen Volk der Germans, die Freunde der roten Männer sind und noch niemals ihre Wigwams angegriffen haben", nur zwei andere gegenübergestellt werden, von denen dies nicht behauptet werden kann, nämlich „Lichthaarige, die Engländer, und Dunkelhaarige, die Spanier". Dem von ihrer Kolonialpolitik betroffenen Indianern gelten diese als „Lügner mit lichtem Skalp und Lügner mit dunklem Skalp", hingegen: „die Germany sind gut". Für den „dritten Stamm" von 1879 liefert May 1883 noch ein Indiz nach[212]: „Die Bleichgesichter sind über das große Wasser herübergekommen", womit er also an europäische Mächte denkt; unter diesem Aspekt bleibt für Nordamerika, neben England und Spanien, nur mehr Frankreich übrig. So wird man daher unter Mays „drei bösen Stämmen" Frankreich, England und Spanien zu verstehen haben: „bös", weil sie gewaltsame Kolonialpolitik durch Vertreibung betrieben hatten.

Ganz schuldlos stellt May die USA freilich nicht, im Gegenteil: Gerade 1883 prangert er vor den zuvor zitierten Stellen ausdrücklich die spanischen Eroberungen in Lateinamerika an, wie aber auch das Vorgehen „in den Vereinigten Staaten", wo der „Indianer sterben soll"[213].

Festzustellen bleibt wohl, daß May Kolonialerwerb als zeitgemäß normal empfand, dem Deutschen Reich wünschte er ja Kolonien. Kolonialpolitik wertet er aber dann als negativ, wenn sie zur Vertreibung der eingesessenen Bevölkerung führt.

Exkurs zu X: Bearbeitungen nach 1945

Nach 1945 wurde die „Böse-Stämme-Passage" von 1879 gekürzt und modifiziert bzw sogar gestrichen. Bald nach 1945 machten die GW[214] aus den „Nationen" unverfänglichere „Stämme", aus den „drei von ihren Stämmen" wurden unbestimmten „nur einige" und man strich den Satz von den „großen Häuptlingen der Germani". Die, wenngleich bloß indirekt angespro-

---

211 Vgl z B GRRF VII, 37; GRRF VIII, 17, ähnlich 54, 84; übereinstimmend mit z B *F. J. Ennemoser*, Eine Reise vom Mittelrhein (Mainz) über Cöln, Paris und Havre nach den nordamerikanischen Freistaaten, 1870, 159f.

212 Ein Oelbrand, in: Neues Universum 4, 1883, 7 = Reprint in: JbKMG 1970, 227.

213 Ebda 4 = Reprint 224.

214 GWW IX, 234f; GWB IX, 221; KMKM „Winnetou III", 126.

chene, konkrete Kolonialsituation entfiel damit und das koloniale Spannungs- und Konkurrenzverhältnis mit der negativen Würdigung der alten Kolonialmächte im Gegensatz zum noch nicht zur Kolonialmacht aufgestiegenen Deutschland ist bis zur Unkenntlichkeit verwässert. Kurzum, von einer zeitgenössischen indirekt-konkreten Situationsschilderung verblieb ein vager Rest. Aber selbst diesen kennt die Ex-DDR-Ausgabe nicht[215], die ganze Kolonialszene fiel hier fort. Hingegen ging die konkretere Gegenüberstellung der „Germany“ mit den Engländern und Spaniern mit allen hiezu vermerkten Charaktereigenschaften in die GWB ein[216].

XI. Ergebnis

Das von May gezeichnete und an seine Leser vermittelte Bild konkreter europäischer Staatlichkeit, in allererster Linie Deutschlands und Österreichs, ist zwar davon geprägt, daß er staatliche Begriffe verwendet, vom föderalistischen Deutschen Reich auch ein adäquates Bild bietet, aber selbstverständlich als Nicht-Jurist anderes in den Vordergrund rückt. Grundsätzlich kann dies als das nachbarschaftliche Zusammenleben im damaligen Mitteleuropa gewertet werden. Staatliche und ethnische Grenzen sind nicht identisch, sie sind in vielfältigster Weise überbrückt: ethnische Grenzen durch gemeinsame staatliche Zugehörigkeit, staatliche Grenzen durch gemeinsames ethnisches Bewußtsein. Grenzen trennen nicht. Daher können Deutsche, Deutsch-Österreicher, Ungarn und Triestiner Landsleute sein.

215 Winnetou III, VNL 1983, 205.

216 GWB XXXVIII, 259; als GWW nicht erschienen.

Die Wahl des Staatsoberhaupts in Republiken

Anhand insbesondere der deutschen und österreichischen Entwicklung

I. Einleitung

Als am 1. Mai 1934 in Österreich eine neue Verfassung in Kraft trat[1], erläuterte diese der damalige Bundeskanzler Dollfuß zwar einerseits technisch auf moderne Weise, nämlich in einer Hörfunkrede, führte aber andererseits gerade zu unserem Thema Historisches an: „Im kleinen Rahmen werden die Bürgermeister Österreichs eine Aufgabe zu erfüllen haben, die an die Funktionen der Kurfürsten des heiligen römischen Reiches deutscher Nation erinnert“[2] - gemeint war die Wahl des Staatsoberhauptes nach der neuen Verfassung, des Bundespräsidenten. Dieser Vergleich der Wahl eines modernen Staatsoberhaupts mit der des Oberhaupts des Alten Reiches mutet etwas komisch an, war aber für die damalige Zeit nicht gänzlich unüblich[3]. So gibt es weitere Äußerungen aus der Zwischenkriegszeit[4], die auf ähnliches hindeuten, und sogar noch 1949 war im Zuge der Diskussion über die Kreation des Bundespräsidenten in der künftigen bundesdeutschen Verfassung zu hören, daß der Wahlakt eine „Kür“ des alten deutschen Rechtes, nämlich getragen von „Spontaneität“ sein sollte[5].

Aus: *W. Brauneder* (Hrsg), Wahlen und Wahlrecht. Tagung der Vereinigung für Verfassungsgeschichte in Hofgeismar vom 10. 3. - 12. 3. 1997 (= Der Staat, Beiheft 14), Berlin 2001, 197-256.

1 S u V C.

2 *K. Berchtold* (Hrsg), Österreichische Parteiprogramme 1868-1966, 1967, 437

3 Vgl auch noch unten Fn 228.

4 Etwa die Bemerkung Seipels, die unentwegten Anhänger einer universalistischen Gesellschaftslehre müßten die Bestellung des Staatsoberhauptes durch eine Art von „Kurfürstenkollegium“ verlangen, in: *I. Seipel*, Der Kampf um die österreichische Verfassung, 1930, 207.

5 Abgeordneter Dr. Schmid (SPD): *K.-B. v Doemming - R. W. Füsslein - W. Matz* (Bearb), Entstehungsgeschichte der Artikel des Grundgesetzes, in: JBÖffR NF 1, 1951, 403.

II. „Staatsoberhaupt"

Das Wort „Staatsoberhaupt" beschränkte sich im 18. und 19. Jahrhundert weitestgehend auf monarchische Staaten; daß eine Republik ein Staatsoberhaupt haben könne, war eher fremd. In seinem Rechtsunterricht erfuhr der spätere Kaiser Josef II., der Römische Kaiser sei „die von den Kurfürsten des Reichs zu dessen Oberhaupt frei und rechtmäßig erwählte Person"[6]. Zeiller belehrte 1795/97 einen Sohn Kaiser Leopolds II., Erzherzog Anton Victor, das Römisch-Deutsche Reich sei ein „Staat, dessen Oberhaupt der Kaiser ist", dieser dessen „höchstes Oberhaupt", vom „Kaiser als Oberhaupt und den Reichsständen" ist weiters die Rede[7]. Auch das ABGB spricht vom „Oberhaupt des Staats" (§§ 20, 1456f) und ebenso Zeiller in seinem Kommentar hiezu[8]. Der Ausdruck „Oberhaupt" des Staates war in den Beratungen des ABGB unstreitig, er findet sich schon in den ABGB-Vorläufern ab dem Galizischen Bürgerlichen Gesetzbuch (1796) [9], auch im damit verwandten Zivilgesetzbuchentwurf für Liechtenstein 1809[10], und zwar hier überall in Abweichung vom voraufgegangenen Entwurf Martini 1796 und dem Teil-ABGB 1786, die statt vom „Oberhaupt" noch konkreter als vom „Landesfürsten" sprachen[11]. Das ALR 1784 verwendet gleichfalls den Ausdruck „Oberhaupt des Staats"[12].

In allen diesen Quellen ist das Oberhaupt ein Monarch, freilich von sehr unterschiedlicher Art vom gewählten Römisch-Deutschen Kaiser über den erblichen Kaiser von Österreich bis zum nur teilsouveränen Fürsten von Liechtenstein. Diesem Bezug des Wortes „Oberhaupt" auf Monarchen

---

6 *H. Conrad* (Hrsg), Recht und Verfassung des Reichs in der Zeit Maria Theresias. Die Vorträge zum Unterricht des Erzherzogs Joseph im Natur- und Völkerrecht sowie im Deutschen Staats- und Lehnrecht, 1964, 434.

7 *W. Wagner* (Hrsg), Das Staatsrecht des Heiligen Römischen Reiches Deutscher Nation. Eine Darstellung der Reichsverfassung gegen Ende des 18. Jahrhunderts nach einer Handschrift der Wiener Nationalbibliothek, 1968, 41, 43, 49.

8 *F. v Zeiller*, Commentar über das allgemeine bürgerliche Gesetzbuch für die gesammten Deutschen Erbländer der Oesterreichischen Monarchie I, 1811, 30, 112.

9 *J. Ofner* (Hrsg), Der Ur-Entwurf und die Berathungs-Protokolle des Oesterreichischen Allgemeinen bürgerlichen Gesetzbuches I, 1889, VI (Ur-Entwurf I. Teil §§ 8, 37) und 13f, 39-41 (Beratungen dazu); § 37 GBGB: JGS 337, 373.

10 *E. Berger* (Hrsg), Eine Zivilrechtsordnung für Liechtenstein. Die Entwürfe des Landvogts Joseph Schuppler, 1999, 80 (§ 4).

11 Vgl insb I/II § 12 Entwurf Martini und I § 2 Teil-ABGB; *Ph. Harras v Harrasowsky* (Hrsg), Entwurf Martini´s (= Der Codex Theresianus und seine Umarbeitungen V), 1886, 18.

12 S etwa: II Tit 12 §§ 1, 2, 4, 7-9, 14 ALR; *H. Hattenhauer* (Hrsg), Allgemeines Landrecht für die Preußischen Staaten von 1794, 3. Aufl 1996.

scheint der Umstand zu entsprechen, daß die vom ABGB inspirierten Schweizer Zivilgesetzbücher dessen Ausdruck „Oberhaupt des Staates" nicht übernommen haben[13].

Vereinzelt verwenden sodann frühkonstitutionelle Verfassungen[14] den Terminus „Oberhaupt des Staats" (oder ähnlich) für den Monarchen wie aus der ersten Welle etwa jene für Baden 1818, für Bayern 1818, für Württemberg 1819 („Haupt des Staates") und für das Großherzogtum Hessen 1820 oder aus der zweiten Welle die Sachsens 1831, Sachsen-Altenburgs 1831, Kurhessens 1831, Hannovers 1833. Meist lesen wir hier auch, was das Wesen des „Oberhaupt des Staats" ausmacht: Es vereinigt in sich alle Rechte der Staatsgewalt (oder ähnlich), es ist „souverain" bzw „der Souverain". Zum Teil wird diese Stellung bzw Eigenschaft auch schlechthin, ohne vom Staatsoberhaupt zu sprechen, dem „Kaiser", „König" etc ausdrücklich oder stillschweigend beigemessen wie z B in den Verfassungen Preußens 1848 und 1850 sowie Österreichs 1848 und 1849. Allgemein gelten im Vormärz die Monarchen als „Souveraine, ... welche herrschen", sei es „in Europa" schlechthin oder „in den deutschen Bundesstaaten"[15]. Aus diesen umfassenden Befugnissen von Monarchen als Staatsoberhäuptern versteht es sich wohl, daß man Republiken keine solchen zuerkennt[16]: Krakau werde von einem „Senat" geleitet, auch die Jonischen Inseln, wobei hier dem Senats-„Präsidenten" der Titel „Hoheit" zukomme, „Helvetien", eine „föderative Republik", besitzt kein Staatsoberhaupt, ebenso nicht die einzelnen Kantone, seien es jene „unter einer mehr aristokratischen Verfassung" oder „unter demokratischer Verfassung", auch nicht die Republik San Marino.

---

[13] Z B Zivil-Gesetzbuch für den Kanton Bern 1824, in: *R. Riggeler - E. Vogt* (Hrsg), Sammlung der Civil- und Civilprozeßgesetze des Kantons Bern, 5. Aufl 1866; Bürgerliches Gesetzbuch für den Kanton Luzern, 1831/39, in: Miniatur-Ausgabe des bürgerlichen Gesetzbuches ..., 1853; ebenso: Allgemeines bürgerliches Gesetzbuch für den Kanton Aargau. Einleitung und Erster Theil, 1847.

[14] Die folgenden Verfassungen in *K. H. L. Pölitz*, Die Verfassungen des teutschen Staatenbundes seit dem Jahre 1789 bis auf die neueste Zeit I-III, 1847 (Nachdruck 1998): Baden 1818 (§ 3 2, 5: I, 462), Bayern 1818 (2 Tit § 1: I, 134), Württemberg 1819 (§ 4: I, 435), Großherzogtum Hessen 1820 (Art 4: II, 677), Sachsen 1831 (§ 4: I, 220), Sachsen-Altenburg 1831 (§ 4: II, 857), Kurhessen 1831 (§ 10: I, 615), Hannover 1833 (§ 6: II, 1265); Preußen: *E. R. Huber* (Hrsg), Dokumente zur deutschen Verfassungsgeschichte I, 1961: Verfassung 1848 (III: Art 43, 389), Verfassung 1850 (III: Art 45, 405); Österreich: *E. Bernatzik*; Die österreichischen Verfassungsgesetze mit Erläuterungen, 2. Aufl 1911: Verfassung 1848 (II, 104), Verfassung 1849 (II, 151f).

[15] *J. G. A. Galletti*, Allgemeine Weltkunde, 5. Aufl 1822, 19, 85.

[16] Ebda 121, 168, 90, 108.

Die Verfassungsumwälzungen im Gefolge der Revolution von 1848 modifizierten den Begriff des Staatsoberhauptes. Gemäß der Grundlage des Frühkonstitutionalismus war in seinen Verfassungen der Souverän der Träger der gesamten Staatsgewalt, demnach das - einzige - Staats(ober)haupt und eben auch oft so benannt. Im Hochkonstitutionalismus hingegen teilt sich der Monarch die Staatsgewalt mit dem Volk, sie steht beiden zu. Die hochkonstitutionellen Verfassungen ordnen daher die einzelnen Teile der Staatsgewalt im Sinne der Gewaltentrennung verschiedenen Staatsorganen zu, darunter dem Monarchen[17]. Zufolge dieser Aufteilung versteht es sich wohl, daß der Ausdruck „Staatsoberhaupt“ zunehmend keine Verwendung in den Verfassungstexten mehr findet. Etwa bestimmt die österreichische Verfassung 1849, daß die „gesetzgebende Gewalt ... von dem Kaiser im Vereine mit dem Reichstage“ beziehungsweise „im Vereine mit den Landtagen ausgeübt“ wird (§ 37), die „vollziehende Gewalt“ hingegen „steht ausschließlich dem Kaiser zu“ (§ 94): Als Staatsoberhaupt wird er aber nicht ausdrücklich bezeichnet. Wo dies allerdings doch der Fall ist, zeigt sich deutlich die Modifikation des Begriffs. So sollte der von der Reichsverfassung 1849 vorgesehene „Kaiser der Deutschen“ ausdrücklich als „Reichsoberhaupt“ fungieren (vor und §§ 68ff), obwohl ihm „die gesetzgebende Gewalt in Gemeinschaft mit dem Reichstag unter den verfassungsmäßigen Beschränkungen“ zukam (§ 80), er in dem konstitutionellen System nicht alleiniger Träger der Staatsgewalt war. Auch der Verfassungsentwurf Mühlfeld-Egger 1849 für Österreich[18] bezeichnet den österreichischen Kaiser als „Oberhaupt des Gesamtstaates“, in Hinblick auf die Länder als „Staats und Landes-Oberhaupt“ (§ 9, §§ 172ff), obwohl auch ihm die Gesetzgebung nur „in Gemeinschaft“ mit dem Parlament zukommen (§ 171) und er „seine Gewalten durch verantwortliche Staatsminister“ ausüben sollte (§ 179), was sich auch hier aus dem konstitutionellen System versteht. Gleiches finden wir im Entwurf eines Staatsgrundgesetzes für Schleswig-Holstein vom September 1848[19], wonach dem „Herzog“ als „Oberhaupt des Staats die vollziehende Gewalt, in Gemeinschaft mit der Landesversammlung die gesetzgebende Gewalt“ zukommen sollte, die er aber alle ausüben hätte dürfen nur „in dem Umfange und in den Formen ... wie durch dieses

---

17 U a *E. R. Huber*, Deutsche Verfassungsgeschichte II, 2. Aufl 1960; *Brauneder*, Separation, in diesem Band, 79ff.

18 Entwurf einer Verfassungs-Urkunde für den Kaiserstaat Österreich von Mühlfeld und Egger. Manuscript, Frankfurt am Main 1849, 11, 33.

19 *J. Krech*, Das schleswig-holsteinische Staatsgrundgesetz vom 15. September 1848. Entstehung und verfassungsrechtliche Einordnung unter Berücksichtigung des monarchischen Prinzips und der Volksouveräntität, 1985, 303ff.

Grundgesetz bestimmt wird“ (Art 33). Dem bisher in absoluten und frühkonstitutionellen Systemen durch volle Souveränität bestimmten Staatsoberhaupt war somit nach den Verfassungsvorstellungen von 1848/1849 ein Teil dieser Souveränität abgenommen, nicht aber dadurch die Stellung als Staatsoberhaupt aufgegeben worden. Alleiniger Träger der Souveränität zu sein, gehörte nun nicht mehr zum Begriff des Staatsoberhauptes.

Lexika selbst aus der zweiten Hälfte des 19. Jahrhunderts kennen das Wort „Staatsoberhaupt“ als Bezeichnung eines eigenen Begriffes in der Regel überhaupt nicht[20]. Wenn hier vom „Oberhaupt des Staates“ oder vom „Staatsoberhaupt“ die Rede ist, dann findet man diese Wörter in der Regel unter den Schlagworten „Monarchie“ oder „Majestät“[21]. Nach dem Staatslexikon von Bluntschli und Brater[22] (1865) gibt es die ständige Einrichtung eines Staatsoberhaupts nur in der Monarchie, „am vollkommensten in der Erbmonarchie“, weil das Staatsoberhaupt für den „Besitzer der Staatsgewalt“ anzusehen sei, es also - anders formuliert - Träger der Souveränität ist, denn das Staatsoberhaupt sei, so Bluntschli - Brater, jenes Organ, das entweder die Souveränität erwerbe oder verliere. In einer „Republik“ gäbe es daher kein „Staatsoberhaupt“; der „Präsident“ - oder wie immer der Titel lauten möge[23] - übe „nur fremde Rechte“ und keine eigenen aus.

Gegen Ende des 19. Jahrhunderts kommen aber Darstellungen des Verfassungsrechts konkreter Staaten ohne das Wort „Staatsoberhaupt“ kaum aus[24]. Manchen freilich, selbst wenn es sich um Monarchien wie z B Sachsen und Österreich-Ungarn handelt, ist es fremd. Dem jeweiligen Monarchen - „Kaiser“, „König“ etc - werden hier bestimmte Befugnisse allgemein oder im Detail zugeordnet wie etwa die „Regierungsgewalt“ bzw die „Staatsgewalt“ oder die einzelnen „Regierungsrechte“, die „Sanktion und

---

20 Nicht in: *C. v Rotteck - C. Welcker*, Das Staats-Lexikon XII, 2. Aufl 1848; *J. Weiske*, Rechtslexikon für Juristen aller teutschen Staaten enthaltend die gesammte Rechtswissenschaft X, 1856; [Brockhaus] Allgemeine deutsche Real-Encyklopädie für die gebildeten Stände. Conversationslexikon XIV, 10. Aufl 1854, wie auch in den folgenden Auflagen. Meyers kleines Konversations-Lexikon, 1910; *D. Groh*, Cäsarismus, Napoleonismus, Bonapartismus, Führer, Chef, Imperialismus, in: *O. Brunner - W. Conze - R. Koselleck* (Hrsg), Geschichtliche Grundbegriffe I, 1972, 729f.

21 Art „Monarchie“, in: [Brockhaus] Real-Encyklopädie, wie Fn 20, X, 10. Aufl 1853, 589; Art „Majestät“, in: ebda, 112f entspricht in etwa den folgenden Auflagen.

22 Art „Staats-Oberhaupt. Regierungsnachfolger.“, in: *J. C. Bluntschli - K. Brater* (Hrsg), Deutsches Staats-Wörterbuch IX, 1865, 748f.

23 Vgl die Aufstellungen bei *Ch. Cook - J. Paxton* (Hrsg), European Political facts 1789-1848/1848-1918/1918-1973, 1981/1978/1975.

24 S nur die Bände der ab 1844 von *H. v Marquardsen* herausgegebenen Reihe: Handbuch des Oeffentlichen Rechts der Gegenwart.

Publikation der Gesetze“ etc und vor allem ist festgehalten, er sei „der Träger der Staatsgewalt“[25]. Im Gegensatz dazu wird, obwohl die Verfassung den Ausdruck nicht kennt, der König von Preußen als „Staatsoberhaupt“ bezeichnet[26], als solches vereinige er „die gesamte Staatsgewalt grundsätzlich in seiner Hand“, sei jedoch in der Ausübung an die Verfassung gebunden, das heißt, durch sie beschränkt[27]. Da dies auch auf den Regenten zutrifft, ist auch er „Staatsoberhaupt“, wenngleich nur ein „interimistisches“, „und daher im staatsrechtlichen Sinne unverantwortlich“[28]: Die Unverantwortlichkeit erscheint hier als wesentliches Attribut des Staatsoberhaupts. Als „Staatsoberhaupt“ werden beispielsweise auch die Könige von Bayern und Württemberg bezeichnet, hier in Einklang mit der Diktion der jeweiligen Verfassung[29]: Den Monarchen zeichne aus, daß er „alle Rechte der Staatsgewalt“ vereine, er „herrscht aus eigener Macht“, ist in der „Ausübung ... jedoch ... beschränkt durch die Verfassung“. Auch dem König von Italien wird in Einklang mit dem Verfassungswortlaut die Eigenschaft eines „Staatsoberhauptes“ beigemessen[30], obwohl gemäß der Verfassung die Gesetzgebung „gemeinschaftlich durch den König und die beiden Kammern“ ausgeübt wird, freilich die Vollziehung „allein“ dem König zusteht. Als „Staatsoberhaupt“ gilt auch der König der Belgier[31], obwohl ihm von der Verfassung keine „souveräne Gewalt oder Souveränetät“ zukommt, da sie bestimmt, daß „die Gewalten von der Nation ausgehen“ und sie ausdrücklich dem König „keine andere Gewalt“ einräumt, „als ihm die Verfassung und die besonderen kraft eben dieser Verfassung erlassenen Gesetze formell zuerkennen“: Demnach sei „die königliche Autorität eine abgeleitete“ - aber dennoch gilt er als „das Staatsoberhaupt“. Auch Frankreichs „Präsident der Republik“ wird ausdrücklich als „Staatsoberhaupt“ klassifiziert[32], obwohl spezifiziert als „das Haupt der vollziehenden Gewalt, der Regierung und Verwaltung“ und nur gewisse „Beziehungen zur gesetzgebenden Gewalt“[33]

---

[25] *J. Ulbrich*, Das Staatsrecht der österreichisch-ungarischen Monarchie, 1884, 17f, 59f, 149; *C. E. Leutold*, Das Staatsrecht des Königreichs Sachsens, 1884, 223ff.

[26] *H. Schulze,* Das Staatsrecht des Königsreichs Preußen, 1884, 41: Unter Hinweis auf den Ausdruck im ALR, ebda 43: in Parallele zum „Reichsoberhaupt“.

[27] Ebda 41f.

[28] Ebda 50.

[29] *M. Seydel*, Das Staatsrecht des Königreichs Bayern, 1888, 23f bzw *L. Gaupp*, Das Staatsrecht des Königreichs Württemberg, 1884, 467.

[30] *E. Brusar*, Das Staatsrecht des Königreichs Italien, 1892, 93ff.

[31] *M. Vauthier*, Das Staatsrecht des Königreichs Belgien, 1892, 19ff.

[32] *A. Lebon*, Das Staatsrecht der Französischen Republik, 1886, 42ff.

[33] Ebda 48f.

vorhanden seien, was nicht verwundert, denn die „eigentliche Souveränität ruht in der That im Volk, denn alle Staatsgewalten gehen von ihm aus!“ Ein Staatsoberhaupt besaß auch der Norddeutsche Bund und sodann das Deutsche Reich mit der Bezeichnung „Bundesoberhaupt“ beziehungsweise „Reichsoberhaupt“[34]. Dieses „Präsidium des Bundes“, das ab 1871 „den Namen Deutscher Kaiser führt“, so die Reichsverfassung, ist ausdrücklich „nicht Souverän des Reiches“, denn die Souveränität steht einem anderen Organ, nämlich dem Bundesrat zu, sozusagen den hier vereinigten Fürsten und Städten. Ausdrücklich ein „Staatsoberhaupt“ wird auch Elsaß-Lothringen zuerkannt[35], obgleich dieses nicht als Staat im Deutschen Reich, sondern als dessen Reichsland eingerichtet, aber doch mit einer eigenen „Staatsgewalt“ ausgestattet, dessen „Inhaber“ der Deutsche Kaiser und damit der Monarch eines anderen Staates, nämlich der Preußens war.

Nach der Staatslehre gegen Ende des 19. Jahrhunderts besitzen also ein Staatsoberhaupt Staaten mit höchst unterschiedlichen Regierungssystemen. Für sie ist Staatsoberhaupt der Monarch dann, wenn er alleiniger Träger der Staatsgewalt, der Souveränität ist, wie natürlich in einer absoluten Monarchie und auch in einer frühkonstitutionellen Monarchie, wo nur die Ausübung der Staatsgewalt vom Monarchen mit anderen Organen geteilt wird wie in den vorgeführten Beispielen von Bayern, Württemberg und Preußen. Aber selbst in einer konstitutionellen, in der Verfassungswirklichkeit nahezu schon parlamentarischen Monarchie wie im Falle Italiens ist der Monarch Staatsoberhaupt und dies sogar in einer parlamentarischen Monarchie, wo ihm ausdrücklich die Souveränität nicht zukommt, wo er nicht Träger der Staatsgewalt ist wie im Falle Belgiens. Weiters gilt der bloße Träger eines Monarchentitels, ohne in der so bezeichneten Funktion Monarch zu sein, als Staatsoberhaupt wie der Deutsche Kaiser als Inhaber des Präsidiums im Deutschen Reich, das nicht Träger der Reichssouveränität ist. So versteht es sich denn auch, daß der Präsident einer Republik, wie im Falle Frankreichs, als Staatsoberhaupt qualifiziert wird, wenngleich der Träger der Souveränität das Volk ist.

Etwa 40 Jahre nach Bluntschli - Brater stellte daher sich die Situation schon anders dar, 1907 trug eine Monographie bereits den Titel „Das Staatshaupt in den Republiken“[36]. Sie geht davon aus, daß auch eine Republik ein Staatsoberhaupt habe; allerdings sei das „Staatshaupt“ oder „Oberhaupt“ in

---

34 Zum Folgenden *P. Laband*, Das Staatsrecht des Deutschen Reiches, 1883, 37ff: gesetzlicher Ausdruck im norddeutschen Strafgesetzbuch (37); *Schulze*, wie Fn 26, 43.

35 *A. Leoni*, Das Staatsrecht der Reichslande Elsaß-Lothringen, 1883, 230.

36 *C. Walther*, Das Staatshaupt in den Republiken, 1907.

einer Republik eigentlich nichts anderes als ein Staatsbeamter[37], die Stellung werde durch Wahl erworben, wobei die Volkswahl wie in den USA noch durchaus als die Ausnahme erscheint[38].

Wenn man zusätzlich zu den theoretischen Erörterungen auf die Ereignisgeschichte sieht, dann bestand für die Zeitgenossen zunehmend kein Zweifel mehr daran, daß auch Republiken ein Staatsoberhaupt besäßen, welches dem von Monarchien gleichkäme. Als 1914 der französische Präsident Poincaré Rußland einen Besuch abstattete, wurde er wie ein Monarch empfangen: Zeremoniell und andere Äußerlichkeiten demonstrierten hier eindeutig, daß ein republikanisches Staatsoberhaupt einem monarchischen gleichzuhalten sei[39]. Übrigens wurde bei seinem Besuch in Wien 1910 Theodore Roosevelt, obwohl nicht mehr US-Präsident, noch „fast mit den Ehren eines Souveräns" empfangen[40].

Nach dem ersten Weltkrieg ist es denn auch für die Staatstheorie selbstverständlich, daß Republiken Staatsoberhäupter haben. Sie gelten allerdings oft als „secundäre Staatsorgane", denn primäres Staatsorgan sei in der Republik jenes, welches das Volk repräsentiere[41] - nur Monarchien besäßen also demnach in ihrem Monarchen ein Staatsoberhaupt als primäres Staatsorgan. So hegt Kelsen noch gewisse Ressentiments oder Zweifel, wie es denn mit dem Staatsoberhaupt in einer Republik bestellt sei. In seiner „Allgemeinen Staatslehre" von 1925 spricht er anfangs in bezug auf Republiken vom „sogenannten Staatsoberhaupt", verfällt aber schließlich in die normale Diktion und verwendet das Wort „Staatsoberhaupt" schlechthin[42]. Es sind ganz bestimmte Funktionen, die das Wesen des Staatsoberhauptes ausmachen. Als Merkl 1919 untersuchte, welches Organ Deutschösterreichs als „Staatshaupt" anzusehen sei, ging er von einem „typischen Wirkungskreise eines Staatsoberhauptes" aus und zählte dazu insbesondere die Beurkundung von Gesetzesbeschlüssen, die Genehmigung von Staatsverträgen, Kriegserklärung und Friedensschluß, den militärischen Oberbefehl, die Vertretung

---

37 Ebda 106.

38 Ebda 79f.

39 Vgl nur die Angaben in: Wiener Zeitung vom 16. bzw 21. 07. 1914, Wiener Tagblatt vom 21. 07. 1914.

40 *J. Redlich*, Kaiser Franz Joseph von Österreich, 1929, 429. Roosevelt kam am 15. April 1910 nach Wien: *F. Fellner* (Bearb), Schicksalsjahre Österreichs 1908-1919. Das politische Tagebuch Josef Redlichs I: 1908-1914, 1953, 55.

41 *H. Wandersleb*, Der Präsident in den Vereinigten Staaten von Nordamerika, in Frankreich und im Deutschen Reich, 1922, 1.

42 *H. Kelsen*, Allgemeine Staatslehre, 1925 (Nachdruck 1995), 304f.

des Staates nach Außen[43]. Für Kelsen genügt allerdings ein „Minimum an Kompetenzen“[44], nämlich die Repräsentation des Staates nach Außen, die Befugnis zum Abschluß von Staatsverträgen, der militärische Oberbefehl sowie das Begnadigungs- und Abolitionsrecht, doch könne „die eine oder andere fehlen“[45]. So ist auch ohne militärischen Oberbefehl der Bundespräsident der österreichischen Verfassung 1920 für Kelsen „Staatsoberhaupt“ ohne irgendwelche Einschränkungen[46].

Die Definition des Begriffs Staatsoberhaupt wurde so für die Staatslehre rasch zu einem problemlosen Unterfangen. Sie[47] versteht unter „Staatsoberhaupt“ ein Organ, dem eine Reihe typischer Funktionen wie z B die völkerrechtliche Vertretung des Staates, die Ernennung von anderen Staatsorganen, der Oberbefehl über das Heer übertragen sind. Das galt übrigens dann auch in kommunistischen Staaten so[48]: Das „Staatsoberhaupt“ ist „Persönlichkeit oder Organ, die oder das höchste staatliche Funktionen ausübt und den Staat nach innen und außen repräsentiert“, und zwar hinsichtlich „bürgerlicher Staaten“ mit dem Bemerken, dies „bedeutet nicht“, daß bei „ihm die gesamte staatliche Macht konzentriert“ sein müsse, wobei es „die präsidiale oder monarchische“ Grundform gäbe[49]. Über die Kompetenzen hinaus habe das Staatsoberhaupt auch eine Integrationsfunktion, es zähle zum „Sinn der Stellung aller Staatshäupter, die Einheit des Staatsvolks zu ‚repräsentieren’ oder zu ‚verkörpern’, d h ein Symbol für sie zu sein, wie es Fahnen, Wappen, Nationalhymnen in mehr sachlichem und funktionellem Typus sind“ (Smend 1928)[50].

Argumentativ wurde das Staatsoberhaupt der Republik lange im Zusammenhang mit dem der Monarchie gesehen. Tocqueville wollte 1848 den Präsidenten der französischen Republik mit den Rechten des konstitutionellen Königs der eben revolutionär beendeten Monarchie der Verfassung

---

43 *A. Merkl*, Das Staatshaupt der deutschösterreichischen Republik, in: *ders*, Gesammelte Schriften II/1, hrsg v *D. Mayer-Maly - H. Schambeck - W.-D. Grussmann*, 1999, 225-237.

44 *Kelsen*, wie Fn 42, 304f hier 304.

45 Ebda 305.

46 *H. Kelsen*, Österreichisches Staatsrecht, 1923 (2. Nachdruck 1981), 180.

47 U a *K. Hesse*, Grundzüge des Verfassungsrechts der Bundesrepublik Deutschland, 20. Aufl 1995, Rz 535; *Th. Fleiner-Gerster*, Allgemeine Staatslehre, 2. Aufl 1995, 204ff; *K. Berchtold*, Der Bundespräsident. Eine Untersuchung zur Verfassungstheorie und zum österreichischen Verfassungsrecht, 1969, 1ff; *R. Walter - H. Mayer*, Grundriß des österreichischen Verfassungsrechts, 9. Aufl 2000, Rz 619.

48 *G. Schütz u a* (Kollektiv), Kleines politisches Wörterbuch, 3. Aufl 1978, 875.

49 *W. Menzel u a* (Hrsg), Staatsrecht bürgerlicher Staaten, 1980, 110.

50 *R. Smend*, Verfassung und Verfassungsrecht (1928), in: *ders*, Staatsrechtliche Abhandlungen und andere Aufsätze, 1955, 119-276, hier: 144f.

1830 versehen, ausgenommen die Dauer des Amtes, die Unverletzlichkeit und die Unverantwortlichkeit, wogegen Pagés meinte, ein machtvoller Präsident führe zur Restauration[51]. 1885 verglich der Franzose Batbie das Staatsoberhaupt in Republik und Monarchie dahingehend, daß der konstitutionelle Monarch eigentlich nichts anderes als ein erblicher Präsident beziehungsweise der Präsident der Republik nichts anderes als ein konstitutioneller Monarch auf Zeit wäre[52]. Und 1904 forderte Barthélemy für den „Präsidenten der Republik", er solle einen Einfluß ausüben können, der dem des „erblichen Königs" der Charte constitutionelle 1814 entspräche[53]. Die Staatsrechtslehre kam auch im weiteren 20. Jahrhundert bis weit in die sechziger Jahre bei der Beschreibung der Stellung des republikanischen Staatsoberhaupts kaum ohne den Vergleich mit der konstitutionellen Monarchie aus. Dies hatte zwei Gründe: einerseits schlicht und einfach den der Chronologie sowie der Vorbildhaftigkeit des konstitutionellen Monarchen für die Stellung eines republikanischen Staatsoberhaupts, andererseits aber auch das Bewußtsein des Unterschieds, daß nämlich in der konstitutionellen Monarchie hinter Staatsoberhaupt und Parlament zwei unterschiedliche Machtfaktoren stünden, im republikanisch-demokratischen aber nur einer: jeweils das Volk[54]. Gerade der historische Vergleich begründete Skepsis gegenüber einem republikanischen Staatsoberhaupt. Da das Staatsoberhaupt aus der organischen Staatslehre sowie aus dem System der konstitutionellen Monarchie herkäme, sei es das Relikt einer „romantischen Befangenheit"[55]. Aber auch von der Verfassungskonstruktion her sei es „in der Republik nicht angebracht", von einem Staatsoberhaupt zu sprechen, da dieses selbst bei einer Volkswahl nicht über dem ebenso legitimierten Parlament stünde[56]. Bei Heller gibt es ein „Staatsoberhaupt" daher nur in der „Autokratie", nicht in der „Demokratie"[57].

Die Bedeutung der Monarchenstellung für Idee und Konstruktion des Staatsoberhaupts in Republiken zeigt sich aber nicht nur in einer konzeptiven Vorbildwirkung, sondern teils auch in einem Herauswachsen von Repu-

---

51 *K. v Beyme*, Die Parlamentarischen Regierungssysteme in Europa, 1970, 136, 138.

52 *A.-P. Batbie*, Traité théorique et pratique de droit public et administratif VII, 2. Aufl 1885, 354, nach *O. Kimminich*, Das Staatsoberhaupt in der parlamentarischen Demokratie, in: VVDtStRL 25, 1967, 43.

53 Ebda 42f, Anm 107.

54 *H. Spanner*, Zur Stellung des Staatsoberhaupts in Deutschland und Österreich seit 1918, in: DÖV 1966, 620ff.

55 *Kimminich*, wie Fn 52, 91; *Berchtold*, wie Fn 47, 15

56 Ebda 15.

57 *H. Heller*, Staatslehre, 1934, 246.

bliken aus Monarchien wie aber auch im umgekehrten Vorgang bzw in einer unentschlossenen Gratwanderung zwischen Republik und Monarchie. Für all dies bietet Frankreich ein besonderes Beispiel[58]. Hier gab es zwar vorerst in schroffer Ablehnung eines monarchenähnlichen Staatsoberhauptes an der Staatsspitze nur Kollegien wie seit 1793 den Exekutivrat, seit 1795 das Direktorium und seit 1799 das Triumvirat der Konsuln, aus denen 1802 das lebenslange Konsulat Napoleons hervorging, der schließlich 1804 den Kaisertitel für ein immer noch „Republique" genanntes Staatswesen annahm. Der Vorgang wiederholte sich ähnlich unter Louis Napoleon 1851/1852. Ebenso auffallend wirkt das Offenhalten der Frage Republik oder Monarchie nach 1870. Zwar wird 1873 Mac Mahon Präsident trotz paralleler Restaurationsversuche, aber 1874/75 der Antrag auf förmliche Erklärung der Republik zweimal abgelehnt, andererseits 1875 das Präsidentenamt gegen die Monarchie mit nur einer Stimme Mehrheit beschlossen, so daß es eine Ausgestaltung erfährt, die als Platzhalter für einen künftigen Monarchen wirkt. Lehrreich sind auch die USA[59]: Als sich aus den einzelnen britischen Kolonien unabhängige Staaten bilden und die Souveränität des englischen Königs wegfällt, wächst den Gouverneuren als Chefs der Exekutive auch die Funktion eines Staatsoberhauptes zu: Ihre Legitimation erhalten sie allerdings nun teils aus der eher abgelehnten Volkswahl, teils aus Parlamentswahlen. Dieses Modell wird auf den 1787 eingerichteten Bundesstaat übertragen, nämlich auf den US-Präsidenten, wobei als weiteres Vorbild Wahlmonarchien wie etwa der Römisch-deutsche Kaiser nicht unterschätzt werden sollten[60]. Bei einer derartigen Entwicklung oder Vorbildhaftigkeit ist das Staatsoberhaupt „der republikanisierte Monarch"[61].

Ganz anders ist es mit der Konzeption des Staatsoberhauptes in Republiken bestellt, die nicht aus Monarchien herauswuchsen[62]. An der Spitze der einzelnen eidgenössischen Kantone[63] standen Kollegien, ihre Vereinigung als Staatenbund kannte kein Staatsoberhaupt. Als an dessen Stelle 1798 der Staat der Helvetischen Republik tritt, erhält dieser nach damaligem französischen Vorbild eine Spitze im kollegialen „Vollziehungsdirektorium", das

---

58 Zum Folgenden u a *C. Schmitt*, Verfassungslehre, 1928, 291f; *Walther*, wie Fn 36, 27f; *Wandersleb*, wie Fn 41, 3f; *H. Gmelin*, Die Stellung des Präsidenten der französischen Republik und die Bedeutung der Präsidentenkrise von 1924, in: AÖR NF 8, 1925, 197.

59 *Walther*, wie Fn 36, 18ff.

60 *J. Adams*, A Defence of the Constitutions of Government of the United States of America III, 1797 (Nachdruck 1979).

61 *Schmitt*, wie Fn 58, 291.

62 *Walther*, wie Fn 36, 32ff.

63 Vgl zur Schweiz *A. Kölz*, Neuere Schweizerische Verfassungsgeschichte, 1992, 9ff, 116f, 570f.

sich auch in die eidgenössische Tradition einfügt. Und als der Staatenbund 1848 in einen Bundesstaat umgewandelt wird, steht abermals mit dem Bundesrat ein Kollegium an seiner Spitze. Auch die Republik San Marino regiert ein Gremium, sie wird „von dem souveränen großen Rathe vertreten“[64]. Den eidgenössischen Kantonen ähnlich verläuft die Entwicklung in den Freien Städten Deutschlands.

Auch dort, wo Republiken bewußt gegen bisherige Monarchien eingerichtet werden, sehen wir Kollegien an der Staatsspitze. Das war, wie schon erwähnt, im revolutionären Frankreich vor Napoleon der Fall, ist es aber ebenso nach dem Ende der Habsburgermonarchie im neuen Staate Deutschösterreich und letztendlich auch in jenen Ostblockstaaten[65], die Monarchien gewesen waren wie Albanien, Bulgarien und Rumänien. Freilich wäre auch hier Verallgemeinerung fehl am Platz: Anders als Deutschösterreich besaß die gleichzeitig entstandene Tschechoslowakei einen Staatspräsidenten.

III. Die Wahl von Staatsoberhäuptern vor dem Ersten Weltkrieg

A. Frankreich

Lehrreich für die Entwicklung der Stellung des republikanischen Staatsoberhaupts an sich und wichtig vor allem als eines der Vorbilder für Deutschland und Österreich wie auch andere Staaten nach 1918 ist Frankreich[66].

In der großen Diskussion von 1848 über die Stellung des republikanischen Staatsoberhauptes stand einmal die Frage im Zentrum, wie dieses Staatsoberhaupt gewählt werden solle. In der Alternative Volkswahl oder Wahl durch das Parlament galt die Volkswahl eindeutig als direkter Ausfluß der Volkssouveränität: Stehe man auf dem Standpunkt der Volkssouveränität, dann müsse der Präsident direkt vom Volk gewählt werden. Schon Modifikationen dahingehend, daß eine Vorauswahl durch das Parlament stattzufinden hätte, daß das Parlament fünf Kandidaten aufstellen und das Volk aus diesen auswählen solle, galten 1848 bereits als Attentat auf die Volkssouveränität[67]. Allerdings war man sich auch bewußt, daß ein vom Volk gewählter Präsident diversen Bindungen zu unterliegen habe. Nicht alle Vorschläge zu derartigen Bindungen wurden sodann von der Verfassung

---

64 *J. G. A. Galletti*, Allgemeine Weltkunde, 11. Aufl 1854, 202, 423.

65 S u VI A.

66 Zum Folgenden: *Beyme*, wie Fn 51, 133ff; *Gmelin*, wie Fn 58, 192ff.

67 *Beyme*, wie Fn 51, 135.

1848 auch tatsächlich realisiert wie etwa die solidarische Verklammerung des Präsidenten mit der Regierung hinsichtlich der Verantwortlichkeit, aber doch die wesentlichsten: Es erhielt der vom Volk gewählte Präsident - im Gegensatz zu einem Monarchen - keine Gesetzesinitiative, kein Vetorecht und auch nicht das Recht zur Parlamentsauflösung[68]. Gerade die Kompetenzdiskussion schärfte den Blick für den Zusammenhang zwischen Legitimation und Befugnissen, nämlich durch die allfällige Diskrepanz zwischen geringen Befugnissen bei einer Volkswahl als Maximallegitimation. Typisch dafür ist die damals getroffene Feststellung, daß die Verfassung 1848 dem Präsidenten zwar die Wurzeln einer Eiche, nämlich die Volkswahl, aber lediglich das Haupt - oder je nach Übersetzung: den Verstand - eines Schilfrohres zuerkannt habe: „Vous lui donnez les racines d'un chêne et la tête d'un roseau“[69]. Dieses Bild verdeutlicht über den konkreten Fall hinaus das Grundproblem des Verhältnisses von Legitimation und Kompetenzen, hier bei einer Diskrepanz zwischen einem Höchstmaß an Legitimität und einer schwachen Kompetenzsituation.

Die Volkswahl des Präsidenten wurde allerdings in Frankreich nur von einer Minderheit begrüßt[70]. Ablehnung fand sie bei jenen, die sich als Vertreter des parlamentarischen Regierungssystems die Wahl durch das Parlament gewünscht hatten, aber auch von jenen, die der Meinung waren, daß bei der geringen Anzahl an Kompetenzen eine Volkswahl sozusagen Verschwendung bedeute. Mit dem Staatsstreich durch Präsident Louis Napoleon 1851 und mit der neuen Verfassung 1852 geriet die Volkswahl noch mehr in Mißkredit[71], und zwar durch die nun vertretene Meinung, gerade die Volkswahl habe den Weg zum Staatsstreich vorbereitet, diesen sozusagen im Vorhinein legitimiert. Ein vom Volk gewählter Präsident sei oder sähe sich kraft dieser Basislegitimation in die Lage versetzt, die Verfassung umzustoßen. Das war 1851 dadurch geschehen, daß Präsident Louis Napoleon trotz fehlender Kompetenz das Parlament auflöste, worauf er 1852 durch Plebiszit eine neue Verfassung sowie sich für zehn Jahre im Präsidentenamt und gegen Jahresende durch ein zweites Plebiszit als erblicher Kaiser bestätigen ließ. Diese Entwicklung vom volksgewählten republikanischen Staatsoberhaupt zum Monarchen kraft Volksbefragung blieb hinfort, beginnend mit Karl Marx[72], Wasser auf den Mühlen der Gegner eines star-

---

68 *Gmelin*, wie Fn 66, 192ff.

69 So Parieu in der Nationalversammlungsdebatte nach *Beyme*, wie Fn 51, 141.

70 *Beyme*, wie Fn 51, 146ff.

71 *Gmelin*, wie Fn 66, 194.

72 *K. Marx*, Der achtzehnte Brumaire des Louis Bonaparte, 1852, in: K. Marx - F. Engels, Werke VIII, 1960, 111-207. S u VI B.

ken Staatsoberhaupts kraft Volkswahl. Als Frankreich sich dann 1870/71 anschickte, wieder Republik zu werden, aber bis 1875 in einem ungewissen Schwebezustand verharrte, nämlich zwischen provisorischer Republik und möglicherweise kommender Monarchie, lehnte man nun die Volkswahl des Präsidenten ab[73]. Der Staatspräsident wurde vom Parlament gewählt, was sich als das Ergebnis einzelner Verfassungsschritte und ganz eigentümlicher Konstellationen darstellt[74]. Die Republikaner traten konzeptionell für einen vom Parlament gewählten Präsidenten ein, während für die Monarchisten natürlich überhaupt kein Präsident, sondern nur ein konstitutioneller Monarch in Frage kam, ein Präsident aber nur notgedrungen und vorübergehend und daher bloß mit schwacher Legitimation. Für die Monarchisten war der parlamentsgewählte Präsident also deswegen erträglich, weil er Platzhalter für einen kommenden Monarchen und als Provisorium mit möglichst wenig Legitimität ausgestattet sein sollte. Die Befugnisse dieses Präsidenten ohne die Maximallegitimation einer Volkswahl bestanden kraft Verfassung im Auflösungsrecht der Deputiertenkammer, im Vorsitz im Ministerrat und in der Ernennung und Entlassung der Minister. In der Praxis[75] allerdings konnte der Präsident über Repräsentationsangelegenheiten hinaus bloß beratend an der Regierungsfunktion teilnehmen, die Regierung leitete der Ministerpräsident, Ministerernennungen waren gegen die Kammern nicht durchzusetzen wie deren Auflösung inopportun. Das französische System um etwa 1900[76] bestand also in einem vom Parlament gewählten Präsidenten, der zwar relativ starke Befugnisse hatte, aber als Staatsoberhaupt doch neben der Regierung mit ihrem Ministerpräsidenten stand und daher nicht an die Stellung des Präsidenten der Vereinigten Staaten herankam.

B. Schweiz

Ein anderes europäisches Modell, das sich nahezu parallel zum französischen entwickelte, war und ist die Schweiz. Die Schweiz gab sich 1848 eine bundesstaatliche Verfassung[77], wobei die Legislative mit den beiden Häusern des Parlaments, den „Abteilungen" der „Bundesversammlung", dem

---

73 Zum Folgenden *Beyme*, wie Fn 51, 208ff; *Gmelin*, wie Fn 66, 195.

74 Ebda 197.

75 Ebda 200ff.

76 *Beyme*, wie Fn 51, 226.

77 Bundesverfassung der Schweizerischen Eidgenossenschaft (12. 09. 1848), in: *A. Kölz* (Hrsg), Quellenbuch zur neueren Schweizerischen Verfassungsgeschichte, 1992, 447ff; *H. Nabholz - P. Läüuli* (Bearb), Quellenbuch zur Verfassungsgeschichte der Schweizerischen Eidgenossenschaft und der Kantone, 3. Aufl 1947, 299ff; *Kölz*, wie Fn 63, 554ff.

„Nationalrat“ und dem „Ständerat“, dem Vorbild der USA folgte, während die Exekutive mit dem Bundesrat nicht den USA, sondern eher den radikalen Kantonen mit ihrer kollegialen Parlamentsausschußregierung nachgebildet war[78]. Ihnen nämlich entsprach der Bundesrat mit seinem Kollegialsystem und gleichrangigen Bundesräten, von denen keiner einen Vorrang gegenüber den anderen haben sollte. Einer von ihnen führt freilich den Vorsitz im Bundesrat und trägt in dieser Funktion den Titel „Bundespräsident“[79]. Die Bundesverfassung von 1848 und auch die von 1874 kannten bezüglich des Bundespräsidenten nur eine einzige Bestimmung, nämlich eben die, daß er den „Vorsitz im Bundesrat“ führt, was auch in die Schweizer Bundesverfassung 2000 übernommen wurde[80]. Allerdings hatten 1914 und dann 1978 das Bundesverwaltungsorganisationsgesetz sowie das Regierungs- und Verwaltungsorganisationsgesetz 1997 diese Bestimmung präzisiert und auch ausgeweitet[81]. Demnach obliegen dem Bundespräsidenten repräsentative Aufgaben sowohl nach innen wie nach außen, freilich immer nur so weit, als sie nicht dem Bundesrat insgesamt zustehen. Aber er ist ausdrücklich nicht Staatspräsident: Innerstaatlich kommen ihm die Attribute eines Staatspräsidenten auf keinen Fall zu, er ist auch nicht Oberbefehlshaber der Armee, im Kriegszustand wählt der Bundesrat dafür eigens einen General. Völkerrechtlich nimmt der Bundespräsident nur in ganz bestimmten Belangen die Befugnisse eines Staatsoberhauptes wahr. Bemerkenswert erscheint das Faktum, daß die Rolle eines Staatsoberhaupts sozusagen gar nicht ausgelebt werden kann, denn die Amtsperiode beträgt bloß ein Jahr. In diesem Jahr ist der Bundespräsident aber gleichzeitig wie bisher und weiterhin als Bundesrat Vorsitzender seines Departements, so daß er kaum zusätzliche Zeit für die Aufgaben eines Staatsoberhauptes aufbringen beziehungsweise in der kurzen Zeitspanne in diese auch nicht so recht hineinwachsen kann[82], was eben, da nicht Staatsoberhaupt, Absicht ist.

---

78 Ebda 569f.

79 *R. de Pretto*, Bundesrat und Bundespräsident: Das kollegiale Regierungssystem schweizerischer Prägung, 1988, zum Bundespräsidenten bes 148ff.

80 Art 86 Bundesverfassung 1848 = Art 98 Bundesverfassung 1874 = Art 176 Abs 1 Bundesverfassung 2000; *K. Eichenberger*, Art 98, in: Kommentar zur Bundesverfassung der Schweizerischen Eidgenossenschaft IV, 1987ff; *U. Häfelin - W. Haller*, Schweizerisches Bundesstaatsrecht. Ein Grundriss, 2. Aufl 1988, 248.

81 *K. Schumann*, Das Regierungssystem der Schweiz, 1971, 206ff; *K. Eichenberger*, Art 98, in: Kommentar zur Bundesverfassung der Schweizerischen Eidgenossenschaft IV, 1987ff, Rz 10f.

82 *Schumann*, wie Fn 81, 207f.

Vorschläge zu einer anderen Gestaltung des Amtes scheiterten an verschiedenen Argumenten: Volkswahl käme einer „Annäherung an die Monarchie oder Diktatur“ gleich; man müsse strikt auf dem Kollegialsystem bestehen, denn etwas anderes widerspräche dem demokratischen Prinzip, das jeden Vorrang eines einzelnen ausschließe[83]. Ein weiteres Hauptargument gegen die Volkswahl war auch, daß sie sich mit der föderalistischen Struktur nicht vertrage, da sich der Bundesrat zufolge eingefahrener Praxis in einem ausgewogenen Verhältnis verschiedener Kantonsgruppen zusammensetze[84].

IV. Staatsoberhaupt-Modelle: Überblick zu Deutschland und Österreich

Für die Stellung des republikanischen Staatsoberhauptes und insbesondere für seine Wahl sah man um den 1. Weltkrieg drei Modelle verwirklicht. Das eine war das aus einer Volkwahl hervorgehende Staatsoberhaupt, realisiert im Präsidenten der USA. Ein weiteres Modell war das Staatsoberhaupt aufgrund einer Parlamentswahl, verwirklicht in Frankreich. Schließlich existierte noch das Modell eines Kollegiums als Staatsoberhaupt, gewählt vom Parlament, nämlich in der Schweiz. Walther eröffnete dazu in seiner Monographie von 1907 gewisse Perspektiven[85]: Ein Staatsoberhaupt an sich sei „im Weltverkehre“ notwendig, ein großer Staat vor allem brauche es. Daher sah er eine Tendenz zur Angleichung der Stellung des konstitutionellen Monarchen und des Staatsoberhaupts in einer Präsidentenrepublik wie in den USA und in Frankreich, während das Kollegialmodell der Schweiz einen Sonderfall, überdies in einem Kleinstaat darstelle und wohl keine Vorbildwirkung entfalten könne.

Sowohl in Deutschland wie in Österreich sind von den erwähnten Modellen alle verwirklicht worden, wenngleich zu unterschiedlichen Zeiten, also zeitversetzt, und auch nicht mit deckungsgleichen Folgen[86].

Die Volkswahl des Staatsoberhauptes sah im Deutschen Reich die Weimarer Verfassung von 1919 bis 1934 vor, in Österreich führte sie die Ver-

83 *Kölz*, wie Fn 63, 570.

84 *E. His*, Geschichte des neuern Schweizerischen Staatsrechts III, 1938, 411.

85 *Walther*, wie Fn 36, 203.

86 Vgl auch *K. Skalnik*, Das Staatsoberhaupt in der Demokratie, in: *A. Pelinka u a* (Hrsg), Zwischen Austromarxismus und Katholizismus. Festschrift für Norbert Leser, 1993, 103-119. Zu detaillierteren Angaben der Entwicklung s u V B (Dt. Reich), VI B (BRD), VI C (DDR), V C und VI D (Österreich).

fassungsnovelle 1929 ein und ist, nach der Unterbrechung von 1934 bis 1946, geltendes Verfassungsrecht.

Die Wahl allein durch das Parlament, d h durch die Volksvertretung, stellt in beiden Staaten die Ausnahme dar: Sie ergab sich in der DDR von 1958 bis 1960, weil die Volkskammer nach Auflösung der Länderkammer sozusagen übrigblieb. Eine Sonderform stellte die Parlamentswahl eines Kollegialorgans dar, das auch die Funktionen eines Staatsoberhauptes ausübte. Dies war der Fall in Österreich 1918/19 und in der DDR ab 1960, interessanterweise hieß dieses Organ in beiden Fällen „Staatsrat“. Eine weitere Sonderform einer Parlamentswahl bestand darin, als Staatsoberhaupt nicht ein eigenes Organ zu wählen, sondern die Aufgaben den Parlamentspräsidenten mit wahrnehmen zu lassen, wie in Österreich von 1919 bis 1920 und dieses in der DDR im SED-Verfassungsentwurf von 1946 vorgesehen gewesen war.

Eine wichtige Parallele besteht in der Wahl des Staatsoberhauptes durch ein föderativ erweitertes Parlament. Eine derartige Wahl, nämlich durch die Bundesversammlung, findet in der Bundesrepublik Deutschland seit 1949 statt, in Österreich gehörte sie von 1920 bis 1929 zum Verfassungsbestand. Anders als in der Bundesrepublik Deutschland, aber mit gleicher Intention[87], setzt sich die Bundesversammlung in Österreich aus den Abgeordneten zum Nationalrat und den Mitgliedern des Bundesrats und somit aus Volks- und Ländervertretung zusammen. Ebenso erfolgte auch in der DDR von 1949 bis 1958 die Wahl des Staatspräsidenten durch Volkskammer und Länderkammer.

Einige weitere Parallelen lassen sich aus der Verfassungsgeschichte Deutschlands und Österreichs ziehen. Hier wie dort wurde nach Einführung der Volkswahl 1919 bzw 1929 doch nicht sogleich vom Volk gewählt, nämlich in Deutschland erstmals 1925 und in Österreich gar erst 1951: Denn im Deutschen Reich wurde die Amtsperiode Eberts 1922 durch Parlamentswahl verlängert, in Österreich wählte den Präsidenten 1931 doch wieder die Bundesversammlung und dann abermals 1945. Sowohl in Deutschland 1925 wie in Österreich 1929 war versucht worden, die Volkswahl des Staatsoberhaupts durch besondere Bestimmungen über den zweiten Wahlgang zu revidieren. Eine weitere Parallele bildete die immer wieder aufkommende Diskussion über die Frage der Änderung des gerade bestehenden Wahlsystems. Im Deutschen Reich trat man ab 1920 für die Parla-

[87] Den zu den Bundestagsmitgliedern von den Landtagen zugewählten Vertretern entsprechen in Österreich die Mitglieder des Bundesrats, die hier, anders als in Deutschland, von den Landtagen gewählt werden.

mentswahl gegen die Volkswahl ein, in Österreich gerade umgekehrt ab 1922 für die Volkswahl gegen die Wahl durch die Bundesversammlung, dann wieder nach 1945 für diese gegen die Volkswahl, in Deutschland hingegen umgekehrt für diese gegen die Wahl in der Bundesversammlung.

V. Die Wahl von Staatsoberhäuptern nach dem Ersten Weltkrieg

Nach 1918 entstand in Europa eine große Zahl neuer Staaten. In einer ersten, nur ganz kurzen Welle gab es die Tendenz, sie als demokratische oder konstitutionelle Monarchien einzurichten, mit der Niederlage der Mittelmächte allerdings wurden sie alle Republiken[88].

A. Neue Staaten: Tschechoslowakei als Beispiel

Die Tschechoslowakische Republik[89] entschied sich von Anfang an dafür, zumindest optisch ein prägnant wirkendes Staatsoberhaupt zu besitzen. Die Einstweilige Verfassung von 1918 wie sodann die Provisorische Verfassung von 1919 gebrauchten eine interessante Diktion: „Staatsoberhaupt ist der Präsident der Republik"[90]. Das ist nicht die gängige normative Sprache, Verfassungstexte drehen diesen Satz üblicherweise um, so daß es etwa heißen müßte: „Der Präsident der Republik ist das Staatsoberhaupt". Aber die zitierte Diktion ist verständlich als Antwort auf die für die damalige Zeit

---

88 *Brauneder,* Staatsgründungen, 305ff; auch *ders*, Deutschösterreich, 244ff.

89 Vgl *F. Weyr*, Das Verfassungsrecht der Tschechoslowakischen Republik, in: Zeitschrift für öffentliches Recht II, 1921, 20ff; *F. Adler*, Die Grundgedanken der tschechoslowakischen Verfassungsurkunde in der Entwicklung des Verfassungsrechts 1927; *L. Adamovich*, Grundriß des tschechoslowakischen Staatsrechtes, 1929, 135ff; *F. Adler*, Grundriß des tschechoslowakischen Verfassungsrechtes, 1930, 72ff; *L. Epstein*, Studien-Ausgabe der Verfassungsgesetze der Tschechoslowakischen Republik, 2. Aufl 1932, 628ff; *R. Schranil - F. Janka*, Staatsrechtsquellen außer den Verfassungsgesetzen (= Tschechoslowakische Gesetze I/Das öffentliche Recht der Tschechoslowakischen Republik 2), 1934, 524f; *H. Rauchberg*, Bürgerkunde der Tschechoslowakischen Republik, 3. Aufl 1935, 112ff; allgemeiner Überblick bei: *H. Slapnicka*, Recht und Verfassung der Tschechoslowakei 1918-1938, in: *K. Bosl* (Hrsg), Aktuelle Forschungsprobleme um die Erste Tschechoslowakische Republik, 1969, 93-111.

90 Einstweilige Verfassung vom 13. 11. 1918 wie auch die Novellierung durch ein Gesetz vom 23. 05. 1919 (= Provisorische Verfassung) bei *Epstein*, wie Fn 89, 117ff, 120 (§ 7). Abdruck der relevanten Bestimmungen der prov Verfassung auch bei *Schranil - Janka*, wie Fn 89, 525f.

naheliegende Frage vor allem für neue, auf dem Boden von Monarchien entstandene Staaten: „Wer ist das Staatsoberhaupt?“ bzw „Von welcher Art ist das Staatsoberhaupt?“, wozu die Antwort für die Tschechoslowakei eben lautet: „Staatsoberhaupt ist der Präsident der Republik“[91]. Allerdings zeigt sich, daß ihm keine besonders herausragende Stellung im Verfassungsgefüge zukam. Es war also wichtig, die nicht-monarchische Staatsspitze zu betonen, nicht aber, sie auch kräftig auszugestalten. Die definitive Verfassung von 1920[92] wählte daher eine ganz andere Diktion: „Der tschechoslowakische Staat ist eine demokratische Republik, deren Haupt der gewählte Präsident ist“ (§ 2). Erst im Kapitel über die Exekutive sind seine Befugnisse aufgezählt, wonach der „Präsident der Republik“ den Staat nach außen vertritt und etwa die Minister ernennt und entläßt (§ 64 Abs 1), aber: „Die gesamte Regierungs- und Vollzugsgewalt steht ... der Regierung zu“ (§ 64 Abs 2), somit nicht dem Präsidenten! Er ist nicht Mitglied der Regierung, hat keinen Teil an der Regierungs- und Vollzugsgewalt, sondern nur ganz spezielle ausschließlich aufgezählte Rechte wie übrigens auch das der Parlamentsauflösung. Gewählt wird der Präsident nicht vom Volk, sondern von der Nationalversammlung, also gemeinsam von Abgeordnetenhaus und Senat (§ 56), womit bewußt ein „Vorrang des Parlaments“ festgeschrieben war[93]. Daher und dem Verfassungswortlaut nach wäre die Stellung des Präsidenten der Tschechoslowakei von einem nicht gar so hohem Gewicht gewesen, vor allem nicht im Vergleich mit der Regierung, was eben auch das Fehlen einer Volkswahl unterstreicht. Es lag daher am mehrmals wiedergewählten Präsidenten Masaryk und sodann an Präsident Beneš, daß dennoch die Präsidenten der Ersten Tschechoslowakischen Republik politisch stark im Vordergrund standen[94].

---

91 Diese Wortfolge scheint übrigens typisch für Verfassungsformulierungen in neuen Staaten zu sein, die oft wie Antworten auf Fragen gestaltet sind. So lag für Deutschösterreich die Frage nahe: „Wer ist Träger der Souveränität im neuen Staat?“, worauf der Staatsgründungsbeschluß 1918 (StGBl 1) die Antwort erteilt, es werde die „oberste Gewalt ... durch die Provisorische Nationalversammlung ausgeübt“ (§ 1); *Brauneder,* Verfassungsgeschichte, 191; *ders*, Deutschösterreich, 336 (Anhang A III).

92 Verfassungsurkunde vom 29. 2. 1920 bei: *R. Schranil - F. Janka*, Die Verfassungsgesetze (= Tschechoslowakische Gesetze I /Das öffentliche Recht der Tschechoslowakischen Republik 1), 1934, 71ff; *Epstein*, wie Fn 89, 130ff.

93 *Rauchberg*, wie Fn 89, 113.

94 Vgl etwa *F. Sander*, Das tschechoslowakische Verfassungsrecht in den Jahren 1929-1935, in: JBÖffR 23, 1936, 278ff, zu den Wahlen von Masaryk und Beneš 280f.

Vom ersten wesentlichen Schritt zur neuen Verfassung, den Beratungen bei Minister Preuß im Dezember 1918, bis hin zum Text der Weimarer Verfassung vom 11. August 1919 blieb für die Verfassungsarbeiten unbestritten: „Der Reichspräsident wird vom ganzen deutschen Volk gewählt“[95]. Dieser Satz findet sich in sämtlichen Vorentwürfen und in den offiziellen Entwürfen zur Weimarer Reichsverfassung[96]. Bei der erwähnten Besprechung im Dezember 1918 votierte die Mehrheit der Anwesenden einerseits für eine eigene Präsidentschaft gegen eine Direktoriallösung und andererseits für die Volkswahl gegen die Parlamentswahl[97]. Dennoch ordnete wohl aus praktikablen Erwägungen im Februar 1919 das „Gesetz über die vorläufige Reichsgewalt“ die Wahl des Reichspräsidenten durch das Parlament, die Konstituierende Nationalversammlung, an[98], auf seiner Grundlage wurde am 11. Februar 1919 Friedrich Ebert zum ersten Reichspräsidenten gewählt. Wichtig daran erscheint einmal, daß man sich - wenn auch nur „vorläufig“ - für das monokratische Organ des Reichspräsidenten entschied, zweitens, daß das Parlament gewählt hatte, und drittens, daß durch die Wahl des Sozialdemokraten Ebert die Sozialdemokratie von dieser Lösung nur mehr schwer werde abgehen können.

---

95 Weimarer Reichsverfassung (11. August 1919) Art 41, RGBl 152; *H. Triepel*, Quellensammlung zum Deutschen Reichsstaatsrecht, 5. Aufl 1931, 52; *E. R. Huber* (Hrsg), Dokumente zur deutschen Verfassungsgeschichte III, 1966, 136; *G. Dürig - W. Rudolf* (Hrsg), Texte zur deutschen Verfassungsgeschichte, 3. Aufl 1996, 183; *R. Schiffers*, Elemente direkter Demokratie im Weimarer Regierungssystem, 1971, 108ff.

96 Entwurf I, § 53 = Entwurf II, § 58 = Entwurf III, Art 61 = Entwurf IV, Art 61 Entwurf V, Art 41 = Weimarer Reichsverfassung, Art 41; *Triepel*, wie Fn 95, 8, 14, 22, 29, 40, 52; vgl auch *E. R. Huber*, Deutsche Verfassungsgeschichte V, 1978, 1180, 1192.

97 *Schiffers*, wie Fn 95, 109.

98 Gesetz über die vorläufige Reichsgewalt vom 10. Februar 1919, § 7, RGBl 33: „Der Reichspräsident wird von der Nationalversammlung mit absoluter Stimmenmehrheit gewählt. Sein Amt dauert bis zum Amtsantritte des neuen Reichspräsidenten, der auf Grund der künftigen Reichsverfassung gewählt wird.“ *Triepel*, wie Fn 95, 16f; *W. Jellinek*, Revolution und Reichsverfassung. Bericht über die Zeit vom 9. November 1918 bis 31. Dezember 1919, in: JBÖffR 9, 1920, 31ff; *Huber*, wie Fn 96, 1080ff; *ders*, wie Fn 95, 69f; *Schiffers*, wie Fn 95, 110; *H. J. Hauss*, Die erste Volkswahl des deutschen Reichspräsidenten, 1965, 28ff; *E. Kolb*, Die Weimarer Republik, 2. Aufl 1988, 18, 260; *Ch. Gusy*, Die Weimarer Reichsverfassung, 1997, 99; *E. Kolb*, Friedrich Ebert: Vom „vorläufigen“ zum defintiven Reichspräsidenten. Die Auseinandersetzungen um die „Volkswahl“ des Reichspräsidenten 1919-1922, in: *ders* (Hrsg), Friedrich Ebert als Reichspräsident. Amtsführung und Amtsverständnis, 1997, 109-156.

Von 15 wichtigen privaten Entwürfen[99] zu einer künftigen Reichsverfassung hatten allerdings wohl nur neun die Volkswahl im Auge. Einer davon sah sie freilich als bloß subsidiäres Mittel für den Fall an, daß es im primären Wahlgremium, gebildet aus Reichstag und Reichsrat, keine starke Mehrheit gäbe, die eindeutig den Volkswillen ausdrücke. Andere Privatentwürfe, etwa der Entwurf Stern, sahen vor, daß ein nicht vom Volk gewähltes Direktorium die Funktion des Staatsoberhauptes innehaben sollte, und zwar wegen der in Hinkunft stets zu erwartenden Koalitionsregierungen, die sich auch im Organ Staatsoberhaupt widerspiegeln sollten! Der Entwurf Binding begründete seine Ablehnung der Volkswahl mit den schlechten Erfahrungen, die man angeblich damit in den USA gemacht habe.

Die politischen Parteien boten in der Frage des Staatsoberhaupts ein uneinheitliches Meinungsspektrum. Für die Deutsch-demokratische Partei (DDP)[100] war wohl hauptsächlich das Vorbild des US-Präsidenten maßgeblich, unter anderem auch deswegen, weil diese Lösung den konstitutionellen Monarchen noch am ehesten hätte ersetzen können[101]. Im Bereich dieser Partei spielten die Ansichten von Max Weber, auf die noch einzugehen sein wird, und vor allem die von Minister Preuß eine große Rolle. Im wesentlichen sah man in einem volksgewählten Präsidenten ein „Ersatzkaisertum"[102], das in der Lage sei, dem Parteienhader Einhalt zu gebieten. Die Unabhängige Sozialdemokratische Partei Deutschland (USPD)[103] trat die ganze Zeit hindurch kompromißlos gegen das monokratische Organ eines Reichspräsidenten auf, ihr schwebte eine kollegiale Lösung etwa nach Schweizer Muster vor. Die Haltung der Mehrheitssozialisten (SPD) schwankte[104]: Anfangs dachte man an ein Staatsoberhaupt, das „organisch aus dem Parlament und dem Ministerium hervorgehe"[105], auch an den Ministerrat als derartiges Direktorium[106], also an ein Kollegium ähnlich dem Schweizer Bundesrat, wie zeitweise Ebert. Derartigen Gedankengängen stand vielleicht auch die eigene Parteistruktur Pate, nämlich der Parteivor-

---

99 *Schiffers*, wie Fn 95, 100ff, 105; *H. Fenske*, Nichtamtliche Verfassungsentwürfe 1918/1919, in: AÖR 121, 1996, 24-58, bes 42ff.

100 *Schiffers*, wie Fn 95, 117ff.

101 Ebda 119, 283.

102 Ebda 119 nach *F. Meinecke*, Erlebtes 1862-1919, 1964, 332.

103 *Schiffers*, wie Fn 95, 122f; *W. Ziegler*, Die deutsche Nationalversammlung 1919/1920 und ihr Verfassungswerk, 1932, 130f; *Kolb*, Ebert, wie Fn 98, 111.

104 *Schiffers*, wie Fn 95, 123ff; *H. Potthoff*, Das Weimarer Verfassungswerk und die deutsche Linke, in: Archiv für Sozialgeschichte 12, 1972, 455; *Kolb*, Ebert, wie Fn 98, 111.

105 *Potthoff*, wie Fn 104, 455.

106 *Ziegler*, wie Fn 103, 130f.

stand mit den in ihn eingebundenen starken Persönlichkeiten. Zum Teil verlangte man nach einem plebiszitären Präsidenten wie Scheidemann[107]. Auf jeden Fall sollte dem Staatsoberhaupt aufgrund mäßiger Kompetenzen mit eher repräsentativen Funktionen eine bloß schwache Stellung zukommen. Diese Haltung macht der Hintergrund einer befürchteten Restauration verständlich wie die Annahme, diese ermögliche ein plebiszitär legitimiertes starkes Staatsoberhaupt wie es das Beispiel Napoleons III. zeige. So gebrauchte die SPD immer wieder das Argument, ein vom Volk gewählter Präsident neige dazu, die Monarchie zu etablieren. Die diesbezügliche Diskussion verlief unter den Schlagworten „Kaiserersatz", „Bonapartismus" und „Cäsarismus"[108]. Allerdings wandten sich die Mehrheitssozialisten auch gegen die USPD mit ihrer Direktoriallösung. Kurz erwogen sie die Wahl des Reichspräsidenten gemeinsam durch Reichstag und Reichsrat, bis man schließlich die Vorstellungen doch auf die Volkswahl konzentrierte[109]. Deutsche Volkspartei (DVP) und Deutschnationale Volkspartei (DNVP)[110] traten für einen starken Präsidenten durch Volkswahl ein. Ähnlich wie in der DDP spielte das Argument eine Rolle, daß man so dem Parteienhader und dem Parteieneinfluß Einhalt gebieten könne. Zum Teil bildete den Hintergrund zu dieser Ansicht auch die Hoffnung auf eine Wiederherstellung der Monarchie.

Für die Verfassungsarbeiten der Konstituierenden Nationalversammlung gab es demnach im wesentlichen drei Positionen[111]: für einen volksgewählten starken Reichspräsidenten, für einen schwachen parlamentsgewählten Reichspräsidenten, für eine Direktoriallösung. Die Regierung wie auch der Verfassungsausschuß[112] aber änderten, wie schon erwähnt, nichts am Vorschlag zu einem kompetenzstarken, volksgewählten Staatsoberhaupt. Dies motivierte der Berichterstatter Ablaß mit der Notwendigkeit eines Gegen-

---

107 *Potthoff*, wie Fn 104, 465.

108 *H. A. Winkler*, Von der Revolution zur Stabilisierung. Arbeiter und Arbeiterbewegung in der Weimarer Republik 1918 bis 1924, 2. Aufl 1985, 229.

109 *Kolb*, Ebert, wie Fn 98, 117.

110 *Schiffers*, wie Fn 95, 128.

111 *Kolb*, Ebert, wie Fn 98, 110f.

112 Vgl die Verhandlungsprotokolle des Verfassungsausschusses in: Verhandlungen der verfassunggebenden Deutschen Nationalversammlung 1919/1920 Bd 336; Anlagen zu den stenographischen Berichten Nr 391 Bericht des Verfassungsausschusses, 1920; kurzer Überblick bei: *Wandersleb*, wie Fn 41, 6; *H. G. v Ribbeck*, Die staatsrechtliche Stellung des Kaisers in der Bismarck'schen Reichsverfassung, des Reichspräsidenten in der Weimarer Verfassung und des Präsidenten der Vereinigten Staaten von Amerika und ihre staatspolitische Bedeutung, 1930, 8; *Ziegler*, wie Fn 103, 130ff; ausführlicher zu den differierenden Parteimeinungen: *Schiffers*, wie Fn 95, 117-130; *Kolb*, Ebert, wie Fn 98, 113f.

gewichts gegenüber der Allgewalt des Reichstags[113]. Zum ersten Mal tritt dieses Argument hier offiziell und in entscheidender Weise auf. Es solle, so der Berichterstatter, zwischen den Organen Reichstag und Reichspräsident die Reichsregierung in einer Art von Balancezustand stehen, und damit der Reichsspitze zu einem ausgewogenen Verhältnis verhelfen.

Im Plenum der Nationalversammlung sind sodann die Äußerungen des Verfassungsarchitekten Hugo Preuß besonders aufschlußreich[114]. Im Februar 1919 gab er hier seiner Ansicht Ausdruck, daß der Reichspräsident dieselbe demokratische Legitimation wie der Reichstag aufweisen und diesem aus eigener Kraft gegenüberstehen müsse, das parlamentarische System verlange ein derartiges Gleichgewicht der Gewalten, also der gewählten Exekutivspitze des Reichspräsidenten und der gewählten legislativen Spitze des Reichstags. Noch ausführlicher äußerte sich Preuß im April 1919 im Verfassungsausschuß[115]. Er unterstrich die Notwendigkeit eines monokratischen Reichspräsidenten aus den eben genannten Gründen, ging aber nun auch etwas näher auf andere Varianten ein. Ein Direktorium kraft Volks- oder Parlamentswahl lehnte Preuß ab, da in einem großen Staat sich doch eine Person aus dem Direktorium herauslösen und so ein „Bonaparte" entstehen könne, außerdem würden neben einem derartigen Organ die Minister zu bloßen Ressortchefs und damit in eine bedeutungslose Stellung gerückt, was weiters eine Schwächung des Parlaments herbeiführe. Auch gegen jene Variante der Direktoriallösung, die Staatsoberhaupt und Regierung im Direktorium vereinige, führte Preuß mehrere Gründe an[116]: Dies wäre bloß für einen kleinen Staat wie die Schweiz praktikabel, unmöglich aber für einen großen Staat, zumal die Länder nicht umfassend berücksichtigt werden könnten, denn das Direktorium würde aus zu wenig Mitgliedern bestehen, um allen Ländern - wie übrigens auch allen Konfessionen - Vertretung zu gewähren, und man wird in diesem Zusammenhang noch ergänzen müssen: Es hätten auch nicht alle politischen Parteien Berücksichtigung finden können. Allgemein, so meinte Preuß, wäre die Einheitlichkeit nicht gewährleistet und außerdem zeige gerade die Schweizer Verfassungsentwicklung, daß sich doch einer aus dem Kollegium heraushebe - er meinte wohl kraft Verfassung den Bundespräsidenten - und es dann diese Einzelrolle eben doch

---

113 Verhandlungen 336/Nr 391, 232; *Ziegler*, wie Fn 103, 131.

114 Dazu *H. Pohl*, Der Reichspräsident und die Reichsregierung, in: *G. Anschütz - R. Thoma* (Hrsg), Handbuch des Deutschen Staatsrechts I, 1930, 467; *Wandersleb*, wie Fn 41, 6; *W. Apelt*, Geschichte der Weimarer Verfassung, 2. Aufl 1964, 99.

115 Preuß in der Nachmittagsitzung am 8. April 1919: Verhandlungen 336, wie Fn 112, Nr 391, 275ff; *Pohl*, wie Fn 114, 467ff.

116 S dazu auch *Wandersleb*, wie Fn 41, 6.

gäbe. Preuß war darüber hinaus einer der wenigen, der die Volkswahl nicht nur punktuell behandelte und sich mit vereinzelten Argumenten begnügte, sondern der die Volkswahl auch im System sah: „Der echte Parlamentarismus", so ein ganz zentraler Satz von Preuß, „setzt zwei einander wesentlich ebenbürtige höchste Staatsorgane voraus", eben den gewählten Reichspräsidenten und die gewählte Volksvertretung. „Die unmittelbare Volkswahl gibt dem Präsidenten eine Art tribunizischer Stellung neben dem Parlament. Der Gefahr, daß die tribunizische Gewalt zur cäsarischen werde, wirkt das streng parlamentarische Regierungssystem entgegen; aber seine Selbständigkeit gegenüber dem Parlament gibt dem Präsidenten, wenn er der Mann danach ist, die Möglichkeit, dem Kleinkriege der Parteien und ihren Eintagsintrigen in verhältnismäßiger Unabhängigkeit ein Gegengewicht zu bieten"[117]. Hier wird also die Stellung des Präsidenten und seine Wahl durch das Volk in Einklang mit dem Reichstag und vor allem mit der dem Reichstag verantwortlichen Regierung legitimiert, also mit einem Verfassungssystem.

Von nicht unbedeutendem Einfluß auf die Haltung von Preuß waren die Ansichten von Max Weber[118]. Bei ihm sieht man sehr deutlich, wie sich die verschiedensten Pro- und Contra-Argumente zur Volkswahl mischen; auf der einen Seite handelte es sich um eine Reihe von Einzelargumenten, die nicht so sehr auf das Verfassungssystem Rücksicht nehmen, auf der anderen Seite waren es auch Systemargumente. Beispielhaft seien hier in der Reihenfolge seiner Äußerungen aus mehreren Schriften von 1918 und 1919 angeführt: Die Volkswahl gebe eine eigene „Legitimität", eine „unvergleichlich andere Autorität als eine parlamentarische Gewalt"[119]; sie bringe unabhängige Personen an die Staatsspitze; sie schaffe im Reichspräsidenten ein Gegengewicht zum Bundesrat (dem späteren Reichsrat), der möglicherweise die Funktion einer Reichsregierung haben werde; neben diesem Bundesrat verkörpere der Reichspräsident die „Staatsspitze", „den Willen des Gesamtvolkes"[120]; ein starker Reichspräsident treibe die „Sozialisierung"

---

117 *H. Preuß*, Deutschlands republikanische Verfassung, 2. Aufl 1923, 69f.

118 Zu Weber und dessen politschen Vorstellungen vgl *W. J. Mommsen*, Max Weber und die deutsche Politik 1890-1920, 2. Aufl 1974 (zum Einfluß Webers auf Preuß und die Weimarer Verfassung bes 356ff); *ders*, Zum Begriff der „plebiszitären Führerdemokratie", in: *ders*, Max Weber. Gesellschaft, Politik und Geschichte, 2. Aufl 1982, 44ff; *ders*, Politik und politische Theorie bei Max Weber, in: *J. Weiß* (Hrsg), Max Weber heute, 1989, 515ff; *G. Schulz*, Zwischen Demokratie und Diktatur I, 2. Aufl 1987, 121ff, 133; *Fenske*, wie Fn 99, 46ff ; *Beyme*, wie Fn 51, 267.

119 *M. Weber*, Deutschlands künftige Staatsform (1918), in: *ders*, Gesammelte politsche Schriften, hrsg v *J. Winckelmann*, 2. Aufl 1958, 437-471, hier 457.

120 *M. Weber*, Der Reichspräsident (1919), in: *ders*, Schriften, wie Fn 119, 486.

voran; er sei ein Gegengewicht zu den Parteien, auch zur Bürokratie; er könne einem „Banausenparlament" Einhalt gebieten; stehe gegen den Partikularismus und das dominante Preußen; vermag Parlamentskrisen zu meistern[121]; verhindere eine übermäßige Amtspatronage; vermöchte wie der US-Präsident Korruption zu bekämpfen[122]; gelegentlich könne er vom Recht des Referendums Gebrauch machen. Insgesamt hätte für Weber der Reichspräsident eine Stellung ähnlich der eines auf Zeit gewählten Monarchen zu erhalten. Das Vorbild eines gewählten Monarchen sollte dartun, daß dem Präsidenten eine angestammte Legitimität nicht zukommen könne wie sie einem Erb-Monarchen die Dynastie vermittle, die daher durch Volkswahl erzeugt werden müsse. Es entsprang dies wohl keinen Überlegungen zu einer Restauration, denn wegen der „Diskreditierung der Dynastien" sah Weber dazu keine Möglichkeiten[123].

Für die gesamte weitere Entwicklung ist interessant, daß die oft unverbundenen Einzelargumente quantitativ überwiegen. Im Vorfeld der Verfassungswerdung war für die Frage „Volkswahl oder Parlamentswahl" deren Bedeutung im Gesamtsystem gar nicht so entscheidend. Als Hauptargumente für den volksgewählten, befugnisstarken Reichspräsidenten galten jedenfalls seine Rolle als Gegengewicht zum Parlament und im Sinne einer Überparteilichkeit zu den politischen Parteien. Das „Ersatzkaiser"-Argument hingegen spielte keine wichtige Rolle, verfassungsrechtlich ging es auch am Ziel vorbei, da der Deutsche Kaiser primär preußischer König war und seinen Kaisertitel formal als Vorsitzender im Fürstenbund führte[124].

Nachdem die Weimarer Reichsverfassung die Volkswahl des Reichspräsidenten normiert hatte, wäre diese Verfassungsbestimmung, da sie unter Gesetzesvorbehalt stand[125], nun auch auszuführen gewesen. Eine Übergangsbestimmung sah bis zum Amtsantritt des ersten nach der Weimarer Verfassung gewählten Reichspräsidenten vor, daß dessen Amt „von dem auf Grund des Gesetzes über die vorläufige Reichsgewalt gewählten Reichspräsidenten" geführt werden solle[126]. Von Anfang an aber begleitete Kritik die Bestrebungen zur Durchführung dieser Verfassungsbestimmung. Von dem

---

121 Ebda 487f.

122 *Weber*, Deutschlands künftige Staatsform, wie Fn 119, 457; *W. Mommsen*, Die Vereinigten Staaten von Amerika, in: *ders*, Max Weber. Gesellschaft, wie Fn 118, 90.

123 *Weber*, wie Fn 119, 458.

124 *Kimminich*, wie Fn 52, 46f; *R. Grawert*, Reich und Republik - Die Form des Staates von Weimar. Ein Rückblick auf die Verfassungsberatungen im Jahre 1919, in: Der Staat 28, 1928, 491; zusammenfassend *Gusy*, wie Fn 98, 99f.

125 Weimarer Reichsverfassung, Art 41, 3. Satz: „Das nähere bestimmt ein Reichsgesetz".

126 Weimarer Reichsverfassung, Art 180, 2. Satz.

weiters nicht sehr bekannten Staatsrechtslehrer Wittmayer aus Österreich stammt die Charakteristik, man gewahre im Reichspräsidenten „das seltsamste politische Lebewesen, das je die deutsche Erde betreten hat", denn dieser, auf blumige Weise als „Gewählter, Gesalbter der Nation" bezeichnet, vereinige drei unterschiedliche Modelle auf unglückliche Art[127]. Wittmayer hatte sich übrigens unter dem Pseudonym „Witt" bei Weglassung der zweiten Namenshälfte auch als Lyriker keinen Namen machen können. Seine Diktion belegt jedenfalls anschaulich, daß sich an der Konstruktion starke Kritik entzündete. Aber mehr noch: Es gab unmittelbar nach 1919 bereits Versuche, die in der Verfassung verankerte Volkswahl wieder rückgängig zu machen[128]. Bereits im Februar 1920 kam es dazu, daß in der Sitzung des Reichskabinetts über den Entwurf des die Verfassung ausführenden Reichspräsidenten-Wahlgesetzes „verschiedene Minister erklärten, daß sie die Wahl durch das ganze Volk für unheilvoll und eine Änderung der Verfassung für notwendig hielten"[129]. Damit näherte sich die zeitgebundene Vorsicht der zeitlosen Kritik an der Konstruktion. In Regierungskreisen wurde tatsächlich - und wenn die Chronologie stimmt, dann vermutlich nach dem Kapp-Putsch - erörtert, ob man denn nicht von der Volkswahl des Reichspräsidenten überhaupt abgehen solle[130], wofür vor allem die SPD eintrat. Ein längerer Artikel im „Vorwärts"[131] dokumentierte am 11. März 1920 u a die folgenden Argumente, die für die Haltung der Sozialdemokratie insgesamt, und zwar auch in Österreich, typisch waren: „Die Wahl des Reichspräsidenten durch das Volk ist in Wirklichkeit nur eine scheinrepublikanische, sich dem Monarchismus stark annähernde Einrichtung. Der aus mehreren hundert Personen bestehenden Volksvertretung wird der eine vom Volk gewählte Mann gegenübergestellt"; und nach einer Kritik an der vorgesehenen langen siebenjährigen Amtsperiode des Präsidenten im Gegensatz zu der bloß vier Jahre dauernden des Parlaments ist weiters zu lesen: „Das Plebiszit" - gemeint ist die Volkswahl des Präsidenten - „hat in Frankreich die zweite Republik zertrümmert" - gemeint ist durch Louis Napoleon - „und von den amerikanischen Präsidenten sagt man mit Recht, daß sie in

---

127 *L. Wittmayer*, Die Weimarer Reichsverfassung, 1922, 355f, 360.

128 Vgl *Hauss*, wie Fn 98, 29ff; *Schiffers*, wie Fn 95, 159ff.

129 *A. Golecki* (Bearb), Das Kabinett Bauer. 21. Juni 1919 bis 27. März 1920 (= Akten der Reichskanzlei. Weimarer Republik), 618, Nr 174/4 (Kabinettssitzung vom 27. Februar 1920); *E. Kolb*, wie Fn 98, 128.

130 *F. Poetzsch*, Vom Staatsleben unter der Weimarer Verfassung (vom 1. Januar 1920 bis 31. Dezember 1924), in: JBÖffR 13, 1925, 132.

131 „Vorwärts" vom 11. März 1920 (Nr 131). Ein Auszug aus dem Artikel ohne genauere Datumsangaben bei: *Poetzsch*, wie Fn 130, 132; *Kolb*, Ebert, wie Fn 98, 133.

ihrer Hand eine größere Macht vereinigen als jene, die Wilhelm II. besessen hat." So verwundert es nicht, daß im Zuge des Erlasses des Reichspräsidentenwahlgesetzes im Mai 1920[132] die SPD - kein Jahr nach Inkrafttreten der Reichsverfassung und ohne negative Erfahrungen! - für eine Parlamentswahl des Reichspräsidenten eintrat[133].

Die innen- und außenpolitische Situation zufolge des Wechsels des Regierungssystems und des Vertrages von Versailles, konkret die Abstimmungen wie in Ostpreußen und in Oberschlesien, die Ruhrkämpfe, der Mord an Rathenau und andere innere Zerrüttungen führten zeitbedingt zur Meinung, daß die Volkswahl trotz des nun vorliegenden Wahlgesetzes zumindest in diesen Zeiten nicht durchgeführt werden solle[134]. Das unmittelbare Schicksal des Reichspräsidentenwahlgesetzes von 1920 ist besonders signifikant für die Skepsis gegenüber der Volkswahl[135]. Reichstag und Reichsregierung verzögerten eine solche vorerst einmal, obwohl Ebert seit Juni 1920 auf ihre Durchführung drängte[136]. Für ihn, der noch von der Nationalversammlung gewählt worden war, bedeutete der fortdauernde und nun seit dem Reichspräsidentenwahlgesetz 1920 besonders als provisorisch wirkende Zustand einen Legitimationsmangel. Schließlich wurde am 5. Oktober 1922 vom Kabinett ein Wahltermin für Anfang Dezember 1922 vorgeschlagen - aber nur kurz darauf, schon am 24. Oktober 1922, beschloß der Reichstag die Verlängerung der Amtszeit Eberts durch Reichsgesetz bis Mitte 1925[137]! Dieser sprunghafte Wechsel von Zustimmung und Ablehnung einer Volkswahl des Reichspräsidenten innerhalb von drei Wochen blieb keine singuläre Erscheinung. Genau zehn Jahre später[138], als 1932 die erste Amtszeit Hindenburgs zu Ende ging, gab es von Reichskanzler Brüning den Vorschlag, diese durch einfaches Gesetz zu verlängern. Hugenberg interpre-

---

132 Gesetz über die Wahl des Reichspräsidenten vom 4. Mai 1920, RGBl 98; *Triepel*, wie Fn 95, 123f; *Poetzsch*, wie Fn 130, 132f.

133 *Ziegler*, wie Fn 103, 230.

134 *W. Kaltefleiter*, Die Funktionen des Staatsoberhauptes in der parlamentarischen Demokratie, 1970, 154; *Gusy*, wie Fn 98, 99; *Kolb*, Ebert, wie Fn 98, 146.

135 *E. R. Huber*, Deutsche Verfassungsgeschichte VII, 1984, 38ff; *Hauss*, wie Fn 98, 29ff.

136 Zum Folgenden: *E. R. Huber*, Deutsche Verfassungsgeschichte VI, 1981, 311f; *Kolb*, Ebert, wie Fn 98, 142ff.

137 Gesetz vom 27. 10. 1922, RGBl I, 801. Der 2. Satz des Art 180 Weimarer Reichsverfassung erhielt dadurch folgenden Wortlaut: „Der von der Nationalversammlung gewählte Reichspräsident führt sein Amt bis zum 30. Juni 1925"; *Schiffers*, wie Fn 95, 162f; *Kolb*, Ebert, wie Fn 98, 148-156.

138 *F. Poetzsch-Heffter*, Vom Staatsleben unter der Weimarer Verfassung III, in: JBÖffR 21, 1933/34, 102ff; *Schiffers*, wie Fn 95, 164f; *E. R. Huber*, Dokumente zur deutschen Verfassungsgeschichte IV, 3. Aufl 1992, 507ff.

tierte ihn ablehnend als eine Wiederwahl durch das Parlament, abgelehnt wurde er auch durch den Präsidentschaftskandidaten Hitler.

Einen wichtigen Nebenkriegsschauplatz im Kampf für und gegen die Volkswahl bildeten übrigens die Diskussionen um einen zweiten Wahlgang. Hier sahen die Gegner der Volkswahl die Möglichkeit, diese in einem zweiten Entscheid vielleicht doch umzustoßen. Zur Diskussion um den zweiten Wahlgang kam es anläßlich des Reichspräsidentenwahlgesetzes 1920 und seiner Novellierung 1925[139]. In den Verfassungsberatungen von 1919 war eine etwaige Stichwahl abgelehnt worden, weil sie kleine Parteien zum Zünglein an der Waage machen könnte. Dies hätte aber bedeutet, nur einen Wahlgang vorzusehen, womit die relative Mehrheit entscheiden konnte, insgesamt letztendlich also eine Minderheit, so daß der so Gewählte nicht von der Mehrheit legitimiert gewesen wäre. Auch der Eventualwahl wurde gedacht: Man sollte seinen Wunschkandidaten wählen, aber für den Fall, daß dieser nicht die absolute Mehrheit erhielte, einen zweiten Kandidaten nominieren können. Auch dies wurde verworfen.

Das Wahlgesetz 1920[140] sah schließlich die sogenannte romanische Mehrheitswahl vor. Im ersten Wahlgang wurde absolute, im zweiten nur relative Mehrheit gefordert, doch war dieser nicht als Stichwahl konzipiert, sondern als abermalige Wahl über mehrere, auch neue Kandidaten. Damit verband sich die Hoffnung, daß kleinere Parteien zugunsten einer anderen Partei Wahlempfehlungen abgeben könnten[141]. In der Novelle vom März 1925[142], also vor der Reichspräsidentenwahl im April, wurde der zweite Wahlgang sodann dadurch erschwert, als hier im Prinzip für eine Kandidatur die Unterstützung durch eine politische Partei gefordert wurde, was man allgemein als eine Verparteiung der Reichspräsidentenwahl empfunden hat - im Ergebnis also als eine Kanalisierung der Volkswahl.

Angesichts dieser unterschiedlichen Wahl- und damit Legitimationsvorstellungen drängt sich die Frage auf, ob das Legitimationsverständnis der Reichspräsidenten durch die Art der Wahl, also die der Legitimation, beeinflußt wurde. Nachdem Ebert durch die Nationalversammlung gewählt worden war, meinte er, es habe sich „zum ersten Mal ... das deutsche Volk ein

---

139 *Schiffers*, wie Fn 95, 157ff; *Gusy*, wie Fn 98, 100.

140 *Schiffers*, wie Fn 95; *H. v Jan*, Wahlrecht und Volksabstimmungen, in: JBÖffR 10, 1921, 187.

141 Auf diese Weise wurde Hindenburg 1925 Reichspräsident. Er hatte im ersten Wahlgang nicht kandidiert und war im zweiten der Kandidat von vier Parteien: *Gusy*, wie Fn 98, 100.

142 Zweites Gesetz über die Wahl des Reichspräsidenten vom 13. März 1925, RGBl I, 159; *F. Poetzsch-Heffter*, Vom Staatsleben unter der Weimarer Verfassung (vom 1. Januar 1925 bis 31. Dezember 1928), in: JBÖffR 17, 1929, 83; *Schiffers*, wie Fn 95, 163f, 173f.

Oberhaupt aus freier Selbstbestimmung gegeben. Der neue Reichspräsident ist der Erkorene der großen Mehrheit des deutschen Volkes. Die einzige Quelle seines Rechts ist der Wille des Volkes, auf ihm allein beruht die Macht und die Würde seiner Stellung", wie weiters, er „werde als der Beauftragte des ganzen deutschen Volkes handeln"[143] - er hätte bei direkter Volkswahl auch nicht anders sprechen können. Dies zeigt ein Vergleich dieser Äußerung mit Aussprüchen nach der ersten Volkswahl 1925. Der neugewählte Reichspräsident Hindenburg verwies für sein Amt (wie auch für den Reichstag) auf die „Wahlen des deutschen Volkes" und Reichstagspräsident Löbe bestätigte: „Das deutsche Volk hat in seiner Abstimmung am 26. April dieses Jahres Sie zum Präsidenten des Reiches gewählt"[144]. Bloß aufgrund dieser Erklärungen mit ihren nahezu identischen Berufungen auf einen Entscheid des Volkes müßte man eigentlich, bei Verkennnung der verfassungsrechtlichen Situation, meinen, daß auch Ebert vom Volk gewählt worden war, man käme nicht auf die Idee, daß die erste Wahl durch das Parlament erfolgte und erst die zweite eine Volkswahl war. Daraus kann man wohl schließen, daß offenbar für Ebert und für Hindenburg zumindest in dessen erster Amtsperiode bezüglich der Legitimität kein so großer Unterschied bestand. Tatsächlich vermittelte Eberts Amtsführung den Anschein, „als ob er ein vom Volk unmittelbar berufener parlaments- und parteiunabhängiger Reichspräsident sei"[145]. Hindenburgs Amtseinschätzung war schon 1925, und zwar wesentlich mitbestimmt durch die Volkswahl, nicht gering[146]: Er sah sich beispielsweise als „Hüter der Verfassung" und als Vorsitzenden eines „Kabinetts", was beides die Verfassung gar nicht vorsah.

C. Österreich

In Österreich[147] verlief die Verfassungsentwicklung in den Jahren 1918/19 zwar äußerlich in ähnlicher, aber in der Sache in ganz anderer Weise als im

143 *Huber*, Dokumente IV, wie Fn 138, Nr 78, 79.

144 Ebda Nr 359a, 424.

145 Nach *Huber*, wie Fn 136, 310.

146 Vgl *U. Scheuner,* Das Amt des Bundespräsidenten als Aufgabe verfassungsrechtlicher Gestaltung, 1966, 25ff.

147 Vgl zum österreichischen Bundespräsidenten u a auch: *H. Schambeck*, Der Bundespräsident und das Parlament, in: *B. Börner - H. Jahrreiß - K. Stern* (Hrsg), Einigkeit und Recht und Freiheit. Festschrift für Karl Carstens, 1984, 789-815; *ders*, Zum Amtsverständnis des österreichischen Bundespräsidenten, in: *H. Schambeck - A. Mock* (Hrsg), Verantwortung in unserer Zeit. Festschrift für Rudolf Kirchschläger, 1990, 181-199; *L. Höbelt*, Die Bun-

Deutschen Reich[148]. Um es auf den Punkt zu bringen: Mit der Republik Deutschösterreich entstand im Herbst 1918 originär ein neuer Staat analog etwa zur Tschechoslowakischen Republik, und zwar mit einem neuen, betont repräsentativ-demokratischen Regierungssystem. Diesem zufolge sah der Staatsgründungsbeschluß vom 30. Oktober 1918 kein eigenes Staatsoberhaupt vor[149]. Die Provisorische Nationalversammlung übertrug die Regierungsgewalt einem aus ihrer Mitte gewählten Ausschuß mit dem Namen „Staatsrat" und mit einem „Staatsratsdirektorium" an der Spitze. Dieses bestand im wesentlichen aus den drei Präsidenten der Nationalversammlung[150]. Hans Kelsen, der Kommentator dieser Verfassung, meinte dazu, das Staatsratsdirektorium solle offenbar „die Stelle des Präsidenten der Republik" ausfüllen, „eine Art Staatsoberhaupt" darstellen, nachträglich hatte es für ihn „eine gewisse Ähnlichkeit mit einem Staatsoberhaupt"[151]. Beim nächsten wichtigen verfassungsrechtlichen Akt am 12. November 1918, einen Tag nach der Abdankung des Monarchen, wurden ausdrücklich die Rechte des Kaisers auf den Staatsrat übertragen[152], davon die wesentlichsten an das Staatsratsdirektorium. Im Jahre 1919 erfuhr das Regierungssystem

---

despräsidentenwahlen in der 1. und 2. Republik, 1986; *M. Welan*, Das österreichische Staatsoberhaupt, 2. Aufl 1986; *ders*, Der Bundespräsident. Kein Kaiser in der Republik, 1992; *ders*, Das österreichische Staatsoberhaupt. Aufwertung oder Abwertung? 3. Aufl 1997; *Ch. Dickinger*, Der Bundespräsident im politischen System Österreichs, 1999.

148 Vgl *Brauneder*, Deutschösterreich; zur Verfassungsgeschichte: *ders*, Verfassungsgeschichte, 185ff; *Ch. Neschwara*, Zur Entwicklung des Verfassungsrechts nach 1918, in: *H. Schambeck* (Hrsg), Parlamentarismus und öffentliches Recht in Österreich. Entwicklungen und Gegenwartsprobleme I, 1993, 83ff; *G. Schefbeck*, Verfassungsentwicklung 1918-1920, in: 75 Jahre Bundesverfassung. Festschrift aus Anlaß des 75. Jahrestages der Beschlußfassung über das Bundes-Verfassungsgesetz, 1995, 53ff; *ders*, Staatsgründung durch ein Parlamentsprovisorium, in: *W. Brauneder - N. Leser* (Hrsg), Staatsgründungen 1918 (= Rechts- und sozialwissenschaftliche Reihe 24), 1999, 41-81; *K. Berchtold*, Verfassungsgeschichte der Republik Österreich I: 1918-1933. Fünfzehn Jahre Verfassungskampf, 1998.

149 Beschluß der Provisorischen Nationalversammlung für Deutschösterreich vom 30. Oktober 1918 über die grundlegenden Einrichtungen der Staatsgewalt, StGBl 1/1918; vgl *H. Kelsen* (Hrsg), Die Verfassungsgesetze der Republik Deutschösterreich I, 1919, 11ff ; *Dickinger*, wie Fn 147, 34ff.

150 Dazu kamen noch der Leiter der Staatskanzlei und der Staatsnotar: § 5 StGBl 1/1918.

151 *H. Kelsen* (Hrsg), Die Verfassungsgesetze der Republik Deutschösterreich II, 1919, 145; *ders*, Die Verfassung Deutschösterreichs, in: JBÖffR 9, 1920, 253; *ders*, Österreichisches Staatsrecht, 1923 (Nachdruck 1981), 89; *H. Kelsen - G. Froehlich - A. Merkl* (Hrsg), Die Verfassungsgesetze der Republik Österreich V, 1922, 151.

152 Gesetz vom 12. November 1918 über die Staats- und Regierungsform von Deutschösterreich, StGBl 5/1918, Art 3; vgl *Kelsen*, wie Fn 149, 29ff.

eine Modifikation dadurch, daß unter anderem Staatsrat und Staatsratsdirektorium abgeschafft wurden und jene ihrer Funktionen, die ansonsten einem eigenen Staatsoberhaupt zukamen, auf den ersten Präsidenten der Nationalversammlung übergingen[153]. Dieser avancierte damit nicht zum Staatsoberhaupt, er übte die entsprechenden Funktionen „im Nebenamte" aus[154], zum Teil in einigen Angelegenheiten gemeinsam mit dem zweiten und dem dritten Präsidenten als Kollegialorgan. Anders als zum Staatsratsdirektorium unterließ auch Kelsen jede Wertung des Nationalversammlungspräsidenten als Staatsoberhaupt[155]. Das Fehlen eines eigenen Staatsoberhauptes von 1918 bis 1920 erklärte Merkl[156] übrigens damit, daß Deutschösterreich in dieser Zeit „die Stellung eines Gliedstaates" des Deutschen Reiches angestrebt habe und daher, wie im Falle der anderen Gliedstaaten auch, dem Reichspräsidenten kein Staatspräsident „gegenübertreten sollte". Merkl, der u a Staatsratsdirektorium und Staatsrat am „typischen Wirkungskreise eines Staatsoberhauptes" (s o II) maß, kam zu dem Schluß, daß man als solches „keines der verschiedenen obersten Exekutivorgane für sich allein anzusehen" habe[157]. Auch zur Stellung des Parlamentspräsidenten ab der Verfassungsänderung von 1919 meinte er, dieser sei mit der Staatsregierung „ein gewichtiger Faktor unseres zusammengesetzten Staatsoberhauptes"[158], also dieses nicht allein.

Obwohl in den gesetzlichen Bestimmungen von einem Staatsoberhaupt vorerst keine Rede war, haben Kelsen und Merkl die Frage nach dem Staatsoberhaupt in bezug auf die österreichische Verfassung thematisiert. Was Max Weber und Hugo Preuß zusammen für die Stellung des Staatsoberhauptes im Deutschen Reich bewirkt haben, ist für Österreich Kelsen zuzuschreiben. Daher sind seine Ansichten zum Staatsoberhaupt kurz zu erwähnen. Es sei, so Kelsen[159], das Staatsoberhaupt ein ausgesprochen monarchisches Element; von einem streng demokratischen Standpunkt aus habe es, weil ein Einzelmensch an der Spitze des Staates im Widerspruch zur

---

[153] Gesetz vom 14. März 1919 über die Staatsregierung, StGBl 180/1919, Art 6ff; vgl *H. Kelsen* (Hrsg): Die Verfassungsgesetze der Republik Deutschösterreich III, 1919, 141ff; *Dickinger*, wie Fn 147, 36ff.

[154] *A. Merkl*, Bundesstaat „Republik Österreich", in: *ders*, Gesammelte Schriften II/1, wie Fn 43, 276.

[155] *Kelsen*, wie Fn 153, 153ff; *Kelsen - Fröhlich - Merkl*, wie Fn 151, 151.

[156] *Merkl*, wie Fn 154, 276.

[157] *Merkl*, wie Fn 43, 236.

[158] *A. Merkl*, Die Verfassung der Republik Deutschösterreich. Ein kritisch-systematischer Grundriß, 1919, 120.

[159] *Kelsen*, wie Fn 42, 363f.

Idee der Volksherrschaft stünde, in einer Republik keinen Platz. Kelsen vertrat - fast - wortwörtlich das, was der schon zitierte „Vorwärts“ (s o bei Fn 131) geschrieben hatte. Er meinte weiters, daß nur die bestehende Gewöhnung an die monarchische Regierungsform ein Staatsoberhaupt als notwendiges Organ erscheinen ließe, eine Republik ohne Staatsoberhaupt, also ohne monokratisches Organ, aber durchaus möglich sei. Genau das entsprach auch dem Zustand, den Deutschösterreich mit Staatsrat und Staatsratsdirektorium bzw dem Präsidenten der Nationalversammlung gewählt hatte. Interessant ist eine weitere theoretische Überlegung Kelsens: „Wenn dem ... Volke ... nur ein einziger als Gewählter gegenübersteht, dann muß der Gedanke einer Repräsentation des Volkes den letzten Schein einer Berechtigung verlieren“[160]. Kelsen vertrat also die Meinung, daß ein Einzelner das Volk gar nicht repräsentieren könne, sondern dies nur ein Kollegialorgan, das in seiner Zusammensetzung ein gewisses proportionales Verhältnis analog den Gruppierungen der Wählerschaft aufweise. Daher werde im Parlament, so Kelsen weiters, „das Volk, wegen der Vielköpfigkeit dieses Organs, allein repräsentiert“. Selbst ein vom Volk gewählter Präsident würde dieses Organ beschränken, er wäre damit dem Gedanken der Volkssouveränität gegenläufig. Auch Merkl äußerte, wenngleich erst später[161], hinsichtlich der Wahl eines „republikanischen Staatsoberhauptes“ einige Skepsis: Er unterschied zwischen der Volkswahl als einem „plebiszitären“ und der Parlamentswahl als einem „repräsentativen Wege“, wobei jenem die „unberechenbaren Zufälligkeiten einer Volkswahl“ anhaften, dieser aber das Staatsoberhaupt „zum Werkzeug“ des Parlaments machen könne.

Was die Haltung der politischen Parteien anlangt, so fand sich die Meinung Kelsens im wesentlichen in der Sozialdemokratie wieder, sie entsprach damit auch jener der Schwesterpartei in Deutschland. Beider Naheverhältnis belegt für unser Thema übrigens durch die kritische Stimme Max Webers[162], die der deutschen Sozialdemokratie vorwarf, daß sie ja offenkundig gar keine geeigneten Personen für die Besetzung des Reichspräsidentenamtes vorweisen könne und „ein Import aus Österreich wäre für sie vielleicht nicht einfach“: Den Sozialdemokraten mutete man also durchaus den „Import“ eines Kandidaten aus Österreich zu! Die Sozialdemokratie dieseits und jenseits der Staatsgrenze stand jedenfalls in engstem Kontakt, was sich sicherlich auch auf die theoretische Haltung zur Frage des Staatsoberhauptes

---

160 *Kelsen*, Verfassung Deutschösterreichs, wie Fn 151, 281 wie auch das folgende Zitat; *Spanner*, wie Fn 54, 622.

161 *A. Merkl*, Die ständisch-autoritäre Verfassung Österreichs. Ein kritisch-systematischer Grundriß, 1935, 83.

162 *Weber*, wie Fn 119, 458.

auswirkte. In der Verfassungsdiskussion der Jahre 1919/1920[163] sprachen sich die Christlichsozialen für ein eigenes Präsidentenamt aus wie auch die Großdeutschen in den meisten Bundesländern. Die Sozialdemokratie hingegen wandte sich mit Ausnahme von zwei Ländern, Tirol und Wien, in der Regel gegen ein eigenes Staatsoberhaupt und trat für die damals existente Lösung, den Präsidenten der Nationalversammlung als funktionelles Staatsoberhaupt, ein. Dagegen stand interessanterweise als prominenter Sozialdemokrat der Präsident der Nationalversammlung Seitz[164] selbst, der aufgrund seiner praktischen Erfahrungen feststellen konnte, daß es für das Amt des Parlamentspräsidenten hinderlich sei, gleichzeitig auch Staatsoberhauptsfunktionen innezuhaben. Zusammenzufassend ist also festzuhalten, daß Christlichsoziale und Großdeutsche für ein eigenes Präsidentenamt, die Sozialdemokraten im wesentlichen gegen ein solches auftraten.

Ganz knapp nach der Wahl zur Konstituierenden Nationalversammlung im Frühjahr 1919, die eben die Hauptaufgabe hatte, die definitive Verfassung für Österreich zu erstellen, legten die Sozialdemokraten in einem „Aktionsprogramm" ihre verfassungsrechtlichen Forderungen dezidiert nieder und hielten dabei auch fest: „Kein Staatsoberhaupt, weder ein Staatspräsident noch ein Staatsrat"[165]. Aber nahezu identisch mit der Entwicklung in Deutschland ging auch die Sozialdemokratie in Österreich von diesem Standpunkt allmählich ab. Ein längerer Artikel in der Arbeiterzeitung im Jahre 1920 macht dies sehr deutlich[166]: Er wandte sich zwar ganz im Sinne des eben zitierten Grundsatzes an sich gegen ein monokratisches Organ als Staatsoberhaupt, wenn man aber ein solches mit einem Bundespräsidenten doch in Erwägung ziehen wolle, dann dürfe es auf keinen Fall aus einer Volkswahl hervorgehen, denn eine solche Wahl würde dem Staatsoberhaupt „gerade diese einzigartige und darum undemokratische Stellung" gewähren, so daß im äußersten Fall nur die in Frankreich übliche Form der Wahl durch die Volksvertretung denkbar sei[167]. Karl Renner, Verfassungstheoretiker und Staatskanzler der ersten zwei Jahre des neuen Staates, veröffentlichte etwas später einen Artikel in der Wiener Zeitung, worin er die Vermittlerrolle, die

---

[163] *Merkl*, wie Fn 161, 83.

[164] Zu Seitz: *R. Neck*, Karl Seitz als Staatsoberhaupt, in: Die österreichischen Bundespräsidenten (= Österreich-Reihe 198/200), 1963; *ders*, Karl Seitz, in: *F. Weissensteiner* (Hrsg), Die österreichischen Bundespräsidenten. Leben und Werk, 1982, 24ff; *K. Spitzer*, Karl Seitz. Waisenknabe - Staatspräsident - Bürgermeister von Wien, 1994, bes 69ff.

[165] Aktionsprogramm des Verbandes sozialdemokratischer Abgeordneter, 1919, nach: *Berchtold*, wie Fn 2, 233.

[166] Arbeiterzeitung vom 15. April 1920, nach *Ch. Schmidt*, Die Verfassungsdiskussion des Jahres 1920 im Spiegel der Sozialdemokratischen Presse, ms Hausarbeit Wien 1979, 41f.

[167] Arbeiterzeitung vom 22. April 1920, nach *Schmidt*, wie Fn 166, 43.

ein eigener Staatspräsident ausüben könne, lobte: Er wäre als vierte Gewalt, als pouvoir médiateure, zu bezeichnen[168]. Ursächlich für die sich ändernde Haltung der Sozialdemokraten war auch die deutsche Entwicklung. Renner hatte im politisch-ökonomischen Programm der Regierungskoalition von 1919 zur Frage, ob ein „besonderer Präsident der Republik" vorzusehen und wie dieses Staatsoberhaupt zu gestalten wäre, festgehalten, daß man darüber erst befinden könne, wenn eine Entscheidung über einen Anschluß an Deutschland gefallen sei[169].

Das „Aktionsprogramm der Christlichsozialen Vereinigung" für die künftige Verfassungsarbeit von 1919, auch Bemerkungen im Parteiprogramm der Wiener Christlichsozialen dazu, äußerten sich zur Frage des Staatsoberhauptes nicht[170].

Im Zuge der Verfassungsarbeiten der Jahre 1919 und 1920 entstanden zahlreiche Verfassungsentwürfe, zum Teil seitens der Regierung, zum Teil durch die politischen Parteien. Von den insgesamt zwanzig wichtigsten Verfassungsentwürfen[171] gingen nur die beiden der Sozialdemokraten[172] davon aus, daß es kein eigenes Staatsoberhaupt geben, sondern der Präsident der Nationalversammlung die entsprechenden Funktionen übernehmen solle, was dem status quo entsprach. Die übrigen Entwürfe sahen sehr wohl als Staatsoberhaupt ein eigenes Organ vor, darunter auch jene der mit Staatskanzler Renner sozialdemokratisch geleiteten Regierung. Unterschiede bestanden vor allem hinsichtlich der Wahl. Zur Gruppe der Regierungsent-

---

168 Wiener Zeitung vom 8. Juli 1920 nach *P. Pernthaler*, Das Staatsoberhaupt in der parlamentarischen Demokratie, in: VVDtStRL 25, 1967, 117.

169 *G. Schmitz*, Karl Renners Briefe aus Saint Germain und ihre rechtspolitischen Folgen, 1991, 195-205, hier: 200.

170 *Berchtold*, wie Fn 2, 359ff, 363ff.

171 1. christlichsozialer Verfassungsentwurf (14. Mai 1919); Kelsen-Entwürfe I-VI (Mai-Herbst 1919, Falser-Entwurf) I. und II. Fassung/Tirol (7. Oktober/18. Dezember 1919); Privatentwurf Mayr I (Oktober-Februar 1920); Verfassungsskizze Rehrl/Salzburg (13. Jänner 1920); Kelsen Entwurf VII (= ehemals bezeichnet als Ministerialentwurf auch bisweilen Mayr-Entwurf/Februar-April 1920); Linzer Entwurf (April 1920); 1. sozialdemokratischer Entwurf /Danneberg (April 1920); Großdeutscher Entwurf/Dinghofer (28. April 1920, eingebracht am 18. Mai 1920); Renner-Entwurf II (Mai-Juni 1920); Renner-Mayr Entwurf (fertiggestellt vor dem 8. Juni 1920, veröffentlicht am 8. Juli 1920); 2. christlichsozialer Verfassungsentwurf (25. Juni 1920); 2. sozialdemokratischer Entwurf /Abram etc (7. 7. 1920); 1. Verfassungsunterausschußentwurf (26. August 1920); 2. Verfassungsunterausschußentwurf (23. September 1920).

172 1. sozialdemokratischer Entwurf/Danneberg: *F. Ermacora*, Die Entstehung der Bundesverfassung 1920 IV. Die Sammlung der Entwürfe zur Staats- bzw Bundesverfassung, 1990, 290-413, hier: 339ff (Art 48ff): 2. sozialdemokratischer Entwurf/Abram etc: ebda, 571-602, hier: 582ff (Art 48ff).

würfe gehören die im Auftrag der Staatskanzlei erstellten Verfassungstexte von Hans Kelsen[173]. Sein Spielraum war ein eher enger, denn Kelsen bekam offenkundig Weisung von Staatskanzler Renner, unterschiedliche Verfassungsmodelle - bundesstaatliche bis einheitsstaatliche - auszuarbeiten[174].

Für das Staatsoberhaupt sahen immerhin vier der sechs Kelsen-Entwürfe die Volkswahl vor[175]. Dies ist aus zwei Gründen bemerkenswert, einmal weil Kelsen, wie gezeigt, an sich gegen das Staatsoberhaupt als eigenes Organ und speziell gegen dessen Volkswahl eingestellt war, weiters weil der Sozialdemokrat Renner hinter den Kelsen-Entwürfen stand. Die Volkswahl[176] sahen weiters ein Ministerialentwurf, der neuerdings ebenfalls Kelsen zugeschrieben wird, sowie der „Linzer Entwurf" des christlichsozialen Staatssekretärs für Verfassungsfragen Michael Mayr vor. Für die Parlamentswahl[177] hingegen entschieden sich einmal die Verfassungsentwürfe der Christlichsozialen: Das Staatsoberhaupt sollte von Volks- und Ständehaus beziehungsweise von der aus beiden gebildeten Bundesversammlung gewählt werden, zwei der Kelsen-Entwürfe sahen die Wahl ausschließlich durch das Volkshaus vor.

Betrachtet man in den Jahren 1919/1920 die Stimmen für und gegen die Volkswahl näher, fällt wie auch in Deutschland die Fülle an Einzelargumenten auf; kaum jemals begegnen Erwägungen, die von einem Verfassungssystem ausgehen. Die Pro-Argumente lauteten meist wie folgt: Die Volkswahl diene der Stabilität des Staates[178]; eine vom Volk gewählte Einzelperson sei den Parteien entrückt[179]; es käme zu keiner Verquickung mit

---

173 *G. Schmitz*, Die Vorentwürfe Hans Kelsens für die österreichische Bundesverfassung, 1981, 113-307; *Ermacora*, wie Fn 172, 62-243.

174 *G. Stourzh*, Hans Kelsen, die österreichische Bundesverfassung und die rechtsstaatliche Demokratie, in: *ders*, Wege zur Grundrechtsdemokratie. Studien zur Begriffs- und Institutionengeschichte des liberalen Verfassungsstaates, 1989, 309ff, bes 317ff.

175 Kelsen Entwürfe I (Art XL), II (Art 47), IV (Art XL), V (Art 25); *Schmitz*, wie Fn 173, 113-307, hier: 176f; *Ermacora*, wie Fn 172, 62-243, hier: 108f.

176 Kelsen-Entwurf VII = Ministerialentwurf 2. Version bei *Ermacora*, wie Fn 172, 245-274, hier: 255. Die 1. Version sah die Wahl durch den Bundestag vor. Die Urheberschaft Kelsens nach *Stourzh*, wie Fn 174, 328, dem auch *Schmitz*, wie Fn 169, 116, und *Schefbeck*, wie Fn 148, 98f, folgen. Linzer Entwurf: *Ermacora*, wie Fn 172, 290-413, hier: 338 (Art 49).

177 1. christlich-sozialer Entwurf: *F. Ermacora*, Quellen zum österreichischen Verfassungsrecht 1920, 1967, 29-42; *ders*, wie Fn 172, 543-561, hier: 558 (Art 41); 2. christlich-sozialer Entwurf: *ders*, wie Fn 172, 562-570, hier 564 (Art 16); Kelsen-Entwürfe III (Art 38) und VI (Art 37): *Schmitz*, wie Fn 173, 113-307, hier: 176f; *Ermacora*, wie Fn 172, 62-243, hier: 108f.

178 Landeshauptmannstellvertreter Gruener bei der Länderberatung mit Tirol in Innsburck (29. Dezember 1919): *F. Ermacora*, Die Entstehung der Bundesverfassung 1920 II, 1989, 111.

179 Nationalrat Straffner, ebda.

dem Präsidenten der Nationalversammlung[180]; die Staatsautorität[181] sowie das Staatsansehen[182] würden gestärkt; sie entspräche dem demokratischen Prinzip am besten[183]; die Volkswahl gäbe mehr tatsächliche Macht[184]; mit ihr sei der Präsident dem Parteienbetrieb entzogen[185]. Gegenargumente kamen ganz massiv von den Sozialdemokraten: Es würde durch die Volkwahl der Cäsarismus gefördert[186]; sie wäre nur scheindemokratisch - im Sinne von Kelsen - und führe zur Habsburgerrestauration[187]; sie schaffe in einem ohnedies notleidenden Staat eine neue Amtsstelle[188].

Im Ergebnis sah dann die Verfassung 1920[189] ein eigenes Organ „Bundespräsident" vor, was bedeutet, daß die Sozialdemokraten in dieser Frage nachgegeben hatten. Aber die Volkswahl wurde nicht eingeführt und weiters der Bundespräsident mit geringen, eher nur repräsentativen Kompetenzen ausgestattet, womit sich die Sozialdemokraten durchgesetzt hatten. Im wesentlichen waren die bisherigen Staatsoberhauptsfunktionen des Parlamentspräsidenten einem eigenen Organ, dem Bundespräsidenten, zugeordnet worden[190]. Nicht die Kompetenzen, sondern die eigene Organschaft war das Neue. Merkl erklärte dies übrigens damit, mit dem „Anschlußverbot" seien die hinsichtlich einer künftigen Gliedstaatsstellung Deutschösterreichs im Deutschen Reich bestehenden Bedenken gegen ein eigenes Staatsoberhaupt

---

180 Landeshauptmannstellvertreter Rehrl (Christlichsoziale Partei) bei der Länderberatung mit Salzburg in Salzburg (18. Dezember 1919): *Ermacora*, wie Fn 178, 105.

181 Verfassungsskizze des Salzburger Landeshauptmannstellvertreters Franz Rehrl (13. Jänner 1920), in: *Ermacora*, wie Fn 172, 529-539, hier: 534. „Da die Person des Präs. die Staatsautorität zu repräsentieren hat, diese aber unserm Volke, das immer die Staatsautorität des Kaisers verkörpert sah, derzeit vollständig unauffindbar ist, so muß die Schaffung dieser Staatsautorität dem Volke durch Volksabstimmung überlassen bleiben".

182 Anton Christoph (Großdeutsche Partei; Landesrat Salzburg) bei der 3. Sitzung der Salzburger Länderkonferenz (17. Februar 1920), in: *F. Ermacora*, Die Materialien zur österreichischen Bundesverfassung I, 1989, 184f.

183 Staatssekretär Michael Mayr bei der Länderkonferenz in Linz (21. April 1920), in: ebda 230.

184 Karl Clessin (Großdeutsche Partei) in der 6. Sitzung des Unterausschusses am 08. August 1920, in: *Ermacora*, Quellen, wie Fn 177, 310f.

185 Mayr und Seipel in der 6. Sitzung des Unterausschusses am 08. August 1920, in: ebda 310f.

186 Danneberg auf der 3. Salzburger Länderkonferenz (17. Februar 1920), in: *Ermacora*, wie Fn 182, 184f; Gruber (Sozialdemokratische Partei; Landeshauptmannstellvertreter Oberösterreich) und Danneberg (Sozialdemokratische Partei; Gemeinderat Wien) auf der Linzer Länderkonferenz (21. April 1920), in: ebda 206f, 227f.

187 Danneberg in der 6. Sitzung des Unterausschusses am 8. August 1920, in: *Ermacora*, Quellen, wie Fn 177, 310f.

188 Danneberg, ebda.

189 Art 60ff: *Kelsen - Fröhlich - Merkl*, wie Fn 151, 151f; *Ermacora*, wie Fn 172, 532-829; *Dickinger*, wie Fn 147, 43ff.

190 *Kelsen - Fröhlich - Merkl*, wie Fn 151, 151f; *Spanner*, wie Fn 54, 620ff.

weggefallen, und man konnte sich „der großen Mehrzahl anderer Republiken“ anschließen[191]. Übrigens kam das mit der Verfassung 1920 neu eingeführte - und von den Sozialdemokraten nicht geliebte - bundesstaatliche Prinzip auch hinsichtlich des Bundespräsidenten zur Geltung: War bisher der mit den Funktionen eines Staatsoberhauptes versehene Präsident der Nationalversammlung ein Erwählter allein der Volksvertretung, so wurde der Bundespräsident zufolge der Wahl durch die Bundesversammlung, also durch Nationalrat und Bundesrat, im Ergebnis zu einem Erwählten der Volksvertretung und der Ländervertretung. Allerdings bestand (und besteht) die Bundesversammlung genau genommen nicht aus Nationalrat und Bundesrat, sondern die Abgeordneten zum ersteren und die Mitglieder des letzteren bilden diese in Zweitfunktion. Daher dominierten im Wahlverfahren die damals 175 Nationalratsabgeordneten die 46 Bundesräte[192] - die Bundespräsidentenwahl war also doch eigentlich eine Art erweiterte Parlamentswahl. Erforderlich war übrigens für jeden Wahlgang die absolute Mehrheit, die Wahlgänge waren so lange zu wiederholen, bis diese zustande kam. Nach Kelsen war dadurch „ein indirekter Zwang auf die Parteien geübt, ... ein die unbedingte Mehrzahl gewährleistendes Kompromiß zu schließen“[193] - wobei ihm offenbar der Gedanke an das freie Mandat vor der politischen Realität verblaßte! Die nüchterne Auffassung eines bescheidenen Repräsentativamtes zeigen die Wahlvorgänge in der Bundesversammlung. Die erste Bundespräsidentenwahl fand am 8. Dezember 1920 statt. Die von etwa 11 Uhr vormittags bis knapp an 20 Uhr abends dauernde Sitzung war nach einleitenden Worten des Vorsitzenden vollauf durch ergebnislose Abstimmungen in Anspruch genommen, erst nach einer Unterbrechung gelang am darauffolgenden Tag die Wahl des Präsidenten: Jetzt aber, da sich die Parteien mittlerweile zum Teil verständigt hatten, dauerte die Sitzung bloß 50 Minuten: Nach dem nun einzigen Wahlgang verkündete der Vorsitzende das Ergebnis, ließ den gewählten Bundespräsidenten Hainisch die Gelöbnisformel sprechen und schloß die Versammlung mit einigen knappen Worten - der Neugewählte selbst hatte nur die Gelöbnisformel gesprochen[194]. Die Sitzung der Wiederwahl von Bundespräsidenten Hainisch

---

[191] *Merkl*, wie Fn 154, 276.

[192] *O. Knauer*, Das österreichische Parlament von 1848-1966, 1969, 201; *W. Labuda*, Die Zusammensetzung des Bundesrates. Vorbilder für eine Länderkammer, in: *H. Schambeck* (Hrsg), Bundesstaat und Bundesrat in Österreich, 1997, 348.

[193] *Kelsen - Fröhlich - Merkl*, wie Fn 151, 152.

[194] Das folgende nach StenProt 1. BV, 8. und 9. Dezember 1920, 1-6; StenProt 2. BV, 9. Dezember 1924, 1f; StenProt 3. BV, 5. Dezember 1928, 1-3; StenProt 4. BV, 9. Oktober 1931, 1-2.

am 9. Dezember 1924 nahm genau 24 Minuten in Anspruch, auch jetzt gab es keine Rede des wiedergewählten Hainisch. Bei der nächsten Wahl am 5. Dezember 1928 war ein zweiter Wahlgang erforderlich, vor dem es zu einer 45-minütigen Unterbrechung kam, so daß die gesamte Sitzung fünfeinhalb Stunden dauerte. Der neugewählte Bundespräsident Miklas hielt wie sein Amtsvorgänger keine Rede, der Vorsitzende sprach länger, da er den scheidenden Bundespräsidenten Hainisch verabschiedete. Die Wiederwahl von Bundespräsident Miklas am 9. Oktober 1931 ging in einer 45-minütigen Sitzung vonstatten, der Wiedergewählte leistete allein die Gelöbnisformel mit dem nun seit der Verfassungsnovelle 1929 möglichen Zusatz „So wahr mir Gott helfe". In allen diesen Fällen tritt uns die Wahl des Bundespräsidenten in der Bundesversammlung als ein Akt entgegen, der sich etwa von der Wahl irgendeines anderen Funktionärs wie etwa des Parlamentspräsidenten nicht unterscheidet.

Mit dieser Konstruktion - erweiterte Parlamentswahl statt Volkswahl bei nur geringen Kompetenzen - sollte und konnte der Bundespräsident bei weitem kein Gegengewicht zum Parlament, zum Nationalrat, bilden wie, ganz anders, sein deutscher Amtskollege. Dies kam im wesentlichen in drei Unterschieden zum deutschen Reichspräsidenten zum Ausdruck: Erstens hatte er nicht das Recht die Regierung zu ernennen, sie wurde durch den Nationalrat gewählt, zweitens konnte er das Parlament nicht auflösen, drittens stand ihm kein Notverordnungsrecht zu. Überdies war die Dauer seiner Amtszeit mit vier Jahren relativ kurz bemessen und dauerte ebenso lange wie die Gesetzgebungsperiode des Parlaments, ohne aber mit dieser identisch zu sein.

Trotz der unterschiedlichen Ausgestaltung des Amtes des Staatsoberhauptes erinnert die Situation in Österreich nach 1920 in einigen Punkten an jene in Deutschland. Eine Parallele bestand einmal darin, daß es gleichfalls Bemühungen um eine Änderung des Wahlmodus gab, allerdings hin zur Volkswahl. Schon 1922 zielte eine parlamentarische Initiative auf die Einführung der Volkswahl ab[195], und zwar interessanterweise des Abgordneten Miklas, welcher der zweite Bundespräsident Österreichs werden sollte - allerdings nicht aufgrund der von ihm gewünschten Volkswahl. Die Landbund-Partei schlug die Volkswahl 1928 vor[196]. Auch ging in Österreich - wie in Deutschland - die Diskussion nach Ablauf der zweiten und daher letzten Amtsperiode des ersten Bundespräsidenten Hainisch dahin, man

195 *Seipel*, wie Fn 4, 259ff; *G. D. Hasiba*, Die Zweite Bundes-Verfassungsnovelle von 1929. Ihr Werdegang und wesentliche verfassungspolitische Ereignisse seit 1918, 1976, 51.
196 Ebda 53.

solle doch die Amtszeit durch Gesetz verlängern[197]. Weiters gab es für den Fall der Einführung der Volkswahl ähnliche Erörterungen wie in Deutschland hinsichtlich eines zweiten Wahlganges: So sah die Regierungsvorlage zur großen Verfassungsnovelle von 1929 für den Fall, daß die Volkswahl des ersten Wahlganges für keinen Kandidaten die absolute Mehrheit erbrächte, einen zweiten Wahlgang in der Bundesversammlung unter den drei erfolgreichsten Kandidaten des ersten Wahlganges vor[198]. Seipel wertete dies nicht als Stichwahl, sondern als Bundesversammlungs-Wahl aus einem Ternavorschlag des Volkes, ähnlich sah Kelsen im ersten Wahlgang eine „Volksabstimmung" über einen Dreiervorschlag an die Bundesversammlung[199]: Zu Recht gingen beide davon aus, daß ein zweiter Wahlgang der Regelfall sein werde. Mit ihm sollte es zu einer gewissen Korrektur des Ergebnisses der Volkswahl seitens der politischen Parteien kommen können.

Die Vorschläge zur Einführung der Volkswahl waren aber nicht etwa Selbstzweck, sondern standen im Zusammenhang mit weiter gespannten Anliegen. Grundsätzlich sollte der Bundespräsident zu einem Gegengewicht des Parlaments aufgewertet, als ein Organ der politischen Einheit den Parteiführern gegenübergestellt werden[200]. So ging es beim erwähnten Antrag von Miklas um eine derartige, und zwar sehr massive Aufwertung des Präsidentenamtes[201]: An die Stelle der Parlamentswahl der Bundesregierung sollte sein Ernennungsrecht treten, bewertet als eine „große Machtbefugnis", die bedinge, daß er „unabhängig" vom Parlament „selbst ein Erwählter des Volkes" sein sollte. Auch die Landbund-Vorstellung war vom Wunsch nach einer Kompetenzerweiterung getragen wie auch der Angleichung an die deutsche Situation eines künftigen Anschlusses wegen[202]. Aber Volkswahl war durchaus nicht Volkswahl. Der Antrag Miklas[203] verstand diese entweder als direkte Volkswahl, als indirekte durch Wahlmänner oder in anderer Form. Bundeskanzler Seipel[204] hätte 1929 ad hoc bestellten Wahlmännern ein dem „Kurfürstenkollegium" ähnliches festes Gremium kraft eigenen Rechts vorgezogen, gegen die Volkswahl nannte er Einwände, die

---

[197] *M. Hainisch*, 75 Jahre aus bewegter Zeit. Lebenserinnerungen eines Staatsmannes, bearb v F. Weissensteiner, 1978, 37f, 325f; *Seipel*, wie Fn 4, 121f, 205, 213; *F. Rennhofer*, Ignaz Seipel. Mensch und Staatsmann. Eine biographische Dokumentation, 1978, 595.

[198] *Seipel*, wie Fn 4, 267-316, hier 277.

[199] Ebda 209f; *H. Kelsen*: Die Verfassungsreform, in: JBl 58, 1929, 445-457, hier 450.

[200] *Pernthaler*, wie Fn 168, 128ff.

[201] *Seipel*, wie Fn 4, 259-265.

[202] *Hasiba*, wie Fn 195, 53.

[203] *Seipel*, wie Fn 4, 204f, 259-265.

[204] Ebda 206ff.

er offenbar teilte wie etwa, durch den Wahlkampf könne das künftige Staatsoberhaupt „beschmutzt“ werden, ein „prononcierter Politiker“ in das Amt gelangen, so daß es bei einer Volkswahl gelte, eine Kandidatenauswahl vorzuschalten, und zwar nicht durch die politischen Parteien, sondern durch Nationalrat oder Bundesversammlung oder Ausschüsse; dann dachte Seipel noch daran, es müsse jede im Nationalrat vertretene Partei einen Kandidaten stellen sowie ebenso viele je „die Wirtschaft“ und „das Geistesleben“ - bei den damaligen vier Parlamentsparteien wären also 12 Kandidaten zur Auswahl gestanden!

Im Jahre 1929 wurde die Verfassung einschneidend verändert[205]. Die Hauptstoßrichtung wandte sich gegen die Vorrangstellung des Parlaments: Es verlor die Wahl der Bundesregierung sowie die des Bundespräsidenten, der ab nun vom Volk zu wählen war und mit mehr Befugnissen ausgestattet wurde wie vor allem mit der Ernennung der Bundesregierung - Vorbild dafür war eingestandenerweise die Weimarer Reichsverfassung. Allerdings schwächte man ab. Das neue Notverordnungsrecht des Bundespräsidenten wurde so verklausuliert, daß der Präsident nie davon Gebrauch machte und wohl auch nicht machen konnte, weil es kompliziert ausgestaltet ist, nämlich durch die Bindung an eine Initiative der Regierung und die Mitwirkung des Ständigen Unterausschusses des Hauptausschusses des Nationalrats.

Insgesamt sollte mit dem gestärkten Präsidentenamt ein Gegenpol zum Parlament geschaffen werden[206]. Die Argumente, die für die Volkwahl angeführt wurden, gipfelten eigentlich in dem einen, daß die Vermehrung der Kompetenzen des Präsidenten eine höhere Autoritätsgrundlage erfordere, was nur durch Volkswahl erzielt werden könne[207]. Ein weiteres Argument knüpfte an die Kompetenz zur Regierungsernennung an[208]: Da diese bewußt dem Parlament abgenommen werde, wäre gerade ihretwegen auch der Präsident vom Parlament abzukoppeln und dürfe daher nicht mehr (auch) vom Parlament gewählt werden, sondern, da ja als Gegengewicht zu diesem konzipiert, so wie dieses durch das Volk.

---

205 Vgl dazu *Brauneder*, Verfassungsgeschichte, 213f; *Berchtold*, wie Fn 148, 523ff; *ders* (Hrsg), Die Verfassungsrefom von 1929. Dokumente und Materialien zur Bundes-Verfassungsgesetz-Novelle von 1929 I u II, 1979; *Hasiba*, wie Fn 195.

206 *Brauneder*, Verfassungsgeschichte, 215; *Berchtold*, Verfassungsreform von 1929 I, wie Fn 205, 347; vgl kurz auch *Spanner*, wie Fn 54, 621; *M. Welan*, Der Bundespräsident im System der österreichischen Bundesverfassung, in: 75 Jahre Bundesverfassung, wie Fn 148, 488f; *Dickinger*, wie Fn 147, 52ff.

207 Beispielsweise: Ausführungen des Referenten zum Entwurf einer Verfassungsnovelle am 14. 10. 1929, vgl *Hasiba*, wie Fn 195, 67; der Berichterstatter im Unterausschuß am 29. 10. 1929, in: *Berchtold*, Verfassungsreform von 1929 II, wie Fn 205, 115.

208 Ebda 363.

Die Verfassungsnovelle 1929 sah schließlich in Abkehr des schon erwähnten zweiten Wahlganges in der Bundesversammlung an dessen Stelle eine Stichwahl abermals als Volkswahl vor. Dies ging im wesentlichen auf den Einfluß der Sozialdemokraten zurück, deren Stimmen für die Verfassungsänderung notwendig waren, wofür sie sich Abstriche an den Kompetenzen des Bundespräsidenten einhandelten[209].

Zum Zeitpunkt des Inkrafttretens der Verfassungsnovelle am 11. Dezember 1929 hätte der ein Jahr zuvor, am 5. Dezember 1928, gewählte Bundespräsident Miklas[210] nach der bisherigen Regelung noch eine Amtszeit von drei Jahren, nach der neuen von fünf Jahren vor sich gehabt. Sie wurde aber mit dem Verfassungsübergangsgesetz 1929 in einer besonderen Weise an das Zusammentreten des nächsten neugewählten Nationalrats gekoppelt[211]: Demnach mußte, als Miklas zum 1. Oktober 1930 den Nationalrat vorzeitig wegen einer Regierungskrise auflöste, nach dem Zusammentreten des neugewählten Nationalrats ab 2. Dezember 1930 binnen zehn Wochen die Ausschreibung der Bundespräsidentenwahl erfolgen. Nun hatte es zur Volkswahl zu kommen, sie wurde für den 18. Oktober 1931 angesetzt[212]. Als jedoch dieser Termin heranrückte, entstand nur zwei Jahre nach ihrer Einführung eine Diskussion, ob sie überhaupt sinnvoll wäre. Und es wiederholte sich 1931[213] im Ablauf fast das, was 1922 bei der Verlängerung der Amtsperiode Eberts in Deutschland der Fall gewesen war. Der Nationalrat hatte zwar noch am 27. März 1931 ein Bundespräsidentenwahlgesetz für die Volkswahl beschlossen[214], am 8. Oktober 1931, also genau zehn Tage vor dem angesetzten Wahltermin, erließ er jedoch ein eigenes Bundesverfassungsgesetz, welches die Wahl doch wieder zurück in die Bundesversammlung verlagerte[215]! Schon am darauffolgenden Tag, am 9. Oktober 1931, wählte diese den amtierenden Präsidenten erneut, der allerdings nun mit den vermehrten Kompetenzen von 1929 ausgestattet war. Die Wahl erfolgte also zwar wie bisher durch die Bundesversammlung, aber es verfügte der Präsident u a über das Recht der Parlamentsauflösung und über das der Regierungsernennung. Dem so oft strapazierten Argument, dafür bedürfe es der

---

[209] *Kimminich*, wie Fn 52, 135f.

[210] Zu Miklas: *W. Goldinger*, Wilhelm Miklas, in: *Weissensteiner*, Bundespräsidenten, wie Fn 164, 82ff; zur Situation um die Wiederwahl 1931 bes 101ff; *Dickinger*, wie Fn 147, 56f.

[211] § 18 Abs 3, BGBl 393 /1929.

[212] BGBl 55/1931.

[213] Vgl dazu *G. Otto*, Die Rechtsstellung des österreichischen Bundespräsidenten, JurDiss Leipzig 1932, 17f; *Höbelt*, wie Fn 147, 16ff; *Neschwara*, wie Fn 148, 165f.

[214] BGBl 137/1931.

[215] BGBl 303/1931.

Legitimation durch Volkswahl, war damit eklatant zuwidergehandelt! Zur Volkswahl eines Präsidenten sollte es in der Zeit vor dem Zweiten Weltkrieg übrigens gar nicht kommen. Die Amtsperiode von Bundespräsident Miklas hätte sich noch bis 1937 erstreckt. Im Jahr 1934 trat jedoch eine neue Verfassung in Kraft, die eine ganz andere Wahl des Bundespräsidenten vorsah.

Ein Hauptanliegen der Verfassung 1934[216] war es, nicht dem repräsentativ-demokratischen Vorbild zu folgen. Das demokratische Prinzip wurde ausdrücklich durch das berufsständische Prinzip ersetzt. Kein Staatsorgan war demnach direkt vom Volk zu wählen, vielmehr gab es komplizierte Entsendungen von Berufs- und Standesvertretungen neben Ernennungen. Aus diesem Grund stand man hinsichtlich des Staatsoberhauptes vor der Frage, woher dessen Legitimation kommen solle, wenn die Verfassung von ihrem System her die Volkswahl ausschloß. Davon wollte man auch keine Ausnahme, denn es könne eine Volkswahl, „wenn sie einmal in der Verfassung verankert werde, sich auch in alle[n] übrigen Instanzen zweifellos durchsetzen“[217]. So machten denn auch nicht Fragen der Grundrechte oder der Stellung der Regierung oder der Länder den relativ größten Teil der Verfassungsberatungen aus, sondern die Behandlung der Frage, wie denn nun der Bundespräsident zu wählen wäre[218]. Die Volkswahl wurde zusätzlich zu den verfassungstheoretischen Gründen auch mit zahlreichen Einzelargumenten abgelehnt wie etwa dem nahezu zeitlosen, aber eben doch sehr zeitbedingten der Agitation, der Aufpeitschung und Entzweiung, der unruhigen politischen Verhältnisse, der Ungewißheit des Wahlergebnisses mit Blickrichtung auf die NSDAP, aber auch mit dem Verfassungsargument einer unerwünschten Stärkung des Staatsoberhauptes gegenüber der Regie-

---

216 BGBl 239/1934-I, BGBl 1/1934-II: Art 73; vgl dazu: *Merkl*, wie Fn 161; *N. Gürke*, Die Verfassung Österreichs, in: JBÖffR 22, 1935, 345ff; *Brauneder*, Verfassungsgeschichte, 231ff.

217 *Enderle-Burcel*, wie Fn 218, 173 (Stockinger).

218 So auch *P. Huemer*, Sektionschef Robert Hecht und die Zerstörung der Demokratie in Österreich. Eine historisch-politische Studie, 1975, 294, 297ff; *H. Wohnout*, Regierungsdikatatur oder Ständeparlament? Gesetzgebung im autoritären Österreich, 1993, 156ff. Die diesbezügliche Diskussion im Ministerrat zu Vorarbeiten an einer Verfassungsreform und zum Verfassungsentwurf vom 20. März 1934 („2. vollst. Auflage“) in: *G. Enderle-Burcel* (Bearb), Kabinett Dr. Engelbert Dollfuß. 23. Februar 1934 bis 18. April 1934 (= Protokolle des Ministerrates der Ersten Republik VI-II/6), 1985, 128-138 (MRP 929, 12. März 1934) und 173f, Text des Verfassungsentwurfs 223-266, bes 241 (Art 70 inkl Varianten) (MRP 930, 20.-29. März 1920); bezüglich der Diskussion zumVerfassungsentwurf vom 14. April 1934 („Oster-Fassung“) siehe: 436-448, Text der „Oster-Fassung“ 488-525, bes 503 (Art 72) (MRP 938, 14.-18. April 1934).

rung, schließlich mit den neuen Behauptungen mangelnder „Reifebeweise" des Volkes und eines gewissen Analphabetismus[219]. Aber es gab auch positive Hinweise wie neben schon bekannten den für eine autoritäre Verfassung fast verfassungskonformen auf einen Gewinn an Autorität oder den außenpolitischen auf einen günstigen Eindruck vor der Welt[220]. Auch der Wahl durch die Bundesversammlung wurde gedacht, und zwar einerseits positiv, da ihre Zusammensetzung mit „ausgesiebte[n] Menschen mit weitestem Gesichtskreis" ein vorhersehbares Ergebnis garantiere[221], andererseits aber auch negativ in Hinblick auf ihre geringe Repräsentationsbreite und ihren parlamentsähnlichen Betrieb[222]! Schließlich initiierte Bundeskanzler Dollfuß die Idee einer Wahl durch die Bürgermeister[223]. Die positiven Argumente etwa eines würdigen Eindrucks einer Versammlung von fast 5000 Amtsträgern - Dollfuß dachte wohl im Sinne des „christlichen Ständestaates" als Ort an den Stephansdom zu Wien[224]! -, einer damit besseren Legitimation als durch die Bundesversammlung wie des Ansehens der Bürgermeister als Volksvertreter überwogen die negativen Feststellungen wie etwa gerade den Widerspruch gegen das letztgenannte Argument wegen der Ernennung der Bürgermeister und ihres ungleichen Vertretungsgewichtes im Vergleich etwa des Bürgermeisters von Wien mit jenen von Kleinstgemeinden[225]. Die Verfassung 1934 sah schließlich als Unikat die Wahl durch eine Bürgermeisterversammlung vor, allerdings aufgrund eines Dreiervorschlages der Bundesversammlung.[226] Hatte diese in den Vorberatungen zur Verfassungsnovelle 1929 eine nachträglich-korrigierende Rolle gespielt, so kam ihr nun eine vorbereitend-kanalisierende zu. Merkl be-

---

219 Ebda: Agitation - 129 (Ender, Stockinger), 173 (Dollfuß), 438 (Buresch), 446 (Schönburg-Hartenstein); Entzweihung/Aufpeitschung - 443 (Ender); Unruhe/Ungewißheit - 132 (NeustädterStürmer), 136 (Dollfuß), 445 (Schuschnigg), 446 (Karwinsky); starke Position Bundespräsident - 437 (Schuschnigg); mangelnde Reife /Analphabetismus - 129 (Schuschnigg), 131 (Ender).

220 *Enderle-Burcel*, wie Fn 218, Autorität - 130, 445 (Glas), 436, 443 (Fey); Eindruck - 131 (Schönburg-Hartenstein), 446 (Glas).

221 Ebda 443 (Ender).

222 Ebda 441 (Dollfuß), 446 (Schönburg-Hartenstein).

223 *Wohnout*, wie Fn 218, 156.

224 So in der Radiorede am 1. Mai 1934: *Berchtold*, wie Fn 2, 437; zur Ideologie vgl u a *ders*, Staatssymbolik, 269ff.

225 *Enderle-Burcel*, wie Fn 218: Positive Argumente - 128, 173, 436, 440-442 (Dollfuß); 128f, 437f, 445 (Schuschnigg); 439 (Buresch); 446 (Karwinsky; Schönburg-Hartenstein); Negative Argumente - 128 (Schmitz); 130, 438 (Glas); 134, 437, 439, 443 (Fey); 442 (Kerber); Schwankend - 436, 440 (Neustädter-Stürmer); 443 (Ender).

226 Art 73. Vgl dazu: *Merkl*, wie Fn 161, 83f; *Gürke*, wie Fn 216, 345; *Brauneder*, Verfassungsgeschichte, 241.

zeichnete diese Lösung als „ein originelles Kompromiß" zwischen dem „repräsentativen" und dem „plebiszitären" Weg der Kreation eines Staatsoberhauptes[227]: Jenen sah er im Dreiervorschlag der Bundesversammlung, diesen in der Wahl der Bürgermeister verwirklicht, die er als „Wahlmänner des Bundesvolkes" wertete[228].

Zu einer Bundespräsidentenwahl aufgrund der Verfassung 1934 sollte es nicht kommen. Sogleich durch das Verfassungs-Übergangsgesetz 1934 wurde die Amtsperiode von Bundespräsident Miklas unbestimmt bis zur Eidesleistung des ersten aufgrund der Verfassung 1934 gewählten Bundespräsidenten verlängert, dessen Wahl aber die Bildung der neuen Bundesversammlung und diese u a die des Bundeskulturrates und des Bundeswirtschaftsrates voraussetzte[229]. Dazu kam es aber nie: Die an sich 1937 abgelaufene Amtszeit war damit durch Gesetz verlängert worden. Nach Jahresbeginn 1938 gab es dann zwar Äußerungen, daß die Verfassung noch 1938 voll realisiert werden solle[230], doch existierte bald darauf der Staat Österreich nicht mehr.

VI. Die Wahl von Staatsoberhäuptern nach dem Zweiten Weltkrieg

A. Überblick

Hinsichtlich des Staatsoberhauptes von Republiken zeichneten sich nach dem Zweiten Weltkrieg in Europa zwei Grundtendenzen ab. In den westlichen Staaten dauerte im Grundsätzlichen die bisherige Situation fort bzw es wurde auf jene der Zwischenkriegszeit zurückgegriffen. Die Staaten des Ostblocks gingen jedoch, von Ausnahmen abgesehen, einen anderen Weg, sie scherten aus der bisherigen Tradition aus, und zwar zugunsten eines kollektiven Staatsoberhaupts.

---

227 *Merkl*, wie Fn 161, 83.

228 Ebda; Bundesminister Kurt Schuschnigg im Ministerrat am 14. April 1934: „Im altdeutschen Recht habe es übrigens auch Kürmänner gegeben. Man möge diesem alten Brauch folgen und die Person des neuen Bundespräsidenten von der Stimmung der großen Masse unabhängig machen", in: *Enderle-Burcel*, wie Fn 218, 437f (Diskussion in MRP 938).

229 § 23 V-ÜG vom 23. Juni 1934, BGBl 75/1934-II: „Die Amtsdauer des gegenwärtig im Amt befindlichen Bundespräsidenten endet mit dem Tag der Eidesleistung des Bundespräsidenten, der nach dem Ablauf der Tätigkeitsdauer des nach § 21, Absätze 1 und 2, dieses Bundesverfassungsgesetzes berufenen Bundeskulturrates und Bundeswirtschaftsrates gemäß Artikel 73 der Verfassung 1934 gewählt worden sein wird." Vgl auch *Dickinger*, wie Fn 147, 65.

230 *Wohnout*, wie Fn 218, 353-374, etwa von Schuschnigg und Ender.

Im Jahre 1961 besaßen alle Ostblock-Staaten mit Ausnahme Jugoslawiens und der Tschechoslowakei ein kollektives Staatsoberhaupt[231]. Es war dies in Ungarn, in Polen und nach dem Tod von Präsident Pieck 1960 auch in der DDR ein vom Parlament gewählter Staatsrat (s u C). In Rumänien und Bulgarien fungierte als solches das Parlamentspräsidium. Jugoslawien bildete zufolge der Persönlichkeit von Tito eine Ausnahme: Er bekleidete das Amt des „Präsidenten der Republik“, und zwar sogar auf Lebenszeit.

Die westlichen Staaten knüpften an die Modelle der Zwischenkriegszeit an, wobei die Bundesrepublik Deutschland im Vergleich mit der Weimarer Republik zu einer völlig neuen Konstruktion griff (s u B), während Österreich zu einer der damaligen Situationen zurückkehrte (s u D). Vergleicht man die Entwicklungen in der Bundesrepublik Deutschland, in der DDR bis 1960 und in Österreich im Hinblick auf die Vorbildhaftigkeit der Zwischenkriegszeit, so ergibt sich, daß erstere die stärksten Modifikationen in der Stellung des Staatsoberhauptes vornahm, erhebliche auch die DDR, während Österreich nichts veränderte.

B. Bundesrepublik Deutschland

Der Beginn der deutschen Staatlichkeit begann in den Ländern mit sehr ähnlichen Landesverfassungen ab 1946. Sie alle sahen für das Land kein Staatsoberhaupt vor[232]. In den Ländern aller Besatzungszonen bildete der vom Landtag gewählte Ministerpräsident das höchste exekutive Staatsorgan. Nach den Verfassungen von Bayern 1946, Hessen 1946 und Rheinland-Pfalz 1947 erhielt der Ministerpräsident auch das Recht, das Land zu vertreten, im Falle Bayerns mit dem ausdrücklichen Hinweis „nach außen“. Diese Kompetenz erinnert an die eines Staatsoberhauptes. Das bestätigt der

---

[231] *K. Fochler-Haucke* (Hrsg), Der Fischer Weltalmanach 1961, 1961, 59 (Bulgarien), 87 (DDR), 110 (Jugoslawien), 136 (Polen), 139 (Rumänien), 152 (Tschechoslowakei), 153 (Ungarn); *R. Furtak*, Die politischen Systeme der sozialistischen Staaten, 1979, 46f (Bulgarien), 84 (DDR), 111f (Jugoslawien), 156 (Polen), 170 (Rumänien), 213f (Tschechoslowakei), 225 (Ungarn).

[232] Vgl *E. Fischer - W. Künzel* (Hrsg), Verfassungen deutscher Länder und Staaten von 1816 bis zur Gegenwart, 1989, 338-408 (Bayern 1946, Hessen 1946, Rheinland-Pfalz 1947), 273-335 (Landesverfassungen der sowjetischen Besatzungszone); u a zu Bayern: *E. Schmidt*, Staatsgründungen und Verfassungsgebung in Bayern. Die Entstehung der Bayerischen Verfassung vom 8. Dezember 1946, Bd I und II (= Beiträge zum Parlamentarismus 10/1 und 2), 1997; zu Thüringen: *R. Lunau*, Normentstehung und Normbestand der Verfassung des Landes Thüringen vom 20. Dezember 1946: „auf der Schwelle dieser Demokratie“, 2001.

Umstand, daß sich keine derartige Bestimmung in einer der Landesverfassungen in der Sowjetzone findet, die alle das jeweilige Land sogleich eingangs als „Glied der Deutschen Demokratischen Republik“ erklären, die es freilich zu diesem Zeitpunkt noch gar nicht gab, die man sich aber mit einem Staatsoberhaupt ausgestattet dachte, so daß entsprechende Funktionen in die Landesverfassungen gar nicht aufzunehmen waren. In den Westzonen hingegen war zu diesem Zeitpunkt noch keineswegs der Entscheid gefallen, ob Deutschland eine staatliche oder nicht doch eine eher staatenbündische Konstruktion erhalten könnte, der ein Staatsoberhaupt fremd gewesen wäre: So sah der Entwurf der Bayernpartei für die „Bundessatzung“ für einen „deutschen Staatenbund“ als dessen exekutive Spitze einen „Bundessekretär“ vor, dem aber keinerlei Staatsoberhauptsfunktionen zukamen, „weil der Bund selbst keine Rechtspersönlichkeit besitzt“[233].

Verfassungspläne für ein nach-nationalsozialistisches Deutschland und mit ihnen Überlegungen bezüglich eines Staatsoberhauptes stammen bereits aus der Zeit des Zweiten Weltkrieges. Ihnen ist überwiegend gemeinsam, daß es ein monokratisches Staatsoberhaupt geben solle. Der Entwurf Goerdeler-Beck von 1941 stellt hiebei insoferne eine Ausnahme dar, als er für einen erblichen Monarchen eintrat[234]. Der Entwurf Grzisinski für die Länderkonferenz deutschsprachiger Sozialdemokraten und Gewerkschafter in New York 1943 sowie die „Grundsätze für die Neuordung“ Deutschlands des Kreisauer Kreises vom August 1943 sahen jeweils einen „Präsidenten“ beziehungsweise einen „Reichsverweser“ vor, wobei jener von einem aus Volks- und wohl Länderkammer bestehenden „Wahlkörper“, dieser auf Vorschlag einer Art Oberhaus, dem Reichsrat, den die Länder zu beschicken hätten, zu wählen sei[235]. Der erstgenannte Entwurf sprach sich übrigens ausdrücklich gegen die Volkswahl aus, die ja keiner der eben erwähnten Entwürfe vorschlug. Auch ein von Exil-Sozialisten in London erstellter Verfassungsentwurf schlug einen Staatspräsidenten vor, den das nur aus einer Volkskammer bestehende Parlament wählen sollte[236]. Ein Entwurf[237], der eine Direktorialregierung mit jährlich wechselndem Vorsitz und kein Staatsoberhaupt vorsah, war bezeichnenderweise 1943/1945 in der Schweiz konzipiert worden.

---

233 *W. Benz* (Hrsg), „Bewegt von der Hoffnung aller Deutschen“, 1979, 435, 440.

234 Ebda 82f.

235 Ebda 86, 99; *E. Lange*, Die Diskussion um die Stellung des Staatsoberhauptes 1945-1949 mit besonderer Berücksichtigung der Erörterungen im parlamentarischen Rat, in: Vierteljahreshefte für Zeitgeschichte 26, 1978, 612f.

236 *Benz*, wie Fn 233, 122.

237 *Lange*, wie Fn 235, 610.

Verfassungsentwürfe, die ab 1946 außerhalb der politischen Parteien entstanden, schrieben alle ein monokratisches Staatsoberhaupt fest, das entweder von der aus Volks- und Staatenhaus gebildeten Nationalversammlung oder ähnlich von Bundestag und Bundesrat zu wählen wäre, während andere Entwürfe allein von der Wahl durch eine Ländervertretung ausgingen, andere wieder sich nicht festlegten, aber wegen der Erfahrungen in der Weimarer Republik jedenfalls die Volkswahl ablehnten[238]. Interessant ist nicht nur die durchgängige Vermeidung der Volkswahl, sondern auch die der reinen Parlamentswahl, da an dieser entweder die Ländervertretung partizipieren oder sie gar als eigener Wahlkörper ersetzen sollte. Dem lag natürlich die Sicht eines stark föderalisierten Deutschland zugrunde.

Dasselbe Bild bieten die Verfassungsentwürfe der politischen Parteien: Einzig aus den Reihen der FDP kam der Vorschlag zu einer Volkswahl[239], allein CDU/CSU dachten überwiegend an eine reine Parlamentswahl, allerdings auf Vorschlag der Ländervertretung, und selbst dies nur als eine neben der anderen Variante, nämlich einer Wahl von Volks- und Ländervertretung gemeinsam[240], welche die CDU ansonsten forderte, wie weiters auch die Deutsche Partei[241]. Die ostzonale CDUD sowie ein Teil der Zentrumspartei sprachen sich für eine Wahl allein durch die Ländervertretung aus[242]. Die reine Parlamentswahl sahen nur die Entwürfe der marxistischen Parteien vor, nämlich der SPD, der KPD und der SED[243]. Allerdings versteht sich bei KPD und SED die Parlamentswahl aus einem zwingenden Grund, denn sie wollten das Parlamentspräsidium, so der SED-Entwurf ausdrücklich, mit den „Obliegenheiten eines Staatsoberhauptes" versehen, während die beiden Menzel-Entwürfe der SPD an ein „Direktorium" dachten, das wohl vom Parlament zu wählen gewesen wäre. Das verstand sich besonders auch aus der SPD-Haltung, vorerst nur ein staatsähnliches Gebilde zu schaffen, das kein Staatsoberhaupt haben sollte. In ihren „Richtlinien" für eine gesamtdeutsche Verfassung von 1947 schlug die SPD sehr wohl einen volksgewählten „Präsidenten der Republik vor"[244]. Auch eine föderalistisch inspirierte Minderheit in CDU/CSU dachte an eine Lösung ähnlich der Schweiz[245]. Alle anderen Partei-Entwürfe gingen von einem monokratischen

---

[238] *Benz*, wie Fn 233, 154, 311 bzw 217, 298 bzw 270, 303.

[239] Ebda 411, 420; *Lange*, wie Fn 235, 613, 615.

[240] *Benz*, wie Fn 233, 355f; *Lange*, wie Fn 235, 613.

[241] *Benz*, wie Fn 233, 330, 336, 432; *Lange*, wie Fn 235, 615f, 619.

[242] *Benz*, wie Fn 233, 322, 426.

[243] Ebda 360, 374, 399, 448, 461; *Lange*, wie Fn 235, 618.

[244] Ebda 612.

[245] *Benz*, wie Fn 233, 355; *Lange*, wie Fn 235, 611.

Staatsoberhaupt aus. Durchgehend aber war allen Entwürfen jedenfalls aus der Zeit nach 1945 die Auffassung gemeinsam, die Befugnisse des Staatsoberhauptes hätten sich in eher repräsentativen beziehungsweise formellen Angelegenheiten zu erschöpfen.

Unübersehbar tritt, was zum Teil ausdrücklich betont wurde, das Weimarer Staatsoberhaupt als negatives Modell in Erscheinung[246]. Daraus wurden zweierlei Folgerungen gezogen: einerseits geringe Komptenzausstattung, andererseits Vermeidung der Volkswahl. Deswegen aber schwenkten die Entwürfe nicht durchgehend sogleich auf das andere traditionelle Modell ein, nämlich die Parlamentswahl. Es überrascht vielmehr die Kombination der Volksvertretung mit der Ländervertretung, mehr aber noch, letztere als alleinigen Wahlkörper vorgeschlagen zu sehen. Hier schlägt sich klar die Auffassung nieder, die neue deutsche Gesamtstaatlichkeit baue nicht nur konkret auf den zuerst geschaffenen Ländern auf, sondern berücksichtige diese künftighin auch konzeptionell in einem ausgeprägten Föderalismus.

Im Verfassungskonvent von Herrenchiemsee standen sich hinsichtlich der Art des Organs die beiden Alternativen eines Bundespräsidenten oder eines mehrköpfigen Bundespräsidiums (SPD) gegenüber[247]. Dieses sollte aus dem Präsidenten des Bundestages, dem Präsidenten des Bundesrates sowie dem Bundeskanzler zusammengesetzt sein. Als Argumente für diese Lösung führte man einmal die angesichts des Besatzungsregimes rasch notwendige Verwirklichung der Verfassung an, was die Zusammensetzung aus sozusagen notwendigerweise ohnedies schon vorhandenen Organen mit erleichtere, sodann sei ein Rückgriff auf diese einer provisorischen Verfassung wie dem geplanten Grundgesetz gemäßer als ein eigenes Staatsoberhaupt, zudem sei ein solches als etwa den erwähnten Organen gegenüberstehende pouvoir neutre überholt und schließlich gewährleiste ein Kollegialorgan eine Intraorgankontrolle insbesondere in der vorgeschlagenen Zusammensetzung. Ein derartiges Bundespräsidium fand aber keine Mehrheit. Der Verfassungskonvent entschied sich doch für den Bundespräsidenten als ein eigenes Organ, trat aber als Übergangslösung für eine Vertretung durch den Präsidenten des Bundestages oder eventualiter ein Bundespräsidium ein, übrigens ähnlich die SPD im Parlamentarischen Rat[248], die als Übergangslösung den Präsidenten des Bundestages mit Staatsoberhauptsfunktionen versehen wollte.

---

246 *Scheuner*, wie Fn 146, 12; *Lange*, wie Fn 235, 601f, 609, 613f.

247 Dazu und zum Folgenden: *Doemming - Füsslein - Matz*, wie Fn 5, 397f; *Lange*, wie Fn 235, 627ff.

248 *Doemming - Füsslein - Matz*, wie Fn 5, 398; *Lange*, wie Fn 235, 632f.

Was die Wahl anlangt, so stand unzweifelhaft fest, daß sie keine Volkswahl sein sollte. Die schließlich aufgrund der Weimarer Verfassung eingetretene Situation wirkte als Schock fort[249]. Im Parlamentarischen Rat war zu hören, daß zwar eine Volkswahl „Unabhängigkeit und demokratische Legitimation" verleihe, aber in der „Verfassungswirklichkeit" der Weimarer Republik sich die Möglichkeit nicht einkalkulierbarer Machtsteigerung eröffnet habe und es sei nicht ausgeschlossen, daß „ein Agitator unter Ausnutzung der Not und des Mißbrauches der emotionalen Kräfte des Volkes auf dem Wege des Plebiszits noch einmal nach der Macht zu greifen versuche", was eben eine Parlamentswahl verhindere[250]. In diesem Sinne wandte sich vor allem der spätere Bundespräsident Heuss gegen die Volkswahl[251]. Vielleicht etwas realitätsfern vermeinte man, eine Parlamentswahl sei „unabhängig von Geschicklichkeiten einzelner Menschen", denn es werden „aus einem gegebenen Kreis von Personen die geeignetsten erkannt, geprüft und der Verantwortung zugeführt"! Bei dieser Grundstimmung kam es im Herrenchiemsee-Konvent zum Vorschlag, als Wahlkörper sollten jeweils getrennt erst der Bundesrat und sodann der Bundestag jeweils mit Mehrheit über die Kandidaten entscheiden[252].

Im Parlamentarischen Rat kam es dann zu mehreren Vorschlagsvarianten[253]. Beispielsweise sollte die eben genannte Reihenfolge umgekehrt werden, aber bald stand ein einheitlicher Wahlkörper zur Diskussion. Auch dafür gab es mehrere Vorschläge: eine Bundesversammlung bestehend aus Bundestag und Bundesrat und einer Anzahl von Landtagsmitgliedern; für die SPD sollte diese Bundesversammlung allein aus dem Bundestag und Landtagsmitgliedern bestehen, ebenso der Nationalkonvent der FDP[254]. Gegen die praktisch gar nicht aufgekommene Idee, den Bundestag als Volksvertretung allein wählen zu lassen, stand das Argument, man müsse dem Bundespräsidenten eine vom Parlament unabhängige Stellung verschaffen. Der Allgemeine Redaktionsausschuß sah schließlich für die Bundesversammlung ein sogenanntes „Dreiermodell" vor, da diese sich aus Bundestag und Bundesrat sowie aus Landtagsmitgliedern zusammenzusetzen hätte, wobei von diesen so viele beizuziehen wären, daß sie gemeinsam mit den Mitgliedern des Bundesrates der Zahl der Bundestagsmitglieder

---

249 *H. v Mangoldt - F. Klein*, Das Bonner Grundgesetz II, 4. Aufl 2000, 1740f.
250 *Kaltefleiter*, wie Fn 134, 203.
251 *Scheuner*, wie Fn 146, 32; *Lange*, wie Fn 235, 613.
252 *Doemming - Füsslein - Matz*, wie Fn 5, 400.
253 Ebda 400-406; *Lange*, wie Fn 235, 633ff.
254 Ebda 640f.

gleichkämen[255]. Gegen die Einbeziehung des Bundesrates erhoben sich allerdings gewichtige Argumente, insbesondere das der Inhomogenität seiner Mitglieder und der Bundestags-Abgeordneten. Eine Erweiterung allein um den Bundesrat - was ja in Österreich seit 1920 festgeschrieben war - lehnte man aber mit der anderen Konstruktion des für Deutschland geplanten Bundesrats ab, da dessen Mitglieder kein freies, sondern ein gebundenes Mandat erhalten sollten, außerdem stelle der gegenüber dem Bundestag wesentlich kleinere Bundesrat zu diesem kein Gegengewicht dar. Jedenfalls aber sollte, so erklärte Bundespräsident Heuss bei seiner Abschiedsansprache 1959 rückblickend, ein „Wahlgremium" geschaffen werden, in dem „ein unitarisches und ein föderatives Element" sich verbänden, was er übrigens als seine „persönliche Erfindung" bezeichnete[256]! Die instruktionsgebundenen Mitglieder des Bundesrates paßten tatsächlich nicht in das vorgesehene Wahlgremium. Dennoch stimmte man vorerst mit 11 gegen 9 Stimmen für das „Dreiermodell", allerdings entschied schließlich eine Mehrheit von 11 gegen 2 Stimmen, das föderative Element allein aus Landtagsmitgliedern in gleicher Anzahl wie die Bundestagsmitglieder zu bilden[257].

Was schließlich die hier nicht im Zentrum stehende Kompetenzfrage anlangt, so war es besonders für den Parlamentarischen Rat klar, daß der politische Schwerpunkt eindeutig beim Bundeskanzler und nicht beim Bundespräsidenten liegen solle. So wurde dieser denn auch mit eher repräsentativ-formellen Funktionen ausgestattet. Damit - wie auch mit der nicht in einer Volkswahl wurzelnden Legitimation - sollte der Bundespräsident kein politisches Gegengewicht zum Parlament darstellen, insbesondere waren ihm die Ernennung und Erhaltung einer „Präsidialregierung", wie sich dies in der Weimarer Republik herausgebildet hatte, nicht möglich[258]. So ist der Bundespräsident des Grundgesetzes in Konzeption wie schließlich auch in der Wirkung ein „Gegenbild zum Reichspräsidenten" der Weimarer Zeit, zu ihm ein „Kontrastorgan" geworden[259]. Die vereinzelt dastehende Meinung, die Schöpfer des Grundgesetzes hätten dem Bundespräsidenten „eine dem konstitutionellen Monarchen ähnliche Stellung verschaffen" wollen[260], trifft

---

255 Ebda 640.

256 *Mangoldt - Klein*, wie Fn 249, 1070.

257 *Lange*, wie Fn 235, 647f.

258 *Spanner*, wie Fn 54, 623.

259 *R. Mußgnug*, Verschiebungen im Verhältnis von Parlament, Regierung und Verwaltung, in: Deutsche Verwaltungsgeschichte V, 1987, 101; *M. Kloepfer*, Zukunftsbewältigung aus Vergangenheitserfahrung. Zur Verfassungsgebung im vereinten Deutschland, in: Kontinuität und Diskontinuität in der deutschen Verfassungsgeschichte, 1994, 57.

260 *Spanner*, wie Fn 54, 620; *Nierhaus*, in: *M. Sachs* (Hrsg), Grundgesetz Kommentar, 1996, Art 54, Rdn 1, 1052.

keineswegs zu. Er ist aber dennoch, so auch die Diktion des Bundeshaushaltsplans, „Staatsoberhaupt“[261].

Es blieb nicht aus, daß gerade vor Wahlen eines Bundespräsidenten Erwägungen hinsichtlich einer Volkswahl angestellt wurden und werden[262]. Nur gelegentlich steht dabei der Vorschlag einer Volkswahl im Zusammenhang mit dem Wunsch nach einer Kompetenzvermehrung, wobei freilich das parlamentarische Regierungssystem nicht in Frage gestellt wird. Allerdings hatte 1976 die Enquete-Kommission „Verfassungsreform“ des Deutschen Bundestages zur unmittelbaren Volkswahl des Bundespräsidenten festgehalten, es könne diese „nicht isoliert betrachtet werden; sie muß im Zusammenhang mit der allgemeinen Stellung und den Befugnissen des Bundespräsidenten und der verfassungsrechtlichen Organisation der Regierungsgewalt“ gesehen werden. In diese passe aber nach Auffassung der Kommission die unmittelbare Volkswahl des Bundespräsidenten nicht hinein: „Die unmittelbare demokratische Legitimation, die eine Volkswahl verschafft, verträgt sich nicht mit den geringen politischen Entscheidungskompetenzen, die dem Bundespräsidenten zukommen. Wird durch eine Volkswahl des Bundespräsidenten der demokratische Souverän zu einer politischen Entscheidung aufgefordert, so kann diese Entscheidung nicht durch die verfassungsrechtliche Distanz des Bundespräsidenten zur Tagespolitik, wie das Grundgesetz sie vorsieht, ins Leere gelenkt werden. Seine überschießende Legitimation würde dem Bundespräsidenten auf informellem Wege zusätzliche Machtbefugnisse verschaffen und ihn dazu drängen, sein Amt und seine Kompetenzen aktivpolitisch zu verstehen und auszuüben und aus der Distanz zur Tagespolitik herauszutreten“, auch die Tendenz zur doppelten Spitze der Regierungsgewalt, wie sie für die Weimarer Reichsverfassung charakteristisch war, würde wieder aufleben[263]. Die verfassungsrechtliche Stellung des Bundespräsidenten unterliegt im wesentlichen keiner Kritik, sie hat sich politisch eingespielt. Typisch dafür war etwa ein in den Vorbereitungen zur Bundespräsidentenwahl von 1994 eingebrachter Gesetzesentwurf über die Direktwahl des Bundespräsidenten von 1993[264], der ausdrücklich nicht beabsichtigte, „die Machtverteilung von Parlament,

---

261 *W. Wemmer*, Oberste Bundesbehörden, in: Deutsche Verwaltungsgeschichte V, 1987, 154.

262 *W. Kaltefleiter*, Die Wahl des Bundespräsidenten durch Plebiszit?, in: *G. Rüther* (Hrsg), Repräsentative oder plebiszitäre Demokratie - eine Alternative? Grundlagen, Vergleiche, Perspektiven, 1996, 160ff.

263 Schlußbericht der Enquete-Kommission „Verfassungsreform“ des BT vom 9. Dezember 1976 (Bundestagsdrucksache 7/5924).

264 Eingebracht von der Gruppe „Bündnis 90/Die Grünen“: BT, 12. Wahlperiode, Drucksache 12/6105 (10. November 1993).

Regierung und Bundespräsidenten/Bundespräsidentin zu verändern", dem Staatsoberhaupt aber eine andere Legitimation geben wollte. Eine reine Volkswahl wurde jedoch nicht vorgeschlagen, vielmehr hätte sie sich auf Kandidaten zu beschränken, die von mindestens 5 Prozent der Bundesversammlung zu wählen wären, was wohl einer Kandidatenaufstellung durch die politischen Parteien gleichkäme.

Aus ähnlichem Grund fand die Wahl durch die Bundesversammlung periodisch ihre Kritiker: Da die Mehrheitsverhältnisse festliegen, sei der Wahlausgang gewiß und in Wahrheit liege damit eine Parteienernennung vor. Bei einer Volkswahl hingegen käme es zu einer Auswahl, und zwar bei einem an sich ungewissen Ausgang aufgrund der nicht vorhersehbaren Mehrheit.

Bei der Überprüfung des Grundgesetzes aufgrund des Einigungsvertrages im Bundestag wie im Bundesrat blieb daher die Stellung des Bundespräsidenten ohne Diskussion. Die Befürworter einer Volkswahl sehen durch sie eine höhere Legitimität verliehen, sie setze eine „Präferenz der Bevölkerung" an die Stelle eines „Koalitionskalküls" und mobilisiere gegen die Parteienverdrossenheit[265]. Gegen diese Vorstellungen werden mehrere, meist auch gute Gründe erhoben. Beispielsweise wird betont, die Legitimation liege nicht so sehr im Mehrheitsentscheid, sondern auch in der Akzeptanz durch eventuell sogar erbitterte Gegner des Gewählten. Die unzweifelhafte Legitimation des Bundesverfassungsgerichtes folge auch nicht aus einer Volkswahl. Entscheidungen des Bundespräsidenten müßten überdies stets von der Bundesregierung mitgetragen werden, so daß es eher die Legitimation der Bundesregierung sei, die dem Bundespräsidenten zu Ansehen verhelfe. Die erwähnte „Präferenz der Bevölkerung" könne es zudem dem Gewählten erschweren, den Konsens mit ehemaligen politischen Gegnern zu finden, Volkswahlen vermögen sich überdies in „Schlammschlachten" auszuwachsen wie in, so das Argument, Österreich!

C. Deutsche Demokratische Republik

Früher als in den Westzonen zielten die Verfassungsvorstellungen in der bald SED- dominierten Sowjetzone auf eine gesamtdeutsche Staatlichkeit ab, wofür unter anderem die schon erwähnten (s o B) sowjetzonalen Länderverfassungen ab 1946 mit ihrem Bekenntnis zur Gliedstaatlichkeit in einer „Deutschen Demokratischen Republik" ein besonderes Indiz darstellen,

---

[265] *Kaltefleiter*, wie Fn 262, 165ff.

so daß in den Verfassungsentwürfen von CDUD und SED (s o B) ein Staatsoberhaupt früh in den Blick geriet. Dazu trug auch bei, daß ein äußerlicher Gleichklang Kontinuität mit der Weimarer Reichsverfassung suggerieren sollte, keine völlige Abkehr von ihr, sondern sozusagen eine einschneidend verbesserte Neuauflage galt als Ziel. In der DDR-Verfassung 1949 war daher selbst nach offizieller DDR-Geschichtsauffassung „das Beispiel der Weimarer Verfassung unverkennbar. Und doch wurde mit ihr ein Dokument geschaffen, das sich inhaltlich von der Verfassung der Weimarer Republik prinzipiell unterschied"[266]. So versteht es sich auch, daß die SED-Verfassungsrichtlinien von 1948 einen „Präsidenten der Republik" vorsahen[267].

Die Verfassung 1949 bestimmte nach Vorbild der Weimarer Verfassung einen Präsidenten als Staatsoberhaupt, aber aufgrund anderer Wahl und mit anderen Kompetenzen[268]. Der Präsident der Republik war in gemeinsamer Sitzung von Volkskammer und Länderkammer zu wählen, seine Befugnisse wurden gering gehalten. Der verfassungsrechtlich vorgeschriebene Vorrang der Volkskammer schlug insoferne auf das Amt des Präsidenten durch, als dieser vom Präsidenten der Volkskammer zu vertreten war. Der SED-Verfassungsentwurf 1946 hatte übrigens, wie erwähnt, vorgesehen, das Präsidium der Volkskammer mit den Funktionen des Staatsoberhauptes zu betrauen[269]. Als 1958 mit den Ländern auch die Länderkammer in Fortfall kam, wäre ab nun der Präsident der Republik allein von der Volkskammer zu wählen gewesen[270]. Der Tod des Präsidenten Pieck 1960 vor Ablauf seiner Amtsperiode einerseits sowie eine neue Verfassungsgestaltung andererseits ließen diese Variante unrealisiert. Mit der Verfassungsnovelle von 1960 trat an die Stelle des „Präsidenten der Republik" der „Staatsrat der Republik", den sodann die neue Verfassung 1968 beibehielt[271]. Die DDR war

---

266 [Autorenkollektiv] Staats- und Rechtsgeschichte der DDR. Grundriß, 1983, 88.

267 Geschichte des Staats und des Rechts der DDR. Dokumente 1945-1949, 1984, 255f; *Lange*, wie Fn 235, 620.

268 Art 101ff der Verfassung der DDR, 7. Oktober 1949: Dokumente 1945-1949, wie Fn 267, 271f. Zum Folgenden auch: *S. Mampel*, Die sozialistische Verfassung der Deutschen Demokratischen Republik. Text und Kommentar, 3. Aufl 1972, 895ff.

269 Art 50 des SED-Verfassungsentwurfs, 14. November 1946: Dokumente 1945-1949, wie Fn 267, 243; *Mampel*, wie Fn 268, 895.

270 Gesetz über die Auflösung der Länderkammer der DDR vom 8. Dezember 1958, in: Geschichte des Staates und des Rechts der DDR. Dokumente 1949-1961, 1984, 80f; *Mampel*, wie Fn 268, 896.

271 Staats- und Rechtsgeschichte der DDR, wie Fn 266, 147f; Gesetz über die Bildung des Staatsrates der DDR, 12. September 1960 in: Geschichte des Staats und des Rechts der DDR. Dokumente 1949-1961, 1984, 84ff; Verfassung der DDR vom 6. April 1968 und nach der Novellierung vom 7. Oktober 1974, in: *Fischer - Künzel* (Hrsg), wie Fn 232, 512, 53ff (Art 66ff); *Mampel*, wie Fn 268, 897ff.

damit auf das schon erwähnte Grundmodell der meisten Ostblock-Staaten mit ihrem kollektiven Staatsoberhaupt eingeschwenkt. Dabei blieb es auch nach der Verfassungsnovelle 1974. Eindeutig ist der Staatsrat - auch - mit den Funktionen eines Staatsoberhauptes versehen (Art 66 Abs 2)[272], die allerdings der Vorsitzende ausübt: Nicht nur weil er dessen Arbeiten ausdrücklich „leitet" (Art 69), sondern vor allem im Hinblick darauf, daß er die Vertreter der DDR im Ausland ernennt und abberuft sowie die des Auslandes „bei ihm" akkredidiert werden (Art 71). Daher galt: „Der Staatsrat und sein Vorsitzender wirken als Staatsoberhaupt der DDR"[273].

D. Österreich

Österreich kehrte 1945 zur Verfassungsordnung von 1929 zurück und damit an sich zur Volkswahl des Staatsoberhauptes. Die Realität sah jedoch gleich zu Beginn der Zweiten Republik anders aus. Die beiden großen Parteien, Volkspartei (ÖVP) und Sozialisten (SPÖ), vereinbarten, „daß die stärkere Partei den Bundeskanzler und die schwächere den Bundespräsidenten zu stellen hat". Das Amt des Bundespräsidenten rangierte also hinter dem des Bundeskanzlers! Dazu kam - nahezu als Konsequenz -, daß die erste Bundespräsidentenwahl nach dem Zweiten Weltkrieg 1945 ausnahmsweise doch durch die Bundesversammlung erfolgte[274]. Man hatte 1945 an einem einzigen Wahltermin Landtagswahlen und Parlamentswahlen durchgeführt und ging davon aus, daß für einen weiteren Wahlgang weder die Finanzen noch die allgemeinen Bedingungen in einem bitterkalten Hunger-Winter vorhanden wären. Dazu kam, daß es der SPÖ latent weiterhin ein Anliegen war, zur Verfassung 1920 zurückzukehren, denn die Änderungen des Jahres 1929 galten ihnen als Errungenschaft autoritär-konservativer Kreise, späterhin manchen noch als faschistoide, weil sogenannte „Heimwehr-Verfassung"[275].

---

272 [Autorenkollektiv] Staatsrecht der DDR. Lehrbuch, 2. Aufl 1984, 294ff; *Mampel*, wie Fn 268, 902.

273 *R. Brachmann u a* (Redaktionskommission), Rechtslexikon, 1988, 343.

274 Aufgrund des 2. Verfassungs-Überleitungsgesetzes vom 13. Dezember 1945. StGBl 232; *Neschwara*, wie Fn 148, 175; *Dickinger*, wie Fn 147, 127; *E. C. Kollmann*, Theodor Körner. Militär und Politiker, 1973, 344ff. Zur vorangegangenen Parteienvereinbarung s die Erinnerungen des langjährigen Handelsministers und Vizekanzlers Fritz Bock: *H. Portisch - S. Riff* (Hrsg), Österreich II (= ORF-Nachlese Sonderausgabe Folge 9-16), oJ, 86.

275 Maßgeblich etwa Karl Renner, der im April 1945 an den früheren Finanzminister Josef Kollmann schrieb: „Ich stelle mich mit aller Entschiedenheit auf den Standpunkt der Verfassung von 1920, bestreite die Legalität wie die Vernunft aller Novellen dazu ... und will, daß die zweite Republik, die wir begründen wollen, in allem und jedem die Tradition der

Im Herbst 1948[276] sah es überdies so aus, als würde auch die Volkspartei von der Volkswahl abgehen und sich mit der Sozialistischen Partei auf die Wahl durch die Bundesversammlung einigen, doch wandte sie sich letztendlich von einem entsprechenden Gesetzesentwurf wieder ab[277]. Auch im Umfeld der ersten Volkswahl des Bundespräsidenten von 1951 gab es abermals Tendenzen, nicht das Volk wählen zu lassen, allerdings kam es dann doch zur Volkswahl[278]. Die Volkspartei gab freilich offen zu, daß ihr eine Wahl durch die Bundesversammlung oder durch das Bundesvolk gleich lieb wäre, Hauptsache ihr Kandidat, der Landeshauptmann von Oberösterreich Gleißner, würde zum Bundespräsidenten gewählt werden. Auch bei der nächstfolgenden Wahl von 1957 dachte die ÖVP an eine Wahl durch die Bundesversammlung, was aber die SPÖ ablehnte, da sie hier auf lange Sicht für ihre Kandidaten keine Chancen sah[279]: Insoferne hatte sie an der Verfassungsänderung von 1929 doch Gefallen gefunden! Im wesentlichen fand die Volkswahl kaum Kritik, wozu aber auch politische Zurückhaltung und parteipolitisches Kalkül beigetragen haben mögen. Eine Wahl durch die Bundesversammlung forderten allein 1997 die Grünen, die aber überhaupt zur Verfassungssituation vor 1929 zurückkehren wollen[280].

Einen besonderen Akzent erfuhr die Diskussion im Vorfeld der Bundespräsidentenwahl von 1980, als es zeitweise nur einen Kandidaten zu geben schien[281]. Dies war jedenfalls Anlaß für eine Verfassungsnovelle[282] dahingehend, daß bei nur einer Kandidatur die Wahl in Form einer Abstimmung durchzuführen sei. Dies betrifft vor allem auch den Fall, daß der amtierende Bundespräsident - ohne Gegenkandidaten - für eine zweite (und für ihn dann letzte) Amtsperiode kandidiert. Allerdings gab es hiefür 1997 den Vorschlag, die Wahl in die Bundesversammlung zu verlegen[283].

---

ersten Republik von 1918 bis 1920 aufnimmt ... ohne die untergrabenden Einflüsse der Faschisten aller Spielarten": *S. Nasko* (Hrsg), Karl Renner in Dokumenten und Erinnerungen, 1982, 150f.

276 Vgl die weitere Entwicklung im Überblick bei *M. Welan*, Reform der Bundespräsidentschaft?, in: Journal für Rechtspolitik 1998, 20ff.

277 *A. Schärf*, Österreichs Erneuerung 1945-1955. Das erste Jahrzehnt der zweiten Republik, 1955, 266.

278 Zu den näheren Vorgängen um die Wahl Theodor Körners im Jahre 1951 siehe: *Kollmann*, wie Fn 274, 344ff

279 *F. Olah*, Die Erinnerungen, 1995, 161; *Welan*, wie Fn 276, 20.

280 *Welan*, wie Fn 276, 21; *Dickinger*, wie Fn 147, 184.

281 *Welan*, wie Fn 276, 20; *Brauneder,* Überlegungen, 8ff

282 BGBl 354/1982.

283 *Dickinger*, wie Fn 147, 183.

Mit der Volkswahl des österreichischen Bundespräsidenten, erstmals also 1951, erfolgte keineswegs ein Schwenk hin zu einer neuen verfassungstatsächlichen Situation zufolge etwa einer neuen Amtsführung des volksgewählten Staatsoberhaupts. Vor allem die bis 1986 ausschließlich aus den Reihen der Sozialdemokraten kommenden Bundespräsidenten versahen ihr Amt nicht viel anders, als wären ihnen die Kompetenzen und die Legitimation der Verfassungsnovelle 1929 noch nicht zugewachsen - mit Ausnahme natürlich der Regierungsernennung. Als 1995 der ehemalige SPÖ-Innenminister Olah[284] festhielt, trotz „Stärkung der Stellung des Staatsoberhaupts" von 1929 könne von allen bisherigen Bundespräsidenten „Schärf wohl am ehesten als aktiver Bundespräsident bezeichnet werden", beruhte dies im wesentlichen auf Kleinigkeiten wie etwa Schärfs Anmahnung, für Auslandsreisen benötigten die Bundesminister einen Beschluß der Bundesregierung. Allerdings beeinflußte Schärf die Regierungsbildung. Als nach den Nationalratswahlen 1959 ein Schwenk der mandatstärksten ÖVP zu einer Koalition mit der kleinen FPÖ an Stelle der nahezu üblichen Großen Koalition mit seiner eigenen Partei, der zwar stimmen-, nicht aber mandatstärksten SPÖ, drohte, brachte er diese von der Forderung nach einem sozialistisch geführten Kabinett ab und bereitete damit den Weg zu einer Neuauflage der Großen Koalition.[285] Ähnliches hatte sich allerdings auch schon nach der Nationalratswahl 1953 abgespielt: Bundespräsident Körner drohte nach mehrmonatiger Existenz einer nur geschäftsführenden Regierung der mandatsstärkeren Volkspartei, die nur um ein Mandat schwächere SPÖ mit der Regierungsbildung zu betrauen[286].

Wenn schon kein über die Regierungsbildung hinausgehendes neues Amtsverständnis, ein neues Amts-„Gefühl" vermittelte die Volkswahl allmählich denn doch. Trotz Volkswahl behielt die Bundesversammlung eine Aufgabe bei, nämlich die Angelobung des neugewählten Bundespräsidenten. Obwohl die Bedeutung dieses Aktes weit hinter dem der seinerzeitigen Wahl zurücksteht, gestalteten sich die entsprechenden Sitzungen der Bundesversammlung zunehmend aufwendiger[287]. Erstmals eine Rede als neu-

---

[284] *Olah*, wie Fn 279, 169.

[285] *K. R. Stadler*, Adolf Schärf, in: Weissensteiner, Bundespräsidenten, wie Fn 164, 246ff.

[286] *Kollmann*, wie Fn 274, 371ff.

[287] Das Folgende nach: StenProt 5. BV, 20. Dezember 1945; StenProt 6. BV, 21. Juni 1951; StenProt 7. BV, 22. Mai 1957; StenProt 8. BV, 22. Mai 1963; StenProt 9. BV, 9. Juni 1965; StenProt 10. BV, 9. Juni 1971; StenProt 11. BV, 8. Juli 1974; StenProt 12. BV, 8. Juli 1980; StenProt 13. BV, 8. Juli 1986; StenProt 14. BV, 8. Juli 1992; StenProt 15. BV, 8. Juli 1998. Die Protokolle 1945 bis einschließlich 1980 sind auch faksimiliert abgedruckt in: *Welan*, Das österreichische Staatsoberhaupt, 2. Aufl wie Fn 147, 93-117.

gewählter Bundespräsident hielt bereits Renner am 20. Dezember 1945 nach seiner Wahl - die letzte in der Bundesversammlung - und Angelobung, freilich sehr knapp mit einer Dauer von etwa drei Minuten. Am 21. Juni 1951 wurde dann erstmals ein volksgewählter Präsident in der Bundesversammlung angelobt. Auch jetzt dauerte die gesamte Sitzung nur fünfzehn Minuten einschließlich der erstmaligen musikalischen Umrahmung, nämlich des Vortrags der ersten Strophe der Bundeshymne durch den Staatsopernchor. Nahezu identisch dauerte und verlief auch die Angelobung von Bundespräsident Schärf 1957 und abermals 1963, auch die von Bundespräsident Jonas 1965. Nach dessen Wiederwahl 1971 hatte sich allerdings die im wesentlichen unveränderte Feier bereits gegenüber jener von 1951 auf 30 Minuten verlängert, und dies durch die länger gewordene Rede des abermals Gewählten. Die Angelobung von Bundespräsident Kirchschläger 1974 unterbot diesen zeitlichen Rahmen, um allerdings bei der Angelobung nach seiner Wiederwahl 1980 fast auf das doppelte Zeitvolumen anzusteigen. Die Angelobung von Bundespräsident Waldheim 1986 unterschritt mit einer Gesamtdauer der Feier von 33 Minuten die vorherige Angelobung; das Stenographische Protokoll allerdings wurde nunmehr mit zahlreichen Abbildungen zu einer kleine Broschüre erweitert und dabei blieb es auch. Die Angelobung von Bundespräsidenten Klestil dauerte 1992 dann bereits eine knappe Stunde, denn nun hielt auch erstmals der Vorsitzende der Bundesversammlung, damals der Präsident des Bundesrates Schambeck, nach Leistung der Angelobungsformel eine Ansprache, worauf die des Neugewählten folgte. Dem entsprach dann 1998 auch die allerdings etwas kürzere Feier nach Klestils Wiederwahl.

Das Amtsverständnis des 1998 wiedergewählten Bundespräsidenten Klestil überstieg jenes seiner Amtsvorgängers erheblich. Schon während seiner ersten Amtsperiode hatte Klestil die Grenzen seiner verfassungsrechtlichen Kompetenzen etwa dadurch ausgelotet, als er das von der Verfassung eingeräumte Recht „Der Bundespräsident vertritt die Republik nach außen" (Art 65) gegenüber Bundeskanzler und Außenminister durchzusetzen versuchte, worüber es im Parlament zu heftigen Debatten kam[288]. Als formal unabhängiger Kandidat von 1998 band ihn auch keine Parteidisziplin, schon gar nicht jene der Sozialdemokraten mit ihrem geringen Enthusiasmus gegenüber einem starken Bundespräsidenten. Mangels einer anderen parlamentarischen Mehrheit mußte er 2000 eine von ÖVP und FPÖ getragene Bundesregierung ernennen, lehnte aber die Ernennung bestimmter von der FPÖ

---

[288] Etwa StenProt NR XIX. Gesetzgebungsperiode, 11. Sitzung, 137ff; *Dickinger*, wie Fn 147, 91-96 (zu den juristischen Kontroversen), 180, 182, 185f.

vorgeschlagener Bundesminister-Kandidaten ab und verlangte von den beiden Parteiobmännern die Unterfertigung einer Deklaration bzw Präambel zum Regierungsprogramm - obwohl sämtliche Bundesminister ohnedies ein Gelöbnis auf die Verfassung abzulegen haben[289].

VII. Schlußbemerkungen

A. Entwicklungslinien

Ein Rückblick auf die Entwicklung des als Staatsoberhaupt bezeichneten oder als solches verstandenen Organs läßt folgendes erkennen: Um 1800 gilt als „Staatsoberhaupt" der Monarch als der alleinige Träger der Souveränität, der gesamten Staatsgewalt, freilich auch der Kaiser des Römisch-Deutschen Reiches, obwohl er nicht der alleinige Träger des „imperium" ist. Nur monarchisch verfaßte Staaten besitzen daher ein Staatsoberhaupt, Republiken nicht, zumal sie von Kollegien geleitet werden und die Staatsgewalt nicht in einer Einzelperson ruht. Ein Staatsoberhaupt besitzt daher jedenfalls die absolute Monarchie, aber auch die frühkonstitutionelle Monarchie, da in ihrem System der Monarch Träger der Souveränität bleibt und er nur die Ausübung vor allem der Legislative mit einem anderen Organ, dem Parlament, teilt. Aber auch der Monarch des Hochkonstitutionalismus gilt, obwohl die Souveränität nun gemeinsam von ihm und dem Volk getragen wird, als Staatsoberhaupt, ebenso der Monarch im parlamentarischen System. Es zeigt sich, daß es bestimmte Rechte sind, die ihn zum Staatsoberhaupt machen. Daraus versteht es sich nun, daß auch der Präsident einer Republik als Staatsoberhaupt begriffen wird, wenn ihm eben diese Rechte oder deren Mehrheit zustehen. Um 1900 ist es daher selbstverständlich, daß sowohl Monarchien unterschiedlichster Art wie auch Republiken und Sonderformen wie das Deutsche Reich ein Staatsoberhaupt besitzen. Das Staatsoberhaupt muß daher, wie besonders in parlamentarischen Systemen, nicht das einzige höchste Staatsorgan sein, sondern zählt mit auch anderen zu dieser Kategorie, unter Umständen sogar bei einem verfassungsrechtlichen (nicht proto-

289 Deklaration „Verantwortung für Österreich - Zukunft im Herzen Europas", 3. Februar 2000; Ministergelöbnis: Die Bundesverfassung kennt zwar keinen spezifischen Gelöbnistext für Minister (Art 72 Abs 1 B-VG), die Praxis orientiert sich aber am verfassungsrechtlich fixierten Gelöbnistext des Bundespräsidenten (Art 62 Abs 1 B-VG), der leicht adaptiert wird. Freundliche Mitteilung der Österreichischen Präsidentschaftskanzlei; *B. Raschauer*, Art 62 und Art 72 B-VG, in: *K. Korinek - M. Holoubek* (Hrsg): Österreichisches Bundesverfassungsrecht. Textsammlung und Kommentar [Loseblattsammlung], 1999f.

kollarischen) Vorrang der Volksvertretung. Als Staatsoberhaupt gilt daher auch jenes der höchsten Staatsorgane, welches bloß repräsentative und formelle Funktionen ausübt, beziehungsweise es charakterisieren derartige Funktionen ein Organ als Staatsoberhaupt. Zu diesen Funktionen können freilich andere hinzutreten, etwa die des Regierungschefs, womit aber ein derart gewichtetes Organ eben zwei Funktionen, die des Staatsoberhaupts und die des Regierungschefs, in sich vereinigt, was als Präsidialsystem verstanden wird[290]. Gemessen an den Befugnissen, die ein höchstes Staatsorgan als Staatsoberhaupt qualifizieren, kann ein solches auch ein Kollektivorgan sein. Nach dem Zweiten Weltkrieg verwirklichten dieses Modell zahlreiche Ostblockstaaten.

Die Entwicklung des Staatsoberhaupts vollzieht sich also vom alleinigen Träger der Souveränität über den Mitträger derselben zu einem der höchsten Staatsorgane, das nicht mehr Träger der Souveränität, vielmehr durch bestimmte Funktionen charakterisiert ist.

Die Kreation wie vor allem auch die Legitimation des nichtmonarchischen Staatsoberhaupts geht aus Wahlen hervor, wobei Wahl-Monarchen wie der Römisch-Deutsche Kaiser und der König von Polen entfernte Anknüpfungspunkte geben. Mit der Ablösung von Monarchien durch republikanisch-demokratische Regierungssysteme und dem Volk als - neuem - Souverän liegt es nahe, an eine Volkswahl zu denken, ebenso aber auch an die Wahl durch das Parlament als Volksvertretung. Dazu tritt in föderalistisch organisierten Staaten die Idee, die Teilstaaten an der Kreation des Staatsoberhauptes zu beteiligen. Deutschland und Österreich verwirklichen im Laufe ihrer republikanischen Entwicklung nahezu alle Modelle, wenngleich einige nur kurzfristig: Das Staatsoberhaupt als Einzel- wie auch als Kollektivorgan, sodann die Volkswahl wie die reine und die föderalistisch modifizierte Parlamentswahl.

Die Funktionsdauer ist befristet. Ausnahmen bestätigen die Regel, sie wurzeln auch nie in einem System, sondern in bestimmten Personen. So blieb Masaryk durch ausnahmsweise dreimalige Wiederwahl, zuletzt 1934, bis zu seinem Amtsverzicht gegen Ende 1935 Präsident[291], Tito wurde sechsmal ab 1953 als Präsident gewählt und das siebente Mal 1974 auf Le-

---

290 *W. Haller - A. Kölz*, Allgemeines Staatsrecht, 1996, 144, 148.

291 *J. K. Hoensch*, Geschichte der Tschechoslowakischen Republik 1918-1978, 2. Aufl 1978, 26, 50f; *G. Rhode*, Die Tschechoslowakei von der Unabhängigkeitserklärung bis zum „Prager Frühling“ 1918-1968, in: *Th. Schieder* (Hrsg), Handbuch der Europäischen Geschichte VII/2, 1979, 927, 938f; Rechtsgrundlage: § 58 Abs 4 Verfassung 1920, *Epstein*, wie Fn 89, 172.

benszeit bestellt[292] - wohl auch als Integrationsfigur für das Nachkriegs-Jugoslawien. Für Ceausescu schuf man anstelle des Staatsratsmodells der Ostblockstaaten das Amt des Präsidenten[293]. Persönliche Verdienste führten auch zur lebenslangen Wahl Horthys in Ungarn 1920, was sich aber insoferne mit der besonderen Situation Ungarns als Königreich ohne König verbindet, den Horthy als Reichsverweser ersetzte.

B. Wahl und Legitimation

Im Jahre 1951 und wieder 1957 wurde in Österreich die Präsidentschaftskandidatur auch dem um den Staatsvertrag von Wien 1955 verdienten Bundeskanzler Raab angetragen[294]. Raab lehnte dies stets ab, da er sich nicht nach „Pensionopolis" schicken bzw sich nicht in der Hofburg einmauern lassen wolle, d h, er sah im Bundespräsidentenamt keine nennenswerten politischen Befugnisse enthalten. Auch der sozialistische Bundeskanzler Kreisky hat 1975 nach dem Tode des Bundespräsidenten Jonas ein innerparteiliches Ansinnen zur Übernahme der Funktion mit den Worten „Seid's narrisch ... ich will ja meine Ideen durchbringen und nicht Galionsfigur sein", von sich gewiesen.[295] In Deutschland haben Adenauer und Erhardt aus ähnlichen Erwägungen Nominierungen als Präsidentschaftskandidaten abgelehnt. Diese identischen Begründungen sind nicht zuletzt deswegen interessant, weil sich nach dem Zweiten Weltkrieg die verfassungsrechtliche Stellung des österreichischen und die des deutschen Bundespräsidenten erheblich unterscheiden. Österreich hat im wesentlichen das Weimarer Modell bis heute nicht verändert und so könnte man annehmen, daß dieses Präsidentenamt für Politiker wie Raab und Kreisky doch attraktiv hätte sein können. Schließlich hatte Ebert dem Amt des Reichspräsidenten vor dem des Reichskanzlers den Vorzug gegeben[296]! Die Bundesrepublik Deutschland hingegen verwirklichte in etwa das österreichische Modell der Jahre 1920 bis 1929, so daß man Adenauer und Erhardt sehr wohl verstehen kann.

---

292 *Furtak*, wie Fn 231, 111f; *R. West*, Tito and the rise and fall of Yugoslavia, 1994; vgl http://www.titoville.com/.

293 *Furtak*, wie Fn 231, 179f.

294 *L. Reichold*, Geschichte der ÖVP, 1975, 205; *Höbelt*, wie Fn 147, 23; *Olah*, wie Fn 279, 169.

295 *E. Horvath*, Ära oder Episode. Das Phänomen Bruno Kreisky, 1989, 106; *Dickinger*, wie Fn 147, 139.

296 *Gusy*, wie Fn 98, 99; *W. Mühleisen*, Reichspräsident und Sozialdemokratie. Friedrich Ebert und seine Partei 1919-1925, in: *Kolb*, Ebert, wie Fn 98, 262.

Aber: Trotz gravierend unterschiedlicher Rechtslage gab es bei den Genannten die selbe Reaktion! Die Verfassungswirklichkeit sah das österreichische Staatsoberhaupt, jedenfalls vor der Einflußnahme von Bundespräsident Klestil auf die Regierungsbildung im Jahr 2000, kaum machtbetonter als das der Bundesrepublik. Im Vergleich wirkt selbst die Angelobung in der österreichischen Bundesversammlung, obwohl aufwendiger geworden, noch immer bescheidener als die vor dem gemeinsam versammelten Bundestag und Bundesrat[297]: Hier dauerte sie mit knapp zwei Stunden 1984 und 1994 sowie anderthalb Stunden 1999 dreimal so lange wie in Wien 1986 bzw doppelt so lange wie hier 1992 und 1998! Man kann noch einen weiteren historischen Erfahrungswert anfügen: Angeblich kandidierte de Gaulle im Jahr 1946 deshalb nicht für das Präsidentenamt, da die Meinung bestand, die Parlamentswahl verhindere die Wahl großer Köpfe, so daß er, de Gaulle, als eben ein solcher keine Chancen habe[298].

Die Beispiele zeigen zweierlei: Einmal, daß die politische Gewichtung des Amtes des Staatsoberhauptes nicht allein die mehr oder minder starken Befugnisse kraft Verfassung bestimmen; weiters, daß offenkundig die unterschiedliche Legitimation des Staatsoberhaupts durch Volkswahl oder Parlamentswahl in der Realität nicht die entscheidende Rolle spielt, die man ihr gerne beimißt.

Zu letzterem trägt auch die Falsifizierung der Ansicht bei, daß eine Parlamentswahl eher Fachleute in die Position des Staatsoberhaupts brächte, während die Volkswahl Demagogen eine Chance gäbe und daher Unvorhersehbares passieren könne. Letzteres war etwa ein Argument des späteren deutschen Bundespräsidenten Heuss, der eine Volkswahl ablehnte, um Demagogie zu verhindern. Sieht man auf die österreichische Entwicklung, so waren die parlamentsgewählten Präsidenten nach der Verfassung 1920, nämlich Hainisch und Miklas[299], tatsächlich Fachleute. Aber dies traf und trifft auch auf vom Volk gewählte Staatsoberhäupter zu. Mit den österreichischen Bundespräsidenten Kirchschläger, 1974 und 1980 gewählt, Waldheim, 1986 gewählt, sowie Klestil, 1992 und 1998 gewählt, kamen Fachleute aus dem diplomatischen Dienst ins Amt[300].

---

297 BT PlenProt 10/79 = BR PlenProt 538, 1. Juli 1984; BT PlenProt 12/239 = BR PlenProt 538, 1. Juli 1994; BT PlenProt 14/51 = BR PlenProt 704, 1. Juli 1999.

298 *K. Loewenstein*, Der Staatpräsident. Eine rechtsvergleichende Studie, in: AÖR 75, 1949, 157.

299 S o Fn 197 und Fn 210.

300 Zu diesen drei Bundespräsidenten vgl *Welan*, Das österreichische Staatsoberhaupt, 3. Aufl wie Fn 147, 68-91.

Auch die Meinung, die Parlamentswahl stelle erfahrene, ausgeglichene Politiker an die Staatsspitze, ist, ausschlußhaft verstanden, unrichtig. So war einerseits der 1994 parlamentsgewählte deutsche Bundespräsident Herzog insbesondere als vorheriger Verfassungsgerichtspräsident ein Fachmann, andererseits erreicht auch eine Volkswahl jenes Ziel, denn die volksgewählten Amtsvorgänger der zuletzt genannten österreichischen Präsidenten, nämlich Körner, Schärf und Jonas, waren erfahrene und ausgeglichene Politiker.

Nicht zu verallgemeinern ist auch die weitere Argumentation, die Parlamentswahl bewirke, daß starke Persönlichkeiten übergangen werden wie in Frankreich der 1919 unterlegene Clemenceau[301]. Denn gerade durch Parlamentswahl wurden in der Tschechoslowakei mit Masaryk und Beneš starke Persönlichkeiten in das Amt gebracht[302] und in Österreich 1945 der zweimalige Staatsgründer von 1918 und 1945 Renner.

Parlamentswahlen bzw erweiterte Parlamentswahlen wie durch die Bundesversammlung in der Bundesrepublik Deutschland und im Österreich der Zwischenkriegszeit ermöglichen, ja bedingen unter Umständen Parteiabsprachen und führen damit zu einem vorhersehbaren Ausgang der Wahl, und dies im Gegensatz zur Volkswahl. Die Bundesversammlungs-Wahlen im Österreich der Zwischenkriegszeit bestätigen dies, da ihnen letztlich Parteiabsprachen zugrundelagen, und zwar insbesondere im Vergleich mit den Volkswahlen ab 1951. Bei diesen konnten sich Parteien, trotz einiger Versuche, doch nicht auf einen Kandidaten einigen.

Die Art der Wahl allein, sei es Volkswahl oder Parlamentswahl, noch die bloße „Addition seiner Funktionszuständigkeiten"[303] scheinen für die Position des Staatsoberhaupts weder ausschlaggebend noch aussagekräftig zu sein[304]. Primär ist dessen Stellung im Verhältnis zu den anderen Staatsorganen zu berücksichtigen[305]. Weiters geht es nicht bloß um die Kompetenzen und Möglichkeiten, die dem Staatsoberhaupt vom Verfassungstext eingeräumt werden, sondern um deren - umfassende oder zurückhaltende - Inanspruchnahme. Dazu kommt vor allem auch die Einstellung der politischen Parteien zum Präsidentenamt. Zum Teil damit zusammenhängend sind schließlich Art und Weise der Kandidatenaufstellung von Bedeutung. Monokausale Erklärungen greifen jedenfalls zu kurz. Und letztlich prägen die - unterschiedlichsten - Biografien der Amtsinhaber das jeweilige Amt - eben unterschiedlich - mit.

---

301 *Loewenstein*, wie Fn 298, 153.

302 Ebda 154.

303 *Smend*, wie Fn 50, 243 und auch zum Folgenden.

304 S auch *Kaltefleiter*, wie Fn 262, 160-169.

305 *Smend*, wie Fn 50, 202.

Österreichs Staatssymbolik seit 1918

I. Die Symbole; II. Die Grundlegung 1918/19: A. Neuer Staat, neue Symbole, B. Das Staatswappen, C. Die Staatsfarben, D. Schwarz-Rot-Gold; III. 1933 bis 1938: A. Neues Staatsverständnis, neue Symbole, B. Das neue Staatswappen, C. Rot-Weiß-Rot neu gedeutet, D. Das Kruckenkreuz, E. Zur Ideologie des Ständestaates: Reichsidee und Ostmarkvision, F. Symbiose der neuen Staatssymbole, G. Umdeutung und Fehlschlag der Symbolik; IV. Seit 1945; V. Überblick.

I. Die Symbole

Das Bundes-Verfassungsgesetz Österreichs legt die Staatssymbole wie folgt fest (Artikel 8a): „Die Farben der Republik Österreich sind rot-weiß-rot. Die Flagge besteht aus drei gleichbreiten waagrechten Streifen, von denen der mittlere weiß, der obere und der untere rot sind"; weiters: „Das Wappen der Republik Österreich (Bundeswappen) besteht aus einem frei schwebenden, einköpfigen, schwarzen, golden gewaffneten und rot bezungten Adler, dessen Brust mit einem roten, von einem silbernen Querbalken durchzogenen Schild belegt ist. Der Adler trägt auf seinem Haupt eine goldene Mauerkrone mit drei sichtbaren Zinnen. Die beiden Fänge umschliesst eine gesprengte Eisenkette. Er trägt im rechten Fang eine goldene Sichel mit einwärts gekehrter Schneide, im linken Fang einen goldenen Hammer"[1].

Das Wappen enthält demnach eine mehrfache Symbolik: das Wappentier, ferner seine Attribute Mauerkrone, Sichel und Hammer, sodann die Farben und schließlich das Brustschild. Einfacher drücken die Farben bzw die Flagge Symbolik aus. Abgesehen von der Eisenkette des Bundeswappens, die 1945 hinzukam (s u IV), gehen dieses und die Farben in die Zeit der Staatsgründung von 1918/19 zurück.

Der Beitrag fügt zwei Vorgänger-Beiträge chronologisch und mit Ergänzungen zusammen: Der Symbolgehalt des österreichischen Bundeswappens, in: Forschungen zur Rechtsarchäologie und Rechtlichen Volkskunde 19, Zürich 2001, 15-25; sowie Österreichs Staatssymbolik 1933 bis 1938, in: ebda 20, Zürich 2003 (im Erscheinen). Diese beiden Beiträge auch in: Jahrbuch für Juristische Zeitgeschichte 2 (2000/2001), 2001, 253-263, bzw ebda 3 (2001/2002), 69-87.

[1] BGBl 350/1981; dazu Wappengesetz BGBl 159/1984; *P. Diem*, Die Symbole Österreichs. Zeit und Geschichte in Zeichen, 1995.

II. Die Grundlegung 1918/19

A. Neuer Staat, neue Symbole

Am 21. Oktober 1918 konstituierte sich zum Zweck der Gründung des neuen Staates Deutschösterreich, die zu dieser Zeit auch anderswo stattfanden, wie etwa in Prag mit der Tschechoslowakischen Republik, die sogenannte Provisorische Nationalversammlung und zwar aus den Abgeordneten der deutschen Wahlkreise des altösterreichischen Parlaments, des Abgeordnetenhauses des Reichsrats[2]. Am folgenden Tag, also am 22. Oktober 1918, unterstützte dieses Anliegen eine Versammlung von Vertretern der autonomen Verwaltung der davon betroffenen Länder Niederösterreich, Oberösterreich, Steiermark, Tirol, Kärnten, Salzburg und Vorarlberg, zu denen am 29. Oktober sowie knapp vor der Staatsgründung am 30. Oktober zwei Neugründungen, nämlich Deutschböhmen und Sudetenland, hinzukamen. Auf den Grundlagen vom 21. und 22. Oktober fasste die Provisorische Nationalversammlung am 30. Oktober 1918 den Staatsgründungsbeschluss, mit dem bzw mit seiner Durchführung die neue Staatsgewalt wirksam zu werden begann. Die Regierungsform war die einer demokratischen Republik, die sodann am 12. November ausdrücklich proklamiert wurde, wozu zahlreiche weitere Verfassungsbausteine kamen, wie etwa die grundlegende Festlegung des Staatsgebietes am 22. November 1918. Durch die Herkunft der Abgeordneten der Provisorischen Nationalversammlung war dieses freilich bereits vorbestimmt und sollte im Sinne des Staatsnamens Deutschösterreich die Siedlungsgebiete der Deutschen im ehemaligen österreichisch/cisleithanischen Staate der Realunion Österreich-Ungarns umfassen, dessen Staatsgewalt am 11./12. November zu Ende gebracht worden war.

Das im Staatsnamen kundgetane Anliegen, der Staat wolle aus dem Siedlungsgebiet der Deutschösterreicher bestehen, für das die Bezeichnung Deutschösterreich übrigens inoffiziell seit langem Verwendung fand, gehörte zu einem der wesentlichen Staatsziele. Es ist für unser Thema von Bedeutung wie das weitere, gerade in der Gründungsphase oft artikulierte Anliegen, der neue Staat solle ein solcher der Arbeiter, Bürger und Bauern sein.

Zwischen dem 21. und dem 30. Oktober 1918 erstellte der sodann erste Staatskanzler, Karl Renner, einen Verfassungsentwurf[3]. Renner nahm auch

---

2 Dazu und zum Folgenden *Brauneder*, Deutschösterreich, 32ff, 64ff.

3 *Brauneder*, Renner, 169-204; Text bei *G. Schmitz*, Karl Renners Briefe aus St. Germain und ihre rechtspolitischen Folgen, 1991, 33ff (dazu Korrekturen von *Brauneder*, Renner, 175ff).

eine Bestimmung (§ 4) hinsichtlich der Staatssymbolik auf: „Siegel und Emblem des Freistaates zeigen als Sinnbild der Volksklassen, auf denen der Wohlstand des Landes ruht, auf dem Untergrunde eines Stadttores zwei gekreuzte Hämmer, über denen ein Kranz von Roggenähren liegt und die Umschrift 'Freistaat Südostdeutschland'", wobei „Südostdeutschland" von Renner selbst in „Deutschösterreich" korrigiert wurde. Eine Aussage über Staatsfarben enthielt der Entwurf nicht. Jedenfalls aber sollten „Siegel und Emblem" die auch in den Nationalversammlungsdebatten oft erwähnten „Volksklassen" symbolisieren, und zwar, wenngleich in diesem Text nicht direkt ausgesprochen, das Stadttor den Bürgerstand, die gekreuzten Hämmer den Arbeiterstand und der Roggenkranz den Bauernstand.

In jenen Tagen, als Renners Verfassungsentwurf entstand, zeigten sich in den Strassen neue Farben: das Rot der Sozialdemokraten sowie das Schwarz-Rot-Gold deutschnationaler, aber einfach auch bürgerlich-deutscher Kreise, denn es stand Schwarz-Rot-Gold für die liberale Verfassungstradition von 1848: Nach deren Ausbruch war Kaiser Ferdinand mit einer schwarz-rot-goldenen Schärpe durch die Strassen Wiens geritten, eine Fahne in diesen Farben hatte vom Stephansturm herabgehangen und sie waren hier auf Rosetten und Ähnlichem allenthalben ins Auge gesprungen[4]. Nun, 1918, sah man gerade in der Staatsgründungsphase die Provisorische Nationalversammlung in der Tradition von 1848 stehend an, wie diese sich übrigens auch selbst, zumal sie im Gebäude der Niederösterreichischen Stände, dem Landtag tagte, von wo im März 1848 die Revolution ausgegangen war, tagte und hier die Staatsgründung vollzog[5].

Während der Stunden der Staatsgründung am 30. Oktober bestimmten das Bild in der Herrengasse vor dem eben erwähnten Ständehaus die Farben Rot und Schwarz-Rot-Gold. Aus der Menschenmenge ragten Fahnen in diesen Farben, sie waren auf den Armschleifen von Ordnern, auf angesteckten Abzeichen und auch auf Rosetten von Uniformkappen sichtbar[6].

Mit der Staatssymbolik befasste sich sogleich am Tag nach der Staatsgründung, am 31. Oktober also, das höchste Exekutivorgan, der eben ge-

---

4 *Brauneder*, Leseverein, 240.

5 *Brauneder*, Deutschösterreich, 32.

6 *W. Neck*, Österreich im Jahre 1918, 1968, 92f; *L. Jedlicka*, Ende und Anfang Österreichs 1918/19, 1969, 58; *P. Molisch*, Politische Geschichte der deutschen Hochschulen in Österreich von 1848-1918, 1939, 255; zeitgenössische Zeitungen sowie vor allem das Ölbild von *Max Frey* „Die Ausrufung der 1. Republik am 30. Oktober 1918 vom Balkon des Landhauses in Wien" auf Initiative von Bundespräsident Karl Renner 1948 (Heeresgeschichtliches Museum, Wien).

schaffene Staatsrat[7]. Der neue Staat bedurfte begreiflicherweise einer neuen Symbolik, Gebäude sollten beflaggt, Dokumente gesiegelt, Münzen geprägt sowie Uniformen und vieles andere mehr gekennzeichnet werden. Im Staatsrat griff Staatskanzler Renner (Sozialdemokrat) auf seinen Verfassungsentwurf zurück und stellte folgenden Antrag: „Das Staatswappen hat zu bestehen aus einem Stadtturm aus schwarzen Quadern, gekreuzten Hämmern in rot, umgeben von einem goldenen Kranz von Ähren" - die Ständesymbolik ist hier mit Farben verbunden. Ferner beantragte Wilhelm Miklas, der spätere Bundespräsident: „Als die deutschösterreichischen Staatsfarben werden die Farben Rot-Weiss-Rot festgelegt", was alles einstimmig so angenommen wurde. Damit hatte der neue Staat umgehendst sein Staatswappen und seine Staatsfarben erhalten.

B. Das Staatswappen

Eine offizielle Darstellung des ersten Staatswappens, etwa wie die der späteren in Form von Anlagen zum entsprechenden Gesetzblatt, existiert nicht. Universitätsarchivar Franz Gall hatte aufgrund der verbalen Beschreibungen eine Rekonstruktion versucht[8], die aber nie recht überzeugte. Andreas Cornaro konnte die wohl offizielle Vorstellung in Form eines Abzeichens mit der Aufschrift „Soldatenrat Deutschösterreich" beistellen. Auf einem goldenen Untergrund mit insbesondere goldenen Ähren, durchflochten von einem rot-weiss-roten Band liegen ein überwiegend rot umrandetes schwarzes Stadttor sowie rot umrandete rote Hämmer (Abbildung 1)[9]. Man wird annehmen können, dass es sich hierbei um das offizielle Staatswappen handelt, zu dem man sich allerdings die erwähnte durch die gesetzesförmige Aufschrift „Republik Deutschösterreich" ersetzt vorstellen muss.

Diesem ersten Staatswappen war allerdings eine nur kurze Lebensdauer beschieden, nämlich von etwas über einem halben Jahr. Das mit Hämmern versehene Stadttor im Roggenkranz Renners erinnere zu sehr an Firmenzei-

---

7 Zum Folgenden *E. Kleinwaechter*, Von Schönbrunn bis St. Germain. Die Entstehung der Republik Österreich, 1964, 155ff; *H. Loewenfeld-Russ*, Im Kampf gegen den Hunger, 1986, 149f; *H. Jäger-Stunstenau*, Die österreichische Fahne, in: Österreich in Geschichte und Literatur 4, 1960, 134ff; Protokolle des Staatsrates/13. Sitzung vom 31.10.1918, 3 (Allgemeines Verwaltungsarchiv, Wien); StenProtKonstNV 8.5.1919 samt Beilagen 202 und 204. - Ausführungen Galls (vgl sogleich Fn 8) zu den hier geschilderten Ereignissen sind oft nicht quellenfundiert bzw missinterpretierend.

8 *F. Gall*, Farben, Wappen und Siegel der Republik Österreich, in: Adler, 1968, 69.

9 *A. Cornaro*, Eine Darstellung des österreichischen Staatswappens vom 31. X. 1918, in: Adler, 1992, 221.

chen beziehungsweise Marken und Muster des Handelsrechts als an ein staatliches Symbol, so bemängelten dies die dazu berufenen Heraldiker. Offenkundig wurde eine andere, vielleicht sogar naheliegende Kritik nicht geäußert: Das Torturm-Wappen zeichnet sich ja keineswegs durch Originalität aus[10]: Tortürme zierten und zieren das Wappen zahlreicher Städte wie etwa das der Landeshauptstädte Salzburg und Eisenstadt. Jedenfalls schlugen die Heraldiker eines der klassischen Staatssymbole, nämlich einen Adler vor[11]. Dem stand die Meinung entgegen, ein Adler symbolisiere Monarchien. Dagegen griff man zur Begründung, der Adler sei kein monarchisches Symbol wie dies die Adler-Wappen etwa der USA und Polens erweisen. Kurioserweise kam aber exakt der Adler der preussischen Monarchie in Vorschlag. Dies verstand sich wohl daraus, dass man von den heraldisch typisierten Adlerbildern einen sogenannten heraldisch-symmetrischen Adler wählte, der auch dem alten Wappen Preussens zugrundelag (Abbildung 2)[12]. In Abänderung des Staatsratsbeschlusses vom 31. Oktober 1918 bestimmte sodann die Konstituierende Nationalversammlung mit Gesetz vom 8. Mai 1919 (StGBl 257) das neue Staatswappen: Es „besteht aus einem freischwebenden, einköpfigen, schwarzen, golden gewaffneten und rot bezungten Adler, dessen Brust mit einem roten, von einem silbernen Querbalken durchzogenen Schildchen belegt ist“, wobei Silber heraldisch für Weiß gebraucht wird; und weiters: „Der Adler trägt auf dem Haupte eine goldene Mauerkrone mit drei sichtbaren Zinnen, im rechten Fange eine goldene Sichel mit einwärts gekehrter Schneide, im linken Fange einen goldenen Hammer“ - in einem Vorentwurf war statt der Sichel ein Ährenbündel und statt des einen Hammers zwei gekreuzte Hämmer vorgesehen gewesen, in einem weiteren wurde auf einen Hammer reduziert (Abbildung 3), was heraldische Kritik durch die schliesslich Gesetz gewordenen Attribute änderte (Abbildung 4). Die monarchischen Attribute Krone, Szepter und Reichsapfel wurden also nicht einfach weggelassen, sondern ersetzt. Das Neue sollte durch neue Attribute symbolisiert werden bzw der Umstand, dass an die Stelle der monarchischen Staatsgewalt die des gesamten Volkes, die aller Stände getreten war.

---

10 Vgl auch *Diem*, wie Fn 1, 70.

11 *Brauneder*, Deutschösterreich, 79ff.

12 Am 11.7.1921 wurde mit Beschluss des Preussischen Staatsministeriums (Preussische Gesetzsammlung Nr 45, 444) dieser heraldisch-symmetrische Adler abgelöst von einem heraldisch nicht typisierten, frei auffliegenden Adler: *J. K. v Schroeder*, Der preussische Adler von 1921, seine Entstehung und seine Abkömmlinge, in: Der Herold NF 8, 1975-1977, 81-91; vgl weiters zum preussischen Adler: *H. Hattenhauer*, Geschichte der deutschen Nationalsymbole, 2. Aufl 1990, 170f.

Abb. 1: Das erste Staatswappen Deutschösterreichs vom 31. Oktober 1918.

Abb. 2: Der preussische Adler.

Abb. 3: Erster Entwurf für das zweite Staatswappen Deutschösterreichs.

Abb. 4: Das zweite Staatswappen Deutschösterreichs vom 8. Mai 1919.

Im Vergleich zu seinem monarchisch-preussischen Zwilling verkörpert der republikanisch-österreichische Adler eine vielfältigere Symbolik. Preussens Adler symbolisierte einfach die preussische Monarchie mit den monarchischen Symbolen Szepter und Reichsapfel in den Fängen, bekrönt mit Preussens Königskrone und versehen mit den Farben der Hohenzollern im Brustschild. Das Gegenteil sozusagen veranschaulicht Österreichs Adler, nämlich, wie der Hauptausschuss der Konstituierenden Nationalversammlung feststellte, „die Demokratie des werktätigen Volkes" mit Mauerkrone, Sichel und Hammer, aber nicht als Einheit symbolisiert, sondern in der Zusammensetzung der „drei Hauptstände der Gesellschaft, Bürger, Bauern und Arbeiter". Dazu aber kam noch weiteres: Mit dem Adler in Schwarz, der Zunge in Rot und den ständischen Symbolen in Gold war in bewusster „Wahl der Farben Schwarz-Rot-Gold zugleich die nationale Zusammensetzung der Republik Deutschösterreich versinnbildlicht"! Diese Farbensymbolik geht auf Renners Stadtturm in Schwarz mit Hämmern in Rot und dem Ährenkranz in Gold zurück, wozu Renner ausdrücklich bemerkt hatte: „Schwarz-Rot-Gold und die Symbole für die Bürger, Arbeiter und Bauern". Dazu kam allerdings der Brustschild in den Farben Rot-Weiss-Rot, also in den Staatsfarben.

C. Die Staatsfarben

Für die Staatsfarben griff man auf „die Farben der alten Ostmark, auf deren Boden die Republik entstanden ist", das heisst, die des Landes Österreich sozusagen als namensgebendes Land wie auch als das des Geburtsortes Wien des neuen Staates zurück. Das war übrigens historisch korrekt. Legende hingegen ist der vor Akkon blutbespritzte weisse Waffenrock Herzog Leopolds V., der nach Ablegen des breiten Gürtels rot-weiss-rot dastand (s u III C). Die - richtige - Begründung will offenkundig keine monarchischen Reminiszenzen an die Farben der Babenberger oder an die k. u. k. Marinefarben, gleichfalls Rot-Weiß-Rot, aufkommen lassen.

Trotz dieser späten Regelung genau ein Jahr nach der Konstituierung der Provisorischen Nationalversammlung verstand sich schon davor die Staatsflagge offenbar aus den Staatsfarben von selbst. Tatsächlich ist es eben auch die Fahne, welche in erster Linie die Staatsfarben demonstriert bzw für die man die Farben vor allem braucht. Ihre waagrechte Anordnung ergab sich aus dem Brustschild des Wappens. So wurde dies wohl auch im Staatsrat am 31. Oktober 1918 gesehen, als es um die Symbolik ging, denn Renner sprach am 11. November im Staatsrat in Hinblick auf die Gestaltung der

Szene am nächsten Tag, der förmlichen Ausrufung der Republik, davon, man werde „die Nationalfahne, Rot-weiss-rot, hissen“, also sozusagen die Farben in Flaggenform[13]. Daher waren zur Sitzung der Provisorischen Nationalversammlung am 12. November 1918 im Parlamentsgebäude für dessen Fahnenstangen rot-weiss-rote Fahnen in der erst am 21. Oktober 1919 festgelegten Form vorgesehen und auch vorhanden, nämlich „aus drei gleich breiten waagrechten Streifen, von denen der mittlere weiss, der obere und der untere rot ist“. Schon am 11. November hatte die Wiener Zeitung die bevorstehende Beflaggung vor dem Parlamentsgebäude als „feierliche Hissung der Nationalfahne“ angekündigt, trotz fehlender direkter gesetzlicher Bestimmung sah man also den jungen Staat mit einer solchen ausgestattet.

Das so oft gezeigte Schwarz-Rot-Gold ward also auf Fahnen und Kokarden alsbald durch die Staatsfarben Rot-Weiss-Rot ersetzt, und dies auch ohne grosses Aufsehen, zumal jene Farben ja das Staatswappen konservierte. Aber gegen Rot hatte sich Rot-Weiss-Rot noch durchzusetzen. Als, wie erwähnt, anlässlich der feierlichen Ausrufung der Republik am 12. November erstmals vor dem Parlament in den oben zitierten Worten Staatskanzler Renners „die Nationalfahne Rot-weiss-rot“ gehisst werden sollte, kam es zum Eklat[14]. „Jetzt hört man das knarrende Geräusch, welches das Aufziehen der Fahnen begleitet. Das Fahnentuch wird sichtbar. Rot-weiss-rot? Nein. Nur ein rotes Fahnentuch wird sichtbar und es vermag sich nicht auszubreiten. Man sieht aus der Farbe, dass der Stoff des Banners zerrissen und zerschlissen ist. Der harrenden Menge bemächtigt sich eine gewisse Nervosität. Die erwartungsvolle Stille, mit der man das Hissen der Fahne verfolgt hatte, geht urplötzlich in ein unruhiges, schier verlegenes Murmeln über ... Erst später erfährt ein Teil, was in Wirklichkeit geschehen war. Demonstranten, die in der Nähe der Maste aufgestellt waren, hatten die rot-weiss-rote Fahne zerrissen und veranlasst, dass nur der rote Fahnenteil als Banner und Symbol der sozialistischen Republik auf den Mast aufgezogen werde“. Tatsächlich waren die Fahnen „in der Menge kaum sichtbar geworden, als sie von Soldaten der Roten Garde, die neben den Fahnenmasten Aufstellung genommen hatten, auch schon wieder heruntergerissen wurden. Die weissen Streifen wurden aus den Fahnentüchern herausgerissen, die beiden roten Teile zusammengebunden und schon wenige Sekunden später sah man die roten Stoffetzen an den Masten emporsteigen. Das war das Si-

---

[13] Protokolle des Staatsrats/29. Sitzung, „Protokoll der Vormittagssitzung vom 11.11.1918“ (Parlamentsarchiv Wien).

[14] *Brauneder*, Deutschösterreich, 170ff.

gnal, auch an anderen Stellen rote Fahnen zu hissen. Ein Zivilist kletterte, von Roten Gardisten unterstützt, auf den Athene-Brunnen", gleich vor dem Parlament, „und befestigte eine rote Fahne an der vergoldenen (sic) Speerstange der Pallas Athene, Mitglieder der Roten Garde in voller Rüstung erstiegen die Brunnenfiguren und die Gruppen der Rossebändiger und pflanzten auch dort rote Fahnen auf."[15] Im nun ausbrechenden Tumult fallen Schüsse, Panik ergreift die Menge, zwei Menschen finden den Tod und fünfzig werden verwundet)[16]. Die Staatsfarben Rot-Weiss-Rot behaupten sich dennoch.

D. Schwarz-Rot-Gold

Die Farbensymbolik kam österreichischerseits, wenngleich auch nicht in Österreich, nochmals zur Sprache. Als es nämlich 1919 darum ging, für das Deutsche Reich neue Reichsfarben zu bestimmen, setzte sich im Verfassungsausschuss der konstituierenden Deutschen Nationalversammlung zu Weimar der Vertreter Deutschösterreichs, dessen Gesandter Ludo Moritz Hartmann, vehement für Schwarz-Rot-Gold ein: Sie seien als Farben der Revolution von 1848 die der deutschen Einheit wie die des demokratischen Fortschritts und nur unter diesen, nicht aber dem bisherigen Schwarz-Weiss-Rot des preussischen Kleindeutschland, sei ein Zusammenschluss Deutschösterreichs mit der Deutschen Republik vorstellbar[17]. Hatte man sich österreichischerseits das im eigenen Staat auf Fahnen und Kokarden so oft sichtbare Schwarz-Rot-Gold gar dafür aufgehoben? Sollten die deutschösterreichischen Staatsfarben Rot-Weiß-Rot, verstanden als solche der ehemaligen Ostmark des Römisch-deutschen Reiches, im Brustschild des Staatswappens in dessen Schwarz-Rot-Gold und damit in die Reichsfarben eingebettet sein?

Das jedenfalls symbolträchtige weil so farbenprächtige neue Staatswappen entsprach übrigens auch dem Staatsnamen: Schwarz-Rot-Gold versinnbildlichte davon „Deutsch-", „-österreich" Rot-Weiss-Rot. Als zwar nicht zufolge einer Vorschrift, aber durch den Sprachgebrauch des Vertrages von St. Germain Deutschösterreich am 21. Oktober 1919 als Staatsnamen „Re-

---

15 Neue Freie Presse/Morgenblatt 13.11.1918, 3.

16 *Brauneder*, Deutschösterreich, 172ff.

17 Protokoll des Verfassungsausschusses der verfassunggebenden Deutschen Nationalversammlung, 36. Sitzung, 3. Juni 1919: Aktenstücke, 404f. Zur deutschen Staatssymbolik s *Hattenhauer,* wie Fn 12.

publik Österreich“ annahm, blieb es bei den Farben von Wappen und Flagge, denn es verstand sich der Staat weiterhin, wenngleich unter neuem Namen, als „Deutschösterreich in seiner durch den Staatsvertrag von St. Germain bestimmten Abgrenzung“ (StGBl 484)[18]. Die Farbensymbolik konnte also bleiben.

III. 1933 bis 1938

A. Neues Staatsverständnis, neue Symbole

Durch einen Staatsstreich „von oben“[19] wurde ab 1933 die bisherige parlamentarische Verfassungsordnung abgetragen und durch den sogenannten autoritären Ständestaat[20] ersetzt und diesem schließlich die neue Verfassung 1934 grundgelegt.

Mit der Verfassung 1934[21] wurden auch die Staatssymbole Österreichs neu bestimmt (Art 3), wobei die Neuerungen auf den ersten Blick gering erscheinen: „Die Farben Österreichs sind rot-weiß-rot“ (Abs 1); „das Staatswappen Österreichs besteht aus einem freischwebenden, doppelköpfigen, schwarzen, golden nimbierten und ebenso gewaffneten, rotbezungten Adler, dessen Brust mit einem roten, von einem silbernen Querbalken durchzogenen Schilde belegt ist“ (Abs 2); und schließlich: „Das Staatssiegel des Bundesstaates Österreich weist das im Absatz 2 beschriebene Staatswappen mit der Umschrift ‚Österreich‘ auf“ (Abs 3). Ähnlich wie hinsichtlich des noch zu erläuternden Staatsnamens sind die verbalen Abweichungen der Beschreibung des Staatswappens, des Adlers, minimal: „doppelköpfig“ statt „einköpfig“, neu hinzugekommen bloß der Nimbus („nimbiert“) sowie Entfall eines Satzes, der im wesentlichen lautete wie folgt: „Der Adler trägt auf dem Haupte eine goldene Mauerkrone ..., im rechten Fang eine goldene Si-

---

18 *Brauneder*, Deutschösterreich, 214ff.

19 *Brauneder*, Verfassungsgeschichte, 232f.

20 Zu ihm s u V. - Für unterstützende Arbeiten zu den folgenden Abschnitten danke ich meinem Assistenten Mag. Johannes Kalwoda.

21 BGBl 239/1934-I bzw BGBl 1/1934-II: zu ihr u a *Brauneder*, Verfassungsgeschichte, 231ff; *W. Putschek*, Ständische Verfassung und autoritäre Verfassungspraxis in Österreich 1933-1938 mit Dokumentenanhang: Verfassung und Verfassungswirklichkeit. Mit einem Anhang: Denkschriften von Rechtsanwalt Dr. Erich Führer, 1936/37, 1993; *Ch. Böhm-Ermolli*, Politische Symbole im Austrofaschismus und Nationalsozialismus, 1934/1938/1945, in: *N. Leser - M. Wagner* (Hrsg), Österreichs politische Symbole: historisch, ästhetisch und ideologiekritisch beleuchtet, 1994, 65ff; *G. Spann*, Zur Geschichte von Flagge und Wappen der Republik Österreich, in: ebda, 57ff.

chel ..., im linken Fang einen goldenen Hammer"[22]. Der kaum veränderte Wortlaut erzeugte freilich ein stark verändertes, tatsächlich ganz neues Staatssymbol, wie es dann die bildliche Darstellung des Staatswappens zum Ausdruck brachte[23] (Abbildung 5). Dazu kamen weitere neue Symbole.

Abb. 5: Das Staatswappen Österreichs vom 1. Mai 1933.

B. Das neue Staatswappen

Aufgrund der eingangs zitierten Verfassungsbestimmung trat an die Stelle des bisher einköpfigen Adlers mit den ständischen Symbolen der Mauerkrone für das Bürgertum, dem Hammer für die Arbeiterschaft und der Sichel für den Bauernstand ein doppelköpfiger Adler ohne derartige Symbolik, jedoch mit einem den Köpfen unterlegten Nimbus.

Dem neuen Symbol maß die Bundesregierung besondere Bedeutung bei. Privatpersonen durften nurmehr in einer kurzen Übergangsfrist von einem Jahr den ihnen als Auszeichnung verliehenen einköpfigen Adler führen[24]. Vor allem ordnete das Bundeskanzleramt mit Erlaß vom 7. Mai 1935 einen raschen Austausch des alten gegen das neue Symbol an, dabei waren auch „künstlerisch oder baugeschichtlich wertvolle Wappendarstellungen auf Ge-

---

22 S o I.

23 Verordnung der Bundesregierung vom 2. Juli 1934 (BGBl 108/1934-II): daraus Abb 5.

24 Verfassungsübergangsgesetz 1934 § 5 (BGBl 75/1934-II).

bäuden etc. fachgerecht abzutragen“, freilich konnten sie „museal verwahrt“ werden[25]. Ausdrücklich hielt man fest, die Situation sei nun eine andere als 1918, wo ein derart rascher Austausch offenbar oftmals unterblieben war, jedenfalls „künstlerische oder baugeschichtlich wertvolle Wappendarstellungen“ damals nicht abgetragen wurden. Diesmal aber sollte es just so sein! Weiters verwahrte man sich gegen eine „Stilisierung“[26] des neuen Doppeladlers, er sollte also nicht verändert werden. Wohl in diesem Sinne könnte eine am 15. August 1934 ausgegebe Briefmarke im Werte von zwei Schilling am 3. April 1935 durch eine zweite Auflage ersetzt worden sein, weil die Erstauflage einen abweichenden Doppeladler zeigte[27]. Andererseits kann eine Abweichung des Doppeladler-Staatswappens von seiner gesetzlichen Vorlage am Hauptportal des Justizpalastes in Wien besichtigt werden. Das Doppeladler-Symbol wurde konsequent verbreitet: Es schmückte anstelle des bisherigen einköpfigen Adlers auch das Ladenschild der „Tabak-Trafiken“, der Verkaufsstellen u a der Produkte des staatlichen Tabakmonopols[28].

Anders als bisher[29] war die Staatssymbolik nicht in einem Nebengesetz, sondern in der Bundesverfassung selbst, und zwar mit Artikel 3 an vorderster Stelle geregelt. Erste Anhaltspunkte über das neue Staatswappen lassen sich daher über Verfassungskommentare erschließen, sie sind freilich etwas nüchtern. Hier ist die Rede davon, die Verfassung führe „wieder den alten Reichsadler (Doppeladler) ein. Die Farben sind die alten babenbergischen Farben“[30]; ähnlich wird festgehalten, das Staatswappen zeige „das alte Reichswappen (Doppeladler)“, weiters seien „die Babenbergischen Farben“ gewählt[31]. Diesen reichlich nüchternen Ausführungen läßt sich nur ent-

---

25 Staatsarchiv Wien: Archiv der Republik (im Folgenden ÖStA/AdR) -BKA 4/10, Ktn 1b, Z 172.910-1 ex 1934.

26 Protokolle des Ministerrates der Ersten Republik 1918-1938 (im Folgenden MRP), hrsg v *I. Ackerl - R. Neck*, Abteilung VIII: 20. Mai 1932 bis 25. Juli 1934, Bd 7: Kabinett Dr. Engelbert Dollfuß, 24. April 1934 bis 27. Juli 1934, bearb v G. Enderle-Burcel, 1986, Nr 948 (12.6.1934), 391.

27 Freimarken - Ausgabe „Österreichische Volkstrachten“: Michel Briefmarkenkatalog: Österreich Nr 584, 585. Mittlerweile war die bildliche Darstellung des Doppeladlers mit Kundmachung vom 2. Juli 1934 erschienen (s o Fn 23)!

28 Buchstäblich zu besichtigen im Salzburger Freilichtmuseum, Großgmain bei Salzburg, im Bereich Lungau am Haus der Gemischtwarenhandlung.

29 S o II B.

30 *L. Adamovich - G. Froehlich*, Die neue österreichische Verfassung samt Ausführungs- und Nebengesetzen, 4. Aufl 1934 (= Handausgabe österreichischer Gesetze und Verordnungen 212), 4.

31 *L. Adamovich*, Grundriss des Österreichischen Staatsrechtes (Verfassungs- und Verwaltungsrechtes), 3. Aufl 1935, 1f.

nehmen, man habe „wieder“ ein „altes“ Symbol eingeführt, nämlich den „Reichsadler“ beziehungsweise das „Reichswappen“. Um welches „Reich“ es sich dabei handelt, bleibt offen: die 1918 untergegangene Habsburgermonarchie oder das 1806 beendete Römisch-deutsche Reich? Deutlicher wird Verfassungsminister Ender in seinem Verfassungskommentar[32]: „Wir kehren zurück zum Doppeladler, das ist zum alten Reichsadler, der seit Jahrhunderten unser Wappentier ist“: Mit diesen „Jahrhunderten“ halten wir jedenfalls vor dem Jahre 1804, der Namensgebung „Kaisertum Österreich“ für die Habsburgermonarchie, und sind im Römisch-deutschen Reich mit seiner Symbolik. Dies verstärkt folgender Zusatz: „Auf die Brust geben wir ihm das Bindenschild der Babenberger: rot-weiß-rot. Damit geben wir kund, daß wir unsere deutsche Ostmarkmission erkennen und erfassen“. Diese „deutsche Ostmark“, so das damalige Geschichtsverständnis, war Bestandteil des mittelalterlichen Römisch-deutschen Reiches, die Staatssymbolik stand somit in doppelter Weise in dessen Tradition: Reichsadler einerseits und babenbergische Ostmark-Farben andererseits. Volle Gewißheit geben uns die Vorberatungen zur Verfassung 1934. Der um die Staatssymbolik besonders bemühte Staatssekretär Carl Karwinsky[33] bemerkte am 26. März 1934 im Ministerrat[34] zum Bundeswappen ausdrücklich: „Reichsadler des heiligen römischen Reiches deutscher Nation, durch Nimbus geschmückt, keine Krallen, nichts in den Fängen“ und betonte dies am 14. April 1934[35] nochmals mit der Erläuterung, der „volle Nimbus“ entspreche im Gegensatz zu dem von Minster Schönburg-Hartenstein vorgeschlagenen „einfachen goldenen Reif“ dem „Wappen des Hl. Römischen Reiches deutscher Nation“. Bezüglich der Assoziation mit dem römisch-deutschen Reichsadler hegte Bundeskanzler Dollfuß Zweifel: „Würde die allgemeine Meinung den Adler nicht als Bezeichnung der Doppelmonarchie auffassen?“, worauf sein Nachfolger Schuschnigg meinte: „Historisch war es nie so ...“[36] und sich damit freilich als historisch völlig unkundig erwies. Klar erkennbar ist jedenfalls dies: Das „Zurück zum Doppeladler“ bedeutete nach

---

32 *O. Ender*, Die neue Österreichische Verfassung mit dem Text des Konkordates, 1934, 5.

33 Als eine Schlüsselfigur für die neue Staatssymbolik wäre seine Biografie von Interesse, ist jedoch nur mangelhaft dokumentiert. Von Bedeutung könnte u a sein Studium der Rechtswissenschaft ab WS 1907/08 bis SS 1912 in Wien sein; die Vorlesungen aus Rechtsgeschichte hielten damals Ernst Schwind, Emil Goldmann und Hans Voltelini, andere rechtshistorische Lehrveranstaltungen Robert Bartsch und Karl Hugelmann. Karwinsky starb 1956 (Universitätsarchiv Wien; Vorarlberger Volksblatt 12.4.1956).

34 MRP VIII/6 Nr 930 (26.3.1934), 142, Fn II.

35 MRP VIII/6 Nr 938 (14.4.1934), 400.

36 MRP VIII/6 Nr 930 (26.3.1934), 142, Fn II.

der Meinung seiner Schöpfer eine Rückkehr zur römisch-deutschen Reichssymbolik.

Der heraldischen Umsetzung gingen sorgfältige Vorarbeiten voraus[37]: So wurden namhafte Meinungen wie etwa von dem Architekten Clemens Holzmeister eingeholt, erhalten ist auch die Stellungnahme von August Loehr, dem Direktor des Münzkabinettes, der sich detailliert unter anderem über die Kopfform, die Anzahl der Schwanz- wie der Flügelfedern äußerte[38]. Besonders breit behandelt ein Artikel von Anton von Pantz, dem Präsidenten der heraldisch-genealogischen Gesellschaft „Adler", vom 22. April 1934 das Doppeladler-Symbol[39]: Pantz skizzierte die Entwicklung des Doppeladlerbildes vom Römisch-deutschen Reich bis zur letzten heraldischen Festlegung in Österreich-Ungarn 1915 und meinte, man solle diesen Doppeladler von 1915 als Vorbild der neuen Gestaltung nehmen. Freilich habe man auf die monarchischen Symbole von Kronen, Schwert, Zepter und Reichsapfel zu verzichten, auch der Kranz der Länderwappen auf der Adlerbrust sei wegzulassen, da es ja nunmehr weniger Länder als damals gebe, hingegen sei das „uralte Banner der Babenberger als Brustschild" aufzulegen. Abgesehen von diesem Symbol war damit der entmonarchisierte Reichsadler Österreich-Ungarns vorgeschlagen. In diesem Sinne erklärte eine Pressemeldung am 28. April 1934, man habe als neues Bundeswappen den „ungekrönten Doppeladler" gewählt[40].

Bundeskanzler Dollfuß hatte noch andere Wünsche[41]: Die Fänge des Adlers sollten je ein „hohes goldenes Kreuz" sowie ein „blankes Schwert" halten, als Brustschild wollte er das Kruckenkreuz[42]. Der Einwand, man wolle den Doppeladler so einfach wie möglich halten, überzeugte ihn aber offenbar.

C. Rot-Weiß-Rot neu gedeutet

Die eingangs zitierte Verfassungsbestimmung „Die Farben Österreichs sind rot-weiß-rot" entsprach dem bisherigen Zustand. Zur Zeit dieser Festlegung der Staatsfarben 1918 hatte man diese als „Farben der alten Ostmark, auf

---

37 MRP VIII/6 Nr 930 (20.3.1934), 142; MRP VIII/7 Nr 943 (14.5.1934), 141.

38 Brief vom 19.4.1934: ÖStA/AdR-BKA 4/10-1, Ktn 1b, Z 157.432-1 ex 1934.

39 *A. Freiherr v Pantz*, Ein neues Wappen für Österreich, in: Der Christliche Ständestaat. Österreichische Wochenhefte 1, Nr 20 (22.4.1934), 9f.

40 ÖStA/AdR/Partei A/GDVP, Materie, 02/Verfassung 24.

41 MRP VIII/6 Nr 938 (14.4.1934), 399f; *Diem*, wie Fn 1, 122.

42 Zu diesem s u D.

deren Boden die Republik entstanden ist", verstanden[43]. Dies hatte insoferne seine Berechtigung, wenn man, wenngleich unter historisch falscher Bezeichnung, mit „Ostmark" in etwa das Bundesland Niederösterreich verstand, auf dessen Boden, nämlich in Wien, der neue Staat 1918 begründet worden war.

Im Gegensatz zu 1918 betonte man nun aber Rot-Weiß-Rot als, wie bereits zitiert, die „babenbergischen Farben", als den „Bindenschild des alten Babenberger Wappen"[44], erinnerte somit - was man 1918 vermieden hatte - an einen monarchischen Ursprung. Damit verband sich nun noch Weiteres, nämlich das Kreuzzugsmotiv. Schon im Ministerrat war davon die Rede gewesen[45], Schuschnigg wies 1934[46] ausdrücklich auf dieses hin: „Dieses Österreich (von 1934) hat nicht umsonst auf die Farben der Babenberger, auf die Kreuzzugsfarben, zurückgegriffen", und der Abgeordnete Aigner: „Ich begrüße dieses Symbol, weil wir damit ... wieder zum Kreuze fahren müssen ..., weil wir ... die Zukunft Österreichs wiederum zum Kreuze führen wollen" - ein klares Symbol zum „christlichen Staat" der Verfassungspräambel[47].

Um diesen Zusammenhang der Babenbergerfarben mit der Kreuzzugsidee zu verstehen, ist darauf zu verweisen, daß der Legende nach die Farben Rot-Weiß-Rot dadurch entstanden sind, daß nach der siegreichen Belagerung von Akkon am Dritten Kreuzzug 1191 der babenbergische Herzog Leopold V. vor Kaiser Friedrich I. Barbarossa den breiten Gürtel von seinem weißen, aber blutbespritzten Waffenrock löste und dadurch sozusagen rot-weiß-rot vor dem Kaiser stand, der des Herzogs Tapferkeit dadurch belohnte, daß er ihm spontan Rot-Weiß-Rot als Farben seines österreichischen Herzogstums verlieh[48]. Kaiser Friedrich I. war aber vor Erreichen des Heiligen Landes in Kleinasien 1190 gestorben - wie gesagt: eine Legende!

Das neu verstandene Rot-Weiß-Rot gab als Brustschild des Doppeladlers auch diesem eine besondere Note: Es macht ihn zum kreuzfahrerisch-kämpferischen Symbol eines christlichen Reiches, das Österreich gegen das antichristliche NS-Reich verkörpern will.

---

43 S o II C.

44 Vgl oben bei Fn 30 u 31; Karwinsky wie Fn 16 u 17.

45 MRP VIII/6 Nr 930 (26.3.1934), 142, Fn II.

46 *A. Tautscher*, Schuschnigg spricht. Das politische Gedankengut eines Österreichers, 1935, 57.

47 Linzer Volksblatt, 2.5.1934, 2; Präambel u V.

48 Z B *F. Giehl*, Die Zeichen des christlich-deutschen Österreich. Eine historische Betrachtung, in: wie Fn 39 1, Nr 22 (6.5.1934), 6; vgl u a auch *F.-H. Hye*, Das österreichische Staatswappen und seine Geschichte, 1995, 9; zu den belegbaren Vorgängen in Akkon *H. Fichtenau*, Akkon, Zypern und das Lösegeld für Richard Löwenherz, 1966, 11ff.

D. Das Kruckenkreuz

Zum neuen Adlerwappen mit seinem Brustschild im neu verstandenen Rot-Weiß-Rot und der damit auch neu verstandenen Staatsflagge kam alsbald, diese modifizierend, ein weiteres Symbol hinzu: ein Symbol zwar des Staates, wenngleich auch nicht im eigentlichen Sinn ein staatliches Symbol.

Das Bundesgesetz[49] über die Flagge des Bundesstaates Österreich von 1936 setzte zusätzlich zur rot-weiß-roten Staatsflagge noch weiters fest (§ 2): „Die Kruckenkreuzflagge ist im Inlande der Staatsflagge gleichzuhalten und kann neben dieser geführt werden" (Abs 1); in Farbe und Form war sie identisch mit der Staatsflagge, allerdings mit dem Zusatz (Abs 3): „Der (weiße) Mittelstreifen hat in zwei Fünftel der Länge eine kreisförmige Erweiterung, in deren Mitte sich ein durchbrochenes rotes Kruckenkreuz befindet" (Abbildung 6)!

Abb. 6: Kruckenkreuzflagge

[49] BGBl 444/1936.

Im Gegensatz zur Hakenkreuzflagge im Deutschen Reich ersetzte die Kruckenkreuzflagge nicht die kreuzlose Staatsflagge: Sie war ihr bloß „gleichzuhalten“ und auch dies nur „im Inlande“, sie konnte, mußte aber nicht „neben“ der Staatsflagge geführt werden.[50] Praktisch aber wurde sie doch vielfältigst statt der Staatsflagge gebraucht.

Dieses Kruckenkreuz war im staatlichen Bereich Österreichs kein völlig neues Symbol[51]: Unter dem christlichsozialen Bundeskanzler Prälat Seipel hatte man 1922 für das „Ehrenzeichen für Verdienste um die Republik Österreich“ das Kruckenkreuz gewählt[52]. Eine offizielle Motivation fehlt, dem Prälaten Seipel wäre die Kreuzzugsidee zumutbar, jedenfalls verwendete der ihm sicherlich bekannte päpstliche Orden vom Heiligen Grab das Jerusalemkreuz, ein um vier kleine griechische Kreuze erweitertes Kruckenkreuz[53], das übrigens im großen Wappen des Kaisertums Österreich nach der Beschreibung von 1836 für das Königreich Jerusalem zu finden ist. Seit 1924 erschien das Kruckenkreuz auch auf Münzen, erst mit Nennwert 200 Kronen, seit der Währungsreform 1924 schließlich auf Zwei-, später 1931 auch auf Fünfgroschenstücken[54]; eine weitergehende Rolle spielte das Kruckenkreuz im österreichischen Staat allerdings vorerst nicht.

Mit 1. September 1933 - also vor der Verfassung 1934 - wurde das Kruckenkreuz zum Symbol der Staatspartei „Vaterländische Front“. Als im Zuge der Maßnahmen gegen die Sozialdemokratie im Februar 1934 deren Republikgründungsdenkmal an der Wiener Ringstraße verhüllt wurde, geschah dies auffallend mit Kruckenkreuz-Fahnen, noch bevor diese Flaggenform zwei Jahre danach der Staatsflagge gleichgestellt wurde. Ab dem Jahr 1933 begann sozusagen die Wiederentdeckung des Kruckenkreuzes und eine vielfältige Beschäftigung mit seiner Herkunft und Symbolik[55]. Der

---

50 Wie Fn 49; zum Deutschen Reich: dt RGBl I, 100/1935.

51 *K. J. Heilig*, Österreichs neues Symbol. Geschichte, Entwicklung und Bedeutung des Kruckenkreuzes, 2. Aufl 1936, 56; *I. Bärnthaler*, Die Vaterländische Front. Geschichte und Organisation, 1971, 27f.

52 Vgl hiezu *G. E. Schmidt*, Die Erste Republik Österreich, in: *J. Stolzer - Ch. Steeb* (Hrsg), Österreichs Orden: vom Mittelalter bis zur Gegenwart, 1996, v a 328ff; *G. E. Schmidt*, Ehrenzeichen und Orden im Österreich der Zwischenkriegszeit 1918-1938, 1994, 41ff, 50: Es existieren keinerlei Archivalien zur Motivation.

53 Dazu *H. Mussger*, „Deus lo vult“: Die Ritter vom Heiligen Grabe zu Jerusalem. 900 Jahre Ritterschaft - 500 Jahre geistliche Ordensgemeinschaft, in: *Stolzer - Steeb*, wie Fn 52, 30-39 sowie *Diem*, wie Fn 1, 274f; 1836: Polit. Gesetzessammlung 1836, 854; Abbildung bei *Diem*, wie Fn 1, Tafel XXII.

54 *P. Jaeckel*, Die Münzprägungen des Hauses Habsburg 1780-1918 und der Republik Österreich seit 1918, 4. Aufl 1970, 167; *Bärnthaler*, wie Fn 51, 27.

55 Vgl *Giehl*, wie Fn 48; *Heilig*, wie Fn 51, v a 54f.

Bogen wurde weit, aber eindeutig gespannt: Schon den Germanen sei es als „arteigene, spezifisch germanische Ausdrucksweise des höchsten christlichen Zeichens", nämlich des Kreuzes, bekannt gewesen und über Kreuzfahrer, österreichische Herzöge, römisch-deutsche Kaiser und Könige, deutsche Städte, in seiner „Umwandlung" zum „Schlitzkreuz" des deutschen Ritterordens bis zum Wappen der letzten Habsburger in Gebrauch gewesen, selbst das Eiserne Kreuz gehe auf das Kruckenkreuz zurück; im „Zeichen des Kruckenkreuzes" habe sich „wertvolle und ruhmreiche Ostmarksarbeit, Germanisierung und Christianisierung" vollzogen. Für Dollfuß war daher das Kruckenkreuz ein Zeichen des „ritterlich-mittelalterlichen" Ideals, ein „Symbol der höchsten Ideale des Hochmittelalters", schlechthin „das germanische, das ritterliche Zeichen", zumal es der „erste große Christenherrscher aus germanischem Blute", für Dollfuß war dies Theoderich, führte[56].

Insgesamt bekräftigte somit das Kruckenkreuz als deutsches, christliches, sogar „ostmärkisches" Symbol den mit den „babenbergischen Kreuzzugsfarben" belegten Doppeladler.

Seine besondere Note erhielt das Kruckenkreuz als Gegensymbol zum Hakenkreuz. Im Gegensatz zum Kruckenkreuz sei beim Hakenkreuz eine[57] „besondere, innige Beziehung ... zum Christentum ... nicht zu erweisen, auch keine insbesondere zum Germanentum und Deutschtum. Anders das Kruckenkreuz!" Hingewiesen wurde beispielsweise auch darauf, es habe Bischof Brinkmann von Münster im Zeichen des Kruckenkreuzes im Kulturkampf des 19. Jahrhunderts über die preußische Regierung triumphiert[58]. Vor allem sah Bundeskanzler Dollfuß im Kruckenkreuz ein Gegensymbol zum „heidnischen Hakenkreuz"[59]. Anläßlich der Türkenbefreiungsfeier am 11. September 1933, 250 Jahre nach 1683, berief er sich mit dem Kreuzfahrerruf „Gott will es" auf die Kreuzfahrertradition, und dies im Rahmen des Deutschen Katholikentages in Wien, den übrigens Dollfuß auch sonst als Plattform zur Propagierung seiner politischen Ideen gebrauchte[60]. Gerade

---

56 *Bärnthaler*, wie Fn 51, 28.

57 *Heilig*, wie Fn 51, 54f.

58 *Giehl*, wie Fn 48, 5f.

59 *Bärnthaler*, wie Fn 51, 28.

60 Abb 6 zeigt Dollfuß hier bei seiner programmatischen „Trabrennplatzrede". *M. Liebmann*, Die geistige Konzeption der österreichischen Katholikentage in der Ersten Republik, in: *I. Ackerl - R. Neck* (Hrsg), Geistiges Leben im Östereich der Ersten Republik, 1986, 170-172; *E. Weber* (Hrsg), Dollfuß an Oesterreich. Eines Mannes Wort und Ziel, 1935, 19, 44f, bzw *K. Berchtold* (Hrsg), Österreichische Parteiprogramme 1868-1966, 1967, 433; *W. Lesowsky*, Die Katholikentage, in: *F. Klostermann - H. Kriegl - O. Mauer - E. Weinzierl* (Hrsg), Kirche in Österreich 1918-1965 I, 1966, 375f.

hier, eben am Deutschen Katholikentag, sollte den so überaus zahlreichen Gästen aus dem Deutschen Reich mit dem christlichen Kruckenkreuz ein Antisymbol zum Hakenkreuz mitgegeben werden.

E. Zur Ideologie des Ständestaates: Reichsidee und Ostmarkvision

Zum besseren Verständnis der neuen Staatssymbolik ist kurz auf die Ideologie des Ständestaates einzugehen[61]. Prägnant faßte sie die Präambel der Verfassung 1934 zusammen: „Im Namen Gottes, des Allmächtigen, von dem alles Recht ausgeht, erhält das österreichische Volk für seinen christlichen, deutschen Bundesstaat auf ständischer Grundlage diese Verfassung"[62]. Hier ist Mehrfaches ausgesprochen oder zumindest angedeutet. Die Wörter „erhält" (anstelle etwa „gibt sich") sowie „ständisch" verweisen auf ein Gegenmodell zur „westlichen Demokratie"[63]; mit „christlich" und „ständisch" spricht sich die Verfassung gegen Marxismus und Nationalsozialismus aus; die Kombination von „deutsch" und „christlich" verweist auf eine Alternative zum NS-Staat; „Bundesstaat" schließlich bedeutet keineswegs eine Stärkung des Föderalismus, sondern steht anstelle von „Republik" und damit gegen einen als marxistisch verstandenen, zumindest einen sozialdemokratischen Begriff.

Die letzte Feststellung ergibt sich durchaus nicht nur aus der Präambel. Im eingangs zitierten Artikel 3 der Verfassung 1934 ist das Wort „Österreich" zweimal an die Stelle der Bezeichnung „Republik Österreich" in der voraufgegangenen Bestimmung von 1919 getreten, einmal an dessen Stelle die Bezeichnung „Bundesstaat Österreich". Auch der neue Staatsname „Bundesstaat Österreich"[64] statt wie bisher „Republik Österreich" besaß somit Symbolcharakter, und dies besonders in Einklang mit dem Fortfall von insbesondere Hammer und Sichel[65] wie auch der Mauerkrone, von der Pantz[66] meinte, „damit das Bürgertum auch (im alten Staatswappen) ver-

---

61 Zu ihr u a *P. Huemer*, Sektionschef Robert Hecht und die Zerstörung der Demokratie in Österreich. Eine historisch-politische Studie, 1975; allgemein vgl *E. Tálos - W. Neugebauer* (Hrsg), „Austrofaschismus". Beiträge über Politik, Ökonomie und Kultur 1934-1938, 4. Aufl 1988.

62 Wie Fn 21.

63 *A. Merkl*, Die ständisch-autoritäre Verfassung Österreichs, 1935, 14ff, zu den Grundideen ebda 2ff.

64 So ebda 124f.

65 Vgl wie Fn 25.

66 Wie Fn 39.

treten sei, mauerte man ihm das Gehirn zu". Mit dem einköpfigen Adler von 1918/19 sollte auch das Symbol des damaligen Wortbestandteils „Republik" des Staatsnamens[67] als Zeichen der als unheilvoll gedeuteten Ereignisse im Oktober und November 1918 verschwinden[68]. Im Einklang damit stehen übrigens noch andere Maßnahmen. So wurde 1934 das „Denkmal der Republik", es erinnerte an die Novemberereignisse 1918, nächst dem Parlamentsgebäude erst verhüllt, wie erwähnt mit Kruckenkreuzfahnen, und schließlich abgetragen[69]. Dieses, „das Parlament", nannte man in „Haus der Gesetzgebung" um, womit „der Trennungsstrich gegenüber jenem Parlamentarismus gezogen" sei, der „Oesterreich an den Rand des Verderbens gebracht hat"[70].

Das ideologische Umfeld des neuen Doppeladlers bestimmten mehrere Momente. Grundsätzlich ging es - überraschenderweise - um eine Wiederbelebung just der Römisch-deutschen Reichstradition. So hat Bundeskanzler Dollfuß im Mai 1934 den Bürgermeistern, die nach der neuen Verfassung den Bundespräsidenten zu wählen hatten, ausdrücklich eine Rolle suggeriert, die ähnlich jener der alten Kurfürsten sei![71] Deutlicher hatte schon Schuschnigg 1933 davon gesprochen, es habe „der Gedanke des Heiligen Reiches in Österreich, das bis zum heutigen Tage die Reichssysmbolik birgt, ... das Heimatrecht erlangt"[72]. Ganz konkret erläuterte der christlichsoziale Abgeordnete Josef Aigner 1934: „Es ist der alte Adler des heiligen römischen Reiches deutscher Nation, dem Österreich ... durch sechs Jahrhunderte deutsche Kaiser gestellt hat"[73].

Diese Reichstradition wurde meist als deutsche Tradition im Sinne der Präambel der Verfassung 1934 verstanden. Das eben angeführte Zitat des Abgeordneten Aigner fiel just im Zusammenhang mit dem Charakter „deutscher" Staat in der Verfassungspräambel. Präziser äußerte sich Franz Giehl 1934: „Untrennbar waren Deutschtum und Reichsidee mit Oesterreich und seinem Wappen verbunden"[74]; noch deutlicher Schuschnigg 1934: „Und der Doppeladler ist ein uraltes deutsches Symbol"[75]!

---

67 S o II.

68 Zu diesen *Brauneder*, Deutschösterreich, 79ff.

69 Ebda 295f.

70 *E. Margarétha*, Das Haus der Gesetzgebung, in: wie Fn 39 1, Nr 54 (16.12.1934 - Sondernummer), 18f.

71 Dollfuß' Radiorede vom 1. Mai 1934, in: *Weber*, wie Fn 60, 239f; wiederabgedruckt in: *Berchtold*, wie Fn 60, 437; vgl *Brauneder*, Staatsoberhaupt, in diesem Band, 207ff.

72 *Tautscher*, wie Fn 46, 54.

73 Linzer Volksblatt, 2.5.1934, 2.

74 *Giehl*, wie Fn 48, 6.

75 *Tautscher*, wie Fn 46, 57.

Dem Reichsgedanken widerfuhr allerdings zum Teil auch eine spezifisch habsburgische Verbrämung mit babenbergischer Wurzel: Schon unter den Babenbergern habe es „im Donauraum“ eine „lebendige Hinordnung zum Reich“ gegeben, es sei „der Reichsgedanke hier an der Donau weiterhin besonders lebendig“ geblieben, es habe das „Haus Österreich“, die Habsburger, „den Reichsgedanken über den Westfälischen Frieden hinübergerettet“, er sei „mit dem dunklen 8. August 1806 noch nicht erloschen“, sondern auf das 1804 geschaffene „Kaisertum Österreich“ übergegangen, was sich „in der fast unveränderten Übernahme des Reichswappens“ zeige[76] - also im Symbol des Doppeladlers! Kürzer formuliert: Da das „Heilige Römische Reich deutscher Nation ... in den letzten vier Jahrhunderten ununterbrochen von Oesterreich geführt worden war, fand (es) seinen geistigen Erben in Österreich“, dieses habe „die wertvollsten Traditionen des Reichsgedankens bewahrt und in unsere Tage herübergerettet“[77]. Als Zeugen dafür benannte der Komponist Ernst Krenek - er schuf just 1933 die Oper „Kaiser Karl V.“! - Joseph Roths Roman „Radetzkymarsch“ als Darstellung „der versinkenden Reichswirklichkeit“[78]. Aber auch der habsburgisch-österreichische Reichsgedanke galt als „Erbe, das nicht nur europäisch und christlich, sondern gerade deswegen im eminentesten, edelsten und höchsten Sinne deutsch“ sei[79].

Otto Brunner betrachtete 1934 die ausgebrochene Reichseuphorie nüchterner[80]: Er unterschied vier „Varianten“ im Auftreten des „Reichsmythus“ (sic!), nämlich als „Weltherrschaftsideologie nach Art des altrömischen Cäsarismus“, als „deutscher Vorherrschaftsberuf“, als „’Schirmvogtei’ des Kaisers über die Kirche“ und als „Völkerstaatsidee im Sinne des grandiosen politischen Konzepts des Hauses Oesterreich“. Die zweitgenannte Variante liege, so Brunner, dem „neudeutschen Denken“ - und damit dem NS-Reich - zugrunde, während „für den Oesterreicher“ - wohl im Hinblick auf Habsburgermonarchie und Ständestaat - „die Zusammenfassung der Völker des Donauraumes zu einem Großstaat“ sich verbinde mit der Schirmvogtei-Idee zur „großösterreichischen Reichsidee“, wozu noch „Elemente, ‘großdeutscher’ Romantik“ kommen könnten und dies alles einmünde in die „Zielformel: Ein mitteleuropäisches Reich, das unter Führung des katholischen Oesterreich steht und sowohl den deutschländischen Raum wie auch die

---

76 *K. J. Grauer*, Der Reichsgedanke in der österreichischen Geschichte, in: wie Fn 39 2, Nr 3 (20.1.1935), 64ff.

77 *Dr. Noricus*, Der Reichsgedanke und Österreich, in: wie Fn 39 1, Nr 13 (4.3.1934), 11f.

78 *E. Krenek*, Der Dichter Joseph Roth, in: wie Fn 39 1, Nr 53 (9.12.1934), 8f.

79 *H. Norden*, Österreich oder Ostmark, in: wie Fn 39 1, Nr 23 (13.5.1934), 10.

80 *O. Brunner*, Das „Reich“ als Mythus und als Wirklichkeit, in: wie Fn 39 1, Nr 49 (11.11.1934), 12f.

nichtdeutschen Völkerschaften Mitteleuropas in sich befaßt". Brunners empirischer Befund lautet allerdings nüchtern, daß sich keines dieser Konzepte jemals voll verwirklicht habe, am „präzisesten herausgearbeitet und den neuzeilichen politischen Denkformen am weitesten entsprechend muß der Historiker, der nicht nur Romantiker ist, die großösterreichische Form des Reiches qualifizieren". Aber für die „politischen Zielsetzungen" empfiehlt er den Verzicht auf eine „mythologisierte politische Gestaltung der Vergangenheit"!

Das in den eben skizzierten Varianten gesehene Reich sollte jedenfalls bewußt eine Antithese zur NS-Reichsidee bzw zu jedem „nationaldeutschen" Reich[81] sein. Österreich habe „unter den Schwingen des Doppeladlers" seit hunderten von Jahren seine Nachbarvölker friedlich vereinigt, das entspreche „seiner geschichtlichen Sendung, die unverändert die gleiche ist", nämlich 1934; falls daher Österreich „gemäß seiner Tradition dem alten, echten Reichsgedanken wieder zum Durchbruch" verhelfe, werde „durch Oesterreich wieder die deutsche Nation zum Träger desselben" aufsteigen und „jener Teil des deutschen Volkes, der heute vor dem nationalsozialistischen Götzenbild anbetend auf den Knien liegt, wieder bereit sein zur 'Heimkehr ins Reich'"[82]!

Die so oft und auch in der Staatssymbolik sichtbare Reklamierung der Reichsidee für die kleine österreichische Republik mutet seltsam an. Sie wird nur verständlich und wurde tatsächlich zum Teil verständlich gemacht durch eine Art „translatio imperii". Otto Brunner[83] brachte sie auf die Formel „Großfränkisches Reich, römisch-deutsches Reich und großösterreichisches Erbreich der Habsburger", andere sahen sie über 1806 hinaus fortwirken sogar auf die „österreichisch-ungarische Monarchie", die „trotz all ihren dualistischen Unzulänglichkeiten sich selbst und ihrer übernationalen Sendung treu" geblieben sei[84] - was natürlich auf Ungarn nicht zutrifft und in Cisleithanien etwa Tschechen und Italiener nicht so sahen. Und schließlich sei das - republikanische! - Österreich „Sitz des Reichsgedankens" geworden, das „Reich lebt in ihm als geistiger Wille", denn: „Nicht die Zahl der Quadratkilometer, sondern die geistige Haltung und der geistige Inhalt eines Gemeinwesens lassen erkennen, wo der Reichsgedanke seine Heimstätte gefunden hat"[85]. Aus dieser Gedankenkette ergab sich vor allem auch

---

81 Vgl wie Fn 39 2, Nr 6 (10.2.1935), 148.

82 *C. Freiherr v Kettenburg*, Österreichs geschichtliche Sendung, in: wie Fn 39 1, Nr 14 (11.3.1934), 14.

83 *Brunner*, wie Fn 80, 13.

84 *Grauer*, wie Fn 76, 66.

85 *Noricus*, wie Fn 77, 11; *Grauer*, wie Fn 76.

„die logische Begründung der Selbständigkeit Oesterreichs“ gegen den Anschlußgedanken: Noch immer sei „Oesterreich Schild und Herz“[86] der Reichsidee bzw schlicht und einfach formuliert: „Oesterreich ist der Treuhänder des Reichsgedankens geworden“[87]! In der Perspektive müsse sich daher Österreich als Provisorium „für den Tag ‘aufsparen’, an dem die Wiederherstellung eines großdeutschen Föderativstaates - eines neuen ‘gesamtdeutschen’ Reiches - unter österreichischer Führung möglich sein werde“[88].

Dennoch wirkt diese auf das kleine Österreich bezogene Reichsidee auch aus einem anderen, oft angesprochenen und gleichfalls in der Symbolik sichtbar gemachten Grund seltsam: Der Staat Österreich wurde vielfach als Ostmark des Römisch-deutschen Reiches verstanden, so daß der eingestandenermaßen Bezug der Reichsidee bloß auf einen Teil dieses Reiches verblüffend erscheint. Dem begegnete freilich die eben vorgeführte Treuhand-Theorie. Aber die Ostmark-These selbst berührt merkwürdig: Im streng historischen Sinn konnte sie sich nur auf den Kern des heutigen Niederösterreich, die marchia orientalis, beziehen, in einem funktionalen, aber unhistorischen weiteren Sinn auf eine das Reich gegen Osten verteidigende Zone und daher allenfalls noch auf Innerösterreich, insbesondere auf Steiermark und Kärnten, als ehemaliges Bollwerk gegen den Ansturm der Osmanen. Vor allem das Jahrhunderte hindurch selbständige Fürsterzbistum Salzburg sowie Tirol und vor allem Vorarlberg im Westen waren aber in eine derartige Ostmarkromantik völlig verfehlt einbezogen. Tatsächlich hatten sich dagegen auch Stimmen erhoben. Das Österreich von 1934 sei „nicht nur Ostmark“, sondern „weit mehr eine West- und Nordmark“ im Sinne der „übernationalen Reichsidee“ und des „wahren Deutschtums“ gegen das „diesmal vom Westen, nicht vom Osten anbrandende Heidentum“, nämlich die NS-Ideologie[89]. Es galt sogar[90] als „nicht unbedenklich, das Wort ‘Ostmark’, wenn auch in der besten Absicht, für Oesterreich zu gebrauchen“, denn man identifiziere mit „Ostmark“ zu leicht „ein staatsrechtlich abgegrenztes Territorium“, und das sei Österreich nicht gewesen, sondern es habe in Deutschland bis 1866 „unentwegt die führende, zentrale Stellung“ inne gehabt; wenn schon Ostmark, dann sei Österreich „vor 1000 Jahren die Ostmark der Christenheit“ insgesamt gewesen - man sei sich heute „dieser schirmenden und schützenden Mission unseres Landes für die heiligsten

86 Vgl wie Fn 39 2, Nr 6 (10.2.1935), 148.

87 *Noricus*, wie Fn 77

88 *Brunner*, wie Fn 80, 12.

89 *Norden*, wie Fn 79, 10.

90 *W. Breitenfeld*, Österreich oder Ostmark?, in: wie Fn 39 1, Nr 53 (9.12.1934), 6ff.

Güter der ganzen Menschheit voll Stolz bewußt“! Mit dieser Argumentation konnten Reichsgedanke und Ostmarkmission in Einklang gebracht werden.

Insgesamt ist also zu sagen: Die Reichssymbolik und die mit ihr verbundene Reichsromantik christlich-antiheidnisch-kämpferischer Prägung werden unter einem bestimmten Aspekt voll verständlich - als Gegenkonzept zum NS-Reichsgedanken. Schon an sich wie aber gerade mit dieser Ambition mußte die österreichische Reichspropagierung über Österreich hinausgehen. Wie zitiert, wurde dies zum Teil auch offen ausgesprochen. Tatsächlich erwartete man sich insgesamt, und zwar sogleich 1933 am Beginn des autoritären Staates vom Deutschen Katholikentag, eine von Österreich auf Deutschland ausgehende Wirkung[91]. Der neue Staatsgedanke sollte als „Versuch weit über die Grenzen des eigenen Landes hinaus Bedeutung gewinnen und Vorbild werden“[92]. Gerne vernahm man daher aus Bayern[93], dieses sehe „Oesterreichs Unabhängigkeit als Hort des wahren Deutschtums“, es sei „Österreich, auf das auch wir hoffen!“, denn es gelte „nach dem Kulturausfall Bayreuths“ der „Zivilisation zu beweisen, daß am Amtssitz des christlichen Primas von Deutschland, in Salzburg, nicht nur das wahre Christentum“, sondern mit den hier durchgeführten Festspielen „die deutsche Kultur“ ihre „wahre deutsche Heimstatt“ habe. In diesem Sinne begriff die neue Staatssymbolik Österreich als Rückzugsgebiet eines zur damaligen Zeit im Deutschen Reich nicht verwirklichten, nämlich des richtigen Reichsgedankens.

Wegen der hier thematisch im Vordergrund stehenden Symbolik sei nur am Rande erwähnt, daß auch ein neuer Rechtsgedanke zu strapazieren versucht wurde, wenngleich es hier keine einheitliche Linie gab. Einerseits hieß es[94], man könne „den Rechtsbegriff, der dem ständischen Geist entspricht, folgendermaßen kennzeichnen: Ausgangspunkt und Voraussetzung des Rechtes ist (unbeschadet des sittlichen Eigenwertes der Persönlichkeit) die Gesellschaft“ mit Folgerungen wie: Es müsse der naturrechtliche „Ausgangspunkt - die angeborenen Rechte des einzelnen - als verfehlt erscheinen“, „der naturrechtliche Begriff der Gleichheit ist nur eine halbe Wahrheit“, am „widersprüchlichsten ist wohl der naturrechtliche Freiheitsbegriff“. Von „verfehlten philosophischen Standpunkten, welche die Rechtsgelehrten einnehmen“, war nun die Rede, „Irrtümer eines Karl Marx“, „Fehlurteile Kants“ galt es auszumerzen, da „alle Menschen den richtigen,

---

91 *Liebmann*, wie Fn 60, 139ff.

92 *V. Buchgraber*, Österreich und der Nationalismus, in: wie Fn 39 2, Nr 7 (17.2.1935), 157.

93 Bayern hofft auf Österreich! Von einem bayr. Leser, in: wie Fn 39 2, Nr 10 (10.3.1935), 247f.

94 *C. Nemecek*, Der ständische Rechtsbegriff, in: wie Fn 39 2, Nr 8 (24.2.1935), 183f.

wenn vielfach auch nur den vorwissenschaftlichen, Rechtsbegriff besitzen“[95]. Aber es wurde auch die „Gleichwertigkeit aller Nationen und Menschen“ als Erbe Christi gesehen und in Einklang mit Österreichs katholischer Tradition diesem die „Sendung“ zugesprochen, „Hüter der religiösen Grundlagen der menschlichen Kultur, Schützer der ewigen Rechtsordung und die völkerverbindende Brücke Europas zu sein“[96]. Auch dies gab einen Hintergrund zur neuen Staatssymbolik ab.

Die in der gesamten Staatssymbolik zum Ausdruck gebrachten Grundideen führte Otto v Habsburg als Begründung an für sein Angebot an Bundeskanzler Schuschnigg, selbst das Amt des Bundeskanzlers übernehmen zu wollen, um Österreich vor dem Anschluß an das Deutsche Reich zu bewahren. Die im gegenständlichen Brief vom 17. Februar 1938 angesprochene mehrfache Verantwortung steht deutlich in derselben Tradition wie auch die Staatssymbolik: „Sie besteht gegenüber der ehrwürdigen österreichischen Idee, die durch Jahrhunderte in ihrer übernationalen, völkerverbindenden Macht ein geeintes, starkes Donaubecken zusammenhielt und auch heute noch die Kraft besitzt, einen Neuaufbau zu bewerkstelligen. Sie besteht gegenüber dem wahren Deutschtum, welches heute, entgegen den artfremden, neuheidnischen Bestrebungen im Reiche, in seiner alten Stärke, die der Grundgedanke des Heiligen Römischen Reiches Deutscher Nation war, nur mehr in Österreich eine Heimat hat; nur in Österreich kann sich das Deutschtum erhalten und dereinst Retter Deutschlands sein, soll nicht das Deutschtum in einem schrecklichen Chaos untergehen. Die Verantwortung besteht schließlich und hauptsächlich gegenüber unserem höchsten Gut, dem katholischen Glauben“[97].

F. Symbiose der neuen Staatssymbole

Symbolik wurde im autoritären Staat besonders hoch gehalten. Bei einer Weihe von Kruckenkreuzfahnen der Vaterländischen Front hielt der Erzbischof von Wien Kardinal Theodor Innitzer 1936 fest[98]: „Fahnen waren immer das Symbol einer Vorstellung von Ideen“. Der Ständestaat brachte sogar eine Flut an Symbolen hervor. Mit den aufgrund der Verfassung 1934

---

95 *B. Franzelin SJ*, Der Rechtsbegriff und seine Anwendung auf das ständische Recht im allgemeinen, in: wie Fn 39 2, Nr 10 (10.3.1935), 229.

96 *M. Maresch*, Die Ordnung des ewigen Rechtes als Grundlage des christlichen Staates, in: wie Fn 39 1, Nr 22 (6.5.1934), 4f.

97 *K. Schuschnigg*, Im Kampf gegen Hitler, 2. Aufl 1969, 18ff (hier der Brief im Wortlaut).

98 Mitteilungen der Vaterländischen Front - Dienststellenorganisation der Bundeshauptstadt Wien Jg 3, 1. Juni 1936, 2.

eingeführten neuen Landesverfassungen erhielten die einzelnen Länder sogar kraft Verfassung Landespatrone zugeteilt: den Hl. Martin das Burgenland; den Hl. Josef Kärnten, Steiermark und Tirol; den Hl. Leopold Niederösterreich, Oberösterreich und Wien; den Hl. Rupert Salzburg; den Hl. Gebhard Vorarlberg[99]. Das Heimatbewußtsein wurde durch die Einführung von Landestrachten zu heben versucht, die Berufsstände erhielten gleichfalls ihre Symbole, das Bundesheer neue Uniformen[100].

Nahezu in Parallele zum Ersatz des einköpfigen durch den doppelköpfigen Adler als Staatswappen änderte auch die Bundeshauptstadt Wien ihr Stadtwappen[101]. Im Jahre 1925 hatte das sozialdemokratisch regierte „rote Wien" anstelle des bis dahin doppelköpfigen Adlers einen einköpfigen Adler mit einem weißen Kreuz im roten Feld als Brustschild erhalten. Vielfach kam nur dieser Brustschild zur Anwendung wie etwa auf den öffentlichen Verkehrsmitteln oder als Zeichen der städtischen Zentralsparkasse. Im Jahre 1934 wurde dieses „republikanische" Stadtwappen des „roten Wien" durch das vorherige, in seiner Grundform seit 1461 gebräuchliche Stadtwappen des doppelköpfigen Adler mit einer der sogenannten Habsburgischen Hauskrone nachempfundenen Reichskrone wieder eingeführt. Übrigens blieb es bei diesem Wappen auch nach dem „Anschluß" von 1938, allerdings wurde die Habsburgische Hauskrone durch die ottonische Kaiserkrone ersetzt!

Die neue beziehungsweise neu gedeutete Staatssymbolik stützte sich gegenseitig zufolge identischer Aussagen: der Doppeladler des christlichen Römisch-deutschen Reiches, die christlich-antiheidnischen Kreuzfahrerfarben Rot-Weiß-Rot der „deutschen Ostmark", das deutsch-christliche Symbol des Kruckenkreuzes, und dies alles in heraldischer Verknüpfung: rot-weiß-roter Brustschild des Doppeladlers, das Kruckenkreuz in der rot-weiß-roten Flagge. Rot-Weiß-Rot prange „auf dem Grunde des Doppeladlers, geziert mit dem Kruckenkreuz als Zeichen des deutschen und des christlichen Oesterreich. Alle drei Dinge haben sich wesentlich wie die Symbole vereint, österreichische Heimat, deutsches Volkstum, christlicher Glaubensgeist", so hieß es 1934[102].

---

99 *Diem*, wie Fn 1, 298f (Burgenland), 305ff (Kärnten), 312ff (Niederösterreich), 325ff (Oberösterreich), 336f (Salzburg), 346ff (Steiermark), 359ff (Tirol), 365 (Vorarlberg), 377f (Wien); *F. Attems - J. Koren,* Schutzheilige Österreichs als Bewahrer und Helfer, 1992.

100 *F. C. Lipp*, Trachten in Österreich, in: *F. C. Lipp - E. Längle - G. Tostmann - F. Hubmann* (Hrsg), Tracht in Österreich. Geschichte und Gegenwart, 1984, 17; Symbole: Neue Freie Presse, 1.5.1934, 11; *Diem*, wie Fn 1, 277f; Uniformen: s u G. (nach dem Gedicht).

101 *Diem*, wie Fn 1, 369-372.

102 *Giehl*, wie Fn 48.

G. Umdeutung und Fehlschlag der Symbolik

Die neue Staatssymbolik fand ihre Kritiker. Unter dem anzüglichen Synonym Pankratius Kruckenkreuzler erschien 1935 im tschechoslowakischen Exil die sozialdemokratische Zeitschrift „So lacht man in Österreich“, in der das Gedicht „Doppeladler“ von einem Georg Mannheimer abgedruckt ist, und zwar als historisch nicht unfundierte Kritik am neuen Doppeladler[103]:

> „Ja, damals warst Du Wappentier von Wien,
> Erlauchter Vogel mit dem Goldnen Vließ,
> Als die Kanonen Tod und Flammen spien,
> Als man Battisti von der Leiter stieß.“

Hier ist von Cesare Battisti die Rede, ein ehemaliger österreichischer Reichsratsabgeordneter, der in der italienischen Armee gegen Österreich kämpfte, gefangen genommen und nach einem Hochverratsprozeß 1916 in Trient hingerichtet wurde: Wir sind also in die Kriegsjahre vor 1918 versetzt.

> „Doch, als das Chaos kam, das große Fliehn,
> Die Freiheit ihren ersten Hornruf blies,
> Als man die Henkerbrut zum Teufel hieß,
> Da sank auch Deine Herrlichkeit dahin.“

Damit ist das Ende der Monarchie beziehungsweise die Gründung des republikanischen Staates im Jahre 1918 gemeint.

> „Doch sieh! Schon schwebst Du wieder! Hoch sich reckt
> Dein Doppelhaupt! Wer hat Dich aufgeweckt?
> Dreht sich die Welt zurück in ihren Achsen?
> Nun, seit das Wiener Pflaster färbt sich rot
> Vom Blut der Freiheit, seit die Freiheit tot,
> sind Dir die Köpfe wieder nachgewachsen!“

Hier ist auf den sozialdemokratischen Aufstand im Februar 1934 und seine Niederwerfung hingewiesen und mit dem „nachgewachsen“ ist auf den Doppeladler der Habsburgermonarchie der ersten Strophe verwiesen. Mannheimer/Kruckenkreuzler verstanden das neue Staatswappen somit

---

103 *Pankratius Kruckenkreuzler*, So lacht man in Östereich, 1935 (Herausgeber und Verleger: Sozialistischer Jugendverband für die deutschen Gebiete der Tschechoslowakischen Repubik), 7; diese Ausgabe in: ÖStA/AdR/ParteiA/VF Allgemein IDVF, Kt. 54.

nicht als Wiederherstellung des römisch-deutschen Reichsadlers, sondern des Habsburgischen Doppeladlers! Diese Meinung stand nicht vereinzelt, sie entsprang dem gesamten symbolischen Umfeld. Die neue, 1934 eingeführte Uniform des Bundesheeres ersetzte dessen bisherige Uniform, die im Schnitt jener der deutschen Reichswehr entsprochen hatte, und zwar sozusagen in Vorwegnahme eines doch künftig möglichen Anschlusses - die neuen Uniformen hingegen entsprachen jenen der alten k. u. k. Armee[104]. Diese durften übrigens wieder getragen werden: So kam es, daß nach den Beisetzungsfeierlichkeiten Hindenburgs im August 1934 Ex-Heeresminister Schönburg-Hartenstein die stahlhelmbewehrte Ehrenkompanie der Reichswehr als Generaloberst der k.u.k. Armee in seiner alten Uniform mit einem Helmbusch aus grünen Papageifedern abschritt[105]. Auch die Dienstgrade der alten k. u. k. Armee wurden wieder eingeführt, sogar der eines gar nicht republikanischen „Feldmarschalleutnants" (freilich doch ohne den eines korrespondierenden Feldmarschalls). Die Staatsmänner des „neuen Österreich" zeigten sich in ihren alten k. u. k. oder in ihnen nachempfundenen Uniformen: Bundeskanzler Dollfuß trug die eines Oberleutnants der Tiroler Kaiserschützen[106]. Ein Foto des Kabinetts Schuschnigg zeigt nur uniformierte Regierungsmitglieder: Vizekanzler Starhemberg als Bundesführer der Heimwehren, Handelsminister Stockinger als Hauptmann, Justizminister Berger-Waldenegg wohl als Landesführer der steiermärkischen Heimwehren („Heimatschutz"), Innenminister Fey als Major (der Reserve), Staatssekretär Zehner als Generalmajor, Staatssekretär Karwinsky als ehemaligen Oberleutnant der Reserve der k.u.k. Armee (!) und Staatssekretär Hammerstein-Equord als ehemaligen Rittmeister der Reserve der k.k. Landwehr (!); im Gegensatz zu diesen alten bzw ihnen nachempfundenen Uniformen mutet nur die Bundeskanzler Schuschniggs als Führer der Ostmärkischen Sturmscharen[107] mit Umlegekragen und Krawatte modern an[108]. Seit der

---

[104] *Heeresgeschichtliches Museum* (Hrsg), 1918-1968. Die Streitkräfte der Republik Österreich, 1968, 239f; *Reichspost*, 21.5.1933, 14; zur jüngeren Literatur vgl *E. A. Schmidl*, Militärische Symbolik in Österreich seit 1918, in: *Leser - Wagner*, wie Fn 21, 98ff.

[105] Foto in: *L. Jedlicka*, Ein Heer im Schatten der Parteien, 1955, bei 112.

[106] Foto etwa in: *G. Shepherd*, Engelbert Dollfuß, 1961, bei 145; *W. Wiltschegg*, Österreich - der „Zweite deutsche Staat"? Der nationale Gedanke in der Ersten Republik, 1992, bei 248: hier Abb 6.

[107] Wehrverband der Staatspartei „Vaterländische Front", schon 1930 in Tirol wohl nach dem Vorbild der „Katholischen Sturmscharen" im Rheinland gegründet.

[108] Foto in: *H. Andics*, 50 Jahre unseres Lebens, 1968, 266. Auskunft zu den Uniformen erteilte dankenswerterweise Dozent Dr. Erwin A. Schmidl, Hofrat im Landesverteidigungsministerium.

Aufhebung der Habsburgergesetze[109] sah man auch wieder Erzherzöge in ihren alten Uniformen bei offiziellen Anlässen auf Festtribühnen wie etwa die Erzherzöge Eugen, Josef Ferdinand und Franz Salvator bei der Einweihung des zu einem Heldendenkmal umgestalteten Äußeren Burgtors in Wien am 9. September 1934[110]. Diese Staatssymbolik im weiteren Sinne gemahnte durchaus nicht an das Römisch-deutsche Reich, sondern an die Habsburgermonarchie. Dieses Bild unterstreichen die im Zeichen des christlichen Ständestaates vermehrt auftretenden Geistlichen wie etwa bei Fronleichnahmsprozessionen, die zum Teil quasistaatlichen Demonstrationscharakter durch die Beteiligung des Bundesheeres und gehißte Kruckenkreuzfahnen annehmen konnten[111]. Übrigens begannen zahlreiche Gemeinden dem Kaisersohn Otto von Habsburg die Ehrenbürgerschaft zu verleihen[112] - erinnerlich wären die Bürgermeister jener Wahlkörper gewesen, der den Bundespräsidenten zu wählen hatte, wenngleich freilich aus einem Dreiervorschlag der Bundesversammlung.

Den neuen Doppeladler nicht als römisch-deutschen Reichsadler zu verstehen, sondern als wiederauferstandenen Habsburger-Adler, lag daher vielfältigst nahe. Giehl sprach tatsächlich 1934 vom „alten deutschen und österreichischen Doppeladler“, vom „österreichischen deutschen Doppeladler“[113]. Innenminister Fey hatte dies vorausgesehen. Als Karwinsky den Doppeladler als Symbol des Römisch-deutschen Reiches anpries und Dollfuß Zweifel hegte[114], meinte er: „Von 100 Leuten werden 99 sagen, Gott sei Dank, jetzt haben wir das alte Wappen“, jenes nämlich, das sie selbst vor 1918[115] erlebt hatten, - wobei er sich im Prozentsatz jener, die „Gott sei Dank“ gesagt haben könnten, allein in Hinblick auf die Sozialdemokraten wohl kräftig irrte.

Hatte man mit der Wiederbelebung des alten Doppeladlers schon an sich eine rückwärtsgewandte Symbolik gewählt, so verstärkte diesen antiquierten Charakter seine Umdeutung zum Symbol des Habsburgerstaates noch inso-

---

[109] Sie hatten prinzipiell die Landesverweisung der Mitglieder des Hauses Habsburg-Lothringen verfügt: *Brauneder*, Deutschösterreich, 184ff.

[110] Foto in: *Andics*, wie Fn 108, 270.

[111] Z B Fronleichnamsprozession in Perchtoldsdorf bei Wien: Das Rathaus ist beflaggt mit der Kruckenkreuzfahne, in der Prozession marschiert auch eine Einheit des Bundesheeres mit: Ölgemälde von Otto Elsner, 1936, in: *G. Ostrawsky*, Geschichte des Marktes Perchtoldsdorf 1683-1983, 1983, Abb 65 bei 224.

[112] *W. Krones*, Otto von Habsburg. Vom Kaisersohn zum Parlamentarier, Phil Diss 1983, 27f, 90; *E. Feigl*, Otto von Habsburg. Profil eines Lebens, 2. Aufl 1992, 78ff.

[113] *Giehl*, wie Fn 48, 5.

[114] Vgl oben, wie Fn 34.

[115] *Diem*, wie Fn 1, 111ff.

ferne, als diesem weit größere Ressentiments entgegenschlugen als dem längst zur Geschichte gewordenen Römisch-deutschen Reich. Einen Ausgleich gegen diese rückwärtsgewandte Staatssymbolik schuf das zwar historische, aber als staatliches Symbol „moderne" Kruckenkreuz. In der Kruckenkreuzfahne dominierte es Aufmärsche, Veranstaltungen und symbolisierte schlechthin das „neue Österreich". Modernität verhieß es auch in Verbindung mit den Erscheinungsformen anderer totalitärer Staaten. Da gab es einen vielfältigen „Führer"-Kult: „Führerworte" titelt eine Zitatensammlung der Politiker des „neuen Österreich" wie u a Dollfuß, Schuschnigg, Starhemberg; es gab eine „Führerschule" in Laxenburg; unter „Der Führer ist tot, aber sein Werk lebt!" kommentierte die christlichsoziale „Reichspost" den Tod von Dollfuß[116].

Die Werbewirksamkeit der neuen Staatssymbolik blieb jedenfalls hinter den Erwartungen zurück.

IV. Seit 1945

Noch in den letzten Kriegstagen kam es zur Wiederherstellung der österreichischen Staatlichkeit[117] und mit dem Rückgriff auf die Verfassung 1920/29 auch zu einem solchen auf die damalige Staatssymbolik - mit einer Modifikation.

Was das Staatswappen anlangt, so zeigte sich der abermalige Staatskanzler Renner farbenbewußt wie 1918. Im Kabinettsrat schon am 30. April 1945 schlug er nämlich für die eben wiedererrichtete Republik Österreich das Staatswappen von 1919 vor, allerdings „mit der Abänderung, dass zwischen den Fängen des Adlers eine mattsilberne entzweigerissene Kette angebracht wird"[118]. Zu Schwarz, Rot und Gold wäre also noch mattes Silber hinzugetreten. Dazu aber kam es nicht. Das „Wappengesetz" vom 1. Mai 1945 (StGBl 7) verfügte ausdrücklich die Wiedereinführung des Staatswappens von 1919 und erinnerte sogar im Gesetzestext (Art 1), dieses zeige „die Zusammenarbeit der wichtigsten werktätigen Schichten: der Arbeiterschaft durch das Symbol des Hammers, der Bauernschaft durch das Symbol der Sichel und des Bürgertums durch das Symbol der den Adlerkopf schmückenden Stadtmauerkrone". Im Sinne des Antrags Renner bestimmte

---

[116] *Bundeskommissariat für Heimatdienst* (Hrsg), Unser Staatsprogramm. Führerworte, 1935; *Reichspost*, 26.7.1934, 4.

[117] *Brauneder*, Verfassungsgeschichte, 255ff; *ders*, Staatlichkeit, in diesem Band, 333ff.

[118] *G. Enderle-Burcel - R. Jerabek - L. Kammerhofer* (Hrsg), Protokolle des Kabinettsrates der Provisorischen Regierung Karl Renner 1945 Bd 1, 1995, 5, auch 8.

das Gesetz weiters: „Dieses Wappen wird zur Erinnerung an die Wiedererringung der Unabhängigkeit Österreichs und den Wiederaufbau des Staatswesens im Jahre 1945 dadurch ergänzt, dass eine gesprengte Eisenkette die beiden Fänge des Adlers umschliesst". Ganz im Gegensatz zur hier sogar gesetzesförmig erläuterten Ständesymbolik kam die Farbensymbolik nicht zur Sprache und, damit konform, trat an die Stelle der mattsilbernen Kette Renners eine farblich nicht gekennzeichnete „Eisenkette".

Allerdings ist das Staatswappen von 1945 nicht nur verbal definiert, sondern auch durch seine „Zeichnung", die „einen Bestandteil" des Wappengesetzes 1945 (§ 2) bildet und im Juni 1945 (StGBl 22) nachgetragen wurde. Die Eisenkette ist hier in der Farbe weiß abgebildet - abgesehen von der schwarzen Einfassung der Kettenglieder, die sich aber bespielsweise auch bei Hammer und Sichel findet. Die Farbe der Kette entspricht jener des Querbalkens im Bindenschild und müßte demnach als Weiß zu deuten sein! Eine weiße Eisenkette erscheint aber eher kurios. Da nun aber Weiß heraldisch der Farbe Silber entspricht - „Ein silberner Balken im roten Feld ergibt den österreichischen Bindenschild"[119] - ist die - gesetzlich durch Abbildung - weiß wiedergegebene Eisenkette als silberne Kette zu deuten, also im Sinne von Renners Vorschlag! Bleibt freilich, im Gegensatz zu Renners Silberkette („mattsilberne ... Kette"), der Widerspruch, eine „Eisenkette" (StGBl 1945/7) heraldisch mit Silber zu definieren (StGBl 1945/22), die in Weiß darzustellen wäre. Jedenfalls ist festzustellen, daß die gesetzlichen Regelungen, sowohl die verbale wie die zeichnerische die Eisenkette nicht als schwarz definieren!

Das „Wappengesetz" 1945 regelte entgegen dieser Kurzbezeichnung aber mehr als nur das Staatswappen, nämlich laut Volltext seiner Bezeichnung „Wappen, Farben, Siegel und Embleme" - unerwähnt ist hier, aber dennoch geregelt, die „Flagge".

Die „Farben der Republik" blieben natürlich gleich: Rot-Weiß-Rot (Art 2). Ebenso wie 1919, als die „Flagge der Republik" allein aus diesen Farben zu definieren war, sind „Flaggen und Banner" auch jetzt mit den „Farben" verknüpft, allerdings nun ergänzt um die Regelung, sie „zeigen im Mittelfeld das Wappen der Republik", dessen nähere Anordnung ist aber nicht geregelt (Art 2). Hinsichtlich des Wappens im weiters nicht definierten Mittelfeld ist man zur Schlußfolgerung verleitet, auf diese Weise sei demonstriert, daß im Gegensatz zur Situation zwischen 1934 und 1938 mit der rot-weiß-roten Staatsflagge und der ihr gleich zu haltenden Kruckenkreuz-

---

119 *Diem*, wie Fn 1, 27f.

flagge es nunmehr nur eine offizielle Flagge gibt, nämlich die mit dem Staatswappen.

Zu den „Emblemen" zählten nun übrigens auch die „in der Republik Österreich ausgegebenen Wertzeichen (Staatsnoten, Banknoten, Briefmarken usw)", welche „- abgesehen von ihrer sonstigen Ausstattung - entweder das volle oder das gekürzte Bild des Staatssiegels", das Staatswappen mit der Aufschrift „Republik Österreich", oder bloß die Aufschrift „Republik Österreich" zu tragen haben (Art 5).

Erstmals in den Text des Bundes-Verfassungsgesetzs wurde die Staatssymbolik durch das Einfügen eines Artikel 8a im Jahre 1981 (BGBl 350) aufgenommen, und zwar erstmals auch vollkommen: Farben, Flagge und Wappen sind hier definiert; die näheren Ausführungen erfolgten einfachgesetzlich durch ein neues „Wappengesetz" im Jahre 1984 (BGBl 159). Es schuf zusätzlich die Dienstflagge, als rot-weiß-rote Flagge mit dem Bundeswappen sowie der zusätzlichen Festlegung des Verhältnisses der Höhe der Flagge zu ihrer Länge mit zwei zu drei. Im wesentlichen wurden bisherige Bestimmungen kompiliert. Die „Seeflagge" gemäß § 3 Seeschiffahrtsgesetz 1981 (BGBl 174) entspricht der Dienstflagge ohne Bundeswappen bzw der Flagge mit zusätzlicher Festlegung der Größenverhältnisse. Eine Kuriosität blieb bestehen. Wie schon nach dem Wappengesetz 1945 so ist auch nach Artikel 8a B-VG die Farbe der „Eisenkette", im Gegensatz zu den sonstigen Farben des Bundeswappens Schwarz-Rot-Gold, nicht geregelt. Gemäß „der Zeichnung des Bundeswappens" in Anlage 1 zu § 1 Wappengesetz 1984, die „einen Bestandteil dieses Gesetzes" bildet, ist die Farbe der Kette bläulich, wohl eine der näheren Bestimmungen, zu denen das Bundes-Verfassungsgesetz (Art 8a Abs 3) ermächtigt. Ob dies aber auf das in dieser Anlage 1 nahezu überwiegend bläuliche Gefieder auch zutrifft? Artikel 8a B-VG ist hier eindeutig: „schwarzer Adler".

V. Überblick

Verfolgt man die Entwicklung der Staatssymbolik in Österreich seit der Gründung der Republik im Oktober 1918, stößt man grundsätzlich auf Kontinuität. Am klarsten tritt sie in den Staatsfarben und in der damit zusammenhängenden Staatsflagge zu Tage: Rot-Weiß-Rot; Kontinuität veranschaulicht auch das Staatswappen, nämlich durch die Adler-Symbolik, wenngleich auch nicht durch die Adler selbst und auch nicht von der Staatsgründung an, sondern erst seit 1919. Das erste republikanische Staatswappen von 1918 wich von der üblichen Staats-Heraldik ab: ährenumkränztes

Stadttor mit gekreuzten Werkzeugen, nämlich Hammer und Sichel. Kontinuität zeigt sich wieder in den Farben des Staats- bzw Bundeswappens: verbal stets Schwarz-Rot-Gold.

Die Kontinuität unterbrach, abgesehen von der Nichtexistenz des österreichischen Staates von 1938 bis 1945, die Periode 1934 bis 1938. Die Staatsfarben blieben zwar gleich, auch die Staatsflagge, doch erhielt sie in der Kruckenkreuzflagge eine Konkurrenz. Die stärkste Modifikation betraf in diesem Zeitraum aber das Staatswappen: An die Stelle des einköpfigen trat der doppelköpfige Adler, im Gegensatz zu jenem ohne die Attribute Mauerkrone, Hammer und Sichel. Auch nach 1945, als der einköpfige Adler von 1919 wieder zum Staatswappen wurde, widerfuhr ihm eine Modifikation, nämlich durch das Hinzufügen der gesprengten Kette.

Keine Kontinuität wiesen bis 1981 die gesetzlichen Regelungen der Staatsymbolik durch ihre Lückenhaftigkeit auf. Durch Staatsratsbeschluß kam es am 31. Oktober 1918 zur Regelung des Staatswappens und der Staatsfarben, nicht aber der Staatsflagge. Die erste formalgesetzliche Regelung eines Staatssymbols geschah im Gesetz vom 8. Mai 1919 über das „Staatswappen und das Staatssiegel der Republik Deutschösterreich" (StGBl 257), formalgesetzlich ungeregelt blieben damit Staatsfarben und Staatsflagge. Die Regelung der Staatsflagge erfolgte erst fast ein Jahr nach der Staatsgründung am 21. Oktober 1919 (StGBl 484), war aber durch die Verweisung auf eine Vollzugsanweisung hinsichtlich des Gebrauchs des Staatswappens in der Staatsflagge unvollkommen. Verordnungen der Jahre 1926 (BGBl 85), 1929 (BGBl 191) und 1931 (BGBl 277) füllten diese Lücke. 1921 (BGBl 207) kam übrigens das Wort Nationalflagge in Gebrauch. Formalgesetzlich nicht eigens geregelt blieben weiterhin die Staatsfarben, sie waren aus der Staatsflagge abzuleiten. Mit dem Bundes-Verfassungsgesetz 1920 wurden die erwähnten formalgesetzlichen Regelungen von 1919 in den Verfassungsrang gehoben (Art 149 Abs 1).

Erstmals nahm dann die Verfassung 1934 die Staatssymbolik in eine (Stamm-)Verfassung auf (Art 3). Ausdrücklich regelte sie die Staatsfarben, das Staatswappen und das Staatssiegel, nicht aber die Staatsflagge. Über sie erging 1936 ein eigenes Bundesgesetz (BGBl 444).

Unvollständig wie in der Verfassung 1934 waren auch nach 1945 die Regelungen im Wappengesetz 1945 (StGBl 7 samt Anlage StGBl 22), denn „Flaggen und Banner" wurden zwar gerade hinsichtlich der Aufnahme des Staatswappens in diese erwähnt, aber ihre grundsätzliche Gestaltung nicht geregelt. Die Farbe des nunmehr in das Staatswappen aufgenommenen Attributs der gesprengten Kette war ungewiß. Da die einschlägigen Bestimmungen aus dem Jahre 1919 seit 1920 im Verfassungsrang standen, galten die einfach-gesetzlichen Regelungen von 1945 übrigens als verfassungswidrig.

Erst die Einfügung des Artikels 8a in das Bundes-Verfassungsgesetz im Jahre 1981 (BGBl 350) brachte eine gemeinsame und verfassungskonforme Regelung der Farben, der Flagge und des Wappens, worauf 1984 (BGBl 959) das ausführende Bundesgesetz „über das Wappen und andere Hoheitszeichen der Republik Österreich (Wappengesetz)" erging. Erstmals seit der Staatsgründung 1918 waren damit gemeinsam die Staatssymbole Wappen, Siegel, Farben und Flagge erfaßt.

Staatsgründungen in Europa um 1918

I. Staatsrechtliche Grundlagen; II. Staatsgründungen vom Eismeer bis zur Agäis: A. Finnland, B. Estland, C. Lettland, D. Litauen, E. Polen, F. Tschechoslowakei, G. Deutschösterreich, H. Vom „Staat der Slowenen, Kroaten und Serben" zum „Königreich der Serben, Kroaten und Slowenen", I. Republik Türkei, J. Irland; III. Analyse: A. Staatsgewalt, B. Regierungsform, C. Definitive Verfassung, D. Das Staatsgebiet, E. Alte neben neuer Staatsgewalt; IV. Ergebnisse.

I. Staatsrechtliche Grundlagen

Am 30. Oktober 1918 berichtete in Wien die Reichspost, es seien an diesem Tag „alle Nationen mit der Konstituierung ihrer Staaten vollständig beschäftigt". Gemeint waren hiermit die Nationen des zerfallenden Österreich-Ungarn, doch trifft die Bemerkung auf ganz Europa zu, und zwar buchstäblich vom Eismeer bis zum Atlantik und zur Ägäis. Beginnend 1917 entstanden besonders 1918 in nordsüdlicher Reihenfolge als neue Staaten beispielsweise Finnland, die baltischen Staaten, Polen, die Tschechoslowakei, Deutschösterreich, das spätere Jugoslawien als Königreich der Serben-Kroaten-Slowenen, Irland und die Türkei, dann die Staaten der späteren UdSSR, auch wurden Staatsbildungen versucht wie etwa im Saarland oder eine Rheinische Republik, fortdauernde Staaten wechselten ihre Regierungsform wie etwa das Deutsche Reich und Ungarn.

Für Staatsgründungen wie für einschneidende Verfassungsänderungen[1] gab es seit der Französischen Revolution ein Modell: die Konstituierende oder Verfassungsgebende Nationalversammlung als Versammlung der gewählten Repräsentanten der betroffenen Nation mit der Hauptaufgabe des Konstitutionserlasses, der Verfassungsgebung. Auf diesem Wege erfolgten auch Staatsgründungen, und zwar durch den Erlaß einer, nämlich der ersten Verfassung.

Aus: W. Brauneder - N. Leser, Staatsgründungen 1918 (= Rechts- und Sozialwissenschaftliche Reihe 24), Frankfurt/Main u a 1999, 135-181; hier jedoch mit Verkürzung der Staatsgründung Österreichs und erweitert um Irland.

1 Zur allgemeinen Entwicklung *Ch.-F. Menger*, Deutsche Verfassungsgeschichte der Neuzeit, 8. Aufl 1993; *D. Willoweit*, Deutsche Verfassungsgeschichte, 4. Aufl 2001; zu Österreich generell *Brauneder*, Verfassungsgeschichte; *ders*, Deutschösterreich.

Nach[2] diesem Modell kamen im 19. Jahrhundert die meisten Verfassungen zustande, so in den dreißiger Jahren die von vielen deutschen Staaten wie etwa die Sachsens oder Hannovers, 1848 in Preußen, während in Österreich 1848/49 dem Reichstag als einer seit der Novelle vom Mai 1848 konstituierenden Nationalversammlung der Erfolg versagt blieb. In gleicher Weise entstanden neue Staaten wie 1831 Belgien[3] durch einen „National-Kongreß" in Brüssel, 1867 der Norddeutsche Bund[4] insbesondere durch den „Konstituierenden Reichstag", während der Versuch von 1848/49, durch die „Konstituierende deutsche Nationalversammlung" in Frankfurt/Main an die Stelle des Deutschen Bundes den Bundesstaat Deutsches Reich zu setzen, fehlschlug.

In dieser Tradition stehen auch die Staatsgründungen ab 1917. So ersetzte im Deutschen Reich[5] eine Konstituierende Nationalversammlung die Reichsverfassung 1871 durch die Reichsverfassung 1919, ebenfalls eine solche schuf in Österreich[6] die Bundesverfassung 1920, nachdem allerdings hier eine Provisorische Nationalversammlung diesen Staat erst neu begründet hatte. Ähnlich sollte in Wiesbaden eine Rheinische Republik[7] durch eine Vorläufige Regierung begründet und von einer Rheinischen Landesversammlung mit einer Verfassung ausgestattet werden.

Die Entwicklungen ab 1917 verwenden Modelle, die freilich durch die konkreten Situationen erheblich modifiziert werden, doch lassen sich stets ähnliche oder vergleichbare Grundkonstruktionen erkennen. Zu jenen konkreten Situationen gehört vor allem auch, daß zweierlei Staatsgründungen zu unterscheiden sind, nämlich einerseits solche, die bereits vorhandene Ge-

---

2 Zum folgenden vgl *F. W. Schubert*, Die Verfassungsurkunden und Grundgesetze der Staaten Europas, der Nordamerikanischen Freistaaten und Brasiliens I, 1848, 327ff, und II, 1850, 44ff, 396ff; Übersicht über die landständischen Verfassungen 1814-1848 bei *E. R. Huber*, Deutsche Verfassungsgeschichte seit 1789 I, 2. Aufl 1975, 656f; ebda II, 3. Aufl 1988, 724ff; *S. Böhr*, Die Verfassungsarbeit der preußischen Nationalversammlung 1848, 1992.

3 *Schubert*, wie Fn 2, II, 312ff; *F. Petri*, Belgien, Niederlande, Luxemburg von der Französischen Zeit bis zum Beginn der Deutschen Einigung 1794-1865, in: *T. Schieder* (Hrsg), Handbuch der europäischen Geschichte V, 1981, 946ff.

4 *Huber*, wie Fn 2, III, 3. Aufl 1988, 667; *ders*, wie Fn 2, II, 767ff insb 791ff.

5 *Willoweit*, wie Fn 1, 322ff; *Ch. Gusy*, Die Weimarer Reichsverfassung, 1997, 55 ff.

6 *Brauneder*, Verfassungsgeschichte, 187ff; *ders*, Nationalversammlung; *K. Berchtold*, Verfassungsgeschichte der Republik Österreich I: 1918-1933, 1998, 189ff, 53ff.

7 Dazu: *E. Bischof*, Rheinischer Separatismus 1918-1924. Hans Adam Dortens Rheinstaatsbestrebungen, 1969, insb 81ff; *P. Klein*, Separatisten an Rhein und Ruhr. Die konterrevolutionäre separatistische Bewegung der deutschen Bourgeoisie in der Rheinprovinz und in Westfalen November 1918 bis Juli 1919, 1961, 82ff.

bilde wie etwa autonome Provinzen betreffen oder andererseits völlig neue Territorien schaffen.

II. Staatsgründungen vom Eismeer bis zur Ägäis

In der Folge werden Staatsgründungsprozesse ab 1917 mit Ausnahme jener im Gebiete der späteren UdSSR unter den spezifischen Aspekten der Gründungserklärung und der weiteren Verfassungsschritte und der jeweiligen Organe beleuchtet.

A. Finnland

Finnland[8] stand seit 1809 als Großfürstentum in Personalunion mit Rußland und besaß ab 1869 vor allem einen eigenen Landtag und eine eigene Regierung (Senat), wurde allerdings von 1899 an etwa durch Ausdehnung russischer Gesetze auch auf Finnland immer mehr dieser Autonomie beraubt. Nach der Abdankung des Zaren am 15. März 1917 kündigte jedoch Rußland am 20. März 1917 im Einvernehmen mit Finnland an, diese Entwicklung dadurch rückgängig zu machen, daß Finnland seine Unabhängigkeit wie vor 1899, also innerhalb Rußlands, zurückerhalte. Mit dem Ende der Monarchie in Rußland übernahm Finnlands Landtag am 18. Juli 1917 anstelle des Zaren die „höchste Gewalt“, wenngleich auch nur „vorläufig“ und ausgenommen Äußeres und Heerwesen, die also weiterhin Rußland zukamen. Dennoch löste der russische Generalgouverneur den Landtag auf. Der zu Oktober-Beginn neugewählte Landtag erklärte sich am 15. November 1917 ausdrücklich als Inhaber der höchsten Staatsgewalt nun unter Einschluß des Äußeren und der Heeresangelegenheiten, die bisherige Form der Regierung als inakzeptabel und setzte selbst eine neue Regierung (Senat) ein, was die vollständige Selbständigkeit Finnlands bedeutete. Am 6. De-

[8] *E. Jutikkala*, Finnland von der Erringung der Selbständigkeit bis zur Neuorientierung nach dem II. Weltkrieg, in: *T. Schieder* (Hrsg), Handbuch der europäischen Geschichte VII/2, 1979, 1080ff; *E. Jutikkala - K. Pirinen*, Geschichte Finnlands, 2. Aufl 1976, 254ff, 344ff; *S. Zetterberg*, Finnland ab 1917, 1991, 16ff; *R. Erich*, Die Entwicklung des öffentlichen Rechts in Finnland, in: Jahrbuch des öffentlichen Rechts der Gegenwart XI, 1922, 103ff: Alle mit z T leicht abweichenden Angaben. Die folgende Darstellung folgt *R. Sihvonen*, The Vacant Throne. The Question of Systeme Anthority in Finnland 1917-1919, 1997, sowie Originalquellen aus dem Finnischen Nationalarchiv, der Bibliothek des Reichstags und dem Archiv des Außenministerium, wofür diesen Stellen sehr herzlich gedankt sei.

zember 1917 hielt der Landtag Finnlands dessen Unabhängigkeit und seine Rolle als Inhaber der höchsten Staatsgewalt in einer knappen Resolution fest.

Was die Regierungsform anlangt, so wurde diese am 15. November wie am 6. Dezember 1917 mit den Worten „unabhängige Republik" festgelegt. Mangels einer entsprechenden Verfassung setzte sich jedoch die Ansicht durch, es gelte weiterhin die - schwedische - Verfassung 1772, die nun nach der Abdankung des bisherigen Großherzogs, des Zaren, die Wahl eines neuen Monarchen verlange. Die Frage Monarchie oder Republik blieb daher vorerst unentschieden. Als im Mai 1918 die höchste Staatsgewalt dem Regierungschef übertragen wurde, galt er als Regent. Am 9. Oktober 1918 wählte das Parlament Friedrich Karl von Hessen als Frederik Kaarle zum König. Nur ein Monat danach dankte jedoch Kaiser Wilhelm II. ab! Angesichts des Zusammenbruchs der Mittelmächte und damit des monarchischen Gedankens in weiten Teilen Europas verzichtete Frederik, ohne Finnland je betreten zu haben, am 14. Dezember 1918. Kurz zuvor, am 12. Dezember, war General Mannerheim vom Parlament zum neuen Regenten gewählt worden. Am 17. Juli 1919 trat die erste Verfassung des unabhängigen Finnland in Kraft und erklärte dieses zur „souveränen Republik" auf demokratischer Grundlage.

So war in Finnland innerhalb eines vorgegebenen Gebietes aus einer nahezu aufgehobenen wieder die volle Staatlichkeit hergestellt worden, und zwar durch den finnischen Landtag, der nach der Abdankung des Zaren auch als Großherzog von Finnland die höchste Gewalt im Lande in Anspruch nahm. Von mehreren möglichen Tagen wie 15. November 1917 oder 6. Dezember 1917 gilt dieser als Beginn der Unabhängigkeit. Nach einer Phase der Überlegung wurde die monarchische durch die republikanische Regierungsform ersetzt.

B. Estland

Estland[9] bildete wie Finnland einen Bestandteil Rußlands, besaß aber als bloßer Verwaltungsbezirk, nämlich Gouvernement Reval[10] (auch Estland,

---

9 *H. Schneider*, The Principle of Separate and Balanced Powers in Estonian Constitutions, in: Juridica International. Law Review II, University of Tartu, 1997, 35ff; *G. v Rauch*, Geschichte der baltischen Staaten, 2. Aufl 1977, 35ff; *A. Frhr v Taube*, Estland und Lettland als selbständige Republiken und als Unionsrepubliken der UdSSR 1918-1970, in: *Schieder* (Hrsg), wie Fn 8, 1107ff; *E. Uustalu*, Die Staatsgründung Estlands, in: *J. v Hehn - H. v Rimscha - H. Weiss*, Von den baltischen Provinzen zu den baltischen Staaten I, 1971, 275ff; *S. v Csekey*, Die Verfassungsentwicklung Estlands 1918-1928, in: Jahrbuch des öf-

aber in kleinerem Umfang als der spätere Staat), keine Autonomie. Nach dem Ende des Zarenregimes am 20. Juni 1917 wurde es allerdings um die nördlichen Gebiete des Gouvernements Riga (Livland) vergrößert und als nunmehr autonomes Gouvernement mit einem Landesrat, freilich weiterhin innerhalb Rußlands, eingerichtet. Dieser im Juli 1917 gewählte Landesrat (maanoukogu) änderte zum Zeichen seiner aus diesen Wahlen herrührenden höheren Legitimation seinen Namen in Landtag (maapäev). Am 28. November 1917 nahm er die „höchste Gewalt" in Anspruch - das bisherige russische Gouvernement Estland war damit im Prinzip zum Staat erklärt worden. Am 24. Februar 1918 erklärte der Ältestenrat des Landtags Estland zur „selbständigen demokratischen Republik" und setzte eine provisorische Regierung ein. Am 23. April 1919 trat die aus Wahlen hervorgegangene „Konstituierende Versammlung" zusammen und erließ am 15. Juni 1919 die Verfassung der Republik Estland.

Estland war somit aus einer jungen russischen Selbstverwaltungseinheit, im Wesentlichen das um Nordlivland vergrößerte ehemalige Gouvernement Estland, zum Staat geworden, und zwar dadurch, daß sich dessen gewähltes Selbstverwaltungsorgan als provisorische Volksvertretung erklärte und den Staat proklamierte, dem sodann eine konstituierende Nationalversammlung seine Verfassung gab.

C. Lettland

Lettland[11] wurde ähnlich wie Estland nach dem Ende des Zarenregimes 1917 aus Teilen bisheriger Gouvernements, nämlich Riga (Livland) und Mitau (Kurland), als neues autonomes Gouvernement gebildet und diesem eine Landesversammlung als Selbstverwaltungsorgan zugesagt, was jedoch als unbefriedigend empfunden wurde. Ein am 17. November 1917 gewählter „Nationalrat" proklamierte daher ein selbständiges Lettland, wich allerdings vor der deutschen Besetzung nach St. Petersburg aus. Erst ein Jahr nach die-

fentlichen Rechts der Gegenwart XVI, 1928, 168ff; *E. Berendts*, Die Verfassungsentwickelung Estlands, in: Jahrbuch des öffentlichen Rechts der Gegenwart XII, 1924, 191ff.

10 Hinsichtlich der hier und in der Folge genannten Gouvernements Rußlands vgl *J. G. A. Galletti*, Allgemeine Weltkunde, 11. Aufl Pest-Wien-Leipzig 1854, 606ff, insb 608 (Karte) bzw in: *Hehn - Rimscha - Weiss*, wie Fn 9 II, 1977, die Karte „Die baltischen Lande vor dem Ersten Weltkrieg - Das Entstehen der Staaten Estland und Lettland nach dem Ersten Weltkrieg", nach 447.

11 *Rauch*, wie Fn 9, 35ff; *Taube*, wie Fn 9, 1107ff; *B. Kalnins*, Die Staatsgründung Lettlands, in: *Hehn - Rimscha - Weiss*, wie Fn 9 I, 293ff.

sem Versuch und einem Zwischenspiel während der deutschen Besetzung mit einer Wiederbelebung älterer Organe wie etwa der ständischen Landesvertretung Kurlands und einer engen Zusammenarbeit mit dem Deutschen Reich bildete sich aus diversen Parteien und Gruppen ein „Lettischer Volksrat“. Er erläßt am 18. November 1918 eine Unabhängigkeitserklärung, setzt eine Regierung ein und strebt die Wahl einer „Verfassungsgebenden Versammlung“ an. Diese trat nach ihrer Wahl erstmals am 1. Mai 1920 zusammen, erklärte Lettland zur demokratischen Republik und verabschiedete am 27. Mai 1920 die Vorläufige Verfassung, der erst am 15. Februar 1922 die endgültige Verfassung folgte.

Ähnlich wie Estland entstand Lettland als Staat aus einer jungen russischen Selbstverwaltungseinheit durch eigene Initiative, allerdings erst in einem zweiten Anlauf, aber gleichfalls durch eine provisorische Versammlung, wonach durch eine konstituierende Nationalversammlung die Verfassungsgebung erfolgte.

D. Litauen

Litauen[12] bildete im zaristischen Rußland keine Einheit. Sein Gebiet gehörte im Wesentlichen den Gouvernements Mitau (Kurland), Kowno und Wilna an. Am 13. März 1917 verlangte ein aus Vertretern politischer Parteien gebildeter „Nationalrat“ in St. Petersburg die Autonomie für Litauen innerhalb des russischen Staates, was dieser aber versagte. Am 22. September 1917 konstituierte sich daher in Wilna eine teilweise gewählte Versammlung als „Landesrat“ (Taryba) und proklamierte am 11. Dezember 1917 die „Wiederherstellung eines unabhängigen litauischen Staates“, allerdings in einem „engen Bundesverhältnis mit dem deutschen Reich“, seinem unmittelbaren Nachbarn. Am 16. Februar 1918 erfolgte die förmliche Unabhängigkeitserklärung durch die Taryba, die am 4. Juni 1918 die erste Verfassung erläßt und am 2. Juli 1918 den Herzog Wilhelm von Urach zum König Mindaugas II. wählt. Wie im Falle Finnlands betrat dieser allerdings nie das Land, die monarchische Regierungsform zeitigte keine praktischen Auswirkungen. Am 28. Oktober 1918 erließ die Taryba abermals eine, die

---

12 *Rauch*, wie Fn 9, 35ff; *G. Rhode*, Litauen vom Kampf um seine Unabhängigkeit bis zur Gründung der Sowjetrepublik 1917-1944, in: *Schieder* (Hrsg), wie Fn 8, 1062ff, insb 1065ff; *M. Hellmann*, Grundzüge der Geschichte Litauens und des litauischen Volkes, 1966, 134ff; zum speziellen Aspekt des Verhältnisses Litauens zum deutschen Reich *M. Bienhold*, Die Entstehung des litauischen Staates in den Jahren 1918-1919 im Spiegel deutscher Akten, 1976.

sogenannte Provisorische Verfassung, in der sie sich unter dem Namen „Staatsrat“ als oberstes Organ bis zum Zusammentritt einer konstituierenden Nationalversammlung bestätigte. Nach der Wahl am 14./15. April 1920 trat diese erstmals am 15. Mai 1920 als „Gründungs-Seym“ zusammen und faßte an diesem Tag eine - abermalige - Unabhängigkeitsdeklaration. Am 10. Juni 1920 erläßt sie die zweite Provisorische Verfassung, welche Litauen ausdrücklich als demokratische Republik konstituiert, am 1. August 1922 folgt die definitive Verfassung.

Litauen entspricht in seiner Gründung den beiden anderen baltischen Staaten: Die Staatsgründung erfolgte durch eine provisorische Versammlung, die auch provisorische Verfassungen erläßt, die definitive Verfassung sodann eine konstituierende Nationalversammlung. Im Gegensatz zu den beiden anderen baltischen Staaten, ebenso aber wie Finnland, durchläuft Litauen eine kurze monarchische Phase. In besonderer Weise kennzeichnet die Staatsgründung zwar einerseits ein Anknüpfen an eine zurückliegende historische Staatlichkeit, andererseits aber ein Zusammenfassen getrennter Verwaltungseinheiten mit einer Ungewißheit über das Staatsgebiet insbesondere zufolge der polnischen Ansprüche auf das Gebiet um Wilna.

E. Polen

Polen[13] entstand als Staat aufgrund mehrerer Initiativen, nämlich zufolge des 1. Weltkrieges sowohl der Mittelmächte einer- wie der Alliierten andererseits und besonders auch kraft eigener Anstrengungen. Diese beginnen am 16. August 1914 mit der Bildung eines „Nationalkomitees“ aus Parteienvertretern innerhalb Österreich-Ungarns und der Bildung polnischer „Legionen“ mit ihrem „Kommandant“ Pilsudsky. In Einklang mit den Mittelmächten wird am 5. November 1916 ein „Königreich Polen“ als konstitutionelle Monarchie proklamiert und mit dem Aufbau einer eigenen Verwaltung in den Gebieten von Justiz und Unterricht begonnen. Als provisorisches Repräsentativorgan konstituierte sich am 14. Jänner 1917[14] ein „Staatsrat“, sodann am 27. Oktober 1917 als provisorisches kollektives Staatsoberhaupt ein „Regentschaftsrat“ sowie eine Regierung. Am 22. Juni

---

[13] *H. Roos*, Geschichte der Polnischen Nation 1918-1985. Von der Staatsgründung im Ersten Weltkrieg bis zur Gegenwart, 4. Aufl 1986, 21ff; *G. Rhode*, Polen von der Wiederherstellung der Unabhängigkeit bis zur Ära der Volksrepublik 1918-1970, in: *Schieder* (Hrsg), wie Fn 8, 978ff; *E. Meyer*, Grundzüge der Geschichte Polens, 1969, 95ff.

[14] *Roos*, wie Fn 13, 27f; *Rhode*, wie Fn 13, 987. Nach *Meyer*, wie Fn 13, 97, fand dies erst am 17. Jänner 1917 statt.

1918 trat an die Stelle des Staatsrates ein provisorisches Parlament, der „Landesseym". Er wurde nicht gewählt, sondern setzte sich teils aus Delegierten der Kreistage, teils aus vom Regentschaftsrat ernannten Person zusammen. Dieser Landesseym bestellte schließlich am 14. November 1918 Pilsudsky zum „Staatschef".

Neben diesen Aktionen im Bereich der Mittelmächte liefen solche der Alliierten einher. Dazu zählt beispielsweise am 30. März 1917 die russische Proklamation eines polnischen Staates. Von Bedeutung wurde jedoch zufolge der Niederlage Rußlands das am 15. August 1917 in Paris aus Vertretern Polens begründete „Polnische Nationalkomitee" mit der ab 28. November 1918 aufgestellten „Alliierten (polnischen) Armee". Nach Kriegsende verbanden sich die beiden Entwicklungen: Am 16. Jänner 1919 trat zu Pilsudsky als Staatschef aus dem Polnischen Nationalkomitee Paderevsky als Ministerpräsident hinzu. Am 26. Jänner 1919 fanden die Wahlen zum Verfassungsgebenden Seym statt, allerdings nur in den ehemals russischen und preußischen Gebieten, im ehemals österreichischen Teil aber nicht überall, nämlich nicht im östlichen Galizien, da dieses auch von der Ukraine beansprucht wurde und erst im Sommer 1919 von Polen besetzt werden konnte. Diese konstituierende Nationalversammlung erließ am 20. Februar 1919 die sogenannte Kleine Verfassung und schließlich am 17. März 1921 die Große Verfassung.

Anders als im Falle Finnlands und der baltischen Staaten bezieht sich die Gründung des polnischen Staates nicht auf eine bestehende territoriale Einheit, wenngleich er, ähnlich wie Litauen, als Wiederherstellung historischer Staatlichkeit, nämlich des im 18. Jahrhundert untergegangenen Polens verstanden wird. Die Staatsgründung erfolgte vorerst durch Exekutivorgane, sodann durch den Landesseym als nicht gewähltes und daher provisorisches Parlament, worauf schließlich die gewählte konstituierende Nationalversammlung erst eine provisorische und sodann eine definitive Verfassung erließ.

F. Tschechoslowakische Republik

Die Tschechoslowakei[15] entstand ähnlich wie Polen aufgrund in- und ausländischer Entwicklungen, jedoch bei einer Dominanz der letzteren und

15 *E. Birke*, Der Erste Weltkrieg und die Gründung der Tschechoslowakei 1914-1919, in: *K. Bosl* (Hrsg), Handbuch der Geschichte der böhmischen Länder III, 1969, 237ff; *H. Slapnicka*, Die böhmischen Länder und die Slowakei 1919-1945, in: ebda IV, 1970, 3ff; *J. K. Hoensch*, Geschichte der Tschechoslowakischen Republik 1918-1978, 2. Aufl 1978, 20ff;

überdies ohne Rückgriff auf einen historischen Vorläufer. Anders als im Falle Polens erfolgte die inländische Staatsbildung nicht mit, sondern gegen die Mittelmächte, insbesondere gegen Österreich-Ungarn. Was den inländischen Entwicklungsstrang anlangt, so zeigt er große Parallelen zur Entstehung Deutschösterreichs, so daß auf die tschechoslowakische Entwicklung näher eingegangen sei.

Die Entwicklung im Ausland beginnt zu Anfang 1916 in Paris, wo sich, ähnlich wie im Falle Polens, ein tschechoslowakischer Nationalrat, der einen selbständigen Staat anstrebt, bildete, sowie eine tschechoslowakische Armee. Diese wurde 1917/18 von den Alliierten als Verbündeter anerkannt, ferner 1918 der tschechoslowakische Nationalrat als de facto kriegführendes Organ des tschechoslowakischen Volkes, und zwar insbesondere zufolge des Pittsburgher Vertrages vom 30. Mai 1918, in dem sich Tschechen und Slowaken auf einen künftigen gemeinsamen Staat geeinigt hatten. Am 26. September 1918 setzte der tschechoslowakische Nationalrat eine tschechoslowakische Regierung ein und ernannte tschechoslowakische Vertreter bei den Entente-Staaten. Zwischen 15. und 23. Oktober 1918 wurde diese Regierung bereits von Frankreich, Italien und Großbritannien anerkannt. Während dieses Prozesses hatte am 18. Oktober 1918 die tschechoslowakische Regierung eine Unabhängigkeitserklärung abgegeben.

Die inländische Entwicklung peilte vorerst eine Lösung des tschechischen - noch nicht auch des slowakischen - Problems innerhalb des cisleithanischen Staates an. Am 19. November 1916 schlossen sich die tschechischen Reichsratsabgeordneten zum Tschechischen Verband (svaz) zusammen und es bildete sich zu dessen Unterstützung der Tschechische Nationalausschuß (narodny vybor) aus den tschechischen politischen Parteien auch mit ihren Lokalorganisationen. Am 23. Jänner 1917 gab der Tschechische Verband noch ein Treuegelöbnis zum Hause Habsburg ab. Vor dem Zusammentritt des seit 1914 nicht mehr einberufenen Reichsrats am 30. Mai 1917 erklärten allerdings am 17. Mai 1917 in einer Kundgebung tschechische Schriftsteller, nur der böhmische Landtag sei als Vertreter der tschechischen Nation anzuerkennen, also nicht der Tschechische Verband der Reichsratsabgeordneten. Daraufhin gab dieser sogleich beim Zusammentritt des Reichsrats am 30. Mai 1917 hier eine Erklärung gegen den Dualismus Österreich-Ungarns ab, forderte die Umwandlung in einen Nationalitätenbundesstaat wie auch die Herstellung des sogenannten Böhmi-

---

R. Schranil - F. Janka, Die Verfassungsgesetze (= Das öffentliche Recht der Tschechoslowakischen Republik I), 1934, 42ff; *F. Adler*, Grundriß des tschechoslowakischen Staatsrechtes, 1930, 5ff; ausführliche Quellen in: *L. Epstein*, Studien-Ausgabe der Verfassungsgesetze der Tschechoslowakischen Republik, 2. Aufl 1932.

schen Staatsrechts. In dessen Sinne konstituierten sich beim „Drei-Königs-Treffen“ am 6. Jänner 1918 die tschechischen Abgeordneten des Reichsrats sowie der Landtage von Böhmen, Mähren und Schlesien als „Abgeordnete der tschechischen Nation“. Nunmehr setzte sich sehr rasch die Ansicht durch, es sei ein souveräner tschechoslowakischer Staat zu begründen. Am 13. Juli 1918 erweiterte sich daher der bisherige bloß Tschechische zum Tschechoslowakischen Nationalausschuß und verstand dies als Neugründung. Er setzte sich nun überwiegend aus tschechischen Reichsrats- und auch Landtagsabgeordneten im Verhältnis der Reichsratswahlen von 1911 sowie aus Honoratioren zusammen, bildete Bezirks- und Ortsausschüsse, begann mit Steuerausschreibungen und einer Militärplanung. Vor allem erließ er ein Manifest zur Bildung eines souveränen tschechoslowakischen Staates - also noch im Ersten Weltkrieg. Damit waren eindeutig die Verfassung der österreichisch-ungarischen Realunion wie die Verfassungen Cisleithaniens und Ungarns verlassen, was am 29. September 1918 eine Erklärung des Tschechoslowakischen Nationalausschusses gemeinsam mit dem Tschechischen Verband unterstrich. In ihr wurde nämlich festgestellt, die Forderung nach einem tschechoslowakischen Staat könne die cisleithanische Regierung in Wien nicht erfüllen, denn die Slowakei entzog sich als Teil Ungarns ihrer Verfügungsgewalt. Im Oktober 1918 wurde praktisch eine Wirtschaftsblockade gegen die Alpenländer verhängt und damit die beginnende eigene Staatlichkeit vorweggenommen. Am 20. Oktober 1918 erklärte sich der Tschechoslowakische Nationalausschuß zur gesetzlichen - ! - Repräsentation der tschechoslowakischen Nation, womit er dem kaiserlichen Verfassungs-Manifest vom 16. Oktober 1918[16] mehrfach widersprach, das vom Dualismus ausging - und damit weiterhin von der Trennung der tschechischen von der slowakischen Nation - sowie der Fortdauer eines cisleithanischen Staates.

Ende Oktober liefen der in- und der ausländische Entwicklungsstrang zusammen. Vom 28. bis 31. Oktober 1918 verhandelten in Genf der Tschechoslowakische Nationalrat/Paris mit dem Tschechoslowakischen Nationalausschuß und dem Tschechischen Verband - unter anderem bedeutete dies nichts weniger, als daß die tschechisch-österreichischen Abgeordneten sich mit einem Kriegsgegner noch vor Beendigung der Feindseligkeiten gegen den Staat, den sie mitrepräsentierten, verabredeten! Allerdings hatte der k u k Außenminister Andrassy am 27. Oktober 1918 der Forderung des US-Präsidenten Wilson nach Errichtung eines tschechoslowakischen Staates bereits zugestimmt.

---

[16] Dieses unten G.

So kam es nun zur Gründung des tschechoslowakischen Staates in Prag: Am 28. Oktober proklamierte diesen der Tschechoslowakische Nationalausschuß. Er erklärte ausdrücklich, dessen „Verwaltung“, gemeint dessen Regierung, zu übernehmen und erließ das „Gesetz betreffend die Errichtung des selbständigen tschechoslowakischen Staates“[17]. Dieser knapp gefaßte Staatsgründungsbeschluß stand, zufolge der Neugründung des tschechoslowakischen Staates, auf dem Standpunkt einer Diskontinuität zur österreichischen Staatlichkeit bei überwiegender materieller Kontinuität der Rechtsordnung, ließ die Regierungsform vorläufig unbenannt, bestimmte aber als oberstes Organ den Tschechoslowakischen Nationalrat, was einem republikanisch-demokratischen System entsprach. Damit war jedenfalls die Staatsgewalt bestimmt, noch nicht im Detail Staatsgebiet und Staatsvolk, beide aber durch den Staatsnamen „Tschechoslowakische Republik“ umschrieben. Der Staatsgründungsbeschluß und damit die Staatsgründung wurden effektiv, und zwar vor allem dadurch, daß die nunmehr vom Tschechoslowakischen Nationalrat in Anspruch genommenen - bisherigen k. k. - Behörden sich diesem zwanglos unterordneten, zum Teil vermutlich im Glauben, es sei dieser Vorgang durch das Verfassungs-Manifest vom 16. Oktober gedeckt. Als „Vollstrecker der staatlichen Souveränität“ des neuen tschechoslowakischen Staates fungierte weiterhin der Nationalausschuß selbst. Am 13. November erließ er die Einstweilige Verfassung[18], welche insbesondere seine Erweiterung und Umbenennung zur aus 270 Mitgliedern bestehenden „Nationalversammlung“ brachte, und zwar in analoger Zusammensetzung wie bisher, also abermals nicht aufgrund von Wahlen. Als weitere Organe gab es nun den Präsidenten der Republik und die Regierung: Provisorisch war damit eine parlamentarische Republik mit präsidialer Spitze entstanden. Sogleich in der ersten Sitzung am 14. November erklärte die Nationalversammlung den Rechteverlust des Hauses Habsburg-Lothringen und wählte Thomas Masaryk zum Präsidenten, der freilich zu diesem Zeitpunkt noch in den USA weilte. Erst am 29. Februar 1920 erließ die Nationalversammlung die als definitiv gedachte Verfassung[19]. Um eine echte konstituierende Nationalversammlung handelte es sich nach dem bisher Gesagten deshalb nicht, weil sie nicht aus Wahlen, sondern aus Bestellungen seitens der politischen Parteien hervorgegangen war, auch nur aus tschechischen und slowakischen Vertretern bestand, so daß ein Drittel der Bevölke-

[17] Text bei *Epstein*, wie Fn 15, 21f.

[18] Text bei *Epstein*, wie Fn 15, 117ff.

[19] Text bei *Epstein*, wie Fn 15, 130ff.

rung, vor allem die Sudetendeutschen, die Verfassung als Oktroy empfinden mußte[20].

Als wesentliche Merkmale der tschechoslowakischen Staatsgründung sind somit festzuhalten, daß sie durch eine provisorische Versammlung erfolgte, den Tschechischen Nationalausschuß, der im wesentlichen aus Reichsrats- und Landtagsabgeordneten bestand, freilich lediglich einer, nämlich der tschechischen Nation. Festgelegt wurde in einem Staatsgründungsbeschluß vorerst nur die neue Staatsgewalt, Staatsgebiet und Staatsvolk blieben noch global umschrieben. Abweichend von den bisher skizzierten Staatsgründungen erfolgte allerdings auch der Erlaß der definitiven Verfassung durch diese, wenngleich erweiterte nichtgewählte Versammlung, also nicht durch eine (gewählte) konstituierende Nationalversammlung. Anders als die bisherigen Staatsgründungen war der neue Staat ein völlig neues, d h unhistorisches Gebilde.

G. Deutschösterreich

Für die Staatsgründung[21] Deutschösterreichs bildete einen gewissen Anknüpfungspunkt das Verfassungs-Manifest vom 16. Oktober 1918, das eine Verfassungsänderung für Österreich/Cisleithanien ankündigte, nämlich dessen Umwandlung in einen Nationalitäten-Bundesstaat, wobei im Prozeß der parlamentarischen Verfassungsgebung in neuer Weise die einzelnen Nationalitäten vertreten sein sollten, und zwar durch Nationalräte, gebildet aus den Reichsratsabgeordneten jeder Nation - wie erinnerlich[22] gab es einen derartigen Zusammenschluß bereits seit 1916 im Tschechischen Verband. Angesichts dieses Manifests wie derartiger Zusammenschlüsse der Abge-

---

20 Zahlen zur Verteilung der einzelnen Nationalitäten entsprechend den Angaben der Volkszählung 1921 bei *D. Pesendorfer*, Die Entwicklung des Nationalitätenrechtes in Mittel- und Osteuropa nach dem 1. Weltkrieg, jur Diss Wien 1992, 95.

21 *Brauneder*, Deutschösterreich; *G. Schefbeck*, Verfassungsentwicklung 1918-1920, in: *Österreichische Parlamentarische Gesellschaft* (Hrsg), 75 Jahre Bundesverfassung, 1995, 59ff; zum Manifest vom 16. Oktober weiters: *H. Rumpler*, Das Völkermanifest Kaiser Karls vom 16. Oktober 1918. Letzter Versuch zur Rettung des Habsburgerreiches, 1966; Extra-Ausgabe der Wiener Zeitung Nr. 240, 17.10.1918. Allgemein auch *F. Kleinwächter*, Von Schönbrunn bis St. Germain. Die Entstehung der Republik Österreich, 1964. Zeitgenössisch etwa *A. Merkl*, Die Verfassung der Republik Deutschösterreich. Ein kritisch-systematischer Grundriß, 1919; *H. Kelsen*, Österreichisches Staatsrecht, 1923, 77ff. Texte mit Kommentaren bei *H. Kelsen* (Hrsg), Die Verfassungsgesetze der Republik Deutschösterreich I-V, 1919-1922.

22 S o F.

ordneten anderer Nationalitäten (vgl auch u H) konstituierten sich die deutschen Reichsratsabgeordneten am 21. Oktober 1918 als Provisorische Nationalversammlung für Deutschösterreich und erklärten es als ihr Ziel, einen eigenen Staat, eben Deutschösterreich, gründen zu wollen. Damit ging die Provisorische Nationalversammlung über das Verfassungs-Manifest hinaus, das ja nur die Bildung von Teilstaaten innerhalb des in einen Bundesstaat umzuwandelnden Österreich/Cisleithanien vorsah, was sich besonders darin manifestiert, daß sie sich selbst nicht als eine Art Parlamentsausschuß für diese Verfassungsgebung ansah, sondern selbst als Parlament und Ausschüsse bildete, unter anderem einen für die Verfassungsgebung. Als „provisorisch" verstand sich diese Nationalversammlung aus zwei wesentlichen Gründen: Das Mandat der Abgeordneten rührte aus der Wahl von 1911 her, war 1917 abgelaufen und, kriegsbedingt, 1917 durch Gesetz und nicht Wahl verlängert worden; vor allem aber entsprach die Gründung eines neuen Staates nicht ihrem Mandat. Die Provisorische Nationalversammlung sah sich jedoch zufolge der Wahl ihrer Mitglieder als noch am ehesten legitimierte Versammlung an, um die Geschicke der von ihr repräsentierten Gebiete vorläufig in die Hand zu nehmen. Alsbald aber sollte eine aus Wahlen hervorgehende Konstituierende Nationalversammlung an ihre Stelle treten.

Am 30. Oktober faßte die Provisorische Nationalversammlung, wie schon am 21. Oktober vorgesehen, den Staatsgründungsbeschluß. Nach Absicht der Provisorischen Nationalversammlung war damit ein neuer Staat begründet worden, was auch allseits so verstanden wurde. Der an diesem 30. Oktober gefaßte Staatsgründungsbeschluß ordnete im Sinne der Volkssouveränität die „oberste Gewalt" der Nationalversammlung zu, ihr auch die Legislative, die Exekutive oblag einem Ausschuß der Nationalversammlung, dem Staatsrat. Insgesamt war damit, ohne dies ausdrücklich festzusetzen, die Regierungsform einer demokratischen Republik geschaffen worden. Als Staatsform übernahm der Staatsgründungsbeschluß von Österreich/Cisleithanien die eines dezentralisierten Einheitsstaates. Insgesamt legte der Staatsgründungsbeschluß nur die Staatsgewalt fest und schuf für deren Ausübung die entsprechenden Organe, und zwar nach dem Muster der Gewaltentrennung.

Die ausdrückliche Benennung der Regierungsform als „demokratische Republik" erfolgte am 12. November, die erste gesetzliche Festlegung des Staatsgebietes am 22. November und mit dem sukzessiven Auf- und Ausbau der Verfassung insgesamt. Während die Staatsform wie die Regierungsform wenigstens vorläufig feststanden, waren Staatsgebiet und Staatsvolk zufolge der abweichenden Haltungen der anderen Staaten auf dem Boden Österreich-Ungarns ungewiß.

Das Staatsgebiet war vorerst pauschal durch die Staatsbezeichnung Deutschösterreich als Zusammenfassung der deutschen Siedlungsgebiete in Österreich/Cisleithanien umschrieben sowie durch die Herkunft der Abgeordneten aus den deutschen Reichsratswahlkreisen, da sie diese repräsentierten, vorgegeben. Dies entsprach sowohl hinsichtlich dieser Herkunft der Abgeordneten wie der Staatsbezeichnung der Gründung der Tschechoslowakei und dem SHS-Staat (s u H) sowie allein hinsichtlich der Herkunft der Mitglieder der provisorischen Nationalversammlung der Türkei (s u I). Eine eingehende Bestimmung des Staatsgebietes durch die Aufzählung bisheriger Länder wie etwa Tirol, den Teilen bisheriger als neuer Länder wie etwa Deutsch-Böhmen und anderer Gebiete erfolgte am 22. November etwa drei Wochen nach der Staatsgründung bzw 10 Tage nach der Republikproklamation, wesentlich detaillierter bis zur Anführung einzelner Ortschaften sodann erst am 3. Jänner 1919. Zur Sicherung des Staatsgebietes holte der Staatsrat auch Erklärungen ein, nämlich von den betroffenen Ländern sogenannte „Beitrittserklärungen", die von der Provisorischen Nationalversammlung ausdrücklich zur Kenntnis genommen wurden. Aufgrund auch dieser Beitrittserklärungen protestierte die Konstituierende Nationalversammlung am 12. März 1919 gegen Besetzungen des in Anspruch genommenen Staatsgebietes.

Die Staatsgründung am 30. Oktober löste die altösterreichische Staatsgewalt nicht sogleich ab. Sie bestand mit Kaiser, Ministerrat und Reichsrat noch fort. Am 11. November verzichtete jedoch der Kaiser ausdrücklich auf seinen „Anteil an den Staatsgeschäften" und entließ den Ministerrat ohne einen neuen einzusetzen, tags darauf erklärte das Abgeordnetenhaus gleichfalls, daß es seine Tätigkeit beende, das Herrenhaus hatte sich seit dem 30. Oktober nicht mehr versammelt: Damit war angesichts des Zerfalls von Staatsgebiet und Staatsvolk die Staatsgewalt, die im Sinne des Konstitutionalismus der Verfassung 1867 auf dem Monarchen und der Volksvertretung beruhte, bewußt durch die beiden sie tragenden Elemente, Monarch und Volksvertretung, zum Erlöschen gebracht worden. Die österreichisch-ungarische Realunion hatte übrigens am 30. Oktober ihr Ende gefunden, und zwar durch die Kündigung seitens Ungarns, das sich nunmehr als souveräner Staat verstand und eine von Österreich/Cisleithanien getrennte Verfassungsentwicklung nahm.

Am 4. März 1919 löste die gewählte Konstituierende Nationalversammlung die Provisorische Nationalversammlung ab, bestätigte ihr Verfassungswerk, änderte es aber auch ab. Die Hauptaufgabe der Konstituierenden

Nationalversammlung bestand gemäß ihrer Bezeichnung im Erlaß einer Verfassung. Diese Aufgabe hemmte kurzfristig der Abschluß des Staatsvertrages von St. Germain, mit dem die Konstituierende Nationalversammlung vor allem die Bestimmung des Staatsgebietes hinnehmen mußte. Am 1. Oktober 1920 verabschiedete sie schließlich ihr Verfassungswerk, mit dem Zusammentritt des in ihm vorgesehenen Parlaments, des Nationalrates, am 10. November 1920 trat die nun als definitiv betrachtete Verfassung, das Bundes-Verfassungsgesetz 1920, in Kraft.

Die Staatsgründung Deutschösterreichs entsprach somit in hohem Maße jener der Tschechoslowakei: Sie erfolgte durch ein provisorisches Organ, die Provisorische Nationalversammlung, die aus Reichsratsabgeordneten bestand. Der Staatsgründungsbeschluß legte die neue Staatsgewalt fest, das Staatsgebiet ergab sich, jedenfalls vorläufig, aus den von den deutschen Reichsratsabgeordneten repräsentierten Wahlkreisen - die tschechischen Reichsratsabgeordneten hatten bereits zuvor den tschechoslowakischen Staat mitbegründet. Anders als hier erfolgte die definitive Verfassungsgebung durch die gewählte Konstituierende Nationalversammlung. Der neue Staat war auch umfangmäßig eine Neuschöpfung, insgesamt ein unhistorisches Produkt wie die Tschechoslowakei auch.

H. Vom „Staat der Slowenen, Kroaten und Serben" zum „Königreich der Serben, Kroaten und Slowenen"

Anders als bei den übrigen hier behandelten Staatsgründungen haben wir es im Falle des ab 1929 Jugoslawien, d h Südslawien, genannten Staates[23] mit dem aufeinanderfolgenden Entstehen zweier Staatswesen zu tun. Dies wieder hat zweierlei Ursachen, nämlich die vorgegebene staatsrechtliche Situation wie den eingeschlagenen staatsrechtlichen Weg.

Die staatsrechtliche Situation vor der ersten Staatsgründung war die, daß die Südslawen im Gegensatz zu den Polen wie auch zu den Tschechen und Slowaken zum Teil bereits eigene Staaten besaßen, nämlich Serbien und Montenegro, während ein anderer Teil sich auf die beiden Staaten der Realunion Österreich-Ungarn sowie ihr Kondominium Bosnien-Herzegowina verteilten. Ein künftiges Jugoslawien bedurfte daher der Herstellung

[23] *H. Sundhaussen*, Geschichte Jugoslawiens 1918-1980, 1982, 336 ff.; *I. Zolger*, Die Verfassung Jugoslaviens, in: Jahrbuch des öffentlichen Rechts der Gegenwart XI, 1922, 182 ff (eine besonders juristische Analyse der Staatsgründung); *L. Boban*, Croatian Borders 1918-1993, 1993; *J. Lucic etc*, Hrvatski Povijesni Zemljovidi, 2000.

eigener Staatlichkeit nur in den letztgenannten Teilen. Dies konnte auf zweierlei Weise geschehen, nämlich entweder durch die Ausdehnung bereits vorhandener südslawischer Staaten, in realistischer Weise der Serbiens, oder durch die Begründung eines neuen Staates neben Serbien und Montenegro mit dem Ziel einer Fusion dieser Staaten. Beide Möglichkeiten waren Kriegsziele Serbiens schon vor und sodann im Ersten Weltkrieg. Hiebei gab es zwei Modelle sowohl hinsichtlich der Art wie auch der Größe des künftigen südslawischen Staates. Das territorial bescheidenere Ziel bestand in der Herstellung eines Großserbischen Staates bloß aller Serben im weiteren Sinne als Vergrößerung des bestehenden zentralistischen serbischen Staatswesens. Das zweite Kriegsziel ging als jugoslawische Lösung territorial darüber hinaus, nämlich durch die Herstellung eines Staates aller Südslawen, ausgenommen der Bulgaren, war damit aber in Hinblick auf die unterschiedlichen, zu vereinigenden Teile nicht zentralistisch zu denken. Zufolge des für Serbien überaus günstigen Ausgangs des Ersten Weltkrieges wurde schließlich der jugoslawische Weg beschritten, allerdings mit einer starken großserbischen Komponente.

Ähnlich wie im Falle Polens und der Tschechoslowakei gab es Initiativen im Ausland sowie im österreichisch-ungarischen Inland bei einer zeitlichen Priorität der ersteren. Schon Ende April 1915 bildete sich in Paris der Südslawische Ausschuß, der, seinem Namen entsprechend, einen südslawischen Staat anpeilte, und zwar mit föderativem Staatsaufbau. Dem stand allerdings die großserbisch-zentralistische Planung Serbiens entgegen. In der Konferenz auf Korfu im Juni/Juli 1917 kam es zu einer Einigung dahingehend, daß Serben, Kroaten und Slowenen als sogenannte „dreinamige Nation“ einen Staat bilden sollten, und zwar unter der serbischen Königsdynastie: Man hatte sich hier also auf einen gemeinsamen Staat, auch schon auf die monarchische Regierungsform und auf die Dynastie geeinigt, bewußt allerdings noch nicht auf die Staatsform. Die Konstruktion der „dreinamigen Nation“ von Serben, Kroaten und Slowenen erinnert übrigens an die einer Tschecho-Slowakischen Nation.

Die inländische Initiative setzte im Rahmen des österreichisch/cisleithanischen Staates ein, nämlich bereits im August 1918 mit der Bildung von „Nationalräten“ („Narodni svet“) bzw provisorischer „Nationalregierungen“, nämlich in Laibach für die slowenischen Gebiete der österreichisch/cisleithanischen Kronländer Krain, Kärnten, Steiermark, Görz-Gradisca und Istrien, einer weiteren in Split für das österreichisch/cisleithanische Kronland Dalmatien, im Staate Ungarn in Agram/Zagreb für Kroatien-Slawonien samt dem Zwischenmurgebiet und in Neusatz/Ujvidek/Novi-Sad für die südslawischen Gebiete Südungarns, der Vojvodina mit insbesondere der

Batschka und dem Banat, schließlich in Sarajevo für Bosnien-Herzegowina. Damit gab es zufolge ihrer verschiedenartigen staatsrechtlichen Zugehörigkeit noch mehrere und höchst unterschiedliche Schwerpunkte der Entwicklung einer neuen Hoheitsgewalt. Der wesentliche und nun auch die inneren Grenzen Österreich-Ungarns negierende Schritt erfolgte am 5./6. Oktober in Agram/Zagreb mit der Bildung eines „Nationalrates der Slowenen, Kroaten und Serben", der sich aus österreichisch/cisleithanischen Reichsratsabgeordneten, ungarischen Reichstagsabgeordneten und österreichischen wie auch ungarischen Landtagsabgeordneten südslawischer Herkunft zusammensetzte. Ihm oblag die gemeinsame Repräsentation der vorgenannten Gebiete sowie die Aufgabe, sie zu einem Staat zusammenzuführen, um sodann diesen in einen südslawischen Staat einzubringen. Der erste Schritt wurde am 8. Oktober 1918 beschlossen: die Herstellung eines freien und unabhängigen südslawischen Staates auf dem Boden Österreich-Ungarns. Dieser entstand am 29. Oktober 1918, da an diesem Tag der kroatische Landtag das staatsrechtliche Verhältnis zum Staate Ungarn wie zur Realunion Österreich-Ungarn aufhob und die oberste Gewalt dem „Nationalrat" übertrug, welche dieser auch ausübte: Dies galt als Gründung des „Nationalstaats der Slowenen, Kroaten und Serben" (SHS-Staat). Eine gewisse Anerkennung erfuhr dem Nationalrat durch die offizielle Übergabe der bisherigen k u k Flotte infolge einer entsprechenden Erklärung Kaiser Karls, offenbar in der Meinung, bei der Staatsgründung handle es sich um eine solche im Sinne seines Manifestes vom 16. Oktober[24], also im Rahmen Österreich-Ungarns.

Dieser neue, Gebiete Österreich-Ungarns umfassende, weitere jugoslawische Staat neben Serbien und Montenegro konnte sich jedoch in der Realität kaum entwickeln. Dazu kam, daß die internationale Anerkennung des neuen Staates ausblieb. Überdies zeichneten sich im Nationalrat zu Agram/ Zagreb zwei Strömungen ab, nämlich eine solche, welche in zweiter Stufe an eine föderalistische jugoslawische Republik dachte, während eine andere eine eher zentralistische Monarchie unter der Serben-Dynastie anstrebte. Diese Richtung gewann schließlich die Oberhand auch dadurch, daß die provisorische Regierung von Dalmatien den Nationalrat aufforderte, die Vereinigung mit Serbien herzustellen. Tatsächlich beschloß dieser am 24. November 1918 die Entsendung einer Delegation nach Belgrad zwecks entsprechender Verhandlungen.

Zu dieser Haltung trugen ausländische Entwicklungen sehr wesentlich bei. Zum einen hatten sich Verhandlungen in Genf zwischen dem SHS-Staat

---

[24] Vgl o G.

und dem Südslawischen Ausschuß einerseits mit Serbien andererseits zerschlagen. Sodann hatte in Montenegro die Große Nationalversammlung (Velika Narodna Skupschtina) in Podgorica Mitte November 1918 das Ende des Staates und seinen Eintritt „in das gemeinsame Vaterland des ganzen dreinamigen Volkes der Serben, Kroaten und Slowenen" beschlossen. Auch der Nationalrat in Novi-Sad beschloß das Aufgehen der Vojvodina, obwohl formal zum SHS-Staat gehörig, im Königreich Serbien. Dem jungen SHS-Staat stand damit nur mehr ein einziger weiterer südslawischer Staat gegenüber, nämlich das vergrößerte Serbien, und zwar aufgrund von Annexionen, womit auch für den SHS-Staat der Weg vorgezeichnet war. Die Vertreter des SHS-Staates boten daher Serbien „die Vereinigung des Staates der Slowenen, Kroaten und Serben mit Serbien und Montenegro in einem einzigen Staat" an, und zwar dergestalt, daß „für den ganzen südslawischen Staat eine parlamentarische Regierung und eine nationale Repräsentanz gebildet werden solle", und zwar unter der „Herrschergewalt" der serbischen Königsdynastie. Vorbehalten wurde allerdings der Erlaß der künftigen gemeinsamen Verfassung einer „Konstituante ... auf Basis des allgemeinen, gleichen, direkten, geheimen und proportionellen Stimmrechtes". In Vertretung des serbischen Königs nahm Thronregent Alexander dieses Angebot an und erklärte am 1. Dezember 1918 „die Vereinigung Serbiens mit den Ländern des unabhängigen Staates der Slowenen, Kroaten und Serben in ein einziges Königreich der Serben, Kroaten und Slowenen".

Damit folgte der ersten Staatsgründung, der des SHS-Staates, eine zweite, durch welche dieser Staat und das Königreich Serbien einschließlich des ehemaligen Montenegros sowie der entsprechenden ungarischen Gebiete zum neuen Königreich SHS vereinigt wurden. Der Name dieses neuen Staates kündigte bereits zweierlei an: die monarchische Regierungsform unter der serbischen Königsdynastie sowie damit und in der Umstellung der Aufzählung der „dreinamigen Nation" mit nunmehr den Serben an der Spitze die serbische Dominanz im Sinne einer doch eher großserbischen Lösung. Die Staatsgewalt des neuen Staates etablierte sich mit der Bildung einer Regierung sowie einer Volksvertretung am 7. Dezember 1918. Erst am 12. Dezember 1920 trat die Verfassunggebende Skupschtina als konstituierende Nationalversammlung in Belgrad zusammen und beschloß schließlich eine Verfassung, die bewußt am 28. Juni 1921 in Kraft trat, am St. Veits-Tag, dem „Vidovdan". Am Vidovdan gedenkt Serbien stets des Unterganges des altserbischen Staates nach der Schlacht am Amselfeld 1389 gegen das Osmanische Reich. Mit der Wahl des Vidovdan 1921 wurde daher bewußt nicht so sehr die Gründung eines neuen jugoslawischen Staates betont als vielmehr die Wiederherstellung des historischen Serbien - wenngleich in wesentlich weiter nach Westen verschobenen Grenzen.

Die erste Staatsgründung des SHS-Staates war durch eine provisorische Nationalversammlung erfolgt, die sich überwiegend aus Abgeordneten jener Parlamente zusammensetzte, die zuvor für das neue Staatsgebiet zuständig gewesen waren. Diese provisorische Nationalversammlung ließ den neuen Staat in einer weiteren Staatsgründung aufgehen, dem Königreich SHS, dem eine konstituierende Nationalversammlung schließlich die definitive Verfassung gab. Zufolge der Fusion des kurzlebigen SHS-Staates mit einem bereits bestehenden und daher durchorganisierten Staatswesen, nämlich Serbien, das sich noch dazu um einen anderen Staat, nämlich Montenegro, sowie um weitere Gebiete vergrößert hatte, dominierte dieses nahezu im Sinne eines Groß-Serbien das neue Königreich SHS.

I. Republik Türkei

Die Republik Türkei[25] entstand auf dem Boden des noch fortdauernden Osmanischen Reiches, ähnlich wie dies im Falle der Tschechoslowakei und Deutschösterreichs auf dem Boden Österreich-Ungarns der Fall war. Am 23. Juli 1919 trat in Erzurum der sogenannte Ostanatolien-Kongreß der Ostprovinzen Anatoliens zusammen, und zwar zufolge der Teilungspläne, welche die Alliierten in bezug auf Anatolien verfolgten. Im Gegensatz dazu erklärte der Kongreß Anatolien als untrennbare Einheit erhalten zu wollen, und zwar noch innerhalb des Osmanischen Reiches, allerdings nur, solange dieses die Unabhängigkeit und Integrität Anatolien garantieren könne. Der Kongreß hatte den Charakter einer Delegiertenversammlung der Provinzen und war von Anfang an darauf angelegt, sich zu einem gesamtanatolisch-türkischen Kongreß zu erweitern und verstand sich daher als provisorische Nationalversammlung. Daher setzte der Kongreß auch einen Exekutivausschuß ein. Am 4. September 1919 erweiterte er sich in Sivas zum Allgemeinen Kongreß der anatolischen und rumelischen Provinzen und erklärte den Exekutivausschuß zur „nationalen Regierung“, die am 27. Dezember 1919 in Ankara zusammentrat. So gab es nun eine Regierung der Nationalversammlung in

[25] *H. W. Duda*, Vom Kalifat zur Republik. Die Türkei im 19. und 20. Jahrhundert, 1948, 139ff; *B. Toran*, Das Werden einer neuen Nation unter Kemal Atatürk. Der Untergang des Osmanischen Reiches und der Aufbau der modernen Türkei, phil Diplomarbeit Wien 1993, 31ff; *Tarih*, Geschichte der türkischen Republik, verfaßt von der Gesellschaft zur Erforschung der türkischen Geschichte, 1935, 169ff; Khalifa, in: *C. E. Bosworth - E. Lewis - Ch. Pellat* (Hrsg), The Encyclopaedia of Islam IV, 1978.

Ankara und weiterhin die des Sultans in Istanbul - damit zweierlei Staatsgewalten für die anatolischen und rumelischen Provinzen. In Ankara versammelte sich der Allgemeine Kongreß abermals am 19. Jänner 1920, nun ausdrücklich als „Nationalversammlung“, die jedoch nach wie vor aus Vertretern der Provinzen bestand. Sie verabschiedete den sogenannten „Nationalpakt“, der insbesondere die Unabhängigkeit und Unversehrtheit der türkischen Teile des Osmanischen Reiches, also einen eigenen türkischen Staat vorsah. Am 16. März 1920 wurde die mittlerweile nach Istanbul übersiedelte Nationalversammlung von Großbritannien zersprengt. Kurz darauf, am 29. März 1920, fanden jedoch die Wahlen zur Ersten Großen Türkischen Nationalversammlung statt, die am 23. April 1920 in Ankara zusammentrat. Die provisorische war damit durch eine gewählte Nationalversammlung ersetzt worden.

Erst am 1. November 1922 schaffte die Nationalversammlung das Sultanat ab, am 4. November 1922 trat die Regierung des Sultans zurück. Damit war die monarchisch-osmanische Staatsgewalt erloschen. Dem Ex-Sultan Mohammed VI. hatten keinerlei Herrschertitel zu verbleiben, er wurde daher auch der Kalifenwürde für verlustig erklärt, am 16. November verließ er auf einem englischen Kriegsschiff das Land. Das Kalifat selbst wurde allerdings nicht abgeschafft, sondern Abdülmecid (Abd al-Madjid), ein Cousin des Ex-Sultans und Sohn des früheren Sultans Abdülaziz, von der Nationalversammlung zum Kalifen gewählt. Mit dem Kalifat sollten jedoch keine Herrscherrechte verbunden sein und der Kalif nicht mehr als „Beherrscher der Gläubigen“ tituliert werden. Dies entsprach aber nicht dem Wesen des Kalifats, in dem sich stets geistliche und auch weltliche Obrigkeitsbefugnisse verbunden hatten. Dieser Umstand bestimmte übrigens Abdülmecids Amtsverständnis, während dem türkischen Staat der Kalif in den Worten Mustafa Kemal Atatürks nur als ein Symbol der islamischen Gemeinschaft galt. So war nach der Aufhebung des monarchischen Herrschaftssystems und der Einrichtung der Türkei als säkularisierter Staat für diesen das Kalifat obsolet geworden.

Am 11. August 1923 trat die Zweite Große Türkische Nationalversammlung zusammen. Sie erklärte am 29. Oktober 1923 die Türkei ausdrücklich zur Republik. Nun wurde am 3. März 1924 auch das Kalifat abgeschafft, am Tag darauf verließ Abdülmecid mit seiner Familie die Türkei.

Die Türkische Republik entstand somit als neuer Staat und als neues territoriales Gebilde ebenso wie etwa die Tschechoslowakei. Ihre Staatsgewalt existierte eine Zeitlang parallel zur Staatsgewalt des bisherigen Staates. Die Staatsgründung war durch eine sich mangels Wahlen als provisorisch verstehende Nationalversammlung erfolgt, die gewählten Nationalversammlungen handelten sodann als konstituierende Nationalversammlungen und schufen die definitive Verfassung. Das Ende des alten Staates unterstrich die Abschaffung des Sultanats, die Abreise des letzten Sultans ins Exil, die neue republikanisch-demokratische Regierungsform schließlich noch die Aufhebung des Kalifats.

J. Irland

Auch am Atlantik fand eine Staatsgründung statt: Irland[26]. Als eines der „United Kingdoms" neben England mit Wales und Schottland erhielt es unter der Bezeichnung Home-Rule 1914 Selbstverwaltung zugesprochen, die jedoch erst nach Beendigung des Ersten Weltkrieges wirksam werden sollte: Sie betraf die gesamte Insel. Gegen die Home-Rule wandten sich zweierlei Gegner: In Südirland, eigentlich in Süd- und Mittelirland, die katholisch-nationalen Republikaner der Bewegung Sinn-Fein („Wir selbst") mit dem Wunsch nach einem unabhängigen Staat, in Nordirland die protestantisch-probritischen Unionisten mit dem Ziel einer (sie schützenden) Verwaltung gemeinsam mit den übrigen Königreichen. Nach dem mißlungenen blutigen Osteraufstand 1916 - mitten im 1. Weltkrieg! - in Dublin verweigerten ab 1917 die Sinn-Fein-Abgeordneten ihre Teilnahme am Westminster-Parlament in London und konstituierten sich schließlich am 21. Jänner 1919 in Dublin als eigenes gesamtirisches Parlament. Nach seinem eigenen Verständnis gehörten ihm sämtliche irische Abgeordnete des Westminster-Parlaments auch jene aus Nordirland an. Diese Sezession bedeutete praktisch eine Aufhebung der Parlamentsunion mit Großbritannien von 1801. Am 22. Jänner 1919 bildete das Dublin-Parlament einen Ausschuß als Regierung mit dem Ziel einer völligen Unabhängigkeit Gesamtirlands als Republik. Mit Duldung des Dublin-Parlaments begann am Tage von dessen Konstituierung die Irische Republikanische Armee (IRA) mit einem Krieg gegen die nun als Besatzer betrachteten britischen Truppen. Die nordirischen Abgeordneten (des Londoner Parlaments) nahmen jedoch an dem Parlament in Dublin nicht teil: Die Spaltung Irlands kündigt sich an. Auch von Großbritannien wurde diese Entwicklung nicht anerkannt, das 1920 mit dem „Government of Ireland Act" die Home Rule in Irland einzurichten beabsichtigte, und zwar im wesentlichen mit je einem Provinzparla-

---

[26] *J. Elvert*, Vom Freistaat zur Republik (= Arbeitskreis Deutsche England-Forschung 12), 1989; *Ch. Haigh*, The Cambridge Historical Encyclopedia of Great Britain and Ireland, 1995, 307ff; *S. Duffy etc*, Atlas of Irish History, 1997, 112ff.

ment für Nordirland und Südirland. Dieses allerdings lehnte diese Lösung ab, Nordirland (Ulster) nahm sie 1922 an, so daß sie nur hier effektiv wurde: Nordirland blieb somit weiterhin Teil des United Kingdom.

In Südirland enstand hingegen ein selbständiger Staat. Nach dem Waffenstillstand im Juli 1921 begannen britisch-irische Verhandlungen. Großbritannien akzeptierte zwar damit die irische Regierung als gleichberechtigten Vertragspartner, war aber nur bereit, Südirland als beschränkt unabhängigen „Freistaat" innerhalb des British Empire anzuerkennen, nicht aber als unabhängige „Republik". Der Irland-Vertrag 1921 schuf sodann den „Irischen Freistaat", freilich ohne Nordirland (Ulster), als eines der Dominions im British Empire neben etwa Kanada und Südafrika. Der Vertrag fand eine nur knappe Annahme im irischen Parlament, selbst die irische Regierung sah das Erreichte bloß an als „Freiheit, um die endgültige Freiheit zu erlangen". Die auf dem Vertrag von 1921 fußende Verfassung 1922 mußte noch mit der britischen Regierung ausgehandelt werden und wurde auch vom britischen Unterhaus behandelt, nämlich angenommen, was aber Irland als irrelevant ansah. Zufolge der Vertragsverpflichtungen kannte die Verfassung 1922 zahlreiche Bindungen an Großbritannien hauptsächlich zufolge der Anerkennung der Position der Krone, nämlich als Träger der Souveränität, einen Generalgouverneur als Stellvertreter der Krone (wenngleich auf irischen Vorschlag zu ernennen), den Abgeordneteneid auf die Krone, die britische Höchstgerichtsbarkeit. Dazu kamen britische See- und Luftstützpunkte. Der Status Irlands wurde dem Kanadas nachempfunden, brachte aber ein Mehr an Selbständigkeit wie etwa eine eigene Staatsbürgerschaft. Insgesamt schuf die Verfassung 1922 ein weitestgehend unabhängiges Staatswesen mit einer in der Sache nahezu republikanischen Regierungsform unter Aufnahme britisch-monarchischer Elemente mit eher bloß repräsentativer Wirkung. Der „Irische Freistaat" der Verfassung 1922 sollte freilich Gesamtirland umfassen.

Den Wandel des British Empire zum British Commonwealth of Nations gleich zu Irlands Geburt auf der Empire Konferenz 1921, das heißt, die Entwicklung zu einer immer größeren Unabhängigkeit der Dominions als Mitgliedstaaten, unterstützte und nützte neben Kanada und Südafrika besonders Irland. Als mit dem Westminster-Statut 1931 die Dominions eine weitgehende Unabhängigkeit vom britischen Parlament in London erreichten, betraf dies somit auch Irland. Ein prinzipiell gemeinsames Empire-Recht konnte hinfort nicht aufrecht erhalten werden, selbst die britische Rechtsprechung ging davon ab, womit auch die Bindung Irlands an den Vertrag von 1921 als fraglich und dieser sogar von der britischen Regierung 1936 als überholt angesehen wurde. In dieser Entwicklung lag vor allem die

Streichung des Abgeordneteneides auf den König (mit dessen Zustimmung!) 1933. Die neue Verfassung 1937 ließ schließlich jeden monarchischen Bezug fallen, ebenso den als Unterordnung verstandenen Zusatz „Freistaat" in der Staatsbezeichnung und legte als diese einfach „Irland" fest, unterließ aber den Zusatz Republik, bezog Nordirland nicht mehr in ihren Geltungsbereich ein. Die Vereinigung blieb aber dennoch als politisches Ziel aufrecht. Die Bezeichung „Republik" wurde zwar weiterhin vermieden, dennoch war der Staat „a republic in all but name". Ferner regelte Irland auch aus diesem Grund seine Beziehung zum Commonwealth im Sinne größerer Unabhängigkeit neu, anders als dieses blieb Irland im 2. Weltkrieg neutral. 1949 verließ es das Commonwealth und erklärte sich jetzt auch ausdrücklich als „Irische Republik".

Die Staatsgründung Irlands stellt sich als Wiederherstellung länger zurückliegender Selbständigkeit dar, bezog sich somit auf ein vorbestimmtes Gebiet, betraf dann allerdings nur einen Teil davon, nämlich nicht Nordirland als etwas verkleinerte ehemalige Provinz Ulster. Die Staatsgründung erfolgte durch ein provisorisches Parlament, das sich aus gewählten Abgeordneten zusammensetzte, die allerdings nicht für dieses, sondern das Parlament jenes Staates gewählt worden waren, in dem Irland einen integrierten Teil darstellte. Dieses provisorische Parlament setzte als Vollzugsorgan, also als Regierung, einen Ausschuß ein, der die Staatsgründung proklamierte und schließlich umsetzte. Sie erfolgte in Verhandlungen mit jenem Staat zu dem Irland bisher gehörte, also dem United Kingdom. Dieses hielt Irland in lockerer Abhängigkeit, allerdings indirekt über eine vorerst noch von ihm dominierte Gemeinschaft, nämlich das British Commonwealth of Nations. Was die Regierungsform anlangt, so war von Beginn an daran gedacht, Irland als demokratische Republik einzurichten, was allerdings das United Kingdom nicht zuließ. So wurde 1922 die republikanische Regierungsform der Sache nach mit noch monarchischen Einschüben grundgelegt, dann mit der Verfassung 1937 gleichfalls der Sache nach, nun aber ohne monarchische Elemente verwirklicht. Diese monarchischen Elemente verstanden sich aus der Zugehörigkeit zum British Commonwealth, die wesentlich durch die britische Krone bestimmt war. Erst im Zusammenhang mit dem Austritt aus diesem Verband war der Weg frei, 1949 das in der Sache vorhandene republikanische Prinzip förmlich zu erklären.

Das Gebiet des neuen Staates war identisch mit dem des im Verband des United Kingdom unselbständigen Königreiches Irland, brachte jedoch das Problem mit sich, daß einige Bezirke die bisherige Zugehörigkeit beibehielten, was der neue Staat vorerst so nicht anerkannte, in dem er diese für sich reklamierte und als besetzt ansah. Die Wiedervereinigung blieb mit der auch Nordirland beanspruchenden Verfassung 1922 als Staatsziel bestehen. Als die Verfassung 1937 Nordirland ausklammerte, minderte sie sich zum politischen Ziel.

III. Analyse

Die eben skizzierten Staatsgründungen weisen gemeinsame wie unterschiedliche Merkmale auf. Am deutlichsten treten sie bei der meist als umfassende Staatsgründung verstandenen Begründung der Staatsgewalt und damit eines wesentlichen Elements des Staates neben Staatsgebiet und Staatsvolk auf, sodann bei der Festlegung der Regierungsform sowie der des Staatsgebietes.

A. Staatsgewalt

Die Begründung der Staatsgewalt erfolgte in der Regel durch ein Gremium, das sich als provisorische Nationalversammlung verstand, und zwar als Provisorium deshalb, da es nicht aus Wahlen hervorging. Es war dies in Lettland der aus diversen Parteien und anderen Gruppierungen gebildete „Lettische Volksrat", in Litauen der nur teilweise gewählte „Landesrat" in Wilna, in Polen das aus Parteienvertretern gebildete Nationalkomitee, in der Tschechoslowakei bzw im SHS-Staat der aus schon bisherigen Parlaments- und Landtagsabgeordneten gebildete „Tschechoslowakische Nationalrat" bzw der „Nationalrat" in Agram/Zagreb, ebenso in Deutschösterreich die aus Parlamentsabgeordneten zusammengesetzte „Provisorische Nationalversammlung", in Irland das gleichfalls aus Abgeordneten gebildete neue Dublin-Parlament, in der Türkei der aus dem Ostanatolienkongreß erweiterte „Allgemeine Kongreß" von Provinzdelegierten. Im Falle des SHS-Staates, der Tschechoslowakei und Deutschösterreichs kamen die Abgeordneten übrigens aus demselben Parlament, dem österreichischen/cisleithanischen Reichsrat. In Finnland erfolgte die Souveränitätserklärung durch ein bereits bestehendes Parlament, durch einen Provinziallandtag, der sich aber durch diese Souveränitätserklärung praktisch auch zu einer provisorischen Nationalversammlung erhob. In Estland erfolgte die Staatsgründung durch ein Exekutivorgan, den Landesrat, der sich jedoch selbst zum Landtag ernannte und damit ebenfalls als provisorische Nationalversammlung verstand.

B. Regierungsform

Was die Regierungsform anlangt, so entschieden sich drei Staaten vorerst für eine Monarchie, nämlich Finnland als bestehendes Großfürstentum, Litauen und Polen in Erinnerung an historische Vorläufer. In allen drei Staaten wurde jedoch die Monarchie nicht effektiv, sie ersetzten sie alsbald durch die republikanische Regierungsform. Estland, Lettland, die Tschechoslowakei, Deutschösterreich, die Türkei und Irland verwirklichten von Anfang an die republikanische Regierungsform - allerdings vorerst nur der Sache nach, die ausdrückliche Deklaration erfolgte stets erst später. Lediglich das Königreich SHS war von Anfang an Monarchie, und dies deshalb, da dieser Staat die serbische Monarchie und ihre Dynastie übernahm. In Deutschösterreich erfolgte übrigens die förmliche Republik-Erklärung bereits durch das provisorische Gremium, die Provisorische Nationalversammlung, ähnlich wie in Estland oder in der Tschechoslowakei, während dies anderswo erst späterhin der Fall war, wie in Lettland, in der Türkei und in Irland oder wo es eine Übergangsphase hinsichtlich Republik oder Monarchie gab wie in Finnland, Litauen, Polen und im SHS-Staat.

C. Definitive Verfassung

In nahezu sämtlichen Fällen erfolgte die definitive Verfassungsgebung durch eine aus Wahlen hervorgegangene Versammlung vom Typ der konstituierenden Nationalversammlung. Sie wurde als solche eigens gewählt, nur in Finnland erhob sich dazu der existierende Provinziallandtag. Mit dem Erlaß der definitiven Verfassung durch ein sogar Konstituierende Nationalversammlung benanntes Gremium folgte Deutschösterreich vollauf dem klassischen Modell. Wir finden es zur gleichen Zeit ebenso nach Bezeichnung und Sache in der Verfassungsgebenden Deutschen Nationalversammlung in Weimar. Auffallend an Österreichs definitiver Verfassung, der Verfassung 1920, ist allerdings der Wechsel der Staatsform des noch jungen Staates, das Verlassen des dezentralisierten Einheitsstaates, was die Verfassung 1920 sogar in ihrem Namen ausdrückte: „Bundes-Verfassungsgesetz, mit dem die Republik Österreich als Bundesstaat eingerichtet wird"! In der Tschechoslowakei jedoch kam es nicht zu einer eigens gewählten konstituierenden Nationalversammlung. Auch die definitive Verfassungsgebung erfolgte durch die - nicht gewählte, bloß erweiterte - provisorische Nationalversammlung.

D. Das Staatsgebiet

Das Staatsgebiet schließlich war allein in vier Staaten vorgegeben, wenngleich nicht unumstritten: in Finnland, Estland, Lettland und Irland. Bloß provisorisch umschrieben war es vorerst in allen anderen Staaten, allerdings aus verschiedenen Gründen und auf verschiedene Weise. Die von der gewollten oft auffallend abweichende definitive Grenzziehung erfolgte durch Staatsverträge. Während aber die als Siegermächte betrachteten slawischen Staaten ihr Staatsgebiet später durch Staatsverträge behaupten konnten, war dies bei Deutschösterreich nicht der Fall: Der Vertrag von St. Germain 1919 legte andere, nämlich engere und daher benachteiligende Grenzen fest. Hierin unterschied sich Deutschösterreich von der Türkei, der es gelang, den mit der Sultans-Regierung 1920 abgeschlossenen Vertrag von Sèvres, der fast ganz Rumelien und Teile Anatoliens der Türkei vorenthalten hatte, durch den Vertrag von Lausanne 1923 zu ersetzen. Polen, Litauen und Irland gingen hinsichtlich ihrer Grenzwünsche von historischen Gestaltungen aus. Die Tschechoslowakei, Deutschösterreich, der SHS-Staat und auch das Königreich SHS sowie die Türkei konnten hingegen auf keine territorialen Vorläufer verweisen, sie waren neue, unhistorische Gebilde. Sie beriefen sich wohl auch daher schon in ihren Staatsnamen auf eine ethnische Komponente. Die slawischen Staaten erfaßten ohne Rücksicht auf Minderheiten slawische Völker, im Falle der Tschechoslowakei mit Tschechen und Slowaken einen Teil der Westslawen, die Südslawen der SHS-Staat und das nach ihnen später sogar „Jugo(Süd)-Slawien“ benannte Königreich SHS. Für die Türkei war die türkische Bevölkerung Rumeliens beziehungsweise, auch unbeschadet der Minderheiten, die türkische Mehrheit Anatoliens bestimmend.

E. Alte neben neuer Staatsgewalt

Die Begründung der Staatsgewalt in Deutschösterreich und in der Türkei schloß nicht erst an die Beendigung der bisherigen Staatsgewalt an, sondern erfolgte davor, so daß es vorerst zu einem Nebeneinander von alter und neubegründeter Staatsgewalt kam. In der Türkei amtierten die Regierung der neuen türkischen Staatsgewalt und jene des Osmanischen Reiches örtlich getrennt, jene in Ankara und diese in Istanbul, während im Falle Deutschösterreichs die vom Monarchen eingesetzten Minister neben den deutschösterreichischen Staatssekretären nicht nur am selben Ort, in Wien, ihren Sitz hatten, sondern zum Teil sogar im gleichen Amtsgebäude. In

Deutschösterreich allerdings dauerte diese Parallelität nur fast genau zwei Wochen lange an, vom 30. Oktober bis zum 11. November 1918, während im Falle der Türkei sich die Parallelität über mehr als 3 Jahre hinzog. Wie in der Türkei war es auch in Deutschösterreich eine politische Notwendigkeit, daß der Monarch das Land verließ. In beiden Fällen besorgte dies interessanterweise Großbritannien, nämlich in Österreich mit der Bereitstellung eines Sonderzuges unter britischem Schutz, der den Ex-Kaiser in die Schweiz brachte, in Istanbul mit der eines Kriegsschiffes für den Ex-Sultan, und auf einem britischen Kriegsschiff mußte Ex-König Karl nach seinem gescheiterten Rückkehrversuch nach Ungarn auch dieses verlassen.

Die Parallelität von alter und neuer Staatsgewalt verweist auf ein spezifisches Moment der Gründung Deutschösterreichs wie auch des SHS-Staates. Zufolge der Identität der deutschen Reichsratsabgeordneten mit den Mitgliedern der Provisorischen Nationalversammlung erfolgte dort die Neugründung einerseits sowie die Beendigung der alten Staatsgewalt andererseits, zumindest so weit sie dessen Volksvertretung betraf, sozusagen in Personalunion und daher völlig koordiniert. Eine derartige Verbindung gab es auch bei der Gründung der Tschechoslowakei und des SHS-Staates ebenfalls zufolge der Identität von Reichsrats- und auch Landtagsabgeordneten mit den Mitgliedern des Tschechischen Verbandes sowie des Großteils des Tschechoslowakischen Nationalausschusses bzw österreichischer, ungarischer und bosnisch-herzegowinischer Parlaments- und Landtagsabgeordneter mit den Mitgliedern des südslawischen Nationalrates in Agram/Zagreb. Im Falle der Tschechoslowakei allerdings beteiligten sich deren Reichsratsabgeordnete nicht mehr an der Beendigung der cisleithanisch/österreichischen Staatsgewalt wie dies in Wien seitens des Abgeordnetenhauses in dessen letzter Sitzung am 12. November 1918 zwar überwiegend durch die deutschen, aber auch durch einige polnische, ukrainische, rumänische und südslawische Abgeordnete der Fall war. Eine gewisse Parallele bietet übrigens Irland: Irische Mitglieder des Parlaments in London konstituierten das in Dublin und begründeten die irische Staatsgewalt neu und beendeten - ihrer Ansicht nach - die britische, dies freilich nicht insgesamt, aber doch für Irland. Sowohl in Finnland wie in den baltischen Staaten war keine bisherige finnische, estländische, lettländische oder litauische Staatsgewalt zu beenden - allein dies geschah noch in der Türkei. Hier aber gab es diese personelle Verbindung nicht, denn die provisorische Nationalversammlung der Türkei bestand nicht aus Repräsentanten des Osmanischen Reiches.

IV. Ergebnisse

Die konkrete Staatenpraxis um 1918 zeigt, daß übernommene Grundmuster der Verfassungsgebung und damit auch der Staatenentstehung parallele Entwicklungen hervorrufen, daß aber umstandsbedingte Momente zu Modifikationen, sogar bis hin zu Gegensätzlichkeiten führen können. Gerade aber auch darin wird, wie natürlich besonders im Falle übereinstimmender Entwicklungen, die gemeinsame Staaten- und Verfassungstradition in Europa sichtbar.

Die Erneuerung der Staatlichkeit in Mitteleuropa nach 1945

I. Vorbemerkung; II. Die maßgeblichen Faktoren der Entwicklung: A. Staatlichkeit, B. Regierung: 1. Exilregierungen, 2. Inlandregierungen, 3. Österreich 1945: weder Exil- noch Inlandregierung, C. Die Rolle der Kommunistischen Parteien, D. Bündnisse KP-SP, E. Einheitsfront KP-SP-bürgerliche Parteien, F. Die Besatzung, G. Wirtschaft; III. Die Verfassungslage.

I. Vorbemerkung

Die Umwälzung in Mitteleuropa um 1990, die sogenannte Wende, sowie die seither eingetretenen Veränderungen in der Staatenwelt durch den Zerfall der Tschechoslowakei sowie Jugoslawiens machen die davorliegende Zeit zu einem Stück Geschichte. Die Beschäftigung mit ihr ist nun Geschichtsschreibung, nicht mehr, wie in jener selbst, ein Auseinandersetzen mit politischen Systemen. Dies bedeutete ehedem in der spezifischen Situation der damaligen „Ostblockstaaten", daß eine derartige Befassung leicht als negative Kritik verstanden und vor Ort gar nicht vorgetragen werden konnte. So ist auch diese Abhandlung Erweiterung und Neufassung des Vortrages „Die Erneuerung des österreichischen Staates und Rechtes 1945" (in: Prispevky K Dejinam Socialistikkeho Statu A Prava, I. cast, 1987, 121ff), gehalten im Rahmen der Konferenz „Die Entstehung des sozialistischen Staates und Rechtes 1945" in Prag 1985. Damals konnte in der Hauptstadt eines „Ostblockstaates" hinter dem „Eisernen Vorhang" vieles nicht oder nicht so gesagt werden. In einem bescheidenen Rahmen aber war auf diesen Rechtshistorikerkonferenzen meist in der damaligen CSSR und in Ungarn, auch in der DDR und in Polen, zunehmend ein Gedankenaustausch zwischen den Rechtshistorikern dieser Staaten und solchen aus ihren westlichen Nachbarstaaten möglich. Diese Kontakte setzten sich nach der sogenannten Wende nahtlos in einem normalen Wissenschaftsbetrieb fort.

Es wird hier von der Erneuerung von Staatlichkeit im Sinne eines tatsächlichen, entsprechenden Tätigseins gesprochen. Dieses Abstellen auf tat-

Aus: H. *Lück* - B. *Schildt* (Hrsg), Recht-Idee-Geschichte. Beiträge zur Rechts- und Ideengeschichte für Rolf Lieberwirth anläßlich seines 80. Geburtstages, Köln - Weimar - Wien 2000, 639-656.

sächliche Vorgänge soll dem Umstand Rechnung tragen, daß zeitgenössische wie heutige Auffassungen sich oft darin unterscheiden, ob Staaten untergegangen und nach 1945 neu entstanden sind oder ob sie kontinuierlichen Bestand hatten und zufolge Okkupation bloß handlungsunfähig gewesen waren, was etwa in Hinblick auf die Tschechoslowakei oder Österreich von 1939 beziehungsweise 1938 bis 1945 unterschiedlich vertreten wurde bzw wird.

II. Die maßgeblichen Faktoren der Entwicklung

A. Staatlichkeit

Einige Staaten konnten im expandierenden deutschen bzw italienischen Machtbereich ihre Staatlichkeit erhalten wie etwa Ungarn, das sein Staatsgebiet sogar mehrmals erheblich vergrößerte, Albanien, das gleichfalls kleinere Gebietszuwächse erfuhr, oder Rumänien, welches allerdings Gebietsverluste hinnehmen mußte. Die Fortdauer der Staatlichkeit war hier nie in Frage gestellt; Probleme erwuchsen aus einer neuen Festsetzung der Grenzen. Im Gegensatz dazu kam es anderswo zum - jedenfalls faktischen - Verlust der Staatlichkeit wie im Falle Österreichs, der CSR, Polens und Jugoslawiens. Bei Polen trat dieser Verlust sofort ein und wirkte sozusagen absolut. Österreich wurde 1938 ein Land des Deutschen Reiches, so daß es mit dieser Eigenschaft und daher mit einer eigenen, freilich stark reduzierten Regierung vorerst noch eine Quasi-Staatlichkeit bewahrte, die aber, da als Übergangsregelung gedacht, 1940 aufgehoben wurde. Eine auf Dauer geplante Quasi-Staatlichkeit, d h eine stark reduzierte eigene Verwaltung, erhielten das Protektorat Böhmen-Mähren in der ehemaligen CSR oder das unter deutscher Militärverwaltung stehende protektoratsähnliche Gebiet Serbien im ehemaligen Jugoslawien. Weiters entstanden auf dem Boden ehemaliger Staaten auch neue Staaten wie die Slowakei als Teil der ehemaligen CSR oder Kroatien im Gebiete des ehemaligen Jugoslawien, wo Montenegro als Staat wiederhergestellt wurde.

Bei manchen der - jedenfalls faktisch - untergegangenen Staaten wurde nach Kriegsausbruch 1939 deren Wiederherstellung alsbald zu einem Kriegsziel der Alliierten wie hinsichtlich der CSR, Polens und Jugoslawiens. Bezüglich Österreichs hingegen war eine Herstellung der Eigenstaatlichkeit lange nicht selbstverständlich. Für die internationale Staatenwelt galt seine Staatlichkeit durch den Anschluß 1938 an das Deutsche Reich zufolge Annexion als untergegangen; bis zum Kriegsausbruch 1939 gab es international kein Österreich-Problem, der Anschluß war insbesondere von den Großmächten anerkannt worden. Die österreichischen diplomatischen Vertretungen beispielsweise wurden überall den deutschen unterstellt. Nur Mexiko erhob Protest gegen den Anschluß und forderte die Einberufung einer Ratstagung des Völkerbundes, weil der Anschluß dem Völkerbundpakt und den Verträgen von Versailles und St. Germain widersprach. Man stellte den Anschluß kaum in Frage, allenfalls kritisierte man die Methode und das Vorgehen des Deutschen Reiches. Erst ab 1941 wird die Wiederherstellung Österreichs diskutiert, allerdings stets im Zusammenhang mit der Frage der Zerstückelung Deutschlands. An eine unbedingte Wiederherstellung Österreichs, wie es vor 1938 bestanden hatte, dachten die Alliierten offenbar nur mit Vorbehalten. Der wiederhergestellte Staat Österreich sollte, um lebensfähig zu sein, in Föderationen mit anderen Staaten eingebunden werden, wobei sich die westlichen Alliierten für eine Donauföderation aussprachen, die UdSSR eher gegen eine solche, nämlich offenbar für eine Vereinigung Österreichs mit süddeutschen Staaten. In der Erklärung der Moskauer Außenministerkonferenz 1943 wurde dann zwar die Wiedererrichtung eines „freien und unabhängigen Österreich“ als Kriegsziel betont, doch erschien auch jetzt dieser Schritt als Teilaspekt der Neuordnung Deutschlands.

In dieser zögernden und bedingten Haltung der Alliierten gegenüber der Wiederherstellung der österreichischen Staatlichkeit liegt ein sehr wesentlicher Unterschied im Vergleich zur Entwicklung etwa der CSR, Polens und Jugoslawiens.

B. Regierung

Von großer Bedeutung für die Kriegs- wie sodann die Nachkriegsentwicklung wurde der Umstand, daß sich noch vor Beendigung der Kampfhandlungen für zahlreiche Staaten Regierungen bildeten, die mit dem Vormarsch der Alliierten und in Zusammenarbeit mit ihnen, insbesondere der UdSSR, das politische Schicksal ihres Landes in die Hand nahmen.

1. Exilregierungen

Zum Teil entstanden Exilregierungen. So vertrat die Interessen der CSR eine zwar erst 1940 gebildete Exilregierung, allerdings mit einer gewissen Kontinuität insoferne, als an ihrer Spitze der 1938 zurückgetretene Staatspräsident Benesch stand. Kontinuität wahrte sie auch darin, daß sie mit der UdSSR Bündnisse schloß in Anknüpfung an frühere Vertrage wie insbesondere 1943, welche in Grundzügen die Nachkriegsordnung der CSR durch die Rückkehr zum Status quo vor dem Münchener Abkommen, allerdings bei Vertreibung der deutschen Bevölkerung festlegte. Die zuletzt im März 1945 in Moskau neu gebildete Regierung konstituierte sich sodann in Kaschau und amtierte ab Mai 1945 in Prag.

Auch Polen besaß eine Exilregierung, die in klarer Kontinuität an die polnische Regierung von 1939 anknüpfte, da diese über Rumänien das Land verlassen und ihren Sitz schließlich in London genommen hatte. Als die UdSSR 1943 ihre Beziehungen zu ihr abbrach, anerkannte sie als Regierung Polens das 1944 entstandene Polnische Komitee für die Nationale Befreiung („Lubliner Komitee"). 1945 erklärte es sich zur Provisorischen Regierung, die sodann unter dem Schutz der UdSSR die Regierungsgeschäfte in Nachkriegs-Polen übernahm. Von den Westalliierten wurde sie jedoch erst nach Aufnahme von Mitgliedern der nun ihre Tätigkeit einstellenden Londoner Exilregierung anerkannt.

Eine ähnliche Situation wie bezüglich Polens entwickelte sich auch für Jugoslawien. Vorerst etablierte sich eine Exilregierung unter König Peter in London, dann in Kairo. Nach dessen Verzicht auf eine Rückkehr 1944 entstand im Inland mit dem vom König anerkannten „Volksbefreiungskomitee" Titos eine Regierung, die schließlich unter Aufnahme von Mitgliedern der Exilregierung diese ablöste, und zwar auch in Anerkennung durch die Westalliierten allerdings unter der Bedingung freier Wahlen.

2. Inlandregierungen

Andere Gebiete besaßen Inlandregierungen wie natürlich die fortbestehenden Staaten, dann die Neugründungen sowie die quasi-staatlichen Gebiete.

In Ungarn bildete sich 1944 neben der Regierung Szalasi eine Provisorische Regierung in Debreczen, die 1945 in Moskau einen Waffenstillstand mit den Alliierten schloß und 1945 noch an das Deutsche Reich den Krieg erklärte.

In Rumänien kam es nicht wie in Ungarn zu einer Regierungskonkurrenz, sondern zu Regierungsumbildungen. Eine dieser neugebildeten Regierungen erklärte 1944 dem Deutschen Reich den Krieg und schloß schließlich in Moskau einen Waffenstillstand mit den Alliierten.

Die Regierungen der neuen Staaten Slowakei und Kroatien gingen mit diesen unter und spielten 1945 keine Rolle. Die slowakische Regierung verlegte ihren Sitz in das Deutsche Reich und geriet hier in amerikanische Gefangenschaft. Die Mitglieder der kroatischen Regierung flüchteten nach Argentinien, die Reste der kroatischen Truppen ergaben sich 1945 den Engländern und wurden von diesen an die Partisanen Titos ausgeliefert.

In den quasistaatlichen Einheiten kam den Regierungen nur eine bescheidene Selbstverwaltung zu, die überdies vom Deutschen Reich mehrfach beschränkt wurde.

In Österreich gab es nach dem Anschluß 1938 in diesem Sinne eine Landesregierung mit Restkompetenzen der ehemaligen Bundesregierung auf den Gebieten Unterricht und Kultur, Finanzen, Land- und Forstwirtschaft, allerdings nur bis 1940, dann gingen ihre Befugnisse teils auf die Reichsregierung, teils auf die Reichsstatthalter der Reichsgaue, im Wesentlichen gebildet aus den ehemaligen österreichischen Bundesländer, über.

Im „Protektorat Böhmen-Mähren" kamen der Protektoratsregierung, ähnlich wie im Land Österreich der Landesregierung, Restkompetenzen der ehemaligen Staatsregierung der CSR und ein Verordnungsrecht zu, auch gab es weiterhin einen Staatspräsidenten. Neben diesen tschechischen Organen stand aber der deutsche Reichsprotektor mit Staatssekretären. Die Mitglieder der tschechischen Protektoratsregierung mußten durch den Reichsprotektor bestätigt werden, auch galt der Grundsatz, daß Reichsrecht tschechisches Recht bricht. 1941 wurde der Protektoratsregierung der Charakter eines Kollektivorgans aberkannt und ihr Verordnungsrecht auf die einzelnen Minister übertragen, 1943 erhielt der nun geschaffene „Deutsche Staatsminister für Böhmen und Mähren" ein Weisungsrecht gegenüber der Protektoratsregierung und ein umfassendes Einspruchsrecht. Zeitgenössische Karten weisen Böhmen-Mähren übrigens als Teil des Großdeutschen Reiches aus.

Im protektoratsähnlichen Gebiet Serbien wurde vom deutschen Militärbefehlshaber eine eigene Regierung unter General Nedic berufen. Ihr unterstand etwa die Wirtschaftsverwaltung, ihrer mußten sich die deutschen Besatzungstruppen bei der Einhebung von Besatzungskosten bedienen. Die Gesetzgebung bestand aus „Verordnungen des deutschen Befehlhabers Serbien" und der „Gesetzgebung der serbischen Regierung". Dem Regierungschef gelang es immerhin, führende Männer der deutschen Besatzungsmacht, die beschuldigt wurden, die autonomen Bestrebungen der serbischen Regierung vorsätzlich zu hemmen, aus ihren Stellen entfernen zu lassen. Im Oktober 1943 erging dazu sogar eine „Anordnung des Führers", worin es u a hieß: „Das Hineinregieren deutscher Dienststellen in nichtkriegswichtige Angelegenheiten ist zu vermeiden."

Alle diese Regierungen spielten 1945 keine Rolle. In Österreich gab es die Landesregierung seit 1940 nicht mehr. In Serbien löste sich die Regierung Nedic am 20. Oktober 1944, dem Tage der Eroberung Belgrads durch Tito, auf. Im Protektorat Böhmen-Mähren dankte die Protektoratsregierung im Mai 1945 formell ab.

3. Österreich 1945: weder Exil- noch Inlandregierung

Österreich besaß weder eine Exilregierung noch eine länger amtierende Inlandsregierung, welche 1945 in das Geschehen hätten eingreifen können. Im Gegensatz etwa zur CSR und Polen waren in Österreich 1938 die höchsten Staatsorgane wie Bundespräsident und Bundesregierung sowie sämtliche Landesregierungen im Inland verblieben und haben zum Teil positiv an der Volksabstimmung zugunsten des Anschlusses und sodann an der Eingliederung in das Deutsche Reich mitgewirkt. So war es insgesamt unmöglich, eine Exilregierung der Art zu bilden, daß auch nur in einigen ihrer Personen eine Identität mit österreichischen Regierungsorganen hätte fortbestehen können.

Aber es kam auch keine österreichische Exilregierung mit sozusagen neuen Politikern zustande. Die verschiedenen Exilgruppen spiegelten im wesentlichen die politischen Strömungen von vor 1938 wider und brachten sich dementsprechend die traditionellen Abneigungen entgegen. An Versuchen zur Bildung von Exilregierungen fehlte es nicht, sie scheiterten jedoch an diesen inneren Gegensätzen. Die Exilgruppen traten überdies keineswegs vorbehaltlos für die Wiedererrichtung Österreichs ein. Zum Teil anerkannten sie sogar das Faktum des Anschlusses und erhofften sich eine Beseitigung des nationalsozialistischen Regimes im fortdauernden Großdeutschen Reich wie etwa der Sozialdemokrat Otto Bauer. Andere dachten an eine Neuordnung des Donauraums in Anlehnung an die österreichisch-ungarische Monarchie wie die freilich nur sehr kleine Gruppe der Monarchisten. Auch fand die Bildung einer Exilregierung keine Unterstützung durch die Alliierten. Die Exilgruppen waren wegen ihrer Zersplitterung, ihrer Programme und zum Teil ihrer Herkunft aus dem antidemokratisch-autoritären Regime Österreichs von 1933 bis 1938 kein attraktiver Verhandlungspartner für die Alliierten. Deren Programme bezüglich Österreichs aber gaben wieder den Exilgruppen keinen gemeinsamen Ansporn. Die Wiederherstellung des Staates bedeutete zwar Freiheit von der nationalsozialistischen Herrschaft, aber letztlich Beibehaltung der ungeliebten Staatsordnung von 1918 mit der Abtrennung zahlreicher Gebiete wie besonders schmerzhaft der Südtirols.

Mit dem Fehlen einer Exilregierung entspricht Österreichs Situation der Deutschlands. Anders steht es hinsichtlich einer Inlandregierung. Eine deutsche Reichsregierung existierte zwar 1945 und wollte weiterhin amtieren, wurde aber von den Alliierten inhaftiert, während es sich in Österreich gerade umgekehrt verhielt: Es gab keine österreichische Regierung, eine solche wurde aber von den Alliierten initiiert. Am 24. April 1945 signalisierte die UdSSR den USA die Möglichkeit, unter dem Mitbegründer der Republik Deutschösterreich von 1918, dem damaligen Staatskanzler Renner, eine österreichische Zentralregierung bilden zu können. Unter Förderung der UdSSR erfolgte diese Regierungsbildung am 27. April 1945 in Wien nach Beendigung der Kampfhandlungen im östlichsten Österreich, während der Krieg in dessen übrigen Teilen noch fortdauerte. Teils zuvor und teils parallel zu diesem Vorgang, von ihm jedoch unabhängig, konstituierten sich in den Ländern Provisorische Landesregierungen. Bei ihrer Entstehung spielten zum Teil österreichische Widerstandsgruppen, die sich gegen Ende des Krieges gebildet hatten, eine gewisse Rolle. Die Anerkennung durch die Westalliierten erlangte die Regierung Renner jedoch erst am 20. Oktober 1945 unter der Bedingung der Abhaltung freier Wahlen in ganz Österreich.

Insoferne glich das Bild in Österreich wieder dem anderer Staaten im Besatzungsbereich der UdSSR: sowjetische Initiative zur und Beeinflussung der Regierungsbildung, als Gegengewicht erst späterhin ein gewisser Einfluß der Westalliierten samt deren Bedingung der Abhaltung von Wahlen.

Die Initiative zur Regierungsbildung lag auf österreichischer Seite weder bei österreichischen Widerstandsorganisationen noch bei Exilgruppen, sondern bei den neu im Inland, konkret in Wien entstandenen politischen Parteien, der KPÖ (Kommunistische Partei Österreichs), der SPÖ (Sozialistische Partei Österreichs) und der ÖVP (Österreichische Volkspartei). Sie erließen am 27. April 1945 im Sinne der Moskauer Erklärung von 1943 eine Proklamation mit insbesondere der Unabhängigkeitserklärung und setzten sogleich mittels Kundmachung die Provisorische Staatsregierung unter Renner ein. Diese verkündete am selben Tag eine Regierungserklärung und das Inkraftsetzen der Verfassung 1920/1929, allerdings mit Übergangsbestimmungen, wonach der Provisorischen Staatsregierung auch die Gesetzgebung zukam.

Die Provisorische Staatsregierung war - auch wegen der Gesetzgebungskompetenz - eine Konzentrationsregierung aller Parteien. Den 7 ÖVP-Staatssekretären mit Ministerfunktion standen, zusammengenommen, ebenso viele der SPÖ (4) und KPÖ (3) gegenüber, die SPÖ stellte mit Renner noch den Staatskanzler. Mit den Unterstaatssekretären verteilten sich die Regierungssitze jedoch auf ÖVP : SPÖ : KPÖ im Verhältnis von 13 : 12 : 10; dazu kamen noch 4 parteilose Unterstaatssekretäre. Die eigentliche Regierung übte jedoch der Politische Kabinettsrat in einer Zusammensetzung von ÖVP : SPÖ : KPÖ mit 1 : 2: 1.

C. Die Rolle der Kommunistischen Parteien

In den späteren kommunistischen Ländern kam der jeweiligen KP in den Entwicklungen ab 1944 eine entscheidende Rolle zu. Für die CSR war diese bereits 1943/44 durch Absprachen zwischen Benesch und Gottwald anerkannt worden, so daß dann die Regierung zu Kaschau 1945 eine hohe Zahl an KP-Ministern aufwies und die KP eine führende Rolle in den diversen Nationalausschüssen erhielt. Bei den Wahlen von 1946 schnitt sie mit 38 % als stärkste Partei ab. In Ungarn trat die KP als erste von allen Parteien mit einer starken Organisation auf und vermochte ihr „Programm zur demokratischen Erneuerung Ungarns“ auch auf andere Parteien zu übertragen. Sie erreichte allerdings bei den Wahlen von 1945 bei absoluter Mehrheit der Kleinlandwirtepartei ebenso wie die Sozialdemokraten bloß 17 % und wurde erst 1947 mit 23 % zur relativ stärksten Gruppe. Für Polen kam es 1942 im Exil zur Wiedergründung der 1938 verbotenen KP als „Polnische Arbeiterpartei“, die zwar die Provisorische Regierung von 1945 dominierte, sich aber in der Folge nicht als eigene wahlwerbende Gruppe Wahlen stellte, sondern nur im Verbund mit anderen Parteien. Gleiches gilt für Rumänien (s u E). In Jugoslawien war die KP durch den Partisanenkampf schon vorab gestärkt und konnte deshalb nach dem Krieg die politische Macht rascher erringen als dies in den anderen sodann kommunistischen Ländern der Fall war (s u E).

Aufgrund derartiger Positionen konnte die jeweilige KP wichtige Regierungsressorts besetzen und vielfach die Rolle auch einer nationalen Befreiungsbewegung übernehmen, da die bürgerlichen Parteien durch ihre ehemaligen Verbindungen zum Deutschen Reich als diskreditiert galten.

In den Besatzungszonen Deutschlands ähnelt die Entstehung der politischen Parteien jener in Österreich, hinsichtlich der Rolle der KP zeigte sich aber alsbald insoferne ein Unterschied, als sie in der UdSSR-Zone eine Rolle einnahm wie in den späteren Ostblockstaaten, in den Westzonen hingegen wie in Österreich (s sogleich). Bei den Landtagswahlen in den Westzonen erhielt die KP insgesamt nur 9,6 % an Stimmen. In der UdSSR-Zone stellte sich die KPD zufolge ihrer Fusion schon 1946 mit der SPD zur SED nie Wahlen. Bei der Stadtverordnetenwahl für alle Zonen Berlins 1946 erhielt die SED knapp 20 %, die SPD (der Berliner Westzonen) jedoch nahezu 50 % der Stimmen.

In Österreich war die KP, wie gezeigt, sogleich in der Provisorischen Staatsregierung vertreten und konnte auch in einigen Landesregierungen ein Mitglied stellen. Vielfach wurde erwartet, daß die KPÖ bei den ersten Wahlen eine Stärke ähnlich der SPÖ erzielen würde. Tatsächlich erreichte sie jedoch bei den Wahlen im Herbst 1945 nur 5,4 % und bloß 4 von 165 Parlamentssitzen, während die SPÖ 76 Mandate erhielt und die ÖVP mit 85 Mandaten sogar die absolute Mehrheit erreichte. Die KPÖ wies zwar eine steigende Mitgliederzahl auf, allerdings nur in der Besatzungszone der UdSSR und im Bereich der sowjetischen USIA-Betriebe (s u G). Dennoch und trotz der Verbindung mit links-sozialistischen Gruppen gewann sie nur noch bei den Wahlen von 1949 als „Linksblock“ 1 Mandat hinzu, um sodann bei abnehmenden Mandaten (1953: 4 „Volksopposition“; 1956: 3 „Kommunisten und Linkssozialisten“) ab den Wahlen von 1962 ohne Mandat zu bleiben.

Diese wesentlich andere Rolle der KPÖ im Vergleich zu den Schwesterparteien insbesondere in Österreichs östlichen Nachbarstaaten resultiert im wesentlichen daraus, daß sie in Österreich keinerlei Tradition besaß. Das Parteiensystem Österreichs hatte sich in der Ersten Republik bereits so gefestigt, daß neben dem „Austromarxismus“ der SPÖ keine zweite marxistische Partei Geltung erlangen und die KPÖ daher vor 1938 nie ein Parlamentsmandat hatte erringen können. Nach 1945 schadete der KPÖ ihr Naheverhältnis zur sowjetischen Besatzungsmacht, nach 1955 ging dieser Rückhalt verloren und sogleich 1956 kam mit der Niederschlagung des Aufstandes und der Verhärtung des Kommunismus in Ungarn ein weiterer Rückschlag: Die Mitgliederzahl ging von 66.000 auf etwa 50.000 zurück.

D. Bündnisse KP-SP

Eine sehr wesentliche Rolle in der Entwicklung zu kommunistischen Staaten spielte das Bündnis zwischen der jeweiligen KP und der SP oder von Teilen derselben. So bildete sich in der CSR schon im April 1945 ein „Sozialistischer Block“, in dem die Führungsrolle der KP gegenüber der SP anerkannt war, zumal diese über einen KP-nahen Flügel (Fierlinger) verfügte; 1948 kam es schließlich zur Vereinigung beider Parteien. In Ungarn bildete sich schon im Oktober 1944 eine Einheitsfront der beiden marxistischen Parteien, im Januar 1945 wurde eine Vereinbarung über eine Zusammenarbeit abgeschlossen, im März 1946 verbanden sie sich mit anderen Parteien im „Linksblock“ und diese vereinigten sich schließlich 1948 zur „Partei der Ungarischen Werktätigen“. Entwicklungen in Polen und Rumänien verliefen ähnlich. Auch in Deutschland ergriff die KP sogleich 1945 die Initiative zur Bildung einer gemeinsamen marxistischen Partei mit der SP, die aber durch die Vereinigung der KPD und SPD im wesentlichen nur in der UdSSR-Zone zur SED 1946 zustandekam, während in den übrigen Besatzungszonen SPD und KPD getrennt blieben.

Durch die Vereinigung mit der SP konnte die KP eine maßgebliche Führungsrolle in der Arbeiterschaft übernehmen, was zum Teil darauf zurückzuführen ist, daß die jeweilige SP wenig zielbewußt, oft gespalten und manchmal mit einer „bürgerlichen“ Vergangenheit zu belasten war.

In Österreich kam es zwar 1945 auf lokaler Ebene zur Bildung von Einheitsfronten zwischen KPÖ und SPÖ, doch scheiterte die KPÖ bereits mit dem Plan von überparteilichen staatlichen Massenorganisationen; vor allem gelang es ihr nicht, die SPÖ zu einer Einheitsliste im Gewerkschaftsbund zu bewegen. Eine Vereinigung mit der SPÖ strebte die KPÖ in dieser Lage erst gar nicht an.

Eine vereinzelte und frühe Initiative ging allerdings von der SPÖ aus: Schon am 23. April 1945, also noch vor der Unabhängigkeitserklärung, nahm der Parteivorstand der SPÖ den Antrag ihres Sekretärs Scharf auf Bildung einer Einheitsfront mit der KPÖ an; weitere Verhandlungen fanden jedoch nicht mehr statt und unterblieben vollends nach den Wahlen vom Oktober 1945. Scharf wurde schließlich aus der SPÖ ausgeschlossen, bildete eine eigene sozialistische Partei und kandidierte 1949 mit der KPÖ als „Linksblock“, was immerhin den Zuwachs von einem Mandat, aber insgesamt nur 5 Parlamentssitze von 165 brachte. Nach der Niederschlagung des Ungarn-Aufstandes wandte sich die SPÖ sogar schroff gegen die KPÖ: „Gebt keinem Kommunisten die Hand“ lautete die Parole.

Die Entwicklung zeigt, daß die SPÖ nach den Wahlen von 1945 vor allem auch deshalb Kontakte mit der KPÖ vermied, um die Koalition mit der ÖVP, welche über die absolute Mehrheit im Parlament verfügte, nicht zu gefährden. Grundsätzlich setzte die SPÖ aber mit ihrer Haltung gegenüber der KPÖ die Parteilinie aus der Ersten Republik fort. Dem kam zustatten, daß die SPÖ eine weitaus dominierendere Stellung einnahm als sozialistische Parteien in anderen Staaten und vor allem einen „antibürgerlichen“ Charakter vollauf hatte bewahren können: 1934 war sie gegen das autoritäre Regime des christlichsozialen Bundeskanzlers Dollfuß in den Kampf getreten und konnte daher nicht verdächtigt werden, sich dem bürgerlichen Lager angebiedert zu haben. Daß sich ein prominenter Sozialistenfunktionär wie Karl Renner 1938 für den Anschluß Österreichs und für den des Sudetenlandes ausgesprochen hatte, fiel demnach nicht ins Gewicht.

E. Einheitsfront KP-SP-bürgerliche Parteien

Für die Entwicklung in den späteren kommunistischen Ländern ist in Wiederbelebung des Volksfrontgedankens der Zwischenkriegszeit die Bildung von Einheitsfronten der sozialistischen mit den bürgerlichen Parteien nicht nur typisch, sondern nahezu wegbereitend. In der CSR entstand aufgrund der Abreden zwischen Benesch und Gottwald die „Nationale Front", 1944 die „Ungarische Front", die sich sodann in die „Ungarische nationale Unabhängigkeitsfront" wandelte, in Rumänien 1944 die „Nationaldemokratische Front", in Polen 1945 der „Demokratische Block" und in Bulgarien 1944 die „Vaterländische Front". In Jugoslawien kam es ab 1944 zum Aufbau einer „Volksfront", die unter der Führung der KP stand und der Neutralisierung der anderen politischen Gruppierungen diente. Sie entwickelte sich zunehmend zu einem von der KP beherrschten Block. Bei den Wahlen zur Verfassunggebenden Versammlung im November 1945 erzielte dieser etwa 90 % der Stimmen. Ein politisches Agieren außerhalb der Volksfront war an eine Genehmigung gebunden und damit praktisch unmöglich gemacht. So konnte der Wandel zum KP-Einparteiensystem durch Aus- und Gleichschaltung betrieben werden. Nahezu dieselbe Entwicklung gab es 1945 in der UdSSR-Zone Deutschlands, die zum „Demokratischen Block" von 1948 und weiter zur „Nationalen Front" von 1949 führte. Nicht nur sämtliche Parteien, sondern auch die sogenannten Massenorganisation wie Gewerkschaftsbund, Kulturbund etc hatten hier prozentmäßig ihren Anteil. Eine Wahlmöglichkeit nur einzelner Parteien gab es damit nicht, sondern nur Annahme oder Ablehnung der Einheitsfront. Allerdings wurde manchen Parteien der Eintritt in die Einheitsfront auch verwehrt wie in Rumänien den Nationalliberalen und der Nationalen Bauernpartei, was die Stellung der KP in der Einheitsfront stärkte.

Diese Einheitsfronten bildeten oft die Regierungen wie 1945 in der CSR, sie kandidierten als wahlwerbende Gruppe meist ohne Opposition wie etwa schon früh 1945 in Rumänien, in der CSR 1948 und in der UdSSR-Zone Deutschlands 1949. Sie vereinigten daher zwischen 85 % (Rumänien 1945) und 90 % (CSR 1948) der Stimmen. Bei den Volkskongreß-Wahlen von 1949 erhielt die Einheitsfront im späteren DDR-Gebiet allerdings nur gut 66 %, im weniger kontrollierten Ost-Berlin gar bloß gut 47 % der Stimmen. Schließlich erreichte innerhalb dieser Einheitsfronten die jeweilige marxistisch-leninistische Partei die Führungsrolle wie beispielsweise in Ungarn 1949. In der UdSSR-Zone Deutschlands wurde diese Führungsrolle auch verfassungsrechtlich festgeschrieben, und zwar erstmals in der DDR-Verfassung von 1968.

Diese Dominanz der KP stand zu einem von ihr ausgeübten Terror in Wechselwirkung, der außerhalb Deutschlands als antideutscher Antifaschismus allmählich daüber hinaus eskalierte. In Ungarn beispielsweise wandte er sich gegen Anhänger auch der bürgerlichen Parteien, vor allem der Kleinlandwirtepartei, dann gegen frühere Sozialdemokraten und schließlich sogar gegen bestimmte KP-Politiker, wobei er sich verschiedenster Mittel bediente, angefangen von illegalen Übergriffen bis hin zu Schauprozessen mit Todesurteilen.

Die Bedeutung der Einheitsfronten liegt vor allem auch darin, die zahlenmäßige Schwäche der jeweiligen KP teils verschleiert, teils nicht zur Wirkung gebracht zu haben, nämlich durch ihr Zutagetreten in bzw durch entsprechende Folgerungen aus Wahlen aufgrund eines erlebten Mehrparteiensystems. So trat die jeweilige KP in Polen, Rumänien und in Deutschlands UdSSR-Zone nie allein, sondern nur in Einheitslisten oder erst nach der Fusion mit der SP zu Wahlen an, stellte sich also hier nie allein als KP einer demokratischen Beurteilung.

In Österreich gab es 1945 einen Vorschlag der UdSSR zur Bildung einer „Vaterländischen Front", wobei allein schon diese Bezeichnung unglücklich gewählt war, da sie jener der Staatspartei des autoritären Regimes von 1933 bis 1938 entsprach. Zu einer ernsthaft diskutierten Verbindung aller Parteien in einer gemeinsamen Organisation kam es jedoch gar nicht. Dagegen wehrten sich ÖVP wie SPÖ, auch waren die Parteien 1945 noch zufolge der mehrfachen Besetzung zu wenig durchorganisiert, um einen einheitlichen Willen herbeizuführen. Nach der Wahl von 1945, welche ja der ÖVP sogleich die absolute Mehrheit brachte, konnte eine ernsthafte Diskussion über eine Einheitsfront nicht mehr stattfinden.

F. Die Besatzung

Abgesehen von Deutschland und Österreich wurden nach Beendigung des 2. Weltkriegs alle Staaten in der Regel nur von einem der Alliierten besetzt wie etwa Italien im wesentlichen nur von den USA, die CSR, Ungarn und Rumänien nur von den UdSSR. Die UdSSR-Truppen verließen allerdings die CSR noch 1945, dann Rumänien 1958, während sie wegen des angrenzenden Österreich in Ungarn noch nach dem Friedensvertrag 1947 stationiert blieben. Allerdings wurde 1947 die Alliierte Kontrollkommission in Budapest aufgelöst, was bei Fortdauer der UdSSR-Besatzung jedoch bedeutete, daß es nunmehr in Ungarn nur mehr eine, nämlich die UdSSR-Kontrolle gab!

Anders stellte sich die Situation bezüglich Österreichs dar: Es wurde wie auch Deutschland – westlich der Oder-Neiße-Linie - in Besatzungszonen der vier Alliierten aufgeteilt, die Hauptstadt ebenfalls keiner Zone zugeschlagen, sondern selbst in Besatzungszonen zergliedert. Anders allerdings als in Berlin gab es in Wien ein Regierungsviertel, das eine eigene, die sogenannte „Internationale Zone" bildete, die von allen 4 Besatzungsmächten gemeinsam verwaltet wurde, so daß die höchsten Staatsorgane nicht in der Zone nur einer einzigen Besatzungsmacht amtierten.

Die mehrfache Besatzung Österreichs ermöglichte es den politischen Parteien - so wie in Deutschland - je nach ihrer Ideologie Unterstützung bei zumindest einem der Alliierten zu finden, so daß es insgesamt im Gegensatz etwa zu Ungarn oder Polen zu keiner Bevorzugung einer politischen Gruppierung durch die einzige Besatzungsmacht kam. Die Alliierten waren nämlich gerade im kleinen Österreich auf gegenseitige Rücksichtnahmen angewiesen und konnten die von ihr protegierte politische Gruppe nicht rückhaltslos fördern. So wurde beispielsweise der Putsch der KPÖ in Ostösterreich 1950 von der UdSSR letztlich doch nicht unterstützt, andererseits gab es kein KPÖ-Verbot in den Besatzungszonen der Westalliierten. Auch hat die UdSSR im Gegensatz zur CSR Österreichs Teilnahme am Marshall-Plan nicht gehindert. Diese Situation, vor allem die Existenz der „Internationalen Zone" in Wien, ermöglichte der Bundesregierung gegenüber allen Alliierten einen wesentlich größeren Handlungsspielraum als einer Regierung im Bereich der Sowjettruppen.

Bedeutung kam dem Umstand, daß Österreich ein Kleinstaat ist, auch insoferne zu, als die einzelnen Besatzungszonen eine geringe Größe und Wirtschaftskraft aufwiesen. Zu einer staatsähnlichen Organisation in einzelnen Besatzungszonen wie in Deutschland mit schließlich einer Staatsgründung in sogar nur einer, nämlich der UdSSR-Zone konnte es in Österreich daher nicht kommen - keine Zone wäre für sich als Staat lebensfähig gewesen. Dies trifft vor allem auf die UdSSR-Zone zu, die sich zu keinem Staat hätte entwickeln können wie die entsprechende Zone in Deutschland zur DDR. Eine derartige eigene Entwicklung der UdSSR-Zone analog zu jener in Deutschland hätte überdies mit Sicherheit bedeutet, daß sich so wie die Bundesrepublik Deutschland die übrigen Besatzungszonen als Rest-Österreich der NATO angeschlossen hätten, womit die NATO-Länder Deutschland und Italien verbunden gewesen wären. Es konnte daher die UdSSR in Österreich keinerlei Interesse an einer selbständigen Entwicklung ihrer Zone, an einer Teilung des Staates haben, wie sie dies schließlich in Deutschland hingenommen hat. Ihr einziges Interesse mußte es sein, Österreich bzw West-Österreich nicht in einem westlichen Bündnis aufgehen zu sehen. Die alliierte Besatzung wirkte daher in Österreich nicht desintegrierend, denn durch die Mehrfach-Besatzung des kleinen Staatsgebietes unterblieb die Dominanz einer einzigen Besatzungsmacht. Mit der nahezu integrierenden Mehrfachbesetzung unterblieb aber auch die Hinwendung des Staates zu einem der Blöcke wie z B im Falle Ungarns oder Italiens.

G. Wirtschaft

Für unser Thema sind zwei wirtschaftspolitische Positionen von Bedeutung: die Agrar-, d h die Boden-Reform mit Auflösung des Großgrundbesitzes sowie die Verstaatlichung bestimmter oder aller Wirtschaftszweige. In Polen, Ungarn und Rumänien begann die Agrarreform bereits 1945 mit entsprechenden Enteignungen, in der CSR 1947. In Jugoslawien mußte behutsam vorgegangen werden, weil die meisten Partisanen Bauern waren. Hier richteten sich die gesetzlichen Agrarreformmaßnahmen im August 1945 nur gegen den größeren Grundbesitz, indem man eine Höchstgrenze von 23 bis 35 Hektar für Landbesitz normierte.

Parallele Maßnahmen im Bereich der Wirtschaft wurden gleichfalls schon 1945 gesetzt und die Verstaatlichung in den folgenden Jahren energisch vorangetrieben. Jugoslawien war hier übrigens zeitlich voraus. Enteignungen betrafen anfangs vor allem die Vermögen der „Kollaborateure" und der Volksdeutschen. Ende 1945 waren bereits etwa 80 % der Unternehmungen in staatlicher Hand, Ende 1946 verstaatlichte man schließlich alle Wirtschaftsbetriebe, die von bundes- wie gliedstaatlicher Bedeutung waren, 1948 folgten noch die kleineren Handelsbetriebe. Agrarreform und zum Teil auch Verstaatlichung der Wirtschaft bildeten oft längst fällige Maßnahmen, welche in überwiegendem Maße selbst von den bürgerlichen Parteien begrüßt und initiiert wurden. Diese gleichgerichteten Hauptinteressen förderten die Bildung der politischen Einheitsfronten, d h erschwerten, gemeinsam mit anderen Maßnahmen, die Absage an solche angesichts dieser - punktuellen - gemeinsamen Interessen.

In Österreich hingegen war eine Agrarreform mangels entsprechenden Großgrundbesitzes kein Anliegen, auch nicht nach 1945. Mittel- und Kleinbetriebe bestimmten ohnedies die landwirtschaftliche Struktur, Genossenschaften verbanden die einzelnen Bauern, der große Forstbesitz befand sich bereits in staatlicher Hand. Die Verstaatlichung von Industrie und Banken hingegen bildete allerdings ein Anliegen. Hiebei verbanden sich die alten ideologischen Forderungen der SPÖ mit einer neuen Lage, der auch die ÖVP steuern mußte und wollte. Hinsichtlich der Industrie nämlich bestand in Österreich eine ganz spezifische Situation. Zahlreiche Wirtschaftsbetriebe hatten sich schon vor 1938 in deutscher Hand befunden oder waren insbesondere nach 1938 in diese übergegangen. Dazu gesellten sich neue Betriebe deutscher Firmen oder des Deutschen Reiches, darunter vor allem die erst nach 1938 errichtete moderne Großindustrie. Aufgrund des Potsdamer Abkommens galten nun alle diese Vermögenswerte als solche des Deutschen Reiches, als sogenanntes Deutsches Eigentum und standen den einzelnen Besatzungsmächten in ihrer Zone zur Reparationsbefriedigung zur Verfügung. Als derartiges Deutsches Eigentum fielen daher zahlreiche Wirtschaftszweige in einem hohen Maße nicht an Österreich, sondern an die Besatzungsmächte - sie waren der österreichischen Wirtschaft entzogen. Ab 1946 verwaltete die UdSSR in ihrer Zone das Deutsche Eigentum als sogenannte USIA-Betriebe (Uprawlenije Sowjetskowo Imuschtschestwa w Awstrii) selbst, so daß in Österreich ein eigener Wirtschaftskörper neben der heimischen Wirtschaft bestand, was diese enorm schwächte. Dazu kam vor allem auch die Steuerfreiheit der USIA-Betriebe, die dem Staat Steuereinnahmen vorenthielt, ferner deren Exportausrichtung nach den Oststaaten. Im wesentlichen war Österreich wirtschaftlich gespalten: Der heimischen Industrie standen die planwirtschaftlich organisierten und nahezu in den Ostblock integrierten USIA-Betriebe der UdSSR gegenüber. Die Verstaatlichung verfolgte daher in Österreich auch das Ziel, diese Betriebe für Österreich zurückzugewinnen, war also nicht nur ein altes ideologisches Anliegen der SPÖ, übrigens auch angesichts der mangelnden Finanzkraft Privater nahezu eine Notwendigkeit. Zufolge ihrer Ansprüche wandte sich aber die UdSSR gegen die Verstaatlichung – und mit ihr auch die KPÖ!

Mit dem ersten Verstaatlichungsgesetz 1946 gingen die Anteilsrechte an 70 Industrie- und Gewerbebetrieben sowie an drei Großbanken an den Staat unter Beibehaltung der bisherigen Rechtsform (Aktiengesellschaft etc) über. Mit dem zweiten Verstaatlichungsgesetz 1947 wurde die Elektrizitätswirtschaft entprivatisiert. Eine weitere wichtige wirtschaftliche Maßnahme bestand übrigens in der regelmäßigen Lohn- und Preiskontrolle und auch in der Devisenbewirtschaftung.

Was also Österreich anlangt, so war eine Agrarreform gegenstandslos und die Verstaatlichung gestaltete sich innerstaatlich problemlos. Problematisch blieb nur das Deutsche Eigentum in den Händen der UdSSR. Es war dies damit ein Besatzungsproblem, das erst mit dem Staatsvertrag von Wien 1955 gelöst wurde. Das Deutsche Eigentum ging nun, und zwar zu Lasten auch Deutschlands, an Österreich über.

III. Die Verfassungslage

Durch die parteipolitischen Einheitsfronten war in vielen Staaten die Entwicklung zu sogenannten Volksdemokratien im wesentlichen bereits vorgezeichnet. In manchen dieser Staaten kündigte sich ein Rätesystem auf der Ebene der unteren und mittleren Verwaltung in entsprechenden Ausschüssen bereits an, an der Staatsspitze in gewaltenverbindenden Elementen wie etwa in der „Kleinen Verfassung" Polens 1947. Der Erlaß neuer Verfassungen anstelle jener aus der Vorkriegszeit war jedenfalls ausnahmslos geplant. Vorkriegsverfassungen galten daher alsbald nur auf Zeit wie etwa in Rumänien. Noch 1944 war hier die 1938 suspendierte Verfassung von 1923 wieder in Kraft gesetzt worden, doch wurde nach der Abdankung des Königs Ende 1947 sogleich die Volksrepublik ausgerufen. Maßgebend für den Inhalt neuer Verfassungen wurde dann vielfach die UdSSR-Verfassung 1936. Dementsprechend gaben sich Volksrepubliks-Verfassungen Jugoslawien bereits zu Anfang 1946, die CSR - nunmehr CSSR - und Rumänien 1948, Ungarn und die DDR 1949 und Polen 1952. Diese Staaten erreichten somit ihren neuen Verfassungszustand ein bis sieben Jahre nach dem Ende des 2. Weltkrieges.

In Österreich kündigte die Unabhängigkeitserklärung 1945 in Wiederholung der Moskauer Erklärung von 1943 an, es werde die Staatsordnung „im Geiste der Verfassung von 1920 einzurichten" sein: Damit hatten sich alle drei Parteien sogleich 1945 gegen eine Volksrepublik-Verfassung entschieden, was aber die KPÖ offenbar nur als Übergangslösung wie in anderen Staaten auch ansah. Mit dem Verfassungs-Übergangsgesetz wurde sodann die Verfassung 1920/1929 in Kraft gesetzt, allerdings bis zum Zusammentritt der Parlamente des Bundes und der Länder modifiziert durch die sogenannte „Vorläufige Verfassung". Gegen die Verfassung 1920/29 erhob die KPÖ den Vorwurf, mit der Fassung 1929 anstelle der von 1920 sei die autoritäre „Heimwehrverfassung" wiedereingeführt worden und verlangte die Wiederherstellung der Verfassung allein in der Fassung 1920. Gegenüber der Abänderung von 1929 hatte diese die Gewaltenverbindung mehr betont, etwa mit der Wahl der Bundesregierung durch das Parlament anstelle der Ernennung durch den Bundespräsidenten wie seit 1929, sie hatte ferner keine Volkswahl des Bundespräsidenten und mit dem Bundesrat nur einen Länder-, nicht auch wie die Fassung 1929 einen Ständerat gekannt. SPÖ und ÖVP griffen aber im wesentlichen auf den Verfassungszustand vor der Errichtung des autoritären Staates 1933 zurück - freilich ohnedies mit zwei Ausnahmen: An die Stelle des Länder- und Ständerates von 1929 trat der Bundesrat von 1920 und es wurde der Bundespräsident erst 1951 vom

Volk, 1945 hingegen, wie 1920 vorgesehen, von der Bundesversammlung gewählt. Das Wiederinkraftsetzen der Verfassung 1920/29 hatten überdies die USA schon 1944 erwogen; sie stieß bei den übrigen Besatzungsmächten auf keinen Widerstand. Die UdSSR kritisierten allerdings 1952, die Verfassung 1920 habe in der Fassung von 1929 den Austro-Faschismus ab 1933/34 begünstigt.

Insgesamt hatte man in Österreich 1945 eine Verfassungsdiskussion nahezu völlig vermieden, indem man zu einer schon bestehenden Verfassung zurückgekehrt war. SPÖ und ÖVP verstanden dies als definitive Lösung. Nur kurz bot die Vorläufige Verfassung 1945 ein neuartiges Verfassungskonzept mit Gemeinde-, auch Bezirks- und Landesvertretungen anstelle des Bund-Länder-Föderalismus mit seinen autonomen Gemeinden. Zu einer Ablöse der Vorkriegsverfassung wie in den Staaten des Ostblocks kam es also in Österreich nicht. Es kehrte vielmehr im Gegensatz übrigens auch zur Bundesrepublik Deutschland zur Verfassungsordnung der Zwischenkriegszeit zurück.

Literaturauswahl

T. Schieder (Hrsg), Handbuch der europäischen Geschichte VII/2, 1979.

W. Brauneder, Österreichische Verfassungsgeschichte, 8. Aufl 2001.

E. Zöllner, Geschichte Österreichs, 8. Aufl 1990.

G. Botz, Die Eingliederung Österreichs in das Deutsche Reich. Planung und Verwirklichung des politisch-administrativen Anschlusses (1938-1940), 3. Aufl 1988.

E. A. Schmidl, März 38. Der deutsche Einmarsch in Österreich, 1987.

E. Weinzierl - K. Skalnik (Hrsg), Österreich. Die Zweite Republik I u II, 1972.

G. Stourzh, Um Einheit und Freihheit. Staatsvertrag, Neutralität und das Ende der Ost-West-Besetzung Österreichs 1945-1955, 4. Aufl 1998.

H. Andics, 50 Jahre unseres Lebens. Österreichs Schicksal seit 1918, 1968.

St. Verosta, Die internationale Stellung Österreichs. Eine Sammlung von Erklärungen und Verträgen aus den Jahren 1938 bis 1947, 1947.

M. Pape, Die völkerrechtlichen und historischen Argumente bei der Abgrenzung Österreichs von Deutschland nach 1945, in: Der Staat 37, 1998, 257-313.

K. G. A. Jeserich - H. Pohl - G.-Ch. v Unruh (Hrsg), Deutsche Verwaltungsgeschichte IV, 1985.

Th. Eschenburg, Jahre der Besatzung (1945-1949), 1983.

H. Schröder u a, Staats- und Rechtsgeschichte der DDR, 1983.

R. K. Furtak, Die politischen Systeme der sozialistischen Staaten, 1979.

R. Door, Neueste Geschichte Ungarns, 1981.

P. Hanák (Hrsg), Die Geschichte Ungarns, 2. Aufl 1991.

I. Lazar, Kleine Geschichte Ungarns, 4. Aufl 1990.

J. K. Hoensch, Geschichte Polens, 3. Aufl 1998.

J. K. Hoensch, Geschichte der Tschechoslowakei, 3. Aufl 1992.
S. Schröder, Der Februar 1948 in der Tschechoslowakei, 1982.
K. Bosl (Hrsg), Handbuch zur Geschichte der böhmischen Länder IV, 1970.
J. Wuescht, Jugoslawien und das Dritte Reich. Eine dokumentierte Geschichte der deutsch-jugoslawischen Beziehungen von 1933 bis 1945, 1969.
H. Sundhaussen, Geschichte Jugoslawiens 1918-1980, 1982.

Demokratie und Parlamentarismus in der Europäischen Union

I. Der Maßstab: Staatliche Organisation

Als Maßstab zur Verwirklichung von „Demokratie" dient seit je her eine Art Idealstaat, historisch besehen meist die „westliche Demokratie". In diesem Sinne ist das Wort Demokratie nicht identisch mit dem demokratischen Prinzip, sondern umfaßt mehr, jedenfalls auch das rechtsstaatliche Prinzip und die Gewaltenteilung. Zu den Elementen einer derartigen Demokratie zählen daher: gewähltes Parlament im Sinne der Volksvertretung als höchstes, gesetzgebendes Staatsorgan; Kontrolle der Regierung durch das Parlament kraft Ministerverantwortlichkeit, aber auch Frage- und Zitationsrechte; Kontrolle der Verwaltung durch einen Verwaltungsgerichtshof, einen Rechnungshof und eventuell eine Volksanwaltschaft; Kontrolle der Gesetzgebung durch einen Verfassungsgerichtshof; Kontrolle innerhalb der Gerichtsbarkeit durch einen Instanzenzug; Grundrechte als Staatszielbestimmungen sowie als subjektive öffentliche Rechte gegenüber Eingriffen der Staatsorgane. In föderalistischen Staaten kommen dazu als weitere Elemente: Kompetenzverteilung zwischen Bund und Gliedstaaten; Mitwirkung der Gliedstaaten an der Bundesgesetzgebung (eigenes Organ oder zweite Parlamentskammer); Kontrolle der Gliedstaaten durch den Bund.

II. Die EU

Die EU ist kein Staat, sondern ein Gemeinschaftsgebilde besonderer Art, von dem strittig ist, ob es sich dabei um eine internationale, also völkerrechtliche Organisation handelt oder um eine „supranationale" Organisation

---

Aus: *R. Wokoun* (Hrsg), Vychova obcanu k demokracii II, o O (Brno) 2000, 9-17. Aus: *B. Dölemeyer* - D. *Klippel* (Hrsg), Gesetz und Gesetzgebung im Europa der Frühen Neuzeit (= Zeitschrift für Historische Forschung, Beiheft 22), Berlin 1998, 109-129.

neben dem Völkerrecht, das heißt mit einer spezifisch eigenen Rechtsstruktur. Dieses Subsumtionsproblem betrifft unser Thema nicht im Kern, denn eines steht unstreitig fest: Die EU ist kein staatliches Gebilde. Dies zeigt sich insbesondere darin, daß die EU gemäß Unionsvertrag aus den drei europäischen Gemeinschaften sowie zusätzlich aus der gemeinsamen Außen- und Sicherheitspolitik (GASP) sowie der Zusammenarbeit in den Bereichen Justiz und Inneres (ZBJI) besteht, daß sie keine Rechtspersönlichkeit - weder nach innen gegenüber den Mitgliedsstaaten noch nach außen gegenüber Drittstaaten - und auch keine eigenen Hoheitsrechte besitzt.

Legt man also den Maßstab „Demokratie" an die EU an, so erhebt sich sogleich die Frage, ob damit die richtige Meßlatte gewählt wurde: Denn ein Nicht-Staat wird am Kriterium Staat gemessen. Ist man sich dieses Umstandes bewußt und wechselt dennoch nicht die Methode, so ist damit zumindest implizit der Wunsch ausgedrückt, die EU möge sich zu einem Staat hin entwickeln. Wer aber - ohne Bewußtsein dieser Diskrepanz - das Demokratie-Defizit in der EU durch Übernahme staatlicher Elemente beheben will, muß sich klar sein, daß er damit eine Entwicklung - nämlich hin zum Staat - fördert, die er vielleicht prinzipiell ablehnt.

III. Parlamentarismus und EU

Das Hauptmerkmal eines modernen Parlaments manifestiert sich darin, daß es aus einer breiten Volkswahl hervorgeht und in diesem Sinne Volksvertretung ist oder zumindest sein soll. So gibt es zwischen dem Europäischen Parlament (= EP) auf der einen Seite und den staatlichen Parlamenten auf der anderen zahlreiche Unterschiede. Einer davon betrifft die eben erwähnte Charakteristik als Volksvertretung. Dem Prinzip der Volkssouveränität, dem demokratischen Prinzip, wie es staatlichen Parlamenten zugrundeliegt, muß unter anderem dadurch Genüge getan werden, daß es eine gleichwertige Repräsentation gibt. Es sollen, um Österreich als Beispiel zu nehmen, die Vorarlberger gegenüber den Burgenländern bei der Wahl zum Bundesparlament weder Vor- noch Nachteile haben. Dies drückt das Bedürfnis nach einer gleichen Verteilung der Mandate auf das Bundesvolk aus. Dies ist aber im EP eklatant nicht der Fall. Ein Abgeordneter Österreichs zum EP repräsentiert rund 375.000 Einwohner, ein Abgeordneter der Bundesrepublik Deutschland aber rund 800.000 Einwohner. Dies versteht sich daraus, daß man in der EU den an Bevölkerungszahl kleinen Staaten einen gewissen Bonus geben will. Somit kann man folgende Fragen stellen: Ist das EP eine Vertretung eines Europa-Volkes oder handelt es sich nicht vielmehr um eine

Repräsentation der jeweiligen Völker der einzelnen Staaten? Es gibt tatsächlich auch in der wissenschaftlichen Literatur die Meinung, es fehle eigentlich noch an einem Europa-Volk, das so repräsentiert werden könne wie etwa das französische Volk durch das französische Parlament oder die österreichische Nation durch das österreichische Parlament.

Ein weiterer gewichtiger Unterschied zu einem staatlichen Parlament besteht im, wesentlichen darin, daß - mit nur ganz geringen Ausnahmen - das EP kein Gesetzgebungsorgan ist. Dieser wohl größte Unterschied zwischen einem staatlichen Parlament und dem EP ist also der, daß die Idee, die Volksvertretung habe die Gesetzgebung auszuüben, hier nicht vorhanden ist; die Idee also unverwirklicht bleibt, daß das Volk die großen Leitlinien, die Grundlagen der staatlichen Tätigkeit vorgibt, eben die Gesetze durch seine Repräsentanten im Parlament. Dieser Zusammenhang ist in der EU nicht gegeben, man könnte sogar sagen, das EP sei eigentlich gar kein Parlament, wenn man davon ausgeht, daß es zu den Wesensmerkmalen eines Parlamentes gehört, höchster Gesetzgeber der Gemeinschaft zu sein. Es gibt freilich einen ganz einfachen und plausiblen Grund, weshalb das EP kein Gesetzgebungsorgan ist, nämlich den, daß die EU, wie oben skizziert (II), kein Staat ist, sondern prinzipiell ein Staatenbund.

Juristisch betrachtet verfügt die EU, wie jeder andere Staatenbund auch, über kein Staatsvolk. Die EU verfügt auch, dies klingt etwas skurril, über kein (eigenes) Staatsgebiet und natürlich auch über keine (eigene) Staatsgewalt. Denn die Gewalt, die ein Staatenbund ausübt, ist sozusagen die Gesamtgewalt aller Staaten, eingesetzt zur (gemeinsamen) Erledigung bestimmter (einzelstaatlicher) Angelegenheiten. Der Jurist hat dafür ein einprägsames Bild, nämlich das Ausüben bestimmter Rechte „zur gesamten Hand". Dies ist das gemeinsame Ausüben von Rechten, die jedem einzelnen zustehen, im Falle des Staatenbundes von Rechten der einzelnen Mitgliedstaaten.

Im Unterschied zu einem Staat sind Mitglieder eines Staatenbundes nicht Einzelpersonen analog zu dessen Staatsbürgern, sondern die Mitglieder des Staatenbundes sind die Staaten selbst. Der Staatenbund besteht aus Staaten, so wie der Staat aus Einzelindividuen, seinen Staatsbürgern, besteht. Daher entspricht es auch völlig dem Konzept, daß die Gesetze eines Staatenbundes, wie immer sie heißen mögen, sich an die Staaten als seine Mitglieder wenden wie die Gesetze eines Staates all dessen Mitglieder, die Staatsbürger. Der Unterschied besteht eben darin, daß die Gesetze des Staates den Einzelindividuen z B Steuern vorschreiben, während sich die Gesetze des Staatenbundes durch Vorschreibung an die Mitglieder, also an die Staaten, wenden. Den Staaten wird vorgeschrieben, und diese müssen diese Vorschriften in innerstaatliches Recht umsetzen. Es liegt nun auf der Hand, daß es ein Parlament, das wie in einem Staat als Volksvertretung Gesetzgebungsorgan ist, von der Konstruktion her in einem Staatenbund nicht geben kann und eigentlich auch gar nicht geben soll. Daher hat die EU folgerichtig als Gesetzgeber ein Organ, das sich aus Staatenvertretern zusammensetzt. Es ist dies der Rat, der jeweils aus den Fach-Ministern gebildet wird, etwa als Justizministerrat oder Außenministerrat und so fort. Im wesentlichen ist dieser Rat das Gesetzgebungsorgan der EU: Die Staaten üben hier Gesetzgebung gesamthändisch aus.

Allerdings bekam das staatenbündische System der EU sozusagen einen Sprung. Die EU erläßt nämlich Gesetze und Verordnungen nicht nur an die Mitgliedstaaten, sondern sehr wohl auch an jene, die sozusagen gar nicht Mitglieder sind, nämlich an die Einzelindividuen, die Staatsbürger der Mitgliedstaaten. Es gibt also, was an sich einem Staat zusteht, Gesetze, die direkt die Einzelindividuen binden. Eben dieser Systemwiderspruch führt dazu, daß damit Gesetze nicht von einer Volksvertretung stammen, sondern von dem jeweiligen Minister-Rat erlassen werden. Dies ist im Kern das Problem des Parlamentarismus in der EU. Es verschärft der Umstand, daß sich die EU nicht mit einigen wenigen Kompetenzen bescheidet wie seinerzeit etwa die Realunion Österreich-Ungarn, die nur drei Minister brauchte, um die gemeinsamen Kompetenzen auszuüben - nämlich Äußeres, Kriegswesen, dafür die Finanzen und dann noch die Verwaltung von Bosnien-Herzegowina. Die EU hingegen nimmt just diese Kompetenzen nicht so sehr in Anspruch, aber dafür eine Fülle an anderen Kompetenzen. Tatsächlich ist es so, daß eine Flut an bürokratischen Maßnahmen der EU direkt den Einzelnen betrifft - und wir sind es eigentlich schon gewöhnt: Straßenmarkierungen waren plötzlich nicht mehr gelb, sondern sie mußten weiß sein.

Dies ist nun der gewaltige Unterschied zum traditionellen Demokratie- und Parlamentarismusverständnis. Die EU gibt Gesetze, wie man sie im Staat gewöhnt ist, aber sie kommen nicht auf demokratischer Grundlage zustande. Dazu kommt, daß die EU immer mehr Kompetenzen an sich ziehen wird. Dies ist ein Bild, welches auch in Bundesstaaten nicht ungewöhnlich ist, daß nämlich den Ländern zustehende Kompetenzen zunehmend auf den Bund übergehen. Der umgekehrte Vorgang, daß der Bund Kompetenzen an die Länder abgibt, wäre denkbar, tritt jedoch kaum ein. Wie aber auch immer: In welche Richtung die Kompetenzen zwischen Bund und Ländern wandern, sie wandern immer von einem demokratischen Organ zum anderen: vom Bundesparlament zu den Länderparlamenten oder umgekehrt. Im Falle der EU ist es aber so: Wenn Kompetenzen von den Mitgliedstaaten „nach Brüssel“ wegwandern, dann wandern sie von einem demokratischen Organ, nämlich von einem Parlament, zu einem Nicht-Parlament, nämlich zum Minister-Rat. Dies widerspricht nach traditionellem Verfassungsverständnis dem demokratischen Prinzip. Es widerspricht weiters auch dem gewaltenteilenden Prinzip - und genau über diese Grundsatzfragen fand 1994 das erste Mal in der Geschichte der Republik Österreich eine Volksabstimmung zu einer Verfassungsänderung statt, die sodann der EU-Beitritt bewirkte.

Es war dies 1994 keine Volksabstimmung darüber, ob Österreich der EU beitreten solle oder nicht, sondern über das Ermächtigungs-Beitrittsgesetz und mit ihm darüber, ob das Bundesvolk, wenn es zum Beitritt kommt, damit einverstanden ist, daß die Gesetzgebung in Hinkunft nicht mehr nur von demokratischen Parlamenten, sondern entgegen dem gewaltenteilenden Prinzip auch von anderen Organen ausgeübt wird, nämlich von Verwaltungsorganen der EU. Eigentlich sollte daher unser Artikel 1 des Bundes-Verfassungsgesetzes um einen Halbsatz ergänzt werden: Wo es bisher heißt „Alles Recht geht vom Volk aus“ müßte man anfügen „soweit es nicht von Verwaltungsorganen der EU stammt“.

Weiters sind genauso auffallend wie die demokratischen Defizite in der EU-Gesetzgebung jene, welche die zweite Funktion eines Parlamentes betreffen, nämlich die Kontrollfunktion. Eine wichtige Kontrollfunktion fehlt dem EP. Als Volksvertretung des Europa-Volkes kann es den Rat als Regierungsorgan - Regierung im angelsächsischen Sinne nicht nur als Vollziehung, sondern als umfassende Staatsleitung verstanden - nicht kontrollieren. Das EP vermag, dies hat die Erfahrung der Vergangenheit gelehrt, die EU-Kommission zu kontrollieren, aber sie vermag nicht den Rat zu kontrollieren. Dies aus einem völlig guten Grund: Der Rat besteht aus einer Summe von staatlichen Organen, deren Minister, und es ist daher dem EU-Organ, dem EP, nicht gestattet zu sagen, daß das Organ einer anderen Gebietskörperschaft, ein Minister etwa der Bundesrepublik Deutschland oder Österreichs oder Frankreichs, ein Fehlverhalten setzt und ihm sein Mißtrauen erklärt. Das würde darauf hinauslaufen, daß das EP, nehmen wir an, einem deutschen, österreichischen oder französischen Minister oder gar Regierungschef das Mißtrauen ausspricht - diese Situation wäre reichlich unvorstellbar! Der Betreffende müßte in seinem Heimatstaat sagen: Ich bin nicht mehr euer Minister; oder: Ich bin es zwar noch immer, darf aber nicht mehr nach Brüssel fahren! Daher entspricht es völlig der EU als Staatenbund, daß der Rat dem EP gegenüber nicht verantwortlich ist, es entspricht aber nicht den - systemwidrigen - Rats-Gesetzen für die EU-Bürger!

Hier drängt sich eine historische Parallele auf. Im cisleithanischen Österreich von 1918 gab es eine ähnliche Situation: Der Landeschef, der Statthalter, vom Kaiser eingesetzt, konnte zwar im Landtag auftreten wie ein Regierungsmitglied des Landes, aber er war diesem gegenüber nicht verantwortlich. Der Landtag konnte also keinen Statthalter zur Verantwortung ziehen, weil eben der Statthalter ein Organ nicht des Landes war, sondern des Gesamtstaates.

IV. Staatliche Parlamente und EU

Das eben Erläuterte ist bekannt und man hat auch erkannt, daß die staatlichen Parlamente Befugnisse und Kompetenzen verlieren und diese Entwicklung weiter gehen wird. Es war daher ein Ausgleich für diesen Verlust an sich und für das demokratische Defizit auf europäischer Ebene zu suchen. In Österreich besteht der Ersatz in Informations- und Mitwirkungsrechten des Nationalrates, der Landtage, des Bundesrates und eines neu geschaffenen Organs, nämlich der Integrationskonferenz der Länder. Erstens besteht eine umfassende Informationspflicht der Bundesregierung darüber, was „in Brüssel" vor sich geht und Österreich betrifft, und zweitens können die genannten Organe, vor allem der Nationalrat, dort, wo EU-Recht direkt den einzelnen Individuen gegenüber Geltung entfaltet, dieses also österreichisches Recht ersetzt, dem zuständigen Bundesminister, der in Brüssel am Rat teilnimmt, eine Weisung mitgeben, die den Bundesminister im Rat bindet. Aus außen- und integrationspolitischen Gründen kann allerdings der Bundesminister von dieser Weisung abgeben. Dies sieht so aus, als wäre tatsächlich zufolge des Einstimmigkeitsprinzips im Rat eine Art Ersatz für eine Parlamentskompetenz geschaffen: Wenn der Bundesminister mit einer Weisung nach Brüssel fährt und ihr zufolge nicht zustimmt, dann kommt eine entsprechende Regelung im Rat wegen des Einstimmigkeitsprinzips nicht zustande. Es klingt so, als wäre dies ein sehr starkes Instrument. Was passiert, wenn der Bundesminister von der Weisung abweicht? Die Antwort ist aufgrund der Verfassung klar: Mißtrauensvotum im staatlichen Parlament und im Falle seiner Annahme Amtsverlust. Die Wirklichkeit sieht allerdings im parlamentarischen Betrieb ganz anders aus. Der Nationalrat gibt den Ministern kaum je eine Weisung, denn dafür finden sich keine Mehrheiten, da die Regierungsparteien ihre Minister nicht binden lassen wollen. Und zweitens findet sich auch nie eine Mehrheit für einen Mißtrauensantrag.

Insgesamt stellt dieser Ersatz für demokratische und kompetenzmäßige Verluste der staatlichen Parlamente keinen Ausgleich dar. Auf der Ebene der Länder sieht dies ähnlich aus. Die Integrationskonferenz der Länder, welche die einheitliche Weisung der Länder parallel zum Nationalrat abgeben könnte, ist sogar der Vergessenheit anheimgefallen.

Es ist daher richtig, daß ein EU-Beitritt die staatlichen Parlamente entmachtet. Es ist weiters richtig, daß sie in Zukunft weiter entmachtet werden. Es ist ferner richtig, daß damit besonders in Österreich das föderalistische Prinzip möglicherweise in seinem Kern betroffen sein könnte. Dies läßt sich bildlich so darstellen: Das österreichische Bundesgesetzblatt besteht pro Jahr aus mehreren Lexikonbänden, ein Landesgesetzblatt besteht in der Regel aus einem daumenstarken Band. Wenn daher „daumenstarke" Kompetenzen dem Bund und den Ländern weggenommen werden, dann ist das Landesgesetzblatt sozusagen auf das Titelblatt reduziert, während beim Bundesgesetzblatt kaum auffällt, daß es dünner geworden ist. Eine gleichmäßige Kompetenzabgabe an die EU betrifft das föderalistische Prinzip also dahingehend, daß die Länder eines Tages kaum mehr Gesetzgebungsbefugnisse haben könnten. Wenn aber eine Gebietskörperschaft nicht auch Gesetzgebungsbefugnisse hat, wie beispielsweise in Österreich eine Ortsgemeinde, dann stellt sich die Frage, ob diese Gebietskörperschaft, analog zur Ortsgemeinde, überhaupt noch ein Staat ist, und dann stellt sich weiters die Frage, ob Österreich überhaupt noch aus Staaten besteht, und damit schließlich die Frage, ob Österreich überhaupt noch ein Bundesstaat ist und nicht bereits ein dezentralisierter Einheitsstaat. Durch den EU-Beitritt ist das föderalistische Prinzip jedenfalls massiv tangiert worden. Dies hat auch die Bundesregierung im Jahre 1994 mit einer geplanten Bundesstaatsreform erkannt, die sie als notwendig ansah, um den Ländern neue Kompetenzen als Ersatz für die zur EU abwandernden zu geben. Doch wurde diese Reform im Nationalrat noch 1994 in letzter Minute abgeblasen.

V. Entwicklungsmöglichkeiten der EU: Beispiele

Die Situation der EU als Staatengemeinschaft, an die zunehmend Weiterentwicklungswünsche herangetragen werden, wobei sich Befürworter einer radikaleren und solche einer behutsameren Reform gegenüberstehen, ist in Europa absolut nichts Neues. Im Kern geht es darum, daß souveräne Staaten Souveränitätsrechte auf die durch Zusammenschluß geschaffene Organisation übertragen, wobei die Frage nach der Beschaffenheit dieser Organisation, näherhin nach ihrer Dichte einerseits und damit der Schmälerung der

Souveränität der Einzelstaaten andererseits, auftritt. Von dieser Entwicklung waren in der Vergangenheit drei - spätere - Staaten betroffen, nämlich Italien, die Schweiz und das Deutsche Reich. Italien steht auf der einen Seite des Spektrums: Seine Einigung erfolgte durch die Annexion unabhängiger Staaten wie etwa der Toskana durch einen anderen Staat, nämlich Sardinien-Piemont, der sich so schrittweise über die italienische Halbinsel hin vergrößerte und im Zuge dieses Prozesses den geographischen Namen Italien annahm. Wie Sardinien-Piemont blieb daher der Staat Italien ein Einheitsstaat. Am anderen Ende des Spektrums stehen die Schweiz und das Deutsche Reich. Beide Staaten entstanden aus 1815 gegründeten Staatenbünden: jene aus der Schweizerischen Eidgenossenschaft, dieses aus dem Deutschen Bund sowie auch aus dem Deutschen Zollverein. Beide Staatenbünde waren bereits dichter organisiert als die damals üblichen völkerrechtlichen Verbindungen, so daß sich schon zu ihnen die Frage erhob, ob sie mehr als ein völkerrechtlicher Zusammenschluß seien. Reformbestrebungen peilten auch mehr an: 1848 organisierte sich die Eidgenossenschaft neu als Bundesstaat, nachdem zuvor im „Sonderbundkrieg" die Sezession einiger Kantone verhindert worden war; 1848/49 wandelte als Folge der Revolution die Frankfurter Nationalversammlung den Deutschen Bund in einen Bundesstaat um, was allerdings „auf dem Papier stehen blieb", da die mächtigsten Mitgliedstaaten Österreich und Preußen sich dem mit Erfolg widersetzten.

Eine Reform des Deutschen Bundes aber blieb Anliegen selbst der Rivalen Österreich und Preußen. Grundsätzlich ging es um eine Stärkung des Staatenbundes, wofür Österreich ein Gremium anstrebte, gebildet aus Ausschüssen aller Parlamente der Mitgliedstaaten, Preußen hingegen eine gewählte Vertretung, ein Parlament. Nach dem Ende des Deutschen Bundes 1866 setzte Preußen seine Idee im Norddeutschen Bund von 1867 durch: Im wesentlichen führte dieser den Deutschen Bund, nunmehr auf Norddeutschland beschränkt, fort. Neu war hier vor allein der Reichstag als gewähltes Parlament mit Gesetzgebungsbefugnis für die Staatsbürger der Mitgliedstaaten.

Bemerkenswert an diesem Vorgang ist, daß unter Fortdauer der bündischen Struktur eines Fürstenbundes allein durch die Implementierung eines neuen Organs, des Reichstags, aus dem Staatenbund ein lockerer Bundesstaat wurde, und dies deshalb, weil es nun von einer Volksvertretung verabschiedete Bundesgesetze mit direkter Wirkung für die Staatsbürger der Einzelstaaten gab. Neben deren Staatsgewalt war damit eine neue Staatsgewalt, nämlich die des Bundesstaates, getreten. Wesentlich ist weiters, daß der 1867 ganz Deutschland umfassende Deutsche Zollverein der Struktur des Norddeutschen Bundes angepaßt wurde und somit gleichfalls die Struktur eines Bundesstaates erhielt, freilich beschränkt auf Zollangelegenheiten.

In sehr pragmatischer Weise war damit, ohne verfassungsrechtliche Grundfragen aufzuwerfen, eine spezifisch-elastische Struktur geschaffen: Deutschland (ohne Österreich) war 1867 in Zollangelegenheiten zu einem Bundesstaat geworden, darüber hinaus in weiteren Angelegenheiten Norddeutschland im Norddeutschen Bund. Träger der Souveränität dieses Bundesstaates aber war der Bundesrat, somit die vereinigten Bundesstaaten, so daß die Bundessouveränität gleichsam im Miteigentum der Bundesstaaten stand und nicht im Eigentum des Bundes. 1870/71 erweiterte sich der Norddeutsche Bund zum Deutschen Reich, man könnte auch sagen, der Bundesstaat des Zollvereins wurde zum „vollen" Bundesstaat - ohne daß sich an der Struktur etwas änderte: Solange das politische Schwergewicht bei den Einzelstaaten und damit beim Bundesrat verblieb, dominierte der bündische Charakter, der Reichstag als Bundesparlament sowie der Deutsche Kaiser als Bundessymbol traten nicht in den Vordergrund. Dies änderte sich im Laufe der politischen Entwicklung, obwohl Souveränitätsträger des Deutschen Reiches nach wie vor der Bundesrat blieb. Insgesamt ist aus dieser deutschen Entwicklung abzulesen, daß der Staatenbund sich schrittweise erst zu einem sehr lockeren, dann aber dichteren Bundesstaat entwickelte. Diese Beobachtung stützt übrigens auch die Schweiz, denn der vorerst lockere Bundesstaat von 1848 erhielt 1874 mehr Gewicht. Deutschland aber zeigt vor allem, daß die Entwicklung durch die Gewichtung einzelner Organe und nicht kraft eines am grünen Tisch entwickelten Konzepts voranschritt. Interessant ist in diesem Zusammenhang auch, daß wegen des erst lockeren Bundesstaatengefüges Grundrechte für das Deutsche Reich entbehrlich schienen, solche besaßen die Einzelstaaten, erst mit der weiteren Verdichtung des Bundesstaates durch die republikanische Verfassung 1919 erhielt das Deutsche Reich auch Grundrechte!

Es ist somit empirisch erwiesen, daß sich Staatenbünde zu Bundesstaaten entwickeln, wie übrigens die USA auch, und zwar aus dem einen Hauptgrund, daß man das demokratische Defizit beheben will - oder sie zerfallen.

VI. Demokratisierung der EU

Eine „Demokratisierung" der EU muß ganz grundsätzlich von der Entscheidung mitgetragen werden, ob sie ihren bisherigen Charakter eines Nicht-Staates beibehalten und sich allenfalls zu einem dichten Staatenbund entwickeln soll oder aber, ob eine Trendwende herbeizuführen ist, nämlich hin zum Bundesstaat.

Im letzteren Fall fällt es leicht, Demokratisierungsvorschläge zu erstatten: Die Struktur des EU-Bundesstaates müßte eben einem Bundesstaat angepaßt werden, nämlich mit all jenen Elementen wie sie oben (I) beschrieben wurden. Vor allem müßte in diesem Falle dem EU-Parlament die EU-Gesetzgebung übertragen werden. Bundesstaaten kennzeichnet der deutliche Wille, die Kompetenzen zwischen ihren Teilen, den Ländern bzw Kantonen und dem Bund abzugrenzen, also eine feste Kompetenzverteilung zu schaffen: Auch dies wäre notwendig. Weiters lehrt die Entwicklung, daß sie dahin geht, nicht verantwortliche Organe einem Parlament gegenüber verantwortlich zu machen. Diese sich aus der geschichtlichen Entwicklung ergebende Empirie zeigt ebenso wie die Staats- und Völkerrechtslehre, daß eine Behebung der Defizite hinsichtlich des demokratischen Prinzips, des gewaltenteilenden Prinzips sowie auch des föderalistischen Prinzips in der EU nur von bzw nach einer Umwandlung in einen Bundesstaat erwartet werden kann. Unabdingbar würde dies aber voraussetzen, daß die (beschränkte) Souveränität der Mitgliedstaaten gewahrt bleibt, daß eine feste Kompetenzverteilung zwischen der EU und den Mitgliedstaaten im Sinne einer echten Aufgabenverteilung Platz zu greifen hätte, und zwar im Sinne des auch von der EU festgeschriebenen Subsidiaritätsprinzips. Angesichts des derzeitigen und sich wohl noch nicht so bald verändernden Vorrangs der auf einzelstaatliche Kategorien bezogenen Denkungsart vor einem Selbstverständnis als einer gesamteuropäischen Nation müßte der Schwerpunkt der demokratischen Willensbildung weiterhin in den einzelstaatlichen Parlamenten liegen. Es wäre dann der weiteren Entwicklung zu überlassen, ob und wie ein Sog zu weiteren Kompetenzabgaben an den europäischen Bundesstaat entstünde. Die EU als Bundesstaat bedürfte weiters einer Teilnahme der Mitgliedstaaten an ihrer Gesetzgebung, also einer Staatenvertretung analog zur Ländervertretung im Bundesstaat. Hiezu bieten sich zwei Möglichkeiten an. Die eine besteht in einem Zweikammernparlament mit einem gewählten Abgeordnetenhaus und einem von den Ländern beschickten Staatenhaus. Die wohl flexiblere zweite Lösung bestünde nach dem Vorbild des deutschen oder des österreichischen Bundesrates in der Schaffung eines eigenen Organs für die Staatenvertretung neben dem Parlament.

Anders stellt sich die Demokratisierungsfrage bei einer weiterhin staatenbündischen EU: Just das zuletzt genannte Reformanliegen dürfte dann nicht verwirklicht werden. Denn es träte sozusagen der „Reichstag-Effekt" des Norddeutschen Bundes ein, der eben durch das Hinzutreten des Reichstags als Parlament zum Bundesstaat wurde. Bei einer Staatenbund-EU müßte systemkonform das oberste Organ ein gemeinsames Staatenorgan sein, mit dem die EU sozusagen im Miteigentum der EU-Mitglieder steht und nicht von ihnen losgelöst ist. Um hier doch auch die demokratische Legitimation ins Spiel zu bringen, empfiehlt es sich, dieses Organ als Ausschuß der Einzelparlamente zu konstruieren, sei es als echter Ausschuß, das heißt beschickt mit Parlamentariern der Einzelparlamente, oder als ein von diesen abgeleitetes Organ insoferne, als sie - wie die österreichischen Länder den Bundesrat - dieses Organ beschicken, wenngleich nicht aus ihrer Mitte. Diesem gemeinsamen Staatenorgan wäre die EU-Gesetzgebung zuzuordnen. Getrennt hievon müßte die EU-Exekutivgewalt organisiert werden. Ist eine starke Bindung an die Einzelstaaten gewollt, dann bietet sich das bisherige Rats-Modell an, wonach die einzelnen Exekutivzweige wie etwa Äußeres oder Landwirtschaft im Zusammenwirken der Außen- oder Landwirtschaftsminister besorgt werden. Bei einer freieren Gestaltung böte sich eine Abkoppelung von den Einzelstaaten durch eigene EU-Minister an. Gerade die nach dem bisher Skizzierten bestenfalls nur indirekt zum Tragen kommende demokratische Legitimation bedürfte nun einer starken demokratischen Kontrolle. Sie wäre Aufgabe des EU-Parlaments: Als direkt gewählte Volksvertretung des „EU-Volkes“ würde ihr die Aufgabe einer Kontrolle der anderen EU-Organe - ausgenommen die EU-Gerichte - obliegen. Ferner könnte - in Analogie etwa zum Hauptausschuß des österreichischen Nationalrates - daran gedacht werden, in bestimmte legislative wie administrative Fragen Ausschüsse des EU-Parlaments einzubinden.

So müßte insgesamt für eine „demokratische“ Staatenbund-EU als Grundprinzip gelten: Willensbildung durch gemeinsame Staatenorgane aufgrund einer Beschickung durch demokratisch legitimierte Organe der EU-Mitglieder, also deren Parlamente; Kontrolle dieser gemeinsamen Staatenorgane durch das durch Wahlen demokratisch legitimierte EU-Parlament sowie im Sinne des Rechtsstaates durch unabhängige EU-Gerichte.

Gesetzgebung

Frühneuzeitliche Gesetzgebung: Einzelaktionen oder Wahrung einer Gesamtrechtsordnung?

I. Gesetzestypen; II. „Theorie" der Gesetzgebung; III. Die Praxis der Gesetzgebung: A. Vertikale Bedachtnahme: 1. Landesrecht - Reichsrecht: a. Verweisungen auf Reichsrecht, b. Ausführung von Reichsgesetzen, c. Ergänzung von Reichsrecht, 2. Lokalrecht - Landes- und Reichsrecht, B. Vorbilder für die Landesgesetzgebung, C. Horizontale Bedachtnahme im Landesrecht: 1. Verweisung, 2. Insert, 3. Doppelbestimmungen, 4. Subsidiarität, D. Gesetzesbezeichnungen, E. Gliederung nach „Ordnungen"; IV. Ergebnisse.

I. Gesetzestypen

Im 16. Jahrhundert nimmt die Gesetzgebung in den deutschen Territorien einen jähen Aufschwung[1]. Allein auf Landesebene ergehen Landesordnungen, Polizeiordnungen, Landgerichtsordnungen, Landrechtsordnungen, Landrechtsreformationen, Generalmandate, Mandate usw. Dazu kommt die Gesetzgebung des Reiches, der Städte, der Grundherrschaften.

Diese Vielzahl an Gesetzestypen bewegt zur Frage, ob es sich hiebei entweder um eine Fülle isoliert dastehender Gesetzgebungsakte handelt, das heißt um Einzelprojekte oder gar Maßnahmegesetze, handelt oder ob das Bewußtsein der Zusammengehörigkeit aller dieser Gesetzgebungsakte vorhanden war, sei es entweder im Sinne einer bloß gedachten Einheit der

---

Aus: *B. Dölemeyer - D. Klippel* (Hrsg), Gesetz und Gesetzgebung im Europa der Frühen Neuzeit (= Zeitschrift für Historische Forschung, Beiheft 22), Berlin 1998, 109-129.

1 Allgemein u a *Brauneder,* Gesetzgebungsgeschichte, 437-462; *ders*, Gehalt, 473-489; *W. Kunkel,* Ältere Stadtrechtsreformationen, 1936; *ders,* Landrechte des 16. Jahrhunderts, 1938; *G. K. Schmelzeisen,* Polizei- und Landesordnungen, 1968; *G. Wesener,* Zur Bedeutung der Österreichischen Landesordnungs-Entwürfe des 16. und 17. Jahrhunderts für die neuere Privatrechtsgeschichte, in: Festschrift für Nikolaus Grass, 1974, 613-631; *G. Immel,* Typologie der Gesetzgebung des Privatrechts und Prozeßrechts, in: Helmut Coing (Hrsg), Handbuch der Quellen und Literatur der neueren europäischen Privatrechtsgeschichte II/2, 1976, 1ff; *K. Härter,* Entwicklung und Funktion der Policeygesetzgebung des Heiligen Römischen Reiches Deutscher Nation im 16. Jahrhundert, in: Ius Commune 20, 1993, 61-141. Zur Vollziehungsproblematik: *J. Pauser,* „Ain guets exempl furzutragen". Die steirisch-krainische Bruderschaft vom goldenen Kreuz (1558) im Kampf gegen das „teüffelhaftig lasster" des Saufens und Fressens, in: Mitteilungen des steiermärkisehen Landesarchivs 46, 1996, 59-100.

Rechtsordnung oder gar eines einheitlichen Planes zur Wahrung oder Verbesserung dieser Einheit.

In der Folge wird versucht, dieser Frage anhand der Gesetzgebung in den habsburgischen Territorien auf dem Boden etwa des heutigen Staates Österreich nachzugehen.

II. „Theorie“ der Gesetzgebung

Die zeitgenössischen Äußerungen hiezu sind spärlich. Besonders deutlich ist allerdings die „Vorred“ zum LRE/UE 1526[2]. Das Gesetzgebungsrecht des (habsburgisch-österreichischen) Landesfürsten erfließe aus „Privilegien“, gemeint sind die österreichischen Freiheitsbriefe aus 1358, wonach sie „Gericht und Recht Frey“ haben, woraus folgt, daß es dem Landesfürsten zukommt, „Recht Zusezen und Zumachen“[3]. Während das Gesetzgebungsrecht hier mit konkreten Privilegien begründet wird, ergibt es sich aber auch schlicht aus der Eigenschaft „als Christlicher Khünig“[4]. Dieses Attribut kann fehlen und einfach wie in der Vorrede zur LRO/OE 1627 darauf verwiesen sein, daß der Landesfürst „gleich Gericht und Recht zu fürdern und in ordenlich schleinigen Gang zu bringen nit allein genaigt, Sondern auch Vns deß zu thun schuldig zu sein erkennen“.

Mit der Ausübung des Gesetzgebungsrechtes im konkreten Fall gibt dieses der Landesfürst nicht aus der Hand. Druckprivilegien, wie etwa der Ausgabe 1549[5] der LGO/UE 1514 vorangestellt, gehen davon aus, daß in Zukunft weitere Ordnungen „noch aufgericht werden möchten“. Das Recht, erlassene Gesetze zu „pessern, mildern (oder: mindern), meren, verändern oder gar widerumben (zu) heben“[6] bzw „ZuerPawen, Zuerweittern, Zumern, Auch wo darInnen Vinsternus oder beschwerung erschinen Zuerleuchten“[7] wird ausdrücklich vorbehalten. Dieser „Änderungsvorbehalt“[8] findet sich sowohl in Landrechtstexten (1526), Landrechtsordnungen (1557), Landgerichtsordnungen (1656, 1577) sowie städtischen Gesetzen (Wien 1526, Einleitung, Pkt 69): Er ist also ein gemeinsames Merkmal aller Gesetz-

---

2 Dazu *Brauneder,* Gesetzgebungsgeschichte, 443ff.

3 LRE/UE 1526, 11.

4 Z B PO/NÖ 1552, fol XIXb. Vgl auch *Brauneder,* Policeygesetzgebung, in diesem Band 385ff.

5 Vgl LGO/UE 1514 (nach *Hye*, 372 Fn 1).

6 LRO/OE 1535, 3; ähnlich LRO/UE 1540 „Beschluß“.

7 LRE/UE 1526, 14.

8 *Immel*, wie Fn 1, 86ff.

gebungsakte, stets nahezu identisch formuliert und somit kein Spezifikum für bestimmte Rechtsbereiche. Dazu kommt, daß sein Vorbild die constitutio cordi des Codex Justinians ist, er entstammt also einem einer Gesamtrechtsordnung verpflichteten Gesetz[9].

Die Ausübung der Gesetzgebung liegt neben ständischen Mitwirkungsrechten[10] nicht im völligen Belieben des Landesfürsten. Sie erfolgt „nach Notturfften und gelegenhait unserer Lanndt und Leut" sowie „dem Gottliehen Gesezt der natur und vernunft Gemäß", „nach gelegenhait der Zeitten und Sytten der menschenn", auch aufgrund „gründliche(r) erfahrenheit und mit zeitigem rat nach gelegenheit der sachen und notturft"[11].

Offenkundig wegen der Vereinigung von zwei Funktionen in der Person Ferdinands I., nämlich als Vorsitzender des Reichsregiments (in Abwesenheit Kaiser Karls V.) und Landesfürst, werden diese klar geschieden: Gesetzgebungsbefugnis „als Stathallter des Heilligen Römischen Reichs (und damit) aus Kayserlicher Gewallt" einerseits sowie „alls Regierender Erzherzog, Herr und Lanndsfürst Zu Österreich Aus furstlicher macht" andererseits[12]. Grundsätzlich ergeht freilich Landesrecht aus „Herrn und Lanndtßfursten bewilligung"[13]. Aber weder der Rückführung des Gesetzgebungsrechtes konkret auf die österreichischen Freiheitsbriefe noch der Berufung auf die Eigenschaft eines „christlichen Königs" sind Beschränkungen im Umfang der Gesetzgebung beigesetzt. Dies wohl bewußt, denn das landesfürstliche Gesetzgebungsrecht kommt, aufgrund der österreichischen Freiheitsbriefe, jenen der „frey Gwalltigen Kunigen gleich"[14], worin wohl die Auffassung sichtbar wird, der österreichisch-habsburgische Landesfürst-Gesetzgeber sei „imperator in regno suo". Tatsächlich findet sich

---

9 Constitutio cordi 4, gegen Ende ab „nisi postea"; *Ch. Gizewski*, Eine spätantike Vorform der Rechtsstaatslichkeit: zur Komplementarität von Rechtstradition Codexrecht, in: http://www.tu-berlin.de/fb1/AGjW/Scriptorium/S20.htm, 2000.

10 *Brauneder,* Gesetzgebungsgeschichte, 444f; *J. Pauser,* Gravamina und Policey. Zum Einfluß ständischer Beschwerden auf die landesfürstliche Gesetzgebungspraxis in den niederösterreichischen Ländern vornehmlich unter Ferdinand I. (1521-1564), in: Parliaments, Estates & Representation 17, 1997, 13-38; *ders*, „sein ir Majestät jetzo im werkh die polliceyordnung widerumb zu verneuern". Maximilian II. (1564-1576) und die Landstände von Österreich unter der Enns im Ringen um die „gute policey", in: *W. Rosner* (Hrsg), Recht und Gericht in Niederösterreich (= Studien und Forschungen aus dem Niederösterreichischen Institut für Landeskunde 31), 2002, 17-66; *ders*, Quellen und Materialien zur Gesetzgebungsgeschichte der Policeyordnungsreform Maximilians II. (1564-1576), in: ebda, 67-122.

11 LRE/UE 1526, 11, 15; LRO/OE 1535, 3.

12 LRE/UE 1526, 12.

13 LRE/UE 1526, 19.

14 LRE/UE 1526, 7: *Brauneder,* Gesetzgebungsgeschichte, 444.

die Berufung auf die Eigenschaft als christlicher König auch in städtischen Gesetzen[15]. Das Gesetzgebungsrecht des Landesfürsten gilt also als Vollrecht analog zur Landeshoheit, nicht etwa als Ausfluß verschiedener und unterschiedlicher Herrschaftsrechte in Land, Stadt oder Grundherrschaft. Damit steht der Hinweis auf das gesetzgeberische Vorbild im Einklang, nämlich, es erfolge die Gesetzgebung sowohl „aus Göttlichem eingeben" wie auch „Nach ausweißung des loblichen Römischen Khayser Justinianj", obwohl es sich gerade im Falle dieser Zitate nicht um Motivierungen zur Reichsgesetzgebung, sondern zur Landesgesetzgebung handelt[16].

Das Gesetzgebungsrecht wird also hinsichtlich seiner Grundlagen, Ziele und Grenzen als einheitliche Funktion gedacht. Dies deutet auf eine als Einheit verstandene Rechtsordnung hin.

Es ist dies aber eine gegliederte Einheit. So wird von der Theorie einmal das Landrecht als „burgerlich recht" mit seinen „Clagen ... Burgerlich" von den „Peindlichen und malefizHändl" abgehoben, also das Strafrecht vom Bürgerlichen Recht, das überdies in erster Linie als Vermögensrecht angesehen wird: „welcherlaj güetter in des menschen geprauch nutz posseß und aigenthumb fallen und durch was hanndlung der mensch solch güetter vberkhumen müge"[17]. Eine weitere Differenzierung unterscheidet das Landrecht als Recht der Adeligen untereinander sowie zwischen ihnen „und den (übrigen) Inwonern" des Landes „Zu furderung, Rue, Frid und Ainigkhait" einerseits vom Stadtrecht als Recht einer „yede(n) StatGemain oder besamblung" andererseits[18]. Nach 1568[19] war man sich in einem Gutachten sehr wohl des Umstandes bewußt, daß bestimmte Materien entweder zu „der Landtafel oder zur Stadtordnung geherig", andere wieder „der Polizey zuegetan" sind, und man unterschied als legistische Möglichkeiten „durchgehende Landespolizei", „Zertrennung der Polizei" und Erlaß „nur etliche(r) Artikel", wobei allein die erste als umfassende Variante positiv beurteilt wurde.

Insgesamt manifestiert sich in den - spärlichen - theoretischen Äußerungen die Vorstellung einer einheitlichen, gegliederten Rechtsordnung mit einem zentralen Gesetzgeber, ausgeübt nach einheitlichen Grundsätzen und Kriterien.

---

15 StO/Wien 1526, Einleitung.

16 LRE/UE 1526, 1; *Brauneder,* Gesetzgebungsgeschichte, 443f.

17 LRE/UE 1526, 13, 228.

18 LRE/UE 1526,18f.

19 *Brauneder,* Policeygesetzgebung, in diesem Band, 385ff.

III. Die Praxis der Gesetzgebung

Unser Hauptaugenmerk gilt nun dem Umstand, ob die einzelnen Gesetzgebungsakte aufeinander Bedacht nehmen, auf welche Weise dies geschieht und ob sich daraus Rückschlüsse auf eine einheitliche Betrachtungsweise der Gesamtrechtsordnung ziehen lassen.

A. Vertikale Bedachtnahme

Gesetzgebungsakte[20] treten uns, wenngleich in unterschiedlicher Intensität, auf allen Herrschaftsebenen entgegen, nämlich Reich, Land, Stadt und Grundherrschaft. Gerade im Falle der Habsburger-Herrschaft schiebt sich zwischen Reich und Land als weitere Ebene die Länderverbindung, was der Gesetzgebung hinsichtlich des örtlichen Geltungsbereichs und der damit verbundenen Durchsetzungsproblematik eine besondere Note verleiht. Die für die Länderverbindungen, besonders die der „Niederösterreichischen Länder", erlassenen Gesetzgebungsakte sind Ausfluß der kumulierten Landesgewalten und damit formell wie überdies auch inhaltlich der Rechtsordnung der Länder zuzurechnen, letzteres gerade unter dem Aspekt einer Gesamtrechtsordnung. Dies zeigt sich überdies beim Zerfall von Ländergruppen: An die Stelle der PO/NÖ 1552 treten beispielsweise ab 1566 einzelne Landes-Polizeiordnungen.

Die Gesetzgebungsakte auf den einzelnen Herrschaftsebenen stehen nicht beziehungslos nebeneinander, vielmehr sind zahlreiche Gesetzgebungsakte untereinander verklammert.

1. Landesrecht - Reichsrecht

In Frage kommt hier die Bedachtnahme auf Reichsrecht, was hauptsächlich auf drei Arten geschieht: durch Verweisung (unten a), durch die Ausführung von Reichsrecht (unten b), durch die Ergänzung von Reichsrecht (unten c).

a. Verweisungen auf Reichsrecht

Schlechthin auf „gemeines Recht" verweisen beispielsweise LGO/Stmk 1574 (I/Art 87), LGO/K 1577 (Art 17) sowie die PO/NÖ 1552 (Art 12), ähnlich diese auf das „gemeine geschriebene Recht" (Art 6) bzw einfach auf

20 *Brauneder,* Gehalt, 473f; *ders,* Gesetzgebungsgeschichte, 437ff; *ders,* Policeygesetzgebung, in diesem Band, 385ff.

das „geschriebene Recht“ (Art 4). Die LGO/Stmk 1574 verweist auch auf die „kaiserlichen Rechte“ (I/Art 71, 82, 83, 85), was, wie hier eine andere Verweisung dartut, eine solche auf die „kaiserliche Halsgerichtsordnung“ (I/Art 35) sein dürfte. Deutlicher verweist die LGO/UE 1656 auf die „Halsgerichtsordnung Kaisers Caroli des V.“ (II/Art 66 § 11) wie dann auch die LGO/OE 1675 (III/Art 8 § 11). Die LGO/Stmk 1574 verweist überdies auf die „Ordnung unnd Gsetz der Müntz halben“ (I/Art 138), ähnlich schon die LGO/UE 1514 (§ 40).

Ein quantitatives Bild vermitteln rund 900 landesfürstliche Polizeigesetze für Österreich unter und ob der Enns der Jahre 1520 bis 1650 unterschiedlichster Art[21]: Knappe 50 von ihnen verweisen auf Reichsgesetze wie am relativ häufigsten auf die Reichsmünzordnung, keines aber auf die Reichspolizeiordnungen, was sich aus der Existenz eigener österreichischer Polizeiordnungen erklären dürfte.

b. Ausführung von Reichsgesetzen

Den Reichspolizeiordnungen 1530 und 1548 folgten nahezu auf dem Fuß die österreichischen Polizeiordnungen 1542 und vor allem 1552. Teils wiederholen sie Bestimmungen der Reichspolizeiordnungen, teils spezifizieren sie solche, nämlich dann, wenn es sich um Rahmenbestimmungen handelt[22]. Die österreichischen Polizeiordnungen entsprechen somit den Reichspolizeiordnungen in Aufbau und Inhalt, weisen aber eine größere Regelungsdichte auf[23].

Mehr als eine Ausführung stellt die Reichs- und erbländische Münzordnung 1560 dar, die der Kaiser ausdrücklich „im ganzen Reich deutscher Nation und unseren erblichen Fürstenthum(ern) und Landen“ in Kraft setzt: Hiebei handelt es sich um ein für Reich und Erbländer identisches Gesetz, und zwar in Abänderung der Reichsmünzordnung 1559[24].

---

21 Die Daten beruhen auf der Auswertung des Codex Austriacus und eines zentralen Archivbestandes (Niederösterreichisches Landesarchiv/Ständisches Archiv: sog Kaiserliche Patentreihe) für das Erschließungsprojekt „Erzherzogtum Österreich“ (*J. Pauser*) im Rahmen des „Repertoriums der Policey-Gesetze im Alten Reich (15. bis 18. Jahrhundert)“, MPI Frankfurt (ab 1996 gefördert vom österreichischen Fonds zur Förderung der wissenschaftlichen Forschung).

22 *Brauneder,* Soziale Gruppen, in diesem Band, 403ff; bezüglich des Zutrinkens vgl *Pauser*, wie Fn 1, insb 65ff.

23 *Brauneder*, Gehalt, wie Fn 1, 474; *Brauneder,* Policeygesetzgebung, in diesem Band, 385ff.

24 Vgl *S. Becher,* Das österreichische Münzwesen vom Jahre 1524 bis 1838, 1838, 32ff, insb 40f.

c. Ergänzung von Reichsrecht

Im Unterschied zur voraufgegangenen Kategorie (b.) handelt es sich hier nicht um durch die Reichsgesetzgebung angeordnete Fälle, sondern um solche, wo die Landesgesetzgebung es von sich aus für notwendig befindet, Reichsrecht zu ergänzen. Ein besonders schönes Beispiel gibt das Vormundschaftsrecht in österreichischen Polizeiordnungen wie etwa in der PO/NÖ 1552: „Wiewohl in gemeinen geschriebenen Rechten ernstlich versehen und geordnet ist, daß den Pupillen und minderjährigen Kindern von ihren Vormündern und Gerhaben mit allem Fleiß und Ernst fürgestanden und derselben Nutz und Wohlfahrt gesucht und gefördert werden solle, so kumbt uns doch in viel Weg glaublichen für, daß in solchen Sachen von vielen Vormündern und Gerhaben versaumblich, eigennutzig, auch wohl etwo betruglich" gehandelt wird; „damit dieser große Mangel abgestellt, und die Pupillen und minderjährigen Kinder unvernachteilt bleiben, so setzen, ordnen und wellen wir, daß es nun hinfüro mit den Vormundschaften und Gerhabschaften der Minderjährigen nachfolgender Maß halten werden solle" (Art 25). Auch die LGO/UE 1656 ergänzt legistisch in ähnlicher Weise: „ob schon sonst sowol in gemeinen Rechten, als insonderheit der peinlichen Hals-Gerichts-Ordnung Kaysers Caroli des Fünften" auf Kindesmord bestimmte Todesstrafen stehen, „so wollen Wir doch, Verzweiflung zu verhüten, daß ein solche Thäterin mit dem Schwerd" hingerichtet werde (II/Art 66, § 11).

2. Lokalrecht - Landes- und Reichsrecht

Wie die Reichspolizeiordnungen die Obrigkeiten anweisen, ihre Bestimmungen zu befolgen und durchzuführen, so die österreichischen Polizeiordnungen gleichfalls die nachgesetzten Obrigkeiten[25]. In großer Zahl finden sich daher in grundherrschaftlichen Rechtsquellen, zum Teil unter dem Namen „Polizeiordnung", Hinweise auf die „kaiserliche" Polizeiordnung, wobei es sich trotz der Beifügung „kaiserlich" nicht um die Reichspolizeiordnungen handelt, sondern um eine von „röm(ischer) kais(erlicher) etc", also - „etc"! - als Landesfürsten erlassene Polizeiordnung[26], in der Regel um die PO/NÖ 1552, die eben vom Kaiser-Landesfürsten herrührt. Die Verwei-

---

[25] *Brauneder,* Soziale Gruppen, in diesem Band, 406ff.

[26] Z B ÖWT 14, 22, 30, 33, 35, 36, 40 (Grieskirchen/OÖ 1564), 168 und 173 (Weidenholz/OÖ 1593), 261, 266f. (Offenhausen/OÖ 1630), 304, 316, 321 (Frankenburg/OÖ 1632); ÖWT 8, 590 (Grafenberg/NÖ 16. Jh), 1107 (Eisenstadt/Bgld, Ende 16. Jh); ÖWT 9, 456 (Spielberg/NÖ, 2. Hälfte 16. Jh).

sungen erfolgen sehr konkret zu einzelnen Tatbeständen wie etwa zu Gotteslästerung, Ehebruch, Unzucht, Spiel, Trunksucht oder zu den Aufwandsbeschränkungen bei Hochzeiten und diversen Festmählern.

Die Verweisungen im Bereich der Grundherrschaften beschränken sich freilich nicht auf Polizeiordnungen. Verwiesen wird des öfteren auch auf die „Landgerichtsordnung", und zwar gleichfalls hinsichtlich bestimmter Tatbestände[27]. Weitere Verweisungen betreffen übrigens mit der CCC auch Reichsrecht[28], vor allem in großer Zahl einzelne landesfürstliche Mandate[29].

Die Bedeutung der überregionalen für die regionalen Rechtsquellen zeigt sich aber nicht nur in Verweisungen. So wird 1558 für Freistadt ausdrücklich angeordnet, wer „von der landgerichtsordnung ein exemplar nottürftig, der soll dasselb bei dem herrn landshaubtman ersuchen"[30]. Es geht also, bedingt auch durch die Verweisungen, um die tatsächliche Rechtskenntnis der „höherrangigen" Gesetze. Aber mehr noch: Die „niederrangigen" Gesetze sollen den „höherrangigen" entsprechen. So hebt in der Herrschaft Steyr 1612 der Landesfürst das „tädingbiechl", also ein Weistum, auf, weil es „unser landesfürstlichen pollicei und landgerichtsordnung" widerspricht[31].

B. Vorbilder für die Landesgesetzgebung

Vom Verfasser des LRE/UE 1573, Dr. Wolfgang Püdler, liegt ein Bericht[32] zu seinem Werk vor, das auch Aufschluß über die Vorbilder gibt; als solche führte er an die „geschribnen weltlichen und gaistlichen rechten, auch derselben glossen scribenten consulenten decidenten tractaten und repertorien" sowie „etliche teutsche püecher landsordnung gerichtsordnungen und statutten" nebst österreichischen Quellen. Aus all dem hat Püdler in seiner eigenen Terminologie eine „Compilation" erstellt, die genannten Quellen also verarbeitet, darunter auch Gesetze verschiedenen Typs.

---

27 Z B ÖWT 6, 488 (Millstatt/Ktn 16. Jh); ÖWT 7, 635 (Liesing/NÖ 1541); ÖWT 8, 994 (Weinzierl am Walde/NÖ 1573); ÖWT 9, 114f, 125 (Rapotenkirchen/NÖ 1580-1596), 370f: (Göttweig-Furt-Göttweiger Berg/NÖ ca 1545); ÖWT 13, 125 (Kremsmünster/OÖ 1587), 391 (Scharnstein/OÖ 1587).

28 Z B ÖWT 14, 56 (Grieskirchen/OÖ 1623); ÖWT 15, 89 (Schärding/OÖ 1610).

29 Z B ÖWT 14, 537 (Mondsee/OÖ 16. Jh). Viele Beispiele aus dem 18. Jh: ÖWT 12, 39f, 77, 260, 355, 357, 359; ÖWT 18, 32 (Bludenz/Vbg 1651) u a; ein Beispiel bei *Pauser,* wie Fn 1, 69f.

30 ÖWT 12, 455 (Freistadt/OÖ 1558).

31 ÖWT 13, 312 (Herrschaft Steyr/OÖ 1612).

32 *Th. Motloch,* Bericht des Dr. Wolfgang Püdler über den Entwurf einer Landtafel des Erzh Oesterreich unter der Enns 1573, in: ZRG/GA 21, 1900, 235-243, hier 238.

Auch von den Vorlagen zum LRE/UE 1654 haben wir Kenntnis, und zwar spezifischer und detallierter als durch Püdler. Zu den einzelnen Artikeln dieses Entwurfs sind nämlich die entsprechenden Vorbilder oft mit genauem Zitat angegeben. Im zweiten Buch „Vertragsrecht" beziehen sich von 127 Hinweisen 68 auf vorbildhafte Gesetze, nämlich die Nürnberger Stadtrechtsreformation (16) sowie bayerische Gesetze (52). Besonders signifikant ist das dritte Buch (Rechtsgeschäftliches Erbrecht), da sich hier unter den 134 Hinweisen allein 116 auf das Bayerische Landrecht befinden. Von den insgesamt 284 Hinweisen im zweiten bis vierten Buch betreffen 199 außerösterreichische Gesetze, davon 181 solche Bayerns; es sind dies mit weitem Abstand vor anderen bayerischen Quellen das Landrecht (168), dann die Landes- und Polizeiordnung, die Gantordnung, die Malefizordnung und die Gerichtsordnung.

Auch im Polizeirecht finden wir Vorbilder. Die österreichischen Polizeiordnungen führen die Reichspolizeiordnungen nicht bloß wie oben (III A 1) erwähnt aus. Der bereits vorliegende österreichische Polizeiordnungsentwurf 1524 war aufgrund einer ausdrücklichen Weisung von 1531 mit der RPO 1530 zu vergleichen und auch späterhin gab es ähnliche Angleichungen[33]. Derartige Querverbindungen zu Rechtsquellen des Reiches oder anderer Territorien waren nicht ungewöhnlich[34]. Ein in Golling bei Salzburg 1582 entstandenes Rechtsbuch, verfaßt von dem Gerichtsschreiber des Pfleggerichts Golling, Christoph Stadler, hat folgende Rechtsquellen zum Vorbild: Gemeines Recht, die Reichspolizeiordnung 1577, das Hessische Landrecht 1497, das Württemberger Landrecht 1567, die Stadtrechtsreformation von Freiburg/Breisgau, das Solmser Landrecht, den Sachsenspiegel, die Kursächsischen Konstitutionen, das Henneberger Landrecht, das Bayerische Lehenrecht, die Stadtrechte von Nürnberg und Frankfurt/Main (dieses aus 1578) und die Sprüche der Leipziger Schöffen.

C. Horizontale Bedachtnahme im Landesrecht

Die Ausführungen zur „vertikalen Bedachtnahme" haben dargetan, daß die regionale wie die Landesgesetzgebung sich als Teile einer Rechtsordnung, eingebettet in weitere räumliche Rechtskreise, verstanden haben. Diesen Eindruck bekräftigten die von der Landesgesetzgebung herangezogenen

33 *Brauneder,* Policeygesetzgebung, in diesem Band, 387.

34 *Brauneder*, Frühneuzeitliches Recht, in diesem Band, 420.

Vorbilder. Es gilt nun zu untersuchen, wie die einzelnen Teile der Landesgesetzgebung horizontal, d.h. untereinander verklammert waren[35].

Folgende Formen lassen sich unterscheiden: Verweisung, Insert, Doppelbestimmung sowie ausdrückliche Subsidiarität.

1. Verweisung

Polizeiordnungen, Landgerichtsordnungen und Landrechtsentwürfe verweisen pauschal auf das Landrecht und den Landesbrauch wie etwa LRO/K 1577 (Art 37) „als Lehens- unnd Landsrecht ist", pauschal auch auf Einzelmandate (LGO/OE 1559, fol XV), aber auch auf bestimmte Einzelmandate (LRE/UE 1573/IV, 43, 45), auf bestimmte Privilegien (LGO/UE 1656, II/ Art 76 § 8), auf die Landesordnung, etwa PO/T 1573 auf LO/T 1573 hinsichtlich des Ehebruchs, und auf Detailordnungen wie Salzordnung (LGO/OE 1559, fol V), Weingartenordnung (LRE/UE 1595/ V, 267), Bergordnung (LGO/Stmk 1574, III/Art 20); die Landrechtsentwürfe enthalten überdies noch Verweisungen auf die Landgerichtsordnung (LRE/UE 1573/I, 55, 176, 251, 252). Manche Verweisungen fallen besonders auf: Die LGO/ Stmk 1574 verweist beispielsweise hinsichtlich des Ehebruchs auf die Polizeiordnung mit dem Zusatz, daß derselben „fleißig nachgelebt werde(n)" solle (I/Art. 88). Die GO/Stmk 1618 benützt eine ganz konkrete Verweisungstechnik: Bei besonderer Straffälligkeit eines Prokurators ist „laut deß 80. Artickels im Ersten Theil" der LGO/Stmk „gegen ihn (zu) verfahren" (Art 10), hinsichtlich Exekutionen ist auf eine Resolution „An. 1540, den 10. Aprilis" Bedacht zu nehmen (Art 68). Ein derartiger Standard der Verweisungstechnik kann aber auch wieder schwinden: Die LGO/OE 1675 (III/Art 38) enthält eine Verweisung auf „scharpffe Generalien" ohne Datumsangabe, die im wortgetreuen Vorläufer, der LGO/UE 1656 (II/Art 98), mit 16. Juni 1654 noch enthalten war. Die LRO/UE 1540 (§ 40) verbindet eine Verweisung mit der Einschärfung, es sei das verwiesene Generalmandat zu befolgen, da man wisse, daß es weder von den „partheien noch iren procuratorn, advocaten, supplication- und schriftmachern nicht gelebt", d h befolgt werde. Die LGO/UE 1656 (II/Art 98) erweitert übrigens eine Verweisung um drei neue Bestimmungen.

Die Verweisungen im Landesrecht und von ihm zum Reichsrecht (nicht aber im und vom Reichsrecht) veranschaulicht Abbildung 1. Hiebei ist auch interessant, zwischen welchen Gesetzen es keine Verweisungen gibt. Nicht

---

35 Vgl dazu indirekt Beispiele bei *H. Högel,* Geschichte des Österreichischen Strafrechts I, 1904, 42ff, 50ff.

verwiesen wird auf die Landrechtstexte wohl wegen ihres Entwurfstadiums, was aber zufolge der Hoffnung auf ihr Inkrafttreten und bei einer planmäßigen Legistik nicht zwingend ist. Keine Verweisungen verbinden LRO und LGO, also die beiden Gerichts- und Prozeßordnungen, auf sie verweisen auch nicht die Polizeiordnungen.

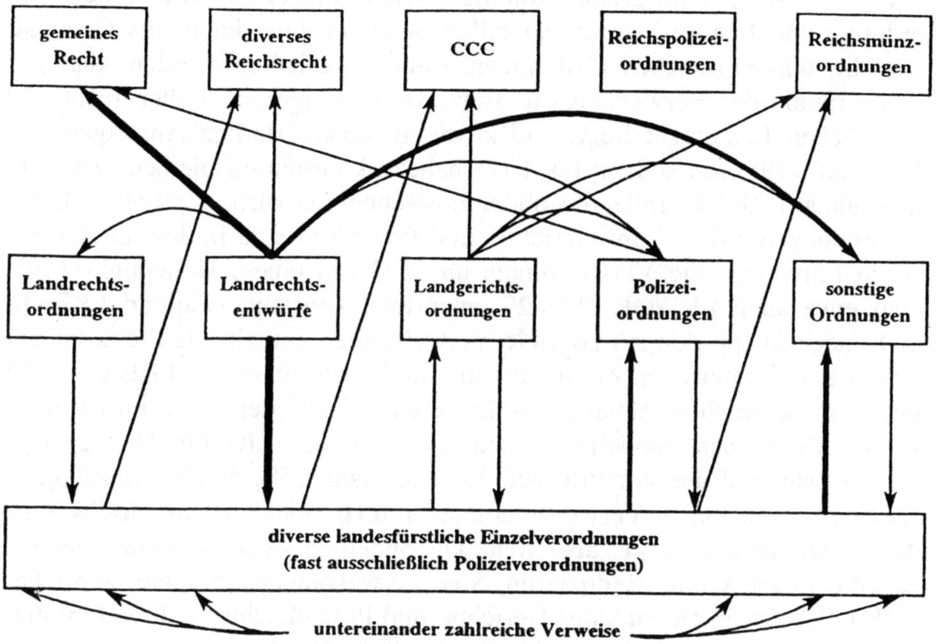

Abbildung 1

Einen quantitativen Eindruck vermitteln auch hier die zuvor (s o bei Anm 21) für Verweisungen auf das Reichsrecht herangezogenen rund 900 Polizeigesetze. Hatten nur knapp 50 auf Reichsgesetze verwiesen, so enthalten knapp 700 solche auf landesfürstliche Gesetze, davon gute 180 auf umfassendere Ordnungen! Verweisungen sind also kein Ausnahmefall.

Ein gutes vergleichendes Beispiel über die Verwendung von Verweisungen läßt sich den Landrechtsentwürfen von 1526 bis 1654 wegen ihres nahezu gleichbleibenden Inhalts und wegen des schon ab des zweiten davon, dem LRE/UE 1573, sogar auch gleichen Textes entnehmen. Im LRE/UE 1526 gibt es praktisch keine Verweisungen auf anderes Landesrecht: Die Gesetzgebung ist noch kaum angelaufen, allerdings sind auch die Verweisungen auf Gemeines Recht bedeutungslos. Ein anderes Bild ergibt sich ab LRE/UE 1573. Von knapp 30 Verweisungen insgesamt steigen diese bis zum LRE/UE 1595 auf genau das Doppelte, um bis zum LRE/UE 1654 noch leicht um etwa 10% zuzunehmen. Dies trifft etwa auch auf die Fassungen LRE/OE 1609 bis 1616/29 zu, während der LRE/OE 1609 gegenüber dem LRE/UE 1595 einen Zuwachs von rund 50% zu verzeichnen hat. Insgesamt versteht sich der Zuwachs aus der Bedachtnahme auf Einzelverordnungen. Die Verweisungen auf große Ordnungen wie Polizeiordnung, Landgerichtsordnung und Landrechtsordnung fallen demgegenüber kaum ins Gewicht. Für die unterennsischen Ordnungen kann festgehalten werden, daß der Schwerpunkt der Verweisung auf Einzelverordnungen im Lehensrecht und bäuerlichen Leiherecht liegt, und zwar mit einem starken Ansteigen von 1573 auf 1595, um sodann bis 1654 nahezu konstant zu bleiben, während gegenüber LRE/UE 1595 die obderennsischen Entwürfe weniger Lehensverordnungen zitieren. Im Gerichts- und Prozeßteil sind in den unterennsischen Entwürfen die Verweisungen ab 1573 mit einem Höhepunkt 1595, dem etwa auch LRE/OE 1616/29 entspricht, konstant, während LRE/OE 1609 noch knapp doppelt so viele Verweisungen enthält wie diese spätere Fassung. Im materiellen Zivilrecht sind die Verweisungen in LRE/UE 1573 und 1595 bei leichter Abnahme zu letzterem nahezu gleich, um im LRE/UE 1654 auf etwa das Doppelte anzusteigen, dem auch LRE/OE 1616/29 entspricht, während die Vorstufe von 1609 um gute 25% darüber hinausgeht. Zu einer Explosion an Verweisungen etwa in Hinblick auf ein Anschwellen der Einzelmandate kam es also nicht. Die obderennsischen Entwürfe zeigen, daß die Legistik eine Reduzierung der Verweisungen erreichte, ähnliches LRE/UE 1654 im Bereich des Gerichts- und Prozeßrechts, während im materiellen Zivilrecht gerade hier das Gegenteil der Fall ist.

Insgesamt gewinnt man jedenfalls das Bild einer sehr bewußten und durchaus nicht sterilen Verweisungstechnik. Ergänzend zu diesen Verweisungen auf Landesrecht ist überdies festzuhalten, daß die Verweisungen auf Gemeines Recht im LRE/UE 1573 knapp das Vierfache der hier vorfindlichen Verweisungen auf Landesrecht ausmachen, sich aber im LRE/UE 1595 auf gut die Hälfte reduzieren - damit erreichen sie etwa die Zahl der Hinweise auf Landesrecht - und im LRE/UE 1654 gegenüber 1573 nur mehr ein Fünftel ausmachen. Im LRE/OE 1609 betragen die Hinweise auf Gemeines Recht knapp die Hälfte der Hinweise auf Landesrecht, steigen dann bis zur Fassung 1616/29 noch leicht an, bleiben aber damit knapp unter der Zahl des LRE/UE 1595. Auch diese Verweisungspraxis hinsichtlich des Gemeinen Rechts erweist eine Sensibilität der legistischen Technik.

2. Insert

Landgerichtsordnungen, Landrechtsordnungen, Polizeiordnungen und Landrechtsentwürfe inkorporieren bisherige Bestimmungen wie etwa die LRO/ UE 1557 mit den Worten „und laut(et) solch ordnung von wort zu wort wie hernach folgt", wobei sogar der Veränderungsvorbehalt der inserierten Bestimmung mitübernommen ist[36]. Zahlreiche Inserierungen enthält die LGO/K 1577 durch die Aufnahme von Bestimmungen aus der Polizeiordnung vom selben Jahr mit Hinweisen wie „Vnd lautet desselben Articls inhalt also" (Art 18 und 21). Ein weiteres Insert erfolgt hier aus der Landshandfeste hinsichtlich der „Graven, Herrn und Geadelten Malefitzenpersonen" (Art 38). Dies offenbar deshalb, um deren andere Rechtsstellung auch hier in der Landgerichtsordnung festzuhalten. Derartige Verweisungen deuten auf einen legistischen Plan hin, was besonders deutlich zum Ausdruck kommt in einer Verweisung der LGO/Stmk 1574 (Art 72) auf die „vorhabende", also geplante, Polizeiordnung, die dann 1577 realisiert wird (PO/Stmk 1577).

3. Doppelbestimmungen

Schon ein Gutachten von 1525 regte an, es sollten Verfahrensregeln der Malefizordnung auch in eine künftige Polizeiordnung aufgenommen werden[37]. Einzelne Tatbestände finden sich oftmals doppelt geregelt, d h im Unterschied zum Insert ohne Hinweis auf die andere Bestimmung: so Unzuchtstatbestände sowohl in LGO/UE 1540 wie in der PO/ NÖ 1542 und sodann in der PO/NÖ 1552[38]; Kuppelei sowohl in LO/T 1573 (VII/Tit XIII) wie in PO/T 1573 (erwähnt in „Von Uneelicher und leichtvörtiger beywonung"); Fürkauf sowohl in LGO/UE 1675 (I/ Art 8f) sowie in diversen Verordnungen.

4. Subsidiarität

Schließlich wird auf andere Landesgesetze dadurch Bedacht genommen, daß das Verhältnis zueinander festgelegt wird. So enthält die GO/ Stmk 1618 (Art 74) den allgemeinen Hinweis, es solle „bleiben und gehalten werden, wie es von alters herkommen ist, auch nach Innhalt und vermög des Landts Freyheiten, Handtvesten und Golden Bullen", soferne ihre Artikel

---

36 LRO/UE 1557, 278.

37 *Brauneder,* Policeygesetzgebung, in diesem Band, 385ff.

38 *J. Vollmayer,* Versuch einer Geschichte der österreichischen Strafgesetzgebung, 1804, 49.

bisheriges Recht nicht berühren. Die LGO/Stmk 1574 nimmt auf Spezialgesetze Bedacht: Da es eine eigene Bergrechtsordnung gibt, sind alle Fälle, die direkt das Bergrecht anlangen, nach dieser Bergrechtsordnung zu beurteilen und nicht nach der Landgerichtsordnung, es handle sich denn um Sachen, die sich zwar „im Bergrecht zugetragen haben, aber die Malefizordnung selbst betreffen“ (III/ Art 20).

D. Gesetzesbezeichnungen

Als Bezeichnungen von umfangreichen Gesetze begegnen die Ausdrücke „Recht“, „Buch“, „Tafel“ und am häufigsten „Ordnung“. Im Wort „Ordnung“ ist mitgedacht, daß ein bestimmtes Rechtsgebiet eben „geordnet“, also insgesamt erfaßt werden soll: das Vormundschaftsrecht in der Gerhabschaftsordnung, das Strafrecht in der Malefizordnung bzw, da vom Landgericht anzuwenden, in der Landesgerichtsordnung, das der „Polizey“ in der Polizeiordnung, das Recht des Landes hypothetisch insgesamt in der Landesordnung. Dargetan wird dieses umfassende Ordnen auch mit dem äußerlich in Erscheinung tretenden Produkt, nämlich dem „Buch“ wie vor allem in der zusammengesetzten Bezeichnung „Landrechts-Buch“, „Bergrechts-Buch“ oder auch „Libell der Polizei“[39]. Ein derartiges „Puech“ ist angefüllt „mit etwo vil notturftigen gesezten articln und ordnungen“, als Synonym dafür steht symbolhaft das Wort „Tafel So Pillich wie von Allter heer das lanndtßrecht genennt wierdet“[40]. Das gesamte Landrecht soll sich also in einer derartigen „Tafel“ widerspiegeln, die konkret als „Buch“ mit umfassendstem Inhalt in Erscheinung tritt. „Buch“ steht allerdings auch für die Unterteilung des Landrechtsbuches, des „Landrechts“, der Landtafel bzw der Landesordnung, freilich auch hier für ein umfassendes Sachgebiet wie etwa „Vom Erbrecht ausser Testament“ oder „Von der Landgerichtsordnung“ (LRE/ UE 1654), es heißt auch „Ordnung des Gerichts“ (LRE/UE 1526), womit tatsächlich Teil-“Ordnungen“ bezeichnet werden, da die beiden eben zitierten „Bücher“ aus dem LRE/UE 1654 schließlich als eigene Gesetze in Kraft treten (s u E).

Die Bezeichnungen lassen also ein Denken in umfassenden Ordnungen, die sich zur Gesamtrechtsordnung fügen, erkennen, aber überdies noch, daß die Reglementierungen vollständig sein sollen. Dieses Denken bezieht sich einerseits statisch auf die derzeitige Rechtsordnung, andererseits aber, was

---

39 *Brauneder,* Policeygesetzgebung, in diesem Band, 389f.

40 LRE/UE 1526, 12.

dieses Denken grundsätzlich unterstreicht, dynamisch auch auf künftige Veränderungen. Dies zeigt sich bereits im Änderungsvorbehalt. Deutlich aber spricht dies der LRE/UE 1526 aus. Er versteht sich nämlich als eine „Angefanngne furgeschribne Tafel", denn dadurch, daß sich die „Sytten der menschenn" nach „gelegenhait der Zeitten" ändern, wird es künftig „mer Gesezt Articl und ordnung dann Hierin Zum Anfanng begriffen ervordern"[41] - wonach übrigens der Änderungsvorbehalt beigesetzt ist. Das Vorbild der oben (vor Fn 9) erwähnten constitutio cordi wird hier besonders deutlich! Die Notwendigkeit einer derartigen dynamischen Erneuerung unterstreicht aber die gar nicht dem Gemeinen Recht ergebene Bemerkung, daß eine Bestimmung, die „ab dem weg der gesehribnen recht wiche", dennoch Bestand habe, denn es sei diese Abweichung aus „notturfft" erfolgt[42].

E. Gliederung nach „Ordnungen"

Die Gesamtrechtsordnung erhält durch die größeren Gesetzgebungsakte eine grobe Gliederung dadurch, daß bestimmte Materien ausdrücklich in den eben erwähnten „Ordnungen", „Tafeln" oder „Büchern" zusammengefaßt werden. Im Einklang mit den eingangs erwähnten theoretischen Feststellungen findet sich vor allem die Zweiteilung in Bürgerliches Recht und Strafrecht insofern, als ersteres mit dem Landrechtsbuch bzw der Landtafel für den materiellen Teil sowie den Landrechtsordnungen für den Prozeßteil erfaßt wird, das Strafrecht mit eigenen Malefizordnungen oder Landgerichtsordnungen. Dazu gesellt sich nun noch eine weitere Ordnung, nämlich durch den Quellentyp der Polizeiordnung. Tirol erhält 1573 sowohl eine Landesordnung, wovon noch zu sprechen ist, sowie eine eigene Polizeiordnung, Kärnten 1577 eine Polizeiordnung neben der Landgerichtsordnung. Daß es sich hiebei um eine bewußte Aufteilung handelt, zeigt die LGO/Stmk 1574, wo hinsichtlich der Strafe bei Gotteslästerung verwiesen wird „wie solches unser vorhabenden Ordnung und Policey klärlich austrucken wird" (I/Art 72)!

Privatrechtliche Landtafel sowie öffentlichrechtliche Polizeiordnung werden gleichfalls getrennt gesehen, wie dies ein Ersuchen um den Erlaß beider seitens der unterennsischen Landstände 1524 und sodann die Modifizierung dieser Forderung 1536 nach Erlaß von Landrechtsbuch, Polizeiordnung und nun auch Privilegiensammlung zeigt[43].

---

41 Ebda 14f.

42 Ebda 229.

43 *Brauneder,* Policeygesetzgebung, in diesem Band, 388f.

Gesetzgebungsarbeiten für Wien beweisen sehr deutlich das Bemühen um eine Gliederung der städtischen Gesamtrechtsordnung[44]. Die „Stadtordnung" sollte ursprünglich neben der Kompilation bisherigen Stadtrechts auch eine Polizeiordnung (Kleider- und Aufwandsordnung) und eine Handwerksordnung umfassen. Strafrecht samt Gerichtsorganisationsrecht waren hingegen einer Stadtgerichtsordnung vorbehalten. Allerdings: Sie kam so nicht zustande, denn aus der Stadtordnung wurden die Polizei- und die Handwerksordnung ausgeschieden. Die Stadtordnung 1526 hat daher im wesentlichen Stadtrecht zum Inhalt, 1527 erging eine eigene Handwerksordnung, in Arbeit war bereits eine überregionale Polizeiordnung, die spätere PO/NÖ 1542. Die Vorarbeiten lassen somit folgendes Einteilungsschema erkennen:

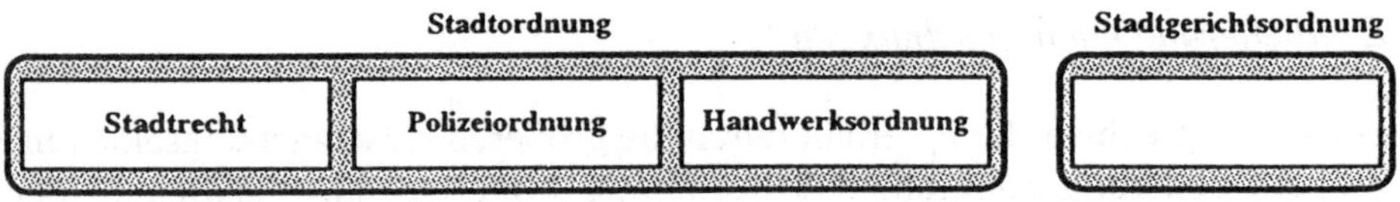

Abbildung 2

Die Realisierung erfolgte modifiziert wie folgt:

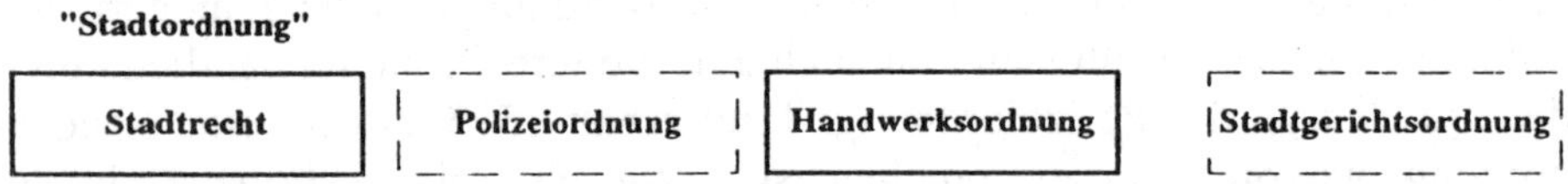

Abbildung 3

Der Gesetzgebungsprozeß in Wien zeigt also als Ausgangspunkt eine Anlage in zwei großen Ordnungen - Stadtordnung und Stadtgerichtsordnung -, sodann aber eine Realisierung in der Form kleinerer Ordnungen.

Eine Parallele dazu spielte sich auf der Ebene der Länderverbindung der „Niederösterreichischen Länder" ab: Aus dem Entwurf einer umfassenden Polizeiordnung von 1524 wurde - wie in Wien - 1527 ein Teil als HWO/NÖ 1527 in Kraft gesetzt, der übrige Teil folgte als Polizeiordnung erst 1542 (PO/NÖ 1542)[45].

---

44 Vgl *F. Baltzarek,* Die Stadtordnung Ferdinands I. und die städtische Autonomie im 16. Jahrhundert, in: Wiener Geschichtsblätter 29, 1974, 185-197, insb 196f.

45 *Brauneder,* Policeygesetzgebung, in diesem Band, 394ff.

Eine weitere Parallele bietet der LRE/UE 1654 und sein Schicksal: Als umfassende „Landesordnung" sollte er - wie übrigens ähnlich LRE/UE 1595 - aus fünf Teilen bestehen, nämlich I. Gerichtsverfassung und zivilgerichtliches Verfahren, II. Vertragsrecht, III. Testamentsrecht, IV. Gesetzliches Erbrecht, V. Lehenrecht, VI. Landgerichtsordnung. Allerdings trat letztere schon 1656 als eigene Ordnung in Kraft, das Lehenrecht wurde späterhin in zwei Teile zerlegt, in das eigentliche Lehenrecht sowie in das bäuerliche Leiherecht, welches 1697 unter der Bezeichnung „Tractatus de iuribus incorporalibus" als eigenes Gesetz Geltung erlangte; das gesetzliche Erbrecht wurde schließlich ab 1720 gleichfalls als „Erbfolgeordnung" in einzelnen Ländern als eigenes Gesetz erlassen.

Diesen Entwicklungen von der umfassenden zur Teil-Ordnung steht aber auch die gegenläufige Tendenz gegenüber: HWO/NÖ 1527 und PO/NÖ 1542 wurden mit leichten Modifikationen zur PO/NÖ 1552 vereinigt[46]. Diese Tendenz verstärkt der Umstand, daß innerhalb der PO/NÖ 1552 die Vormundschaftsbestimmungen als eigene „Ordnung" galten und auch von den Zeitgenossen als „Gerhabschaftsordnung" angesehen wurden, doch heben sich innerhalb der PO/NÖ 1552 noch weitere Teil-Ordnungen ab[47]: Vor allem bilden die ersten 18 Artikel eine Einheit und können daher 1566 und 1568 als eigene Polizeiordnungen publiziert werden; eine ähnliche Einheit bilden die nachfolgenden 5 Artikel über Maße, Fürkauf sowie Wucher, so daß möglicherweise eine Verweisung in LGO/K 1577 (Art. 16) sich auf sie als eine „gedruckhte ordnung" Kaiser Ferdinands I. bezüglich „ellen, gewicht und maß" bezieht; die Artikel vor der Handwerksordnung bilden eine Dienstbotenordnung. Die PO/NÖ 1552 faßt also mehrere Teil-Ordnungen zusammen.

Weitere Ordnungen bilden das Landrecht und das Lehenrecht. Mit seiner Gliederung in „Bücher" zerfällt das Landrecht in weitere Sub-Ordnungen, und zwar im Wesentlichen[48]: Gerichtsorganisation, Zivilverfahren, Bürgerliches Recht ohne Eherecht, meist gegliedert in Vertragsrecht und Erbrecht, und sodann das Recht der Grundherrschaften als „iura incorporalia". Nur einmal versucht ein „Landtafel"-Entwurf mit den drei Teilen „Von den Personen", „Von Contracten" und „Von denen Actionen" das Institutionen-

---

[46] *Brauneder,* Gehalt, 474; *Brauneder,* Soziale Gruppen, in diesem Band, 403ff.

[47] PO/NÖ 1552, fol XIXa; als „Gerhabschaftsordnung" verstanden bei B. Walther 1558, in: *Max Rintelen* (Hrsg), Bernhard Walthers privatrechtliche Traktate, 1937, 71; *Brauneder,* Gehalt, 476.

[48] *Brauneder,* Juristenschriften, 43.

System zu kopieren[49], was aber angesichts der zuvor beschriebenen Entstehung aller bekannten Landrechtsentwürfe erfolglos blieb.

Weitere Teil-Ordnungen ergeben sich schließlich noch aus umfassenderen Einzelgesetzen wie etwa Weingartenordnung, Bergordnung, Waldordnung, Holzordnung, Müllerordnung, Bäckerordnung, Jägerordnung, Apothekerordnung, Infektionsordnung, Defensionsordnung, Mautordnung[50].

Das Gesagte läßt ein Denken in bestimmten „Ordnungen" erkennen, die jeweils einen Sachkomplex erfassen, wobei thematisch engere Ordnungen wegen ihres Sachzusammenhanges zu umfassenderen Ordnungen zusammengefügt werden. Zu den thematisch engeren Ordnungen zählen etwa wie erwähnt Vormundschaftsordnung, Handwerksordnung, Sittlichkeits- und Aufwandsordnung, Maß- und Gewichtsordnung, Dienstbotenordnung: Sie lassen sich mit anderen Bestimmungen zur umfassenden Polizeiordnung, wie gezeigt besonders zur PO/NÖ 1552, zusammenfügen. Außerhalb der Polizeiordnung verbleiben jedenfalls Landgerichtsordnung sowie Landrechtsordnung als Prozeßordnungen mit materiellrechtlichen Teilen. Die Landgerichtsordnung aber läßt sich wieder mit Landrecht und Lehenrecht zu einer weiteren umfassenden Ordnung, der Landesordnung verbinden. Für Kärnten zeigt ein mit „Landes-Ordnung" überschriebenes Konvolut mehrerer Gesetze, daß diese Bezeichnung für die möglichst umfassendste Ordnung im Land steht, also nahezu für die Gesamtrechtsordnung insgesamt, der, wie in diesem Konvolut, zugerechnet werden: Polizei-, Landrechts-, Landgerichts-, Zehentordnung[51]. Neben der Landesordnung kann jedoch auch, wie Tirol 1573 zeigt, als selbständige Ordnung die der Polizei bestehen.

Die Gliederung des Rechtsstoffes nach den vorbeschriebenen Ordnungen bis hin zur umfassendsten Landesordnung läßt den Gedanken an eine insgesamt zu reglementierende Gesamtrechtsordnung deutlich erkennen.

Püdler, der Verfasser des LRE/UE 1573, spricht dies auch ziemlich klar aus. Er hatte das „werkh der österreichischen landtafl under der Enns" zu erstellen übernommen, worunter er verstand, „ain neue landsordnung compillieren" zu sollen, ein „corpus iuris", also eine Kompilation der Gesamtrechtsordnung[52]. Eine umfassende Landesordnung verfaßte Püdler aber doch nicht, sondern sein Werk umfaßt nur vier „Bücher": Gerichtsverfassung samt Zivilprozeßrecht, Vertragsrecht, Erbrecht, Grundherrschaftsrecht

49 SlgChor 5 (sog „Schönkirchner-Bücher"), aber unvollständig und ohne Jahresangabe.

50 *Brauneder*, Frühneuzeitliches Recht, in diesem Band, 415.

51 UB Wien Signatur II-251.050; vgl auch *Brauneder,* Anfänge der Gesetzgebung, 423.

52 *Motloch*, wie Fn 32, 236f.

(„iura incorporalia"). Gerade unter dem Aspekt der Landesordnung ist ihm bewußt, was fehlt: beispielsweise die landständische Organisation, dies aber deshalb, weil sie sich ohnedies in der Landrechtsordnung 1557 findet; auch das Lehensrecht. Püdler konnte sich nun vorstellen, die Landrechtsordnung in seine bislang also unvollständige Landesordnung einzubauen, wobei er dafür die entsprechenden Titel angab, wie überdies die in Arbeit befindliche Malefizordnung als fünftes Buch seinem Werk anzugliedern: Auf diese Weise seien „alle materien in ain aineges (= einziges) puech zusammen(gefügt)". Allerdings: Das Lehensrecht aber sei so umfangreich, daß es „ein aignes puech" abgebe[53]. Insgesamt ist folgendes klar zu erkennen: Eine Scheidung der Materien nach den traditionellen Ordnungen einerseits, aber andererseits auch die Tendenz, diese zusammenzufügen, nicht bloß durch eine Aneinanderreihung, sondern ein systematisches Einarbeiten, womit eine umfassende Landesordnung entstünde. Aber nicht nur gebraucht Püdler für sein Werk den Ausdruck „corpus iuris", sondern es hatte sich dieses offenkundig auch schon der LRE/UE 1526 zum Vorbild genommen, denn beispielsweise ist die oben mehrmals zitierte „Vorred" der constitutio tanta (dedoken) nachempfunden. Ein ähnlich umfassendes Gesetzeswerk zu erstellen war also ein oftmals angepeiltes Ziel. Übrigens ist aufgrund Püdlers Wortwahl und tatsächlicher Arbeit zu erkennen, daß die umfassende Landesordnung ein Ziel sein kann, das aber deshalb nicht so ganz erreicht wird, weil es bereits Teilordnungen gibt.

IV. Ergebnisse

Theoretische Erörterungen und legistische Zusammenfassung in „Ordnungen" in Einklang mit dieser und anderen Bezeichnungen umfangreicherer Gesetze verweisen auf ein Denken in einer Gesamtrechtsordnung. Die Praxis trägt diesem Denken durch Verweisungen Rechnung, die zeigen, daß die legistische Praxis das Denken in der Gesamtrechtsordnung auch technisch umzusetzen bemüht ist. Die einzelnen Gesetzgebungsakte sollen auf diese Weise verschränkt, zueinander in Beziehung gesetzt werden.

Im besonderen Maße beweist das Denken in umfassenden Ordnungen die Technik des Inserts. Beispielsweise wird 1525 moniert, es sei die Regelung des Fürkaufs in eine umfassende Ordnung aufzunehmen[54]. Die LGO/UE 1540 inseriert ausdrücklich ein älteres Mandat „von merer richtigkeit wegen"[55].

---

53 Ebda 239f.

54 *Brauneder,* Policeygesetzgebung, in diesem Band, 390.

55 LGO/UE 1540, 374 (in der Fn).

Trotz der Fülle an unterschiedlichen Gesetzen sowie einer zum Teil notwendigen Mandatsflut im Polizeirecht ist nicht nur der Theorie, sondern auch der praktischen Legistik der Frühen Neuzeit das Denken in umfassenden Ordnungen, die zusammen die Gesamtrechtsordnung im Land bilden, nahezu stets gegenwärtig. Im Großen liegen auch die Abgrenzungskriterien der einzelnen Ordnungen fest, im Detail sind sie freilich fließend, und insgesamt ist der Gesetzgeber auf der Suche nach einer praktikablen Abgrenzung der einzelnen Rechtsgebiete, dies übrigens unabhängig von der gemeinrechtlichen Tradition. Ziel der Gesetzgebung ist es jedenfalls, die Gesamtrechtsordnung legistisch in den Griff zu bekommen, freilich gegliedert nach Einzelordnungen, wobei aber das Fernziel der Zusammenfügung in einer Landesordnung als „corpus iuris“ oftmals deutlich wahrnehmbar wird.

Alle diese Tendenzen spiegelt beispielsweise die LRO/UE 1557 wider: Hinsichtlich der aufschiebenden Wirkung von Appellationen kündigt sie „ein sondere Ordnung“ an, bis dahin solle es aber noch bei den „jüngst außgangnen GeneralMandaten bleiben“; eine andere „Ordnung“ wird „von wort zu wort“ inseriert und zum Meineid auf die „göttlichen und weltlichen strafen“ verwiesen[56]. Künftige Ordnung, bisherige Ordnung sowie allgemeines Strafrecht bilden mit den konkreten Regelungen der LRO eine Einheit.

Das gesteckte Ziel wird freilich nicht erreicht, der Bedarf nach Regelungen ist rascher als die umfassend-vereinheitlichende Legistik. Und so lautet denn der Befund von Filangieri: „Kaum offenbart sich eine Unordnung bey einem Volke, so wird ein neues Gesetz gemacht. Es hat blos einen besondern Fall zum Gegenstande, der leicht unter dem vorigen Gesetze mit zwey oder drey Worten mehr oder weniger hätte begriffen werden können. Aber es ist nun einmal das Schicksal der Gesetzgebungen, immer vor sich zu gehen, ohne einen Blick rückwärts zu thun“[57]. Filangieri steht aber so wie die zahlreichen Einzelgesetze auch des 16. Jahrhunderts nur für eine Tendenz. Die andere, die zur umfassenden Landesordnung, manifestierte sich just in dem Jahr, als diese deutsche Fassung Filangieris erschien: 1794 trat das umfassende ALR in Kraft!

---

56 LRO/UE 1557, 271f, 278ff u 290.

57 Zitiert nach *C. Filangieri,* System der Gesetzgebung (aus dem Italienischen) I, 1794, 166.

Die Policeygesetzgebung in den österreichischen Ländern des 16. Jahrhunderts

Forschungsstand und Perspektiven

I. Quellen: A. Entwicklung, B. Zusammenhang mit anderen Rechtsquellen: 1. Reichsrecht, 2. Landesrecht; II. Gliederung und Inhalt; III. Charakter; IV. Entstehung; V. Motivationen; VI. Zweck; VII. Geltung: A. Großräumiger Geltungsbereich, B. Faktische Geltung; VIII. Anhänge: A. Ausgewählte Literatur zum Stand der Forschung in Österreich ab 1976 (Stand 2002), B. Artikelverzeichnis einer geplanten Polizeiordnung, um 1600, C. Artikel „in divinis" einer geplanten Polizeiordnung um 1600.

Seit der letzten umfassenden Analyse der österreichischen Polizeiordnungen des 16. Jahrhunderts durch den Verfasser im Jahre 1976 wurden einerseits einige Punkte forschungsmäßig vertieft, andererseits die Quellenbasis für weitere Forschungen durch Vorarbeiten zu Editionen wesentlich verbreitert[1]. So lassen sich bisherige Aussagen ergänzen oder modifizieren, aber auch einfach weiter belegen. Beides soll im folgenden geschehen, und zwar nach jenen Kriterien, welche die Einteilung der Untersuchung des Verfassers von 1976 bestimmten.

I. Quellen

A. Entwicklung

Den engen Zusammenhang, aber auch die Abweichungen zwischen den österreichischen Polizeiordnungen im 16. Jahrhundert macht demnächst de-

Aus: *M. Stolleis* (Hrsg), Policey im Europa der Frühen Neuzeit, Frankfurt/Main 1996, 299-316.

1 1976: *Brauneder*, Frühneuzeitliche Gesetzgebung; *ders*, Soziale Gruppen; vgl insgesamt die neuere Literatur und Quellen u VIII A. Das im folgenden angesprochene, hier erstmals verwertete Material befindet sich im Ständischen Archiv des Niederösterreichischen Landesarchivs (NÖLA/StA). Es wurde von meinem Dissertanten Dr. Josef Pauser gefunden, der eine Edition dieser Quellen nebst weiteren aus anderen Landesarchiven vorbereitet; vgl *ders*, Zur Edition frühneuzeitlicher Normtexte. Das Beispiel der österreichischen Policeyordnungen des 16. Jahrhunderts, 2002 (http://www.univie.ac.at/policey-ak/pwp/pwp_04.pdf).

ren synoptische Quellenpublikation deutlich[2]. Transkribiertes Archivmaterial gibt erstmals Aufschluß über den Zusammenhang zwischen diesen Quellen und vor allem über das Entstehen der beiden großen Polizeiordnungen von 1542 und 1552. Darüber hinaus zeigt es in eindrücklicher Deutlichkeit, daß diesen legistischen Vorhaben für die Zeitgenossen ein bislang unterschätzter Stellenwert zukam. Hatte die rechtshistorische Forschung das 16. Jahrhundert und seine Quellen - außerhalb des Verfassungsrechtes - bisher überwiegend vom Blickpunkt der Privatrechtsgeschichte aus gesehen, so wird nun deutlich, daß dieses nur einen, und gar nicht den wichtigsten Ausschnitt der Rechtslandschaft des 16. Jahrhunderts bildet und bisher als „privatrechtlich" eingestufte Quellen einen zumindest auch anderen Charakter haben[3].

Quantitativ besehen dominiert in den Gesetzgebungsakten des 16. Jahrhunderts der habsburgischen Territorien das Polizeirecht. So ergingen beispielsweise im Zeitraum zwischen 1508 und 1608 750 landesfürstliche Patente, von denen rund 700 Polizeimaterien betrafen, mithin also 93%! Aufallend hierbei ist aber noch der steigende Anteil an Polizeimaterien. Während der Regierungszeit Maximilians I. hatte er 50% betragen, stieg dann unter Ferdinand I. auf gute 89%, unter Maximilian II. sowie Rudolf II. auf 96%[4].

Die Entstehung der ersten Polizeiordnungen läßt sich nun wesentlich präziser als bisher fassen. Nach den schon bekannten Verhandlungen am Ausschußlandtag zu Innsbruck 1518[5] drängten jedenfalls die Stände von Österreich unter und ob der Enns, vermutlich auch die anderer niederösterreichischer Länder, auf den Erlaß einer Polizeiordnung für diesen Länderkomplex. Eine Versammlung von Ständevertretern aller niederösterreichischen Länder in Wien im Jahre 1524 erarbeitete offenbar einen entsprechen-

---

2 Polizeiordnungen, wie VIII A.

3 Vgl auch *Brauneder*, Juristenschriften; *ders*, Frühneuzeitliches Recht, in diesem Band, 413ff.

4 Vorläufige Zählung nach einem Archivinventar des NÖLA von H. Feigl. Nach Feigl dürfte dieses Inventar die Bestände des NÖLA (Ständisches Archiv und Regierungsarchiv) bis 1637 vollständig erfaßt haben. Anton Mayer gab im Jahr 1902 genau 3277 Patente für den Zeitraum 1518-1780 als Bestand des NÖLA an. Vgl *A. Mayer*, Das Archiv und die Registratur der nö. Stände von 1518 bis 1848, in: Jahrbuch für Landeskunde von Niederösterreich NF 1, 1902, 115. Die Maximilian I. betreffenden Daten sind allerdings nicht repräsentativ (bloß 10 Patente für den Zeitraum 1508-1518) und sollten nicht verallgemeinert werden.

5 *H. J. Zeibig*, Der Ausschuss-Landtag der gesammten österreichischen Erblande zu Innsbruck 1518, in: AÖG 13, 1854, 236ff.

den Entwurf[6]. Im Jahr 1525 nahm ein Gutachten des Hofrats überwiegend zustimmend dazu Stellung[7]. Dieser Entwurf beeinflußte wohl die bisher schon bekannten Beschwerden am Augsburger Ausschußlandtag 1525/26[8]. Für die Stände waren die Arbeiten bereits so weit gediehen, daß sie darauf drängten, den vorhandenen Text in Kraft zu setzen. Jedenfalls war es ihnen auch vorstellbar, einzelnen Bestimmungen vorweg Geltung zu verleihen, zumal Teile der umfassenden Polizeiordnung als eigene Ordnungen angesehen wurden wie etwa die Bestimmungen über die Handwerker.

Die 1527 erlassene Handwerksordnung für die niederösterreichischen Länder stellt nun tatsächlich diesen Teil des Polizeiordnungsentwurfs von 1524 dar; die Abweichungen sind minimal. Die gleichfalls 1527 erlassene Handwerksordnung für Wien entspricht dieser niederösterreichischen Handwerksordnung, allerdings wurden hier für die einzelnen Handwerke noch detaillierte Bestimmungen vorgeschaltet[9].

Als chronologisches Zwischenergebnis ist somit festzuhalten: Mit dem umfassenden Polizeiordnungsentwurf von 1524 lag bereits vor der RPO 1530 ein ausführlicher Text einer Polizeiordnung vor. Davon wurde 1527 der Handwerks-Teil in Geltung gesetzt.

Die RPO von 1530 beeinflußte nun die noch ausstehenden Teile der niederösterreichischen Polizeiordnung. 1531 war ausdrücklich angeordnet worden, den bisherigen Text mit ihr zu vergleichen[10], was, wie Textvergleiche zeigen, nicht ohne Einfluß blieb. Die PO/NÖ 1542 weist schließlich mehr Parallelen zur RPO 1530 auf als zum Entwurf 1524! Daraus folgt wieder, daß 1552 durch die Vereinigung der Handwerksordnung 1527 mit der PO/NÖ 1542 jene als ältere mit dieser als jüngerer Textschicht verbunden wurde. Insgesamt aber entspricht diese Verbindung in den PO/NÖ 1552 der ursprünglichen Intention des Entwurfs von 1524.

---

6 NÖLA/StA Hs 354, fol 86-144 (Abschrift). Dem ging ursprünglich wohl eine Beratschlagung von Polizeiartikeln durch einzelne Landesviertel vor: z B Gutachten der Verordneten des Viertels ob dem Wienerwald (20. Mai 1524), in: SlgChor 35 (Miscellanea Juridica 11. Heft), 142ff.

7 NÖLA/StA B-I-1/2, fol 11-37 (3. November 1525).

8 Vgl *M. Mayer*, Der Generallandtag der österreichischen Erbländer zu Augsburg (December 1525 bis März 1526), in: Zeitschrift des Ferdinandeums für Tirol und Vorarlberg III. Folge/38, 1884, 1-154.

9 In: Polizeiordnungen, wie VIII A, 328ff.

10 NÖLA/StA B-II-1, fol 343f (5. November 1531).

B. Zusammenhang mit anderen Rechtsquellen

1. Reichsrecht

Schon bisher zeigte ein Textvergleich, daß die niederösterreichischen Polizeiordnungen engst mit den Reichspolizeiordnungen zusammenhingen, daß deren Textierungen in erstere Eingang gefunden haben, daß ferner dazu Ausführungsbestimmungen beigesetzt wurden, daß es aber auch gemeinsame Wurzeln gibt. Nunmehr ist das Umfeld deutlicher geworden[11]. Etwa verweist das Hofrats-Gutachten von 1525 (Art. 24) darauf hin, es sei „mit dem kaiserlichen Recht“ vorzugehen, 1564 wird der Zinssatz von 5% damit begründet, er sei in der RPO 1548 enthalten[12]. Vor allem verweisen zahlreiche einzelne Gesetze auf Reichsrecht, entweder allgemein auf „kaiserliche Rechte“, wie die sogenannte Ofener Ordnung von 1527[13], oder speziell beispielsweise auf den Speyerer Reichsabschied von 1529[14] und besonders die Reichsmünzordnung[15]. Der Einfluß der Regensburger Reformation von 1524[16], einer Ordnung des päpstlichen Legaten Laurenzo Campeggio für den katholischen Regensburger Bund, bestehend aus verschiedenen süddeutschen Fürstentümern, ist insbesondere für die das Religionswesen betreffenden Verordnungen deutlich. Es wird ein lohnendes Forschungsziel sein, dem Zusammenhang zwischen reichsrechtlicher Rahmenbestimmung und landesgesetzlicher Ausführungsregelung nachzugehen.

2. Landesrecht

Bekanntlich wurden auf Landesebene weitere umfangreiche Gesetzgebungsvorhaben projektiert, wie etwa die Landrechte, auch „Landtafeln“, als Zivilrechts- und Zivilprozeßgesetze, Landrechtsordnungen als Zivilprozeßordnungen sowie Landgerichts- und Malefizordnungen als Strafrechts- und Strafprozeßkompilationen neben zahlreichen Einzelgesetzen.

Hinsichtlich dieser unterschiedlichen Ordnungen gab es zumindest ein ausgeprägtes Bewußtsein des Nebeneinander: So forderten etwa 1536 die Landstände sowohl eine Polizeiordnung, ein Landrechtsbuch als auch eine

---

11 Vgl auch *Brauneder*, Frühneuzeitliche Gesetzgebung, in diesem Band, III A.

12 SlgChor 22 (*J. B. Suttinger*, Der n. ö. Landschaft Gedenkbuch III. Theil M-Z), Nr 468.

13 CA I, 641-646.

14 Verordnung 18.05.1529: CA II, 436f.

15 Verordnungen 03.03.1535, 12.02.1551, 30.05.1556, 10.07.1561, 01.09.1561, 30.09.1562, 01.11.1572, 06.02.1573, 10.01.1574 (alle im NÖLA).

16 *Zimmermann*, wie VIII A, 121ff.

Bestätigung ihrer Privilegien[17]; der Landesfürst erwähnt neben der Polizeiordnung die Malefizordnung. Schon 1524 hatten die Landstände um den Erlaß einer Landtafel neben der Polizeiordnung ersucht, damit jedermann „ain gleichs recht haben und erlangen mug“[18] also Rechtseinheit hergestellt werde. Tatsächlich datiert der erste unterennsische Landrechtsentwurf, Landtafel genannt, von 1526. Und so ersuchten 1536 die unterennsischen Landstände den Landesfürsten um „bestätt(ig)ung der pollicey und landtrechtsbuech“ also beider, offenbar als zusammengehörig betrachteter Rechtstexte[19]. Aber es existierte nicht bloß das Bewußtsein irgendeines Nebeneinanders einzelner Rechtsquellen, sondern auch das eines bestimmten inhaltlichen Zueinanders: So verlangte das Hofrats-Gutachten von 1525, es seien insbesondere die Teile über das Strafverfahren aus der Malefizordnung auch in die Polizeiordnung zu übernehmen[20].

So war etwa ein Bewußtsein vorhanden, daß einerseits jene Artikel, „so der Landtafel oder nur Stadtordnung geherig, daselbsthin remetierte, die anderen aber, so der Policey zuegetan“ einer einigen beständigen Polizei(ordnung) zugeordnet werden sollen (nach 1568)[21]. Tatsächlich hatte man die Wiener Stadtordnung 1526 aus umfangreicheren Entwürfen herausgelöst, die noch eine Kleider- und eine Aufwandsordnung enthalten hatten - beide gingen dann in die Polizeiordnung ein[22].

Die einzelnen, zuvor genannten Rechtsquellentypen sind jedenfalls nicht systemlos und zufällig neben- oder hintereinander entstanden. Man war sich ihres Zusammenhangs beziehungsweise ihres jeweils typischen Charakters sehr wohl bewußt - gerade auch bei der Bearbeitung korrespondierender Quellen.

II. Gliederung und Inhalt

Die bisherige bloße Textanalyse zeigte, daß nach „sachlichen Zusammenhängen“ sich „das Abheben“ einzelner Teile ergibt. Auch ließ sich erkennen, daß jedenfalls bestimmte dieser Teile schon für die Zeitgenossen eine

---

[17] SlgChor 22, wie Fn 12, Nr 462; *Brauneder*, Frühneuzeitliche Gesetzgebung, in diesem Band, III C E.

[18] Gutachten, wie Fn 6, Punkt 22.

[19] SlgChor 22, wie Fn 12, Nr 462.

[20] Gutachten, wie Fn 7, Art 25.

[21] NÖLA/StA B-I-1/2, fol 185f.

[22] *F. Baltzarek*, Die Stadtordnung Ferdinands I. und die städtische Autonomie im 16. Jahrhundert, in: Wiener Geschichtsblätter 29, 1974, 196; auch *Brauneder*, Frühneuzeitliche Gesetzgebung, in diesem Band, III E.

Untergliederung, einen Baustein der umfassenden Polizeiordnung darstellten, da beispielsweise einer dieser Sachteile „Gerhabschaftsordnung“ genannt wurde, ein großer Komplex 1527 als „Handwerksordnung“ vorweg publiziert wurde und der erste Teil der PO/NÖ 1552 1566 und abermals 1568 als eigene „Polizeiordnung“ erging.

Diesem Denken in Teilordnungen steht aber, wie sich dies partiell mit den PO/NÖ 1542 und dann generell mit der PO/NÖ 1552 erweist, ein Denken in umfassenden Gesamtordnungen gegenüber. Neues Material zeigt nun, daß beide Denkkategorien - Teilordnungen beziehungsweise Gesamtordnung - tatsächlich zeitgenössische Ordnungsprinzipien waren. Ein Gutachten, das vermutlich nach 1568[23] entstand - nachdem also bereits Gesamt- wie Teilordnungen ergangen waren -, nennt als eine Gestaltungsmöglichkeit die „durchgehende Landpolizei“, als andere die „Abteilung und Zertrennung der Polizei“ und schließlich als dritte Gestaltungsmöglichkeit, daß „nur etliche Artikel angericht werden“. Dieses Gutachten spricht sich für die Gesamtordnung aus und hält die beiden anderen Varianten für solche, die „wenig Nutzen schaffen“, da aus ihnen „mehrere Unordnung“ folge.

Tatsächlich geht die Entwicklung in zweierlei Richtungen: 1577 erhalten sowohl Kärnten wie die Steiermark je eine umfassende Polizeiordnung nach dem Muster von 1552, Österreich unter und ob der Enns aber, wie schon erwähnt, die Teilordnungen von 1566 und 1568 - was wohl die eben erwähnte Kritik hervorrief.

Das Denken in Gesamt- und Teilordnungen ist nicht auf das Polizeirecht beschränkt, sondern zeigt sich besonders auch hinsichtlich des Quellentypes der Landesordnung[24]. Gerade sie bestand oftmals aus Teilordnungen.

Der Typ der Einzelverordnung ist gerade für eine Materie wie die der Polizei als Verwaltungsrecht unentbehrlich. Kritik rufen aber derartige Einzelverordnungen offenbar dann hervor, wenn sie systematisch in eine umfassendere Ordnung eingebaut werden könnten. Ein Beispiel dafür gibt die Regelung des Fürkaufs ab. 1510 und abermals 1528 ergingen Patente allein zum Fürkauf. Aber es fordert das Gutachten von 1525, „die artikel betreffenndt ... furkhauff ... sein all in die pollicey zusetzen“, und zwar auch wegen der Regelung der Wochenmärkte: Zusammenhänge sind also wichtig. Dem schließt sich eine Stellungnahme des Landesfürsten von 1534 an[25].

---

23 Wie Fn 21.

24 *Brauneder*, Soziale Gruppen; *ders*, Landesordnung HRG, 1405f; *ders*, Frühneuzeitliche Gesetzgebung, in diesem Band, III E.

25 *A. Gigl*, Geschichte der Wiener Marktordnungen, in: Archiv für österreichische Geschichte 35, 1865, 125ff (1510, 1528); Hofratsgutachten 1525, wie Fn 7, Art 61; SlgChor 22, wie Fn 12, Nr 467 (1534).

Das Denken in umfangreichen Gesamtordnungen führte - begreiflicherweise - dazu, sich über deren Gliederung Gedanken zu machen. So sah ein Artikelverzeichnis eine Gliederung in einerseits „Divina“ und andererseits „Politica“ vor; ein anderes untergliederte „in divinis“ in fünf „Klassen“ (s Anlage II bzw. III)[26].

III. Charakter

Daß die Polizeiordnungen wie auch Einzelanordnungen Privatrecht enthalten, führte plakativ zu Schmelzeisens Buch „Polizeiordnung und Privatrecht“(1955). Ähnlich wie das moderne Verwaltungsrecht hatte das Polizeirecht das traditionelle Privatrecht - heimisches wie rezipiertes - gleichsam reglementierend umschlossen. Interessant ist in diesem Zusammenhang folgende Beobachtung: In Wien war wie im umliegenden Land gewohnheitsrechtlich der sogenannte Beisitz üblich gewesen, d h, ein umfassendes Nutzungsrecht des überlebenden Ehegatten am Vermögen des Vorverstorbenen. Ganz im Sinne polizeilicher Anordnungen war dieser Beisitz in Wien 1420 verboten worden, und zwar ausdrücklich mit der Begründung, er sei „gemeinem Nutz“ abträglich; dies hatte überdies 1421 zu einer ganz modern anmutenden Novellierung des Wiener Stadtrechts von 1340 geführt[27]. Weiterhin war aber der Grundgedanke eines Nutzungsrechts des überlebenden Ehegatten in der Miteigentumsform „zur gesamten Hand“ lebendig, wenngleich auch nur auf das Miteigentumsobjekt bezogen[28]. Der überlebende Miteigentümer nutzte das Gesamtobjekt, die Erben des Vorverstorbenen hatten bezüglich ihres Anteils nur das Recht auf „Wartung“. In konsequenter Fortführung des Gedankens von 1420 sah nun der Entwurf des Viertels ob dem Wienerwald von 1524[29] vor, auch diese Miteigentumsform abzuschaffen. Interessanterweise hätte man damit nahezu offene Türen eingelaufen, diese Miteigentumsform war bereits im Absterben - eine weitere Parallele zu 1420, wo dies mit dem Beisitz ebenso der Fall gewesen war.

Auch hinsichtlich der Abfassung privatrechtlicher Rechtsgeschäfte wie Kauf- und Heiratsverträge sowie letztwilliger Verfügungen enthielt der Entwurf des Viertels ob dem Wienerwald von 1524 Schutzbestimmungen (vgl auch unten V).

---

26 NÖLA/StA B-I-1/2, fol 141f.

27 *Brauneder*, Privatrecht, 401ff.

28 *Ders*, Ehegüterrecht, 296f.

29 Gutachten, wie Fn 6, Punkt 9.

IV. Entstehung

Die erweiterte Quellenbasis läßt hinsichtlich des Erlasses von Polizeirecht das Rollenverständnis des Landesfürsten sowie der Landstände über ihre Stellung im Zuge der Gesetzgebung deutlicher als bisher hervortreten.

Nach der Sicht des Landesfürsten erteilt dieser den „Befehl“ bezüglich des Gesetzestextes, er ist der Gesetzgeber, er publiziert die Polizeiordnungen im Druck. Die Landstände dienen ihm, nach seiner Auffassung, zur Beratung, und zwar in ähnlicher Weise wie auch sein Hofrat. Beiden obliegt die Formulierung des Textes; daher haben sich die Landstände auf einen Entwurf zu einigen, auch haben sie Städte dafür beizuziehen. Die Mitwirkung der Landstände ist aber auch deshalb notwendig, damit die Polizeiordnung aus „dest stattlichem Grund publicirt und darüber handgehabt werden müg“[30]. Ihr Konsens ist ein solcher bei der Erstellung des Textes und soll sie dann offenbar auch zu dessen Befolgung und Durchführung verpflichten.

Nach dem Rollenverständnis der Landstände ist auch der Landesfürst der Gesetzgeber. Daher bitten sie ihn 1524 um „Fertigung“ der Polizeiordnung, 1546 und 1551 um ein „General“ zur Durchsetzung der PO/NÖ von 1542, und folglich obliegt auch ihm die Bestätigung von Gewohnheiten, wie beispielsweise einer lokalen Mühlenordnung[31]. In diesem Sinne ist es den Landständen weiterhin bewußt, daß sie sich nach Erlaß der Polizeiordnung „unter ein Gesetz zu begeben“ haben. Ihre Rolle wiederum ist es, im Gesetzgebungsprozeß mit „Raten und Fördern“ aufzutreten.

Insgesamt erscheint die Gesetzgebung als ein einheitliches Recht des Fürsten, es steht ihm als „rechter natürlicher Erbherr“, als „Fürst“ schlechthin zu, und zwar sowohl in bezug auf alle fünf niederösterreichischen Länder (verstanden als eine normative Einheit) oder jedes einzelne Land als auch beispielsweise hinsichtlich der Stadt Wien - in allen diesen Fällen handelt es sich, modern gesprochen, um Gesetzgebungsakte derselben normativen Kraft mit bloß unterschiedlichem Geltungsbereich; der Landesfürst handelt z B für die Stadt Wien auch als solcher und nicht als Stadtherr.

---

30 SlgChor 22, wie Fn 12, Nr 464. Die Initiative der Stände betont *Winkelbauer*, wie VIII A, 325f.

31 1524: NÖLA/StA Hs 354, fol 86-144; 1546: SlgChor 22, Nr 464; 1551: SlgChor 22, Nr 466; lokale Mühlenordnung 1556: NÖLA/StA Hs 432/2, 177-184.

V. Motivationen

Mit der eben erwähnten einheitlichen normativen Kraft eines einzigen Gesetzgebers einerseits, sowie andererseits dem Denken in Teilordnungen, die sich zu einer Gesamtpolizeiordnung zusammenfügen, die wieder in Korrelation zu anderen Gesamtordnungen steht, könnte sich ein weiteres Motiv andeuten, nämlich das der kompletten gesetzgeberischen Durchdringung der Gesamtrechtsordnung. Das bekannte und auch mehrfach ausgesprochene Motiv einer Gesetzgebung kraft Amtes als „christlicher König", das sich neben dem Polizeirecht etwa auch im Landrechtsentwurf 1526 sowie in der Stadtordnung für Wien aus eben diesem Jahr[32] findet, deutet in diese Richtung: Der „christliche König" ist zur umfassenden Gesetzgebung, zur Normierung einer Gesamtrechtsordnung verbunden. Dies ist nun freilich kein spezifisches Polizeirechts-Motiv, läßt sich aber hier als Motiv dahingehend festmachen, daß die Polizeiordnung als Mosaikstein zur Gesamtrechtsordnung beizutragen hat. Zeitgenössisch könnte dies mit dem Ausdruck „Libell der Polizei"[33] formuliert sein, wofür insbesondere spricht, daß dieser Ausdruck seine Parallele im Terminus „Buch des Landrechts" besitzt: mehrere Bücher - Libelle - formen die Gesamtrechtsordnung.

VI. Zweck

Die Motivation, vor allem mit einer umfassenden Polizeiordnung ein kräftiges Mosaikstück zur Gesamtrechtsordnung beizusteuern, läßt, gemeinsam mit einigen Indizien, an einen besonderen Zweck denken. Als Ausgangspunkt der Überlegung ist in Erinnerung zu rufen, daß nach den Regelungen diverser Gerichtsordnungen - am bekanntesten wohl die Reichskammergerichtsordnung -, die Gerichte nicht nach Gutdünken Recht sprechen sollen, sondern aufgrund positiven Rechts, welches diese Gesetze detailliert anführen. Die Rechtsbindung ist wesentlicher Zweck derartiger Regelungen. Vor allem das Hofrats-Gutachten von 1525 begründet nun manche seiner Kritiken damit, daß der Landesfürst durch den Erlaß der Polizeiordnung in bestimmter Weise gebunden wird. Bestimmungen scheinen dem Hofrat „zu millt" oder sogar „vil zu millt" zu sein[34], so als ob man späterhin keine Änderungen mehr vornehmen könne. Dazu gesellt sich die allgemeine Be-

---

32 *P. Csendes* (Hrsg), Die Rechtsquellen der Stadt Wien (= FRA III/9), 1986, Nr 76, 267ff.

33 Gutachten, wie Fn 7, Art 35-38.

34 Ebda, Art 72f.

obachtung, daß ein einmal festgeschriebener Text kaum geändert wird. Dies begegnet bei diversen Gesetzesentwürfen, aber auch insbesondere dann, wenn der Text von Polizeiordnung zu Polizeiordnung etwa nicht novelliert, sondern beibehalten und allenfalls mit einer „Erklärung“ versehen wird. Dies erinnert an die spätere Gesetzgebungslehre der Aufklärung, welche Novellierungen für schädlich hält, womit das Instrument der „authentischen Interpretation“, gleichsam als Novellierungsersatz, im Zusammenhang stehen dürfte.

Es könnte jedenfalls mit ein Zweck auch der Polizeiordnungen sein, daß eine einmal von ihnen erfaßte Materie, vielleicht gerade des umfassenden Regelungscharakters der „Ordnung“ wegen, der beliebigen Disposition des Gesetzgebers entzogen ist. Beispielsweise setzt die PO/NÖ von 1552 fest, Obrigkeiten sollten (nach Erfordernissen von Umständen und Zeit) Regelungen ändern[35]. Nahezu eine Warnung vor einer derartigen Bindung des Gesetzgebers scheint das Gutachten 1525 mit dem Bemerken auszusprechen, es sei eine Regelung „nit in das libell der pollicey“ zu setzen[36], damit der Landesfürst weiterhin auch in diesem Fall Strafen verhängen könne, was bei der in Aussicht genommenen Regelung nicht mehr der Fall wäre.

Der bekannte Regelungszweck, dem „gemeinen Mann“ besonderen Schutz zu gewähren, erhärtet sich aufgrund des neuen Materials. So soll selbst im Privatrecht Vorsorge getroffen werden, daß die „gemeinen Leut“ bei der Abfassung von Kauf- und Heiratsbriefen sowie bei letztwilligen Verfügungen nicht übervorteilt werden; gleichzeitig wird aber gesagt, daß durch das dafür anfallende „Schreibgeld und Siegelgeld“ die „armen Leut nit beschwert“ werden dürfen. Letzteres soll auch bei der Wiederherstellung alten Weistumsrechts gelten[37].

VII. Geltung

A. Großräumiger Geltungsbereich

Eindringlich tritt uns das Streben nach großräumiger Rechtsvereinheitlichung entgegen. Besonders fällt auf, daß das Mitwirken der Landstände - der einzelnen Länder - sich auch darauf erstreckt, eine einheitliche Polizei-

---

35 PO/NÖ 1552 Vorrede, in: Polizeiordnungen, wie VIII A, 11.

36 Gutachten, wie Fn 7, Art 41-42.

37 *Brauneder*, Frühneuzeitliche Gesetzgebung; *ders*, Soziale Gruppen. Die Beispiele aus SlgChor 35, wie Fn 6, 142ff.

ordnung für die „fünf Länder" zu erlassen. Von einem Länderpartikularismus der Landstände ist in dieser Frage nichts zu spüren. Sie stellen sich der Rechtsvereinheitlichung nicht entgegen, allerdings ist zu bedenken, daß ihre Privilegien und Exemtionen erhalten bleiben. Auffallend ist somit die Einbindung von Ständevertretern der Länder in ein Gesetz der und für die sie zusammenfassenden Herrschaft. Ihr Rechtsvereinheitlichungsdrang geht sogar über die niederösterreichischen Länder hinaus: Die Bestimmungen über Spezerei und Zucker sollen auch in Ungarn, Böhmen und Mähren in Kraft gesetzt werden[38]. Mehr noch ist freilich dem Landesfürsten an der Rechtsvereinheitlichung in seinem - länderübergreifenden - Herrschaftsbereich gelegen. Das Hofrats-Gutachten von 1525 will beispielsweise gleichfalls eine großräumigere, einheitliche Regelung bezüglich Spezerei und Zucker, aber nicht nur für die benachbarten habsburgischen Erbländer Ungarn und Böhmen (wohl mit Mähren), sondern sogleich auch für andere Reichsterritorien, nämlich Bayern und Salzburg, ebenso aber auch für das reichsfremde Polen[39]. Auch die Kauf- und Heiratsbriefe oder der Zinssatz von 5% sollen den Regelungen anderer Länder entsprechen. Das Münzwesen berühre „ganz teutsch und ander nation", man solle es daher am Reichstag verhandeln[40]. Damit freilich geht es um eine, modern formuliert, Kompetenzverschiebung von den Ländern hin zum Reich. Es zeigt dies aber eben die enge Verzahnung von Landes- und Reichsrecht gerade in bezug auf die Territorien des Reichsoberhaupts.

Freilich gibt es auch Materien, die von einer umfassenden Geltung auszunehmen sind. So soll Krain seine eigenen Feiertagsregeln besitzen, eigenen Regeln soll auch der Weinhandel in Wien, in Österreich ob der Enns und in Teilen Österreichs unter der Enns folgen. Vorübergehend - „noch" - will der Entwurf 1524 Maß und Gewicht in jedem Land spezifisch an dessen Hauptstadt ausrichten[41].

Wie sehr der großräumige Geltungsbereich, die Rechtsvereinheitlichung, im Vordergrund steht, zeigt folgende Überlegung von 1542: Es sollen zwar die „Freiheiten" einzelner Länder, Stände und Personen nicht angetastet werden, doch soll - ansonsten - niemand „exemption oder freyhait" gegen die Geltung der Polizeiordnung einwenden[42]. Abgesehen von bestimmten Privilegien gilt damit nicht mehr das Prinzip, daß der kleinere dem größeren

---

38 NÖLA/StA B-II-1, fol 230^{v}.

39 Gutachten, wie Fn 7, Art 56.

40 NÖLA/StA B-I-1/2, fol 1^{r}.

41 NÖLA/StA Hs 354, fol 125^{v}.

42 NÖLA/StA B-I-1/2, fol 4^{r}.

Rechtskreis vorgeht. Dies ist eine Neuerung nicht nur gegenüber dieser heimischen Rechtsregel, sondern auch der gemeinrechtlichen Statutentheorie, wonach ja das kaiserliche Recht, der weiteste Rechtskreis also, nur subsidiär gilt.

B. Faktische Geltung

Deutlich tritt uns auch das Problem der faktischen Geltung entgegen. Auf den ersten Blick zeigt sich ja diese Problematik im wiederholten Erlaß identischer Regelungen, ja von ganzen Polizeiordnungen. Damit decken sich mehrfache Forderungen der Landstände von Österreich unter der Enns nach Erlaß eines eigenen „General(mandats)" für dieses Land, die 1546, 1551 und wieder 1568 erhoben werden[43]. Schon 1524 hatten die ständischen Verordneten des Viertels ob dem Wienerwald vorgeschlagen, es solle die Polizeiordnung jährlich verlesen werden, „damit sich menigklich reich und arm darnach heten zurichtn, damit solche ordnung bei menigklich in frischer gedechtnus beleiben mug"[44]. Wir haben angesichts der überwiegenden Zahl von Analphabeten freilich auch an eine adäquate Publikationsform zu denken. Die letzte Forderung der Landstände von 1568, so wie wohl schon die älteren, geht auf das Nichtbefolgen der Polizeiordnung zurück - dies zeigt die Antwort des Landesfürsten. Er hält nämlich fest, daß die Polizeiordnung gegen „Hofgesindt" ebenso wie gegen den gemeinen Mann („alß sonst in gemain") durchgesetzt werde - man wird wohl lesen müssen: von ihm durchgesetzt werden könne, denn: um die Durchsetzung der Polizeiordnungen haben sich die Landstände selbst zu kümmern[45].

VIII. Anhänge

A. Ausgewählte Literatur zum Stand der Forschung in Österreich ab 1976 (Stand 2002)

R. Axtmann, „Police" and the formation of the modern state. Legal and ideological assumptions on state capacity in the Austrian lands of the Habsburg empire. 1500-1800, in: German History 10, 1992, 39-61.

---

43 SlgChor 22, wie Fn 12, Nr 464 (1546), Nr 466 (1551) und Nr 470 (1568).

44 Gutachten, wie Fn 6, Punkt 39.

45 SlgChor 22, wie Fn 12, Nr 471.

W. Brauneder, Frühneuzeitliche Gesetzgebung: Einzelaktion oder Wahrung einer Gesamtrechtsordnung, in diesem Band 365ff.

—, Stellung und Verhältnis sozialer Gruppen in den Polizeyordnungen, in diesem Band 403ff.

G. Burkert, Die Patente Ferdinands I. für die österreichischen Erbländer. Ein Beitrag zur Gesetzgebungsgeschichte des 16. Jahrhunderts, in: *G. D. Hasiba* (Hrsg), 20 Jahre Institut für Europäische und Vergleichende Rechtsgeschichte, 1989, 21-33.

—, Rechtliches im Widerstreit zwischen Ferdinand I. und den Ständen der altösterreichischen Länder, in: *G. Kocher - G. D. Hasiba* (Hrsg), Festschrift Berthold Sutter, 1983, 55-85.

E. C. Ellrichshausen, Die uneheliche Mutterschaft im altösterreichischen Polizeirecht des 16. bis 18. Jahrhunderts dargestellt am Tatbestand der Fornification, 1988.

U. Floßmann, Geschlechtsspezifische Diskriminierung und Gleichbehandlungsgebot als Strukturelemente frühneuzeitlicher Rechtsordnungen, in: *L. C. Morsak - M. Escher* (Hrsg), Festschrift für Louis Carlen zum 60. Geburtstag, 1989, 617-625.

B. Marquardt, Der Landsbrauch und die Polizeiordnung des Gerichts Mittelberg (1569/88-1806) zwischen lokaler Rechtsautonomie und reichsdurchdringender Rechtsvereinheitlichung, in: Montfort. Vierteljahresschrift für Geschichte und Gegenwart Vorarlbergs 52, 2000, 32-47.

I. Mayer, Studien zum Polizeiwesen in Wien und Niederösterreich von seinen Anfängen bis zum Ausgang des 18. Jahrhunderts, Phil Diss Wien 1985.

C. Müller, Sozialdisziplinierung während Fastnacht und Fastenzeit in Tirol zwischen 1530 und 1650, 1995.

S. Pallauf - P. Putzer (Hrsg), Die Waldordnungen des Erzstifts Salzburg (= FRA III/16), 2002.

J. Pauser, „Ain guets exempl furzutragen". Die steirisch-krainische Bruderschaft vom goldenen Kreuz (1558) im Kampf gegen das „teüffelhaftig lasster" des Saufens und Fressens, in: Mitteilungen des steiermärkischen Landesarchivs 46, 1996, 59-100.

—, Gravamina und Policey. Zum Einfluß ständischer Beschwerden auf die landesfürstliche Gesetzgebungspraxis in den niederösterreichischen Ländern vornehmlich unter Ferdinand I. (1521-1564), in: Parliaments, Estates & Representation 17, 1997, 13-38.

—, „leichtfertige spill sein gar abgestelt". Norm und Praxis der Bekämpfung eines Lasters in der landesfürstlichen Stadt Krems im 15. und 16. Jahrhundert, in: Pro Civitate Austriae. Informationen zur Stadtgeschichtsforschung in Österreich NF 4, 1999, 19-40.

—, „Verspilen / ist kein Spil / noch Schertz". Geldspiel und Policey in den österreichischen Ländern der frühen Neuzeit, in: *K. Härter* (Hrsg), Policey und frühneuzeitliche Gesellschaft, 2000, 179-233.

—, „lust on nutz vnd eer / hat kainen bstand". Studien zu Spiel und Recht am Beginn der Neuzeit, jur. Diss. Wien 2000.

—, Zur Edition frühneuzeitlicher Normtexte. Das Beispiel der österreichischen Policeyordnungen des 16. Jahrhunderts, 2002 (http://www.univie.ac.at/policey-ak/pwp/pwp_04.pdf).

—, „sein ir Majestät jetzo im werkh die polliceyordnung widerumb zu verneuern". Maximilian II. (1564-1576) und die Landstände von Österreich unter der Enns im Ringen um die „gute policey", in: *W. Rosner* (Hrsg), Recht und Gericht in Niederösterreich (= Studien und Forschungen aus dem Niederösterreichischen Institut für Landeskunde 31), 2002, 17-66.

—, Quellen und Materialien zur Gesetzgebungsgeschichte der Policeyordnungsreform Maximilians II. (1564-1576), in: ebda, 67-122.

—, „Daß das Weib geschaffen ist zur Haushaltung, der Mann aber zur Policey"? Die Normierung der Rechtsstellung der Frau in den österreichischen Policeyordnungen des 16. Jahrhunderts, in: *K. Hödl - F. Opll - B. Mayer* (Hrsg), Frauen in der Stadt, 2002 (im Druck).

Polizeiordnungen: Die österreichischen Polizeiordnungen des 16. Jahrhunderts, Wien 1527; Niederösterreichische Länder 1527, 1542, 1552; Österreich ob und unter der Enns 1566, 1568; Kärnten 1577; Steiermark 1577 (in Vorbereitung, vgl *Brauneder,* Soziale Gruppen, Fn 4).

P. Putzer, Zur Legislative der frühen Neuzeit im Erzstift Salzburg, in: Aus Österreichs Rechtsleben in Geschichte und Gegenwart. Festschrift für Ernst C. Hellbling zum 80. Geburtstag, 1981, 707-730.

G. Reingrabner, Landesfürstliche Patente zur Reformationsgeschichte, vorzugsweise der des Landes unter der Enns, in: Jahrbuch für Geschichte des Protestantismus in Österreich 95, 1979, 3-19.

F. V. Spechtler - R. Uminsky (Hrsg), Die Salzburger Stadt- und Polizeiordnung von 1524, 1978.

— (Hrsg), Die Salzburger Landesordnung von 1526, 1981.

K. Tönz-Leitich, Laster und Unsittenverbote der Frühneuzeit, in: Österreich in Geschichte und Literatur 14, 1970, 174-187.

K. Vocelka, Public Opinion and the Phenomenon of Sozialdisziplinierung in the Habsburg Monarchy, in: *C. W. Ingrao* (Hrsg), State and Society in Early Modern Austria, 1994, 119-138.

—, Überlegungen zum Phänomen der „Sozialdisziplinierung" in der Habsburgermonarchie, in: *D. Erlach - M. Reisenleitner - K. Vocelka* (Hrsg), Privatisierung der Triebe? Sexualität in der Frühen Neuzeit, 1994, 31-45.

Th. Winkelbauer, Sozialdisziplinierung und Konfessionalisierung durch Grundherren in den österreichischen und böhmischen Ländern im 16. und 17. Jahrhundert, in: Zeitschrift für historische Forschung 19, 1992, 317-339.

—, Grundherrschaft, Sozialdisziplinierung und Konfessionalisierung in Böhmen, Mähren und Österreich unter der Enns im 16. und 17. Jahrhundert, in: *J. Bahlcke - A. Strohmeyer* (Hrsg), Konfessionalisierung in Ostmitteleuropa. Wirkungen des religiösen Wandels im 16. Jahrhundert in Staat, Gesellschaft und Kultur, 1999, 307-338.

H. Zimmermann, Der Protestantismus in Österreich ob und unter der Enns im Spiegel landesherrlicher Erlässe (1520-1610), in: Jahrbuch für Geschichte des Protestantismus in Österreich 98, 1982, 98-210.

B. Artikelverzeichnis einer geplanten Polizeiordnung, um 1600

NÖLA / StA B - I - 1 / 2 (1523-1601), fol 141-142.

Abschrift, Papier. Dorsalnotiz auf fol 142^{v} „Puncta oder rubrica wegen der policey ordnung No. 8[a]".

---

a Ab „ordnung" nachträglich gestrichen.

Divina

1. Gottsdienst[b], feyrtäg[c] und praecepta[d] ecclessiae.
2. Blasphemiae, Zauberey, Warsagen[e].
3. Betlerordnung[f].
4. Ehebruch[g], hurerey und khuplerey[h].
5. Staigerung[i] der stola.
6. Eingrüß[j] frembter pfarherrn.
7. Ehesachen[k] und Wünckhlheürathen

Politica

1. Vormundschafften.
2. Monipalia [sic] und fürkhauf.
3. Wuecherliche conträct und derlehen, darunder auch die Juden, gewicht, maß. und ellen[l].
4. Überfluß in khleidung, in essen und trinckhen.
5. Spillen und glickhshäffen. [fol 141v]
   Allerley tax
6. als der canzley bey gericht, lehen und grundtbüchern, medicorum, apotheckhen, khaufleuth wahren, handtwerchen, wirthen und gastgeben, landtgutschy, schüfleith, poten und taglöhner auch anderer weingarthzehenten, holtz- und dienstpottenordnung,
7. handwerchs zunfften und neue erthailte privilegia.
8. Mauthstaigerung und neurung der ersten.
9. Herrnloß gesindl, underthonen und dienstpotten ohne abschiedt und zigyenirn.
10. Unzuelaßliche neuerliche titulationes.
11. Rumor und raufhändl.
12. Handthabung, ruef und execution der pollicey Infectionordnung[m].

[fol 141r][n]

---

b Nachträglich mit „1“ überschrieben.
c Nachträglich mit „2“ überschrieben.
d Nachträglich mit „3“ überschrieben.
e Nachträglich mit „3“ überschrieben.
f Nachträglich mit „2“ überschrieben.
g Nachträglich mit „6“ überschrieben.
h Späterer Zusatz rechts neben der Zeile: „ehelich, unehelich“.
I Nachträglich mit „5“ überschrieben
j Nachträglich mit „4“ überschrieben.
k Nachträglich mit „7“ überschrieben.
l Später Zusatz rechts neben der Zeile: „Wexel“.
m Ohne Numerierung, später dazugeschrieben.
n Kurze Bemerkungen von anderer Hand des späten 16. Jh. (unleserlich).

C. Artikel „in divinis" einer geplanten Polizeiordnung um 1600

NÖLA / StA B - I - 1 / 2(1523-1601), fol 232-237.
Abschrift, Papier Dorsalnotiz auf fol 237^{v}: „Puncta in divinis zur policey gehörig" mit kurzen Überschriftsangaben der 5 Klassen. Irriger Archivvermerk auf fol 232^{r}: „1525 anno". Auf fol 237 auch noch: „sine dato" (gestrichen) und „1523" (gestrichen). Der Charakter der Schrift sowie der Inhalt des Schriftstücks weisen in das späte 16. Jahrhundert.

Classis 1
Von Göttlichen sachen, religion und gottesdienst

1. Ob und auf waß formb und manier der religion und glaubens bey reformirung der policey meldung zu thuen.
2. Von besuechung deß gottesdiensts an son- und feyrtägen.
3. Von besuechung der predig und kinderlehr.
4. Von abstellung aller handlungen, kaufen- und verkhaufens, auch anderer negotien under wehrundem gottesdienst, auch deß zechens in wirtsheüßern.
5. Ob und wie die wochen märckt, wan sy auf ein feyrtag fallen, auf den negsten tag zu transferirn. [fol 232^{v}]
6. Von kirchtägen und jahrmärckten zue zeit der infection einzustellen.
7. Von anstellung deß gemainen gebetts und danckhsagungen.
8. Von besuechungen der processionen.

Classis 2
Von geistlichen persohnen oder ihrem ambtränten.

1. Von praesentirung der priester vor daß consistorium, von geistlichen lehen und collaturn.
2. Waß maßen mit den herrn ordinario mit den gewißen (?) priesterliehen stola sich zuvergleichen.
3. Waß maßen wegen der erbbegräbnußen, catholisch- und uncatholischen landtleüth ete. mit den herrn ordinario zu tractirn.
4. Von geistlichen straff offentlicher verbrechen.
5. Wie eß mit der priesterschafft einlag zu halten. [fol 233^{v}]
6. Von der verkhauff- oder verwexlung der priesterlichen güetter.
7. Von porgen und fürstreckhen der geistlichen.
8. Von umbschwaifenden priestern und peregrinarten.
9. Von der geistlichen verlaßenschafft. [fol 234^{v}]

Classis 3
Von kirchenhospitalien, deren einkhomben und güettern.

1. Von aufbauung neüer kirchen.
2. Von paustendig erhaltung alter kirchen.
3. Von verwahr- und verwaltung der kirchengüetter, mobilium et immobilium.

4. Von kirch- oder zechpröbsten.
5. Von aufnembung der kirchraittung.
6. Wie eß mit aufrichtung der stainer creüz und martyrseülen zuhalten. [fol 234v]
7. Von hospitalien und dern einkhomben und berraithungen.
8. Waß für persohnen in die hospitalien einzunemben.
9. Von siech- oder kranckhen heüßern. [fol 235r]

Classis 4
Von schuelmaistern, kirchendienern und meßnern.

1. Von aufnembung der schuelmaister und meßner.
2. Von besoldung derselben.
3. Von collecturn der schuelmaister oder meßner.
4. Von wetterhüthen.
5. Vom glockhenstraich zur zeit deß auflaufs oder feindtlicher gefahr.
6. Mit den schuelern daß singen vor den heußern zu gestatten.
7. Von den teütschen schuelern, wie selbig zubestellen.
8. Von todtengrabern.

Classis 5
Von abstellung etlicher laster so immediate wider gott sein.

1. Von abstellung der gottslästerung.
2. Abstellung der zauberey.
3. Von abstellung deß wahrsegens, ansprechens etc.
4. Von abstellung allerhandt gottsloßer, zauberischer, unzüchtiger oder sonst verbottener büecher.
5. Von außschaffung der juden. [fol 236v]
6. Von ausschaffung der widertaufer.
7. Von außschaffung der uncatholischen burger und inwohner, so nit landtleüten[a].
8. Von verbott der uncatholischen exercitien[b].

---

a Punkt 7 zur Gänze nachträglich gestrichen.

b Infolge der Streichung des vorhergehenden Punktes wurde Punkt 8 nachträglich auf Punkt 7 geändert.

Stellung und Verhältnis sozialer Gruppen in den deutschen Polizeyordnungen des 16. Jahrhunderts

I. Örtlich-personell umfassende Regelungen; II. Grundsätzliche Ständegliederung; III. Stände als Obrigkeiten; IV. Gleichstellung von Ständegruppen; V. Folgerungen aus der Ständegliederung.

I. Örtlich-personell umfassende Regelungen

Das 16. Jahrhundert charakterisiert besonders die anschwellende Fülle an Gesetzgebungsakten[1]. Aus ihnen stechen die Polizeiordnungen in besonderer Weise hervor[2]. Dies einmal dadurch, daß sie eine große Masse an überdies meist neuartigen Materien regeln, und dies in oft umfassender Weise. Freilich erreichen sie damit keinen kodifikatorischen Charakter, sondern bleiben vielmehr sozusagen unabgeschlossen, dies allerdings bewußt. Denn sie verstehen sich entweder ausdrücklich als Ergänzung anderer Rechtsquellen wie etwa schlechthin der „geistlichen und weltlichen Rechte" (RPO 1530) oder dies stillschweigend in Hinblick auf andere, parallele Rechtsquellen. Einige dieser Polizeiordnungen fallen aus einem weiteren Grund auf, es ist dies der großräumige, da über ein Land hinausgehende örtliche Geltungsbereich[3]. Dies trifft in erster Linie auf die Reichspolizeiordnungen von 1530, 1548 und 1577 zu, aber ebenso auch auf die etwa im gleichen Zeitraum, 1527 bis 1552, erlassenen Polizeiordnungen für die „niederösterreichischen Länder", nämlich die habsburgischen Territorien Österreich unter und ob der Enns, Steiermark, Kärnten, Krain und die Küstengebiete in Istrien. Die folgenden Ausführungen stützen sich insbesondere auf die Reichspolizeiordnung 1530 (RPO 1530) sowie die nieder-

Aus: *H. Duchhardt - G. Melville* (Hrsg), Im Spannungsfeld von Recht und Ritual. Soziale Kommunikation in Mittelalter und Früher Neuzeit, Köln - Weimar - Wien 1997, 203-211.

1 *Brauneder*, Gesetzgebungsgeschichte, 437-462; *ders,* Anfänge der Gesetzgebung, 413-435; *ders*, Policeygesetzgebung, in diesem Band o, 385ff.

2 *Brauneder*, Gehalt, 473-487; *ders*, Strafrecht, 489-517; *K. Härter*, Entwicklung und Funktion der Policeygesetzgebung des Heiligen Römischen Reiches Deutscher Nation, in: Ius Commune 20, 1993, 61ff.

3 *V. Thiel*, Die Handwerkerordnung Ferdinands I, in: Jahrbuch der Landeskunde für Niederösterreich NF 1909, 1910, 65 Fn1.

österreichischen Polizeiordnungen (PO/NÖ) 1542 und 1552, ferner auch auf ihre Weiterentwicklungen, nämlich die Polizeiordnungen für Österreich ob und unter der Enns 1566 und 1568 (PO/OUE), die für Kärnten (PO/Ktn) 1577 sowie die für die Steiermark (PO/Stmk) 1577[4].

Bereits der umfassende örtliche Geltungsbereich berührt die ständische Problematik in besonderer Weise. Denn mit der umfassenden örtlichen ist auch eine umfassende personelle Geltung verbunden, welche die RPO 1530 (Vorrede) beschreibt als Geltung für „des heiligen Reichs Churfürsten, Fürsten, Geistlichen und Weltlichen, Prälaten, Grafen, Freien, Herren, Rittern, Knechten, Hauptleuten, Schultheißen, Bürgermeistern, Richtern, Räten, Bürgern und Gemeinden, und sonst allen andern unsern und des Reichs Unterthanen und Getreuen, in was würden, Stands oder Wesens die seind". Nur um ein wenig kürzer können sich die österreichischen Polizeiordnungen geben. Sie wenden sich an alle „Geistlichen und Weltlichen/ Prälaten/ Grauen/ Freien/ Herrn/ Rittern/ Knechten/ Hauptleuten/ Verwesern/ Vitzdomben/ Vögten/ Pflegern/ Verwaltern/ Amtleuten/ Burgermeistern/ Richtern/ Räten/ Burgern/ Gemeinden/ und sonst allen andern unsern Unterthanen/ zu gewonnten und getreuen ... /was wirden/standts oder Wesens sein" (Vorrede). Da wir uns nicht auf der Reichsebene, sondern (mehrfach) auf der Landesebene befinden, fehlen die Kurfürsten und Fürsten der Reichspolizeiordnung. Gerade dieses Fehlen unterstreicht die folgende Beobachtung: Die, modern gesprochen, Normadressaten unserer Polizeiordnungen sind ständisch überaus unterschiedlichen Gewichts, da sich unter ihnen auch solche befinden, die selbst Normsetzer sind[5].

II. Grundsätzliche Ständegliederung

Die vorhandene Ständegliederung[6] gibt eine wesentliche Grundlage für die Regelungen der Polizeiordnungen ab. Schon die Einteilung der RPO 1530 ist ständisch bestimmt. Ferner soll es, nach der allgemeinen Feststellung der

---

[4] Die Reichspolizeiordnungen 1530, 1548 und 1577, in: Deutsche Reichstagsabschiede, II. Theil, 1747, 333ff; *M. Weber*, Die Reichspolizeiordnungen von 1530, 1548 und 1577. Historische Einführung und Edition, 2002. - Die österreichischen Polizeiordnungen 1527 bis 1577 künftig auch in einer synoptischen Edition: Die österreichischen Polizeiordnungen des 16. Jahrhunderts (in Vorbereitung); vgl dazu auch *J. Pauser*, Zur Edition frühneuzeitlicher Normtexte. Das Beispiel der österreichischen Policeyordnungen des 16. Jahrhunderts, 2002 (http://www.univie.ac.at/policey-ak/pwp/pwp_04.pdf).

[5] *Brauneder*, Strafrecht, 491.

[6] *Brauneder*, Gehalt, 473ff.

österreichischen Polizeiordungen, grundsätzlich nicht so sein, daß „die geringeren den höheren (Ständen) gleich sein wollen", daß zwischen ihnen „wenig unterschiedlicher erkantnuß mehr gesehen wirdet" (PO/NÖ 1552 IX). Speziell rügt die RPO 1530, es werde leider die „Köstlichkeit der Kleidung" so „unmäßig gebraucht daß unter dem Fürsten und Grafen, Grafen und Edelmann, Edelmann und Bürger, Bürger und Bauersmann kain Unterscheid erkannt werden mag" (IX).

So ist es denn nahezu eine Regelungsnotwendigkeit, die einzelnen Stände möglichst genau zu definieren. In der Zusammenschau der Reichspolizeiordnungen sowie der österreichischen Polizeiordnungen sehen wir einerseits das Bemühen um eine möglichst identische Schematisierung, andererseits aber bei letzteren doch auch notwendige örtliche Modifikationen[7].

Zur ersten Ständegruppe zählen die „Bauers-Leute auf dem Land", wozu der gemeine Bauersmann, die Arbeitsleute und die Tagelöhner gehören (RPO 1530 X §1), die PO/NÖ fügen dazu noch die (Wein-)Hauer an (PO/NÖ 1552 X).

Die zweite Ständegruppe umfaßt „Bürger und Inwohner in Städten", allerdings mit entsprechender Differenzierung in „dreierlei" Untergruppen (RPO 1530 XI). Zur ersten Untergruppe zählen „gemeine Bürger, Handwerker und gemeine Krämer", wovon die PO/NÖ 1542 allerdings die letzteren nicht kennt. Ihnen zugehörig, aber wohl untergeordnet, sind die „Handwerksknecht und Gesellen", welchen die PO/NÖ noch die „Diener" anfügt (PO/NÖ 1552 XI). Zur zweiten, höherrangigen, Untergruppe gehören die „Kauf- und Gewerbsleute" (RPO 1530 XII), zur höchsten dritten Untergruppe die Rats- und Geschlechterbürger, die „von Zins und Rente" leben bzw „Erb und Eigengüter" besitzen (RPO 1530 XIII; PO/NÖ 1552 XII bzw PO/NÖ 1542 XIV). Interessanterweise modifizieren die österreichischen Polizeiordnungen ab 1552 dahingehend, daß sie die beiden höheren Untergruppen zu einer der „ansehnlichen Bürger und Kaufleut" zusammenziehen (XII).

Die nächste Ständekategorie bildet der Adel im weiteren Sinne. Auch er zerfällt in drei Untergruppen (RPO 1530 XIV), nämlich in den „Adel" im engeren Sinne, die „Edelleut" mit insbesondere den „Rittern", sodann die „Grafen und Herrn" und schließlich die „Churfürsten, Fürsten, Fürstenmäßige". Hier differenzieren die österreichischen Polizeiordnungen sehr unterschiedlich. Die PO/NÖ 1542 sowie 1552 und auch die PO/Ktn 1577 kennen diese Dreiteilung, fügen jedoch zu den beiden ersten Gruppen den Beisatz an „so sich von ihren Renten und Gütern ernähren" (PO/NÖ 1542

7 Ebda; *Härter*, wie Fn 2, 65f.

XIV, XVI; 1552 XII, XIV; PO/Ktn 1577 XIII, XVI). Die PO/Stmk 1577 faßt die beiden Gruppen in einer Gruppe als „Landleut", spezifiziert in „Ritter und Adel" (X), zusammen, ebenso die PO/OUE 1566/68 unter der Bezeichnung „Grafen, Herrn und Adel" (XVI). Der dritten Gruppe der RPO 1530 entspricht in allen österreichischen Polizeiordnungen die der „Fürsten" (PO/NÖ 1552 IX).

Als vierte Ständekategorie kennen sämtliche Polizeiordnungen die Geistlichkeit mit „Erzbischöfen, Bischöfen, Prälaten, Geistlichen" (RPO 1530 XVII §5; PO/NÖ 1552 IX).

Schließlich gibt es Sondergruppen. Mit Ausnahme der PO/NÖ 1542 führen die hier behandelten Polizeiordnungen „Doctoren" an: (RPO 1530 XV, PO/NÖ 1552 XV, PO/Stmk 1577 IX, PO/Ktn XV); sodann „Reisige Knechte" (RPO 1530 XVIII), „Kriegsleute", „Bergknappen" sowie Kanzleischreiber, Sekretäre, Vögte, Pfleger usw (RPO 1530 XIX); weiters „gemeine und unehrliche Weiber" (RPO 1530 XX); ferner „Nachrichter" (Henker) (RPO 1530 XXI); schließlich Juden (RPO 1530 XXII). In der PO/NÖ 1542 bilden die „Doctoren" keine eigene Gruppe, sondern sind mit den Gelehrten den Kanzleischreibern zugeordnet (XV). Sämtliche PO/NÖ ergänzen die Gruppe der Kanzleibeamten, Offiziere, etc um „Advokaten" (XIII).

III. Stände als Obrigkeiten

Ein Teil der Stände besitzt eine besondere Eigenschaft: Sie sind, wie oben erwähnt, selbst Normsetzer, Gesetzgeber. So wird denn auch wie folgt differenziert: Die RPO 1530 muß von jedem „Stand des Reiches" nicht bloß „streng gehalten", sondern ebenso „vollzogen" werden. Daher treffen wir auf zwei Arten an Regelungen. Die eine Gruppe bilden allgemein geltende Anordnungen wie etwa: „Demnach ordnen, setzen und wellen wir, daß keiner, wes Stands und Wesens der sy", Gotteslästerung begehen darf (RPO 1530 I §1). Zur zweiten Gruppe zählen Anweisungen an die Obrigkeiten, selbst Regelungen zu erlassen. In einigen Fällen verengen sich derartige Anweisungen auf eine bestimmte Vertragsgestaltung etwa durch Verbote, welche in „Artikelbrief", das heißt in Söldnerverträge, aufzunehmen sind (RPO 1530 I §1). Insbesondere in der letzten RPO 1577 finden wir ausdrücklich „Articuln, darin den Obrigkeiten Ordnungen fürzunehmen befohlen würdet" (XV). Eindringlicher wird sogar angeordnet, es sollen die Obrigkeiten eine bestimmte „Ordnung inwendig sechs Monaten erlassen" (RPO 1530 XXV §5). Hierher zählen des weiteren generelle Regelungen wie etwa in den österreichischen Polizeiordnungen, es sollen Personen mit geistlicher Jurisdiktion „ihre Clerisey und Geistliche“ zu einem bestimmten Verhalten anhalten (PO/NÖ 1552 IX).

In der Zunahme dieser zweiten Kategorie von Bestimmungen auf Kosten der erstgenannten von der ersten zur letzten Reichspolizeiordnung spiegelt sich offenbar die Erkenntnis wider, es sei nur schwer möglich, für einen großen Geltungsbereich - in örtlicher und personeller Hinsicht - einheitliche Regeln zu erlassen, besser vielmehr, diese zu delegieren. Damit steht in Einklang, daß die niederösterreichischen Polizeiordnungen mehr Regeln der erstgenannten materiellen Art als solche der letztgenannten enthalten. Sie führen aus, was die Reichspolizeiordnungen auftragen. Aber auch sie weisen Obrigkeiten an, Regelungen zu erlassen. Damit sind insbesondere die Grundherrschaften gemeint. Sie haben tatsächlich entweder eigene Polizeiordnungen erlassen wie beispielsweise 1587 für Scharnstein/Oberösterreich oder noch 1734 für Wiener Neudorf oder, so wohl die Mehrheit, entsprechende Bestimmungen in andere Quellengattungen aufgenommen[8].

Der umfassende - örtliche sowie personelle - Geltungsbereich zwingt zu ständischen Rücksichtnahmen, die einer Rechtsvereinheitlichung im Wege stehen. Dies ist als Dauerzustand gedacht wie bei Exemtionen etwa durch den „Vorbehalt der Landleut Obrigkeit“ in der PO/NÖ 1552: „Wo unser Landleüt/Prelaten/ Herrn/ auch vom Adl/Stet vn Märkt haben/soll ihnen ihr Herrlichait und Obrikait/ wie vns vber die unsern vorbehalten sein“ (LVIII). Hierbei handelt es sich also um die Berücksichtigung der Rechte der landständischen sowie landesfürstlichen Städte oder Märkte, und damit um Rechtszersplitterung auf Dauer. Anders ist dies bei einer zwar auch auf unterschiedliche Obrigkeiten zurückgehenden Rechtszersplitterung, die aber behoben werden soll. So toleriert die RPO 1530 (XXX) unterschiedlich „Tuchmaß, Getränkemaß und Getreidemaß“ nur vorübergehend, denn ihre Vereinheitlichung müsse mit Kurfürsten, Fürsten wie auch den eigenen Räten besprochen werden.

Die Existenz unterschiedlicher Stände als Obrigkeiten nötigt die Legistik der Polizeiordnungen zu ihrer Kategorisierung[9]. In der RPO 1530 bilden die erste Kategorie die Kurfürsten, Fürsten, Grafen und Herrn, welche „ohn Mittel ... dem heiligen Reich zugehören“ (V §4), also die Reichsunmittelba-

---

[8] S o *Brauneder*, Frühneuzeitliche Gesetzgebung, in diesem Band, III A 2 nach Fn 25; *ders*, Gesetzgebungsgeschichte, 440f; *H. Feigl*, Die niederösterreichische Grundherrschaft, 1964, 41f; *Th. Winkelbauer*, Sozialdisziplinierung und Konfessionalisierung durch fremde Herren in den österreichischen und böhmischen Ländern im 16. und 17. Jahrhundert, in: ZHF 19, 1992, 324; *E. Patzelt*, Entstehung und Charakter der Weistümer in Österreich, 1924, 33.

[9] *Brauneder*, Gehalt, 473f.

ren. Zur zweiten Kategorie gehören jene Fürsten, Grafen und Herrn, welche der ersten Kategorie bloß „verwandt", den dort Genannten unterstellt sind (RPO 1530 V §4). Zu einer dritten Kategorie gehören die Oberhäupter von Personenverbänden wie zum Beispiel die Hauptleute des Militärs. Mit den österreichischen Polizeiordnungen befinden wir uns eine Stufe tiefer, nämlich auf jener der Landesherrschaft. Zur ersten Kategorie zählt daher hier die zweite Kategorie der RPO. Daran schließt als zweite Kategorie eine „tiefere" Ständeebene an, auf der wir Bürger, Bauern und deren Diener finden.

Die Abstufung der Stände als Obrigkeiten wird zweckhaft nutzbar gemacht. Verweisungen auf ihre Regelungen erfolgen nicht nur, weil sie autonom sind, sondern beispielsweise auch, weil sie „besser ansehen würden", wie Strafen zu verhängen sind (RPO 1530 IV §2), weil Materien schwanken, wie z B „Zährung an einem Ort wohlfeiler dann an dem anderen" ist, oder „Taglöhn, Bottenlöhn, Müntz, die Geschäfft und Arbeit in den Landen nicht gleich" sind (RPO 1530 XXIV). Es sollen übrigens die Obrigkeiten die - ihnen aufgetragenen - Regelungen ändern, und zwar „nach Gestalt und Gelegenheit der Jahr" (RPO 1530 XXV §4). Anpassung an die soziale Wirklichkeit ist also hier verlangt. Von der Legistik her besehen, gilt somit die ständische Obrigkeitshierarchie nicht einfach als gottgewollt vorgegeben, sie wird vielmehr rational dafür benützt, in der Gesetzgebung nahezu im Sinne eines Subsidiaritätsprinzips vielerlei Zweckmäßigkeiten zu berücksichtigen.

IV. Gleichstellung von Ständegruppen

Die sorgsame Differenzierung der einzelnen Stände hebt diese zwar voneinander ab, zementiert aber nicht getrennte Rechtsfolgen. Vielmehr ermöglicht sie es, einige von oder auch aus ihnen aus konkreten legistisch-technischen Gründen zusammenzufassen und gleichzubehandeln. So fügen die PO/NÖ gemeine Bürger und Kaufleute zusammen, aber auch gemeine Bürger und Handwerker und Bauern und Hauer, auch (niederen) Adel mit Grafen und Herren (PO/NÖ 1542 XIX, 1552 XVII). Das Zusammenfügen kann schwanken, wie schon erwähnt bildeten die „Doktoren" in der PO/NÖ 1552 ebenso wie in der RPO 1530 eine eigene Gruppe, aber in der dazwischen liegenden PO/NÖ 1542 waren sie den Kanzleischreibern und auffallenderweise auch den nicht graduierten Advokaten gleichgestellt. So erscheint die Ständegliederung für legistische Gestaltungen instrumentalisiert.

Sichtbar wird dies besonders dann, wenn Mitglieder einer niederen Ständekategorie kraft besonderer Qualifikation einer höheren gleichgestellt werden. So stellt die RPO 1530 Handwerker im Stadtrat den Kaufleuten gleich (XI §4); Hofmeister, Kanzler, Marschall und Räte dem Adel (XIV §2). Letzteres ist nach den PO/NÖ (z B 1552 XII) nur dann der Fall, wenn es sich dabei um Funktionsträger des Landesfürsten handelt, ansonsten erfolgt die Gleichstellung mit den Ratsbürgern. Die Gleichstellung mit diesen kommt nach der RPO 1530 (XIX §1) den nichtadeligen höheren Kriegsleuten zu. Im Gegensatz zu den beiden zuvor genannten Gleichstellungen rangieren nach den PO/OUE 1566/68 (IV) nichtadelige hohe Offiziere, Räte und Diener gleich mit den gemeinen Bürgern. Nichtadelige Diener des Adels stellen auch die PO/NÖ (z B 1552 XII) den Bürgern gleich. Die RPO 1530 (XIX §5) gibt nichtadeligen Sekretären, Pflegern etc, zusätzlich die PO/NÖ (z B 1552 XIII) auch den nichtadeligen Advokaten gleichen Rang mit den Ratsbürgern.

Die PO/NÖ kennen aber auch eine Minderung. Patrizier sind den Handwerkern gleichgestellt, wenn jene „Handwerk treiben" (PO/NÖ 1552 XLI); Adelige den Bürgern und Kaufleuten, wenn jene nicht „von Rent und Gülten leben" (PO/NÖ 1552 XII), sondern einem Erwerb wie Bürger und Kaufmann nachgehen.

V. Folgerungen aus der Ständegliederung

Die Normierung der Ständegliederung ist Fixierung der sozialen Schichtung der Bevölkerung einschließlich ihrer Rechtspositionen[10]. Damit erfüllt sie zwei - ineinandergehende - Aufgaben: Sie ist zufolge der Positionierung aller Stände Sozialordnung und zufolge jener einiger Stände als Obrigkeiten auch Verfassungsordnung. Schon allein daher gilt es, die Verletzung der Ständeordnung hintanzuhalten. Dies aber aus einem weiteren Grund: Ihre Mißachtung führe auch zu ökonomischen Mißständen, durch die „nicht allein sondere Personen, sondern gemeine Landschaft in abnehmen kommen und (Ver)ringerung ihrer Nahrung gewachsen seind; auch habe gerade die Köstlichkeit der Kleidung ... ein überschwenklich Geld aus teutscher Nation (hinaus) geführt" (RPO 1530 VIII §3).

---

[10] Vgl zur Ständeproblematik u a: *W. Schulze*, Die ständische Gesellschaft des 16./17. Jahrhunderts als Problem von Statik und Dynamik, in: *ders* (Hrsg), Ständische Gesellschaft und soziale Mobilität, 1988, 1-19; *R. v Dülmen*, Gesellschaft der frühen Neuzeit: Kulturelles Handeln und sozialer Prozeß, 1993; *G. Burkert*, Rechtliches im Widerstreit zwischen Ferdinand I. und den Ständen der altösterreichischen Länder, in: *G. Kocher - G. D. Hasiba* (Hrsg), Festschrift Berthold Sutter, 1983, 55-85.

Ein weiterer rationeller Zweck ergibt sich aus der Ständehierarchie insofern, als „je ain Standt dem andern/und sonderlich die höhern den Nidern ... ein guet vorbild sein sollen (PO/NÖ 1552 XVI). Aufgetragen wird allen „Ständen, wes Würden, Wesens, Stands oder Lands die sind, daß die ihren Untertanen zum Exempel ... das Zutrincken gänzlich für sich selbst meiden", damit sie ihre Untertanen „zu straffen desto mehr Ursach haben" (RPO 1530 VIII §2).

Aus der Ständeordnung sollen keine Vorteile abgeleitet werden. So ist jeder zu bestrafen, „wes Stands und Wesens der sei" (RPO 1530 I §1), „hochs, gemeins oder nieders, geistlichs oder weltlichs Stands, alt oder jung, Manns oder Frauengeschlechts, niemands ausgenommen" (PO/NÖ 1552 IX); Obrigkeiten werden beispielsweise angewiesen, ihren „Hofgesind und Dienern" keine Ausnahmen zu machen (RPO 1530 I §1).

Ganz in diesem Sinne dient die Ständeordnung dazu, durch Differenzierung eine Adäquanz der Strafen zu ermöglichen. Trunkenheit etwa bestraft die PO/NÖ 1552 (XVII) beim gemeinen Mann mit vier Kreuzer, beim Bürger mit acht, beim Ritter mit sechzehn, beim Herrn mit dreißig und beim Grafen mit sechzig Kreuzer; Gotteslästerung (PO/NÖ 1552 III) beim gemeinen Mann mit sechs, beim Handwerker mit zwölf, beim Bürger mit zwanzig, beim Ritter mit dreißig, beim Herrn und Grafen mit sechzig Kreuzer; Verletzungen der Aufwandsordnung (PO/NÖ 1552 XVII, IX) beim gemeinen Mann mit zehn, beim Bürger mit zwanzig, beim Ritter mit dreißig, beim Herrn und beim Grafen mit fünfzig Kreuzer. Im letzteren Fall trifft dies allerdings nur für derartige Personen „mit Vernunft" zu, bei solchen ohne Vernunft beträgt die Strafe von den eben genannten Sätzen nur ein Fünftel. Diese Beispiele zeigen übrigens auch, daß die Ständegliederung nicht schematisch, sondern variabel eingesetzt wird.

Weiters verursacht die Ständeordnung eine Anspruchs- bzw Pflichtenhierarchie. So haben Arme Anspruch auf entgeltlose Leistungen des Arztes, der Hebamme und des Rechtsbeistandes (PO/NÖ 1552 LXXXVIII) und überdies auf einen Teil der von den Obrigkeiten eingetriebenen Geldstrafen sowie auf den ihnen heimgefallenen erblosen Nachlaß von Handwerksgesellen (PO/NÖ 1552 LXXXIX). Diese wieder haben Anspruch auf Arbeitsverschaffung, Krankenhilfe, auf Nachlaßschutz und Arbeitsschutz (PO/NÖ 1552 LXI ff). Auf diesen ist Bedacht zu nehmen bei Vertragsabschluß, Tod des Meisters, bei Festsetzung ihrer Leistung und ihres Lohns. Hinsichtlich Bettlerkindern ist die Obrigkeit verpflichtet, sie ein Handwerk erlernen zu lassen (RPO 1530 XXXIV §1).

Die Präzisierung der einzelnen Stände dient des weiteren, jedenfalls nach den Intentionen der Polizeiordnungen, dem Herstellen eines wirtschaftlichen

Gleichgewichts zum Nutzen der Gesamtwirtschaft. Detailliert normiert wird daher eine ständische Abstufung des zulässigen Aufwands in Kleidung wie auch des Konsums bei besonderen Anlässen. Nach der PO/NÖ 1552 (XVII) beispielsweise soll „die von der Ritterschaft/vnd gemainem Adl zu jren Hochzeitlichen Eern ... vber zwovnddreyssig/aber Grauen und Herrn ober viertzig Personen nit laden... Die ansehenliche Burger vnd Kauffleut in Stetten sollen zu jren Hochzeiten vber Vierundzwaintzig person nit laden. ... Die gemainen Burger/Hanndtwercher/ vnd Inwoner in Stetten/vnd Märckhten/ deßgleichen die Pawrsleüt vnd Hawer auff de Lanndt/ sollen zu jren Hochzeiten vber Sechzehen personen nit laden". Allerdings wird nicht immer gleich differenziert. Im Gegensatz zu diesem Beispiel stellt das folgende Bürger und Kaufleute gleich: Aus Anlaß von Einladungen und Bewirtungen sollen „von Burgern/Khaufleüten/vnnd Inwonern in Stetten/nit vber Vier/oder Fünff/vom Adl Sechs/Grauen/vnd Herrn/nit vber Siben/oderAcht Esen/geben" werden.

Aber es ist nicht nur dieser wirtschaftsordnende Gedanke, welcher den Aufwandsordnungen zugrunde liegt. Die mehrfache Bedeutung der Ständeordnung verlangt gerade auch danach, sie sichtbar zu machen - vor allem mit dem Mittel der Kleidung[11]. Sie wird ständisch ausdifferenziert, „damit in jeglichem Stand unterschiedlich Erkenntnis sein mög" (RPO 1530 IX): Die ständische Ordnung soll wegen allen mit ihr verbundenen Folgen sichtbar sein.

[11] *K. Leitich*, Obrigkeitliche Maßnahmen zur Haltung der Sitten in den Ländern unter und ob der Enns während der frühen Neuzeit. Landesfürstliche und herrschaftliche Ordnungen von 1520 bis 1780, Phil Diss Wien 1969.

Frühneuzeitliches Recht im Rauriser Alpental

„Europäisches Privatrecht" im 16. Jahrhundert

I. Zum übergreifenden Problem

Unter dem Eindruck der europäischen Integration und letztlich der Europäischen Union samt ihrer Rechtsetzung und Rechtsprechung sowie entsprechender Perspektiven zu einem europäischen Privatrecht hat sich die Sicht insbesondere der Rechtsromanistik hinsichtlich eines ehedem gesamteuropäischen Privatrechts zum Teil kräftigst wiederbelebt. Einen Markstein in dieser Entwicklung bildet Helmut Coings „Europäisches Privatrecht"[1] der Jahre 1985/1989, wo sich unter anderem folgende zentrale Bemerkung findet:

> Über Jahrhunderte hatten die Länder West- und Mitteleuropas ein gemeinsames Recht, ein Ius Commune, eine gemeinsame Rechtswissenschaft ... Dieses gemeinsame Recht war das römisch-kanonische Recht. Es hat vom Ende des Mittelalters bis zur Epoche der französischen Revolution in den mittleren und westlichen Ländern unseres Kontinents gegolten -

mit der Präzisierung: „Das *Ius Commune* gilt nur subsidiär"[2]. Dieser letzte Satz eröffnet nicht unbekannte Perspektiven dahingehend, daß das Ius Commune nicht flächendeckend „galt". Doch suggerieren Äußerungen wie die Coings immerhin einen gewissen Vorrang des Gemeinen Rechts, besonders dann, wenn man nahezu unbedingt von seiner Geltung spricht. Wie aber sah dies tatsächlich aus? Das folgende Fallbeispiel aus einem Alpental soll dazu ein Mosaiksteinchen beitragen.

Aus: ZNR 2002, 3-18.

1 *H. Coing*, Europäisches Privatrecht I: Älteres Gemeines Recht (1500 bis 1800), II: 19. Jahrhundert, 1985 bzw 1989; vgl hiezu *Brauneder*, Europäisches Privatrecht I, 225-235; *ders*, Europäisches Privatrecht II; *P. Caroni*, Der Schiffbruch der Geschichtlichkeit. Anmerkungen zum Neo-Pandektismus, in: ZNR 16, 1994, 85-100.

2 *Coing*, wie Fn 1, I, 7, 39; Hervorhebung bei Coing.

II. Rauris

Das Rauris-Tal[3] mit seinem gleichnamigen Ort, durchzogen vom gleichnamigen Fluß, bildet eines der Nebentäler des Salzachtales im Pinzgau des Landes Salzburg. Der Hauptort, heute Rauris, ehemals Markt zu Geispach, liegt auf etwa 950 Meter Seehöhe. Vom tief eingeschnittenen Salzachtal hindert die enge Kitzlochklamm, durch die sich die Rauris hier zur Salzach zwängt, den Zugang. Er erfolgt in fast 1000 Meter heute von Taxenbach im Salzachtal über die Rauriser Höhe, ehedem aber über eine gerade des Bergbaus wegen um 1500 neu ausgebaute Straße von Lend an der Salzach über Embach[4]. Danach öffnet sich das Trogtal zu einiger Breite mit Talwiesen und Grashängen bis hin zum Wald, den steile Bergwiesen durchbrechen, gabelt sich schließlich in zwei Täler, in etwa 1850 Meter Seehöhe liegt die Baumgrenze[5]. Den Talschluß bildet der Tauern-Hauptkamm, er sperrt den Zugang nach Süden. Damit gleicht dieses Hochtal seinem östlichen Nachbarn, dem wesentlich bekannteren Gasteinertal mit den Orten Bad Hofgastein und vor allem Bad Gastein. Seit Beginn des 20. Jahrhunderts hat dieses Tal als Verkehrsweg dem Rauriser Nachbarn insoferne den Rang abgelaufen, als es von der Tauernbahn durchfahren wird, welche den auch hier das Tal nach Süden abschließenden Tauern-Hauptkamm seit 1909 im Tauerntunnel durchfährt und damit einen Weg nach Süden, nach Kärnten, öffnet. Beide Täler verband aber in der frühen Neuzeit noch eine Gemeinsamkeit, welche ihnen Reichtum bescherte: der Silber- und Goldbergbau. Verbunden sind die beiden Täler zufolge des Goldbergbaus buchstäblich, nämlich durch einen Stollen, der vom Gasteiner Naßfeld hinüberführt zum Rauriser Talschluß, durch den im 20. Jahrundert sogar zeitweise eine Grubenbahn lief. Beide Täler dienten in vergangener Zeit auch dem Alpenübergang, freilich auf beschwerliche Weise. Vom Rauriser Tal gelangte man über das Hochtor, heute von der Großglocknerstraße benutzt, in 2576 Meter Seehöhe nach Heiligenblut in Kärnten, etwas bequemer vom Gasteiner Tal entweder über den Niederen Tauern (2414 Meter Seehöhe) oder den Hohen Tauern, auch Korntauern genannt, (2463 Meter Seehöhe) nach Mallnitz, gleichfalls in Kärnten. Am Korntauern ist streckenweise der mit Platten belegte Saumpfad

---

3 *J. Lahnsteiner*, Unterpinzgau. Zell am See, Taxenbach, Rauris, 1960, 302ff, 325, 363f.

4 *F. Zaisberger*, Finanzielle, organisatorische und technische Aspekte des neuzeitlichen Wegbaus im Salzburger Bergland, in: Die Erschließung des Alpenraumes für den Verkehr, 1996, 299.

5 *P. Schöll*, Die Rauriser Wälder und ihre Schlägerung zur Deckung des Holzbedarfs des Rauriser Goldbergbaus im Mittelalter - Ein Umweltthema, in: MGSL 130, 1990, 364.

der Fugger nicht nur deutlich ab der Baumgrenze sichtbar, er wird auch noch begangen. Seine Bezeichnung „Römerweg" ist zwar irrig, deutet aber doch an, daß dieser Alpenübergang schon zur Römerzeit benutzt wurde.

Die Bevölkerung der Rauris[6] bestand im 16. Jahrhundert aus Bauern, die „nit leibaigen leut sind noch nie gewëssen, sunder ainem landsfursten ist man underworfen"[7], also aus nahezu freien Bauern, denn ihr Grundherr war der Salzburger Landesfürst. Dazu kamen Säumer, welche die erwähnten Alpenübergänge bewältigten, die auch für den Salzhandel genutzt wurden, den insbesondere Rauriser Wirte besorgten. Vor allem aber dominierten das Tal in der damaligen Zeit Gewerke und Bergleute, wovon noch zu sprechen sein wird.

Zufolge des landesfürstlichen Bergregals[8] ist bereits 1355 in der Rauris ein Berggericht und wegen der Bedeutung des Bergbaus ab 1377 auch ein Pfleggericht[9] nachweisbar, das jedoch den Namen „freies Landgericht" führte, um zweierlei kundzutun: Als „frei" wurde es bezeichnet, da es keinem Grundherrn als Mediator gegenüber dem Landesfürsten, sondern diesem selbst zugehörte, als „Landgericht", weil es nicht in einer Herrschaft symbolisierenden Burg, sondern in einer Siedlung am Land, eben zu Rauris, amtierte. Hieher war es übrigens von Taxenbach im Salzachtal, von wo das Rauristal beginnt, verlegt worden, was dessen Bedeutung unterstreicht. Die Rauris bildete damit einen eigenen Gerichts- und Rechtsbezirk mit eigenem Gewohnheitsrecht, erfragt im Taiding und aufgezeichnet unter der Leitung des „Landrichters" als „Landrecht" in einer Quelle mit Weistumscharakter[10].

Diese alte Rechtsfindung wurde vom Landesadministrator Herzog Ernst von Bayern 1553 untersagt, an die Stelle des aktiven Findens des Landrechts in Weistumsform trat dessen passives Verlesen[11]. Zum - aufgezeichneten -

---

6 *Gesellschaft für Salzburger Landeskunde* (Hrsg), Beiträge zur Siedlungs-, Verfassungs- und Wirtschaftsgeschichte von Salzburg. Festschrift zum 65. Geburtstag von H. Klein, 1965 , 211, 447, 469.

7 ÖWT I, 219.

8 *F. Koller*, Salzburg im Spätmittelalter. Die innere Entwicklung, in: Gesch Sbgs I/1, 634.

9 *Lahnsteiner*, wie Fn 3, 326; *H. Dopsch*, Recht und Verwaltung, in: Gesch Sbgs I/2, 907; *G. Ammerer*, Vom Feudalverband zum Reichsnährstand. Formen „bäuerlicher Organisation" von der Schwelle des frühmodernen Staates bis zum Zweiten Weltkrieg - Ein Überblick, in: *G. Ammerer - J. Lemberger - P. Oberrauch* (Hrsg), Vom Feudalverband zur Landwirtschaftskammer. Agrarische Korporations- und Organisationsformen in Salzburg vom Beginn der Neuzeit bis heute, 1992, 23.

10 *Dopsch*, wie Fn 9, 877ff; ÖWT I, 196, 203ff.

11 *F. Pagitz*, Die rechtliche Stellung der Salzburger Bauern im Mittelalter und in der frühen Neuzeit, in: *A. Dworsky - H. Schider* (Hrsg), Die Ehre Erbhof. Analyse einer jungen Tradition, 1980, 42; *Ammerer*, wie Fn 9, 23f.

Gewohnheitsrecht kamen schon früh Satzungen wie etwa die Bergordnung 1346 für Rauris unter den Bezeichnungen „statuta et iura"[12] beziehungsweise „Constituciones et iura"[13], dann weitere derartige Ordnungen 1369, 1397, 1399, ca. 1425 eine gemeinsame Bergordnung für Rauris und Gastein, eine weitere 1463 für die nördlichen Tauern, 1477 eine solche für die Tauern insgesamt, die 1501 und insbesondere durch die große Bergordnung 1532 erneuert wurde[14]. Ferner gab es zahlreiche Waldordnungen, für das 16. Jahrhundert allein etwa aus den Jahren 1524, 1550, 1555 und 1563[15].

Die wichtigste allgemeine Rechtsquelle - und die wichtigste für unser Thema - stellt das Rauriser Landrecht von 1565 dar[16]. Es besteht aus mehreren Teilen. Den ersten Teil bildet ein Protokoll, in dem der Landrichter unter anderem festhält, er habe das „land- und ehaft täding gehalten" sowie die Schranne mit „verständigen rechtsprëchern"[17] besetzt. Der zweite Teil nennt sich „Des richters meldung oder öffnung ... wie von alter herkumen ist", der dritte „Gemainer gerichtsleut meltung", der vierte Teil „Meldung etlicher gemainer notturft nach altem herkumen"[18]. Dieser Teil hat einerseits den Charakter einer Polizeiordnung beispielsweise mit der Berufung auf den „Gemeinen Nutzen"[19] und durch Regelungen, die sich gegen starken Bettel, Spiel, Wucherei etc richten; hier aber findet sich auch Privatrecht wie zum Beispiel im Abschnitt „Umb heirat und heiratvermächt" sowie im anschließenden auch Regelungen der „morgengaben"[20]. Insgesamt wird im Gewand eines Weistums „altes herkumen" tatsächlich teilweise fortgeschrieben, dieses aber auch durch neues Recht um „gemainer notturft" willen wie etwa um die Polizeibestimmungen, aber auch um Privatrecht ergänzt.

---

12 ÖWT I, 196.

13 Ebda 199.

14 *Koller*, wie Fn 8, 635; *F. Gruber - K.-H. Ludwig*, Der Metallbergbau, in: Gesch Sbgs II/4, 2595.

15 *E. Bruckmüller - G. Ammerer*, Die Land- und Forstwirtschaft in der frühen Neuzeit, in: Gesch Sbgs II/4, 2548; *Schöll*, wie Fn 5, 362, 372.

16 ÖWT I, 203-233.

17 Ebda 203.

18 Ebda 205, 206, 209.

19 Ebda 209/Z 12.

20 Ebda 217/Z 35ff, 42ff.

III. Wirtschaft und Bildung

Gerade in der frühen Neuzeit dominierte die Rauris der Bergbau[21]. Im 16. Jahrhundert befanden sich unter den etwa 3000 Einwohnern des Rauristales 2000 Knappen. Der Edelmetallabbau hatte um 1340 eingesetzt, die Blütezeit erstreckte sich von 1460 bis zum Ende des 16. Jahrhunderts. Ihn ermöglichte vor allem eine damals wesentlich höhere Schnee- und Gletschergrenze, die Arbeitsstätten lagen meist über 2200 Meter Seehöhe, bereits um 1400 zum Teil sogar über 2500 Meter Seehöhe. Gold und Silber wurden in weit über 100 Kilometer langen Gängen abgebaut, rund eine Million Tonnen taubes Gestein zu Erzhalden getürmt. Im Jahre 1576 allein wurde die Anlage von 215 neuen Gruben beantragt; 1557 wurden 280 Grubenbaue, Wasch- und Schmelzwerke verliehen. In diesem Jahr waren im Gasteiner und Rauriser Revier insgesamt 850 Kilogramm Gold und 2723 Kilogramm Silber beziehungsweise 9689 Mark Silber gefördert worden, im gleichfalls salzburgischen Lungau südlich des Tauernhauptkammes hingegen nur 1377 Mark Silber. Mit dem großen Schneefall von 1583 setzte eine permanente Vereisung der Höhenlagen ein, in der Folge sanken die Ergiebigkeiten überhaupt und es machte sich am Markt allmählich die Konkurrenz des Silbers aus Amerika bemerkbar[22].

Der Bergbau verlieh dem Hochalpental eine Art Internationalität. Zwar kamen die Knappen nicht, wie oft angenommen, aus Sachsen[23], doch gab es andere Beziehungen genug, was viele Beispiele und Indizien belegen. Das allererste Druckwerk in Salzburg wurde durch Hans Baumann aus Rothenburg ob der Tauber 1551 besorgt, es war dies bezeichnenderweise die Bergordnung 1532/38. Andererseits förderte der Gewerke Christoff Weitmoser aus Gastein im fernen Chemnitz die deutsche Übersetzung von Agricolas „De re metallica" durch Philipp Bechius aus Basel; dieser wieder war Weitmoser durch Professor Pincier aus Freiburg/Breisgau empfohlen worden, der Weitmosers Söhne unterrichtete. Üblicherweise studierten die Ge-

---

21 *Koller*, wie Fn 8, 643f; *Lahnsteiner*, wie Fn 3, 314; *G. Ammerer*, Die Entwicklung des Goldbergbaus im Rauriser Tal in Salzburg, in: Der Anschnitt 34, 1982, H2, 46-59.

22 *Lahnsteiner*, wie Fn 3, 302, 318f, 320f; *Koller*, wie Fn 8, 644. Zur Menge der Edelmetallgewinnung in den Gebieten Gastein/Rauris vgl die divergierenden Angaben bei *F. Pagitz*, Unbekannte Quellen zum Niedergang des Goldbergbaus in Gastein und Rauris, in: MGSL 107, 1967, 237; bei *B. Cech*, Montanarchäologie. Edelmetallbergbau des 16. Jahrhunderts im Gasteiner Tal, in: Historikum, Herbst 1996, 27; bei *F. Gruber - K.-H. Ludwig*, Salzburger Bergbaugeschichte, 1982, 77, 141.

23 *K.-H. Ludwig - F. Gruber*, Gold- und Silberbergbau im Übergang vom Mittelalter zur Neuzeit. Das Salzburger Revier von Gastein und Rauris, 1987, 214f.

werkensöhne im eben erwähnten Freiburg/Breisgau und in Wittenberg[24]. Rechte an den Bergwerken erwarben auch Personen außer Landes wie etwa die Fugger; 1531 wies eine der Bergwerksgesellschaften Gesellschafter aus Augsburg, Ulm und Reutlingen auf[25].

Zuzug von außen brachten weiters die Beamten. Bergrichter Hans Schüttbacher war zuvor Landrichter in Großarl gewesen, der Pflegrichter Wolf Weibhauser kam aus Golling und wurde später Stadtrichter in Hallein. Der Gerichtsschreiber unter Weibhauser und seinem Nachfolger, Christoph Stadler, avancierte zum Marktrichter in Feldkirchen in Kärnten[26]. Für 1483 ist Rueprecht Pelchinger als öffentlicher Notar nachweisbar, Hanns Reiczenstainer für 1508, er kam aus einer anderen Bergwerksstadt, nämlich aus Hall in Tirol; zur gleichen Zeit wird der Pfarrer von Taxenbach Hanns Waginger (auch Wäginger) 1498 zwei Mal als „Licentiat" bezeichnet, 1505 als „Meister ..., der Zeit in geistlichen Sachen Assessor der geistlichen Rechten zu Salczburg", der Landeshauptstadt[27]. Im benachbarten Gastein amtierte um 1520 als Landrichter Dr. Leonhard Auer, wahrscheinlich der Verfasser des Salzburger Landesordnungsentwurfs 1526[28].

So hatte unser Alpenhochtal durchaus Anschluß an benachbarte wie ferne Länder, und zwar durch vielfältige Wirtschaftsbeziehungen und Bildungsgänge.

IV. Rechtsbeziehungen

Was bedeutete dies für das Rechtswesen? Brachten diese Beziehungen des 16. Jahrhunderts für das Recht einen Modernisierungsschub? Dafür soll zuerst einmal das weitere Umfeld, nämlich das Land Salzburg, betrachtet werden. Für das Land Salzburg wurde 1526 - ebenso beziehungsweise ähnlich wie anderswo[29] - eine Landesordnung verfaßt, die zwar nicht formell in

---

24 *Gruber - Ludwig*, wie Fn 14, 2595f; *Ludwig - Gruber*, wie Fn 23, 214.

25 *P. Schöll,* Auf den letzten Spuren der Schmelzhütten des 16. Jahrhunderts im Rauriser Tal, in: MGSL 136, 1996, 32f.

26 *Ludwig - Gruber*, wie Fn 23, 199f; *F. Tremel*, Ein bisher unbekanntes Rechtsbuch aus Golling, in: MGSL 103, 1963, 57f.

27 *Ch. Neschwara*, Geschichte des österreichischen Notariats. I: Vom Spätmittelalter bis zum Erlaß der Notariatsordnung 1850, 1996, 664; *W. Hauthaler*, Die Pergament-Urkunden des Pfarrarchivs zu Rauris, in: MGSL 32, 1892, 35, 30, 32, 34.

28 LO/Slzbg 1526, 97f.

29 Vgl u a *Brauneder*, Gesetzgebungsgeschichte, 437-462; *Brauneder*, Gehalt, 473-487; *ders*, Policeygesetzgebung, in diesem Band, 385ff; *ders*, Frühneuzeitliche Gesetzgebung, in diesem Band, 413ff.

Kraft gesetzt, aber doch beachtet wurde[30]. Sie bietet im Privatrecht Modernität bereits durch neue termini technici: Wir lesen „Von Testamenten oder Geschäfften unnd lesten Willen"[31]: „Geschäft" ist noch der traditionelle deutschrechtliche Ausdruck für letztwillige Verfügungen, ihm aber ist bereits der romanistische Ausdruck „Testament" vorangestellt, womit, und zwar durch das Bindewort „oder", der ältere Ausdruck nahezu zur Erklärung gemacht wird. Derartiges finden wir auch in den Ausdrücken „Erbschafft oder Legitima", „die legate oder verschafften hab", „Executores oder gschafftiger" als Willensvollstrecker, „donation oder gaben", „Vormunder oder gerhaben" mit der Auflistung von drei Arten an „Tutores" und daher auch kurz „gerhaben oder tutores"[32] benannt. Bereits erklärender sind Wendungen wie „Curatores, das sind versorger oder vögt", „offenlich uberzug gwallt und khrieg, daz man nent ‚vim publicans'" wird auf diese Weise sogar definiert, ebenso das „gschafft an milt sachen", „welhes man zu Latein nenet ad pias causas"[33]. Noch deutlicher wird die neue Rechtsprache zu der Überschrift „Von den Codicillen". Hier ging es nicht mehr ab mit einem alten Synonym, sondern der neue Ausdruck bedurfte der Erklärung: Wenn in einem „gschäfft" „khain erb gesetzt", sondern Vermögen „sonnst ... verschafft wurden" sei, dann ist „gemain Rechten nach sölh geschäfft fur khain ... Testament" zu halten, aber „alls ain Codicil" gültig[34]! Zu „Morgengab und Heyraths-Vermächts" ist festgehalten, sie „sindt gefreit und haben den Vorganng", womit gesagt sein soll, daß den entsprechenden Forderungen ein allerdings beschränktes ius praelationis zukomme - eine hypotheca tacita allerdings wird ausdrücklich verwehrt: „nit also Stillschweigendt"[35]. Für Schenkungen über 500 Gulden wird „insumation oder verkhunding" verlangt, und zwar „vor gericht", also die insinuatio des Gemeinen Rechts, dessen 500 solidi hier einfach 500 Gulden gleichgesetzt sind[36]! In all diesen Fällen hat die Landesordnung Gemeines Recht materiell, oft modifiziert und jedenfalls unetikettiert, aufgenommen.

Im Einklang mit der zeitgenössischen Gesetzgebungswelle steht die Stadt- und Polizeiordnung für die Stadt Salzburg von 1524[37]. Die gelehrte Modernität ist hier der Regelungsmaterien wegen geringer als in der Lan-

---

30 LO/Slzbg 1526, zu ihr wie Fn 28.

31 Ebda 122, des öfteren z B 149 Z 2.

32 Ebda 130 Z 1, 129 Z 10, 133 Z 24, 149f, 181 Z 10ff, 197 Z 2.

33 Ebda 197 Z 2, 198 Z 3, 66 Z 16ff, 135 Z 3ff, 150 Z 8ff.

34 Ebda 125f, 136.

35 Ebda 115f, auch schon zuvor: 112 Z 1ff bzw 114 Z 12.

36 LO/Slzbg 1526 151: auch „Insinuaren".

37 StPO/Slzbg 1524.

desordnung 1526, aber es ist die Rede[38] von „conträct“, „procuratores“, „Testamentarien“, „Executoren“, allerdings werden die „Gerhaben oder vormunden“ nicht auch „tutores“ genannt.

Modern mutet auch an, daß eine Kompilation des bäuerlichen Rechts zu einer der damaligen Forderungen zählte[39]. Ein in Golling 1582 entstandenes Rechtsbuch, verfaßt von dem schon erwähnten Christoph Stadler, dem Gerichtsschreiber des Pfleggerichts Golling, weist einen Inhalt auf, welcher folgende Rechtsquellen zum Vorbild hat: Gemeines Recht, das Hessische Landrecht 1497, das Württemberger Landrecht 1567, die Stadtrechtsreformation von Freiburg/Breisgau, das Solmser Landrecht, den Sachsenspiegel, die Kursächsischen Konstitutionen, das Henneberger Landrecht, das Bayerische Lehenrecht, die Stadtrechte von Nürnberg und Frankfurt/Main (dieses aus 1578), Sprüche der Leipziger Schöffen und die Reichspolizeiordnung 1577! Dieses Rechtsbuch war übrigens - vielleicht gerade dieser Quellen wegen - auch anderswo brauchbar, denn es kam schließlich von Golling nach Öblarn in der Obersteiermark. Nicht illusorisch ist es daher, daß ein 1550 von Johann Neuhofer abgefaßtes Formularbuch den Anspruch erhob, sein Inhalt sei auch in den Nachbarländern gebräuchlich: „Formular allerlai gemainer Contractbrief vnd andrer Schrifften, im Stift Salzburg, Land zu Bayrn und Oesterreich gebreichig”[40]. Neuhofer war fürsterzbischöflicher Verwalter des Hofurbar- und Landgerichts zu Glan, gelegen zwischen der Stadt Salzburg und der nahen bayerischen Grenze[41].

---

38 Ebda d ö, 40f, 79ff, 81.

39 *Tremel*, wie Fn 26, 57ff, 60.

40 So der Titel der wohl einzigen Handschrift im Haus-, Hof- und Staatsarchiv Wien, Weiß 202; dieser leicht abweichend wiedergegeben bei *H. Siegel*, Das Güterrecht der Ehegatten im Stiftslande Salzburg. Ein Beitrag zur Geschichte des deutschen ehelichen Güterrechtes, 1882, 8ff, mit einer nicht ganz zutreffenden Beschreibung der Quelle: Sie bietet - vgl im folgenden - durchaus keine „alphabetisch geordnete“ Sammlung, endet nicht mit „Wechselbrief” und was „noch weiter folgt” hat durchaus nicht anderen Charakter; der nach *Siegel*, ebda, 34 Fn 1, „später eingeschaltete Passus” steht von gleicher Hand im fortlaufenden Text; die Transkription ist - siehe Titel - meist fehlerhaft.

41 Die Autorenschaft Neuhofers nach *Siegel*, wie Fn 40, 9; sie bekräftigen seine Funktionen, diese nachgewiesen mehrfach für 1557 und einmal für 1562: freundliche Auskunft Salzburger Landesarchiv (Hofkammer Salzburg 1557 D. J, 1559 N; Geheimes Archiv XXXIV/22). Zum Urbar- und Landgericht Glan: *H. Dopsch*, Salzburg im Hochmittelalter. Die innere Entwicklung, in: Gesch Sbgs I/1, 356; *ders*, wie Fn 9, 920. In der Anlage des Formelbuchs kreuzen sich alphabetische und sachlich-assoziative Kriterien. Schon das dem Text vorgeschaltete Register dokumentiert dessen nicht durchgehende alphabetische Gliederung mit unterschiedlichen Seitenangaben zu den jeweiligen Stichwörtern wie z B zu „Heirathsabred” 127, 299, 301, 309, zu „Heirathsbrief” 155, 293, 302, 312 oder zu „Renndlensheirat” 157, 365. Auch folgt auf „Heirats abred vnder denen vom adl” zwar

Salzburger Rechtsquellen des 16. Jahrhunderts standen, was allein schon diese unterschiedlichen Beispiele - eine Landesordnung, ein Rechtsbuch und ein Formularbuch - beweisen, im zeitgenössischen rechtlichen Kontext. Dies trifft nun auch auf das Rauriser Landrecht von 1565 zu. Wir lesen hier im Teil „Meldung etlicher gemainer notturft nach altem herkumen" unter anderem wie folgt:

> Umb heirat und heiratvermächt. Könnlich zusamenfuegung, abrët und heiratstaidingen, contract und vermächt sollen beschechen nach gewöndlichem landsprauch und rechten und mit vernunftigen billichen abrëden, und die renndlendsheirat und ander geverlicher heiratvermächt, darin nit billich vernunftig ursach furgenumen sint und dardurch freund und ërben ierer rechtlichen ërbfäl entërbt werden möchten, sollen nit gestat werden[42].

Analysiert man diese Textstelle, so ergibt sich folgendes. Das hier ausgesprochene Verbot der allgemeinen Gütergemeinschaft unter dem Namen „renndlensheirat" entspricht typisch dem - allerdings nicht genannten - Gemeinen Recht; charakteristisch für das neue Rechtsdenken sind ferner die Hinweise auf Vernunft und Billigkeit, sogar zweimal, wobei es nahezu den Anschein hat, als sei das Mittel zur Durchsetzung von Vernunft und Billigkeit das Gemeine Recht im Sinne etwa des Zeitgenossen Melanchthon: „hoc

---

dazu „Alia forma", dann aber „Lehenbrief" samt „Alia forma", darauf jedoch „Gerichtshanndl" (fol 127ff). Diese alphabetischen Ungereimtheiten verstehen sich zum Teil aus den sachlich-assoziativen Kriterien. Ehegüterrecht bestimmt, daß auf zwei Heiratsbrief-Formularen das einer „Renndlensheirat" als allgemeine Gütergemeinschaft folgt, diesem ein „annder Heiratsbrief" und darauf ein „Morgengabprief", diesem ein „Schuldbrief mit weiblicher Verzicht" sowie anschließend „Alia forma sive hypoteca domus" - in den beiden letztgenannten Fällen geht es um den Verzicht der Ehegattin auf ihr Vorzugspfandrecht für ihre Heiratsgaben - und der nachfolgende „Leibgedingbrief" betrifft ein Zweileibgedinge unter Ehegatten! Auch die laut Register voneinander getrennten Formulare für „Heirathsbrief"/"Heirathsabred" auf fol 293 - 299 - 301 bilden durch dazwischenliegende Formulare „Alia forma" eine ehegüterrechtliche Kette. Sie allerdings ist von einer weiteren derartigen Kette durch ein Formular „Kaiserlicher beuehl" getrennt und diese (fol 309ff) nur lose insoferne verknüpft, als zwischen Heiratsabreden (fol 309, 312) Verwandtschaftsweisungen stehen. Manche gleichartigen Formulare finden sich weit entfernt voneinander wie etwa Morgengabbriefe (fol 159 - 337), Verzichtsbriefe auf „weibliche Freiheit" (fol 159 - 198) oder Leibgedingsbriefe (fol 160 - 263). Das erwähnte Register versucht allerdings mit seiner alphabetischen Ordnung das Formularbuch zu strukturieren, dies aber auch, indem unter einem Stichwort auf ein anders benanntes Formular verwiesen wird wie etwa unter „Morgengabe" auf „donatio inter vivos" (fol 222) oder unter „Heiratsbrief" auf „rechtlicher kuntschaftbrief" (fol 311). So ist zwar richtig, daß Neuhofers Formularbuch „jede theoretische Beigabe verschmäht" (*Siegel,* wie Fn 40, 9), aber doch nicht eine gewisse sachlich orientierte Aufbereitung für den Benützer.

42 ÖWT I, 217.

ius … est aequissimum et maxime consentaneum rationi“[43]. Auf „natürliche billicheit und recht” beruft sich übrigens auch die Salzburger Landesordnung 1526[44]!

Schon vor dem Rauriser Landrecht 1565 begegnet uns das neue Gemeine Recht in einem Rauriser Rechtsgeschäft von 1507: Anna, Witwe nach Mathias Freyberger in Rauris, tätigt einen Verkauf „mit Verczeichnung weiblicher Freyhait, genannt ad lex velleyanum”[45]. 1637 und 1661 wiederholen sich derartige Rechtsgeschäfte, nun zwar ohne Hinweis auf das SC Velleianum, aber doch mit einem solchen „unter Beistand” etwa eines Bruders der Betroffenen[46].

Diese Beispiele aus der Salzburger Landesordnung 1526, dem Rauriser Landrecht 1565 und sogar aus der Vertragspraxis noch vor diesen Rechtsquellen scheinen Feststellungen wie die eingangs von Coing zitierte zu untermauern, es habe in Europa das „römisch-kanonische Recht ... gegolten”, und dies sogar im Rauriser Alpenhochtal. Gerade das Verbot der Gütergemeinschaft unter Ehegatten, wie im Rauriser Landrecht ausgesprochen, scheint nachträglich noch die gelehrte Literatur zu bestätigen. Gerade in Bezug auf Salzburg lesen wir um 1700: „Zwar wenn man due gemeine Rechte reden läßt, ist unter denen Eheleuten keine Gemeinschaft der Güter versehen, weder in weltlichen noch auch geistlichen Rechten”[47]. Diese lokal auf Salzburg bezogene Abhandlung steht voll im Einklang mit allgemeinen Darstellungen des Gemeinen Rechts, welche das Verbot der Gütergemeinschaft unter Ehegatten schon für das Römische Recht mit Gründen belegen wie etwa 1766[48]:

> Es sind kürzlich folgende: a) weil die Eheleuthe fast pro lubitu wieder voneinander lauffen konnten; b) weil die Römischen Weiber dem Müßiggang nachhiengen und nichts arbeiteten, mithin alles vom Mann erworben werden muste; c) weil das onus alendi liberos dem Vatter allein, der Mutter aber gar nicht oblag; d) weil weder die Mutter das Kind nach das Kind die Mutter erbte; und endlich e) weil der Meuchel-Mord in Italien sehr

43 *Ph. Melanchthon*, „De dignitate legum oratio“, in: *G. Kisch*, Melanchthons Rechts- und Soziallehre, 1967, 227; ferner ebda u a 29, 65, 120f, 175.

44 LO/Slzbg 1526, 115 Z 21f.

45 *Hauthaler*, wie Fn 27, 35.

46 Ebda 40f.

47 *V. von Arnold*, Tractatus vom Vor- und Nachgang der Gant-Gläubiger/Oder Einleitung zum Gant-Prozeß ... Erläutert (und neu hrsg) von Johann Georg Scopp, 1763, mit 1. Aufl vor 1707, 73; vgl hiezu auch *Brauneder*, Ehegüterrecht, 321f, 428 (zur Datierung der 1. Auflage).

48 *H. A. Lange*, Die Rechts-Lehre von der Gemeinschaft der Güter unter denen teutschen Eheleuten, zu Latein communio bonorum coniugalis genannt, 1766, 35.

frequent war, und zu besorgen gewesen wäre, ein Ehe-Gatte dürffte dem andern, um des zu hoffenden Nutzens willen, nach dem Leben stehen.

Die Kette erscheint daher schlüssig: Was das Gemeine Recht allgemein festsetzte - konkret das Verbot der Gütergemeinschaft unter Ehegatten - floß in die Salzburger Rechtsliteratur ein, auch in die Salzburger Landesordnung 1526, ferner in lokale Salzburger Rechte wie das Rauriser Landrecht 1565 und schlug sich auch in der Vertragspraxis - hier in der Bezugnahme auf das SC Velleianum - nieder. Meinungen wie die Coings scheinen bestätigt - allerdings aufgrund eines vorschnellen Schlusses.

V. Gemeines Recht: Geltung

Was die so schlechthin als allgemein angenommene Geltung des Gemeinen Rechts betrifft, so ist es damit gerade im Lande Salzburg schlecht bestellt.

Die Salzburger Landesordnung 1526 enthält selbst Rechtsanwendungsregeln. Unter „die alten Herkhumen hannd zehaben" wird folgendes festgesetzt: (1) „gueter sitlicher satzung und gebreuch oder polliceyen" sollen „gehalten" und (2) „wider (sie ...) mit unpillicher Neuerungen oder verännderungen nyemanndt beschwert werden", (3) so ferne sie „in brauch von allter Herkhumen sein und in den Eehafft dätingen geruegt" werden, allerdings unter der Bedingung, (4) „sover Sy annderst Rechtmässig un der gegenn wurttigen unnser Ordnung nit widerwertig sind"[49]!

Dies bedeutete also: Grundsätzlich steht das Recht jeder Herkunft „in brauch" und soll „gehalten" werden (1) wie z B das Rauriser Landrecht 1565. Die Salzburger Landesordnung 1526 derogiert aber diesen Quellen materiell und punktuell, das heißt, sie gelten nur, soferne sie nicht mit einzelnen Bestimmungen der Salzburger Landesordnung 1526 in Widerspruch stehen (4). „Neuerungen oder verännderungen" gelten nicht schlechthin (2) wie damit wohl auch das Neuerungen und Veränderungen bringende Gemeine Recht. Aber es gelten neben der Landesordnung 1526, in ihrer Diktion, (1) „satzung" wie etwa die Berg- und Waldordnungen, (1) „gebreuch" und Polizeyrecht wie diese etwa im Rauriser Landrecht 1565 enthalten sind - daß sie hier nach 1526 festgesetzt wurden, könnte sogar zur Annahme führen, es handle sich um eine bewußte Ergänzung der Salzburger Landesordnung 1526, da sie zur Geltung jener Rechtsquellen zweierlei verlangt: Gebrauch von Alters her und Aufnahme durch das Taiding (3), genau also das, was 1565 in der Rauris festgehalten worden bzw. geschehen ist!

---

[49] LO/Slzbg 1526, 231.

Die Derogations- beziehungsweise Geltungsregeln erfassen auch das Gemeine Recht. Soweit solches in der Salzburger Landesordnung 1526 enthalten ist, hebt es entgegenstehendes Recht, unter Umständen auch - da ja kein uniformer Block - anderes Gemeines Recht, auf, welches allgemein aber von entgegenstehendem jüngerem Recht aufgehoben wird. Der etwa aus den östlichen habsburgischen Nachbarländern Österreich unter und ob der Enns bekannte Satz „Dan wa ein Landsbrauch zweiflig und ungewiß ist, soll yederzeit dem geschribnen Rechten nach erkennt werden"[50] findet sich hier nicht, er hat in diesem Gefüge auch keinen Platz. Damit stimmen zwei Beobachtungen überein: die bereits erwähnte (s o IV.) materielle, modifizierte und unbenannte Aufnahme Gemeinen Rechts in die Landesordnung 1526 sowie weiters ihre ausdrücklichen Verweisungen darauf. So ist - ohne nähere Angabe ganz allgemein - auf Gemeines Recht verwiesen bezüglich „hänndl, die von gemainen Rechten offne leibstraff haben", der Testierunfähigkeit, der Widerrufsgründe bei Schenkung, der Strafe gegen unredliche Willensvollstrecker, der Untersagung der Nutzung von Kindesvermögen durch die Eltern und des Verbots der Vormundschaft von Geistlichen[51]. Für die Geltung Gemeinen Rechts war also eine Verweisung notwendig, ohne diese galt es nicht. Ebenso ist zwar festgehalten, es sei „wider Ordnung und Satzung gemainens Rechtens", daß bei einer Verurteilung „in Burgerlich sachen" auch noch „gestrafft" werde, aber dennoch eigens statuiert: „Demnach wellen wir, daß nun furan derselb misprauch abgethan"[52] - woraus nicht nur folgt, daß das Verbot kraft Landesordnung gelten soll, sondern auch, daß es kraft Gemeinen Rechts bisher („nun furan") nicht galt! Ähnlich erfolgt die Festlegung des Verhältnisses der ehegüterlichen Leistungen Heiratsgut : Widerlegung : Morgengabe wie 2 : 2 : 1 nach „gemain brauch und allt herkhumen" und nur ergänzend ist erwähnt, es sei dies „darzue auch (!) dem gemainen Rechten gemäß"[53]. Nahezu ebenso wird das grundsätzliche Verbot einer Heirat des Vormunds und seiner Kinder mit dem Mündel nicht nur als dem „gemainen Recht hässig", sondern „auch sittlicher gueter vernunfft wider werttig" motiviert[54].

---

50 *M. Rintelen* (Hrsg), Bernhard Walthers privatrechtliche Traktate aus dem 16. Jahrhundert, vornehmlich agrarrechtlichen, lehen- und erbrechtlichen Inhalts, 1937, 62 [= V. c. 2, 2]; *G. Wesener*, Einflüsse und Geltung des römischen Rechts in den altösterreichischen Ländern in der Neuzeit (16. bis 18. Jahrhundert), 1989, 19.

51 LO/Slzbg 1526, 69 Z 24f, 137 Z 10f, 154 Z 1ff, 167 Z 1, 174 Z 5ff, 184 Z 15ff.

52 Ebda 60 Z 14ff.

53 Ebda 113 Z 20ff.

54 Ebda 192 Z 10ff.

Insgesamt ist also zur Salzburger Landesordnung 1526 festzuhalten: Gemeines Recht gilt nicht subsidiär, vielmehr entweder durch materiellen Einbau einzelner Aussagen in die Landesordnung oder kraft ausdrücklicher, punktueller Verweisung, stets also durch Transformation als Landesrecht.

Übrigens hatte schon die sogenannte Landesordnung von Erzbischof Friedrich III. 1328 eingeschärft: „Ez soll dhein richter dhein new sach noch new gewanheit aufpringen", denn: „er behalt di alten gewonhait; waiz er der nicht, so chom in unsern hof, daz er der wert geweiset." Dem entsprach hinsichtlich der hier nicht geregelten Materien, „daz sol man nach den alten rechten richten"[55]. Gelehrtes Recht sollte also nicht herangezogen werden, obwohl es natürlich bekannt war. Beispielsweise erhielt das Salzburger Domkapitel im Dezember 1287 „Decretum et Decretales, Summam Hostien(sem) cum septem libris minoribus iuris canonici"[56] vermacht. Das heimische Recht erwies sich dennoch als widerstandsfähig, selbst in lateinischen Urkunden finden wir deutsche Termini technici: „quod dicitur lebgedinge", „Quod pvrchreht dicitur", „in erbreht vendicaverant"[57]. Eine große Rolle spielte das bisherige Gewohnheits- und Satzungsrecht auch in der Stadt- und Polizeiordnung für die Stadt Salzburg 1524: Sie betont mehrmals, ihr Inhalt schöpfe auch aus den „vorigen allten gebreuchen“, „aus den Allten ordnungen vnd gebreuchen“[58].

Für das 16. Jahrhundert ist daran zu erinnern[59], daß im Lande Salzburg die Rechtsautorität aus dem rechtsetzenden Erzbischof-Landesfürsten und seinen gelehrten Räten bestand, während in den habsburgischen Ländern zu diesen Rechtsautoritäten jene der Rechtsfakultät in Wien mit ihren Fachkräften wie auch die Landschaftsschulen der protestantischen Landstände etwa in Graz und Linz hinzu kamen. Die gemeinrechtliche Wissenschaft verbreitete hier die Geltungsregeln des Gemeinen Rechts, das heißt dessen subsidiäre Geltung, bis in Behördeninstruktionen hinein. Die Geltungsregeln der Salzburger Landesordnung 1526 gewährten hingegen dem Gemeinen Recht keinen Vorrang im Sinne eines allgemeinen oder gar „europäischen

---

55 Nach *F. Martin* (Bearb), Ausgewählte Urkunden 1247-1343 (= Salzburger Urkundenbuch IV), 1933, 385 (Pkt 32), 387 (Pkt 41).

56 Ebda 173.

57 Ebda 2 (1249), 70 (1271), 111 (1279).

58 StPO/Slzbg 1524, 13 Z 22, 89 Z 7f.

59 Zum Folgenden *Brauneder*, Privatrechtswissenschaft, 22ff; *P. Putzer*, Zur Legislative der frühen Neuzeit im Erzstift Salzburg, in: Aus Österreichs Rechtsleben in Geschichte und Gegenwart. Festschrift für E. C. Hellbling zum 80. Geburtstag, 1981, 717f, 724ff; Behördeninstruktionen: *V. Thiel*, Die innerösterreichische Zentralverwaltung. 1564-1749. I. Die Hof und Zentralbehörden Innerösterreichs 1564-1625, in: AÖG 105/1, 1916, 120.

Rechts". Eine gewisse „Europäisierung" brachte das Gemeine Recht hier lediglich insoferne, als es, wie gezeigt, punktuell in Landesordnung, lokales Landrecht und einzelne Rechtsgeschäfte einfloß.

Allerdings ist zu fragen, ob diese Wirkung nicht auch in Österreich unter und ob der Enns von den dortigen Landrechtsentwürfen beabsichtigt war[60], also der neuzeitlichen Gesetzgebung innewohnen kann. Der erste jener Landrechtsentwürfe für Österreich unter der Enns 1526[61] geht einerseits von einer umfassenden Rechtssetzungsbefugnis des Landesfürsten analog zu Kaiser Justinian aus sowie davon, daß sein Inhalt, das Landrecht, dem „burgerlich Recht", also dem ius civile, „nahe" sei, aus dem er auch etliches übernimmt[62]. Andererseits bezieht er sich nicht auf eine Geltung des Gemeinen Rechts: Es geht ihm einmal in seiner „Vorrede" nur um die Geltung von Gewohnheitsrecht, das er ausschließt, wenn es „dem göttlichen und natürlichen Rechten, auch diesem unserem Gesetz oder guten Sitten ungemäß ist" bzw nur zuläßt, wenn „die Ursachen der Gewohnheit in der Vernunft gegründet sein".

Nicht nur, daß auf irgendeine Geltung des Gemeinen Rechts hier gar nicht verwiesen wird, es ist auch für die des Gewohnheitsrechts kein Maßstab - sehr wohl aber neben „dem göttlichen und natürlichen Rechten" die „Vernunft"! Noch deutlicher ist die Anwendungsregel[63]. Zu richten ist nach „der ordnung und den gesazten dits landtßrechtpuechs". Seine „auslegung" hat nicht „nach der redner oder gwalttrager" Vorbringen zu erfolgen, sondern so, daß sie der „fürderung des rechten gemaines nutz" diene und die Parteien am wenigsten beschwere. Dabei dürfe - so die für unser Thema zentrale Bestimmung - „ausserhalb dits landtßrechtspuechs auf anndere geschribne recht nicht" Bezug genommen werden! Zulässig sei dies allerdings zur Lückenfüllung, doch nur „nach löblichem geprauch und gewonhaiten" und in Berücksichtigung von „erberkhait und pillichait geleiches rechtens und ursach der vernunfft". Festzuhalten ist demnach zweierlei: Einerseits ist vom Gemeinen Recht ausdrücklich keine Rede und hingewiesen nicht auf „das Geschriebene Recht" als mögliches Synonym, sondern auf „andere geschribne recht", was einen Vergleich mit dem Landrechtsbuch bedeutet und somit einen Verweis auf andere ähnliche Rechtsquellen wie sie nachweis-

60 *Brauneder*, Gesetzgebungsgeschichte.

61 LRE/UE 1526, „Vorred".

62 Der Entwurf gilt als besonders „romanistisch"; vgl *G. Wesener*, Zur Bedeutung der Österreichischen Landesordungs-Entwürfe des 16. und 17. Jahrhunderts für die neuere Privatrechtsgeschichte, in: *L. Carlen - F. Steinegger* (Hrsg), Festschrift Nikolaus Grass zum 60. Geburtstag I, 613ff.

63 LRE/UE 1526 I 3 § 4.

lich verwendet wurden zu den nachfolgenden Landrechtsentwürfen 1573 und 1654 oder zum oben erwähnten Rechtsbuch von Golling 1582 (s o IV.) aufgezählt sind. Andererseits ist das Heranziehen des Gemeinen Rechts als eines der „geschribne recht“ nicht ausgeschlossen, stellt aber keinesfalls die einzige heranzuziehende Quelle dar - aber bloß zur Lückenfüllung und nur insoweit sie mit vernünftigen Gewohnheiten in Einklang steht!

Offenkundig galt mit der Aufnahme einzelner Regeln des Gemeinen Rechts in das Landrechtsbuch jenes als in dieses punktuell inkorporiert, von diesem als absorbiert und insgesamt zufolge des landesfürstlichen Gesetzgebungsmonopols im Sinne jenes von Justinian als abgetan: sowohl hinsichtlich einer subsidiären Geltung wie auch als Maßstab.

Salzburg und beispielsweise auch Österreich unter und ob der Enns lehren uns, daß es die Absicht landesfürstlicher Gesetzgebung sein konnte, aus dem heimischen und nicht dem Gemeinen Recht zu schöpfen - wie anderswo in Europa bekanntlich auch[64].

VI. Gemeines Recht: Praxis

Die Rechtslandschaft allerdings erschöpfte sich bei weitem nicht in den eben vorgeführten Ordnungen und Rechtsaufzeichnungen. Die Rechtspraxis gibt ihr noch ganz andere Konturen. Da ist einmal die praktische große Rolle der Berg- und Waldordnungen. Beispielsweise bewerteten Bergknappen 1504 eine Entlohung nicht mit Geld, sondern in Bergwerksanteilen als ein „unzyümlich geschäfft”, da derartiges „unnsers pergkwerchs Ordnung nit erleiden möcht”, so daß sie Beschwerde deshalb erheben, weil diese „Ordnung nit gehanndthabt” werde[65]. Die Waldordnung 1524 greift in die bisherigen Nutzungsrechte in überaus einschneidender Weise ein, etwa dadurch, daß sie den Handel mit Holzkohle verbietet, ebenso die Anlage neuer Almen durch Rodung wie auch das Ziegenweiden im Bannwald und die Entnahme von „Heimholz”, also das Holzsammeln zum Eigenbedarf, streng kontrolliert[66].

Noch aufschlußreicher ist die Vertragspraxis. In Bezug auf Ehegatten sehen wir hier überwiegend, daß diese durchaus gemeinsam handeln, ohne daß die Frau in ihrer Verfügungsmacht beschränkt wäre. Beispielsweise verkau-

---

64 Vgl die skandinavische Gesetzgebung 1683/87 und 1734: *K. Zweigert - H. Kötz*, Einführung in die Rechtsvergleichung auf dem Gebiete des Privatrechts, 3. Aufl 1996, 272f.

65 *Ludwig - Gruber*, wie Fn 23, 196f.

66 Ebda 207f.

fen Ehegatten 1359 ein Lehen an Ehegatten[67]; 1465 verleihen Ehegatten Liegenschaften gleichfalls an Ehegatten zu „ewigem Erbrecht"[68]. Ehegatten treten gemeinsam als Berechtigte auf, wie 1377 und 1401 von Zehenten[69], 1400 einer Hofstatt und 1506 eines Erb- und Baurechts[70]. Andererseits sehen wir Ehegatten gemeinsam als Verpflichtete wie etwa 1452 und 1501 bei Stiftungen an die Kirche oder 1618 beim Verkauf einer Rente[71]. Dieses gemeinsame Handeln von Ehegatten steht im Einklang damit, daß die Abrede einer allgemeinen Gütergemeinschaft weiterhin stark in Übung blieb. Neben den entsprechenden, sehr zahlreichen Heiratsverträgen beweist dies die Aufnahme von zwei eigenen Formularen in Neuhofers Formelbuch um das Jahr 1550: „Renndlens Heirat" und dazu „Alia forma"[72]; von ihnen interessiert hier vorerst der übereinstimmende, folgende Wortlaut:

> und wir vorgemelte 2 chanleut verschreiben uns samentlich und sonderlich hiemit und in kraft dits briefs, diesen heirat also zu volfüern und in allen seinen punctn und articln stät zu halten. wir wollen auch beder seits den gemainen geschribnen rechtn, denen sölh heirat in renndlens weiß hässig oder widerwertig sein möcht, hierinn aus warem wissen renuncirt und unns derselben für unns und unnser erben zu stät begeben haben und uns bederseits alain diser wilkür benüegen lassen ...[73] treu und on geurde.

Die Kernaussage für unser Thema ist somit die folgende: Die beiden Ehegatten vereinbaren eine allgemeine Gütergemeinschaft, die schon erwähnte sogenannte Rendlensheirat („heirat in rendlens weis"), ein Ausdruck, der das Zusammenrinnen, das heißt, das Zusammenfließen der beiderseitigen Vermögen zu einer Vermögensmasse ausdrückt, wofür der synonyme Ausdruck „Randlos-Heirat" das Unbegrenzte, eben die allgemeine Gütergemeinschaft charakterisiert[74]. Das Formular geht freilich davon aus, daß dieser Güterstand dem Gemeinen Recht widerspricht. Allerdings wird dieses als dispositives Recht bewertet, welches durch Vertrag („wilkür") aufgehoben werden kann. Diese Aufhebung betont das Formular in beson-

---

67 *Hauthaler*, wie Fn 27, 22.

68 Ebda 28.

69 Ebda 23, 24.

70 Ebda 24, 34.

71 Ebda 26, 33, 40.

72 Wie Fn 40, fol 365ff, sowie, anschließend zitiert, 367ff = *P. Hradil*, Untersuchungen zur spätmittelalterlichen Ehegüterrechtsbildung. Nach bayrisch-österreichischen Rechtsquellen. Erster Teil: Das Heiratsgut, 1908, 102f.

73 Im ersten Formular steht hier der unten, nach Fn 76 notierte Einschub.

74 Zur Rendlensheirat: *Brauneder*, Ehegüterrecht, insb 314, 317, 323, 328f; *Siegel*, wie Fn 40, 9f.

derer Weise, und zwar dadurch, daß sie bewußt und ausdrücklich erfolgt, was als Renuntiation gewertet wird. Dies steht nun in unmittelbarer Nähe der auch oben für Rauris festgehaltenen Renuntiation auf die Rechtswohltaten des SC Velleianum, womit deren Motiv auf den Gütergemeinschaftsvertrag übertragen erscheint[75]: Das Gemeine Recht räume mit dem SC Velleianum ebenso wie mit dem Verbot der Gütergemeinschaft der Frau eine Rechtswohltat ein, auf die sie freilich verzichten könne. Das Formular bekräftigt daher schon Bekanntes: einerseits, daß ein Wissen um das Gemeine Recht durchaus auch in den Alpentälern Salzburgs vorhanden war, andererseits, daß man hier doch am bisherigen Rechtszustand gegen das Gemeine Recht festhielt. Neu ist an unserem Formular eine weitere Variante: Das Wissen um das Gemeine Recht, nämlich die Renuntiationsmöglichkeiten der Ehegattin, wird eingesetzt, um Regeln des Gemeinen Rechts, nämlich das Verbot der Gütergemeinschaft unter Ehegatten, zu überwinden - knapper formuliert: Mit dem Gemeinen Recht über das Gemeine Recht hinweg zur bisherigen Praxis.

Diese Technik bestätigt das erste Rendlensheirat-Formular mit einem weiteren Textteil, der nach der Bekräftigung der Rendlensheirat und der „Renuncierung" wie folgt fortfährt[76]:

> Im fal aber, das solhe verschreibung nit kraft haben möcht als ein Renndlens heirat, daß wir vnns doch nit versehen, so sol es zu dem wenigsten kraft vnd würkung haben als ein schankhung der gab von tods wegen, fidej commiß, oder aines annderen lezten willens.

Um eine den erwünschten Wirkungen der allgemeinen Gütergemeinschaft doch ähnliche zu erzielen, nämlich eine entsprechende Vermögensaufteilung im Todesfall, wird zum Mittel der Konversion gegriffen. Das gemeinrechtliche Vorbild liegt hier sogar expressis verbis klar zutage: Es ist dies die Kodizillarklausel, wonach ein unwirksames Testament als Fideikommiss gültig bleibt[77]. Wie zuvor der Gedanke der Certiorierung aus dem Bereich der Interzession auf die Gütergemeinschaft übertragen bzw. jener auch auf diese analog zur Gesamtschuld ausgedehnt wird, so geschieht dies hier mit der Konversion aus dem Erbrecht.

Diese Vertragspraxis steht übrigens nicht beziehungslos neben der heimischen normativen Ordnung: Die erbrechtliche Konversion hält die Salzburger Landesordnung 1526 sogar zweimal ausdrücklich fest[78]. Der oben

---

[75] Vgl zum SC Velleianum im frühneuzeitlichen Österreich: *Brauneder*, Ehegüterrecht, 276.

[76] Er folgt auf den oben zitierten Textteil bei Fn 72, fol 366'.

[77] *M. Kaser*, Römisches Privatrecht. Ein Studienbuch, 16. Aufl 1992, 319f.

[78] Wie Fn 34.

erwähnte Liegenschaftsvertrag einer Frau „unter Beistand“ ihres Bruders stimmt gleichfalls mit der Landesordnung überein[79]. Auch entspricht der Bestimmung der Landesordnung, die Ehegattin könne auf den Vorzug ihres Pfandrechts am Mannesvermögen verzichten[80], eines von Neuhofers Formularen[81]:

> Ich obgemeltes N. sein hausfraw sol vnnd wil auch wider dise verschreibung meines zuegebrachten heiratguts, widerlegung, morgengab, noch der freihaiten, damit das weiblich bild zu rechten begabt, noch nichts (= besonders) erfündlicher gewissen, sonder des und aller behelffe in recht des brieffs zu ganzer stät verzigen sein vnnd bleiben an geuerde.

Keine dieser Stellen verweist übrigens auf Gemeines Recht, ebensowenig das dem eben zitierten vorgeschaltete Formular „Schuldbrief mit weiblicher Verzicht“[82]: Dieser gilt offenbar bereits als Bestandteil des Landesbrauchs.

Besieht man nun unter Zuziehung der Rechtspraxis den Einfluß des Gemeinen Rechts im Salzburgischen, so kommt zu seinem ohnedies schon geringen Einfluß auf der Ebene des Landes durch die Landesordnung 1526 sowie auf der lokalen Ebene wie etwa im Rauriser Landrecht 1565 die noch wesentlich geringere Spur in der Vertragspraxis hinzu: Sie schwächt den Eindruck einer Wirkung des Gemeinen Rechts erheblich ab, und zwar vor allem auch dadurch, daß es als dispositiv angesehen wird. Setzte man nun die „Geltung” des Gemeinen Rechts mit einer „Europäisierung” gleich, wären nach diesem Maßstab die Rauriser Bauern, Gewerken, Salzhändler, Knappen, Säumer etc kaum Europäer gewesen - und dies trotz ihrer zahlreichen von Wirtschafts- und Handelsverflechtungen, von Bildungswegen und darunter auch Rechtskenntnissen bestimmten Verbindungen mit zum Teil weit entfernten Reichsstädten, Universitätsorten und Territorien.

VII. Europas Recht

Das Gemeine Recht allein als Maßstab eines historischen Europarechts zu nehmen ist überaus fragwürdig. Und dies deshalb, weil es als Quellenbasis zu ungenügend ist, um die gesamte europäische Rechtslandschaft einzufangen. Dabei ist „das” Gemeine Recht an sich schon ein gewisser Trugschluß.

---

79 LO/Slzbg 1526, 197; wie Fn 46.

80 LO/Slzbg 1526, 116 Z 10.

81 Wie Fn 72, fol 160.

82 LO/Slzbg 1526, 159f.

Nicht etwa wegen der Verkürzung auf „das römisch-kanonische Recht" in den Worten Coings[83], denn vom Römischen Recht hatte sich das Gemeine Recht zum Teil nahezu um Lichtjahre entfernt[84], sondern weil es nach seinem eigenen Selbstverständnis in die Varianten eines Ius Romano-germanicum, eines Ius Romano-hispanicum oder gar eines Ius Romano-basiliensis zerfiel[85].

Bedenkt man dieses Verschmelzen im Sinne des für Schottland festgehaltenen „marrying Civil law with Scots law"[86], dann liegt die Sicht eines „marrying Civil law with Salzburg law" nicht ferne: Einzelne Sätze des Gemeinen Rechts sind ohne Etikettierung in die Salzburger Landesordnung 1526, in das Rauriser Landrecht 1565 und in Neuhofers Formularbuch wie in Verträge ebenso wie das heimische Recht einbezogen, zum Teil durch punktuelle Verweisung hereingeholt: ein Ius Romano-Salisburgensis. Es findet aber seine Ähnlichkeiten oder gar Parallelen nicht nur in entfernteren gemeinrechtlich-heimischen Mischsystemen, sondern wohl auch, wie oben bemerkt (s o V.), in der Absicht der benachbarten österreichischen Landrechtsentwürfe.

Jedenfalls: Diese Vielfalt mit ihren Modifikationen des Gemeinen Rechts bestimmte das Privatrecht Europas. Die einzelstaatlichen Kodifikationen wie etwa die Privatrechtskodifikation der Habsburgermonarchie ab 1786 oder der Code Civil von 1804 zerstörten nicht eine angeblich vorhandene europäische Rechtseinheit, sondern waren bedingt auch durch diese zwar gemeinrechtlich beeinflußten, aber sich unterscheidenden Blöcke. Dazu kam, daß neben diesen Blöcken eine Fülle an anderen Rechtsquellen die Rechtskultur bestimmte und letztlich, gerade natürlich im Privatrecht, die Privatautonomie mit ihrer Vertragsgestaltung - ein Stiefkind der privatrechtshistorischen Forschung, gerade in ihrem romanistischen Zweig. Örtliche Gewohnheiten, lokale Gesetze, beide nach bestimmten Kriterien immer wieder erneuert und nicht einfach durch Gemeines Recht ersetzt, beherrschten das Rechtsleben - und weiters natürlich die einzelnen Rechtsgeschäfte, welche die dispositiven Regelungen noch abänderten.

Dem Gemeinen Recht selbst war derartiges bei weitem nicht fremd. Gerade die oben zitierten gemeinrechtlichen Darstellungen lassen dies erken-

---

83 Wie Fn 2.

84 Vgl z B *C. Schott*, „Cunctos populos" - Metamorphosen eines kollisionsrechtlichen Schlüsseltextes, in: Rechtskollision. Festschrift für A. Heini zum 65. Geburtstag, 1995, 379-388.

85 *K. Luig*, Römisches Recht, Naturrecht, nationales Recht, 1998, 361ff.

86 *P. Stein*, The character and influence of the Roman Civil Law: Historical Essays, 1988, 331.

nen. Die dort wiedergegebene Begründung der Ablehnung der Gütergemeinschaft unter Ehegatten findet sich in einem ausdrücklich als „Rechts-Lehre" bezeichneten Werk und die auf Salzburg bezogene Darstellung, welche diese Lehrmeinung wiederholt, stellt fest, die Gütergemeinschaft sei „zwar" verboten, nämlich nur dann, „wenn man due gemeine Rechte reden läßt"[87]. Ganz bewußt scheint damit nur der Bereich der Theorie angesprochen! Damit korrespondiert eine prominente Darstellung der Praxis: Ulrich Tengler beschreibt in seinem Laienspiegel die allgemeine Gütergemeinschaft als einen im 16. Jahrhundert durchaus gebräuchlichen, keineswegs verbotenen Güterstand, übrigens unter der Bezeichnung „Leib an Leib und Gut an Gut" wie die Salzburger Landesordnung 1526 auch[88]!

Nicht eine Uniformität gemeinrechtlicher Natur bestimmte das historische europäische Privatrecht, sondern eine Vielfalt, die sich zu regionalen, zueinander unterschiedlichen Rechtsordnungen, freilich auch mit Gemeinsamkeiten, zusammenfand. Und in diesem Sinne waren die Rauriser Talbewohner hinsichtlich ihres Rechts genauso gute Europäer wie sie es Kraft ihrer Wirtschafts- und Bildungsbeziehungen auch waren.

---

87 Wie Fn 48 bzw 47.

88 Abschnitt „Von gemainer hab der Eeleüt" etwa in den Straßburger Drucken von 1514, 1530, 1536, und 1550; dazu *Siegel*, wie Fn 40, 31ff, der in Abreden „leib an leib und gutt an gutt" einer- und solchen einer „Rendlensheirat" andererseits zwei Arten an Gemeinschaften sieht: Es sind dies jedoch zwei Varianten allgemeiner Gütergemeinschaft: *Brauneder*, Ehegüterrecht, 321f, 428.

Gehörige Kundmachung - entschuldbare Rechtsunkenntnis

I. Zum Problem; II. Heute: Pflichten der Normadressaten; III. Ehedem: Pflichten auch des Gesetzgebers: A. Die Bildungshierarchie, B. Die Vorläufer von § 2 ABGB: 1. „Gehörige Kundmachung", 2. Verpflichtung zur Rechtskenntnis, C. Nachkommen von § 2 ABGB; IV. Das zeitgenössische Verständnis von § 2 ABGB.

I. Zum Problem

Unverändert seit seinem Inkrafttreten zu Jahresbeginn 1812 hält § 2 ABGB fest: „Sobald ein Gesetz gehörig kundgemacht worden ist, kann sich niemand damit entschuldigen, daß ihm dasselbe nicht bekannt geworden sei." Diese - anscheinend - unbedingte Verpflichtung zur Rechtskenntnis war und ist ein Problem[1]. Ihre im wesentlichen einzige Bedingung stellt die gehörige Kundmachung dar. Nahezu außer Belang bleibt der Bildungsstand der Normadressaten. Entspricht dies tatsächlich der Absicht von § 2 ABGB[2]?

II. Heute: Pflichten der Normadressaten

Die heutige Sicht geht, kurz skizziert, davon aus, daß es einerseits Gesetzblätter gibt und andererseits jedermann eine entsprechende Schulbildung besitzt, so daß prinzipiell zu folgern sei, Rechtsunkenntnis entschuldige nicht. Mayer-Maly würdigte jedoch 1969 die Versuche der Rechtswissenschaft, diese „Härte des allgemeinen Grundsatzes" einzuschränken[3]. Besonders hatte Schwind schon 1951 die Meinung vertreten, Rechtsunkenntnis ent-

---

Aus: *M. Senn - C. Soliva* (Hrsg), Rechtsgeschichte und Interdisziplinarität. Festschrift für Clausdieter Schott zum 65. Geburtstag, Bern 2001, 15-26.

1 Vgl auch *C. Schott*, Gesetzesadressat und Begriffsvermögen, in: *G. Baumgärtel - H.-J. Becker* (Hrsg), Festschrift für H. Hübner, 1984, 196ff; nahezu klassisch: *Th. Mayer-Maly*, Rechtskenntnis und Gesetzesflut, 1969, 18; für heute z B *P. Bydlinski*, Bürgerliches Recht I. Allgemeiner Teil, 2000, 133f.

2 Die nachfolgende Skizze beschränkt sich auf das Verständnis des „historischen Gesetzgebers".

3 *Th. Mayer-Maly*, Rechtskenntnis als Pflicht des Verkehrsteilnehmers, in: Zeitschrift für Verkehrsrecht 1969, 256.

schuldige dann, wenn die Rechtskenntnis unzumutbar, das heißt, es dem Normadressaten nicht zumutbar sei, sich von einer Vorschrift Kenntnis zu verschaffen[4]. Im Laufe der Zeit hatte auch die Rechtsprechung differenziert. Noch 1923[5] mutete sie einem Landesgerichtsrat zu, er müsse sogar die Entscheidungen des OGH kennen[6], 1961 aber wurde judiziert, die Straßenverkehrsordnung bräuchten nur Fahrzeuglenker und Fahrzeugbesitzer zu kennen[7]. Auch die Gesetzgebung hatte einen neuen Weg insoferne eingeschlagen, als nach dem Verwaltungsstrafgesetz 1925 (§ 5 Abs 2) immerhin feststand, „Unkenntnis der Verwaltungsvorschrift, der der Täter zuwider gehandelt hat, entschuldigt nur dann, wenn sie erwiesener Maßen unverschuldet ist und der Täter das Unerlaubte seines Verhaltens ohne Kenntnis der Verwaltungsvorschriften nicht einsehen konnte“. Die aus § 2 ABGB abgeleitete Verschuldensfiktion erhielt also für Verwaltungsvorschriften eine Ausnahme zur Seite gestellt, und zwar offenkundig wegen des Erfordernisses einer speziellen Einsicht in den oft kompliziert-technischen Charakter der Verwaltungsnormen. Die Frage freilich war und ist nun die, ob es sich hier um eine Spezialnorm für den Bereich des Verwaltungsrechts handelt oder um das Heraufdämmern eines neuen Rechtsgedankens, nämlich jenes der Entschuldbarkeit bei detaillierten Rechtsregeln auch außerhalb des Verwaltungsrechts. Mayer-Maly vertrat 1969 diese Ansicht[8] und sah sich im Einklang mit der oben kurz beschriebenen Judikatur[9], so daß Gesetze nur einem bestimmten Personenkreis unentschuldbar bekannt sein müßten.

Die herrschende Ansicht geht jedenfalls davon aus, daß ein Gesetz ohne Rücksicht auf seine Kenntnis oder Unkenntnis anzuwenden ist[10].

---

4 *F. Schwind*, Der Rechtsirrtum im österreichischen Zivilrecht, in: ÖJZ 1951, 371.

5 *Mayer-Maly*, wie Fn 3, 253f.

6 OGH 11. Juli 1923: Entscheidungen des österreichischen Obersten Gerichtshofes in Zivil- und Justizverwaltungssachen IV, 193.

7 OGH 28. September 1961: 2Ob 375/61: bei *Mayer-Maly*, wie Fn 3, 254.

8 *Mayer-Maly*, wie Fn 1, 25ff.

9 OGH 23. März 1926: Entscheidungen des österreichischen Obersten Gerichtshofes in Zivil- und Justizverwaltungssachen VIII, 89.

10 *H. Koziol*, in: *H. Koziol - R. Welser*, Grundriß des Bürgerlichen Rechts 1, 12. Aufl 2002, 35f; *W. Posch*, in: *M. Schwimann* (Hrsg), Praxiskommentar zum ABGB samt Nebengesetze 1, 2. Aufl 1997, 36ff.

III. Ehedem: Pflichten auch des Gesetzgebers

A. Die Bildungshierarchie

Bei einer Beobachtung der Bedingungen, unter welchen § 2 ABGB entstand, also bei dem, was vom damaligen Gesetzgeber mitgedacht gewesen sein muß, hätte sich manche Diskussion erübrigt.

Zum Zeitpunkt des Inkrafttretens des ABGB, in den heutigen österreichischen Bundesländern zwischen 1812 und 1817, fallen zwei unumstößliche Tatsachen als Abweichungen von heute ins Auge: erstens gab es keine offiziellen Gesetzblätter[11]; zweitens gab es in manchen Teilen des damaligen Geltungsgebietes bis zu 45% Analphabeten[12]. Zeiller beispielsweise war sehr wohl bewußt wie sehr die einzelnen Bildungsstufen voneinander differierten. So unterschied er[13], den „minder gebildeten" Bürger von jenem „von schlichtem Verstande", weiters den „gebildeten Bürger" und sogar den „gebildeteren Bürger", bei dem man bereits „Elementarbegriffe vom Rechte voraussetzen" könne. Diesen so unterschiedlichen Bildungsstufen entsprach es, daß man wie selbstverständlich von einer Pflicht der Obrigkeiten ausging, ein Gesetz „gehörig" kundzumachen, das heißt den Normadressaten in unterschiedlicher Weise näherzubringen. Dafür gab es mehrere Mittel, in erster Linie natürlich den Gesetzestext selbst. Er sollte zumindest dem „gebildeten Bürger" „durch öffentliche Blätter"[14] und natürlich als Buch gleich einem Konversationslexikon zugänglich sein[15]. Für die „unteren Volks-Classen" aber waren nach Zeiller[16] „andere Mittel" einzusetzen wie die „zweckmäßige Anleitung in den Volksschulen", „mündlich in den Gemeindeversammlungen", „populäre Rechtskathechismen", also auch mündlich gerade für Analphabeten. Vor allem aber bemühte man sich sehr um die leicht faßbare Formulierung von Gesetzen[17].

---

[11] *B. Wunder*, Vom Intelligenzblatt zum Gesetzblatt. Zur Zentralisierung inner- und außeradministrativer Normkommunikation in Deutschland (18./19. Jahrhundert), in: *E. V. Heyen* (Hrsg), Informations- und Kommunikationstechniken der öffentlichen Verwaltung, 1997, 75.

[12] *R. Engelsing*, Analphabetentum und Lektüre, 1973, 95, 105.

[13] *F. v Zeiller*, Commentar über das allgemeine bürgerliche Gesetzbuch I, 1812-13, XII, 25, 35f; *J. Ofner*, Der Ur-Entwurf und die Berathungs-Protokolle des Oesterreichischen Allgemeinen bürgerlichen Gesetzbuches I, 1888, 8.

[14] *Zeiller*, wie Fn 13, 35.

[15] *Brauneder*, Gesetzeskenntnis, 526f.

[16] *Zeiller*, wie Fn 13, 25, 35; *Ofner*, wie Fn 13, 8.

[17] *Brauneder*, ABGB, 239f.

B. Die Vorläufer von § 2 ABGB

1. „Gehörige Kundmachung"

Im Gesetzestext selbst schlägt sich dieses Umfeld noch deutlich in den Vorstufen des ABGB nieder. Unser Augenmerk gilt zweierlei: der Art der Kundmachung und der Verpflichtung zur Rechtskenntnis. Zuerst zur Kundmachung: Der Entwurf zu einem Codex Theresianus[18] sprach von „der öffentlichen Kundmachung in der Hauptstadt eines jedweden Landes" (I 1 26). Mit ihr war allerdings und begreiflicherweise nicht die Verpflichtung zur Rechtskenntnis verknüpft: Wie sollte man das Gesetz außerhalb der Hauptstadt sogleich kennen? Der Rechtskenntnis diente die anschließende Legisvakanz von in der Regel zwei Monaten, denn erst nach „Verlauf sothaner bestimmten Zeit" solle sich niemand mit der Unwissenheit der Gesetze entschuldigen können (I 1 27): Was in dieser Zeit zu geschehen habe, setzte der Codex Theresianus nicht fest, doch zeigen die voraufgegangenen Erörterungen, daß die Legisvakanz der „Kundmachung im ganzen Lande" dienen sollte, wobei man sich auf ihre Art nicht festlegte, denn sie gehöre „ad materiam publicam" - jedenfalls dachte man damit an verschiedene Arten[19]! Was diese sozusagen materielle Kundmachung, nämlich das Kundtun anlangt, so ging die Kompilationskommission beispielsweise von folgendem Vorgang aus: Selbst in „weitläufigen Herrschaften" erfolge „die Kundmachung der Gesetze nur an Einem Orte", dazu würden die Herrschaftsbeamten („Richter") zusammengerufen und ihnen das neue Gesetz bekanntgemacht, sodann kehrten diese in ihre Gemeinden zurück, und nun müßte diesen „zusammenberufenen Richtern Zeit gelassen werden", denn sie haben „ein solches Gesetz ihren Gemeinden weiter kundzumachen"[20]. Die Kundmachung ist also ein mehrstufiger Vorgang mit dem Ziel, den Gesetzesinhalt an die Normadressaten heranzubringen, und zwar in angemessener Art und daher in unterschiedlicher Weise. Daher, aber ohne die dem öffentlichen Bereich zuzuzählenden Kundmachungsarten festzulegen, setzte der von Horten überarbeitete Codex Theresianus (EHort) fest: Gesetze seien „durch die gewöhnlichen Wege kund (zu) machen", und zwar müsse dies „in jedem Lande solchergestalten geschehen, damit das Gesetz schleunigst zu Jedermanns Wissenschaft gelange", wobei jedes Gesetz beim Fehlen ei-

---

18 Dieser und seine Nachfolger zitiert nach *Ph. Harras v Harrasowsky*, Der Codex Theresianus und seine Umarbeitungen I-V, 1883-1886.

19 Ebda I, 38, Fn 7.

20 Ebda IV, 16, Fn 4.

ner entsprechenden Bestimmung „vom Tage der gehörigen Kundmachung unnachsichtlich verbinden“ solle (I 1 §3). Mit „Kundmachung“ war hier, im Gegensatz zum Codex Theresianus, nicht ein bloßer Formalakt gemeint, sondern das konkrete Kundtun des Gesetzes an die Normadressaten; daher bedurfte es prinzipiell keiner Legisvakanz mehr, während der dieses materielle Kundtun zu erfolgen hatte: „Kundmachung“ bedeutete nun das Ende, nicht den Anfang des Kundtun-Vorganges! Somit war einerseits der Begriff der „gehörigen Kundmachung“ eingeführt, andererseits diese so verstanden, daß sie auf unterschiedliche, zweckgerichtete Weise zu erfolgen habe, damit jedermann raschest die Gesetze kennen könne.

Das Teil-ABGB 1786 (§§ 2f) übernahm in modernisierter Sprache diese Regelungen des EHort. Der Freiburger Ausgabe des Teil-ABGB 1786 erschien zufolge der ihr beigesetzten Marginalrubriken zweierlei für wichtig. Der Kundmachungsvorschrift (§ 2) setzte sie bei: „Gesetze sollen schleunigst zu jedermanns Wissenschaft gelangen“; zu § 3 unter anderem: „Die Gesetze verpflichten von dem Zeitpunkt der geschehenen Kundmachung“. Im Zentrum dieser Randbemerkungen steht also die faktische, nicht die formelle Kundmachung - „Wissenschaft gelangen“, „geschehenen Kundmachung“ -, und zwar mit dem Zweck, daß sie die Gesetze jedermann rasch zur Kenntnis bringe[21]. Der Entwurf Martini enthält den selben Gedankengang: Die „öffentliche Kundmachung ... muß auf eine solche Art geschehen, daß jeder Bürger so schleunig als möglich davon Kenntnis und Wissenschaft erlange“ (I 1 § 4). Das Galizische Bürgerliche Gesetzbuch[22] definiert sodann weiterhin „die gehörige Kundmachung“ (I 1 § 10) als eine solche auf „die gehörige Art“, den „in einem jeden Lande eingeführten Gebrauche“ (I 1 § 11), und setzt noch hinzu, die „Kundmachung veranstaltet der Gesetzgeber“ (I 1 § 10). Diese Bestimmungen lagen im gleichlautenden Urentwurf zum ABGB dessen weiteren Beratungen zugrunde: Zu diesen[23] machte die Universität Prag den Vorschlag, die Art der Kundmachung doch näher dahin zu definieren, daß sie „durch den Druck, dann auf dem Lande durch Anschlagen und Ablesung, in den größeren Städten aber durch Anschlagung und Einverleibung in die Zeitungsblätter geschehen soll“; ein anderer Vorschlag lautete, statt „veranstaltet der Gesetzgeber“ solle gesagt werden „bestimmt der Gesetzgeber“. Das hätte diesen der Pflicht zur eigenen Kundmachung enthoben, aber wohl dargelegt, daß ihm die Bestimmung der Art der Kundmachung obliege, diese also unterschiedlich etwa im Sinne der

---

21 *Brauneder*, Gesetzeskenntnis, 525.

22 Dazu allgemein *Brauneder*, Privatrechtskodifikation, 303ff.

23 *Ofner*, wie Fn 13, 16.

Prager Universität erfolgen könne. Ebenso wußte Referent Zeiller sehr wohl, daß mehrere Arten der Kundmachung in Frage kämen, doch sollten diese wie auch der Hinweis auf den Gesetzgeber in einem Zivilgesetzbuch als eine „politische, auf alle Arten der Gesetze sich beziehende" Angelegenheit unterbleiben. Auch war sich die Kommission bei der Frage „über die Art der Kundmachung" bewußt, daß es derer stets mehrere gab[24]. Übrig blieb freilich der lapidare Satz des späteren § 2 ABGB. Aber seine „gehörige Kundmachung" umschloß für den Zeitgenossen die Selbstverständlichkeit von mehreren Möglichkeiten derselben mit dem Zweck, das Gesetz den Normadressaten in unterschiedlicher, ihnen angepaßter Weise zur Kenntnis zu bringen.

2. Verpflichtung zur Rechtskenntnis

Was nun die Verpflichtung zur Rechtskenntnis anlangt, so enthielt der Codex Theresianus[25] eine dem § 2 ABGB entsprechende Bestimmung (I 1 27), setzte aber auch eine Ausnahme fest (I 1 28). Sie kam einmal einem bestimmten Personenkreis zugute, und zwar „besonders" (also nicht ausschließlich) jenen „Personen, die von Unseren Gesetzen begünstigt werden", trat weiters in einem bestimmten Fall ein, nämlich bei Vermögensverlust, der zur Bereicherung eines anderen führt, schließlich bei „Umständen", die „Entschuldigung und Nachsicht" verdienen: Dann sollte auf „Ansuchen die außerordentliche Rechtshilfe" einer restitutio in integrum stattfinden. Dieser Formulierung waren in der Revisionskommission Diskussionen vorausgegangen, wo beispielsweise erwähnt wurde, man habe hinsichtlich der Rechtskenntnis „den Unmündigen, Soldaten, Frauen, Bauern und anderen Rechtsunkundigen eine besondere Hilfe zu gewähren"[26]. Allerdings rückte schließlich die Kompilationskommission zufolge der beschriebenen Vorsorge für ein tatsächliches Kundtun von diesen Ausnahmen des Codex Theresianus von der Kenntnisverpflichtung ab. Dennoch wurden sie von Horten beibehalten und sogar weiter gefaßt, denn es gab nun keine personelle Einschränkung mehr und auch das Erfordernis der Bereicherung fiel weg, übrig blieben die „vorwaltenden besonderen Umstände" (I 1 § 4). Die Gesetzgebungskommission empfahl dennoch weiterhin die Streichung dieser Ausnahmebestimmung, einzig Horten, ihr Verfasser, trat für sie ein. Josef II.

---

[24] Vgl schon 1792 etwa den Hinweis auf unterschiedliche Kundmachungen in Böhmen und in Niederösterreich: *Harrasowsky*, Codex Theresianus V, wie Fn 18, 6.

[25] Ebda I, 39, Fn 8.

[26] Ebda.

schloß sich seiner Minderheitenmeinung an[27]. Ab dem Entwurf Martini allerdings gab es keine Ausnahmebestimmung mehr: „Ist ein Gesetz gehörig kundgemacht, so kann Niemanden der Vorwand der Nichtkenntniß zur Entschuldigung dienen" (I 1 §6). Das Galizische Bürgerliche Gesetzbuch hielt ebenso fest: „Jedes Mitglied des Staates ist verbunden sich die Gesetze bekannt zu machen", und fügte auch die Begründung dafür an, nämlich die gehörige Kundmachung (§11): Die Verpflichtung stand daher unter der Bedingung der gehörigen Kundmachung, die aber wieder, nach dem oben Ausgeführten, eine Verpflichtung des Staates zur verschiedenartigen Heranbringung des Gesetzestextes an jedes „Mitglied des Staates" war.

Im Zuge der ABGB-Beratungen[28] kam es zu einer Straffung des Textes, dem die ausdrückliche Formulierung dieses Zusammenhangs zum Opfer fiel: „Jedermann ist verbunden, sich die ihn, seine Handlungen und Geschäfte betreffenden Gesetze bekannt zu machen". Mit dieser Textierung war allerdings ein neuer Gedanke eingeführt worden, nämlich, daß man nur bestimmte Gesetze - „die ihn, seine Handlungen und Geschäfte betreffenden" - kennen müsse. Zeiller aber trat für eine weitere Straffung ein, nämlich nach dem allgemeinen Grundsatz, „alle Motivierungen aus dem Gesetzbuche hinwegzulassen": Übrig blieb § 2 ABGB. Aus dem vorgeschlagenen Text wie aber auch aus Zeillers Begründung für die Streichung folgt freilich, daß man das Weggelassene, nämlich die eingeschränkte Kenntnispflicht, bloß als eine der wegzulassenden Motivierungen betrachtete, nicht aber eine inhaltliche Änderung vollziehen wollte! So war also bei § 2 ABGB über die Gehörigkeit der Kundmachung hinaus noch eines mitgedacht: die eingeschränkte Verpflichtung zur Rechtskenntnis.

C. Nachkommen von § 2 ABGB

Jene Schweizer Zivilgesetzbücher[29] die das ABGB kopierten, haben dessen § 2 in interessanter Weise modifiziert, indem sie die Art der Kundmachung festlegten. Am weitesten ging dabei das Solothurner Zivilgesetzbuch 1841. Erst einmal sollte das Erscheinen von Gesetzen „angezeigt" werden, und zwar „vor oder nach dem öffentlichen Gottesdienst, und durch Anschlag an den dazu bestimmten Orten", die Kundmachung selbst hatte „durch den

---

[27] Ebda IV, 16, Fn 4.

[28] *Ofner*, wie Fn 13, 16.

[29] Diese zitiert nach zeitgenössischen Ausgaben: Bern 1825, Aargau 1826, Luzern 1840, Solothurn 1841.

Druck“ zu erfolgen und es mußten die Gesetze „zur Einsicht für die Gemeindebewohner den Ammännern und Friedensrichtern zugestellt werden“ (§ 1). Doppeltes wurde also zur Kundmachung verlangt: Die Information über die bloße Existenz eines neuen Gesetzes und die Vermittlung von dessen Inhalt durch einen Druck, der zur Einsichtnahme aufzulegen war. Die Zivilgesetzbücher für den Kanton Bern 1824 und für den Kanton Luzern 1832 übernahmen diese Regelung wortwörtlich, allerdings ohne die Auflagepflicht zur Einsichtnahme (1. Satz bzw § 2). Abweichend davon hatte das Allgemeine Bürgerliche Gesetzbuch für den Kanton Aargau 1826 nur von der „Kundmachung“ der Gesetze schlechthin gesprochen, ordnete aber für sich selbst an, es solle „auf übliche Weise öffentlich kundgemacht, zu diesem Ende besonders gedruckt, den Behörden und Beamten mitgetheilt, so wie auch in der obrigkeitlichen Druckerei für einen ... bestimmten Preis verkauft werden“[30]. Aargau kannte also eine Kundmachung „auf übliche Weise“, in erster Linie („besonders“), aber nicht ausschließlich, durch Druck, den die Beamten beigestellt erhielten, der ansonsten aber zu kaufen war. Für die Kantone Bern und Luzern war also einzig die Kundmachung durch Drucklegung vorgeschrieben, während es im Kanton Solothurn auch noch die Möglichkeit der Einsichtnahme gab und im Kanton Aargau zumindest eine andere, nicht bekannte „übliche Weise“. Damit entsprach man dem ABGB-Umfeld, das dieses aber, anders als seine Schweizer Nachkommen, im Gesetzestext verschwieg.

Hinsichtlich der Unentschuldbarkeit wiederholten die beiden Zivilgesetzbücher für die Kantone Luzern (§ 4) und Aargau (§ 5) den § 2 ABGB wortwörtlich, jene für die Kantone Solothurn (§ 3) und Bern (7. Satz) in anderer Formulierung: „Die Entschuldigung, daß jemand ein gehörig bekannt gemachtes Gesetz nicht gekannt habe, soll von keinem Gericht beachtet werden.“ Bedingung der Unentschuldbarkeit war jedenfalls überall die gehörige Kundmachung, die eine - wie eben erläutert - voraufgegangene Bestimmung festlegte, was das Aargauer Zivilgesetzbuch durch eine Verweisung darauf sogar betonte.

Auch der Entwurf eines bürgerlichen Gesetzbuches für das Königreich Bayern von Karl von Leonrod 1834[31], der ausdrücklich das ABGB als Vorbild wählte, bestimmte nicht nur ausdrücklich die „Art der Kundmachung“ (§ 3), sondern differenzierte: Die Publikation erfolge zwar ausschließlich durch ein „Gesetzblatt“, doch galt ein Gesetz „als gehörig kundgemacht“

---

30 §§ 2, 5; Kundmachungspatent § 2.

31 Zitiert nach dem Exemplar am Max-Planck-Institut für Europäische Rechtsgeschichte, Frankfurt/Main.

erst nach Ablauf einer achttägigen Legisvakanz, und zwar mit unterschiedlichem Beginn: Sie begann „in dem Kreise, wo die Regierung ihren Sitz hat", sogleich „nach dem Datum des Gesetzblattes", in den übrigen Kreisen erst ab dem Tage, in dem das Gesetzblatt „in der Hauptstadt des Kreises der ersten königlichen Behörde mitgetheilt worden ist". Unausgesprochen gab es also eine Pflicht zur Lektüre des Gesetzblattes, zu der man acht Tage Zeit hatte, und dies nicht ab einem formalen Zeitpunkt, sondern ab der Möglichkeit zur Lektüre: In der Hauptstadt sah man sie sogleich bei Erscheinen des Gesetzblattes, außerhalb aber erst später als gegeben an!

IV. Das zeitgenössische Verständnis von § 2 ABGB

Im Einklang mit dem eingangs skizzierten Bildungsumfeld stehen also Entstehungsgeschichte, Meinung des „historischen Gesetzgebers" und zeitgenössisches Verständnis des § 2 ABGB: „Gehörige Kundmachung" bedeutet, daß die Obrigkeiten je nach Bildungsstand der Bevölkerungsteile und, so wird man in Korrelation dazu sagen müssen, nach Schwierigkeit des Gesetzesinhaltes verpflichtet waren, für eine abgestufte Zurkenntnisbringung zu sorgen - es traf sie also eine Pflicht zur gehörigen, d h angemessenen und verschiedenartigen Kundmachung. Der Normadressat war dennoch nicht verbunden, die gesamte Rechtsordnung zu kennen. Daher konnte er sich einmal durchaus „damit entschuldigen", daß ein Gesetz - für einen bestimmten Personenkreis - nicht gehörig kundgemacht sei, etwa durch bloße Drucklegung und nicht auch durch Verlesen für Analphabeten, wie weiters, daß es ihn gar nicht betreffe. Dem „minder gebildeten" Bürger kam zustatten, daß er sich wohl mit der Kompliziertheit eines Gesetzes, falls weiters nicht erläutert, entschuldigen konnte.

Dazu kam noch ein wesentlicher Umstand: Es war § 2 nicht die einzige Kundmachungsregel! Denn wie anderswo das ABGB durch seine ausdrücklichen Verweisungen auf Nebengesetze („politische Verordnungen" etc) modifiziert wurde[32], so hier § 2 ohne solche durch eine Reihe an Verwaltungsvorschriften[33]. Insgesamt erweisen sie, daß die „gehörige Kundmachung" unterschiedlich und sehr speziell sein konnte.

---

32 *Brauneder*, Zivilrechtskodifikation, 73.

33 *A. Visini*, Handbuch der Gesetze und Verordnungen, welche sich auf das österreichische allgemeine bürgerliche Gesetzbuch beziehen I, 1837, XIf.

Zeiller war dies alles wohl bewußt[34]: „Die Kundmachung der Gesetze und die Beurteilung, wie die Gesetze nach ihren verschiedenen Arten, nach Beschaffenheit der Local-Verhältnisse und der übrigen Umstände bekannt gemacht werden sollen, damit sie am sichersten und schnellsten zur Kenntnis aller derjenigen gelangen, welche sie in ihren Verhältnissen zu wissen nötig haben, ist ein Geschäft der politischen Verwaltung", so daß erst nach derartiger, passender Kundmachungsart der Satz gelte: „Sobald also das Gesetz gehörig kundgemacht worden ist, kann sich niemand mit der Rechtsunwissenheit entschuldigen" - etwa Analphabeten dann nicht, wenn es ihnen von der Kanzel vorgelesen wurde. In seinem „Zweiten Kommentar" hielt Zeiller sogar fest: Gesetze seien „verbindlich" nur für jene, „denen Kenntnis und Befolgung derselben möglich ist"[35]!

34 *Zeiller*, wie Fn 13, 36.

35 *Brauneder*, Abhandlung, 31.

Abgekürzt zitierte Literatur des Verfassers

1848	1848 nach 1848, in diesem Band, 89ff.
ABGB	Das Allgemeine Bürgerliche Gesetzbuch für die gesamten Deutschen Erbländer der österreichischen Monarchie von 1811, in: Gutenberg-Jahrbuch 62, 1987, 205-254.
Abhandlung	Abhandlung über die Principien des allgemeinen bürgerlichen Gesetzbuches. Vom Hofrath von Zeiller (1816-1820), 1986.
Anfänge der Gesetzgebung	Die Anfänge der Gesetzgebung am Beispiel der Steiermark, in: Studien I, 413-435.
Anteil	Der ständische Anteil am Gemeinwesen in den österreichischen östlichen Ländern, in diesem Band, 37ff.
Beamtenstaat	Die Verwaltung im Beamtenstaat nach dem Dreißigjährigen Krieg, in: Studien I, 255-279.
Becher	Bechers Lehre vom Staat, in: Studien I, 57-84.
Bicameralism	Austria's Bicameralism 1861-1873: Two „First Chambers", in: Studien I, 127-139.
Civitas	Civitas et cives Sancti Romani Imperii, in: Studien I, 15-36.
Denkschrift	„Bachs Denkschrift" von 1851: Ein Forschungsirrtum, in: *W. Ogris - W. Rechberger* (Hrsg), Gedächtnisschrift Herbert Hofmeister, 1996, 83-88.
Deutschösterreich	Deutschösterreich 1918. Die Republik entsteht, 2000.
Ebendorfer	Thomas Ebendorfer von Haselbach, in: *W. Brauneder* (Hrsg), Juristen in Österreich 1200-1980, 1987, 24-27, 314f.
Ehegüterrecht	Die Entwicklung des Ehegüterrechts in Österreich, 1973.
Europäisches Privatrecht I	Europäisches Privatrecht - aber was ist es? (Anmerkungen zu Coing und Zimmermann), in: ZNR 15, 1993, 225-235.

Europäisches Privatrecht II	Europäisches Privatrecht: historische Wirklichkeit oder zeitbedingter Wunsch an die Geschichte? (= Centro di Studi e ricerche di diritto comparato e straniero. Saggi, conferenze e seminari 23), 1997.
Formen	Formen und Tragweite des deutschen Einflusses auf die österreichische Verwaltungswissenschaft 1850 bis 1914, in: Studien I, 343-376.
Frühneuzeitliche Gesetzgebung	Frühneuzeitliche Gesetzgebung: Einzelaktion oder Wahrung einer Gesamtrechtsordnung?, in diesem Band, 365ff.
Frühneuzeitliches Recht	Frühneuzeitliches Recht im Rauriser Alpental. „Europäisches Privatrecht" im 16. Jahrhundert, in diesem Band, 413ff.
Gehalt	Der soziale und rechtliche Gehalt der österreichischen Policeyordnungen des 16. Jahrhunderts, in: Studien I, 473-487.
Gesetzeskenntnis	Gesetzeskenntnis und Gesetzessprache in Deutschland von 1750 bis 1850 am Beispiel der Habsburgermonarchie, in: Studien I, 519-543.
Gesetzgebungsgeschichte	Zur Gesetzgebungsgeschichte der niederösterreichischen Länder, in: Studien I, 1994, 437-462.
Grundlagen	*W. Brauneder* (Hrsg), Grundlagen transatlantischer Rechtsbeziehungen im 18. und 19. Jahrhundert (= Rechts- und Sozialwissenschaftliche Reihe 1), 1991.
Grundrechte	Die Gesetzgebunsgeschichte der österreichischen Grundrechte, in: *R. Machacek - W. P. Pahr - G. Stadler* (Hrsg), 70 Jahre Republik. Grund- und Menschenrechte in Österreich. Grundlagen, Entwicklung und internationale Verbindungen, 1991, 189-364.
History	History of the Structure of General Administration in Austria, in: *Federal Chancellary* (Hrsg), Public Administration in Austria, 1992 (Übersetzung von: Geschichte der allgemeinen Verwaltung in Österreich, in: Studien I, 279-309).
Influence	America's Influence on Constitutional Development in the Habsburg Monarchy, in diesem Band, 135ff.

Juristenschriften	Die staatsrechtliche Bedeutung österreichischer Juristenschriften des 16. Jahrhunderts, in: Studien I, 37-84.
Konstitutionalisierung	Konstitutionalisierung und Parlamentarisierung in Österreich 1848 bis 1918, in diesem Band, 105ff.
Kulturbeziehungen	Transatlantische Kulturbeziehungen, in: *W. Brauneder* (Hrsg), Grundlagen transatlantischer Rechtsbeziehungen im 18. und 19. Jahrhundert (= Rechts- und sozialwissenschaftliche Reihe 1), 1991, 11-40.
Landesordnung	Landesordnung, in: HRG II, 1978, 1405-1408.
Leseverein	Leseverein und Rechtskultur. Der Juridisch-politische Leseverein zu Wien 1840-1990, 1992.
Lizenzausgabe	Die Wiener Lizenzausgabe, in: *W. Brauneder* (Hrsg), May.
May	Karl May und Österreich. Realität - Fiktion - Rezeption. Bildung und Trivialliteratur, 1996.
Nationalversammlung	Die Provisorische und die Konstituierende Nationalversammlung der Jahre 1918 bis 1920, in: *E. Bruckmüller* (Hrsg), Parlamentarismus in Österreich (= Schriften des Instituts für Österreichkunde 64), 2001, 110-129; auch in: Jahrbuch für Juristische Zeitgeschichte 2 (2000/2001), 2001, 153-179.
Österreich ELR	Österreich, in: Ergänzbares Lexikon des Rechts, 1/930, 1996, 1-10.
Österreich HRG	Österreich, in: HRG III, 1984, 1334-1359.
Parlament	Der Beitrag des Parlaments zur Entwicklung des Verfassungsrechts vor 1918, in: *H. Schambeck* (Hrsg), Parlamentarismus und öffentliches Recht in Österreich. Entwicklung und Gegenwartsprobleme, 1993, 43-82.
Policeygesetzgebung	Die Policeygesetzgebung in den österreichischen Ländern des 16. Jahrhunderts: Forschungsstand und Perspektiven, in diesem Band, 385ff.
Privatrecht	Die Geltung obrigkeitlichen Privatrechts im spätmittelalterlichen Wien, in: Studien I, 401-408.
Privatrechtskodifikation	Europas erste Privatrechtskodifikation: Das Galizische Bürgerliche Gesetzbuch, in: *H. Barta - R. Palme - W. Ingenhaeff* (Hrsg), Naturrecht und Privatrechtskodifikation. Tagungsband des Martini-Colloquiums 1998, 1999, 303-320.

Privatrechtswissenschaft	Kanonisches und Römisch-gemeines Recht am Beginn der modernen Privatrechtswissenschaft, in: Studien II, 15-30.
Rechtsangleichung	Österreichisch-deutsche Rechtsbeziehungen I. Rechtsangleichung 1850-1938 (= Rechts- und sozialwissenschaftliche Reihe 12), 1996.
Rechtsschule	Die Historische Rechtsschule in Österreich (Wissenschaftliche Mitteilung am 30. Deutschen Rechtshistorikertag, Bern, 27. September 1994).
Regierungssystem	Das Regierungssystem bis 1918, in: *H. Schambeck* (Hrsg), Österreichs Parlamentarismus. Werden und System, 1986, 169-184.
Renner	Karl Renners „Entwurf einer provisorischen Verfassung", in: Studien I, 169-204.
Rodriganda	Insel Rodriganda - Angra Pequena/Lüderitz? Kolonialpolitik bei Karl May, in: MKMG 103/1995, 12-16.
Seperation	Separation of Powers in Austria´s First Constitutions, in diesem Band, 79ff.
Soziale Gruppen	Stellung und Verhältnis sozialer Gruppen in den Polizeyordnungen des 16. Jahrhunderts, in diesem Band, 403ff.
Staatlichkeit	Die Erneuerung der Staatlichkeit in Mitteleuropa nach 1945, in diesem Band, 333ff.
Staatselement	Vom neo-ständischen Staatselement zum lokalen Verwaltungssprengel: Das österreichische Gutsgebiet, in: Studien I, 141-152.
Staatsgründungen	Staatsgründungen in Europa um 1918, in diesem Band, 305ff.
Staatsoberhaupt	Die Wahl des Staatsoberhaupts in Republiken, in diesem Band, 207ff.
Staatssymbolik	Österreichs Staatssymbolik seit 1918, in diesem Band, 269ff.
Ständisches Recht	„Allgemeines" aber nicht gleiches Recht: Das ständische Recht des ABGB, in: *H. Hattenhauer - G. Landwehr* (Hrsg), Das nachfriderizianische Preußen 1786-1806, 1988, 23-33.
Strafrecht	Das Strafrecht in den österreichischen Polizeiordnungen des 16. Jahrhunderts, in: Studien I, 489-517.

Struktur	Geschichte der Struktur der allgemeinen Verwaltung in Österreich, in: Studien I, 279-309.
Territorialstruktur	Die Territorialstrukturen im süddeutsch-österreichischen Raum, in diesem Band, 11ff.
Überlegungen	Überlegungen zur Bundespräsidentenwahl, in: Berichte und Informationen 10, 1979, 8-10.
Unger	Josef Unger, in: HRG V, 1998, 483-488.
Verfassungsentwicklung	Die Verfassungsentwicklung in Österreich 1848-1918, in: *H. Rumpler - P. Urbanitsch* (Hrsg), Die Habsburgermonarchie 1848-1918 VII/1: Verfassung und Parlamentarismus, 2000, 69-237.
Verfassungsgeschichte	Österreichische Verfassungsgeschichte, 8. Aufl 2001.
Vernünftiges Recht	Vernünftiges Recht als überregionales Recht: Die Rechtsvereinheitlichung der Österreichischen Zivilrechtskodifikation 1786-1797-1811, in: *R. Schulze* (Hrsg), Europäische Rechts- und Verfassungsgeschichte, 1991, 121-137.
Verwaltungsrechtswissenschaft	Österreich, in: *E. V. Heyen*, Geschichte der Verwaltungsrechtswissenschaft in Europa, 1982, 131-147.
Verwaltungsstrafrechtspflege	Die Entwicklung der modernen Verwaltungsstrafrechtspflege in Österreich, in: Studien I, 321-341.
Zivilrechtskodifikation	Das österreichische ABGB: Eine neuständische Zivilrechtskodifikation, in: *G. Klingenberg - J. M. Rainer - H. Stiegler* (Hrsg), Vestigia Iuris Romani. Festschrift für Gunter Wesener zum 60. Geburtstag, 1992, 67-80.

Abkürzungs- und Siglenverzeichnis

Abg	Abgeordnete(r)
ABGB	Allgemeines Bürgerliches Gesetzbuch
AdR	Archiv der Republik, Wien
ALR	Allgemeines Preußisches Landrecht
AÖG	Archiv für österreichische Geschichte
AÖR	Archiv des öffentlichen Rechts
BGBl	Bundesgesetzblatt
Bgld	Burgenland
BKA	Bundeskanzleramt
BR PlenProt	Plenarprotokolle des Deutschen Bundesrates
BT PlenProt	Plenarprotokolle des Deutschen Bundestages
B-VG	Bundes-Verfassungsgesetz 1920/29
CA	Codex Austriacus
CCC	Constitutio Criminalis Carolina
CDU	Christlich-Demokratische Union
CDUD	Christlich-Demokratische Union Deutschlands
CSU	Christlich-Soziale Union
DNVP	Deutschnationale Volkspartei
DÖV	Die Öffentliche Verwaltung
DVP	Deutsche Volkspartei
EHort	Entwurf Horten
ELR	Ergänzbares Lexikon des Rechts
Erzh	Erzherzog/Erzherzogtum
FDP	Freie Demokratische Partei
FRA	Fontes rerum Austriacarum
GASP	Gemeinsame Außen- und Sicherheitspolitik
GBGB	Galizisches Bürgerliches Gesetzbuch
GDVP	Großdeutsche Volkspartei
Gesch Sbgs	*H. Dopsch - H. Spatzenegger* (Hrsg), Geschichte Salzburgs. Stadt und Land, 1981ff.
GO/Stmk 1618	Gerichts(prozeß)ordnung für Landshaubtmanschaft und Schrannengericht Steiermark 1618, Graz 1620 (Rechtswissenschaftliche Fakultätsbibliothek Wien)

GRRF	*K. May*, Gesammelte Reiseromane, Freiburg/ Breisgau 1892ff (Reprint Bamberg 1982ff)
GW	*K. May*, Gesammelte Werke (insgesamt)
GWB	*K. May*, Gesammelte Werke, Bamberg 1950ff
GWH	*K. May*, Gesammelte Werke, Heidelberg 1951ff
GWR	*K. May*, Gesammelte Werke, Radebeul 1913ff
GWW	*K. May*, Gesammelte Werke, Wien 1948ff
HKA	*H. Wiedenroth - H. Wollschläger* (Hrsg), Karl Mays Werke. Historisch-kritische Ausgabe, Nördlingen bzw Zürich; bzw entsprechender Band der Parkland-Ausgabe, Zürich
HRG	*A. Erler - E. Kaufmann - D. Werkmüller* (Hrsg.), Handwörterbuch zur deutschen Rechtsgeschichte I - V, 1971ff
HWO/NÖ 1527	Handwerksordnung für die niederösterreichischen Länder 1527: SlgChor 1
JbKMG	Jahrbuch der Karl-May-Gesellschaft
JBl	Juristische Blätter
JBÖffR	Jahrbuch des öffentlichen Rechts der Gegenwart, Neue Folge
JGS	Justizgesetzsammlung (1817ff)
JuS	Juristische Schulung
k u k	kaiserlich und königlich
Kgr	Königreich
KMKM	Karl Mays Klassische Meisterwerke, Karl-May-Verlag Bamberg in enger Zusammenarbeit mit Verlag Carl Ueberreuter Wien. - Taschenbuchausgabe ohne Bandzählung jedoch mit Vermerk zB: „Der Inhalt dieses Buches entspricht dem Band 10 der grünen Originalausgabe Karl Mays Gesammelte Werke“ sowie „Diese Ausgabe erscheint in enger Zusammenarbeit mit dem Verlag Carl Ueberreuter Wien“.
KPD	Kommunistische Partei Deutschlands
Ktn	Kärnten
LGO/K 1577	Landgerichtsordnung für Kärnten 1577, Graz 1578 (Universitätsbibliothek Wien)
LGO/OE 1559	Landgerichtsordnung für Österreich ob der Enns 1559, zeitgenössischer Druck o O o J (Rechtswissenschaftliche Fakultätsbibliothek Wien)

LGO/OE 1675	Landgerichtsordnung für Österreich ob der Enns 1675, Linz 1677 (Universitätsbibliothek Wien)
LGO/Stmk 1574	Landgerichtsordnung für Steiermark 1574, Graz 1638 (Österreichische Nationalbibliothek Wien)
LGO/UE 1514/1540	Landgerichtsordnung für Österreich unter der Enns 1514 bzw 1540, *A. Hye* (Hrsg), Beitrag zur österreichischen Strafrechts-Geschichte, in: Zeitschrift für österreichische Rechtsgelehrsamkeit und politische Gesetzkunde I, 1844, 353-386
LGO/UE 1656	Landgerichtsordnung für Österreich unter der Enns 1656, Wien 1678 (Universitätsbibliothek Wien)
LO/Slzbg 1526	*F. V. Spechtler - R. Uminsky* (Hrsg), Die Salzburger Landesordnung von 1526. Mit Einleitung, Register und Sacherklärung, 1981
LO/T 1573	Landesordnung Tirol 1573, zeitgenössischer Druck o O o J (Rechtswissenschaftliche Fakultätsbibliothek Wien)
LRE/OE 1609	Landrechtsentwurf für Österreich ob der Enns 1609: SlgChor 8 und 9
LRE/OE 1616/29	Landrechtsentwurf für Österreich ob der Enns 1616/29: *H.-W. Strätz* (Hrsg), Landtafel des Erzherzogtums Österreich ob der Enns I, 1990
LRE/UE 1526	Landrechtsentwurf für Österreich unter der Enns 1526: SlgChor 1
LRE/UE 1573	Landrechtsentwurf für Österreich unter der Enns 1573: SlgChor 3 und 4
LRE/UE 1595	Landrechtsentwurf für Österreich unter der Enns 1595: SlgChor 6 und 7
LRE/UE 1654	Landrechtsentwurf für Österreich unter der Enns 1654: SlgChor 10
LRO/OE 1535	Landrechtsordnung für Österreich ob der Enns 1535: SlgChor 1
LRO/OE 1627	Landrechtsordnung für Österreich ob der Enns 1627, Linz 1652 (Universitätsbibliothek Wien)
LRO/UE 1540	Landrechtsordnung für Österreich unter der Enns 1540: SlgChor 1
LRO/UE 1557	Landrechtsordnung für Österreich unter der Enns 1557: SlgChor 2

LRO/UE 1595	Landrechtsordnung für Österreich unter der Enns 1595: SlgChor 7
LU	*C. May*, Die Liebe des Ulanen, 1901-1902 (Reprint Bd I-V), 1972
MGSL	Mitteilungen der Gesellschaft für Salzburger Landeskunde
MIÖG	Mitteilungen des Instituts für österreichische Geschichtsforschung, Wien
MKMG	Mitteilungen der Karl-May-Gesellschaft
MRP	Ministerratsprotokolle
NÖ	Niederösterreich
NÖLA/StA	Niederösterreichisches Landesarchiv/Ständisches Archiv
NR	Österreichischer Nationalrat
ÖJZ	Österreichische Juristenzeitung
OÖ	Oberösterreich
ÖstA	Österreichisches Staatsarchiv
ÖVP	Österreichische Volkspartei
ÖWT	Österreichische Weistümer, hrsg v der Österreichischen Akademie der Wissenschaften
PGS	Politische Gesetzessammlung (1793ff)
PlenProt	Plenarprotokoll
PO/NÖ 1542, 1552	Polizeiordnung für die niederösterreichischen Länder 1542 bzw 1552: SlgChor 1 bzw 2 (Artikelzählung durch den Verfasser)
PO/OUE	Polizeiordnungen für Österreich ob und unter der Enns 1566: SlgChor 2, 1568: CA II, 147ff
PO/Stmk 1577	Polizeiordnung für die Steiermark 1577, Graz 1588 (Universitätsbibliothek Wien)
PO/T 1573	Polizeiordnung Tirol 1573, zeitgenössischer Druck o O o J (Österreichischen Nationalbibliothek Wien)
POKnt 1577	Polizeiordnung für Kärnten 1577, Graz 1578 (Universitätsbibliothek Wien)
RGBl	Reichsgesetz(- und Regierungs)blatt für das Kaisertum Österreich
RPO	Reichspolizeiordnung
RT-V	Verhandlungen des österreichischen Reichstages nach der stenographischen Aufnahme I-V, 1849

SED	Sozialistische Einheitspartei Deutschlands
SlgChor	Sammlung Chorinsky: *C. v Chorinsky* (Hrsg), Sammlung lithographierter Mitteilungen und Abschriften österreichischer Rechtsquellen der Neuzeit (Bandzahl entsprechend Signatur GesSlg B 350 der Rechtswissenschaftlichen Fakultätsbibliothek Wien)
Slzbg	Salzburg
SPD	Sozialdemokratische Partei Deutschlands
SPÖ	Sozialdemokratische bzw Sozialistische Partei Österreichs
StenProt BV	Stenographische Protokolle der österreichischen Bundesversammlung
StenProt NR	Stenographische Protokolle des österreichischen Nationalrates
StenProt AH	Stenographische Protokolle des Abgeordnetenhauses des österreichischen Reichsrates
StenProtKonstNV	Stenographische Protokolle über die Sitzungen der Konstituierenden Nationalversammlung der Republik Österreich
StGBl	Staatsgesetzblatt
StO/Wien 1526	Stadtordnung Wien 1526: *P. Csendes* (Hrsg), Die Rechtsquellen der Stadt Wien (= FRA III/9), 1986
StPO/Slzbg 1524	*F. V. Spechtler - R. Uminsky* (Hrsg), Die Salzburger Stadt- und Polizeiordnung von 1524. Mit Einleitung, Register und Sacherklärung, 1978
Studien I	*W. Brauneder*, Studien I: Entwicklung des Öffentlichen Rechts, 1994
Studien II	*W. Brauneder*, Studien II: Entwicklung des Privatrechts, 1994
SZ	Entscheidungen des österreichischen Obersten Gerichtshofes in Zivil- und Justizverwaltungssachen, 1919ff
UB Wien	Universitätsbibliothek Wien
USPD	Unabhängige Sozialdemokratische Partei Deutschland
Vbg	Vorarlberg
VNL	*K. May*, Ausgaben Verlag Neues Leben, Berlin/Ost 1982ff

V-ÜG	Verfassungs-Überleitungsgesetz, BGBl 75/1934
VVDtStRL	Veröffentlichung der Vereinigung deutscher Staatsrechtslehrer
WR	*K. May*, Waldröschen oder die Rächerjagd rund um die Erde, Dresden 1882-1884 (Reprint Bd I-VI, Leipzig 1988f)
WRV	Weimarer Reichsverfassung
WzG	*K. May*, Der Weg zum Glück, Dresden 1886-1887 (Reprint Bd I-VI Hildesheim-New York 1971)
ZBJI	Zusammenarbeit in den Bereichen Justiz und Inneres
ZHF	Zeitschrift für Historische Forschung
ZNR	Zeitschrift für Neuere Rechtsgeschichte
ZRG/GA	Zeitschrift der Savigny-Stiftung für Rechtsgeschichte/Germanistische Abteilung